2024年

国家统一法律职业资格考试

客观题

真题汇编及解析

2019-2023

法律考试中心／组编
张博／主编

法律出版社
LAW PRESS · CHINA
北京

图书在版编目(CIP)数据

2024年国家统一法律职业资格考试客观题真题汇编及解析：2019－2023／法律考试中心组编；张博主编. --北京：法律出版社，2024
ISBN 978－7－5197－8702－8

Ⅰ. ①2… Ⅱ. ①法… ②张… Ⅲ. ①法律工作者－资格考试－中国－题解 Ⅳ. ①D920.4

中国国家版本馆CIP数据核字(2024)第010759号

2024年国家统一法律职业资格考试客观题真题汇编及解析：2019—2023
2024 NIAN GUOJIA TONGYI FALÜ ZHIYE ZIGE KAOSHI KEGUANTI ZHENTI HUIBIAN JI JIEXI：2019—2023

法律考试中心 组编
张 博 主编

策划编辑 徐 菲
责任编辑 徐 菲 田亚飞
装帧设计 李 瞻

出版发行 法律出版社
编辑统筹 法律考试·职业教育出版分社
责任校对 王晓萍
责任印制 胡晓雅
经 销 新华书店

开本 787毫米×1092毫米 1/16
印张 22.25 **字数** 716千
版本 2024年1月第1版
印次 2024年1月第1次印刷
印刷 三河市龙大印装有限公司

地址：北京市丰台区莲花池西里7号(100073)
网址：www.lawpress.com.cn
投稿邮箱：info@lawpress.com.cn
举报盗版邮箱：jbwq@lawpress.com.cn

销售电话：010－83938349
客服电话：010－83938350
咨询电话：010－63939796

书号：ISBN 978－7－5197－8702－8

定价：78.00元

凡购买本社图书，如有印装错误，我社负责退换。电话：010－83938349

—— 真题，不多练则生，不巧用则钝 ——

法考改革以来，就不再公布真题和答案。但大家都知道：**做历年真题就是做未来的考题**，通过做真题可以了**解命题方式、巩固核心考点、掌握做题技巧**。

本书旨在让参加法考客观题的考生尽可能更多地通过本书来考过客观题，走进主观题考场。

1.【体例说明】客观题每年考两卷共计200道题（客观题考2天，因此题目数量近400道题），本书尽可能全面地收集了近5年的真题，涵盖单项选择题、多项选择题、不定项选择题，共计1000道。

2.【题目来源】大部分题目是考生"回忆"版本，内容多是刑法、民法、刑诉、民诉等科目的选项。本书**去伪存真，尽可能在复原真题的基础上适当加工，供考生练习**。受试卷题目数量限制，还有一部分题目没有收录，考生可添加微信号：**法考张博**（512588867）进行获取（备注"客观读者"）。

3.【本书优势】本书收录的题目**全部根据最新的法律法规进行作答**，让考生能够做"真题"看"新解"，尽可能全面了解客观题的命题方式，对客观题考点进行查漏补缺，掌握做题技巧达到学以致用的目的。

4.【使用建议】**系统学习完知识点后开始做真题**。因为大部分考题都包含多个考点，贸然做题，往往会因为其他部门法或者相关考点知识缺乏而做错题目，这样既会打击自信心，又浪费时间，最重要的是看完解析就把题目"背"下来了，这对题目本身也是一种浪费，得不偿失。

5.【主客一体】客观题阶段做完两遍真题后，可以开始做主观题的真题。**千万不要等到客观题成绩出来再开始！** 主观题试卷每年考查6道题目（4道必做，1道"2选1"选做），考生可以重点练习2024版《十年主观题分类阅评与试卷分析》。不仅要练习题目，还要掌握对主观题试题的阅评方法。

对于客观题真题，不多练则手生；

对于主观题真题，不巧用则笔钝。

狭路相逢勇者胜，别人在备考，而你要拼命！

当灵魂驾驭不了疲惫的身躯时，拿起笔，再做一道题。

成功路上并不拥挤，因为不知"捷径"的人太多！

我们，主观题再见，等你！

张博

抖音、微博：法考张博

2024年1月于北京

—— 常用法律法规简称对照 ——

序号	简　称	全　称
1	《保险法解释(二)》	最高人民法院《关于适用〈中华人民共和国保险法〉若干问题的解释(二)》
2	《保险法解释(三)》	最高人民法院《关于适用〈中华人民共和国保险法〉若干问题的解释(三)》
3	《保险法解释(四)》	最高人民法院《关于适用〈中华人民共和国保险法〉若干问题的解释(四)》
4	《担保制度解释》	最高人民法院《关于适用〈中华人民共和国民法典〉有关担保制度的解释》
5	《地方政府机构设置和编制条例》	《地方各级人民政府机构设置和编制管理条例》
6	《法律适用法》	《涉外民事关系法律适用法》
7	《法律适用法司法解释(一)》	最高人民法院《关于适用〈中华人民共和国涉外民事关系法律适用法〉若干问题的解释(一)》
8	《高检规则》	《人民检察院刑事诉讼规则》
9	《公安部规定》	《公安机关办理刑事案件程序规定》
10	《公司法解释(二)》	最高人民法院《关于适用〈中华人民共和国公司法〉若干问题的规定(二)》
11	《公司法解释(三)》	最高人民法院《关于适用〈中华人民共和国公司法〉若干问题的规定(三)》
12	《公司法解释(四)》	最高人民法院《关于适用〈中华人民共和国公司法〉若干问题的规定(四)》
13	《合同编通则解释》	最高人民法院《关于适用〈中华人民共和国民法典〉合同编通则若干问题的解释》
14	《婚姻家庭编解释(一)》	最高人民法院《关于适用〈中华人民共和国民法典〉婚姻家庭编的解释(一)》
15	《检察公益诉讼解释》	最高人民法院、最高人民检察院《关于检察公益诉讼案件适用法律若干问题的解释》
16	《精神损害赔偿司法解释》	最高人民法院《关于确定民事侵权精神损害赔偿责任若干问题的解释》
17	《六机关规定》	最高人民法院、最高人民检察院、公安部、国家安全部、司法部、全国人大常委会法制工作委员会《关于实施刑事诉讼法若干问题的规定》
18	《民诉解释》	最高人民法院《关于适用〈中华人民共和国民事诉讼法〉的解释》
19	《民诉证据规定》	最高人民法院《关于民事诉讼证据的若干规定》
20	《破产法》	《企业破产法》

续表

序号	简　称	全　称
21	《破产法解释(二)》	最高人民法院《关于适用〈中华人民共和国企业破产法〉若干问题的规定(二)》
22	《破产法解释(三)》	最高人民法院《关于适用〈中华人民共和国企业破产法〉若干问题的规定(三)》
23	《认罪认罚指导意见》	最高人民法院、最高人民检察院、公安部、国家安全部、司法部《关于适用认罪认罚从宽制度的指导意见》
24	《设立国际商事法庭的规定》	最高人民法院《关于设立国际商事法庭若干问题的规定》
25	《审理独立保函的规定》	最高人民法院《关于审理独立保函纠纷案件若干问题的规定》
26	《刑诉解释》	最高人民法院《关于适用〈中华人民共和国刑事诉讼法〉的解释》
27	《行诉解释》	最高人民法院《关于适用〈中华人民共和国行政诉讼法〉的解释》
28	《严格排非规定》	最高人民法院、最高人民检察院、公安部、国家安全部、司法部《关于办理刑事案件严格排除非法证据若干问题的规定》
29	《仲裁法解释》	最高人民法院《关于适用〈中华人民共和国仲裁法〉若干问题的解释》
30	《专利纠纷解释(二)》	最高人民法院《关于审理侵犯专利权纠纷案件应用法律若干问题的解释(二)》

注:本表按照法律法规简称的拼音首字母顺序排列。

—目　　录—

2019年国家统一法律职业资格考试
客观题试卷一

一、单项选择题 每题所设选项中只有一个正确答案,多选、错选或不选均不得分。(本部分含1—50题,每题1分,共50分)

1. 甲驾车不慎将行人乙撞成重伤,甲想逃离。行人丙看到这一情景,要求甲将乙送到医院,甲拒绝并欲逃离。丙便将甲打成轻伤,威胁并强迫甲将乙送到医院。甲害怕,便答应将乙送到医院。丙的行为构成?(　　)

A. 正当防卫　　　　B. 紧急避险

C. 故意伤害罪　　　D. 防卫过当

2. 身材弱小的郭某与身材高大的刘某在船上发生争吵。后刘某追打郭某,郭某逃跑。刘某在追打过程中失足落水,但他不谙水性,向郭某求救。郭某害怕身材高大的刘某上岸后继续打他,故不予施救。后来刘某被经过的其他船只上的人救起。下列说法正确的有?(　　)

A. 郭某不予施救,成立不作为犯罪

B. 刘某落水属于被害人自陷风险,自己负责

C. 郭某不予施救,属于制止刘某的不法侵害,成立正当防卫

D. 郭某不予施救,属于假想防卫

3. 下列行为,成立过失犯的有?(　　)

A. 夜里,甲在大街上欲杀害乙。乙打了几次报警电话,说有人杀自己。由于乙当时有点醉酒,口齿不是很清楚,警察以为乙是恶作剧,没有出警。乙被甲杀死。如果警察及时出警,乙不会被杀死

B. 法官甲知识储备不足,没有及时学习新理论,没有注意到理论更新,依据陈旧理论,将应判无罪的人判处3年有期徒刑

C. 某超市没有履行好检查职责,误以为销售的食品质量没有问题,将过期食品卖给顾客,导致多名顾客食物中毒,经鉴定为轻伤

D. 甲欲杀害妻子乙,黑暗中误把女儿丙当作乙而枪杀

4. 甲冒充家电维修人员,想把王某家的冰箱骗到手。某日,甲来到王某家,开门的却是王某家保姆,甲误把保姆当成王某,谎称商家搞活动,正在以旧换新。保姆以为甲事前跟王某商量好了,就把冰箱给了甲。下列说法正确的有?(　　)

A. 甲构成狭义的因果关系错误

B. 甲构成打击错误

C. 甲构成诈骗罪既遂

D. 由于甲未认识到被骗对象是保姆,构成诈骗未遂

5. 甲、乙、丙三人殴打王某致死后在逃,1998年乙、丙被公安机关抓住,但因证据不足,予以释放。2018年,因甲在某地犯抢劫罪被判无期徒刑,在某地监狱服刑,后被公安机关知道,就把甲、乙、丙三人移送起诉,以下说法正确的是?(　　)

A. 对乙应作法定不起诉

B. 对丙应作法定不起诉

C. 对甲应由关押地法院管辖

D. 对甲应由中院管辖

6. 郑子产有疾。谓子大叔曰:“我死,子必为政。唯有德者能以宽服民,其次莫如猛。夫火烈,民望而畏之,故鲜死焉。水懦弱,民狎而玩之,则多死焉,故宽难。”疾数月而卒。关于执法,下列选项正确的是?(　　)

A. 法律就是法律,执法必须严格,不能搞人文情怀

B. 执法应做到宽严相济

C. 执法必须严厉,不能“宽容”,否则易纵容犯罪

D. 为上者有德,就可以做到以宽服民,不需要法律的治理

7. 陈某与前妻林某婚生子陈某宝(9岁)由林某抚养,林某与王某再婚后,王某擅自将陈某宝改为王某宝。陈某诉至法院,法官认为,陈某宝是无民事行为能力人,其变更姓名需要由亲生父母同意,故判决林某恢复其子原姓名。对此,下列哪一说法是正确的?(　　)

A. 法院判决是规范性法律文件

B. 法院判决体现了法的评价作用

C. 姓名权具有相对性

D. 陈某宝是无民事行为能力人,不享有任何民事权利

8. 某危重病人被送医院就医，但因其拒绝在手术同意书上签字，医生未对其进行手术抢救，最终因耽误病情不治身亡。关于本案，哪一说法是正确的？（　　）

A. 医生应当严守法律，哪怕危及患者生命，这是法律实证主义的要求

B. 患者同意权在任何情况下都不应该被侵犯，这体现了个案中的比例原则

C. 危重病人应该排除在同意权规定的适用范围之外，这是方法论上的目的论的扩张

D. 立法者应当允许不经患者同意采取必要的医疗措施，这体现了伤害原则

9. 关于隋唐的法律制度，下列说法错误的是？（　　）

A. 隋朝的《开皇律》确立了传统五刑：笞、杖、徒、流、死

B. 张某杀人碎尸，按唐律当定“不道”之罪

C. 官员在执行公务时不慎出现差错而犯罪，是为“公罪”

D. 唐代的刑部行使中央司法审判权

10. 清末和民国时期的旧中国曾经进行频繁的立宪活动，下列关于该时期的宪法文件，说法错误的是？（　　）

A.《钦定宪法大纲》为中国近代史上第一个宪法性文件，是由宪政编查馆编订，于1908年公布的

B. 1912年《临时约法》是由孙中山主导创制的中国第一部资产阶级共和国性质的宪法文件

C. 北洋政府时期的第一部宪法草案为“天坛宪草”，采用资产阶级三权分立的宪法原则，确认民主共和制度

D.《中华民国宪法》(1947年)是中国近代史上首部正式颁行的宪法

11.《大清民律草案》是晚清立法修律的重要成果之一，关于该法，下列选项错误的是？（　　）

A. 清末民律的修订由沈家本、伍廷芳、俞廉三等人主持，同时还聘请了外国法律专家参与

B. 在民律草案修订过程中，立法机关曾派员赴全国各省进行民事习惯的调查

C.《大清民律草案》共分总则、债权、物权、亲属、继承五编

D.《大清民律草案》最后两编吸收了大量的西方资产阶级民法的理论、制度和原则

12. 深化司法改革，护航公平正义。为了全面贯彻党的十九大报告精神，以司法改革促进社会公平，全面落实司法责任制，下列哪一做法没有体现此项精神？（　　）

A. 法官助理协助法官办理委托鉴定、评估、组织庭前证据交换、调解以及草拟调解文书等工作

B. 法官、检察官从符合条件的法官助理、检察官助理和书记员中间遴选

C. 在检察长的授权下，检察官可行使检察长的部分职权并签发法律文书

D. 审判委员会在召开刑事案件会议时，邀请检察长和律师列席

13. 关于比例原则的要求，下列说法错误的是？（　　）

A. 行政机关行使裁量权所采取的具体措施必须符合法律目的

B. 行政机关所选择的具体措施和手段应当为法律所必需

C. 行政机关在可以采取多种方式实现某一行政目的的情况下，应当采取对当事人权益损害最小的方式

D. 行政机关作出行政处罚应当听取当事人意见

14. 张某购买了幸福小区一套商品房，并获得了房屋所有权证，但为了修建高铁需要将该幸福小区予以拆迁，区政府依法及时给予张某补偿金，这体现了什么基本原则？（　　）

A. 高效便民　　　　B. 程序正当

C. 诚实守信　　　　D. 权责一致

15. A省B市政府拟将本市的环境资源管理局与国土资源局合并，应当报哪个机关予以批准？（　　）

A. 国务院　　　　B. A省政府

C. B市人大常委会　　　　D. A省人大常委会

16. 关于公务员的下列说法，哪个选项是错误的？（　　）

A. 国家公务员实行职务和职级并行

B. 公务员的领导职务、职级与级别是确定公务员工资以及其他待遇的依据

C. 职级公务员可以采用委任制和聘任制

D. 只能在县处级以下设立职级

17. 关于公务员，下列哪个选项是正确的？（　　）

A. 留党察看的李某不能被录用为公务员

B. 被行政拘留的夏某不能被录用为公务员

C. 对派出所民警的考核有定期考核，年度为一年

D. 年度考核不称职则辞退

18. 某县政府发布公告，要求兴旺小区居民与县政府协商拆迁安置补偿款事宜，根据补偿标准签订补偿协议，并于60日内搬离。该公告的法律性质为？（　　）

A. 行政协议　　B. 行政指导

C. 单方行政行为　　D. 行政强制

19. 下列关于具体行政行为错误的是？（　　）

A. 拘束力是指具体行政行为一经生效，行政机关和相对人必须遵守

B. 2014年修改的《行政诉讼法》中并未出现具体行政行为这一用语

C. 具体行政行为是指对特定人或者特定事项的一次性处理

D. 授益性行政行为与裁量性行政行为是相对应的

20. 某超市售卖过期变质的香肠，区市监局对其作出没收香肠和罚款1万元的处罚决定，但超市逾期不缴纳罚款，对此，下列说法错误的是？（　　）

A. 区市监局可以按日加处3%的罚款

B. 区市监局可以拍卖香肠抵扣罚款

C. 区市监局可以和超市签订执行协议，约定分期缴纳罚款

D. 区市监局作出处罚通知书可以告知超市有申请听证的权利

21. 区规划局向兴旺公司颁发了规划许可证和建设许可证，许可兴旺公司修建职工宿舍，但兴旺公司在修建时，超出规划范围，多修筑了1000平方米的地下室，并在地面搭建了500平方米的工棚供职工居住，对此，区规划局采取的下列哪一做法是正确的？（　　）

A. 区规划局予以强制拆除

B. 责令限期拆除并予以罚款

C. 区规划局应当要求兴旺公司申请补发地下室规划许可证

D. 区规划局应当要求兴旺公司申请补发临时建筑规划许可证

22. 国家市场监督管理总局对某公司作出处罚，本案的复议机关为？（　　）

A. 国务院

B. 国家市场监督管理总局

C. 全国人大常委会

D. 全国人大

23. 甲公司工作人员张某下班途中发生车祸死亡，公司请求市劳动局进行工伤认定，劳动局驳回了其认定请求，张某妻子不服，向市政府申请复议，下列说法错误的是？（　　）

A. 工伤认定的性质为行政裁决

B. 张某妻子具有申请人资格

C. 公司可委托代理人参加行政复议

D. 市政府发现劳动局决定违法，可以制作复议意见书

24. 陈某为综合执法局工作人员，在执法过程中与公民李某发生肢体冲突，将李某打成轻微伤。区公安局对陈某作出拘留5天、罚款500元的处罚决定，陈某向区政府复议，区政府认为陈某打伤李某属于职务行为，遂撤销区公安局的处罚决定。李某不服，提起诉讼。下列选项错误的是？（　　）

A. 本案争议焦点是陈某的行为是否属于职务行为

B. 被告可就打人一事提起反诉

C. 本案被告是区政府

D. 李某可以成为第三人

25. 博达公司涉嫌违法营业，在强制关闭过程中，博达公司老板张某将执法人员李某打伤，市公安局将张某强制传唤8小时后，对其罚款5000元。下列说法正确的是？（　　）

A. 如果李某起诉，原告所在地或被告所在地法院有管辖权

B. 如果张某就强制传唤和罚款起诉，原告所在地或被告所在地法院有管辖权

C. 如果张某就罚款起诉，原告所在地或被告所在地法院有管辖权

D. 如果张某之妻就强制传唤和罚款起诉，原告所在地或被告所在地法院有管辖权

26. 罗某向海事局申请公开海事局的设立、主要职责、内设机构和人员编制的文件，海事局以该信息不存在为由，拒绝公开，罗某不服，提起行政诉讼，下列哪个选项是正确的？（　　）

A. 罗某应当提供个人的身份证明

B. 罗某需要说明政府信息公开用途

C. 因为拒绝公开行为是合法的，法院应当判决驳回原告诉讼请求

D. 原告需要举证证明该信息不存在

27. 罗某被某电信公司收取了50元的UIM卡卡费，罗某认为将手机UIM卡定价为50元/张属于违法收费，要求市监局对该公司进行查处，退还自己被违法征收的50元卡费。市监局进行调查后答复："省通管局和省发改委联合下发的《关于电信

全业务套餐资费优化方案的批复》规定：UIM 卡收费上限标准为入网 50 元/张。我局非常感谢您对物价工作的支持和帮助。”下列选项正确的是？(　　)

A. 罗某的行为属于信访行为

B. 市监局的行为属于对信访问题的复查

C. 罗某可就《关于电信全业务套餐资费优化方案的批复》直接提起诉讼

D. 罗某就行政行为提起诉讼的同时，可就《关于电信全业务套餐资费优化方案的批复》一并起诉

28. 区公安局依据省公安厅和司法局联合制定的《律师管理意见》对涉嫌寻衅滋事的律师王某罚款 5000 元，王某对处罚不服提起诉讼，一并要求审查《律师管理意见》，下列说法正确的是？(　　)

A. 两个制定机关申请出庭陈述意见，法院应当准许

B. 一审法院可以向省人大常委会提出修改该文件的司法建议

C. 法院有权宣告该文件无效

D. 法院在对该文件审查过程中，应当听取两个制定机关的意见

29. 辉煌公司向河水中超标排放污水，区环保局向其送达《限期整改通知》，要求其在规定时间内达标排放。期限届满，经过检测辉煌公司排放污水仍然不符合国家标准，于是区生态环境局对该公司作出水污染防治设施验收不合格认定书，后责令该公司停业整顿。辉煌公司就责令停业整顿提起行政诉讼，对此，下列说法正确的是？(　　)

A.《限期整改通知》的性质为行政指导

B. 不合格认定书不属于行政诉讼受案范围

C. 区生态环境局作出责令停业整顿决定前，应当告知辉煌公司有申请听证的权利

D. 法院可以作出先予执行裁定

30. 某县公安局认定张某涉嫌寻衅滋事将其拘留，后县检察院将张某逮捕，而后县法院判处张某 3 年有期徒刑，张某不服提起上诉，市中院认定因证据不足，指控的犯罪不能成立，改判张某无罪，请问赔偿义务机关是谁？(　　)

A. 县法院　　　　B. 县检察院

C. 县公安局　　　D. 市中院

31. 2011 年 11 月，某市公安局以马某涉嫌盗窃为由将其刑事拘留；2012 年 12 月，检察院作出批准逮捕决定；2013 年 7 月，市中级人民法院审理后判处马某有期徒刑 5 年，马某不服，提出上诉；2014 年 3 月，二审法院省高级人民法院发回重审后，市中级人民法院改判马某无罪；马某于 2015 年 3 月提出赔偿申请，下列选项正确的是？(　　)

A. 赔偿义务机关为省高院

B. 赔偿义务机关需要在 2 个月内作出决定

C. 如果马某不服作出的赔偿决定，可以向上一级法院申请复议

D. 对马某的赔偿金标准应按照 2010 年度国家职工日平均工资计算

32. 县国土资源局认定甲公司存在非法采砂行为，责令其停产停业，甲公司不服，提起行政诉讼，法院认为县国土资源局认定错误，予以撤销，县国土资源局不应当予以赔偿的项目有？(　　)

A. 设备租金

B. 留守职工工资

C. 缴纳的水资源费

D. 预期利润

33. 根据《联合国海洋法公约》，甲国在其专属经济区采取以下哪个行为是符合公约的？(　　)

A. 拆除乙国在海底铺设的电缆并回收

B. 击落上空的丙国无人机

C. 击沉丁国正常通行的军舰

D. 在海面搭建风力发电装置

34. 甲国人任盈盈在乙国旅游期间，乙国经丙国的申请对任盈盈采取了强制措施，之后丙国请求乙国引渡任盈盈。根据国际法的相关规则和实践，下列判断错误的是？(　　)

A. 如果任盈盈是政治犯，乙国应当拒绝引渡

B. 如果任盈盈的行为在乙国和丙国都构成严重犯罪，乙国可以引渡

C. 如果任盈盈的行为只在丙国构成犯罪，乙国应当拒绝引渡

D. 因任盈盈为甲国公民，乙国无权将其引渡给丙国

35. 甲国驻乙国大使汤姆辱骂乙国总统，被乙国宣布为“不受欢迎的人”，根据相关国际法规则，下列哪一选项是正确的？(　　)

A. 甲国应立即将汤姆召回

B. 甲国应立即停止汤姆的大使职务

C. 甲国有权要求乙国说明汤姆“不受欢迎”的理由

D. 如甲国不将汤姆召回或终止其职务，则乙国可令汤姆限期离境

36. 中国和新加坡都接受了《金融账户涉税信息自动交换标准》(CRS) 中的“共同申报准则”，定

居在中国的王某在新加坡银行和保险机构均有账户，同时还在新加坡拥有房产和收藏品等，下列哪项判断是正确的？（　　）

A. 王某可因自己为巴拿马国籍，要求新加坡不向中国报送其在新加坡的金融账户信息

B. 如中国未提供正当理由，新加坡无须向中国报送王某的金融账户信息

C. 新加坡可不向中国报送王某在特定保险机构的账户信息

D. 新加坡可不向中国报送王某在新加坡的房产和收藏品信息

37. 甲准备去盗窃渔网（渔民为捕鱼设置大量渔网），渔民乙明知甲的行为，为其提供了渔船，甲利用渔船盗窃了渔网。事实上，甲盗窃的对象为乙家中的渔网。下列说法正确的是？（　　）

A. 两人构成盗窃罪既遂

B. 两人构成盗窃罪未遂

C. 甲构成既遂，乙构成未遂

D. 甲构成既遂，乙构成犯罪预备

38. 国家工作人员张三是国有银行网上银行系统管理员，具有掌握客户网上银行账号和密码的权限。为了使朋友李四的公司获取资金，张三让李四以高息存款为由，吸引多名客户到张三所在银行存款，张三在客户存款时调换客户U盾，通过客户U盾将客户网上银行存款转移到李四账户名下，使李四将存款非法占为已有。关于本案，下列说法正确的是？（　　）

A. 张三利用职务便利盗取银行存款，构成贪污罪

B. 张三吸引多名客户到银行存款，构成集资诈骗罪

C. 张三盗取他人银行存款，构成盗窃罪

D. 张三欺骗他人到银行存款，构成诈骗罪

39. 陈某欲得到一工程，送给非国家工作人员的刘甲100万元，希望其能够向管理工程的副市长刘乙（刘甲胞弟）说情。刘甲将100万元现金以及陈某的请求告诉刘乙，刘乙说："钱你留着，工程我会帮助的。"陈某遂获得工程。关于本案下列正确的是？（　　）

A. 刘甲和刘乙构成受贿罪的共同犯罪，陈某构成对有影响力的人行贿罪

B. 刘甲构成利用影响力受贿罪，刘乙构成受贿罪，陈某构成对有影响力的人行贿罪

C. 刘甲构成利用影响力受贿罪，刘乙不构成受贿罪，陈某构成对有影响力的人行贿罪

D. 刘甲构成受贿罪，刘乙不构成受贿罪，陈某构成行贿罪

40. 甲、乙两人合谋，由甲制作假药，乙负责假冒医生。欺骗患者之后，使用该假药给病人注射（该药的售价也畸高）。经调查发现，此假药足以危害病人健康致人重伤。关于甲、乙二人的行为，下列说法正确的是？（　　）

A. 诈骗罪与非法行医罪的想象竞合

B. 销售假药罪与生产假药罪数罪并罚

C. 生产、销售假药罪与非法行医罪并罚

D. 诈骗罪与销售假药罪想象竞合

41. 乘客甲和公交车司机乙发生争吵，狠狠地殴打司机乙的头部，并抢夺方向盘。乙非常气愤，后乙把车停到路边，让乘客下车，将车门打开。骑自行车的丙正好经过此地，撞上打开的车门当场身亡。下列说法正确的是？（　　）

A. 甲、乙的行为均成立交通肇事罪

B. 甲构成以危险方法危害公共安全罪，乙成立交通肇事罪

C. 甲构成交通肇事罪，乙成立以危险方法危害公共安全罪

D. 甲构成寻衅滋事罪，乙成立交通肇事罪

42. 关于罪数的判断，下列说法正确的是？（　　）

A. 二人以上轮奸是"以暴力胁迫或其他手段强奸妇女"的加重规定，而不是特别法条

B. 将盗窃的仿真品（价值4000元）冒充真品古董卖给第三人，是不可罚的事后行为

C. 钱某两次入户抢劫、一次持枪抢劫，触犯了两个不同的加重结果即"入户"和"持枪"，应数罪并罚

D. 周某抢劫陈某后，担心暴露，故意杀害了陈某，构成抢劫致人死亡和故意杀人的想象竞合

43. 周某在民营银行办理银行卡和U盾，该银行经理郑某趁指导周某使用时偷换了周某的U盾，并骗其U盾需要一周后才能使用，周某信以为真。后郑某用U盾将周某银行卡内的3万元转入自己银行卡。关于郑某的行为定性，正确的是？（　　）

A. 职务侵占罪　　B. 信用卡诈骗罪

C. 诈骗罪　　D. 盗窃罪

44. 根据WTO规则，下列关于WTO争端解决机制的说法正确的有？（　　）

A. 磋商是成立专家组之前的必经程序

B. 对争端方没有提出的主张，专家组不能作出裁决，除非相关专家提出了该种主张

C. 上诉机构有权将案件发回专家组重审

D. 争端解决机构一致同意,专家组的报告才能通过

45. 根据《反倾销条例》的规定,下列说法正确的有?(　　)

A. 进行反倾销调查时,若利害关系方不如实反映情况,商务部可不予处理

B. 商务部认为有必要出境调查时,须通过司法协助途径

C. 商务部有权建议但不可强制出口经营者作出价格承诺

D. 终裁决定确定的反倾销税高于临时反倾销税的,差额部分应予征收

46. 法国甲公司与中国乙公司签订FOB(2010)合同出口红葡萄酒,因法国甲公司的酒庄到装运港有一段陆地需要陆路运输,现买卖双方发生纠纷诉至我国法院。中、法两国都是《联合国国际货物销售合同公约》缔约国,根据公约和相关国际惯例,下列判断正确的是?(　　)

A. 中国乙公司应承担包括陆路运输在内的所有运输工作

B. 法国甲公司将货物交给陆路运输的第一承运人即完成了交货

C. 法国甲公司在装运港将货物装上指定船舶即完成了交货

D. 法国甲公司在目的港完成交货

47. 中国甲公司从意大利乙公司进口珠宝饰品,签订买卖合同约定由卖方负责安排航空运输。意大利乙公司委托航空货运代理人在意大利安排丙航运公司运输,后因飞行故障丙公司飞机在航空站外降落,导致货物受损。根据《华沙公约》、《蒙特利尔公约》和1980年《联合国国际货物销售合同公约》,下列说法正确的是?(　　)

A. 若合同中有质量保证条款,则货损应由卖方负责

B. 航空运单不是物权凭证

C. 因货物于航空站外降停发生损害,丙航空公司可免除责任

D. 乙公司有义务为该批货物投保商业保险

48. 国务院于2019年1月27日发布《关于在市场监管领域全面推行部门联合"双随机、一公开"监管的意见》。关于该意见的说法,下列选项正确的是?(　　)

A. 该意见属于行政法规

B. 该意见可以作为法官裁判的依据

C. 该意见可以作为制定部门规章的依据

D. 该意见可以作为行政诉讼中附带审查的规范性文件

49. 国务院第193次常务会议通过的《行政区划管理条例》于2018年10月10日公布,自2019年1月1日起施行。关于《行政区划管理条例》的公布形式及备案时间,下列选项正确的有?(　　)

A. 由总理签署,以国务院令公布

B. 由总理签署,以总理令公布

C. 自2018年10月10日起30日内向全国人大备案

D. 自2019年1月1日起30日内向全国人大常委会备案

50. 希腊甲公司与中国乙公司签订许可协议,授权其在亚洲地区独占使用其某项发明专利,许可期限10年,标的额3.8亿元人民币,协议选择中国最高院国际商事法庭管辖。协议履行期间,因为甲公司又给予荷兰丙公司以同样的专利许可,乙公司向国际商事法庭起诉甲公司。根据相关法律规定,下列说法正确的是?(　　)

A. 对国际商事法庭判决不服的,可在最高院本部申请再审

B. 有丰富经验的希腊法学家西蒙可以被国际商事法庭遴选为法官参与本案审理

C. 如果双方无异议,希腊文字的证据材料无须提交中文译本

D. 在希腊获得的证据只要经公证和认证,即可采用

二、多项选择题　每题所设选项中至少有两个正确答案,多选、少选、错选或不选均不得分。(本部分含51—90题,每题2分,共80分)

51. 关于刑法的解释,下列说法正确的是?(　　)

A. 按照体系解释,传播淫秽物品罪与传播性病罪的"传播"含义一致

B. 依据论理解释,倒卖文物罪中的"倒卖"是指以牟利为目的出售或为出售而购买国家禁止经营的文物

C. 招摇撞骗罪是指冒充国家机关工作人员招摇撞骗。将副乡长冒充市长招摇撞骗解释为"冒充"国家机关工作人员招摇撞骗,不符合文理解释

D. 虐待被监管人罪是指殴打或体罚虐待被监管人。将其中的"体罚虐待"解释为"体罚或者虐待",符合文理解释

52. 某电器公司与某物流公司是母公司与子公司的关系。两家公司共同实施吸收公众存款行为，涉嫌非法吸收公众存款罪，共吸收存款5亿元。关于单位犯罪，下列说法正确的有？（　　）

A. 如果电器公司和物流公司均构成单位犯罪，则两个单位可构成共同犯罪

B. 如果电器公司构成单位犯罪，但无法认定物流公司构成单位犯罪，那么可追究物流公司中直接责任人员的自然人犯罪，并且该直接责任人员与电器公司可构成共同犯罪

C. 如果物流公司构成单位犯罪，但无法认定电器公司构成单位犯罪，那么可以追究电器公司中直接责任人员的自然人犯罪，并且该直接责任人员与物流公司可以构成共同犯罪

D. 如果无法认定电器公司、物流公司构成共同犯罪，那么可以追究电器公司、物流公司中直接责任人员的自然人犯罪，并且两个公司中的直接责任人员可以构成共同犯罪

53. 关于因果关系，下列说法正确的是？（　　）

A. 贾某在公路上醉酒驾驶。公路路面上散落着几个井盖，贾某因为醉酒没有注意到井盖，车轮轧过井盖，井盖飞起，砸中路边行人，导致行人重伤。贾某的醉酒行为与行人的重伤结果之间有因果关系

B. 甲、乙发生口角，甲踢伤乙，导致乙心脏病发作死亡。甲的行为与乙的死亡结果之间有因果关系

C. 甲和乙是警察，押解犯罪嫌疑人丙的过程中，丙中途以上厕所为由逃跑。甲、乙的失职与丙的逃脱之间有因果关系

D. 高某欲杀害赵某，给赵某投毒。赵某中毒后，赵某的家人开车送其去医院，途中李某为了报复社会驾车横冲直撞，与赵某家人驾驶的车辆相撞发生车祸，赵某当场被撞死。高某的投毒行为与赵某的死亡之间存在因果关系

54. 甲杀害乙，乙被迫防卫。路过的丙看到了，以为乙在侵害甲，想起甲是自己的仇人，就过去帮乙一起伤害甲。乙以为丙是见义勇为，过来协助自己。两人共同把甲打成重伤。以下说法正确的有？（　　）

A. 虽然乙有防卫的意图，但是和丙一起把甲打成了重伤，属于防卫过当

B. 丙客观上在协助正当防卫，因此无论根据何种学说，丙都不构成犯罪

C. 乙、丙二人的主观认识内容不同，因此无论根据何种学说，都不能用丙的行为定义乙的行为的性质

D. 乙、丙二人的主观认识内容不同，因此无论根据何种学说，乙、丙都不构成共同犯罪

55. 关于不作为犯、正当防卫及紧急避险，说法正确的有？（　　）

A. 父亲撞见歹徒持刀抢劫女儿，与歹徒发生激烈搏斗，搏斗中杀死歹徒。父亲成立正当防卫

B. 身材高大的郑某深夜在家中听到厨房有动静，走过去一看，发现身材瘦小的小偷吴某正试图从窗户爬进来盗窃，下半身还卡在窗外，于是拿起刀将不易躲避的吴某砍成重伤。郑某成立正当防卫

C. 田某与妻子在河边散步，后田某坐在河边玩手机游戏。妻子不慎失足跌入水中，大声呼救。田某见此情景仍玩手机，不去施救。妻子溺水身亡。田某成立不作为的故意杀人罪

D. 李某驾车不慎撞到周某，导致周某重伤。而李某的车坏了，无法行驶。为了尽快将周某送去医院，李某拦住了王某的车，要求王某帮忙送去医院，王某拒绝。情急之下，李某将王某打成重伤，并抢取王某车辆将周某送去医院。李某成立正当防卫

56. 关于被害人承诺理论，下列说法正确的是？（　　）

A. 甲误以为自己养的马患了疾病，要求兽医对其进行安乐死。兽医知道市面上已有治疗该疾病的药物，但不告知，仍实施了安乐死。事后甲了解到，市面上已经有了治疗该疾病的药物。甲的承诺无效

B. 甲在城市里工作生活，在乡下有套房子。甲的乡下邻居乙发短信询问甲是否可以拆除甲家的院墙。甲本想发“不行”不小心发成了“行”，乙便拆除院墙。甲的承诺有效

C. 甲组织贩卖人体器官，乙与其约定以10万元的价格，将其肾脏移植给他人。乙的承诺无效

D. 因路灯灯光反射到室内，甲误以为家里着火，恳请乙帮忙破门灭火，乙照做。甲的承诺有效

57. 甲和乙是菜市场的小商贩，两人在菜市场嬉笑打闹，互相追逐，甲用尖刀挥舞阻止乙的前进时，不小心刺中乙，造成乙重伤。关于甲的行为，下列说法错误的有？（　　）

A. 在菜市场打闹，构成寻衅滋事罪

B. 构成间接故意的故意伤害罪

C. 构成间接故意的故意杀人罪

D. 属于防卫过当,构成过失致人死亡罪

58. 关于故意、过失,下列论述正确的有?(　　)

A. 司机遵守交通规则,正常驾车行驶,行人突然横穿马路,司机刹车不及,行人被撞死,司机不存在过失

B. 在所有的故意犯罪中,不可能存在只能由间接故意构成而不能由直接故意构成的犯罪

C. 如果认为故意与过失存在位阶关系,那么在认定犯罪时,只能由故意降格为过失,不能由过失升格为故意

D. 当根据故意的标准无法认定故意时,可以根据事实认识错误来认定故意

59. 杜某、朱某合谋盗窃,杜某入室盗窃,朱某在楼下望风。朱某在望风过程中主人吴某回来,朱某担心吴某报警遂将其打成重伤。杜某盗窃成功后出来发现重伤的吴某,也未过问不予理睬,与朱某二人携赃而逃。下列关于共同犯罪的论述错误的是?(　　)

A. 杜某构成盗窃罪,朱某构成入户抢劫

B. 杜某和朱某构成盗窃罪的共同犯罪,杜某构成盗窃罪,朱某构成抢劫致人重伤

C. 杜某和朱某构成抢劫罪的共犯,二人均属于抢劫致人重伤

D. 杜某和朱某构成抢劫罪的共犯,二人均属于抢劫致人重伤、入户抢劫

60. 以下关于正当防卫的说法,哪些是正确的?(　　)

A. 甲将乙撞伤,并想要逃离现场。乙想让甲将自己送去医院,并对其实施暴力。乙的行为也是一种正当防卫

B. 身材高大的甲看到一个身材矮小的乙想要非法入侵自己(甲)住宅,甲用菜刀砍伤乙致乙轻伤。甲的行为仍构成正当防卫

C. 恐怖分子丙在商场安装定时炸弹,警察抓住丙后使用暴力逼迫丙说出炸弹位置,导致丙轻伤,对警察的行为不成立正当防卫

D. 醉驾的甲撞伤行人后欲跑路,被正义感爆棚的路人乙拦截殴打,将其打成轻伤。路人乙的行为成立正当防卫

61. 以下关于监察机关与检察院衔接机制的说法,正确的是?(　　)

A. 需要全国范围通缉,必须报国家监察委员会批准

B. 监察委员会可以直接限制出境

C. 监察机关要把查封扣押的违法财产随案移送给检察院

D. 监察委员会对检察院的不起诉,可向上一级检察院提请复议

62. 马某因贩卖毒品被逮捕并提起公诉,但始终辩称在其车中查获的毒品系被栽赃陷害,一审法院以不能排除合理怀疑为由宣告马某无罪。检察机关提起抗诉并在二审开庭前取得毒品来源的关键性证据,关于本案的处理,下列哪些选项是正确的?(　　)

A. 因本案出现新证据,二审法院审理后认为原判事实不清楚证据不足的,应当发回一审法院重新审理

B. 检察院取得的新证据应当由法院通知辩方查阅、摘抄或复制

C. 一审法院作出无罪判决并不违反全面贯彻证据裁判规则的要求

D. 一审宣判后应当立即释放马某,检察机关可以对其另行适用取保候审

63. 未成年人小蔡涉嫌在其父蔡某的教唆下贩卖淫秽物品牟利,小蔡被取保候审,蔡某被批准逮捕,关于本案的处理,下列哪些选项是正确的?(　　)

A. 检察院在对小蔡和蔡某审查批捕时必须进行讯问

B. 对小蔡可适用附条件不起诉,并要求其在监督考察期间不得进入娱乐场所

C. 如对小蔡适用附条件不起诉,应听取公安机关的意见

D. 如本案分案起诉,起诉后应由不同的审判组织审理

64. 关于全面依法治国的总目标,下列说法正确的是?(　　)

A. 全面依法治国的总目标是建设中国特色社会主义法治体系,建设社会主义法治国家

B. 在中国共产党领导下,坚持中国特色社会主义制度,贯彻中国特色社会主义法治理论,形成完备的法律规范体系、高效的法治实施体系、严密的法治监督体系、有力的法治保障体系,形成完善的党内法规体系

C. 坚持依法治国、依法执政、依法行政共同推进,坚持法治国家、法治政府、法治社会一体建设

D. 实现科学立法、严格执法、公正司法、全民守法,促进国家治理体系和治理能力现代化

65. 为庆祝中华人民共和国成立70周年,体现依法治国理念和人道主义精神,根据第十三届全国人民代表大会常务委员会第十一次会议的决定,国家主席习近平签署中华人民共和国主席特赦令。下列说法正确的是?(　　)

A. 本次特赦体现了我国承续中华文明慎刑恤囚、明刑弼教的优良传统,推进法安天下、德润人心的仁政

B. 本次特赦有利于弘扬全面依法治国理念,形成依宪执政、依宪治国的良好社会氛围,深入推进法治中国建设

C. 本次特赦有利于贯彻落实宽严相济刑事政策,充分发挥特赦的感召效应,最大限度地化消极因素为积极因素,促进社会和谐稳定

D. 有利于展现我国人权司法保障水平,进一步树立我国开放、民主、法治、文明的国际形象

66. 甲、乙两人分食两个苹果,甲先拿走大的,乙责怪甲自私,甲问乙若你先拿又如何,乙称会选小的。甲说到,既然如此,我拿大的岂非正合你意,你又何必怪我?根据该故事,结合对法治和德治观念的理解,下列哪些选项是正确的?(　　)

A. 道德缺乏强制力,不能保障人在同样的情形下做出一致的选择

B. 法律可以从外部约束人的行为,但对道德领域难题的解决并无帮助

C. 适用不同的程序可能对同样的结果赋予不同的意义

D. 提前约定好事情的处理方案,对于解决矛盾、避免纠纷起到至关重要的作用

67. 开发商建衡公司与小红因为未能在合同约定的期限内办理房产证而产生纠纷,小红将建衡公司诉至某人民法院,请求解除双方签订的商品房买卖合同。法院在审理该案件时,认为现行法律并未对因延迟办证而形成的解除权的合理期限作出规定,但为维护商品经济秩序和平衡买卖合同双方利益需要对该期限进行合理限制。对此,法官援引了合同法相关解释中与延迟办证具有一定相似性的因迟延交房形成的解除权的合理期限规定,从而作出相应的判决。下列哪些说法是正确的?(　　)

A. 对于该判决法官运用了类比推理

B. 平衡买卖双方的利益和维护交易秩序稳定,体现了法的价值

C. 本案中存在的法律漏洞属于嗣后漏洞

D. 若需要认定法律漏洞,则需要探究立法目的

68. 杨某与丈夫赵某于1980年结婚,后赵某又在婚姻存续期间与弟媳冯某同居,1996年赵某因车祸死亡,此前赵某曾订立遗嘱并进行了公证,承诺在其死后将名下的宝马车赠与冯某,赵某去世后,冯某因车辆所有权争议纠纷将杨某诉至法院。法院认为协议内容虽然真实,但因赵某与冯某行为有违公序良俗,故协议无效。对此,下列哪些说法是正确的?(　　)

A. 法院对遗赠扶养协议的有关法律规则创设例外是基于公序良俗原则

B. 法院审理案件时运用的公序良俗原则属于公理性原则

C. 法官在审理案件时进行了事实判断和价值判断

D. 法院选择适用公序良俗原则的目的是实现个案正义,属于内部证成

69. 秦代的刑罚比较繁杂,关于秦代的刑罚及其适用,下列哪些选项是错误的?(　　)

A. 秦代的刑罚既包括主刑,也包括附加刑

B. 秦代流放刑中的迁刑适用于犯罪的官吏

C. 秦律在处罚侵犯财产罪的共同犯罪时较个体犯罪处罚从重,5人以上的集团犯罪较一般犯罪处罚从重

D. 秦律规定,教唆未成年人犯罪者从轻处罚

70. 根据我国相关法律规定,检察官不得兼任下列哪些职务?(　　)

A. 行政机关职务

B. 审判机关职务

C. 人民代表大会常务委员会委员

D. 政协委员

71. 下列关于《律师法》的说法中,哪些是正确的?(　　)

A. 律师事务所变更名称、负责人、章程、合伙协议的,应当报原审核部门批准

B. 律师服务机构一般采用合伙形式

C. 设立个人律师事务所,设立人应当是具有5年以上执业经历的律师

D. 律师事务所采用特殊的普通合伙形式的,当个别合伙人因故意或重大过失造成对外债务时,应当承担无限责任或者无限连带责任

72. 某区规划局为A公司颁发了建设工程规划许可证,后查明A公司在申请规划许可证时提供了虚假材料,于是,某区规划局将该许可证予以撤销,下列说法正确的是?(　　)

A. 撤销许可证的性质属于行政处罚

B. 颁发行政许可不得收取任何费用

C. 准予许可的决定应当向社会公开

D. A公司如提起行政复议,复议机关为区政府

73. A企业经拍卖取得某块国有土地使用权后,长期未予开发建设。市自然资源局以A企业浪费土地资源为由向市政府申请收回该块国有土地使用权,市政府作出批准市自然资源局收回A企业土地使用权的批复,市自然资源局直接把市政府的批复交由市土地储备中心执行。A企业不服,针对市政府的批复提起诉讼。下列哪些说法是错误的?(　　)

A. 批复不属于行政诉讼受案范围

B. 本案被告是市自然资源局

C. A企业可以就该批复申请行政复议

D. 若A企业申请行政复议,被申请人是市自然资源局

74. 假设为了规范管理网络预约专车及出租车行为,国务院准备全面修订行政法规《道路运输条例》。对于国务院法制机构在《道路运输条例》的修改过程中实施的下列行为,哪些选项是不正确的?(　　)

A. 对该条例的送审稿进行审查,认为该送审稿不符合有关要求,须将其退回起草部门

B. 国务院法制机构在与起草部门协商后,对该行政法规送审稿进行修改,形成行政法规草案和对草案的说明

C. 国务院法制机构审查只能以听证会的方式听取有关机关、组织和公民的意见

D. 国务院常务会议审议该行政法规时,只能由国务院法制机构向会议作说明

75. 民警以刘某车辆涉嫌套牌为由将该车扣留。后刘某提供了发动机缸体毁坏、更换发动机缸体造成不显示发动机号码、车架用钢板铆钉加固致使车架号被遮盖等证明材料,但交管局依然既不返还,又不积极调查核实,反复要求刘某提供客观上已无法提供的其他合法来历证明,长期扣留涉案车辆不予处理,对此,下列选项正确的是?(　　)

A. 交管局既有乱作为,又有不作为

B. 车主刘某有权对交警扣押车辆的行为提起行政诉讼

C. 行政强制应当选择对当事人侵害最小的方式实施

D. 行政机关在作出行政行为时应当考虑相对人的合法权益

76. 徐某沿街边修建违章建筑物,区规划局向徐某发出拆除所建房屋通知,要求徐某在30日内拆除房屋。到期后,徐某未拆除所建房屋,第2日,区规划局将其违章建筑物强制拆除。下列哪些说法是正确的?(　　)

A. 徐某就责令限期拆除通知书起诉,法院应当受理本案

B. 区规划局强制拆除行为违法

C. 责令限期拆除通知书的性质为行政指导

D. 徐某应先申请复议再向法院起诉

77. 张某连续55次申请了镇政府的防汛信息公开,2019年又向镇政府申请了信息公开,政府可以采取的正确处理方式有?(　　)

A. 可以收取相应信息处理费用

B. 可以以其不具有申请人资格为由不予提供

C. 可以以其此前多次重复申请为由不予处理

D. 可以要求其说明理由

78. 甲省乙市政府发布通知,对直接介绍外地企业到本市投资的单位和个人按照投资项目实际到位资金的1‰奖励。经张某引荐,某外地企业到该市投资,但市政府拒绝支付5万元的奖励金。下列选项正确的是?(　　)

A. 市政府的行为违反诚实守信原则

B. 张某应当向省政府申请行政复议

C. 如果张某提起行政诉讼,行政机关负责人不出庭法院可以传唤其出庭

D. 如果张某提起行政诉讼,法院应当适用简易程序进行审理

79. 关于行政法规,下列说法不正确的是?(　　)

A. 国务院制定某个经济类行政法规,应当按照有关规定及时报告党中央

B. 国务院法制机构拟订的国务院年度立法工作计划,报国务院批准后即可向社会公布

C. 行政法规可以委托有关专家进行起草

D. 国务院有关部门对行政法规送审稿涉及的主要制度有不同意见的,应当报国务院决定

80. 关于省规章的设定权,下列说法正确的是?(　　)

A. 可以设定临时性许可

B. 可以设定一定数额的罚款

C. 可以设定扣押的行政强制措施

D. 可以设定划拨的行政强制执行

81. 区市场监督管理局对某公司作出处罚决

定:罚款6000元,没收违法所得1.8万元。某公司向区政府申请行政复议,区政府作出复议决定:维持6000元罚款,没收违法所得1.5万元。某公司不服提起诉讼。下列选项正确的是?( )

A. 若某公司不履行处罚决定,区市场监督管理局加处罚款的,应告知某公司加处罚款标准

B. 没收违法所得属于行为罚

C. 本案被告为区市场监督管理局和区政府

D. 区市场监督管理局所在地中级人民法院有管辖权

82. 甲国公民汉斯是因公务来华的外国人,在北京居住满两年。根据中国法律和司法实践,下列说法正确的是?( )

A. 若汉斯有尚未了结的民事案件,边检机关可限制其出境

B. 汉斯的经常居住地是北京

C. 若汉斯利用假期在语言学校兼职授课,则属于非法就业

D. 若汉斯和中国公民王某在北京生育一子,则其子具有中国国籍

83. 汉斯为甲国驻乙国大使馆的武官,甲、乙两国都是《维也纳外交关系公约》的缔约国,据此,下列哪些判断是正确的?( )

A. 乙国应为甲国大使馆提供必要的免费物业服务

B. 甲国使馆暴发恶性传染病,乙国卫生部门人员可以未经许可进入使馆消毒

C. 甲国使馆未经乙国许可,不得装置使用无线电发报机

D. 汉斯射杀两名翻墙进入使馆的乙国人,乙国司法部门不得对其进行刑事审判和处罚

84. 因王某以刻画方式损坏博物馆里的文物,区公安分局决定对其作出拘留15日的处罚。王某对此不服,提起诉讼。下列说法正确的是?( )

A. 王某的行为属于妨害公共安全的行为

B. 在处罚之前王某无权要求举行听证

C. 复议机关可以是区政府

D. 当事人提起诉讼的时候可以申请暂缓执行行政拘留

85. 陈某向民政局申请领取最低生活保障金,遭民政局拒绝。陈某诉至法院,请求法院判令民政局履行法定职责,同时向法院申请先予执行。对此,下列哪些说法是错误的?( )

A. 本案不适用先予执行

B. 若法院作出先予执行裁定,民政局不服可以申请复议

C. 法院应当作出确认违法判决

D. 法院应当作出给付判决

86. 波兰甲公司与中国乙公司签订买卖合同,合同约定争议适用波兰法。后双方发生纠纷,中国乙公司在中国某法院起诉,根据《法律适用法》及相关司法解释,下列哪些判断是正确的?( )

A. 甲、乙公司应查明并提供波兰法

B. 若甲、乙公司对查明的法律表示异议,应由法院审查认定

C. 双方可以在开庭审理前变更适用德国法

D. 若波兰甲公司认为本案由波兰法院管辖更为方便,中国法院可裁定驳回起诉

87. 日本甲公司与中国乙公司签订技术许可协议(协议约定适用日本法),授权乙公司在中国范围内销售的手机上安装甲公司开发的某款App。而乙公司在销往越南的手机上也安装了该款App,后甲公司以乙公司违约并侵犯其在越南获得的知识产权为由,诉至中国某人民法院。关于本案,根据《法律适用法》的规定,下列说法正确的是?( )

A. 该违约和侵权纠纷均应适用中国法

B. 该违约纠纷应适用日本法

C. 该侵权纠纷,双方可在开庭前约定适用中国法

D. 该侵权纠纷应适用越南法

88. 中国甲公司与某国乙公司签订一项买卖合同,合同中约定了仲裁条款,为保障付款,甲公司向中国银行申请开立了以乙公司为受益人的独立保函,后因该保函履行引发纠纷,乙公司将中国银行诉至某人民法院。根据中国相关法律和司法解释,下列说法正确的有?( )

A. 本案可以向中国银行住所地法院提起诉讼

B. 买卖合同中的仲裁条款可以排除法院对本案保函纠纷的管辖权

C. 中国银行可以乙公司根本违反买卖合同为由,拒绝向其付款

D. 中国银行主张该案适用中国《民法典》关于一般保证的规定,法院不应支持

89. 关于认罪认罚制度,下列表述正确的是?( )

A. 犯罪嫌疑人本人认罪认罚,但是被害人不同意从宽处理,仍可以对该犯罪嫌疑人适用认罪认罚从宽原则

B. 未成年犯罪嫌疑人认罪认罚的,可以适用速裁程序

C. 未成年犯罪嫌疑人本人认罪认罚，但他父亲对认罪认罚有异议，未签署认罪认罚具结书，本案仍可以适用认罪认罚从宽原则

D. 侦查、审查起诉阶段均不认罪认罚，审判阶段当庭认罪认罚的，仍然可以适用认罪认罚从宽原则

90. 在检察院侦查一起司法工作人员罗某非法搜查案的过程中，发现罗某还实施了贪污罪和暴力取证罪。关于本案的管辖，下列说法正确的是？(　　)

A. 贪污罪应当由监察委员会调查

B. 暴力取证罪可由检察院立案侦查

C. 经检察院和监察委员会协商，认为由检察院侦查更为合适的，可全案由检察院立案侦查

D. 本案一般应当由监察委员会为主调查

三、不定项选择题　每题所设选项中至少有一个正确答案，多选、少选、错选或不选均不得分。(本部分含91—100题，每题2分，共20分)

91. 2018年《刑事诉讼法》增设了适用于贪污贿赂犯罪的缺席审判程序，对此，下列说法正确的是？(　　)

A. 是追求刑事诉讼效率的体现

B. 是刑事诉讼控审分离特征的例外

C. 是刑事审判具有亲历性特征的例外

D. 是刑事审判具有终局性特征的例外

92. 关于不作为犯罪，下列说法正确的有？(　　)

A. 警察李某抓捕了吸毒人员王某(女)，进行强制戒毒。王某有一个5岁女儿独自在家，被王某锁在家里。王某将该情况告知李某，要求妥善安顿其女儿。李某因为疏忽而忘记此事。几天后，王某的女儿饿死在家中。李某成立不作为的玩忽职守罪

B. 吸毒人员吴某常常把自己年幼的孩子独自留在家中而出去吸毒。某次，吴某明知家中有孩子，出门10日才回家，其年幼的孩子在被隔绝的家中饿死。吴某构成不作为的故意杀人罪

C. 赵某明知邻居钱某有癫痫，出于故意而与邻居钱某吵架，使其发病，浑身抽搐。赵某见状故意不救助，钱某因无人救助而死亡。赵某构成不作为的故意杀人罪

D. 孙某驾车不慎撞倒行人金某后，为逃避法律责任，将昏迷的金某拖到隐蔽的山洞里，金某因无人救助而死亡。孙某构成不作为的故意杀人罪

93. 2018年10月26日，第十三届全国人民代表大会常务委员会第六次会议修订通过《人民法院组织法》增设了知识产权法院。关于知识产权法院，下列说法正确的是？(　　)

A. 知识产权法院为跨行政区划法院，这有助于实现审判独立，防止地方政府的不当干涉，有利于司法公正的实现

B. 知识产权法院的设立，对提高知识产权审判质效，促进严格公正司法，依法平等保护中外市场主体知识产权等将发挥重要作用

C. 知识产权法院的设立，有利于统一知识产权裁判标准，严格保护知识产权，服务保障国家创新驱动发展战略实施

D. 知识产权法院的设立，虽然立足我国知识产权审判实际，充分借鉴了域外成功经验，但忽视了对中华传统法律文化精华的吸收

94. 依据法官职业道德规范，下列说法正确的是？(　　)

A. 法官在庭审时无故打断被告的发言，法官的行为违反其职业道德

B. 法官在开庭时，为营造轻松和谐的气氛，与一方当事人谈笑风生。法官的行为违反法庭规则

C. 法官以法官身份出席老同学私人投资的公司开业典礼，并在此公司入股。法官的此行为违反了不得以职业、身份、声誉谋取利益的义务

D. 法官正在承办一起轮奸案件。该案被告向法官的儿子表示，愿将一辆玛莎拉蒂相送，条件是法官在办理案件时网开一面。法官知道后未置一词。法官的行为违反了应当约束家庭成员的义务

95. 甲和乙是国有企业的财务室保管人，甲、乙分别保管保险柜的钥匙和密码，下列选项正确的是？(　　)

A. 甲利用自己掌握的钥匙，并猜中密码取得保险柜中的现金，属于利用职务之便

B. 乙利用自己掌握的密码和私自配制的钥匙取得保险柜中的现金，属于利用职务之便

C. 乙趁甲不注意拿走钥匙，结合自己掌握的密码取走财物，属于利用职务之便

D. 甲、乙共谋使用钥匙和密码，或共同破坏保险柜而取走财物，属于利用职务之便

96. 刘某是某公司员工，涉嫌盗窃公司财物被某县公安机关刑事拘留，随后被县检察院批准逮捕，县法院判处刘某有期徒刑1年。刘某提起上诉，市中级人民法院审理后认为，刘某犯罪证据不足，改判刘某无罪。刘某应向哪个(些)机关申请国

家赔偿？（　　）

A. 县公安局　　　　B. 县检察院

C. 县法院　　　　D. 市中级人民法院

97. 某市交通局向社会发布通告，要求凡在本市从事人力三轮车客运经营的，必须办理客运经营许可证，否则没收人力三轮车。由于张某没有办理客运经营许可证从事人力三轮车客运经营，某市交通局按照通告没收张某的人力三轮车，张某不服提起行政诉讼，一并要求审查某市交通局向社会发布的通告。下列选项正确的有？（　　）

A. 某市交通局向社会发布的通告是法院审判的参照

B. 法院认为通告不合法的，可以向市交通局提出修改或者废止该通告的司法建议

C. 法院认为通告不合法的，应当在裁判生效后报送上一级法院进行备案

D. 法院建议市交通局负责人出庭应诉，但市交通局负责人经传唤拒不出庭的，可以拘传其到庭

98. 某企业被甲市乙区生态环境局罚款20万元，某企业对此不服，向甲市生态环境局提起复议，甲市生态环境局（位于甲市丙区）改为罚款10万元，某企业依然不服，提起诉讼。下列选项正确的是？（　　）

A. 被告是乙区生态环境局和甲市生态环境局，甲市中院有管辖权

B. 被告是乙区生态环境局和甲市生态环境局，乙区法院有管辖权

C. 被告是甲市生态环境局，甲市中院有管辖权

D. 被告是甲市生态环境局，乙区法院有管辖权

99. 顺河为甲、乙两国的界河，双方对界河的划界使用没有另行约定，根据国际法的相关规则，下列行为合法的是？（　　）

A. 甲国渔民在全部河面上捕鱼

B. 甲国渔船遭遇狂风，为紧急避险可未经许可停靠乙国河岸

C. 乙国可不经甲国许可在顺河修建堤坝

D. 乙国发生旱灾，可不经甲国许可炸开自己一方堤坝灌溉农田

100. 甲国特斯拉公司在乙国销售进口药品，为此开了10多家药店。后其发现乙国对其销售的某类进口药品征收比国产同类药品更高的某种国内税。甲、乙两国都是WTO成员，根据WTO规则及相关税法规则，下列说法正确的有？（　　）

A. 为保护本国医药业，乙国有权对进口药品征收更高的国内税

B. 特斯拉公司应就其在乙国的营业所得向乙国纳税

C. 乙国违反了最惠国待遇原则

D. 乙国违反了国民待遇原则

2019年国家统一法律职业资格考试客观题试卷一答案及解析

一、单项选择题

1.【参考答案】 A

【解析】 本题中，行人丙作为第三人实施了防卫行为。面对甲的不作为的不法侵害，丙迫使其履行作为义务，属于制止甲的不作为的不法侵害，成立正当防卫。

2.【参考答案】 B

【解析】 A项错误，郭某的先行行为是争吵，不会侵害刘某的生命法益，不成立作为义务。

B项正确，刘某落水的原因是自己追打郭某，刘某主观上对于落水有认识能力和控制能力，因此，刘某落水，应该自己负责。

C项错误，郭某的先行行为不成立作为义务，所以郭某的行为没有刑法上的"违法性"，不可能成立正当防卫。

D项错误，根据C项，郭某也不可能成立假想防卫。

3.【参考答案】 A

【解析】 A项，警察不是故意不出警，而是因为过失才未出警，因此不构成滥用职权罪，而构成玩忽职守罪。A应选。

B项，法官甲因为没有及时学习新理论导致误判，不是故意为之，也没有徇私动机，因此不构成徇私枉法罪。同时，法官的这种过失不属于犯罪过失，因此也不构成玩忽职守罪。B不选。

C项，销售不符合安全标准的食品罪要求主观上是故意，超市主观上是过失，不构成销售不符合安全标准的食品罪，并且刑法没有规定过失致人轻伤构成犯罪，因此该超市不构成犯罪。C不当选。

D项，考查的是对象错误。对象错误的特点是，行为人对实害对象持故意心理，并且对实害对象的身份存在认识错误。本题中，甲欲杀妻子乙，黑暗中误把女儿丙当成乙杀害，属于同一犯罪构成内的对象错误，构成故意杀人罪既遂。D不选。

4.【参考答案】 C

【解析】 A项，狭义的因果关系错误，是指行为人预想的因果历程样态与实际发生的因果历程样态不一致。甲预想的诈骗的因果历程分为五步：第一步，行为人作出欺骗行为；第二步，被害人产生或继续认识错误；第三步，基于认识错误处分财物；第四步，行为人取得财物；第五步，对方遭到财产损失。甲预想的诈骗的因果历程是这五步，实际上也是这五步，因此甲不存在狭义上的因果关系认识错误。A项说法错误。

B项，对象错误的特点是，行为人对实害对象（实害结果）持（直接）故意心理，并且对实害对象的身份存在认识错误。打击错误的特点是，行为人对实害对象（实害结果）持过失心理或者是实害对象（实害结果）基于意外事件而产生，并且对实害对象的身份不存在认识错误。本题中，第一步，甲欲实施诈骗罪，对实害对象及实害结果存在故意，因此不属于打击错误。第二步，甲对被欺骗对象的身份存在认识错误，误将保姆当成王某，因此属于对象错误。B项说法错误。

CD项，甲构成同一犯罪构成内的对象错误，无论根据具体符合说还是法定符合说，均认为甲构成诈骗罪既遂。在诈骗罪的结构中，受骗人与处分人必须是同一人，但对受骗人与受害人不要求是同一人。故本题应选C项。

三角诈骗与盗窃罪的间接正犯的区分标准是看是否具备诈骗罪的第三步，也即受骗人有无处分行为。受骗人的举动要能评价为"处分行为"，就要求受骗人具有处分被害人财物的权利或地位，也即具有处分人的资格地位。

保姆的处分权大，具有处分主人的电脑、电器的权利地位。2015年试卷二第63题就是基于此给出的答案。

5.【参考答案】 D

【解析】 AB项，故意杀人罪，最高可判处死刑，《刑法》第87条规定："犯罪经过下列期限不再追诉：……（四）法定最高刑为无期徒刑、死刑的，经过二十年。如果二十年以后认为必须追诉的，须报请最高人民检察院核准。"对于乙、丙，如果20年以后认为必须追诉的，报请最高人民检察院核准，仍可以追诉。《刑事诉讼法》第16条规定："有下列情形之一的，不追究刑事责任，已经追究的，应当撤销案件,或者不起诉,或者终止审理,或者宣告无罪:……(二)犯罪已过追诉时效期限的……”乙、丙不符合该条件。因此,AB项错误。

C项,《刑诉解释》第13条规定:“正在服刑的罪犯在判决宣告前还有其他罪没有判决的,由原审地人民法院管辖;由罪犯服刑地或者犯罪地的人民法院审判更为适宜的,可以由罪犯服刑地或者犯罪地的人民法院管辖。罪犯在服刑期间又犯罪的,由服刑地的人民法院管辖。罪犯在脱逃期间又犯罪的,由服刑地的人民法院管辖。但是,在犯罪地抓获罪犯并发现其在脱逃期间犯罪的,由犯罪地的人民法院管辖。”本题中并没有出现由罪犯服刑地法院审判更为适宜的情况。因此,C项不当选。

D项,《刑事诉讼法》第21条规定:“中级人民法院管辖下列第一审刑事案件:……(二)可能判处无期徒刑、死刑的案件。”甲所犯之罪可能被判处无期徒刑、死刑,因此,本案应当由中院管辖。因此,D项正确。综上所述,本题答案为D项。

6.【参考答案】 B

【解析】 A选项,执法必须严格,这是正确的,但是,严格并不代表不能搞人文情怀。恰恰相反,社会主义中国执法为民,应当通过人民群众喜闻乐见的方式执法,故执法当然可以根据具体情况采取具体对策,体现人文情怀。如公安机关通过诗歌的方式发布通缉令。故A选项错误。

B选项,执法应当做到宽严相济,在法律范围内,当严则严,当宽则宽,做到宽与严的有机统一。而且我国当前的刑事政策正是宽严相济。故B选项正确,C选项错误。

中国特色社会主义法治理论的基本原则之一是依法治国和以德治国相结合。当代社会,最重要的调控手段就是法律,但法律不是万能的,还需要道德等其他调控手段的治理。同样,仅仅依靠道德治理,也是绝对不可以的。故D选项错误。

7.【参考答案】 B

【解析】 A项,规范性法律文件与非规范性法律文件区别的核心在于其效力对象是否特定。规范性法律文件针对不特定的一般主体,而非规范性法律文件则针对特定的对象生效。本题中,法院的判决书只针对案件当事人发生效力,案外人则不需受其约束,因此属于典型的非规范性法律文件,故A选项错误。

B项,评价作用是指以法律为标准对他人已经做出的行动作出合法或违法的判定,法院通过依法裁判对当事人的行为进行判定直接体现了法律的评价作用,B选项正确。

C项,绝对权的义务主体不特定,如物权、人格权;姓名权是典型的绝对权,权利人以外的一般主体都应尊重并附有不侵犯义务,故C选项错误。

D项,无民事行为能力人是指其从事民事法律行为的范围受限,并不意味着其不享有任何民事权利,这是完全不同的两个概念,如果无民事行为能力人不享有任何权利的话,那么为保障其合法权利的监护人的设置将毫无意义,故D选项错误。

8.【参考答案】 A

【解析】 A项,法律实证主义强调法律本身的权威性,主张社会公众应当严格遵守法律规定。本题中,医生严守法律,避免对法律内容是否恰当进行个人评判,体现了实证主义的立场,故A选项正确。

B项,患者的同意权在任何情况下都应当受绝对保护,强调同意权至高无上的地位,并未考量其代价是否实现最小化的要求,这与强调最小伤害的比例原则无关,故B选项错误。

C项,目的论扩张是指结合立法目的,将本该包含但未必规定的情形纳入法律规范的调整范围;而目的论限缩则是结合立法目的,将法律已规定但本不应当规定的情形排除在外,显然危重病人应该排除在同意权规定的适用范围之外的做法,体现的是目的论限缩而非扩张,故C选项错误。

D项,立法中的伤害原则是指除非行为人的行为侵犯他人的合法权益,否则就不应对其进行限制。本题中该病人的行为并不构成对他人的伤害,而是一种自我伤害的行为,显然与伤害原则的内涵不符。立法者应当允许不经患者同意采取必要的医疗措施的做法更多体现了家长主义原则,即立法者应当对行为人可能导致其自身利益受损的不理智行为进行必要的限制,故D选项错误。

9.【参考答案】 D

【解析】 A项,封建制五刑为笞、杖、徒、流、死。封建制五刑最早在隋朝的《开皇律》中确立。A选项正确。

B项,十恶中的“不道”指灭绝人道,包括杀人全家或用肢解分尸的手段杀人;或用蛊毒的方法,企图使人中毒致死等行为。因此张某杀人碎尸应属“不道”。B选项正确。

C项,唐律规定“缘公事致罪,而无私曲者”是为“公罪”,官员在执行公务时不慎出现差错而犯罪的情形发生在履行公务过程中,且并非为求私利而犯罪,属于“公罪”。C项正确。

D项，唐代行使中央审判权的机关为大理寺，刑部主管复核。D项错误。

10.【参考答案】 D

【解析】 中国近代史上首部正式颁行的宪法是1923年的《贿选宪法》。故D项错误，当选。ABC选项正确，不当选。

11.【参考答案】 D

【解析】 AB项，清末民商法修订由沈家本、伍廷芳、俞廉三等人主持。在编纂过程中，聘请日本法学家松冈正义等外国法律专家参与起草工作，并派员赴全国各省进行民事习惯的调查。故AB正确。

CD项，《大清民律草案》分为总则、债权、物权、亲属、继承五编。其中，总则、债权、物权三编由松冈正义等人仿照德、日民法典的体例和内容草拟而成，吸收了大量的西方资产阶级民法的理论、制度和原则。而亲属、继承两编则由修订法律馆会同保守的礼学馆起草，其制度、风格带有浓厚的封建色彩，保留了许多封建法律的精神。故C正确，D错误。

12.【参考答案】 B

【解析】 A项，法官助理属于司法辅助人员，在法官的督导下工作，协助法官进行法律研究、起草法律文书以及其他与案件准备和案件管理有关的工作。A项正确。

B项，司法体制改革关于法官和检察官遴选的基本要求是公开透明、公正合法，中级人民法院和市级以上的法官和检察官原则上采取逐级遴选的方式产生，并且特别强调要加强法官、检察官的遴选范围，符合条件的律师及法学研究人员均可参与遴选，显然B选项单纯强调从法院和检察院内部的法官助理、检察官助理和书记员中间遴选的方式与上述理念和要求不符。故B项错误。

C项，《人民检察院组织法》第29条规定，检察官在检察长领导下开展工作，重大办案事项由检察长决定。检察长可以将部分职权委托检察官行使，可以授权检察官签发法律文书。故C项正确。

D项，司法体制改革要求加强办案过程的透明性和公开性，因此审判委员会在召开刑事案件会议时，邀请检察长和律师列席会议并发表意见，符合这一理念。D项正确。

13.【参考答案】 D

【解析】 ABC选项正确。比例原则有三方面的要求：第一，合目的性，是指行政机关行使裁量权所采取的具体措施必须符合法律目的。第二，适当性，是指行政机关所选择的具体措施和手段应当为法律所必需，结果与措施和手段之间存在正当性。第三，损害最小，是指行政机关在可以采用多种方式实现某一行政目的的情况下，应当采用对当事人权益损害最小的方式，即行政机关能用轻微的方式实现行政目的，就不能选择使用手段更激烈的方式。

D选项错误，当选。行政机关作出行政处罚应当听取当事人意见是程序正当原则中公众参与的体现。

14.【参考答案】 C

【解析】 诚实守信原则包括信赖利益保护原则，该原则要求非因法定事由并经法定程序，行政机关不得撤销、变更已经生效的行政决定；因国家利益、公共利益或者其他法定事由需要撤回或者变更行政决定的，应当依照法定权限和程序进行，并对行政管理相对人因此而受到的财产损失依法予以补偿。本题中，区政府颁发许可证后，基于公共利益需要将房屋所有权证予以撤回，小区予以拆迁，政府对张某受到的损失予以补偿，这体现的是信赖利益保护原则，本题C选项正确。

15.【参考答案】 B

【解析】 《地方政府机构设置和编制条例》第9条规定："地方各级人民政府行政机构的设立、撤销、合并或者变更规格、名称，由本级人民政府提出方案，经上一级人民政府机构编制管理机关审核后，报上一级人民政府批准；其中，县级以上地方各级人民政府行政机构的设立、撤销或者合并，还应当依法报本级人民代表大会常务委员会备案。"B市政府的上一级政府为A省政府，所以B选项正确。

16.【参考答案】 D

【解析】 职务专指领导职务，分为：国家级正职、国家级副职、省部级正职、省部级副职、厅局级正职、厅局级副职、县处级正职、县处级副职、乡科级正职、乡科级副职。

职级层次在厅局级以下设置，综合管理类公务员职级序列分为：一级巡视员、二级巡视员、一级调研员、二级调研员、三级调研员、四级调研员、一级主任科员、二级主任科员、三级主任科员、四级主任科员、一级科员、二级科员。所以A选项正确，D选项错误。

根据《公务员法》第21条第4款，公务员的领导职务、职级与级别是确定公务员工资以及其他待遇的依据。B选项正确。

公务员领导职务实行选任制、委任制和聘任制。公务员职级实行委任制和聘任制。①根据岗位需要领导职务和非领导职级均可以聘任。②委任制是任免机关委派公务员担任一定的职务或者职级的制度。新录用的公务员试用期考核合格的、通过公开选拔等方式进入公务员队伍的、晋升或者降低职务的,以及免职后需要新任职务的都需要通过委任程序履行任职手续,可见无论非领导职务的职级公务员,还是领导职务的公务员,到某个具体工作岗位时均需要遵照委任程序。③一些特殊的领导岗位可直接通过各级人大及其常委会任免领导职务的公务员,此为选任制程序,非领导岗位的职级公务员无法适用选任制,可见,C选项是正确的。

17.【参考答案】 C

【解析】 被开除中国共产党党籍的,不得被录用为公务员。开除党籍只包括中国共产党党籍,民主党派党籍不在其列,同时,也不包括留党察看等其他党内处分。所以A选项错误,不选。

曾因犯罪受过刑事处罚的,被开除中国共产党党籍的,曾被开除公职的,被依法列为失信联合惩戒对象的人员不得被录用为公务员。所以B选项错误。

公务员的考核分为平时考核、专项考核和定期考核等方式,非领导成员公务员的定期考核采取年度考核的方式,每年一考核,所以C选项正确。

必须连续2年考核不合格,才可以辞退,而如果没有连续,单独1年考核不称职,只是降职而已,D选项不当选。

18.【参考答案】 C

【解析】 行政协议是官民双方意思表示一致而订立的具有行政法上权利义务内容的协议,行政协议和具体行政行为的最大区分在于,具体行政行为具有单方性,而行政合同具有双方性。所以A选项错误。

行政指导是不影响当事人权利义务的事实行为,而本题县政府要求居民60日内搬离,为公民设定了义务负担,所以不属于B选项的行政指导,而属于C选项的单方行政行为。

本公告属于单方的具体行政行为类型下的行政命令行为,是行政主体依法要求相对人进行一定的作为或不作为的意思表示,而不属于行政强制。行政强制措施具有控制性与预防性,行为目的是制止违法行为、防止证据毁坏、避免危害发生、控制危险扩大等内容,本公告显然不具备该特点。行政强制执行是行政机关依法作出行政决定后,当事人在期限内不履行义务时,作出的动用强制力的行政行为,而本题中的公告尚停留在给当事人设定义务的阶段,并没有走到强制执行阶段,只有在当事人不搬离之后,作出的才可能是执行行为。所以D选项错误。

19.【参考答案】 D

【解析】 A选项正确。具体行政行为一经生效,行政机关和相对人必须遵守是拘束力的表现。

B选项正确。2014年《行政诉讼法》修改之后,具体行政行为的概念在法条中不再出现,但这并不意味着具体行政行为在学理上和实践上均被取消,之所以法条中取消了具体行政行为的表述,是因为行政诉讼受案范围的扩张,除了具体行政行为可以受案外,行政合同(行政协议)也可以受案,还有部分抽象行政行为也可以附带性地受案,所以在法条表述中再使用具体行政行为的概念会使法条表述显得不够精确。

C选项正确。具体行政行为是对特定人或者特定事项的一次性处理,这表明处理的个别性是具体行政行为的重要特征。个别性特征是具体行政行为区别于抽象行政行为的主要标志。比较而言,抽象行政行为是为不特定事项和不特定人安排的,可以反复适用的普遍性规则。

D选项错误。根据立法对行政行为约束的严格程度,行政行为可以被划分为羁束性行政行为和裁量性行政行为,羁束与裁量是一组相对概念。根据行政行为与当事人之间的权益关系,行政行为可以被划分为授益行政行为和负担行政行为,授益和负担是一组相对概念。

20.【参考答案】 B

【解析】 A选项正确。只要满足了执行罚和代履行的构成要件,所有的行政机关均可采取间接强制执行的执行手段。

B选项错误。拍卖权的行使条件概括为"山穷水尽疑无路,扣的货款抵罚款"。而B选项没有交代该超市不复议、不诉讼、经过了催告程序也不履行的情形,并不满足拍卖权的行使要件。

C选项正确。行政机关可以在执行过程中与当事人签订执行协议,内容包括:①约定分阶段履行。②当事人采取补救措施的,可以减免加处罚款的滞纳金。

D选项正确。D选项的表述为"可以告知超市有申请听证的权利",而非"应当告知",听证的范围分为法定听证和约定听证。当事人的听证权并非仅基于法律规定或法律授予,也可以基于行政机关的承诺。

21.【参考答案】 B

【解析】 A选项错误,B选项正确。《城乡规划法》第66条规定:"建设单位或者个人有下列行为之一的,由所在地城市、县人民政府城乡规划主管部门责令限期拆除,可以并处临时建设工程造价一倍以下的罚款:(一)未经批准进行临时建设的;(二)未按照批准内容进行临时建设的;(三)临时建筑物、构筑物超过批准期限不拆除的。"行政强制执行的基本过程一般为"先说后做",拆迁过程的第一步,责令当事人限期拆除;第二步,如果当事人逾期未拆除,行政机关应自己或申请法院予以拆除。

本题的CD选项是明显错误的,对于违法建筑物如果当事人均可以补办手续,将违法行为"治愈"为合法行为的话,所有的违法建筑物都可以"先上车,后补票",那以后规划许可证就没有存在的意义了。

22.【参考答案】 B

【解析】 国务院部门或者省级人民政府作为被申请人时的行政复议机关是作出该具体行政行为的国务院部门或者省级人民政府。也就是说,复议机关并不是国务院,而是省部级机关自身。注意这里的省级包括省、自治区和直辖市;部级指的是国务院部门,包括组成部门(如教育部)和直属机构(如国家税务总局、国家统计局)。所以B选项正确,ACD选项错误。

23.【参考答案】 A

【解析】 A选项错误。行政确认是对业已存在的主体资格、法律事实与法律关系依法进行认定,赋予其法律效力并宣示该效力的行为,户籍登记、婚姻登记和工伤认定均属于行政确认。行政裁决中行政机关是作为第三方以中立的主体身份出现的,在行政裁决法律关系中,必然会涉及三方主体;但行政确认是行政机关和行政相对人之间的双方法律关系,行政机关是以管理者的身份,而非以第三方中立主体的身份出现。

B选项正确。本案中张某死亡,妻子继受丈夫的原告资格,张某的妻子可以作为申请人申请复议。

C选项正确。申请人、第三人可以委托代理人代为参加行政复议。无论是公民、法人,还是其他组织,均有权委托代理人参加行政复议。

D项正确。行政复议意见书是在行政复议期间行政复议机关发现被申请人或者其他下级行政机关的相关行政行为违法或需要做好善后工作的情况下制作的;行政复议的意见书,是在行政复议期间行政复议机关发现法律、法规、规章实施中带有普遍性的问题,需要向有关机关提出完善制度和改进行政执法的建议的情况下制作的。

24.【参考答案】 B

【解析】 A选项正确。本题属于复议改变,提起行政诉讼后,法院的审理对象为"区政府撤销公安局处罚决定"的合法性,而区政府撤销处罚决定的理由为陈某的行为属于职务行为,不应按照普通打架纠纷去处罚公职人员,而应由行政机关内部处分陈某,此时,对陈某的打人行为究竟属于公职行为还是个人行为的定性,会直接影响对撤销决定是否合法的判断,所以陈某的行为是否属于职务行为自然会成为本案的争议焦点。

B选项错误。行政诉讼原告只能是行政相对人,被告只能是行政主体,所以在行政诉讼制度中自然不会出现反诉制度。

C选项正确。区政府认为原复议机关区公安局法律定性错误,将行政处罚予以撤销,属于改变复议,此时,被告为复议机关区政府。

D选项正确。综合执法局执法人员陈某将李某打伤,李某属于侵权关系的受害人,与行政处罚之间有法律上的利害关系,在处罚被复议机关撤销后,李某自然有资格成为第三人。

25.【参考答案】 B

【解析】 根据《行政诉讼法》及其司法解释的规定,限制人身自由案件的特殊地域管辖规则有所调整,考生应注意下列要求:第一,原告必须是被限制人身自由人,受害人做原告只能由被告所在地法院管辖。第二,只要当事人提出的诉讼请求中具有限制人身自由的行政强制措施(无论是单纯的限制人身自由强制措施,还是限制人身自由强制措施再加上限制其他的财产、人身行为的措施),那么就可以由原告所在地或被告所在地法院管辖,但拘留类的行政处罚行为(无论是单纯的拘留,还是拘留加罚款、扣押等财产类行为)只能由被告所在地法院管辖,这是和以前不同的。第三,原告所在地包括原告的户籍所在地、经常居住地和被限制人身自由地。

李某并未被限制人身自由,地域管辖只能遵循"原告就被告"的一般原理,李某只能在市公安局所在地法院起诉。所以A选项错误。张某是被限制人身自由的人,也满足"诉求中具有限制人身自由的强制措施"的要求,所以张某所在地法院和被告市公安局所在地法院对本案具有管辖权。所以 B 选项正确。张某并未起诉强制传唤决定,地域管辖只能遵循“原告就被告”的一般原理,张某只能在市公安局所在地法院起诉。所以 C 选项错误。张某妻子与本案没有法律上的利害关系,没有原告资格,无论是哪里的法院均不应受理本案。所以 D 选项错误。综上,本题答案为 B。

26.【参考答案】 A

【解析】 A 选项正确。2019 年《政府信息公开条例》在申请资格中体现了“一松一紧”的特点,“一松”表现在取消了申请人所申请的信息应当与“自身生产、生活、科研等特殊需要”相关等要求,所以 B 选项错误;“一紧”表现在,为防止申请人滥用信息公开权,出现同一申请人长期、反复地申请政府信息公开的情形,该条例要求无论申请何种政府信息,均需要提供身份证明。

C 选项错误。海事局以该信息不存在为由而拒绝公开,但是,该信息是否不存在,实际上题干没有相应的信息,所以无法判断拒绝公开是否为合法行为,也无法作出相应的判决。

D 选项错误。行政诉讼中,被诉行政行为合法性的举证责任应当由被告承担,法院应审查被告是否已经尽到充分合理的查找、检索义务,若被告不能提供相反证据,并举证证明已尽到充分合理的查找、检索义务的,法院不能支持被告有关政府信息不存在的主张。

27.【参考答案】 D

【解析】 AB 选项错误。本题中,罗某认为某电信公司将手机 UIM 卡定价为 50 元/张属于违法收费,要求市监局对该公司进行查处。市监局调查后表示应当收取卡费,驳回了罗某的请求。市监局的驳回是对罗某合法请求的“一次处理”,属于行政不作为,故而可诉,但如果罗某就市监局的驳回,反复多次要求市监局或其上级处理,行政机关拒绝处理的行为,则属于不可诉的信访办理行为。

C 选项错误。《行政诉讼法》允许当事人向法院提出附带性审查请求的只有其他规范性文件(国务院制定的其他规范性文件除外)。而本案《关于电信全业务套餐资费优化方案的批复》为其他规范性文件,属于可以提出附带性审查的范围。其他规范性文件为专有名词,指的是除了行政法规和规章之外的抽象行政行为,由于其他规范性文件的制定程序随意,法律位阶较低,所以所有的行政机关均有权制定,上至国务院,下至乡政府,也包含公安局等政府的工作部门。该批复制定者为省通管局和省发改委,其性质不可能是行政法规,也不可能是规章,本题用排除法可判断该批复的性质为其他规范性文件。公民、法人或其他组织对抽象行政行为只能附带性地提出审查要求,不能直接起诉抽象行政行为。

D 选项正确。附带性审查的抽象行政行为必须与被诉的行政行为之间有关联性,应当在一审开庭前提出,有正当理由的,也可以在法庭调查中提出。

28.【参考答案】 A

【解析】 A 选项正确。制定机关申请出庭陈述意见的,人民法院自然应当准许。

法院经审查认为规范性文件不合法的,正确的处理方法如下:

第一,“不适用”。如果规范性文件不作为认定行政行为合法的依据,可将理由在判决书中予以阐明。但是,法官只是有权在具体个案当中不予适用,而不能直接宣告文件无效或撤销,中国的法院是没有直接的违宪审查权的。所以 C 选项错误。

第二,“提建议”。作出生效裁判的法院应当向规范性文件的制定机关提出处理建议,并可以在裁判生效之日起 3 个月内,向规范性文件制定机关提出修改或者废止该规范性文件的司法建议。所以 B 选项错误。

第三,“告领导”。法院可以在向制定机关提司法建议的同时,将建议抄送制定机关的同级人民政府、上一级行政机关、监察机关以及规范性文件的备案机关。

法院在规范性文件审查过程中,只有在发现规范性文件可能不合法的时候,才需要听取规范性文件制定机关的意见,所以欠缺了“发现规范性文件可能不合法”的要素,D 选项错误。

29.【参考答案】 C

【解析】 A 选项错误。《限期整改通知》等责令改正行为,核心在于恢复正常状态,性质更偏向于教育和纠正功能,其性质不属于行政处罚,法考中该行为属于行政强制措施,肯定不属于“柔性”的行政指导行为。

B 选项错误。水污染防治设施验收不合格认定书属于行政确认,是行政机关对特定法律事实、法律关系或者法律状态作出具有法律效力并且予以证明的行政行为。行政确认属于具体行政行为的一种,会对当事人的权利义务带来影响,所以行政确认是可诉的。

C 选项正确。行政机关作出责令停产停业、吊销许可证或者执照、较大数额罚款等行政处罚之前,应当告知当事人有要求举行听证的权利,而本题的停业整顿实际上就是停产停业,所以区生态环境局应当告知辉煌公司有申请听证的权利。

D 选项错误。法院对起诉行政机关没有依法支付抚恤金、最低生活保障金和工伤、医疗社会保险的案件,权利义务关系明确、不先予执行将严重影响原告生活的,可以根据原告的申请,裁定先予执行。本题申请对象为责令停业整顿,不属于先予执行的范围。

30.【参考答案】 A

【解析】 刑事司法赔偿义务机关的确定遵循后置原则,由最后一个作出错误法律文书的机关作为赔偿义务机关。本案中,县法院是最后一个作出有罪决定的错误法律文书的司法机关,因此,县法院是赔偿义务机关。A 项正确。

31.【参考答案】 B

【解析】 A 选项错误。根据赔偿义务机关后置的原理,本题应当由最终判处当事人有罪的市中院赔偿。

B 选项正确。赔偿义务机关先行处理期限是自收到受害人申请之日起 2 个月。

C 选项错误。当赔偿义务机关为法院时,司法赔偿程序应当遵循"两步走"的程序步骤,对赔偿决定不服的,可以直接向上一级法院赔偿委员会申请赔偿,无须申请复议。

D 选项错误。对马某的赔偿金标准应按照赔偿义务机关作出赔偿决定时的上一年度国家职工平均工资计算,马某 2015 年申请赔偿,作出赔偿决定必然晚于 2015 年,所以赔偿金标准不可能是按照 2010 年度国家职工日平均工资计算。

32.【参考答案】 D

【解析】 国家赔偿原则上只赔偿直接损失。直接损失,是指因遭受不法侵害对现有财产带来的必然性、直接性的侵害。企业被吊销许可证和执照、责令停产停业的,预期利润属于可能有、可能没有、可能多、可能少的"或然性"损害,国家不予赔偿,所以 D 选项属于不应当赔偿的项目。但国家会赔偿停产停业期间必要的经常性费用开支,也就是法人、其他组织和个体工商户为维系停产停业期间运营所需的基本开支,包括留守职工工资、必须缴纳的税费、水电费、房屋场地租金、设备租金、设备折旧费等必要的经常性费用。所以 ABC 选项都属于应当赔偿的项目。

33.【参考答案】 D

【解析】 D 项正确。沿海国对于专属经济区没有领土主权,但对专属经济区的经济资源享有专属权利,具体表现为:沿海国拥有勘探开发、养护和管理自然资源的权利;沿海国对建造和使用人工岛屿和设施、海洋科学研究、海洋环境保护事项拥有管辖权;为行使上述权利,沿海国可以制定与公约规定一致的专属经济区法规,并可以采取必要措施以确保其法规得到遵守,包括登临、检查、逮捕和进行司法程序。因此,甲国在海面搭建风力发电装置符合公约。

A 项错误。其他国家在专属经济区有航行和飞越的自由、铺设海底电缆和管道的自由(线路的划定须经沿海国同意),以及与此有关的其他合法活动的权利。因此,对于乙国铺设的海底电缆,甲国不能拆除。

B 项错误。丙国无人机在甲国专属经济区上空有飞越自由,甲国不得击落。

C 项错误。丁国军舰在甲国专属经济区有航行自由,甲国不得击沉。

34.【参考答案】 D

【解析】 对于可引渡的罪行,一般都列举和规定在引渡条约中,有些国家的国内引渡法也有规定。"双重犯罪原则"和"政治犯罪不引渡"是被一般接受的原则。

ABC 选项正确。双重犯罪原则是指被请求引渡人的行为必须在请求国和被请求国都被认定为犯罪。题中,丙国为引渡的请求国,乙国为被请求国,B 项说法符合双重犯罪原则。"如果任盈盈的行为只在丙国构成犯罪",则不满足该原则,乙国应当拒绝引渡,C 项说法正确。在政治犯不引渡原则中,关键是对政治犯罪的认定问题。实践中,认定政治犯罪的决定权属于被请求国。A 项符合政治犯不引渡原则。

引渡是一国将处于本国境内的被外国指控为犯罪或已经判刑的人,应该外国的请求,送交该国。引渡的对象是请求国指控为犯罪或被其判刑的人,其可能是请求国人、被请求国人或第三国人。因此,D 项结论错误,当选。

35.【参考答案】 D

【解析】 C 项错误。对于派遣国的使馆馆长及外交人员,接受国可以随时不加解释地宣布其为"不受欢迎的人"而不必说明理由。

AB 错误,D 正确。对于被宣布为"不受欢迎的人",如果在其入境以后被宣告,则派遣国应酌情召回该人员或终止其使馆人员的职务。否则,接受国可以拒绝承认该人员为使馆人员,甚至令其限期离境。据此,D项说法正确。A项甲国"应立即"将汤姆召回的说法错误,应是酌情召回。同理,B项也错误,不是"应立即"停止其大使职务,而是酌情终止职务。

36.【参考答案】 D

【解析】 CRS根据账户持有人税收居住地而不仅仅以账户持有人的国籍来作为识别依据。其所针对的是,纳税人应该在哪个国家纳税,其金融信息就会被发送到应该纳税的国家。A项中王某的国籍理由不能成立,错误。

CRS与双边协定中的情报交换条款有所不同,双边协定中的情报交换是依申请而进行的,申请时需要提供涉税的证明材料,所以实践中作用非常有限。而CRS是自动的、无须提供理由的信息交换,这种信息交换每年进行一次。B项错误。根据CRS标准交换的金融账户信息是指广义的金融账户,包括银行、信托、券商、提供各种金融投资产品的投资实体、特定的保险机构的账户等,C项错误。

投资海外房产、珠宝、艺术品、贵金属等不属于金融资产的品类,不需要申报。D项正确。

37.【参考答案】 D

【解析】 本题的考点是共同犯罪与盗窃罪,乙在本案中帮助甲实施了盗窃行为,属于盗窃罪的帮助犯。在一般情况下,根据共犯从属性,帮助犯的犯罪停止形态与正犯的停止形态具有从属性,正犯成立犯罪既遂,则帮助犯也成立犯罪既遂。但是在本案中,甲盗窃的是乙的渔网,由于乙本人所有的财产不能成为乙的犯罪行为所侵害的对象,故乙在具体法益侵害及其结果上具有违法阻却事由(自损行为),乙不用为甲着手盗窃后所针对的(乙的)法益及其实害结果负责,因此,乙不构成盗窃罪的未遂和既遂。因此A、C选项错误,不当选。

盗窃罪的既遂标准为"大件扔出墙外,小件握在手中",本题当中,甲实际取得了对他人渔网的控制占有,成立盗窃罪既遂。因此,B项错误,不当选。

甲在着手盗窃之前乙有帮助甲盗窃的意思,并且提供了帮助行为,也即乙与甲的共犯关系应当仅存在于甲着手盗窃之前,此时,甲尚未着手针对乙的财产实施盗窃,因此乙需要为其共犯行为承担刑事责任,乙构成盗窃罪的犯罪预备。因此,D项正确,当选。

38.【参考答案】 C

【解析】 本题考查的是盗窃罪与贪污罪,贪污罪与盗窃罪区分的关键在于,行为人是否利用了职务上的便利。本案中,张三获取财物的关键在于,其调换了客户的U盾,而保管、调换客户U盾的行为,并不是其职务行为,即张三没有利用职务上的便利。故A选项错误。

关于B项和D项,本案不构成诈骗罪,那么亦不构成集资诈骗罪,诈骗罪要求被害人自愿处分财产,即放弃对财产的占有而交给犯罪行为人。本案中,被害人(客户)并没有放弃自己财产的意思,被害人是想将财物(存款)交给银行。故BD两项错误。本题选择C选项。

39.【参考答案】 A

【解析】 利用影响力受贿罪与受贿罪共犯都表现为特定关系人受贿的情形,但也有区别。受贿罪共犯是特定关系人与国家工作人员事先有共谋。行为人将财物交付给特定关系人,特定关系人与国家工作人员构成受贿罪的共犯,无论财物是否由国家机关工作人员占有。故刘甲和刘乙构成受贿罪共犯,BCD均被排除。

行贿罪与对有影响力的人行贿罪,都是行贿罪,就看行为人把钱给了谁,本题中,陈某把钱给了与国家工作人员关系密切的人,构成对有影响力的人行贿罪。综上,A当选。

40.【参考答案】 C

【解析】 本题考查了共同犯罪,牵连犯,想象竞合与法条竞合,非法行医罪,诈骗罪,生产、销售假药罪等考点,难度较大。非法行医罪是没有医生资格而行医,区别于医疗事故罪,医疗事故罪是有医生资格的人出现事故。本题中甲、乙共同犯罪,乙没有医生资格仍旧非法行医,已经构成非法行医罪。

生产、销售假药罪是一个选择罪名,甲和乙共谋,假冒医生,然后欺骗患者,给患者销售甲生产制造的假药,生产、销售假药罪与非法行医罪之间没有必然性、高度伴随性,不具有牵连关系,因此应当数罪并罚。

销售假药属于以假充真,销售的同时也触犯了诈骗罪,属于一行为触犯了两个罪名,这不是想象竞合,而是法条竞合(法条竞合是必然的竞合,想象竞合是偶然的竞合),销售假药罪属于特殊法条。故选择C。

41.【参考答案】 B

【解析】 本题考查的是交通肇事罪、妨害安全驾驶罪、以危险方法危害公共安全罪。这道题其实并不难,只是如何区分《刑法修正案(十一)》新增的罪名与《关于依法惩治妨害公共交通工具安全驾驶违法犯罪行为的指导意见》中的罪名的问题。

对行驶中的公共交通工具的驾驶人员使用暴力或者抢控驾驶操纵装置，干扰公共交通工具正常行驶，危及公共安全的，成立妨害安全驾驶罪。定这个罪说明对公共安全危害程度较小，如果危害程度大就要定以危险方法危害公共安全罪。交通肇事罪属于违反交通运输管理法规，发生重大事故，致人重伤、死亡或者使公私财产遭受重大损失的行为。做题技巧就是，对公共安全危害程度小的就定妨害安全驾驶罪、危害程度相对大的就定交通肇事罪、危害程度较大的就是以危险方法危害公共安全罪了。本题选择 B。

42.【参考答案】 A

【解析】 本题考查的是罪数，较为简单，加重规定与特别法条之间的区别就在于特别法条是一个独立的罪名，如诈骗罪与集资诈骗罪。所以，A 正确。

行为人盗窃后销售属于不可罚的事后行为，但是本案中的销赃是又虚构事实隐瞒真相实施了一个诈骗行为，故应该数罪并罚，B 错。

两次入户抢劫只定抢劫罪一罪，持枪抢劫仍旧成立抢劫罪一罪，仅仅是法定刑重了而已，同种类的数罪，只需要定一罪，财产型犯罪涉及财产罪计算即可。C 错。

周某抢劫陈某既遂后，为了灭口杀害被害人陈某，不属于抢劫的后果加重犯，应当数罪并罚，故 D 错。

43.【参考答案】 D

【解析】 职务侵占罪的对象是单位的财产，本题中，受损失的是被害人周某，故不成立职务侵占罪，A 错误。郑某仅仅是指导周某使用 U 盾，U 盾并没有脱离周某的占有，也难以认定周某处分 U 盾。故 B 错误，D 正确。成立诈骗罪，要求被害人自愿处分财物，本案中被害人没有处分财产的意思、行为，故 C 错误。

44.【参考答案】 A

【解析】 A 项正确。磋商是申请设立专家组的前提条件。

B 项错误。专家组协助争端解决机构履行有关职责、作出裁决或提出建议。专家组的权限范围仅限于申请时提出的问题，对争端方没有提出的主张，即使相关专家提出了这样的主张，专家组也不能作出裁决。

C 项错误。上诉机构可以推翻、修改或撤销专家组的调查结果和结论。上诉机构没有将案件发回专家组重新审理的权力。

D 项错误。争端解决机构在通过争端解决报告时采用的是“反向一致”原则，除非争端解决机构一致不同意通过相关争端解决报告，否则该报告即得以通过，只要有一票赞成该报告，报告即得通过。

45.【参考答案】 C

【解析】 A 项错误。商务部调查时，利害关系方应当如实反映情况、提供有关资料。利害关系方不如实反映情况、提供有关资料的，或者没有在合理时间内提供必要信息的，或者以其他方式严重妨碍调查的，商务部可以根据已经获得的事实和可获得的最佳信息作出裁定，即基于现有事实作出裁定。对 A 项所言情况，商务部可不予处理，错误。

B 项所言“司法协助途径”的主体是司法机关，商务部是行政机关，不能使用该途径。商务部可以采用问卷、抽样、听证会、现场核查等方式向利害关系方了解情况，进行调查。商务部认为必要时，可以派工作人员赴有关国家（地区）进行调查；但是，有关国家（地区）提出异议的除外。

C 项正确。商务部可以建议但不得强制出口经营者作出价格承诺。出口经营者不作出价格承诺或不接受价格承诺建议，不妨碍反倾销案件的调查和确定。

D 项错误。对实施临时反倾销税的期间追溯征收反倾销税的，采取多退少不补的原则，即终裁决定确定的反倾销税额高于已付或应付临时反倾销税或担保金额的，差额部分不予征收；低于已付或应付临时反倾销税或担保金额的，差额部分应予退还或重新计算。

46.【参考答案】 C

【解析】 C 项正确，BD 两项错误。当事人在合同中明确选择 2010 年通则，该通则得以适用。在 FOB 贸易术语下，交货地点是装运港船上。本题法国甲公司为卖方，中国乙公司为买方。交货地点是装运港船上，因此 BD 两项错误。

A 项错误。贸易术语中的运输，一般指“主要运输”，可以简单理解为连接进出口国的运输。在 FOB 术语下，买方安排主要运输、支付主要运输费用。本题中中国乙公司负责找船并支付主要运费，但因该术语下卖方交货地点在装运港船上，故对酒庄到装运港之间的陆路运输部分，应由卖方负责安排。

47.【参考答案】 B

【解析】 A 项错误。卖方对本案中货损是否负责属于货物买卖的风险转移问题。对于合同中有运输条款的货物买卖的风险转移，依 1980 年《联合国国际货物销售合同公约》第67条的规定，应依下列方式转移风险：(1)如该运输条款规定卖方有义务在某一特定地点把货物交给承运人运输，则卖方履行义务之后，货物的风险就随之转移给了买方；(2)如合同中没有指明交货地点，卖方只要按合同约定把货物交给第一承运人，货物的风险就转移给买方了。据此，只要货物已经交给承运人，本案货物损毁灭失的风险就已经转移给买方，卖方对此不用承担责任。

B项正确。航空运单是由承运人出具的证明承运人与托运人已订立了国际航空货物运输合同的运输单证。它与海运提单不同，不是货物的物权凭证，因为航空运输速度快，没有必要通过转让单证来转移货物的所有权。在实际业务中，航空运单一般都印有"不可转让"的字样。

C项错误。依《华沙公约》的规定，承运人应对货物在航空运输期间发生的因毁灭、遗失或损坏而产生的损失负责。航空运输期间包括货物在承运人保管下的整个期间，无论是在航空站内、在航空器上，还是在航空站外降停的任何地点。题中"丙公司飞机在航空站外降落"，仍然属于航空运输期间，丙公司要承担货损责任。

D项错误。卖方是否有义务为该批货物投保商业保险，要看买卖双方的具体约定，题中只表明"合同约定由卖方负责安排航空运输"，并未谈及有关投保的约定。

48.【参考答案】 C

【解析】 行政法规，是指国务院为领导和管理国家各项行政工作，根据宪法和法律，按照行政法规规定的程序制定的政治、经济、教育、科技、文化、外事等各类法规的总称。行政法规的具体名称有条例、规定和办法。规范性文件，是指行政机关除行政法规和规章之外的，具有普遍约束力的决定、命令和行政措施。根据《党政机关公文处理工作条例》有关规定，规范性文件通常采用以下名称：命令、决定、公告、通告、批复、意见、函。因此，该意见不属于行政法规，属于规范性文件。故A选项错误。

根据《行政诉讼法》第63条第1、3款，人民法院审理行政案件，以法律和行政法规、地方性法规为依据，参照规章。该意见属于国务院制定的规范性文件，不属于行政法规，不能作为法官裁判的依据。故B选项错误。

根据《立法法》第91条第1款，国务院各部、委员会、中国人民银行、审计署和具有行政管理职能的直属机构以及法律规定的机构，可以根据法律和国务院的行政法规、决定、命令，在本部门的权限范围内，制定规章。该意见属于国务院制定的规范性文件，是具有普遍约束力的决定、命令，可以作为制定部门规章的依据。故C选项正确。

根据《行政诉讼法》第53条，公民、法人或者其他组织认为行政行为所依据的国务院部门和地方人民政府及其部门制定的规范性文件不合法，在对行政行为提起诉讼时，可以一并请求对该规范性文件进行审查。前款规定的规范性文件不含规章。也就是说，附带性审查的范围是国务院部门和地方人民政府及其部门制定的规范性文件，以及乡、镇政府的规定。该意见属于国务院制定的规范性文件，不属于附带性审查的对象。故D选项错误。

49.【参考答案】 A

【解析】 根据《立法法》第77条第1款，行政法规由总理签署国务院令公布。《行政区划管理条例》属于行政法规，应由总理签署，以国务院令公布。故A选项正确，B选项错误。

根据《立法法》第109条，行政法规应当在公布后的30日内报全国人大常委会备案。因此，《行政区划管理条例》应当在2018年10月10日起30日内向全国人大常委会备案。故CD选项错误。

50.【参考答案】 A

【解析】 A项正确。《设立国际商事法庭的规定》第15条第1款规定："国际商事法庭作出的判决、裁定，是发生法律效力的判决、裁定。"第16条第1款规定："当事人对国际商事法庭作出的已经发生法律效力的判决、裁定和调解书，可以依照民事诉讼法的规定向最高人民法院本部申请再审。"

B项错误。《设立国际商事法庭的规定》第4条规定："国际商事法庭法官由最高人民法院在具有丰富审判工作经验，熟悉国际条约、国际惯例以及国际贸易投资实务，能够同时熟练运用中文和英文作为工作语言的资深法官中选任。"另外，根据《法官法》第12条第1款第1项，担任法官必须具有中国国籍。故希腊法学家西蒙是不能被国际商事法庭遴选为法官的，B项错误。另外，需要强调的是，《设立国际商事法庭的规定》第11条提及的国际商事专家委员会，是最高人民法院为加强国际交流与合作，保障与促进国际商事法庭审判工作的顺利开展，支持调解、仲裁、诉讼等多元方式解决国际商事纠纷而成立。国际商事专家委员会的专家委员可以由外国人担任。不要将两者混淆。

C 项错误。《设立国际商事法庭的规定》第 9 条第 2 款规定："当事人提交的证据材料系英文且经对方当事人同意的，可以不提交中文翻译件。"此处仅限于英文证据材料，且须对方当事人同意，方可不提交中文翻译件。"希腊文字"的证据材料是不满足该项条件的。

D 项错误。《设立国际商事法庭的规定》第 9 条第 1 款规定："当事人向国际商事法庭提交的证据材料系在中华人民共和国领域外形成的，不论是否已办理公证、认证或者其他证明手续，均应当在法庭上质证。"

二、多项选择题

51.【参考答案】 BD

【解析】 A 项中传播淫秽物品罪的"传播"是指让不特定人知晓淫秽物品的内容，传播性病罪中的"传播"是指通过性器官接触传染性病。二者含义不同。A 错误。

从文理解释的角度来看，"倒卖"应当是指买进后卖出，也即"二道贩子"（中间商）。但是，这种解释会导致处罚漏洞。例如，出售自己收藏的国家禁止经营的汉代佛头，就不构成倒卖文物罪。由于论理解释包括解释的技巧（扩大解释），因此，从论理解释中扩大解释的角度来看，"倒卖"可以解释为以下三种情形，一是买进后卖出，二是只有卖出，三是为卖出而买进。这种解释没有明显超出词义可能的含义范围，属于扩大解释，而非类推解释。司法解释也肯定了这种解释结论。根据司法解释，①倒卖指以牟利为目的，出售或者为出售而收购、运输、储存的行为。依照该解释结论，倒卖不要求"买进 + 卖出"。这意味着出售自己收藏的国家禁止经营的文物，构成倒卖文物罪。②盗窃国家禁止经营的文物然后出售，构成盗窃罪和倒卖文物罪，两罪并罚。B 正确。

C 项，招摇撞骗罪侵害的法益是特定国家机关工作人员的公众信赖感。冒充国家机关工作人员的情形包括三种：一是非国家机关工作人员冒充国家机关工作人员（包括离职的国家机关工作人员冒充在职的国家机关工作人员）；二是此种国家机关工作人员冒充彼种国家机关工作人员，如行政机关工作人员冒充司法机关工作人员；三是职务低的国家机关工作人员冒充职务高的国家机关工作人员，当然也包括相反情形。这些冒充行为均侵害了特定国家机关工作人员的公众信赖感，因此均属于招摇撞骗罪中的"冒充"。这种解释符合文理解释，也即在文理、文法上是讲得通的，没有文法、语法障碍。C 项说法错误。

D 项，虐待被监管人罪被规定在《刑法》第 248 条第 2 款，也即"监管人员指使被监管人殴打或者体罚虐待其他被监管人的，依照前款的规定处罚"。其中的"体罚虐待"一词，"体罚"与"虐待"不是并且关系，而是或者关系，也即不限于体罚式虐待，而是指体罚或者其他虐待。归纳言之，虐待的行为方式有：第一，殴打；第二，体罚式虐待；第三，其他方式虐待，如性虐待。这种解释符合文理解释，也即在文法、语法上能够讲得通。D 项说法正确。

52.【参考答案】 ABCD

【解析】 关于单位犯罪与自然人犯罪的分类，包括以下三种：(1)纯正的单位犯罪，这是指只能由单位构成而不能由自然人构成的犯罪。例如，单位行贿罪、单位受贿罪。(2)不纯正的单位犯罪，这是指既可以由单位构成也可以由自然人构成的犯罪。例如，生产、销售伪劣产品罪。(3)纯正的自然人犯罪，是指只能由自然人构成而不能由单位构成的犯罪。例如，行贿罪、受贿罪、故意杀人罪、放火罪等。

本题涉及的非法吸收公众存款罪是不纯正的单位犯罪，行为主体既包括单位，还包括自然人。电器公司和物流公司作为单位实施该罪，该如何处理？根据相同原理，如果该单位的犯罪行为不符合单位犯罪的要件，但其中的直接责任人员符合自然人犯罪的要件，则追究直接责任人员的自然人犯罪。

成立单位犯罪，主观要件上要求具有单位的意志。单位犯罪的犯罪意志不是内部某个成员的意志，而是单位的整体意志。因此，单位犯罪是单位本身的犯罪，不是各个成员的共同犯罪，也不是单位与成员的共同犯罪。但是，A 单位与 B 单位之间可以构成共同犯罪。A 单位和 A 单位以外的 C 自然人之间也可以构成共同犯罪。

因此，本题中 ABCD 项全部正确。

53.【参考答案】 BC

【解析】 A 项错误，行人是被轧飞的井盖砸成重伤的，即便贾某没有醉酒，正常行驶的汽车轧上也可能轧飞路面上的井盖。因此，轧飞井盖砸中行人这种实害结果不能归属于贾某的醉驾行为。

B 项，乙的死亡结果是甲踢伤乙导致的，乙的心脏病是甲的伤害行为引发的，甲的行为与乙的死亡结果之间有因果关系。B 正确。

C 项，因果关系主要解决的就是故意犯罪的既遂问题,有因果关系就既遂,没有就不成立既遂。结果加重犯的成立问题,没有因果关系不成立结果加重犯。过失犯罪的成立问题,没有因果关系就不成立犯罪。甲、乙作为警察,在押解犯罪嫌疑人丙的过程中,疏忽大意致使丙逃跑,存在失职行为,甲、乙的失职行为与丙的逃脱之间具有因果关系。

D项,赵某是被李某撞死的,不是被高某投毒药死的。介入因素是李某的横冲直撞,独立于之前的投毒行为,直接导致赵某死亡,并且这种介入因素出现的概率是比较低的,异常的。死亡结果应该归属于李某。D错误。

54.【参考答案】 CD

【解析】 A项错误,乙对甲的防卫不构成防卫过当,因为甲正在实行杀害的不法侵害,对于杀害的不法侵害进行防卫,即使打成重伤也仍然是正当防卫。

B项错误,根据行为无价值论,丙构成犯罪;根据结果无价值论,丙不构成犯罪。

C项正确,乙、丙二人主观认识内容不同,二人既没有共同的防卫意思,也没有共同的犯罪故意,因此,乙、丙二人的行为无论根据何种学说,都应该分开评价。

D项正确,无论是根据行为无价值论还是根据结果无价值论,乙都不构成犯罪,不可能与丙构成共同犯罪。

55.【参考答案】 AC

【解析】 A项正确,根据我国刑法的规定,对于正在进行的抢劫行为,正当防卫即便是造成了死亡结果也不成立防卫过当。

B项错误,郑某的防卫行为明显超过了必要限度,吴某只是爬窗盗窃,郑某的行为明显超过必要限度,构成防卫过当。

C项正确,田某对妻子有救助义务,田某在能履行救助义务的情况下不履行救助义务,导致其妻子死亡,构成不作为的故意杀人罪。

D项错误,正当防卫要求针对的是正在进行的不法侵害,王某没有不法侵害,因为他没有救助义务,所以李某不可能成立正当防卫。

56.【参考答案】 ABD

【解析】 A项,行为人有告知真相的义务,故意不告知,导致被害人基于错误认识而作出的承诺无效。行为人属于不作为的欺骗。欺骗有两种方式,一是作为的欺骗,如虚构事实;二是不作为的欺骗,如隐瞒真相。由于行为人存在不作为的欺骗,导致被害人的意思表示不真实,因此被害人的承诺无效。本题中,兽医作为一名医生,有义务告知真相,不告知属于不作为的欺骗。行为人的欺骗与被害人的认识错误有两种关系。一种是欺骗导致被害人从无到有产生认识错误。另一种是被害人自己先产生认识错误,行为人通过欺骗维持、利用被害人已有的认识错误。兽医的这种欺骗维持、利用了甲已有的认识错误,导致甲的承诺不是真实的意思表示,因此甲的承诺是无效的。兽医构成故意毁坏财物罪。A项说法正确。

B项,行为人欺骗被害人作出承诺,被害人的承诺无效。但是,行为人没有欺骗被害人,被害人自己产生认识错误并作出承诺表示,该承诺对行为人而言是有效的。本题中,乙没有欺骗被害人甲,甲因自己的疏忽大意作出了错误的承诺表示,该承诺对乙而言是有效的。因此,乙不构成故意毁坏财物罪。B项说法正确。

C项,该项考查的是组织出卖人体器官罪的被害人承诺问题。《刑法》第234条之一第1款规定,组织他人出卖人体器官的,构成组织出卖人体器官罪。本罪的实行行为只包括组织他人出卖人体器官的行为,本罪的保护法益是合法的器官捐献制度(社会法益),本罪打击的是黑市上的器官买卖。本罪的保护法益不包括出卖器官者的身体健康(个人法益),该法益由故意伤害罪保护。本题没有交代器官的出卖者乙是未成年人或者受到强迫或欺骗,表明其有承诺能力,是真实的承诺表示,那么其承诺表示是有效的。故乙的承诺有效,组织者甲不构成故意伤害罪,而构成组织出卖人体器官罪。C项说法错误。

D项,被害人的承诺必须是其真实意思表示,因行为人欺骗、胁迫而作出的承诺无效。但是,行为人没有欺骗被害人,被害人自己产生认识错误并作出承诺表示,该承诺对行为人而言是有效的。如果行为人知道被害人是基于认识错误而作出承诺,故意加以利用,则被害人承诺无效。本题中,乙没有欺骗甲,甲是自己产生认识错误而作出错误承诺表示,该承诺对乙而言是有效的,并且题中没有交代乙知道甲有认识错误、乙故意加以利用,因此甲的承诺对乙而言是有效的。D项说法正确。

57.【参考答案】 ABCD

【解析】 A项,根据《刑法》第293条,成立寻衅滋事罪,要求有故意破坏社会秩序的行为。该罪是故意犯罪,要求有殴打他人的犯罪故意,有破坏社会秩序的犯罪故意。本题中,甲、乙只是嬉笑打闹,没有殴打他人和破坏社会秩序的犯罪故意,不成立寻衅滋事罪。A 项说法错误。

B 项,成立故意伤害罪,要求主观上具有实施伤害行为的犯罪故意。关于伤害行为,不是任何暴力行为都是故意伤害罪中的伤害行为。伤害行为要求具有侵害他人生理机能达到轻伤程度的一般可能性,实施伤害行为的犯罪故意,就是具有侵害他人生理机能达到轻伤程度的意图(行凶意图)。本题中,甲用尖刀挥舞阻止乙的前进,发生背景是甲、乙嬉笑打闹,相互追逐。这表明甲没有侵害乙生理机能的故意,更没有要侵害乙生理机能达到轻伤的行凶意图。因此,甲缺乏实施故意伤害罪的犯罪故意。B 项说法错误。

C 项,甲没有故意伤害乙的犯罪故意,更不可能有故意杀人罪的犯罪故意,C 项错误。

D 项,正当防卫是制止不法侵害的行为。甲、乙嬉笑打闹,相互追逐。在这个背景下,乙追逐甲,不属于不法侵害。因此,甲阻止乙的追逐,不属于防卫行为,故而不存在讨论防卫过当问题的前提。D 项错误,当选。

58.【参考答案】 ABC

【解析】 A 项,考查行为人有无过失,需要注意信赖原则。信赖原则,是指在行为人合理依赖被害人会采取适当行为时,如果由于被害人采取不当的行为而造成了侵害结果,行为人对此不承担过失责任。本题中的司机基于信赖原则,没有过失。行人属于被害人自陷风险,后果由他自己负责。A 项说法正确。

B 项,考查直接故意与间接故意的关系。直接故意:明知 + 希望。间接故意:明知 + 放任。在责任程度上,直接故意与间接故意没有本质区别,只有程度区别,直接故意受谴责的程度更高。二者是位阶关系,间接故意处于低位阶,直接故意处于高位阶。因此,基于当然解释原理,如果一个犯罪能由间接故意构成,则一定能够由直接故意构成;不可能存在只能由间接故意构成而不能由直接故意构成的犯罪。B 项说法正确。

C 项,考查故意与过失的关系。多数观点认为,二者是位阶关系,也即性质相同、程度不同的关系。过失处于低位阶,故意处于高位阶。因此,故意可以包容评价为过失,但过失不能包容评价为故意。基于当然解释的原理,一个犯罪如果能由过失构成,那么一定能够由故意构成;不存在只能由过失构成而不能由故意构成的犯罪。C 项考查的是前提与结论的逻辑自洽。如果赞成的是多数观点,认为故意与过失存在位阶关系,那么在认定犯罪时,只能由故意降格为过失,而不能由过失升格为过意,也即故意可以包容评价为过失,过失不能包容评价为故意。C 项正确。

D 项,考查的是故意与认识错误的关系。主流观点认为,故意与认识错误是反面关系。当主客观一致时,犯罪故意成立;当主客观不一致时,犯罪故意不成立,出现认识错误。二者是一回事。判断故意是否成立,就是判断有没有认识错误。认识错误不是独立于故意之外的事物,而是故意的"镜像"。D 项说法错误。

59.【参考答案】 ACD

【解析】 本题考查的是共犯中的实行过限。杜某不需要对朱某的故意伤害他人行为负责,朱某属于实行过限,自己转化为抢劫,属于抢劫罪致人重伤。杜某仅需要对自己的盗窃行为负责。故两人在盗窃罪范围成立共同犯罪,属于入户盗窃,杜某构成盗窃罪,朱某构成抢劫致人重伤。只有 B 选项说法正确。

60.【参考答案】 AB

【解析】 本题重点考查的是正当防卫的判断,A 正确。正当防卫的对象"不法侵害"可以包括"不作为犯"。本案中,甲对被害人乙有救助的义务,其不履行救助义务,属于不作为犯,会造成被害人乙进一步的严重后果(死亡)。乙对甲使用暴力的目的是保护自己,避免受到更大侵害,应成立正当防卫。

B 正确。正当防卫是一种保护自己的权利,随着保护公民权利呼声的高涨,理论和实务中都主张将更多的行为认定为正当防卫,即对正当防卫作适度扩大解释,限制防卫过当的成立范围。具体而言,只有防卫行为、结果的双重过当,才能认定为防卫过当。本案中,虽然甲有多种方法制止乙的不法侵害,不是必须使用菜刀,但造成的轻伤结果并不属于明显过当。故甲的行为仍然属于正当防卫。

C 错误。有考生认为警察使用暴力殴打丙属于法令行为,如果恐怖分子丙反抗,警察将其殴打制服属于法令行为。但警察已经抓到了丙,使用额外的暴力逼迫其说出炸弹位置的行为成立正当防卫,因为丙有说出炸弹的义务,就不作为的不法侵害,警察可以对其实施正当防卫。

D 错误。正当防卫的前提是,不法侵害人正在"攻",防卫人的行为才谈得上是"防"。本案中,不法侵害人甲当时并没有实施"攻"的行为,乙的行为不是"防"。因此,乙的行为不成立正当防卫。再者,人身权利遭受侵害之后,不法侵害已经结束,也不宜延长防卫时间。

61.【参考答案】 BD

【解析】 A项,《高检规则》第233条规定:“各级人民检察院需要在本辖区内通缉犯罪嫌疑人的,可以直接决定通缉;需要在本辖区外通缉犯罪嫌疑人的,由有决定权的上级人民检察院决定。”因此,最高人民检察院也可以决定全国范围通缉。因此,A项错误。

B项,《监察法》第30条规定:“监察机关为防止被调查人及相关人员逃匿境外,经省级以上监察机关批准,可以对被调查人及相关人员采取限制出境措施,由公安机关依法执行。对于不需要继续采取限制出境措施的,应当及时解除。”因此,监察委员会可以直接限制出境,因此,B项正确。

C项,《监察法》第46条规定:“监察机关经调查,对违法取得的财物,依法予以没收、追缴或者责令退赔;对涉嫌犯罪取得的财物,应当随案移送人民检察院。”只有涉嫌犯罪取得的财物才需要随案移送人民检察院。因此,C项错误。

D项,《监察法》第47条第4款规定:“人民检察院对于有《中华人民共和国刑事诉讼法》规定的不起诉的情形的,经上一级人民检察院批准,依法作出不起诉的决定。监察机关认为不起诉的决定有错误的,可以向上一级人民检察院提请复议。”因此,D项正确。

综上所述,本题答案为BD项。

62.【参考答案】 BC

【解析】 A项,《刑事诉讼法》第236条规定:“第二审人民法院对不服第一审判决的上诉、抗诉案件,经过审理后,应当按照下列情形分别处理:……(三)原判决事实不清楚或者证据不足的,可以在查清事实后改判;也可以裁定撤销原判,发回原审人民法院重新审判。”因此,A项“应当发回一审法院重新审理”的说法错误,A项不当选。

B项,《刑诉解释》第395条规定:“第二审期间,人民检察院或者被告人及其辩护人提交新证据的,人民法院应当及时通知对方查阅、摘抄或者复制。”因此,B项正确。

C项,一审法院作出裁判时,已经根据当时的证据情况,对证据进行了全面审查,不违反全面贯彻证据裁判规则的要求。因此,C项正确。

D项,《高检规则》第626条规定:“人民法院判决被告人无罪、免予刑事处罚、判处管制、宣告缓刑、单处罚金或者剥夺政治权利,被告人被羁押的,人民检察院应当监督被告人是否被立即释放。发现被告人没有被立即释放的,应当立即向人民法院或者看守所提出纠正意见。”一审宣判后应当立马释放马某,而不可以对其另行适用取保候审,因此,D项错误。

综上所述,本题答案为BC项。

63.【参考答案】 BC

【解析】 A项,《刑事诉讼法》第88条规定:“人民检察院审查批准逮捕,可以讯问犯罪嫌疑人;有下列情形之一的,应当讯问犯罪嫌疑人:(一)对是否符合逮捕条件有疑问的;(二)犯罪嫌疑人要求向检察人员当面陈述的;(三)侦查活动可能有重大违法行为的。人民检察院审查批准逮捕,可以询问证人等诉讼参与人,听取辩护律师的意见;辩护律师提出要求的,应当听取辩护律师的意见。”第280条第1款规定:“对未成年犯罪嫌疑人、被告人应当严格限制适用逮捕措施。人民检察院审查批准逮捕和人民法院决定逮捕,应当讯问未成年犯罪嫌疑人、被告人,听取辩护律师的意见。”本题中,对小蔡审查批准逮捕应当讯问,但蔡某不存在审查批捕时应当讯问的情形。因此,A项错误。

BC项,《刑事诉讼法》第282条第1款规定:“对于未成年人涉嫌刑法分则第四章、第五章、第六章规定的犯罪,可能判处一年有期徒刑以下刑罚,符合起诉条件,但有悔罪表现的,人民检察院可以作出附条件不起诉的决定。人民检察院在作出附条件不起诉的决定以前,应当听取公安机关、被害人的意见。”因此,对小蔡适用附条件不起诉时应当听取公安机关的意见。《高检规则》第476条规定:“人民检察院可以要求被附条件不起诉的未成年犯罪嫌疑人接受下列矫治和教育:……(三)不得进入特定场所,与特定的人员会见或者通信,从事特定的活动……”因此,检察院可以要求小蔡在监督考察期间不得进入娱乐场所,BC项正确。

D项,《刑诉解释》第551条第1款规定:“对分案起诉至同一人民法院的未成年人与成年人共同犯罪案件,可以由同一个审判组织审理;不宜由同一个审判组织审理的,可以分别审理。”本案分案起诉后不必然由不同的审判组织审理。因此,D项错误。

综上所述,本题答案为BC项。

64.【参考答案】 ABCD

【解析】 全面依法治国的总目标是建设中国特色社会主义法治体系,建设社会主义法治国家。这就是,在中国共产党领导下:坚持中国特色社会主义制度,贯彻中国特色社会主义法治理论。(1)形成完备的法律规范体系、高效的法治实施体系、严密的法治监督体系、有力的法治保障体系,形成完善的党内法规体系。(2)坚持依法治国、依法执政、依法行政共同推进,坚持法治国家、法治政府、法治社会一体建设,实现科学立法、严格执法、公正司法、全民守法,促进国家治理体系和治理能力现代化。故 ABCD 选项均正确。

65.【参考答案】 ABCD

【解析】 特赦是我国古已有之的一项特色制度,同时也是现行《宪法》的明文规定。本次特赦首先继承了中华法文化的优良传统,推行了仁政;其次树立了宪法权威,弘扬了全面依法治国的理念,有助于法治国家的建设;最后最大限度地化消极因素为积极因素,促进了社会和谐稳定,展现我国人权司法保障水平,进一步树立我国开放、民主、法治、文明的国际形象。故 ABCD 选项均正确。

66.【参考答案】 CD

【解析】 A 项:任何社会规范都具有强制力,即有保证自己不被随意违反的力量,道德规范也不例外,它往往通过内心强制、舆论强制等非正式的强制力量来实现其要求,故 A 项错误。

B 项:道德规范具有模糊性,在实践中往往会因观念纷争而导致行动上的冲突和矛盾,此时需要将一定限度的道德要求转化为法律规定,以相对清晰的行为标准来规制统一人们的行动,进而化解一定范围内的道德难题,故 B 项错误。

C 项:程序正义和结果正义构成正义的完整内涵,作为实现结果正义的过程和方法的程序选择当然会对最终的结果产生影响,方法不同,程序不同,结果也自然各异。C 项正确。

D 项:约定方案并严格履行,本就是避免行动纷争的重要方法。D 项正确。

67.【参考答案】 ABD

【解析】 A 项:类比推理是指基于两种情形的相似性而作出相似处理的推理方式,法官基于延迟交房和延迟办证的相似性而作出相应判决的做法,属于类比推理,故 A 选项正确。

B 项:平衡买卖双方的利益和维护交易秩序稳定体现了法律对正义的追求和对秩序的维护,当然也体现了法的价值,B 选项正确。

C 项:本题中涉及的延迟办证能否导致合同解除的问题这一法律漏洞,在立法时就已存在,为自始漏洞,并不属于因法律滞后于社会经济发展而导致的嗣后漏洞,故 C 选项错误。

D 项:当出现法律漏洞时,需结合立法目的。故 D 选项正确。

68.【参考答案】 ABC

【解析】 A 项:法院基于公序良俗原则认定协议内容无效,是为遗嘱继承应当优先于法定继承的规定创设了例外情形,故 A 选项正确。

B 项:尊重善良风俗是具有普遍性的人类共同要求,因此属于世界各国普遍承认的公理性原则,B 选项正确。

C 项:法院在裁判案件的过程中查清案件事实的做法,体现了事实判断;坚守法律和人伦底线否定赵某的遗嘱效力,体现了价值判断,C 选项正确。

D 项:适用公序良俗原则裁判案件,需要对大前提法律规范作出充分的论证说理,对前提的论证属于外部证成,D 选项错误。

69.【参考答案】 BD

【解析】 A 项:秦代的刑罚种类繁多,主要包括八大类,即笞刑、徒刑、流放刑、肉刑、死刑、羞辱刑、经济刑、株连刑,其中前五类相当于现代的主刑,后三类相当于现代的附加刑。故 A 正确。

B 项:秦代的流放刑包括迁刑和谪刑,都是将犯人迁往边远地区的刑罚,其中谪刑适用于犯罪的官吏。故 B 错误。

C 项:秦律在处罚侵犯财产罪的共同犯罪时较个体犯罪处罚从重,集团犯罪(5 人以上)较一般犯罪处罚从重。故 C 正确。

D 项:秦律规定,教唆未成年人犯罪者加重处罚。教唆未满 15 岁的人抢劫杀人,虽分赃仅为十文钱,教唆者也要处以碎尸刑。故 D 错误。

70.【参考答案】 ABC

【解析】 《检察官法》第 23 条规定:"检察官不得兼任人民代表大会常务委员会的组成人员,不得兼任行政机关、监察机关、审判机关的职务,不得兼任企业或者其他营利性组织、事业单位的职务,不得兼任律师、仲裁员和公证员。"故 ABC 是正确答案,D 项错误,检察官兼任政协委员并不为法律所禁止。

71.【参考答案】 ABCD

【解析】 A 项:《律师法》第 21 条第 1 款规定,律师事务所变更名称、负责人、章程、合伙协议的,应当报原审核部门批准。故 A 项正确。

B 项:《律师法》第 15 条第 2 款规定,合伙律师事务所可以采用普通合伙或者特殊的普通合伙形式设立。合伙律师事务所的合伙人按照合伙形式对该律师事务所的债务依法承担责任。故 B 项正确。

C 项:《律师法》第 16 条规定,设立个人律师事务所,除应当符合《律师法》第 14 条规定的条件外,设立人还应当是具有 5 年以上执业经历的律师。设立人对律师事务所的债务承担无限责任。故 C 项正确。

D 项:特殊的普通合伙律师事务所一个合伙人或者数个合伙人在执业活动中因故意或者重大过失造成律师事务所债务的,应当承担无限责任或者无限连带责任,其他合伙人以其在律师事务所中的财产份额为限承担责任;合伙人在执业活动中非因故意或者重大过失造成的律师事务所债务,由全体合伙人承担无限连带责任。故 D 项正确。

72.【参考答案】 BC

【解析】 A 选项错误。撤销属于独立的具体行政行为,并不是处罚。

B 选项正确。B 选项考查行政许可收费问题,但考查内容较偏。《行政许可法》第 58 条第 1 款规定:"行政机关实施行政许可和对行政许可事项进行监督检查,不得收取任何费用。但是,法律、行政法规另有规定的,依照其规定。"据此,行政许可原则上不得收取任何费用,除非法律、行政法规另有规定。至此,我们似乎感觉 B 选项表述过于绝对,应该错误,但由于本题涉及的是行政许可的具体类型即规划许可,除了需要遵照一般法《行政许可法》外,还需要遵照特别法《城乡规划法》,《城乡规划法》并没有条款允许规划许可证收取费用。可见,B 选项的说法在规划许可问题上并没有过于绝对化,是正确的。

C 选项正确。对于准许许可的决定应当公开,以便公众查阅,而不予许可决定,不需要公开。

D 选项错误。区规划局作出的撤销决定,当事人既可以向上一级业务主管部门申请复议,也可以向本级人民政府申请复议,复议机关应当为区政府或市规划局,而 D 选项以偏概全。

73.【参考答案】 ABD

【解析】 地方人民政府对其所属行政管理部门的请示作出的批复,一般属于内部行政行为,不可对此提起诉讼。但行政管理部门直接将该批复付诸实施并对行政相对人的权利义务产生了实际影响,行政相对人对该批复不服提起诉讼的,法院应当依法受理。市政府对市自然资源局所作的收回 A 企业土地使用权的批复,对 A 企业的权利义务产生了实际影响,不再属于内部行政行为,应当属于行政诉讼受案范围,故 A 选项说法错误。

根据《行诉解释》第 19 条,当事人不服经上级行政机关批准的行政行为,向人民法院提起诉讼的,以在对外发生法律效力的文书上署名的机关为被告。市政府作出批准市自然资源局收回 A 企业土地使用权的批复,因而在对外发生法律效力的文书上署名的机关是市政府,则被告是市政府,故 B 选项说法错误。

根据市政府所作的批复是针对是否收回该块国有土地使用权且针对 A 企业作出的,是针对特定对象作出的具体行政行为,A 企业对该批复不服,可以提起行政复议,故 C 选项说法正确。

根据《行政复议法实施条例》第 13 条,下级行政机关依照法律、法规、规章规定,经上级行政机关批准作出具体行政行为的,批准机关为被申请人。本题中作出批准的机关是市政府,则市政府应为行政复议的被申请人,故 D 选项说法错误。

74.【参考答案】 ACD

【解析】 当行政法规送审稿存在问题,无法通过"质检员"国务院法制机构的检验时,国务院法制机构可以对其缓办或者将其退回有关部门。所以 A 选项表述过于绝对,除了"退回",国务院法制机构还可以"缓办"。国务院法制机构在认真研究各方面意见,与起草部门协商后,对行政法规送审稿进行修改,形成行政法规草案和对草案的说明。然后提请国务院常务会议审议,也可以采取传批方式,由国务院法制机构直接提请国务院审批。所以 B 选项正确。为体现立法民主化水平,涉及重大利益调整的,国务院法制机构应当进行论证咨询,广泛听取有关方面的意见。但论证咨询可以采取座谈会、论证会、听证会、委托研究等多种形式。只有行政法规送审稿涉及重大利益调整或者存在重大意见分歧,对公民、法人或者其他组织的权利义务有较大影响,人民群众普遍关注的,国务院法制机构才可以举行听证会,听取有关机关、组织和公民的意见。所以 C 选项表述过于绝对,错误。行政法规草案由国务院常务会议审议,国务院常务会议审议行政法规时,由国务院法制机构或者起草部门做说明。如果《道路运输条例》涉及问题较为复杂,应该由国务院常务会议审议。同时,《道路运输条例》涉及很多专业问题,还需要有关部门予以说明,负责说明的可以是起草部门,也可以是国务院法制机构。所以 D 选项表述过于绝对,错误。

75.【参考答案】 ABCD

【解析】 A 选项正确。交管局长期扣留涉案车辆不予处理自然构成了不作为,而行政机关无正当理由长期不处理,反复要求刘某提供客观上已无法提供的其他合法来历证明，构成乱作为。

B选项正确。扣押属于行政强制措施，是会对刘某的权利义务产生实质性影响的具体行政行为，刘某自然有权对交警扣押车辆的行为提起行政诉讼。

CD选项正确。为维护道路交通秩序，预防和减少交通事故，保护人身、财产安全，公安机关交通管理部门执法应以实现行政目的为限，尽可能选择对相对人合法权益损害最小的方式。违反法定程序，无正当理由扣留车辆，严重突破实现行政目的的限度，且对相对人合法权益造成重大损害，显然已违背严格规范、公正文明的执法要求。人民法院依法予以纠正，助推依法行政，促进法治政府如期建成。在刘某提供了充分证据之后，交管局依然既不返还，又不积极调查核实，反复要求刘某提供客观上已经无法提供的其他合法来历证明，违反了比例原则的要求，给当事人增加了过重的义务负担。

76.【参考答案】 AB

【解析】 A选项正确，C选项错误。拆除所建房屋通知的行为性质为行政处罚，属于可诉的具体行政行为。

B选项正确。规划局强制拆除是违法的行政行为。第一，有权作出责令拆除决定的是规划主管部门，而有权决定强制拆除执行的是县级以上政府。因此，区规划局强制拆除行为主体违法。第二，在拆除时，区规划局也没有按照《行政强制法》的要求催告当事人并听取徐某陈述申辩，属于程序违法。同时，《行政强制法》第44条规定：“对违法的建筑物、构筑物、设施等需要强制拆除的，应当由行政机关予以公告，限期当事人自行拆除。当事人在法定期限内不申请行政复议或者提起行政诉讼，又不拆除的，行政机关可以依法强制拆除。”区规划局既未公告，也没有等待徐某起诉期和复议期期满就实施了强拆行为，属于时限违法。

D项错误。涉及复议前置的只有三种情况：行政确权案件中侵犯已经取得的自然资源的所有权或使用权的案件、纳税争议案件以及反垄断法中的限制集中或禁止经营集中的决定。本案并不属于三种情形中的任何一种，所以徐某无须先复议再提起诉讼，可以直接提起行政诉讼。

77.【参考答案】 ACD

【解析】 A选项正确。为防止申请人滥用申请权，2019年《政府信息公开条例》第42条第1款规定，申请公开政府信息的数量、频次明显超过合理范围的，行政机关可以收取信息处理费。所以针对连续55次申请公开防汛信息的张某可以收取相应信息处理费用。

B选项错误。2019年《政府信息公开条例》取消了申请人所申请的信息应当与“自身生产、生活、科研等特殊需要”相关的要求，申请人也无须说明申请信息的用途。

CD选项正确。2019年《政府信息公开条例》第35条规定：“申请人申请公开政府信息的数量、频次明显超过合理范围，行政机关可以要求申请人说明理由。行政机关认为申请理由不合理的，告知申请人不予处理；行政机关认为申请理由合理，但是无法在本条例第三十三条规定的期限内答复申请人的，可以确定延迟答复的合理期限并告知申请人。”可见，对于数量、频次明显超过合理范围的信息公开申请，行政机关是有权要求申请人说明理由的。

78.【参考答案】 AB

【解析】 A选项正确。行政机关朝令夕改、出尔反尔的行为是违反诚实守信原则的表现。

B选项正确。乙市政府的上一级行政机关为省级政府，所以市政府为被申请人的情况下，复议机关应当为省政府。

C选项错误。行政机关负责人不出庭应诉的，法院的正确做法是记录在案和在裁判文书中载明，并可以建议有关机关依法作出处理，而不需要传唤负责人出庭。

D选项错误。本题既不满足法定简易程序条件，也不满足约定建议条件程序，不应当适用简易程序进行审理。适用法定简易程序的条件是事实清楚、权利义务关系明确、争议不大的第一审行政案件，且满足以下三种情形之一：第一，被诉行政行为是依法当场作出的；第二，案件涉及款额是2000元以下的；第三，属于政府信息公开案件的。约定简易程序的条件是第一审行政案件且当事人各方同意适用简易程序。

79.【参考答案】 ABD

【解析】 只有制定政治类的行政法规，才要及时上报党中央；制定经济、文化、社会、生态文明等类的行政法规，只有涉及重大体制和重大政策调整的重要行政法规，才应当将行政法规草案或者行政法规草案涉及的重大问题按照有关规定及时报告党中央。所以A选项错误。

国务院法制机构拟订的国务院年度立法工作计划，报党中央、国务院批准后向社会公布。注意不可直接向社会公布，也不是仅经过国务院批准后就可以公布，还需要党中央批准。所以B选项错误。

起草专业性较强的行政法规，起草部门可以吸收相关领域的专家参与起草工作，或者委托有关专家、教学科研单位、社会组织起草。所以C选项表述符合科学立法的要求，正确。

国务院有关部门对行政法规送审稿涉及的主要制度、方针政策、管理体制、权限分工等有不同意见，经过充分协调不能达成一致意见的，国务院法制机构、起草部门应当将争议的主要问题、有关部门的意见以及国务院法制机构的意见及时报国务院领导协调，或者报国务院决定。D选项有两处错误：第一，不能直接上报国务院，经过充分协调不能达成一致意见才可以上报；第二，不一定必须上报国务院决定，还可以及时报国务院领导协调。所以D选项错误。

80.【参考答案】 AB

【解析】 A选项正确。省规章有1年以内临时性许可的设定权。

B选项正确。规章有处罚的设定权，限于警告、通报、批评或者一定数额罚款。

C选项错误。规章就扣押等行政强制措施、滞纳金等行政强制执行手段没有任何设定权。

D选项错误。规章没有任何类型的强制执行的设定权。

81.【参考答案】 AC

【解析】 根据《行政强制法》第45条第1款，行政机关依法作出金钱给付义务的行政决定，当事人逾期不履行的，行政机关可以依法加处罚款或者滞纳金。加处罚款或者滞纳金的标准应当告知当事人。因此，市场监督管理局应当告知当事人加处罚款标准。故A选项正确。

行为罚，是指行政主体限制或剥夺违法行为人特定的行为能力的制裁形式；财产罚，是指行政主体依法对违法行为人剥夺财产权的处罚形式。没收违法所得属于行政处罚中的财产罚，而不是行为罚。故B选项错误。

根据《行诉解释》第134条第2款，行政复议决定既有维持原行政行为内容，又有改变原行政行为内容或者不予受理申请内容的，作出原行政行为的行政机关和复议机关为共同被告。本案复议决定中既有维持原行政行为内容又有改变原行政行为内容，属于复议维持案件，区市场监督管理局和区政府应当为共同被告，故C选项正确。

根据《行政诉讼法》第18条第1款，行政案件由最初作出行政行为的行政机关所在地人民法院管辖。经复议的案件，也可以由复议机关所在地人民法院管辖。本案属于经复议的案件，区市场监督管理局和区政府所在地的法院都有管辖权。根据《行诉解释》第134条第3款，复议机关作共同被告的案件，以作出原行政行为的行政机关确定案件的级别管辖。本案是区市场监督管理局和区政府为共同被告的案件，应以区市场监督管理局来确定案件的级别管辖，本案由基层法院管辖。因此，区市场监督管理局所在地基层法院有管辖权，中级人民法院无管辖权。故D选项错误。

82.【参考答案】 CD

【解析】 A项错误。外国人出境，应当向出入境边防检查机关交验本人的护照或者其他国际旅行证件等出境入境证件，履行规定的手续，经查验准许，方可出境。《出境入境管理法》第28条规定："外国人有下列情形之一的，不准出境……（二）有未了结的民事案件，人民法院决定不准出境的……"该项情形需要同时具备两个条件方能满足：（1）在华有未了结的民事案件；（2）人民法院决定不准出境。A项只说了一个条件，错误。

B项错误。根据《法律适用法司法解释（一）》第13条，自然人经常居所地应该满足以下三个条件：（1）已经连续居住1年以上；（2）该地作为其生活中心；（3）就医、劳务派遣、公务等情形除外。题中，尽管汉斯在北京居住满2年，但其是因公务来华，故北京不是其经常居所地。

C项正确。外国人有下列行为之一的，属于非法就业。（1）未按照规定取得工作许可和工作类居留证件在中国境内工作的；（2）超出工作许可限定范围在中国境内工作的；（3）外国留学生违反勤工助学管理规定，超出规定的岗位范围或者时限在中国境内工作的。汉斯因公务来华，利用假期在语言学校兼职授课，属于超出工作许可限定范围在中国境内工作的情形，系非法就业。

D项正确。父母双方或一方为中国公民，本人出生在中国，具有中国国籍。本题中，因为王某为中国人，其与汉斯在北京所生之子具有中国国籍。

83.【参考答案】 CD

【解析】 A项错误。使馆免纳国家或地方的捐税，如房产税，但此项免除不包括为使馆提供特定服务所收的费用，如水电费、取暖费、物业费和清洁费等。A项应提供"免费物业服务"说法错误。

B项错误。接受国人员非经使馆馆长许可，不得进入使馆馆舍，送达司法文书或遇火灾以及流行病发生，也不例外。

C 项正确。使馆为了通信的需要可采用一切适当方法，包括外交信差、外交邮袋及明密码电信在内，但非经接受国同意不得装置使用无线电发报机。

D 项正确。外交人员享有完全的对接受国刑事管辖的豁免，即接受国的司法机关不得对其进行刑事审判和处罚。故 D 项中乙国司法部门不得对汉斯进行刑事审判和处罚，正确。

84.【参考答案】 CD

【解析】 A 选项错误。损坏国家保护的文物，并不会对公共安全产生影响。

B 选项错误。处罚听证分为法定听证和约定听证，约定听证针对的是法定听证范围外的事项，如果行政机关和当事人意思表示一致同意听证，自然可以举行听证会予以听证。行政机关可以发出要约，告知当事人有申请听证的权利；当事人也可以发出要约，向行政机关申请听证，所以 B 选项认为"在处罚之前王某无权要求举行听证"是错误的。

C 选项正确。在区公安局为被申请人的情况下，复议机关可以是上一级公安局，还可以是区政府。

D 选项正确。被处罚人不服行政拘留处罚决定，申请行政复议、提起行政诉讼的，可以向公安机关提出暂缓执行行政拘留的申请。

85.【参考答案】 ACD

【解析】 根据《行政诉讼法》第 57 条第 1 款，人民法院对起诉行政机关没有依法支付抚恤金、最低生活保障金和工伤、医疗社会保险金的案件，权利义务关系明确、不先予执行将严重影响原告生活的，可以根据原告的申请，裁定先予执行。本案是涉及最低生活保障金的案件，陈某申请先予执行的，属于先予执行的范围，故 A 选项说法错误。

根据《行政诉讼法》第 57 条第 2 款，当事人对先予执行裁定不服的，可以申请复议一次。因此，民政局不服先予执行裁定是可以申请复议的，故 B 选项说法正确。注意这里是司法诉讼中的复议，不是行政复议。

根据《行政诉讼法》第 73 条，人民法院经过审理，查明被告依法负有给付义务的，判决被告履行给付义务。根据《行政诉讼法》第 74 条第 2 款第 3 项，被告不履行或者拖延履行法定职责，判决履行没有意义的，不需要撤销或者判决履行，人民法院判决确认违法。题干中没有明确民政局是否具有给付义务，因此既不能适用给付判决，也不能适用确认违法判决。故 CD 选项说法错误。

86.【参考答案】 ABC

【解析】 A 项正确。涉外民事关系适用的外国法律，由人民法院、仲裁机构或者行政机关查明。当事人选择适用外国法律的，应当提供该国法律。本题为买卖合同，且合同约定争议适用波兰法，故波兰法应由甲、乙两公司查明并提供。

B 项正确。人民法院应当听取各方当事人对应当适用的外国法律的内容及其理解与适用的意见，当事人对该外国法律的内容及其理解与适用均无异议的，人民法院可以予以确认；当事人有异议的，由人民法院审查认定。若甲、乙公司对查明的法律表示异议，则应由法院审查认定。

C 项正确。当事人在一审法庭辩论终结前协议选择或者变更选择适用的法律的，人民法院应予准许。

D 项错误。涉外民事案件同时符合下列情形的，人民法院可以裁定驳回原告的起诉，告知其向更方便的外国法院提起诉讼：(1)被告提出案件应由更方便的外国法院管辖的请求，或者提出管辖异议；(2)当事人之间不存在选择中国法院管辖的协议；(3)案件不属于中国法院专属管辖；(4)案件不涉及中国国家、公民、法人或者其他组织的利益；(5)案件争议的主要事实不是发生在中国境内，且案件不适用中国法律，人民法院审理案件在认定事实和适用法律方面存在重大困难；(6)外国法院对案件享有管辖权，且审理该案件更加方便。需要强调的是，以上 6 个条件必须同时具备，才可拒绝管辖，本题中"波兰甲公司认为本案由波兰法院管辖更为方便"条件不够。

87.【参考答案】 BC

【解析】 B 项正确。本题中涉及的协议为知识产权许可协议，《法律适用法》第 49 条规定："当事人可以协议选择知识产权转让和许可使用适用的法律。当事人没有选择的，适用本法对合同的有关规定。"故题中的技术许可协议的违约问题应按其约定，适用日本法。

C 项正确、D 项错误。本题中涉及的侵权属于知识产权侵权，不能适用一般侵权的冲突规范。《法律适用法》第 50 条规定："知识产权的侵权责任，适用被请求保护地法律，当事人也可以在侵权行为发生后协议选择适用法院地法律。"案件在何国审理，该国即为法院地国，本题法院地国为中国。知识产权人请求保护何国的知识产权，该国就是被请求保护地，本题被请求保护地为越南。《法律适用法司法解释(一)》第 6 条第 1 款规定："当事人在一审法庭辩论终结前协议选择或者变更选择适用的法律的,人民法院应予准许。"针对本题中的知识产权侵权纠纷,双方可以在开庭前选择法院地法——中国法。C项正确。若题中甲、乙双方没有达成协议选择中国法,才应适用被请求保护地法律即越南法律,故D项"应适用越南法"表述错误。

A项错误。题中双方约定应适用日本法,知识产权侵权双方可选择适用中国法,若无此协议,则适用越南法。

88.【参考答案】 AD

【解析】 A项正确。《审理独立保函的规定》第21条第1款第1句规定,受益人和开立人之间因独立保函而产生的纠纷案件,由开立人住所地或被告住所地人民法院管辖,独立保函载明由其他法院管辖或提交仲裁的除外。题中甲公司是独立保函的开立申请人,中国银行为独立保函的开立人,乙公司是独立保函的受益人。现乙公司诉中国银行,属于受益人和开立人之间因独立保函而产生的纠纷,故中国银行住所地法院有管辖权。

B项错误。《审理独立保函的规定》第21条第1款第2句还规定,当事人主张根据基础交易合同争议解决条款确定管辖法院或提交仲裁的,人民法院不予支持。本题中,买卖合同属于基础交易合同,当中有仲裁条款,这并不能排除法院对本案保函纠纷的管辖权。在独立保函中的仲裁条款才能排除法院的管辖,不要混淆。

C项错误。受益人提交的单据与独立保函条款之间、单据与单据之间表面相符,受益人请求开立人依据独立保函承担付款责任的,人民法院应予支持。开立人以基础交易关系或独立保函申请关系对付款义务提出抗辩的,人民法院不予支持,但有独立保函欺诈情形的除外。"乙公司根本违反买卖合同"即属于以基础交易关系对付款义务提出抗辩的情形,不能成立。

D项正确。独立保函不属于我国《民法典》规定的法定担保方式,不适用我国《民法典》关于保证的规定。因此《审理独立保函的规定》第3条第3款规定,当事人主张独立保函适用《民法典》关于一般保证或连带保证规定的,人民法院不予支持。

89.【参考答案】 ACD

【解析】 选项A,根据《认罪认罚指导意见》第18条,被害人及其诉讼代理人不同意对认罪认罚的犯罪嫌疑人、被告人从宽处理的,不影响认罪认罚从宽制度的适用。故只要犯罪嫌疑人本人认罪认罚了即使被害人不同意,对该犯罪嫌疑人也仍可以适用认罪认罚从宽制度。故选项A正确。

选项B,根据《刑诉解释》第370条,具有下列情形之一的,不适用速裁程序:①被告人是盲、聋、哑人的;②被告人是尚未完全丧失辨认或者控制自己行为能力的精神病人的;③被告人是未成年人的;④案件有重大社会影响的;⑤共同犯罪案件中部分被告人对指控的犯罪事实、罪名、量刑建议或者适用速裁程序有异议的;⑥被告人与被害人或者其法定代理人没有就附带民事诉讼赔偿等事项达成调解、和解协议的;⑦辩护人作无罪辩护的;⑧其他不宜适用速裁程序的情形。故选项B错误。

选项C,根据《认罪认罚指导意见》第31条,犯罪嫌疑人自愿认罪,同意量刑建议和程序适用的,应当在辩护人或者值班律师在场的情况下签署认罪认罚具结书。犯罪嫌疑人被羁押的,看守所应当为签署具结书提供场所。具结书应当包括犯罪嫌疑人如实供述罪行、同意量刑建议、程序适用等内容,由犯罪嫌疑人、辩护人或者值班律师签名。犯罪嫌疑人认罪认罚,有下列情形之一的,不需要签署认罪认罚具结书:①犯罪嫌疑人是盲、聋、哑人,或者是尚未完全丧失辨认或者控制自己行为能力的精神病人的;②未成年犯罪嫌疑人的法定代理人、辩护人对未成年人认罪认罚有异议的;③其他不需要签署认罪认罚具结书的情形。上述情形犯罪嫌疑人未签署认罪认罚具结书的,不影响认罪认罚从宽制度的适用。故选项C正确。

选项D,根据《认罪认罚指导意见》第5条第1款,认罪认罚从宽制度贯穿刑事诉讼全过程,适用于侦查、起诉、审判各个阶段。根据《认罪认罚指导意见》第49条,被告人在侦查、审查起诉阶段没有认罪认罚,但当庭认罪,愿意接受处罚的,人民法院应当根据审理查明的事实,就定罪和量刑听取控辩双方意见,依法作出裁判。故选项D正确。

90.【参考答案】 ABD

【解析】 选项A,依据《监察法》第11条第2项,监察委员会对于国家工作人员涉嫌的贪污、贿赂犯罪等案件立案调查。因而罗某利用职权实施的贪污罪应当由监察委员会管辖。故选项A正确。

选项B,依据《刑事诉讼法》第19条第2款,暴力取证罪是司法工作人员利用职权实施的侵犯公民权利、损害司法公正的犯罪,可以由人民检察院立案侦查。故选项B正确。

选项C,根据《高检规则》第17条第1、2款,在检察院侦查案件中,发现犯罪嫌疑人同时涉嫌监察机关管辖的职务犯罪线索的,应当及时与同级监察机关沟通。经沟通,如果认为全案由监察机关管辖更为适宜的,人民检察院应当将案件和相应职务犯罪线索一并移送监察机关;认为由监察机关和人民检察院分别管辖更为适宜的,人民检察院应当将监察机关管辖的相应职务犯罪线索移送监察机关,对依法由人民检察院管辖的犯罪案件继续侦查。注意,不能协商将监察委员会调查的案件由检察院侦查。故选项C错误。

选项D,《监察法》第34条第2款规定,被调查人既涉嫌严重职务违法或者职务犯罪,又涉嫌其他违法犯罪的,一般应当由监察机关为主调查,其他机关予以协助。故选项D正确。

三、不定项选择题

91.【参考答案】 A

【解析】 A项,缺席审判程序允许在被告人不到庭的情况下进行定罪量刑,符合刑事诉讼效率原则。因此,A项正确。

B项,控审分离,是指控诉职能和审判职能必须分别由专门的诉讼主体来承担,而不能让两种职能集中由一个诉讼主体来承担,如果没有法定的控诉主体提起诉讼,承担审判职能的法院就不能主动审判任何案件。这也是刑事诉讼中不告不理原则的由来。缺席审判程序是指被告人不到庭,与之无关。因此,B项错误。

C项,刑事审判的亲历性,是指案件的裁判者必须自始至终参与审理,审查所有证据,对案件作出判决须以充分听取控辩双方的意见为前提。缺席审判程序是指被告人未到庭,而不是法官未到庭。此外,《刑事诉讼法》第293条规定:"人民法院缺席审判案件,被告人有权委托辩护人,被告人的近亲属可以代为委托辩护人。被告人及其近亲属没有委托辩护人的,人民法院应当通知法律援助机构指派律师为其提供辩护。"该条款赋予了被告人充分的辩论权。该程序没有违反刑事审判具有的亲历性。因此,C项错误。

D项,刑事审判的终局性,是指法院的生效裁判对于案件的解决具有最终决定意义。判决一旦生效,诉讼的任何一方原则上不能要求法院再次审判该案件,其他任何机关也不得对该案重新处理,有关各方都有履行裁判或不妨害裁判执行的义务。这是由审判是现代法治国家解决社会纠纷和争端的最后一道机制的性质决定的。《刑事诉讼法》第295条第2款规定:"罪犯在判决、裁定发生法律效力后到案的,人民法院应当将罪犯交付执行刑罚……"因此,D项错误。

综上所述,本题答案为A项。

92.【参考答案】 ABCD

【解析】 A项,滥用职权罪,是指国家机关工作人员滥用职权,致使公共财产、国家和人民利益遭受重大损失的行为。玩忽职守罪,是指国家机关工作人员玩忽职守,致使公共财产、国家和人民利益遭受重大损失的行为。滥用职权罪和玩忽职守罪的区别在于,滥用职权罪是故意犯罪,玩忽职守罪是过失犯罪。题中警察李某因过失而不履行作为义务,因此构成玩忽职守罪。A项说法正确。

B项,特定关系会产生作为义务。基于特定关系,某项法益的保护依赖于行为人,当该法益处于危险境地时,行为人负有保护义务。吴某对年幼的孩子有扶助义务,却故意不履行,导致孩子死亡,构成不作为犯罪,从等价性程度来看,达到了不作为的故意杀人罪的程度。B项说法正确。

C项,先行行为会产生作为义务。如果行为人自己的先行行为对他人的法益创设了危险,那么行为人就有消除危险的义务。先行行为不仅仅是时间上的先行行为,还必须有实质条件——对法益创设了法律不允许的危险。赵某故意引起钱某癫痫发作,给钱某制造了危险,这一先行行为产生了救助义务。赵某故意不救助,导致钱某死亡,构成不作为犯罪,从等价性程度来看,达到了不作为的故意杀人罪的程度。C项说法正确。

D项,先行行为会产生作为义务。如果行为人自己的先行行为对他人的法益创设了危险,那么行为人就有消除危险的义务。孙某不慎撞伤金某,给金某制造了危险,这一先行行为产生了救助义务。孙某能够救助而故意不救助,导致金某死亡,构成不作为犯罪,从等价性程度来看,达到了不作为的故意杀人罪的程度,应定故意杀人罪。D项说法正确。

93.【参考答案】 ABC

【解析】 《人民法院组织法》将知识产权法院设立为跨行政区划法院。党的十八届四中全会提出,设立跨行政区划法院,主要目的之一就是要确保审判独立,促进司法公正,防止地方政府的不当干涉。故A选项正确。

21世纪是知识经济的时代,发展知识产权已经上升为国家战略。知识产权法院的设立,有利于统一知识产权裁判标准,严格保护知识产权,服务保障国家创新驱动发展战略实施。对提高知识产权审判质效,促进严格公正司法,依法平等保护中外市场主体知识产权等将发挥重要作用。故 BC 选项均正确。

知识产权保护制度对我国而言,属于舶来品。我国传统法律文化缺乏保护知识产权的意识。因此,知识产权法院的设立,充分借鉴了域外成功经验,但不存在对中华传统法律文化精华的漠视。故 D 选项错误。

94.【参考答案】 ABCD

【解析】 A 项:《法官职业道德基本准则》第 10 条规定,法官应当“牢固树立程序意识,坚持实体公正与程序公正并重,严格按照法定程序执法办案,充分保障当事人和其他诉讼参与人的诉讼权利,避免执法办案中的随意行为”。因此,法官无故打断被告发言的行为属于庭审过程中的随意行为,也违反了保障当事人诉讼权利的理念,违反职业道德,A 项正确。

B 项:《法官职业道德基本准则》第 13 条规定,法官应当“自觉遵守司法回避制度,审理案件保持中立公正的立场,平等对待当事人和其他诉讼参与人,不偏袒或歧视任何一方当事人,不私自单独会见当事人及其代理人、辩护人”。因此,法官与一方当事人谈笑风生,显然违反了平等对待当事人的职业道德要求,同时“谈笑风生”也不利于保证庭审活动的严肃性,违反职业道德,B 选项正确。

C 项:《法官职业道德基本准则》第 17 条规定,法官不得“从事或者参与营利性的经营活动,不在企业及其他营利性组织中兼任法律顾问等职务,不就未决案件或者再审案件给当事人及其他诉讼参与人提供咨询意见”。因此,以法官身份出席私人公司开业典礼的行为已属不当,入股该公司更是直接违反了法官职业道德的要求,C 选项正确。

D 项:《法官职业道德基本准则》第 18 条规定,法官应当“妥善处理个人和家庭事务,不利用法官身份寻求特殊利益。按规定如实报告个人有关事项,教育督促家庭成员不利用法官的职权、地位谋取不正当利益”。本题中,法官对其子应当进行批评教育,以杜绝此类现象再次发生,“未置”一词的放任态度显然违反职业道德要求,D 选项正确。

95.【参考答案】 ABCD

【解析】 本题只需要判断是否利用职务之便,利用职务之便是指职务上赋予的独立支配的权利。本题中甲和乙两个人对钥匙和密码都有职务上赋予的独立支配的权利,所以只要是利用了自己职务上的便利就属于利用职务之便,四个选项都正确。

96.【参考答案】 C

【解析】 根据《国家赔偿法》第 21 条第 4 款,再审改判无罪的,作出原生效判决的人民法院为赔偿义务机关。二审改判无罪,以及二审发回重审后作无罪处理的,作出一审有罪判决的人民法院为赔偿义务机关。根据《国家赔偿法》第 22 条第 2 款,赔偿请求人要求赔偿,应当先向赔偿义务机关提出。市中级人民法院审理后改判刘某无罪,作出一审有罪判决的县法院为赔偿义务机关,刘某应当向县法院申请国家赔偿。故 C 选项当选,ABD 选项不当选。

97.【参考答案】 BC

【解析】 根据《行政诉讼法》第 63 条第 3 款,人民法院审理行政案件,参照规章。某市交通局向社会发布的通告不属于规章,而是规范性文件,因此不属于法院审判的参照。故 A 选项错误。

根据《行政诉讼法》第 64 条,人民法院在审理行政案件中,经审查认为《行政诉讼法》第 53 条规定的规范性文件不合法的,不作为认定行政行为合法的依据,并向制定机关提出处理建议。《行诉解释》第 149 条第 2 款规定,规范性文件不合法的,人民法院可以在裁判生效之日起 3 个月内,向规范性文件制定机关提出修改或者废止该规范性文件的司法建议。因此,法院认为通告不合法的,可以向制定机关市交通局提出修改或者废止该通告的司法建议。故 B 选项正确。

根据《行诉解释》第 150 条,人民法院认为规范性文件不合法的,应当在裁判生效后报送上一级人民法院进行备案。涉及国务院部门、省级行政机关制定的规范性文件,司法建议还应当分别层报最高人民法院、高级人民法院备案。因此,法院认为市交通局发布的通告不合法的,应当在裁判生效后报送上一级法院进行备案。故 C 选项正确。

根据《行诉解释》第 132 条,行政机关负责人和行政机关相应的工作人员均不出庭,仅委托律师出庭的或者人民法院书面建议行政机关负责人出庭应诉,行政机关负责人不出庭应诉的,人民法院应当记录在案和在裁判文书中载明,并可以建议有关机关依法作出处理。因此,法院建议市交通局负责人出庭应诉,但市交通局负责人经传唤拒不出庭的,可以建议有关机关依法作出处理,但不能对市交通局负责人拘传到庭。故 D 选项错误。

98.【参考答案】 D

【解析】 根据《行诉解释》第 22 条第 1 款,《行政诉讼法》第 26 条第 2 款规定的“复议机关改变原行政行为”，是指复议机关改变原行政行为的处理结果。某企业被乙区生态环境局罚款20万元，对此不服提起复议，甲市生态环境局改为罚款10万元，这属于复议机关改变原行政行为的处理结果。根据《行政诉讼法》第26条第2款，经复议的案件，复议机关决定维持原行政行为的，作出原行政行为的行政机关和复议机关是共同被告；复议机关改变原行政行为的，复议机关是被告。因此，被告是甲市生态环境局。根据《行政诉讼法》第14条，基层人民法院管辖第一审行政案件。因此，本案由基层法院管辖。根据《行政诉讼法》第18条第1款，行政案件由最初作出行政行为的行政机关所在地人民法院管辖。经复议的案件，也可以由复议机关所在地人民法院管辖。由于本案是经复议的案件，既可以由乙区生态环境局所在地法院管辖，也可以由甲市生态环境局所在地法院管辖。综上所述，本案被告是甲市生态环境局，区生态环境局所在地的基层法院——乙区法院有管辖权，甲市生态环境局所在地的基层法院——丙区法院有管辖权，甲市中级法院没有管辖权。故D选项正确。

99.【参考答案】 B

【解析】 界河以主航道或河道中心线为界，一般而言各国行为须恪守界线，A项错误。

界河沿岸国可以在对方航道航行但未经许可不得停靠对方河岸。但是根据国际法关于排除行为不当性的规定，危难或紧急情况下违反国际法，其行为不当性被排除。本案中，甲国渔船在紧急避险情况下未经许可停靠乙国河岸即属此种情况，B项正确。

基于相邻权的保护，在界河上修建任何设施均须对方许可，CD项错误。

100.【参考答案】 BD

【解析】 A项错误，D项正确。《关税与贸易总协定》中的国民待遇，指外国进口产品所享受的待遇不低于本国同类产品、直接竞争或替代产品所享受的待遇。对于同类产品，对进口产品直接或间接征收的国内税费，不应超出对本国同类产品直接或间接征收的国内税费。是否违反这一义务，需要确定两个条件：进口产品与国内产品是不是同类产品；进口产品承担的国内税费是否超出国内同类产品承担的国内税费。只要对外国产品所征的税费高于本国同类产品，即违反了国民待遇原则。本题中，乙国对其销售的某类进口药品征收比国产同类药品更高的某种国内税，即违反了国民待遇原则。

C项错误。最惠国待遇，简单说就是WTO的成员，都可以享受其他成员给予任何成员的待遇。WTO三大贸易协定《关税与贸易总协定》第1条、《服务贸易总协定》第2条第1款和《与贸易有关的知识产权协定》第4条中，都有关于最惠国待遇的基本规定。在不同的协议中，最惠国待遇义务的含义并不完全相同，各有其严格的适用条件和范围。最惠国待遇原则与国民待遇原则的主要区别之一就是对比的参照系不同，前者是在外国产品之间进行比较，对来自成员的同类产品要给予相同待遇；而后者是在外国产品和本国产品之间进行比较，不能给外国产品低于本国同类产品的待遇。本题中，乙国的做法违反的是国民待遇原则，并非最惠国待遇原则。

B项正确。来源国税收管辖权指一国政府针对非居民纳税人就其源于该国境内的所得征税的权力。目前各国对非居民营业所得的征税普遍使用常设机构原则，常设机构原则指仅对非居民纳税人通过在境内常设机构而获取的工商营业利润实行征税的原则。题中，特斯拉公司在乙国“开了10多家药店”销售药品，这些药店即可被认定为常设机构，乙国对这些所得有来源地税收管辖权。

2019年国家统一法律职业资格考试
客观题试卷二

一、单项选择题　每题所设选项中只有一个正确答案,多选、错选或不选均不得分。(本部分含1—50题,每题1分,共50分)

1. 蒋某(男)与韩某(女)在离婚协议中约定:为了专心抚育婚生幼女蒋小萍,韩某将来若与他人结婚,不得再生育。该约定因违反下列哪一原则而无效?(　　)

A. 公平原则　　B. 公序良俗原则

C. 自愿原则　　D. 平等原则

2. 张某得知前不久某路桥公司在李村公墓附近修路时,不慎触挖其舅舅李某的墓地,致使李某的骨灰盒轻微碰裂,张某恼怒,向路桥公司索要精神损害赔偿100万元。路桥公司承认碰裂事实,但其主张修路是为了公共利益,并且已将墓地及时恢复,不应支付高额赔偿。张某遂向法院提起诉讼。法院应如何处理?(　　)

A. 支持张某的全部诉讼请求

B. 驳回张某的诉讼请求

C. 不予受理

D. 酌情支持张某的部分诉讼请求

3. 中学生甲(13周岁)每天下午都去篮球场打篮球,顺带买一瓶可乐饮用。乙是拾荒者,以捡垃圾为生,经常在篮球场捡瓶子。一日甲打完篮球后喝可乐,之后将装有半瓶可乐的瓶子放在操场上,拿着书包就和同学丙一起离开了球场。乙随后捡走了可乐瓶。下列哪一选项正确?(　　)

A. 甲的行为是赠与

B. 甲的行为是抛弃

C. 甲的行为不需要意思表示

D. 可乐瓶属于遗失物

4. 甲、乙、丙、丁均为资深骑马爱好者,相约去草原骑马。甲提供四匹马,骑行过程中,乙的马受到突然出现的野兔惊吓,造成乙受伤。该责任如何承担?(　　)

A. 乙自行承担

B. 四人平均分担

C. 甲承担全部责任

D. 甲承担补充责任

5. 60岁的苏某丧偶,其成年子女均已成家,苏某独自生活。苏某与比他小20岁的蔡某相识,苏某和蔡某书面协议约定,待苏某丧失生活自理能力后由蔡某作为其监护人履行监护职责,蔡某履行义务后,苏某死后名下的一半遗产由蔡某继承。关于本案,下面说法正确的是?(　　)

A. 苏某有子女作为监护人故监护协议无效

B. 约定财产继承部分无效

C. 监护协议有效

D. 苏某子女可以主张撤销监护协议

6. 湖蓝公司诉称其董事长张某与清河公司洽谈时被灌醉并趁机签订违背远期商业规划且明显不利于湖蓝公司的合作协议,故依法请求撤销协议。湖蓝公司可基于哪一请求主张撤销该合作协议?(　　)

A. 乘人之危　　B. 显失公平

C. 恶意串通　　D. 无权代理

7. 钱某有一幅祖传古画,市值100万元,高某为了低价收购该古画,伙同某艺术品鉴定家孟某欺骗钱某称该画是赝品,价值不超过10万元,钱某信以为真。后钱某以15万元将古画卖给了不知情的陈某。关于本案,下列哪一选项是正确的?(　　)

A. 陈某乘人之危,钱某可以撤销与陈某的买卖合同

B. 因遭受高某欺诈,钱某可以撤销与陈某的买卖合同

C. 属于重大误解,钱某可以撤销与陈某的买卖合同

D. 属于显失公平,钱某可以撤销与陈某的买卖合同

8. 乙向甲借款,以自己的房屋设立抵押权,并办理了抵押登记。乙又向丙借款,以同一房屋设立抵押权,并办理了抵押登记。后乙与甲签订房屋买卖合同并办理了过户。下列哪一选项是正确的?(　　)

A. 甲的抵押权消灭

B. 丙的抵押权消灭

C. 甲和丙的抵押权均未消灭

D. 甲乙之间的房屋买卖合同无效

9. 某超市经常向郊区农民采购2年以上的老母鸡。采购价每只100元，市零售价250元，常年供应。某日，超市与农民李某签订每季度供应20只老母鸡的合同。李某对零售价和批发价无异议。第二季度，超市只采购到10只鸡，并对应支付1000元。对尚未交付的10只鸡，超市可就下列哪一利益向李某主张损害赔偿？（　　）

A. 生产利润1500元

B. 转售利润1500元

C. 采购价格1000元

D. 零售价格2500元

10. 某校研究生陈某下课后发现电梯人多拥挤便选择走楼梯，在下楼过程中由于陈某专注玩手机失足摔倒，造成擦伤和中度脑震荡。关于陈某的损害，下列说法正确的是？（　　）

A. 学校电梯设置不合理，负全部责任

B. 学校未尽到安全保障义务，负全部责任

C. 学校和陈某均有过错，各负一半责任

D. 损害系由陈某自身玩手机疏忽造成，自身负全部责任

11. 甲男(60岁)与乙女(25岁)约定："如乙好好照顾甲，婚后甲就将自己名下唯一一套住房赠送给乙。"乙表示同意。婚后，甲如约将房屋过户到乙名下。乙对甲却态度冷漠，将甲赶出家门。下列哪项是正确的？（　　）

A. 甲可向法院主张撤销该婚姻

B. 甲和乙之间的婚姻无效

C. 甲的赠与是合法自愿的，不能撤销

D. 甲可以撤销对乙的赠与

12. 徐老头有一独生子英年早逝，儿媳与他共同生活并照顾他。后儿媳与田某再婚，三年前生下儿子小田，一年前儿媳不幸逝世，半年前田某也相继离世。若日后徐老头死亡发生继承，则小田可以？（　　）

A. 无继承权　　B. 转继承

C. 代位继承　　D. 可适当分得遗产

13. 博纳影业将许某编写的剧本《中国机长》拍摄成电影，赢得了很好的票房和口碑。甲公司经授权获得该电影的网络转播权，某电视台未经许可，截取30秒的电影情节，用于该电视台的电影推荐栏目，下列有关说法正确的是？（　　）

A. 甲公司应同时征得许某和博纳影业的许可

B. 电视台侵犯了博纳影业的著作权

C. 电视台侵犯了许某的著作权

D. 电视台没有侵犯著作权

14. 甲公司发明了一款车载空调并获得了专利，随后乙公司自己研发出了相同的技术生产了车载空调，并向丙公司销售了一批该空调。丁汽车公司从丙公司购买一批该车载空调安装于其生产的汽车上，戊从丁公司购买一辆汽车开展运输业务。关于甲公司获得专利，乙公司的研发销售等行为，丙、丁、戊均不知情。下列说法正确的是？（　　）

A. 乙公司自己研发技术并实施，没有侵犯甲公司的专利权

B. 丙公司不知情且有合法的购货来源，所以没有侵犯甲公司的专利权

C. 丁公司应当承担赔偿责任

D. 戊公司可以不停止使用

15. 某高校为美观而更新校园园林景观，向当地林业局申请采伐许可证。许可证许可采伐树木10棵，而该高校采伐树木20棵。针对该高校的行为，下列说法正确的是？（　　）

A. 该高校可以要求林业局补种10棵相同树木，该高校承担相应费用

B. 林业局可以要求该高校补种10棵相同树木，并且处罚该高校额外补种50棵相同树木

C. 林业局可以对该高校罚款1万元，并责令次年内补种10棵相同树木

D. 该高校申请许可证需要同时提出有关采伐的目的、地点、林种、林况、面积、蓄积、方式和更新措施等内容的文件

16. 甲公司于2018年3月设立登记，工商登记中载明吴大是甲公司股东之一。但因为甲公司财务人员的疏忽，公司章程中未记载吴大，且甲公司没有制备股东名册。据查，吴大履行了出资义务，且甲公司向其出具了股款收据。下列说法正确的是？（　　）

A. 应该综合各种要素来判断吴大是否具有股东资格

B. 只需工商登记即能证明吴大具有股东资格

C. 没有股东名册记载，吴大没有股东资格

D. 没有公司章程记载，吴大没有股东资格

17. 张某、林某共同出资注册一家公司，张某认缴40万元，林某认缴60万元，出资期限为2024年，林某为公司的执行董事。两年后因为项目需要，林某催促张某尽快实缴出资，张某问林某需要多少资金，林某回复需要1000万元，张某即向林某的账户汇款了400万元，林某以公司的名义向张某出具了股款收据。后林某将400万元全部投入公司的项目

运营,全部亏损。下列哪项说法是正确的?(　　)

A. 林某未完全履行出资义务

B. 张某未完全履行出资义务

C. 林某应当向张某返还400万元

D. 张某转款中360万元是公司的资产

18. 2017年甲与乙出资设立了格罗姆公司,甲的持股比例是75%,担任公司的法定代表人。公司章程约定两股东应于2039年前缴足出资,后格罗姆公司欲吸纳丙入股,并与丙签订入股协议,约定:甲和乙应于2019年前缴足出资,此条件是丙入股格罗姆公司的必要条件。双方签字盖章,丙公司履行了出资义务,但格罗姆公司未修改公司章程。甲、乙应于什么时间缴足出资?(　　)

A. 甲、乙应于2039年前缴足出资

B. 甲应于2019年前缴足出资,乙于2039年前缴足出资

C. 甲应于2039年前缴足出资,乙于2019年前缴足出资

D. 甲、乙应于2019年前缴足出资

19. 甲、乙、丙、丁四人共同出资成立瀚林公司,协商制定公司章程时甲未出席。乙、丙、丁一致同意且于章程中签字,乙伪造了甲的签字。公司成立后,四股东协商一致共同签署一协议,就股东之间的权利义务等事宜进行了约定,下列说法正确的是?(　　)

A. 四股东签署的协议是公司章程的一部分

B. 公司章程经过3/4的股东通过,已经生效

C. 四股东协商一致签署的协议具有与公司章程相同的法律效力

D. 公司章程未经工商登记不能对抗第三人

20. 成顺公司的股东胡某是公司的大股东和法定代表人,2018年12月,胡某召集股东会商议收购力耀公司的股权事宜,此次股东会没有通知持有公司1%股权的小股东郑某。胡某提议转让成顺公司的一块土地使用权给力耀公司作为受让股权的对价,在胡某操作下,股东会通过该决议并让秘书代替郑某签字,郑某知道后坚决不同意,诉至法院,该股东会决议效力如何?(　　)

A. 该股东会决议无效

B. 该股东会决议可撤销

C. 该股东会决议有效

D. 该股东会决议不成立

21. 雷某独资设立大米公司,并担任公司的执行董事和法定代表人。大米公司因经营需要向罗某筹措资金200万元,并约定罗某因此占大米公司5%的股权,大米公司为此向罗某出具了股权凭证。据查,罗某是大麦公司的法定代表人,大麦公司与大米公司的经营范围基本相同。因为罗某该笔资金的引入,大米公司经营渐有起色,终于扭亏为盈。但大米公司未向罗某分红,罗某提出查阅大米公司的账簿并主张分红,下列说法正确的是?(　　)

A. 雷某可以罗某查账目的不正当为由拒绝其查账请求

B. 如果罗某委托律师代为查账,雷某不得拒绝

C. 罗某可向法院提起诉讼请求大米公司分红

D. 罗某可自行召集并主持股东会决议分红

22. 安云公司是由蓝月公司和张三、李四共同出资设立的有限公司,蓝月公司派赵祥和王琳担任安云公司的董事。在安云公司运营期间,赵祥以王琳在安云公司决策时总不为蓝月公司的利益着想为由,向蓝月公司报告。蓝月公司未经安云公司其他董事同意,将王琳召回,派驻胡丽作为安云公司的董事,下列说法正确的是?(　　)

A. 王琳一经召回就丧失了安云公司的董事身份

B. 胡丽取得了安云公司的董事身份

C. 赵祥和王琳应对蓝月公司尽忠实、勤勉义务

D. 赵祥和王琳应对安云公司尽忠实、勤勉义务

23. 甲上市公司拟与乙公司合并,但乙公司拥有甲上市公司50万股的股票,占发行股票总额的1.5%。就此合并事宜,甲上市公司的股东张某、李某、戴某明确表示反对,向公司主张回购其股份并退出公司。下列有关说法正确的是?(　　)

A. 甲上市公司可以由董事会决议与乙公司合并收购股份事宜

B. 甲上市公司应当在和乙公司合并后6个月内转让或注销该股份

C. 甲上市公司收购乙公司股份应当采用公开集中交易的方式进行

D. 甲上市公司应当在回购张某、李某、戴某股份后10日内注销

24. 三石商贸有限公司因管理混乱经营陷入困境,于2019年3月经法院裁定进入破产程序,瀚城律师事务所被指定为破产管理人。2019年5月底,经债权人会议决议,成立债权人委员会。二鸟公司与瀚城律师事务所接洽,准备受让三石公司全部的库存和营业事务,关于本案,下列表述错误的

是?(　　)

A. 债权人委员会应包含一名三石公司的职工代表或工会代表

B. 瀚城律师事务所应将与二鸟公司的合作事宜事先制作财产管理或者变价方案并提交债权人会议通过

C. 瀚城律师事务所的方案未被债权人会议通过的,其可以提交给债权人委员会进行表决

D. 瀚城律师事务所在实施与二鸟公司的合作方案前,应报告债权人委员会

25. 万公司购买梓公司的一批钢材,签发一张承兑汇票给梓公司支付货款,梓公司将该汇票背书给仟公司,并请甲公司提供担保,但没有约定担保金额和被保证人名称,仟公司又背书转让给宏公司。梓公司向万公司交付的钢材质量不达标。宏公司向付款银行提示承兑时被拒绝,以下哪项说法是正确的?(　　)

A. 宏公司应向仟公司请求给付票据款项

B. 因钢材质量不达标,万公司有权拒绝向宏公司承担付款责任

C. 因未约定被保证人名称,甲公司不承担保证责任

D. 如果梓公司向宏公司给付了票据款项,可向甲公司行使追索权

26. 甲为自己投保一份以死亡为给付保险金条件的人身保险合同,在体检时发现自己患有不能承保的慢性疾病,保险公司业务员乙知情后仍然想办法为甲办理了该保险并收取了保费,受益人栏目中注明“法定”,未约定受益的顺序和份额。一年后,甲发病身亡,下列说法正确的是?(　　)

A. 受益人约定为“法定”,该受益人的指定无效

B. 保险赔偿金由甲的妻子和儿子平均分配

C. 甲未履行如实告知的义务,保险公司可以解除合同

D. 保险公司无须给付保险赔偿金

27. 某地区海鲜水产行业协会组织本地水产供应商压缩供货并控制出货节奏,导致下游供货量减少,海鲜的价格猛涨,众供应商收益颇丰,但对当地的海鲜市场造成很严重的负面影响。因为此次安排对大小供应商的返利政策不同,甲水产供应商主动向反垄断执法机构报告了这一情况,并提供了重要证据,下列说法正确的是?(　　)

A. 当地民政部门可以对该海鲜水产行业协会撤销登记

B. 海鲜水产行业协会出于行业自律,且维护了同行业经营者的权益,不应被处罚

C. 水产供应商并未签署任何协议,故未构成协议行为

D. 反垄断执法机构应免除对甲的处罚

28. 奇能公司是电动车领域的巨头,使用“标准”牌电池。为了扩张产业链与下列企业签订了相关协议,且协议涉及的交易规模都达到国务院规定的申报标准,以下哪一选项应当向反垄断执法机构申报?(　　)

A. 奇能公司跟某太阳能企业达成协议约定信息互通共享

B. 奇能公司收购某电子板公司30%的股份,成为其第二大股东,取得其控制权

C. 奇能公司收购旗下控股子公司的股份达到80%

D. 电霸公司享有奇能公司52%表决权的股份,享有天霸公司55%表决权的股份,奇能公司收购天霸公司的股份达到70%

29. 某文具公司在网络电商平台注册一店铺,公司设置专项资金派发给员工,要求员工用此专项资金在本公司店铺购买文具,公司的客服再根据下单的地址,给员工邮寄空的包裹,通过这种方式来提高公司在网络销售平台的排名。下列有关该文具公司行为的说法正确的是?(　　)

A. 互联网不正当竞争

B. 虚假宣传行为

C. 商业贿赂行为

D. 混淆行为

30. 甲公司拖欠乙银行贷款2000万元,到期无力清偿,现乙银行欲通过资产管理公司实现债转股来清理不良贷款,根据《商业银行法》及《银行业监督管理法》,下列说法正确的是?(　　)

A. 乙银行应将其对甲公司的债权转移给资产管理公司,由资产管理公司对甲公司进行债转股

B. 乙银行可直接对甲公司进行债转股

C. 应由资产管理公司购买甲公司的股权,甲公司用所得的股款偿还乙银行的欠款

D. 应由乙银行购买甲公司的股份,甲公司用所得的股款偿还乙银行的欠款

31. 某商业银行董事长张某授意该银行隐瞒亏损并提供虚假财务报告,该商业银行被吊销经营许可证后被撤销清算。在此之前,该商业银行曾因未遵守关于资产负债的比例违规发放贷款被原国务院银保监会处以罚款,该罚款尚未缴纳。该商业

银行被撤销清算期间，发现未缴上一年度税款，还有一笔税款因商业银行计算错误而未缴。下列相关说法正确的是？（　　）

A. 在清算时，清算组应优先清偿包含企业所得税在内的欠缴税款

B. 在该商业银行被清算期间，经原国务院银保监会负责人批准，可申请司法机关禁止张某买卖商品房

C. 因计算错误未缴的税款，税务机关可要求该商业银行补缴但不能收取滞纳金

D. 在清算期间，该银行应先向原国务院银保监会缴纳罚款

32. 我国作家甲创作完成一部小说，出版后大卖，甲因此获得15万元稿酬，用该笔稿酬购买了一辆环保电动汽车。后该小说在国外获奖，由某国际组织发放奖金20万元，且该小说被外国A电影公司购买了改编权获得该公司支付的特许权使用费150万元。下列关于甲纳税的相关说法中正确的是？（　　）

A. 甲获得的奖金不应缴纳个人所得税

B. 购买环保汽车应该免纳车船税

C. 甲在国外获得的特许权使用费不应缴纳个人所得税

D. 甲获得的稿酬应按比例缴纳个人所得税

33. 甲公司从政府以出让方式获得一地块的土地使用权，进行商品房开发，楼盘建设过半，投入约2亿元，甲公司因资金链断裂无以为继，无奈将此土地使用权及地上建筑一并转给乙公司。下列说法正确的是？（　　）

A. 乙公司获得土地使用权后需重新与政府签订土地使用权出让合同

B. 政府可向甲公司收取不超过2亿元的土地闲置费

C. 乙公司获得土地使用权后可经甲公司同意改变土地用途

D. 甲公司应缴纳全部的土地出让金并获得土地使用权证书

34. 甲公司取得了规划许可证在某工业园建一仓库，当地城乡规划主管部门在巡查时发现，甲公司为了存放货物私自在仓库边挖一地下室，并在仓库楼顶搭设了工人居住的临时工棚。根据《城乡规划法》，下列哪一说法是正确的？（　　）

A. 甲公司可补办该工棚的临时建设规划许可证

B. 甲公司可补办该地下室的规划许可证

C. 规划主管部门可以责令限期拆除临时工棚并处以不超过建造成本的罚款

D. 规划主管部门可以责令填埋地下室

35. 孙某退伍前因一次救灾活动导致8级伤残，退伍后到某公司担任司机。某日，按照公司要求到机场接机。途中遭遇车祸造成5级伤残，并且导致在部队的旧伤复发。该公司没有给孙某缴纳工伤保险费。下列说法正确的是？（　　）

A. 孙某可以同时申领工伤保险和军人伤亡保险金

B. 孙某可以每月向公司申领伤残津贴

C. 孙某可以申请退役费的补偿

D. 应当从军人保险基金中拨付工伤保险待遇支付给孙某

36. 甲公司的一名金牌销售人员出国培训造成人手短缺，销售压力巨大。甲公司决定请求乙公司派遣一名员工协助分担销售工作。乙公司派遣小李到甲公司工作，但乙公司没有为小李缴纳工伤保险费，小李在一次接客户的途中发生交通事故。下列有关说法正确的是？（　　）

A. 小李可以就任甲公司销售经理

B. 小李在甲公司的业绩很差，经过甲公司就业培训后仍然不见起色，甲公司有权将小李退回

C. 因为乙公司没有为小李缴纳工伤保险费，小李不能享受工伤保险待遇

D. 小李在获得工伤保险待遇后不可向肇事司机索赔

37. 卫护公司经营困难，以其所有的商品林地和林木入股绿源公司，同时将已取得的林木采伐许可证转让给绿源公司，后绿源公司得知，卫护公司以其商品林地向某商业银行抵押贷款尚未归还，绿源公司与卫护公司发生争议，要求卫护公司尽快解除抵押，以下说法正确的是？（　　）

A. 在争议期间，绿源公司可以砍伐商品林地上的林木

B. 绿源公司与卫护公司的争议可请县政府解决

C. 绿源公司可以直接向法院起诉

D. 绿源公司可以将商品林地改变为建设用地

38. 郑某起诉林某，审理过程中林某提起反诉，后郑某撤回起诉，法院以原告撤回起诉为由裁定驳回了林某的反诉。林某对该裁定不服，提起上诉，二审法院应当如何处理？（　　）

A. 组织当事人调解，调解不成，告知另行起诉

B. 裁定驳回上诉，维持原裁定

C. 二审法院撤销驳回反诉的裁定，同时发回重审

D. 二审法院撤销原裁定，同时指定原审法院审理

39. 甲省M市A区的李某在位于乙省N市B区的张某电商平台上购买了货物，购物条款约定发生争议由乙省N市B区法院管辖。发生纠纷后，李某向甲省M市A区法院起诉，张某以有管辖协议为由提出管辖异议。李某认为，因乙省N市已成立互联网法院，管辖协议无效。M市A区法院认为管辖异议成立，将案件移送至N市B区法院，问N市B区法院应如何处理？（　　）

A. 报N市中院指定管辖

B. 逐级报最高人民法院指定管辖

C. 退回M市A区法院

D. 将案件移送N市互联网法院

40. A想在乙区买一个店铺，和甲县的B签订居间合同，并经B居间介绍和乙区的C签订店铺买卖合同。C不肯交房并办理过户。A将B、C起诉到甲县法院要求交付店铺办理过户，甲县法院判决C交付房屋并办理过户，并以B不是适格被告为由判决驳回A对B的诉讼请求。C不服上诉，认为既然B不是适格被告，那么B的住所地甲县法院就没有管辖权，故而在二审中提出管辖权异议。二审法院应当如何处理？（　　）

A. 二审法院应移送管辖

B. 二审法院应指定管辖

C. 二审法院对管辖权异议不予审查

D. 二审法院应当撤销原判，发回重审

41. 某市环保协会提起诉讼，起诉某厂因生产极大影响了周边居民的生活生产活动，对环境造成破坏。甲因该厂的污染行为受到损害，也想参与本案的诉讼。关于法院的做法，下列选项正确的是？（　　）

A. 将甲列为有独立请求权的第三人

B. 将甲列为无独立请求权的第三人

C. 告知甲另行起诉

D. 将甲列为共同原告

42. 张老头有一套房屋，张老头死后，其子张甲因遗产继承纠纷，将张老头另一子张乙诉至法院，诉讼中，张老头的女儿张丙向法院主张继承遗产，下列表述正确的是？（　　）

A. 张甲是原告，张乙是被告

B. 张甲、张丙是原告，张乙是被告

C. 张丙是原告，张甲、张乙是被告

D. 张甲是原告，张乙是被告，张丙是有独立请求权的第三人

43. 巨星公司开发的软件屡遭盗版，遂派公司人员假扮消费者与盗版商磋商，请公证处人员手机秘密拍摄磋商全过程，公证处制作公证书，巨星公司据此向法院起诉索赔，关于公证书的说法正确的是？（　　）

A. 假扮消费者有违公平原则，有损经济秩序，该公证书应当排除

B. 公证处只应当公证合法法律行为，该公证书有瑕疵，应当排除

C. 该公证书是原始证据

D. 该公证书是书证

44. 夏某在回宿舍的楼道里不小心被季某堆放在楼梯过道的衣柜绊倒受伤，夏某向法院起诉季某，要求损害赔偿。在诉讼中双方对本案被告季某是否存在过错产生争议，关于该争议事实的证明责任分配，下列表述正确的是？（　　）

A. 法院承担证明责任

B. 过错不是本案的证明对象

C. 由季某证明自己没有过错

D. 由夏某证明季某有过错

45. 甲乙因纠纷诉至法院，诉讼中甲乙达成调解协议并签收，后甲发现调解书中内容与调解协议不一致，下列说法正确的是？（　　）

A. 甲可以向法院申请再审

B. 甲可以申请法院裁定补正调解书的内容

C. 调解书因违反调解协议而无效

D. 甲应当重新提起诉讼

46. 张某诉李某，要求李某返还借款。一审法院判决李某败诉，当事人均未上诉。判决生效后李某向法院申请再审。法院决定再审，在再审过程中，发现张某和李某已经达成了和解协议，并且已经支付完毕。下列做法正确的是？（　　）

A. 继续再审

B. 驳回再审请求

C. 判决执行一审判决

D. 裁定终结再审程序

47. 李某起诉吉通公司，要求吉通公司履行合同义务，A市B区法院判决驳回，李某上诉，在上诉状提交后第三天，李某车祸身亡。下列说法正确的是？（　　）

A. A市中级人民法院应裁定诉讼终结

B. B区法院应裁定诉讼终结

C. B区法院应裁定诉讼中止，通知李某继承

人参与诉讼

D. A市中级法院应裁定诉讼中止，通知李某继承人参与诉讼

48. 甲对乙有20万元债权到期，乙对丙有20万元债权。甲对丙提起代位权诉讼，法院依法将乙列为第三人。诉讼中甲、丙达成调解协议，约定丙将一条价值20万元的手链交付给甲，用于清偿该笔债务，法院依法制作调解书送达当事人。丁主张手链是自己的，欲提起第三人撤销之诉，下列关于本案当事人的表述正确的是？（　　）

A. 甲、乙、丙为被告

B. 甲、丙为被告，乙是第三人

C. 甲、乙是被告，丙为第三人

D. 甲为被告，乙和丙是第三人

49. 法国公民马克龙受雇于主营业地在中国深圳的众合公司，公司将其派遣到在尼日利亚的分公司工作，后其因工作失误被解雇而不服，诉至深圳某人民法院。根据《法律适用法》，下列说法正确的是？（　　）

A. 在中国适用中国法、法国法和尼日利亚法律中有利于马克龙的法律

B. 适用中国法，因为中国是众合公司主营业地

C. 适用法国法，因为马克龙是法国人

D. 适用尼日利亚法律，因为尼日利亚是工作地

50. 经常居所地在南京的德国人汉斯的爱犬被经常居所地在新加坡的中国公民李某某打死，汉斯为了报复怒将李某某个人隐私在网上公开。后汉斯在南京起诉李某某，李某某提出反诉。根据《法律适用法》，下列说法正确的是？（　　）

A. 汉斯和李某某的诉求均可协议选择要适用的法律

B. 汉斯和李某某的诉求均适用中国法

C. 汉斯的诉求适用德国法

D. 李某某的诉求适用新加坡法

二、多项选择题　每题所设选项中至少有两个正确答案，多选、少选、错选或不选均不得分。（本部分含51—90题，每题2分，共80分）

51. 徐某和张某离婚，育有一子小徐9岁，由徐某抚养。后徐某经常殴打小徐，且将祖父母赠送给小徐的一只玉佩用于赌博并将其输掉。关于本案，下列哪些说法是正确的？（　　）

A. 张某有权向法院提起诉讼撤销徐某的监护人资格

B. 小徐向徐某主张损害赔偿的诉讼时效期间自年满18周岁之日起计算

C. 徐某应对小徐进行赔偿

D. 小徐请求支付抚养费，不适用诉讼时效规定

52. 乔某是九环公司分公司负责人，因个人经商，欠郑某1000万元。郑某要求乔某在欠条保证人一栏中，加盖九环公司分公司单位印章。乔某称，此行为超出了自己的授权范围，且出示了相关授权文件证明，但郑某坚持加盖印章，乔某最终答应。下列说法正确的有？（　　）

A. 乔某的行为属于表见代理

B. 九环公司应承担保证责任

C. 乔某行为构成无权代理

D. 九环公司不承担保证责任

53. 陈某与肖某系夫妻。婚后二人共同购买了一套房屋，登记在陈某名下。2019年2月3日，陈某找来老相好蔡某，以夫妻名义做了一张假结婚证和蔡某一起将房屋过户给不知情的秦某。妻子肖某发现后，要求撤销合同。关于本案，下列说法正确的有？（　　）

A. 虽然房屋登记在陈某名下，但依然系陈某和肖某共同共有

B. 肖某有权请求撤销房屋买卖合同

C. 秦某有权主张善意取得房屋所有权

D. 肖某有权请求蔡某赔偿损失

54. 刘某是一个小有名气的雕刻家，孟某喜欢收藏各种奇石。刘某借用孟某收藏的一块太湖石（价值3万元）和一块汉白玉（价值1万元）把玩欣赏。后刘某在装修房屋时将太湖石镶嵌在自己家中的电视背景墙中，并将汉白玉雕刻成了柏拉图雕像（价值3万元）。下列哪些说法是正确的？（　　）

A. 因太湖石已经与背景墙附合，应归刘某所有

B. 刘某应该因太湖石给予孟某补偿

C. 柏拉图雕像可以归刘某所有

D. 刘某应因柏拉图雕像给予孟某补偿

55. 于某因公司周转向汪海银行借款50万元，姜某做连带保证人。两个月后又追加借款20万元。于某告知姜某，姜某未置可否。关于姜某的保证责任说法正确的是？（　　）

A. 姜某可以向汪海银行行使先诉抗辩权

B. 于某对汪海银行的抗辩权，姜某也可以对银行主张

C. 姜某应为于某70万元借款承担保证责任

D. 姜某应为于某50万元借款承担保证责任

56. 甲公司欠乙公司和丙公司债务均无法全部偿还。甲公司名下还剩下一辆汽车和一套房屋，乙公司带着礼物去找甲公司让其干脆把房屋和汽车都抵押给乙正好还乙的债，不然也是被丙公司拿去了，甲公司同意后签了抵押合同。甲公司到期后无法偿还所欠债务，乙公司申请实现抵押权。下列说法正确的有？（　　）

A. 丙公司可以主张甲乙公司之间的抵押合同因未登记而不发生效力

B. 丙公司可以主张撤销甲乙公司之间的行为

C. 丙公司可以主张甲乙公司之间的抵押合同无效

D. 汽车和房屋的所有权依然归甲公司所有

57. 唐某带领小宝（3周岁）乘坐客运班车，给小宝办理了免票手续。乘车途中，客运班车与蒋某驾驶的轿车相撞发生交通事故。唐某轻伤且手机摔坏，就医花去医药费2000元，修理手机花费5000元。小宝脑震荡，花去医药费20万元。下列说法正确的有？（　　）

A. 唐某有权请求客运公司和蒋某承担连带责任

B. 小宝有权请求客运公司承担赔偿责任

C. 小宝系免票乘车，应自己承担损失

D. 若班车司机能证明对交通事故的发生没有过错，对于唐某的手机损失，客运公司可以免责

58. 柳某欲出租房屋，于2016年5月与孟某签订合同A，租期1年，孟某随即入住。2016年9月柳某又与马某签订合同B，租期1年，柳某与马某办理了备案登记手续。请问下列哪些选项是正确的？（　　）

A. 孟某因合法占有而具有优先权

B. A合同虽然未经备案登记，但仍然有效

C. A合同因成立在先而有优先权

D. B合同因备案而具有优先权

59. 彭某因车祸双腿截肢，安装了科技含量高、只能由专业人员拆卸的假肢。一日彭某与李某发生口角，李某一怒之下将彭某的假肢打碎。下列哪些说法正确？（　　）

A. 彭某的生命健康权受到了侵害

B. 彭某可就假肢向李某主张精神损害赔偿

C. 彭某的身体权遭到了侵害

D. 彭某可主张其所有权遭受侵害

60. 刘老师和希望学校签订合同，合同约定，在职期间完成的所有作品著作权归学校所有，刘老师在职期间完成了《英语写作手册》。半年后，刘老师辞职到前程学校工作，并授权前程学校印刷《英语写作手册》向学生出售，有一书店向前程学校学生收购学生使用过的《英语写作手册》后，加价出售。以下选项正确的是？（　　）

A.《英语写作手册》的著作权应属于刘老师

B. 前程学校的行为没有侵犯著作权

C. 书店的行为侵犯了著作权

D. 因希望学校与刘老师签订的合同是格式合同，侵犯了刘老师的主要权利，因此该合同无效

61. 创思公司经钟某许可，将其创作的小说改编并拍摄成电影，创思公司聘请了流行歌手王某为电影创作插曲，下列有关说法正确的是？（　　）

A. 某剧团希望将该电影改为舞台剧上演，只需创思公司许可并付费

B. 某出版社希望出版该电影的连环画，需同时经钟某和创思公司的许可并付费

C. 某网站未经许可提供该电影的点播同时侵犯了创思公司、钟某和王某的著作权

D. 某唱片公司希望自聘歌手演唱该插曲并制成唱片，只需王某许可并付费

62. 冯某绘制了具有新颖性的熊猫图案，德乐公司未经冯某许可将该熊猫图案印在垃圾桶上，并申请取得了外观设计专利。伯恩公司未经许可制造了一批相同的垃圾桶，喜登公司对此不知情，从伯恩公司购买垃圾桶若干用于旗下的餐厅，下列哪些选项是正确的？（　　）

A. 德乐公司侵犯了冯某的著作权，冯某有权申请德乐公司的专利无效

B. 如果伯恩公司对德乐公司取得专利权不知情，则不承担赔偿责任

C. 喜登公司没有侵犯德乐公司专利权，可以不停止使用且不支付费用

D. 喜登公司侵犯了德乐公司的专利权，但可以不停止使用且不支付费用

63. 甲研发出一个芯片获得了专利，乙申请并获得了一项全部以甲的专利技术为核心的新专利。乙授权给丙电脑公司使用该芯片生产电脑并销售，某大学从丙公司购买10台电脑搞科研。下列说法不正确的是？（　　）

A. 大学使用电脑用于科研，所以不构成侵权

B. 大学不构成侵权，但需要向甲支付专利使用费

C. 甲可以向法院起诉，确认乙的专利无效

D. 如果乙的专利被宣告无效，丙公司有权要

求乙返还专利使用费

64. 甲是拉姆公司股东，经公司过半数股东同意后于2018年3月和乙签署股权转让合同，约定2018年1月1日开始计算股东收益，但拉姆公司的股东名册及相关文件2018年5月才变更完成。2018年4月，公司召开股东会决议向股东分红，但未分配给乙，下列说法正确的是？（　　）

A. 乙于2018年5月拉姆公司办完变更手续后取得股权

B. 乙有权申请法院确认该决议无效

C. 2018年4月决议作出后，拉姆公司有权依据章程向甲分配利润

D. 2018年4月决议作出后，乙可以向拉姆公司主张分红

65. A公司作为B公司的股东，根据公司章程，B公司应每月向股东按时报告销售分析、人事支出等财务资料，但B公司没有按章程报告。A公司向法院起诉要求B公司报告这些资料，B公司主张这是财务账簿数据，根据公司章程规定，需要总经理审批才能向A公司报告。但又因为A公司的阻挠，B公司还没有总经理。下列有关说法正确的是？（　　）

A. 因为公司章程的规定，未经总经理审批，B公司有权拒绝向A公司报告相关财务数据

B. A公司应先向B公司书面申请查阅相关财务账簿数据，被拒绝后，才能向法院起诉

C. A公司应先推动B公司聘任总经理，经其审批后方能查阅相关财务资料

D. 未经总经理审批，B公司也应向A公司报告相关财务资料

66. 泰旭公司经营良好，但近几年没有给股东分配利润，小股东张某非常不满。现查明：泰旭公司董事长郭某和与泰旭公司有重要且经常生意往来的幻景公司董事长黄某是夫妻，泰旭公司与幻景公司存在巨额的业务往来，对幻景公司存在利益输送。张某要求监事会维护公司权益，监事会不置可否。关于张某的维权事宜，下列说法正确的是？（　　）

A. 张某的维权诉讼，泰旭公司应为第三人

B. 张某的维权诉讼，应以郭某和监事会为共同被告

C. 张某的维权诉讼，应以公司为被告

D. 张某的维权诉讼中，公司其他股东以相同诉讼请求申请参加诉讼的，应列为共同原告

67. 合严公司由甲、乙、丙、丁四人出资设立，甲持股20%，公司章程规定公司的经营期限是5年。到期后，公司运营不好，甲主张按章程规定解散公司，但其他股东均不同意解散。公司召开股东会讨论此事，在甲反对，其他股东均同意的情况下，做出股东会决议修改公司章程延长公司的经营期限至2030年。下列有关甲的维权措施说法正确的是？（　　）

A. 甲可向公司主张以合理的价格收购其股权

B. 甲可向法院起诉确认该股东会决议无效

C. 甲可与乙协商转让其股权

D. 甲可向法院起诉请求强制解散合严公司

68. 某上市公司因售出产品发生质量问题，销售单位对顾客的处理方案不妥当，引发舆论的负面评价，因此股价不正常下跌。为了扭转股价下跌的趋势，公司拟用未分配利润回购公司股份，关于该公司的股份回购，下列说法正确的是？（　　）

A. 该回购事项需通过股东大会决议

B. 回购股份不能超过已经发行股份的10%

C. 股份回购应通过公开集中交易进行

D. 公司回购的股份应当在半年内注销或转让

69. 甲、乙、丙共同出资设立某普通合伙企业，分别出资50万元、10万元和40万元。甲、乙、丙共同约定由甲执行合伙事务。合伙企业经营良好，于是甲找乙和丙协商增资投资一个不在经营范围内的项目，合伙协议无特别约定，就该增资事宜，合伙企业需如何作出决议？（　　）

A. 可以协商不按照出资比例进行增资缴纳

B. 决议需要甲乙通过即可

C. 决议需要甲乙丙共同通过

D. 决议需要甲丙通过即可

70. 郭蓉和王倩设立火凤凰火锅店（普通合伙企业），出资比例分别是80%和20%，合伙协议约定郭蓉是合伙企业事务执行人。后郭蓉聘请国外留学回来的表妹小黄担任火锅店的经营管理人员，全权负责火锅店的运营事务。王倩后来得知此消息但未对此事表态。小黄大胆地更换了火锅店的大厨和服务员，火锅店生意日渐好转，终扭亏为盈。一年后，为扩大火锅店的规模，小黄以合伙企业名义向小李借款100万元用于火锅店的经营，并以火锅店店面做抵押。下列说法正确的是？（　　）

A. 小黄无权以火锅店店面做抵押

B. 小黄无权更换大厨和服务员

C. 王倩对小黄的加入未表态，自此小黄正式成为火锅店的经营管理人员

D. 小黄无权以合伙企业名义向小李借款

71. 杨某、段某、郭某、黄某、周某是某有限合伙企业的合伙人，其中杨某是普通合伙人，段某、郭某、黄某、周某是有限合伙人。合伙协议对合伙份额的转让、质押等处分行为未作约定。下列说法正确的是？（　　）

A. 杨某死亡后，其合法继承人有权继承杨某在该合伙企业中的份额

B. 段某的债权人申请法院执行段某的合伙份额还债，其他合伙人不能主张优先购买权

C. 郭某对外转让其合伙份额时，其他合伙人无权主张优先购买权

D. 黄某可随时转让其合伙份额给周某

72. 甲公司是合伙企业乙的有限合伙人之一，乙运营良好但是一直没有向甲公司分配利润。后甲公司经营不善，法院裁定进行破产重整，根据重整计划，甲公司被注销，全部资产及权利义务关系归丙公司承接。下列说法正确的是？（　　）

A. 甲公司进入破产重整程序以后，立即丧失有限合伙人资格

B. 丙公司可继承甲公司的合伙人资格

C. 重整期间，管理人有权查阅、复制乙合伙企业的财务账簿等财务资料

D. 甲公司破产重整期间，管理人可以将其在乙合伙企业的份额设定质押

73. 甲、乙共同经营一家普通合伙企业，甲和乙共同决定聘请丙担任合伙企业的经营管理人员。因经营管理不善，该合伙企业面临破产，甲乙授权丙负责组织清算。在清算过程中，丙收受丁的好处若干，擅自免除了丁对合伙企业的70万元债务，并虚构了合伙企业对戊的一笔50万元债务。下列说法正确的是？（　　）

A. 丙不能担任合伙企业的清算人

B. 丙应对合伙企业的债权人承担赔偿责任

C. 丙应对该合伙企业承担赔偿责任

D. 合伙企业注销后，甲和乙对合伙企业债权人仍应承担无限连带责任

74. 甲公司因经营不善被法院受理重整，法院指定A律所担任管理人。为了维持公司运营，A律所代表甲公司向股东张三借款50万元。债权人会议推选甲公司总经理王某担任破产管理人，且经债权人会议全票通过。甲公司向股东李四借款100万元，并用甲公司的楼房设定抵押，下列相关说法正确的是？（　　）

A. 债权人会议有权选择公司经理王某担任破产管理人

B. 张三的借款优先于普通债权受偿

C. 张三的借款优先于李四的债权受偿

D. 李四的借款优先于普通债权受偿

75. 甲公司给乙公司开了一张汇票，付款人为临海银行。乙公司向临海银行确认此票据有效，到期付款。乙公司随后将此票据背书转让给张某。张某遗失此汇票被刘某捡到，刘某仿造张某的签章，把汇票背书转让给丙公司履行其与丙公司的货款给付义务，丙公司按照约定向刘某交货，刘某收到货将之转卖后携款潜逃。丙公司请求临海银行付款时，被告知经张某申请法院已经对此票据进行了除权判决。下列说法正确的是？（　　）

A. 临海银行不应对丙公司承担付款责任

B. 甲公司应对丙公司承担票据付款责任

C. 乙公司不应对丙公司承担票据付款责任

D. 刘某应对丙公司承担付款责任

76. 老王给老婆投保了金额为20万元的人身保险，受益人是20岁的儿子小王，保险期限5年。后来老王做生意需要钱，遂准备将此保险合同退保，老婆和儿子都不同意。下列说法正确的是？（　　）

A. 老王有权解除该保险合同

B. 老婆不同意退保，老王不能解除此保险合同

C. 儿子不同意退保，老王不能解除此保险合同

D. 如果老婆向老王支付了相当于保单现金价值的款项，并通知了保险公司，此合同不能解除

77. 陈某在保险公司为自己的自卸车投保了商业险，并在投保单免责条款告知一栏处写明：投保人已知晓上述免责事项，并签名。后陈某将该车辆卖给黄某，但并未将免责条款告知黄某，也未将保险合同送交给黄某。后该自卸车因未完全落下发生保险事故，保险公司认为存在免责事项主张不予赔付。下列说法正确的是？（　　）

A. 保险公司可根据该免责条款不予赔付

B. 黄某可主张该免责条款对自己无效

C. 陈某可主张该免责条款对自己无效

D. 陈某应将该免责条款告知黄某

78. 甲公司取得了某热播电视剧的独家网络直播权，张某嫌该剧片头广告时间过长，开发出屏蔽该片头广告的软件，在其社交主页上炫耀，并提供了专门的下载通道，受到网民追捧。随后张某用此软件招商播放乙公司的产品广告，收益颇丰。下列说法正确的是？（　　）

A. 张某的行为有利于消费者，是合法行为

B. 张某并非经营者，所以其不是不正当竞争

行为的适格主体

C. 张某的行为构成不正当竞争行为

D. 甲公司的实际损失难以计算的，可按张某向乙公司收取的报酬确定赔偿金额

79. 甲在网上看到一款液晶电视，产品说明页中明确标记着“7天无理由退货”，甲购买1台液晶电视，1日收到货并安装使用，3日发现电视四角漏光，甲检查时还发现有漏电现象。甲以此为由向店家主张退货。店家说需要甲先对电视机质量进行检验，甲于当月13日收到检验报告显示电视机质量合格。店家主张不符合退货条件故不能退货，下列说法正确的是？（　　）

A. 因超过7天，所以甲不能主张退货

B. 对于电视的质量瑕疵，店家应承担举证责任

C. 甲可主张无理由退货，并自行承担运费

D. 甲可主张无理由退货，并要求店家承担不少于2倍损失的赔偿

80. 王某开的饭店做促销活动，建立了一个叫“再来一份”的微信群，张某在微信群买了一份炒饭后送了一瓶酸梅汤，酸梅汤包装上写明“常温放置，请三天内饮用”。张某当天到甲商场购买了一台乙公司生产的康明冰箱，并将酸梅汤放入冰箱存放。不料，第二天冰箱突然断电，停止制冷，张某担心酸梅汤会变质，故将酸梅汤喝完，引发了严重腹泻，花去医疗费若干。有关张某的救济措施，下列说法正确的是？（　　）

A. 因为酸梅汤是赠品，张某不可向饭店主张赔偿

B. 张某和饭店虽无明确约定，仍可向饭店主张赔偿

C. 张某可向甲商场请求赔偿，商场须就冰箱产品质量瑕疵承担证明责任

D. 张某可向甲商场要求退货，并请求所受损失2倍以内的惩罚性赔偿

81. 植物园规定，未成年人凭证件参观植物园减免费。针对未带证件的未成年人，植物园在实际操作中一律按照身高计算，身高150cm以下的按照规定减免，身高150cm以上的，按照成年人的标准需买全价票。某身高150cm以上的17岁大学生认为植物园的行为侵犯了其合法利益故提起诉讼，请问市消费者协会实施的下列行为正确的是？（　　）

A. 市消费者协会提请省消费者协会提起公益诉讼

B. 市消费者协会代表该大学生提起诉讼

C. 市消费者协会参与制定有关消费者权益的法律、法规、规章和强制性标准

D. 市消费者协会对植物园提出警告并罚款

82. 某商业银行在贷款发放和管理中存在严重违反审慎经营规则的行为，未遵守资产负债比例要求，导致该银行的资金链受到重创，严重影响了存款人的利益，原国务院银保监会决定对其接管，接管期一年，下列有关说法正确的是？（　　）

A. 该商业银行被接管期间，储户的存款利息不变

B. 接管组可以委托建设银行托管该商业银行的业务

C. 尽管接管期限届满前该商业银行恢复运营能力，接管措施也应该维持至接管期限届满

D. 如果接管期限届满前该商业银行被宣告破产，接管应终止

83. 某高校教师参与学校科研项目取得重大成果教育部奖励10万元，彩票中奖得500万元，因评为全校最受学生喜欢的优秀教师学校奖励2000元，参与批改法考主观题试卷获得200元报酬，发表一篇文章获得稿酬2000元。下列说法中正确的是？（　　）

A. 劳务报酬和稿酬可以合并计算

B. 科研奖金10万元免征个人所得税

C. 学校奖金2000元可免征个人所得税

D. 彩票中奖可以加成征收

84. 张某于2017年1月1日起在龙图公司销售工作，但是双方未签订书面劳动合同。因为龙图公司拖欠工资，甲遂于2018年6月1日离职，2018年7月1日，张某向劳动仲裁委员会提起仲裁。下列说法正确的是？（　　）

A. 应视为双方存在无固定期限劳动合同

B. 张某有权请求龙图公司向其支付17个月的双倍工资

C. 2018年7月1日张某申请仲裁，尚未超过仲裁时效

D. 龙图公司应向张某支付2个月工资的经济补偿金

85. 甲公司章程规定，本公司的技术总监属于公司的高级管理人员。甲公司与技术总监李某签订保密协议约定，违反保密协议给公司造成损失的应当承担20万元违约金。后李某违反保密协议的约定，自行成立了一家乙公司并将其掌握的甲公司的核心商业信息泄露给乙公司。下列说法正确的是？（　　）

A. 甲公司可向李某主张赔偿

B. 甲公司可向乙公司主张赔偿

C. 甲公司可向乙公司主张约定的20万元违约金

D. 公司章程约定技术总监李某是高级管理人员的内容无效

86. 甲餐饮公司欲招聘小时工，张三前来应聘，甲餐饮公司人力主管告知张三每周工作7天，每天工作3小时，试用期1个月，工资月付。张三提出乙家政公司要求每周工作6天每天工作2小时且不规定试用期，该家政公司拟录用他。已知两家公司均采取时薪制，甲餐饮公司提出下列什么条件才可以留住张三？（　　）

A. 将工资月付改成15天付

B. 将每天的工作时间改成每天4小时

C. 将试用期由1个月改成15天

D. 允许张三在不影响本公司工作完成的情况下可同时在另外两家公司上班

87. 小张是某学校的保安，因为要考研欲辞去保安工作，学校拒绝，学校法律援助中心协助小张成功离职，但是学校拒不支付小张最后1个月工资3000元。小张欲申请仲裁来维权，下列说法正确的是？（　　）

A. 小张辞职的理由不合理，不能辞职

B. 在学校工作3年的人事部科员可以做仲裁员

C. 小张可以委托学校法律援助中心参加仲裁活动

D. 仲裁裁决作出后，如有法定情形学校可于法定期限内向法院起诉撤销裁决

88. 蜿蜒公司从甲省承包一条高速公路的修建工程，该高速公路横跨甲乙两省，环境影响评价文件已经审批，准备开工时发现该公路需要延长到丙省。关于该公司的环境影响评价文件报批的相关事宜，下列说法正确的是？（　　）

A. 该公路的环境影响评价文件应由丙省的生态环境主管部门审批

B. 在原环境影响评价文件上做相应补充，由丙省的生态环境主管部门审批

C. 未经生态环境主管部门审批环境影响评价文件，该公路不得开工建设

D. 应对此公路项目重新进行环境影响评价

89. 某河流经河东省A、B两个城市，位于上游A市的甲化工厂非法排放污水，污染了整个河流，A、B两市的两岸土地和百姓深受其害。A市环保联合会已经对甲化工厂提起了环境侵权公益诉讼。现B市的环保公益组织也欲提起环境侵权公益诉讼，下列相关说法正确的是？（　　）

A. A、B两市的法院可分别受理案件

B. 由A市的受理法院管辖本案

C. 如果法院对公益诉讼作出裁决，则受害个人不能针对此污染行为提起侵权诉讼

D. 提起公益诉讼的环保组织应在设区的市级以上民政部门登记

90. 甲向法院起诉乙，提交了一张银行转账的凭证，证明自己借给乙50万元，在诉讼中，关于乙主张甲借款给自己是为了偿还自己以前借款给甲的事实，下列说法正确的是？（　　）

A. 甲提交的银行转账凭证属于直接证据

B. 甲提交的银行转账凭证属于间接证据

C. 乙对甲曾经向自己借款的事实承担举证责任

D. 甲应对借款给乙的事实承担证明责任

三、不定项选择题　每题所设选项中至少有一个正确答案，多选、少选、错选或不选均不得分。（本部分含91—100题，每题2分，共20分）

91. 甲为了女儿上学方便与乙签订了房屋租赁合同，租期2年，不得擅自转租。后因甲在学校旁购买了一套房屋，未经乙同意便将房屋转租给了丙，租期为3年。后乙因收水费发现房屋里住的非甲，但未置可否。1年后，乙将房屋卖给丁并办理了过户登记手续，但未告知丁房屋已出租的事实。下列选项不正确的有？（　　）

A. 丁可以请求丙搬离房屋

B. 甲丙之间的转租合同无效

C. 丁可以追究甲的违约责任

D. 甲与丙的合同因超出原租赁合同期限而无效

92. 2019年1月2日，大象公司和众森公司签订了一份建筑工程施工合同，但大象公司无资质。工程验收合格后，众森公司以大象公司无资质为由抗辩，大象公司起诉主张工程价款以及建筑工程优先受偿权。下列说法正确的有？（　　）

A. 大象公司应在6个月内主张建筑物优先受偿权

B. 大象公司有权主张建筑物优先受偿权

C. 大象公司主张的建筑物优先受偿权不包括违约金

D. 众森公司应参照合同约定支付工程款

93. 某教育考试培训机构未经知名培训名师甲的同意，使用甲的照片作为封面印刷宣传手册。该市晚报以一线培训名师甲加盟某教育培训机构

为题进行报道，并配有甲的照片（仅面部马赛克处理）。下列说法正确的是？（ ）

A. 培训机构侵犯了甲的肖像权

B. 晚报未侵犯甲的肖像权

C. 培训机构侵犯了甲的姓名权

D. 晚报侵犯了甲的肖像权

94. 甲（男）系某快递公司的员工。2019年2月2日，甲在驾驶机动车送快递过程中不慎剐蹭人行道上一老人曹某，致其受伤骨折。交警认定甲负全责。但经鉴定，老人曹某患有骨质疏松，对损害的发生参与度为70%。关于赔偿责任，下列表述正确的是？（ ）

A. 并不减轻快递公司的责任

B. 甲应当承担部分赔偿责任

C. 甲承担全部责任

D. 老人曹某不承担责任

95. 甲创作完成一部小说，将烈士陈某的英雄形象进行了歪曲，诋毁了英雄的光辉形象。乙将该部小说内容改编为漫画，上传至丙网站。丁未经许可根据漫画制作了电子游戏。刘某是烈士陈某的遗孀，其要求丙网站删除相关漫画，下列有关说法正确的是？（ ）

A. 刘某可起诉甲侵犯了陈某的名誉权

B. 刘某可起诉乙侵犯了陈某的名誉权

C. 丁侵犯了甲和乙的著作权

D. 如果丙网站拒不删除该漫画，对于扩大的损害刘某可追究网站的连带责任

96. 红旗杂志社出版的《红旗》是国内知名的时事类期刊，每期内容均精心挑选编排，入选率仅为10%。甲网站未经许可转载了该期刊每期所有的文章，并且未标明出处和不得转载。后大量网民从甲网站下载了《红旗》里收录的文章。下列说法正确的是？（ ）

A. 该网站侵犯了杂志社和作者的著作权

B. 该网站只侵犯作者的著作权

C. 如果甲网站给作者付费就不侵犯其著作权

D. 如果杂志社未经作者同意收纳文章，则甲网站不侵犯杂志社的著作权

97. 约翰·雷欧是著名足球运动员，提起足球运动，雷欧的名字无人不知。中国的A公司注册了“雷欧”商标，B公司用“雷欧”作为企业名称，并于产品上显著标明公司名称为“雷欧”。A公司向法院起诉B公司侵权，下列有关说法正确的是？（ ）

A. B公司可以A公司侵权在先为由抗辩

B. B公司可以其企业名称系合法工商登记为由抗辩

C. 如果约翰·雷欧在A公司商标被注册后5年内未申请宣告无效，5年后不能再申请

D. 约翰·雷欧无权以姓名权被侵犯为由主张A公司的侵权责任

98. 美国博顿公司2018年2月1日在我国政府举办的净水器国际展览会上首次在净水器上使用“蓝天”商标，中国的蓝天公司于同一天独立研发出相同的净水器并使用“蓝天”作为商标。博顿公司于2018年7月1日上午向我国商标局申请注册“蓝天”商标并主张优先权。蓝天公司于2018年7月1日下午向商标局申请注册“蓝天”商标。关于该商标权的归属，下列说法正确的是？（ ）

A. 博顿公司应获得“蓝天”商标，因为其享有优先权

B. 博顿公司应获得“蓝天”商标，因为其申请在先

C. 蓝天公司应获得“蓝天”商标，因为其使用在先

D. 应由博顿公司和蓝天公司协商，协商不成的，抽签决定

99. 神仙湖市阳光好、空气好、水质好，当地盛产银鱼，当地渔民成立了神仙湖渔业协会，并申请注册了“神仙湖银鱼”商标，供渔业协会的会员使用。甲公司未加入神仙湖渔业协会，但其在销售其他地区养殖的鱼时也使用了“神仙湖银鱼”商标。下列说法正确的是？（ ）

A. “神仙湖银鱼”属于集体商标

B. “神仙湖银鱼”属于证明商标

C. 甲公司未经许可使用“神仙湖银鱼”商标，属于侵权行为

D. 如果甲公司也注册了“神仙湖银鱼”商标，神仙湖渔业协会有权随时申请其商标无效

100. 挪威甲公司研发了一个计算机软件，中国乙公司未经许可擅自使用了该软件，挪威甲公司向中国某法院起诉乙公司侵犯其在中国的知识产权，但明确表示不同意适用中国法。根据我国相关法律规定，法院在适用法律时，下列做法正确的是？（ ）

A. 适用挪威法，因为甲公司不同意适用中国法

B. 适用中国法，因为法院地在中国

C. 适用挪威法，因为软件开发地在挪威

D. 适用中国法，因为中国为被请求保护地

2019 年国家统一法律职业资格考试客观题试卷二答案及解析

一、单项选择题

1.【参考答案】 B

【解析】 A 选项:根据《民法典》第 6 条之规定,民事主体从事民事活动,应当遵循公平原则,合理确定各方的权利和义务。本题中并不涉及双方权利义务的分配问题,因此排除 A。

B 选项:公序良俗原则,是指民事主体从事民事活动不得违背公共秩序和善良风俗。公序良俗原则要求民事主体不得跨越最基本的道德底线,否则,将被认定为无效的民事法律行为。本题中,蒋某和韩某关于不得再生育孩子的约定属于“违反人格尊严的合意”,因违背道德而无效。故 B 项正确。

C 选项:根据《民法典》第 5 条之规定,民事主体从事民事活动,应当遵循自愿原则,按照自己的意思设立、变更、终止民事法律关系。本题中蒋某的行为并没有违背自己的意志,也没有干涉韩某从事民事活动的自由,因此 C 选项不选。

D 选项:平等原则是指民事主体在民事活动中法律地位一律平等,平等享有权利,平等履行义务。本案中,并不存在法律地位、权利义务不对等的问题,因此 D 选项错误。

综上所述,本题的正确答案为 B。

2.【参考答案】 C

【解析】 自然人的民事权利能力始于出生,终于死亡。自然人死亡后,其特定的人格利益,即姓名、肖像、名誉、荣誉、遗体、遗骨依然受法律保护。自然人死亡后,行为人非法利用、损害遗体、遗骨,或以违反社会公共利益、社会公德的其他方式侵害遗体、遗骨的,其近亲属向法院起诉主张请求精神损害赔偿的,法院应当依法予以受理。本题中,张某并非李某的近亲属,并非适格的原告。因此,法院依法应当不予受理。故 C 项正确,ABD 项错误。

3.【参考答案】 B

【解析】 AB 项:动产所有权的抛弃系单方民事法律行为。甲虽系限制民事行为能力人(13 周岁),但将喝了半瓶的可乐瓶放在操场上离去,以“行为的方式”表明抛弃的意思,且该单方民事法律行为合法有效。因此,甲的行为是抛弃而非赠与。故 A 项错误,B 项正确。

C 项:民事法律行为以“意思表示”为核心,必须要意思表示。故 C 项错误。

D 项:可乐瓶属于无主动产,即无主物而非遗失物。故 D 项错误。

4.【参考答案】 A

【解析】 自担风险是指受害人自愿参加某种可能发生风险的活动时,除非组织者或其他参加者存在过错,受害人自己承担由此产生的损害后果。本题中,甲、乙、丙、丁四人作为“资深”骑马爱好者,应当预见到骑马属于危险活动,仍“相约”去草原骑马,故四人行为属于“自担风险”。乙的马被突然出现的野兔惊吓,属于意外事件,其他三人不存在过错,故无须对乙的受伤承担赔偿责任,责任由乙自行承担。故 A 项正确,BCD 项错误。

5.【参考答案】 C

【解析】 A、C、D 项:具有完全民事行为能力的成年人,可以与近亲属、其他愿意担任监护人的个人或组织事先协商,以书面形式确定自己的监护人。协商确定的监护人在该成年人丧失或部分丧失民事行为能力时,履行监护职责。本题中,苏某与蔡某签订的监护协议完全符合有效民事法律行为的构成要件,协议合法有效。故 AD 项错误,C 项正确。

B 项:遗赠可以附义务,受遗赠人履行义务的,有权主张遗赠的财产。本题中,苏某和蔡某约定,蔡某履行义务的,苏某死后名下的一半遗产归蔡某继承。该约定合法有效。故 B 项错误。

6.【参考答案】 B

【解析】 AB 项:一方利用对方处于危困状态、缺乏判断能力等情形,致使民事法律行为成立时显失公平的,受损害方有权请求法院或仲裁机构予以撤销。本题中,张某作为法定代表人签订违背湖蓝公司远期商业规划且明显不利于公司的合作协议,致使民事法律行为成立时显失公平,湖蓝公司可以主张撤销。故 B 项正确,A 项错误。

C 项:湖蓝公司称张某与清河公司洽谈时被灌醉,因此,不存在恶意串通问题。故 C 项错误。

D项:张某是董事长,为湖蓝公司的法定代表人,不存在无权代理问题。故D项错误。

7.【参考答案】 C

【解析】 AD项:显失公平的要件有二,(1)一方利用对方处于困境或缺乏判断能力;(2)民事法律行为成立时显失公平。本题中,虽古画价值100万元却以15万元卖给陈某符合民事法律行为成立时显失公平的要件,但是,基于合同相对性原理,作为买卖合同当事人的陈某并未利用钱某处于困境或缺乏判断能力(因为陈某"不知情")来进行交易。因此,钱某不得基于显失公平主张撤销买卖合同。故AD项均错误。

B项:第三人实施欺诈行为,使一方在违背真实意思的情况下实施民事法律行为,对方知道或应当知道该欺诈行为的,受欺诈方有权请求法院或仲裁机构予以撤销。本题中,陈某并不知高某对钱某实施了欺诈行为,因此,钱某无权基于高某对其实施欺诈而撤销与陈某的合同。故B项错误。

C项:重大误解,是指行为人因对行为的性质、对方当事人、标的物的品种、规格、数量和质量等的错误认识,使行为的后果与自己的意思相悖,并造成较大损失。本题中,钱某将古画出卖给陈某时因受欺诈而陷入错误认识,对标的物认识错误,进而将100万元的古画以15万元出售于陈某,客观上造成了较大损失。因此,依法成立重大误解,可以撤销买卖合同。故C项正确。

8.【参考答案】 C

【解析】 ABC项:同一财产向两个以上债权人抵押的,顺序在先的抵押权与该财产的所有权归属一人时,该财产的所有权人可以以其抵押权对抗顺序在后的抵押权。据此可知,抵押权人和抵押物的所有权归于一人的,抵押权均未消灭。本题中,甲的抵押权先于丙设立,后甲又获得房屋所有权,故甲和丙的抵押权均未消灭且甲可基于登记在先对抗丙的抵押权。故AB项错误,C项正确。

D项:乙将已抵押的房屋出卖给甲的行为不影响合同的效力,合同均有效。因此,甲乙之间的房屋买卖合同合法有效。故D项错误。

9.【参考答案】 B

【解析】 违约责任的承担包括继续履行、采取补救措施、损害赔偿金、违约金和定金。损害赔偿金的范围包括可得利益的损失。本题中,农民李某违约,少交付10只鸡,而超市的损害赔偿为差价(250元-100元)×10只=1500元,即转售利润。故B项正确,ACD项错误。

10.【参考答案】 D

【解析】 《民法典》第1198条规定,宾馆、商场、银行、车站、机场、体育场馆、娱乐场所等经营场所、公共场所的经营者、管理者或者群众性活动的组织者,未尽到安全保障义务,造成他人损害的,应当承担侵权责任。因第三人的行为造成他人损害的,由第三人承担侵权责任;经营者、管理者或者组织者未尽到安全保障义务的,承担相应的补充责任。本题中,学生陈某的损害系其"玩手机失足"摔倒导致,学校(安保义务人)对损害的发生不存在过错。因此,陈某应自负全部责任。故D项说法正确,ABC项错误。

11.【参考答案】 D

【解析】 AB项:效力有瑕疵的婚姻包括两类,即无效婚姻和可撤销婚姻。《民法典》第1051条规定"有下列情形之一的,婚姻无效:(一)重婚;(二)有禁止结婚的亲属关系;(三)未到法定婚龄"。《民法典》第1052条第1款规定"因胁迫结婚的,受胁迫的一方可以向人民法院请求撤销婚姻……"。本题中,甲男和乙女之间不存在上述的任何一种情形。因此,二者的婚姻不存在效力瑕疵,系合法有效的婚姻,甲男可以依法诉请离婚。故AB项均错误。

CD项:赠与财产转移后,赠与人可以行使法定撤销权的情形有三,(1)严重侵害赠与人和其近亲属的;(2)不履行对赠与人的扶养义务的;(3)不履行合同约定的义务的。本题中,甲乙系夫妻关系,乙(受赠人)对甲(赠与人)不履行扶养义务,因此,甲有权行使法定撤销权,撤销对乙的赠与。故D项正确,C项错误。

12.【参考答案】 A

【解析】 A项:因儿媳非被继承人的子女,不发生代位继承问题。因此,小田无权继承徐老头的遗产。故A项正确。

B项:转继承,是指继承人在继承开始后,遗产分割前死亡,其应继承的遗产转由他的合法继承人继承的制度。本题中,儿媳先于被继承人死亡。因此,不发生转继承的问题。故B项错误。

C项:代位继承,是指在法定继承中,被继承人的子女先于被继承人死亡时,本应由该子女继承的遗产,由其晚辈直系血亲代位继承的法律制度。本题中,儿媳虽然属于拟制第一顺序继承人,但并非被继承人的"子女"。因此,不发生代位继承的问题。故C项错误。

D项:适当分得遗产的情形有三,分别是(1)对继承人以外的依靠被继承人扶养的缺乏劳动能力又没有生活来源的人;(2)继承人以外的对被继承人扶养较多的人;(3)养子女的生父母履行赡养义务的。本题中不存在上述三种情形。因此,小田无权适当分得遗产。故D项错误,不当选。

13.【参考答案】 D

【解析】 甲公司转播的素材仅仅是电影,并不涉及剧本,与许某无关,A项错误。

《著作权法》第24条第1款第2项规定,为介绍、评论某作品或者说明某一问题,在作品中适当引用他人已经发表的作品,可以不经著作权人许可,不向其支付报酬。因此,未经许可利用电影片段制作并播放电影介绍节目的行为属于该条允许的范围,属于合理使用,不构成对电影著作权的侵权。本题中为了对电影本身进行介绍或评论而引用电影片段,是著作权法所允许的。所以电视台截取30秒片段来完成电影推荐是节目所需,应认定为合理使用不侵权,D项正确,BC项错误。

14.【参考答案】 D

【解析】 根据《专利纠纷解释(二)》第25条第1款:"为生产经营目的使用、许诺销售或者销售不知道是未经专利权人许可而制造并售出的专利侵权产品,且举证证明该产品合法来源的,对于权利人请求停止上述使用、许诺销售、销售行为的主张,人民法院应予支持,但被诉侵权产品的使用者举证证明其已支付该产品的合理对价的除外。"本题中,甲公司获得专利权,乙公司在甲公司获得专利后自主研发的技术不属于先用权,所以乙公司未经许可制造和销售的行为为侵权行为,A项错误。

丙公司和丁公司作为"善意"销售者,侵犯了甲公司的专利权,需停止侵权,但不承担赔偿责任,也不被行政处罚,故BC项错误。

戊公司作为"善意使用"者,其行为虽是侵权行为,但其有合法购货来源,不承担赔偿责任且可以不停止使用也无须支付费用,D项正确。

15.【参考答案】 D

【解析】 某高校滥伐株数为10棵,林业主管部门可责令该高校补种10—30棵,并处以罚款。当高校拒不补种或补种不符合国家规定时,林业主管部门才会代为补种,由违法者承担费用。A项表述为违法者"要求"林业部门补种,错误。

林业局责令补种的数量应该为滥伐株数的1—3倍,并处滥伐林木价值的3—5倍罚款,B项林业主管部门责令该高校补种10棵,再额外补种50棵,于法无据,错误。

林业局罚款的数额应该是滥伐林木价值的3—5倍,案例中并未体现滥伐林木的价值,所以1万元的罚款没有根据。另外,补种的处罚也无须在次年完成,所以C项错误。

《森林法》第58条规定:"申请采伐许可证,应当提交有关采伐的地点、林种、树种、面积、蓄积、方式、更新措施和林木权属等内容的材料。超过省级以上人民政府林业主管部门规定面积或者蓄积量的,还应当提交伐区调查设计材料。"某高校申请采伐许可证时,应提交供林业部门审核的与采伐有关的详尽信息和文件,D项正确。

16.【参考答案】 A

【解析】 《公司法》第56条第2款规定:"记载于股东名册的股东,可以依股东名册主张行使股东权利。"股东名册是证明股东资格存在的直接证据,但并非唯一的证据,股东资格的取得应综合考虑股东与公司建立法律关系的意思表示、出资行为、权利享有、义务承担等多种因素确定,故A项正确。

B项错在说法太过绝对,虽然工商登记具有公示公信效力,但是该证明力整体来看是有限的;工商登记为证明股东身份的形式要件,实际的出资行为为实质要件,二者需结合起来才能完整地证明股东身份。

股东名册、公司章程的记载属于证明股东资格的因素之一,但并非绝对或唯一因素,即使没有股东名册或公司章程的记载,通过其他因素综合判定股东也可取得身份,CD说法均错误。

综上,本题答案为A。

17.【参考答案】 A

【解析】 本案的关键问题是张某向林某转款400万元的性质确认,根据案情所述,张某向林某转款的意思表示基于公司项目需要而提前履行出资义务,且公司出具了股款收据,该笔款项后续用于公司的项目运营,并非林某私用,所以应认定该400万元为张某与公司之间的资金往来,而非张某与林某个人之间的资金往来。

至于此400万元的属性,如果公司没有进行增资的法定程序,可以分解为40万元和360万元两部分,其中40万元为张某向公司履行的实缴出资,张某完全履行了出资义务,另外360万元算作张某对公司的借款,而无论是出资还是借款,此400万元货币均应认定为公司的资产,BD项错误。

因为400万元并非林某和张某个人间的借款,所以林某无须承担返还责任,C项错误;且林某未实际履行对公司的出资义务,A 项正确。

综上,本题答案为 A。

18.【参考答案】 B

【解析】 丙和格罗姆公司签署的入股协议为甲和乙附加了提前履行出资的义务,根据合同相对性原则,未经甲乙同意该负担的义务对甲和乙不能生效。但是,甲作为格罗姆公司的控股股东和法定代表人,如果对提前履行出资的事宜不同意,他不会违心代表公司签署此协议,所以甲代表格罗姆公司签署此协议应认定甲对此义务的设定是知情且同意的,所以甲应按此约定于 2019 年前完成出资。

格罗姆公司和丙的增资入股协议中对乙施加的义务,乙没有同意,因此对乙不生效。《公司法》第 49 条第 1 款规定:“股东应当按期足额缴纳公司章程规定的各自所认缴的出资额。”格罗姆公司未经法定程序修订公司章程,没有改变股东依据原章程履行出资的责任,所以乙应按原公司章程中约定的于 2039 年前完成出资,只有 B 项符合要求。

综上,本题答案为 B。

19.【参考答案】 D

【解析】 股东协议与公司章程是彼此独立的两份契约,其性质、适用范围、效力等有所区别,并非包含或相同的关系,AC 项错误。

《公司法》第 5 条规定:“设立公司应当依法制定公司章程。公司章程对公司、股东、董事、监事、高级管理人员具有约束力。”发起设立公司,公司章程需经全体股东协商一致才能生效,不能部分决议,B 项错误。

工商登记产生商事外观的效力,故未经登记不能对抗第三人,D 项正确。

综上,本题答案为 D。

20.【参考答案】 B

【解析】 《公司法》第 25 条规定:“公司股东会、董事会的决议内容违反法律、行政法规的无效。《公司法》第 26 条规定:“公司股东会、董事会的会议召集程序、表决方式违反法律、行政法规或者公司章程,或者决议内容违反公司章程的,股东可以自决议作出之日起六十日内,请求人民法院撤销。”

《公司法》第 27 条规定:“有下列情形之一的,公司股东会、董事会的决议不成立:(一)未召开股东会、董事会会议作出决议;(二)股东会、董事会会议未对决议事项进行表决;(三)出席会议的人数或者所持表决权数未达到本法或者公司章程规定的人数或者所持表决权数;(四)同意决议事项的人数或者所持表决权数未达到本法或者公司章程规定的人数或者所持表决权数。”

本案中,股东会召集时应该通知而未通知小股东郑某,导致郑某没机会参会表决,且决议中郑某签字被秘书代签,此签字对郑某不生效。此情形应认定为股东会召集程序违法,属于可撤销的理由,C 错误,B 正确。

决议效力瑕疵具有排他性,一份决议只会认定一种瑕疵状态,通过上述分析已经确认为可撤销的瑕疵状态,而不是无效或不成立的状态,A、D 错误。

21.【参考答案】 A

【解析】 《公司法解释(四)》第 8 条规定:“有限责任公司有证据证明股东存在下列情形之一的,人民法院应当认定股东有公司法第三十三条第二款①规定的‘不正当目的’:(一)股东自营或者为他人经营与公司主营业务有实质性竞争关系业务的,但公司章程另有规定或者全体股东另有约定的除外……”本案中,罗某既是大米公司的小股东,又是大麦公司的法定代表人,大米公司和大麦公司的经营范围高度一致,所以罗某申请查阅大米公司的账簿,大米公司负责人雷某可以因罗某经营与本公司有实质竞争关系的业务,而认定其查账目的不正当,拒绝其查账请求,A 正确。

知情权是股东的权利,为了能够将此权利落实到位,必要时股东可聘请律师等中介人员辅助进行,但是中介人员不可代替股东行使查账权。另外,即使股东聘请了律师辅助,如果股东存在不正当目的,公司也可以拒绝,B 错误。

《公司法解释(四)》第 14 条规定:“股东提交载明具体分配方案的股东会或者股东大会的有效决议,请求公司分配利润,公司拒绝分配利润且其关于无法执行决议的抗辩理由不成立的,人民法院应当判决公司按照决议载明的具体分配方案向股东分配利润。”股东分红权的享有应该基于公司有利润可分 + 符合分配条件 + 股东会作出包含具体分配方案的有效决议,公司没有执行此决议,股东据此起诉要求分红可以支持。但本案中,大米公司并没有作出包含具体分红方案的股东会决议,虽然大米公司扭亏为盈但公司也可以积聚力量扩大生产而不分红,所以股东不能直接起诉要求分红,C 错误。

---

① 现为第 57 条第 2 款。

《公司法》第63条第2款规定:“董事会董事不能履行召集股东会会议职责的,由监事会监事召集和主持;监事会召集和主持的,代表十分之一以上表决权的股东可以自行召集和主持。”股东会的召集和主持的职权是按照董事会→监事会→股东的顺序确定的。首先,股东会召集和主持是在董事会和监事会均不召集也不主持的前提下,才能自行召集和主持;其次,自行召集和主持的股东会要求单独或合计代表1/10以上表决权。本案中,没有出现董事会和监事会均不召集和主持股东会的情形,且罗某的持股比例只有5%也没有达到代表1/10以上表决权的法定要求,无权自行召集和主持股东会,故D错误。

22.【参考答案】 D

【解析】 《公司法》第59条规定:“股东会行使下列职权:(一)选举和更换董事、监事,决定有关董事、监事的报酬事项……”王琳作为股东蓝月公司的代表出任安云公司的董事,其选举或更换都应该由安云公司的股东会决议,未经法定流程,王琳的董事身份不会因蓝月公司召回而丧失;同样,胡丽也不能因蓝月公司的单方意思表示而取得安云公司董事身份,因此AB错误。

赵祥、王琳经蓝月公司指派作为股东代表,出任安云公司的董事,作为安云公司的董事,自然应该对安云公司尽到忠实和勤勉义务,所以C错误,D正确。

23.【参考答案】 B

【解析】 《公司法》第162条规定,公司不得收购本公司股份。但是,有下列情形之一的除外:(一)减少公司注册资本;(二)与持有本公司股份的其他公司合并;(三)将股份用于员工持股计划或者股权激励;(四)股东因对股东大会作出的公司合并、分立决议持异议,要求公司收购其股份;(五)将股份用于转换公司发行的可转换为股票的公司债券;(六)上市公司为维护公司价值及股东权益所必需。公司因前款第(一)项、第(二)项规定的情形收购本公司股份的,应当经股东大会决议;公司因前款第(三)项、第(五)项、第(六)项规定的情形收购本公司股份的,可以按照公司章程的规定或者股东会的授权,经三分之二以上董事出席的董事会会议决议。公司依照本条第1款规定收购本公司股份后,属于第(一)项情形的,应当自收购之日起十日内注销;属于第(二)项、第(四)项情形的,应当在六个月内转让或者注销;属于第(三)项、第(五)项、第(六)项情形的,公司合计持有的本公司股份数不得超过本公司已发行股份总额的百分之十,并应当在三年内转让或者注销。上市公司收购本公司股份的,应当依照《中华人民共和国证券法》的规定履行信息披露义务。上市公司因本条第一款第(三)项、第(五)项、第(六)项规定的情形收购本公司股份的,应当通过公开的集中交易方式进行。公司不得接受本公司的股份作为质权的标的。

本案中,股份公司与持有本公司股份的其他公司合并,或股东因对股东大会作出的公司合并、分立决议持异议,要求公司收购其股份,股份公司可回购。但是与持有本公司股份的其他公司合并属于公司合并事宜,此行为需要股东大会经出席者所持表决权的2/3以上通过,董事会无此权限,A错误。

因上述两种情况回购股份的,应在6个月内转让或注销,所以B正确,D错误。

上市公司因本案所述情形回购股份的,需进行信息披露,但不要求公开集中交易方式;因为公司合并或股东回购请求的交易相对方均为确定对象,所以也无法采用公开集中交易的方式,所以C错误。

24.【参考答案】 C

【解析】 《破产法》第67条规定:“债权人会议可以决定设立债权人委员会。债权人委员会由债权人会议选任的债权人代表和一名债务人的职工代表或者工会代表组成。债权人委员会成员不得超过九人。债权人委员会成员应当经人民法院书面决定认可。”债权人委员会中应当有一名债务人的职工代表或工会代表,由他们代表职工权益,A项正确。《破产法解释(三)》第15条规定:“管理人处分企业破产法第六十九条规定的债务人重大财产的,应当事先制作财产管理或者变价方案并提交债权人会议进行表决,债权人会议表决未通过的,管理人不得处分。管理人实施处分前,应当根据企业破产法第六十九条的规定,提前十日书面报告债权人委员会或者人民法院。债权人委员会可以依照企业破产法第六十八条第二款的规定,要求管理人对处分行为作出相应说明或者提供有关文件依据。债权人委员会认为管理人实施的处分行为不符合债权人会议通过的财产管理或变价方案的,有权要求管理人纠正。管理人拒绝纠正的,债权人委员会可以请求人民法院作出决定。人民法院认为管理人实施的处分行为不符合债权人会议通过的财产管理或变价方案的,应当责令管理人停止处分行为。管理人应当予以纠正,或者提交债权人会议重新表决通过后实施。"

二鸟公司受让三石公司全部的库存和营业事务属于《破产法》第69条规定的重大资产处分，管理人需要事先制作财产管理或者变价方案并经债权人会议通过，B项正确。

如果债权人会议未通过管理人的方案，此处分不得进行，债权人委员会作为债权人会议的常设机关并非上级机关，不能推翻债权人会议的决议，C项错误。

经债权人会议通过的重大资产处分方案，管理人在实施前应向债权人委员会报告，D项正确。

25.【参考答案】 D

【解析】 《票据法》第47条规定："保证人在汇票或者粘单上未记载前条第(三)项(编者注：被保证人名称)的，已承兑的汇票，承兑人为被保证人；未承兑的汇票，出票人为被保证人。保证人在汇票或者粘单上未记载前条第(四)项的，出票日期为保证日期。"

《票据法》第50条规定："被保证的汇票，保证人应当与被保证人对持票人承担连带责任。汇票到期后得不到付款的，持票人有权向保证人请求付款，保证人应当足额付款。"本案中，甲公司作出保证行为时，未记载被保证人名称，因为票据未被承兑，应视出票人万公司为被保证人，且保证人甲公司与被保证人万公司应对后手承担连带责任，所以C错误。

梓公司行使再追索权，甲公司作为万公司的保证人是梓公司的前手，应对其承担被追索的付款责任，D正确。

持票人在被拒绝承兑后可对其前手义务人连带追索，追索对象并不限于直接前手，所以宏公司可向包含仟公司在内的前手义务人们主张连带责任，A错误。

梓公司交付给万公司的钢材质量不合格，此关系仅存在于买卖合同相对方的万公司和梓公司之间，万公司可据此对梓公司的追索提出抗辩，基于票据无因性，此原因与其他主体无关，所以万公司不能据此对宏公司的追索进行抗辩，B错误。

26.【参考答案】 B

【解析】 《保险法解释(三)》第9条规定："投保人指定受益人未经被保险人同意的，人民法院应认定指定行为无效。当事人对保险合同约定的受益人存在争议，除投保人、被保险人在保险合同之外另有约定外，按以下情形分别处理：(一)受益人约定为'法定'或者'法定继承人'的，以民法典规定的法定继承人为受益人；(二)受益人仅约定为身份关系，投保人与被保险人为同一主体时，根据保险事故发生时与被保险人的身份关系确定受益人；投保人与被保险人为不同主体时，根据保险合同成立时与被保险人的身份关系确定受益人；(三)约定的受益人包括姓名和身份关系，保险事故发生时身份关系发生变化的，认定为未指定受益人。"综上可知，A错误，B正确。

《保险法》第16条第6款规定："保险人在合同订立时已经知道投保人未如实告知的情况的，保险人不得解除合同；发生保险事故的，保险人应当承担赔偿或者给付保险金的责任。"保险公司业务员乙属于保险公司代理人，甲隐瞒病情的事宜乙知情等同于保险公司知情，发生保险事故时保险公司不能主张甲未如实告知而解除合同或不予赔偿，而是应依合同约定给付赔偿金，因此CD错误。

27.【参考答案】 A

【解析】 《反垄断法》第16条规定："本法所称垄断协议，是指排除、限制竞争的协议、决定或者其他协同行为。"第21条规定："行业协会不得组织本行业的经营者从事本章禁止的垄断行为。"第56条第4款规定："行业协会违反本法规定，组织本行业的经营者达成垄断协议的，由反垄断执法机构责令改正，可以处三百万元以下的罚款；情节严重的，社会团体登记管理机关可以依法撤销登记。"

本案中，海鲜水产行业协会组织本行业的水产供应商压缩供货控制出货节奏，对竞争造成了排除、限制的影响，构成了横向垄断协议行为，且情节严重。所以行业协会已构成违法行为，不能以行业自律来抗辩，民政部门可对其撤销登记。所以，A正确，B错误。协议行为强调的形式要件是协同行为，实质要件是对竞争排除、限制的负面影响，不要求书面的协议形式，C错误。

《反垄断法》第56条第3款规定："经营者主动向反垄断执法机构报告达成垄断协议的有关情况并提供重要证据的，反垄断执法机构可以酌情减轻或者免除对该经营者的处罚。"主动报告并提供重要证据者，由反垄断执法机构自由裁量可酌情减免处罚，并非法定免除处罚，D错误。

28.【参考答案】 B

【解析】 《反垄断法》第25条规定："经营者集中是指下列情形：(一)经营者合并；(二)经营者通过取得股权或者资产的方式取得对其他经营者

的控制权;(三)经营者通过合同等方式取得对其他经营者的控制权或者能够对其他经营者施加决定性影响。”经营者集中行为的典型特征是通过集中行为可产生经营控制权的转移,而电动车厂商奇能公司与太阳能企业达成的信息共享的协议并没有产生控制权的转移,不属于经营者集中行为,无须申报,A 错误。

奇能公司收购电子公司的股权,取得其控制权,属于经营者集中行为,因其交易规模达到申报标准,所以需要向国务院反垄断执法机构事先申报,B 正确。

《反垄断法》第 27 条规定:“经营者集中有下列情形之一的,可以不向国务院反垄断执法机构申报:(一)参与集中的一个经营者拥有其他每个经营者百分之五十以上有表决权的股份或者资产的;(二)参与集中的每个经营者百分之五十以上有表决权的股份或者资产被同一个未参与集中的经营者拥有的。”奇能公司对其控股子公司本来就拥有控制权,即使收购股权增持至 80%,也是由奇能公司享有该子公司的控制权,所以此收购股权的行为并没有发生控制权的转移,无须申报,C 错误。

电霸公司同时拥有奇能公司和天霸公司的控制权,所以兄弟公司奇能公司对天霸公司的收购行为并没有改变其被电霸公司控制的结果,无须申报,D 错误。

29.【参考答案】 B

【解析】 《反不正当竞争法》第 8 条规定:“经营者不得对其商品的性能、功能、质量、销售状况、用户评价、曾获荣誉等作虚假或者引人误解的商业宣传,欺骗、误导消费者。经营者不得通过组织虚假交易等方式,帮助其他经营者进行虚假或者引人误解的商业宣传。”

《反不正当竞争法》第 12 条规定:“经营者利用网络从事生产经营活动,应当遵守本法的各项规定。经营者不得利用技术手段,通过影响用户选择或者其他方式,实施下列妨碍、破坏其他经营者合法提供的网络产品或者服务正常运行的行为:(一)未经其他经营者同意,在其合法提供的网络产品或者服务中,插入链接、强制进行目标跳转;(二)误导、欺骗、强迫用户修改、关闭、卸载其他经营者合法提供的网络产品或者服务;(三)恶意对其他经营者合法提供的网络产品或者服务实施不兼容;(四)其他妨碍、破坏其他经营者合法提供的网络产品或者服务正常运行的行为。”

本案中,某文具公司通过自己员工下单、邮寄空包裹等行为实际构成了对销售状况的虚假宣传,欺骗误导消费者,属于虚假宣传行为,B 正确。

互联网不正当竞争的核心是经营者利用自有的技术手段,妨碍、破坏其他经营者合法提供的网络产品或服务的正常运行,文具公司并不存在此行为,A 错误。

商业贿赂强调经营者为了谋取交易机会或者竞争优势,而采用财物或者其他手段贿赂相关单位或个人,文具公司并未实施此类行为,C 错误。

混淆行为强调经营者擅自使用他人有一定影响的名称、包装、装潢、名称、域名、网站、网址等,足以让人误以为是他人商品或者与他人存在特定联系,文具公司并未擅自使用他人的任何元素,没有混淆行为,D 错误。

综上,本题答案为 B。

30.【参考答案】 A

【解析】 《商业银行法》第 43 条规定:“商业银行在中华人民共和国境内不得从事信托投资和证券经营业务,不得向非自用不动产投资或者向非银行金融机构和企业投资,但国家另有规定的除外。”为了确保银行资金的安全,银行不得向非银行的金融机构或企业投资。

本案中,乙银行不能直接向甲公司投资。而债转股本质上是以债权作为出资,所以乙银行不得直接对甲公司债转股,B 错误。

乙银行也不能直接购买甲公司的股份,否则相当于乙银行直接对甲公司投资,D 错误。

银行清理不良贷款的方式往往是设立资产管理公司,将银行的不良贷款转移给资产管理公司,资产管理公司再用此债权出资至债务人的公司中,转为股权,所以 A 正确。

债转股的过程并非通过资产管理公司购买债务人股权来实现。如果这样操作,首先,资产管理公司需要大笔资金;其次,如果该笔资金进入债务人账户被挪作他用而没有归还给银行,会有诸多不可控的后果,所以 C 错误。

31.【参考答案】 B

【解析】 《商业银行法》第 71 条规定:“商业银行不能支付到期债务,经国务院银行业监督管理机构同意,由人民法院依法宣告其破产。商业银行被宣告破产的,由人民法院组织国务院银行业监督管理机构等有关部门和有关人员成立清算组,进行清算。商业银行破产清算时,在支付清算费用、所欠职工工资和劳动保险费用后,应当优先支付个人储蓄存款的本金和利息。”

《破产法》第113条规定："破产财产在优先清偿破产费用和共益债务后，依照下列顺序清偿：(一)破产人所欠职工的工资和医疗、伤残补助、抚恤费用，所欠的应当划入职工个人账户的基本养老保险、基本医疗保险费用，以及法律、行政法规规定应当支付给职工的补偿金；(二)破产人欠缴的除前项规定以外的社会保险费用和破产人所欠税款；(三)普通破产债权。破产财产不足以清偿同一顺序的清偿要求的，按照比例分配。破产企业的董事、监事和高级管理人员的工资按照该企业职工的平均工资计算。"

商业银行破产清算中，清偿顺序应该是破产费用→共益债务→职工债权→个人储蓄的存款本金和利息→其他社保和税款→普通债权。所以税款并不能被优先清偿，A错误；罚款并不属于债权，不能进行债权申报，所以在破产清算中，罚款无法得到清偿，D错误。

《银行业监督管理法》第40条第2款规定："在接管、机构重组或者撤销清算期间，经国务院银行业监督管理机构负责人批准，对直接负责的董事、高级管理人员和其他直接责任人员，可以采取下列措施：(一)直接负责的董事、高级管理人员和其他直接责任人员出境将对国家利益造成重大损失的，通知出境管理机关依法阻止其出境；(二)申请司法机关禁止其转移、转让财产或者对其财产设定其他权利。"商业银行在撤销清算期间，其董事长可被限制资产处分，但此措施需要申请司法机关采取，B项正确。

《税收征收管理法》第52条第2款规定："因纳税人、扣缴义务人计算错误等失误，未缴或者少缴税款的，税务机关在三年内可以追征税款、滞纳金；有特殊情况的，追征期可以延长到五年。"因为纳税人、银行自身的计算错误未缴税款，一般情况下税务机关3年内可以追征税款并加收滞纳金，C错误。

32.【参考答案】 A

【解析】《个人所得税法》第4条规定："下列各项个人所得，免征个人所得税：(一)省级人民政府、国务院部委和中国人民解放军军以上单位，以及外国组织、国际组织颁发的科学、教育、技术、文化、卫生、体育、环境保护等方面的奖金……"外国组织发放的文化方面的奖金，属于法定免税范围，无须缴纳个人所得税，A正确。

《车船税法》第4条规定："对节约能源、使用新能源的车船可以减征或者免征车船税；对受严重自然灾害影响纳税困难以及有其他特殊原因确需减税、免税的，可以减征或者免征车船税。具体办法由国务院规定，并报全国人民代表大会常务委员会备案。"新能源车并非法定免税范围，而是根据国务院规定减征或免征，B项"应免纳"是错误的。

《个人所得税法》第1条第1款规定："在中国境内有住所，或者无住所而一个纳税年度内在中国境内居住累计满一百八十三天的个人，为居民个人。居民个人从中国境内和境外取得的所得，依照本法规定缴纳个人所得税。"

《个人所得税法》第2条规定："下列各项个人所得，应当缴纳个人所得税：……(三)稿酬所得；(四)特许权使用费所得……居民个人取得前款第一项至第四项所得(以下称综合所得)，按纳税年度合并计算个人所得税；非居民个人取得前款第一项至第四项所得，按月或者按次分项计算个人所得税。纳税人取得前款第五项至第九项所得，依照本法规定分别计算个人所得税。"甲作为我国作家，在没有特别说明的情况下应认定为居民纳税人，就其取得的境内外所得缴纳个人所得税，所以国内获得的稿酬、国外获得的特许权使用费应缴纳个税，C项错误。

《个人所得税法》第3条规定："个人所得税的税率：(一)综合所得，适用百分之三至百分之四十五的超额累进税率(税率表附后)……"稿酬属于综合所得之一，合并计算个人所得税，适用3%—45%的超额累进税率，并非比例税率，D错误。

33.【参考答案】 D

【解析】《城市房地产管理法》第39条规定："以出让方式取得土地使用权的，转让房地产时，应当符合下列条件：(一)按照出让合同约定已经支付全部土地使用权出让金，并取得土地使用权证书；(二)按照出让合同约定进行投资开发，属于房屋建设工程的，完成开发投资总额的百分之二十五以上，属于成片开发土地的，形成工业用地或者其他建设用地条件。转让房地产时房屋已经建成的，还应当持有房屋所有权证书。"

《城市房地产管理法》第42条规定："房地产转让时，土地使用权出让合同载明的权利、义务随之转移。"

《城市房地产管理法》第44条规定："以出让方式取得土地使用权的，转让房地产后，受让人改变原土地使用权出让合同约定的土地用途的，必须取得原出让方和市、县人民政府城市规划行政主管部门的同意，签订土地使用权出让合同变更协议或者重新签订土地使用权出让合同,相应调整土地使用权出让金。”

建设单位以出让方式获得的土地使用权,在满足上述《城市房地产管理法》第39条规定的“一金两证一投资”的条件下可以转让,所以D项中的土地出让金+土地使用权证书是转让的必要条件,正确。

出让地转让后,如果发生土地用途变更,既涉及地上建筑又涉及地面使用年限的变化,所以需要“原出让方+规划部门”双审批,不能仅由买卖双方协商进行,C错误。

土地使用权转让后,如果没有用途变更,那么原出让合同中的权利义务由受让人概括承受,无须签订新的土地使用权出让合同,A错误。

《土地管理法》第38条第1款规定:“禁止任何单位和个人闲置、荒芜耕地。已经办理审批手续的非农业建设占用耕地,一年内不用而又可以耕种并收获的,应当由原耕种该幅耕地的集体或者个人恢复耕种,也可以由用地单位组织耕种;一年以上未动工建设的,应当按照省、自治区、直辖市的规定缴纳闲置费;连续二年未使用的,经原批准机关批准,由县级以上人民政府无偿收回用地单位的土地使用权;该幅土地原为农民集体所有的,应当交由原农村集体经济组织恢复耕种。”为了更好地保护耕地,禁止任何单位或个人无故闲置土地,建设单位无故闲置一年以上将被征收土地闲置费,本案中并没有此条件,所以B项征收闲置费的说法错误。

34.【参考答案】 C

【解析】 《城乡规划法》第66条规定:“建设单位或者个人有下列行为之一的,由所在地城市、县人民政府城乡规划主管部门责令限期拆除,可以并处临时建设工程造价一倍以下的罚款:(一)未经批准进行临时建设的;(二)未按照批准内容进行临时建设的;(三)临时建筑物、构筑物超过批准期限不拆除的。”本案中,仓库上的临时工棚属于未经批准临时建设的,应由规划部门责令限期拆除并处以工程造价一倍以内的罚款,C正确。

临时工棚和地下室已经定性为违规建筑,说明该建筑违反了规划的实施,所以应该尽量恢复原状,不能补办许可证让违规建筑得以保留,AB错误。

《城乡规划法》第68条规定:“城乡规划主管部门作出责令停止建设或者限期拆除的决定后,当事人不停止建设或者逾期不拆除的,建设工程所在地县级以上地方人民政府可以责成有关部门采取查封施工现场、强制拆除等措施。”对地下室的填埋处于强制拆除的性质,应该在当事人逾期不拆除的前提下由县级以上人民政府责令进行,城乡规划部门并无此职权,D错误。

35.【参考答案】 B

【解析】 《社会保险法》第39条规定:“因工伤发生的下列费用,按照国家规定由用人单位支付:(一)治疗工伤期间的工资福利;(二)五级、六级伤残职工按月领取的伤残津贴;(三)终止或者解除劳动合同时,应当享受的一次性伤残就业补助金。”孙某因工伤被认定为5级伤残,由用人单位按月支付伤残津贴,B正确。

《军人保险法》第11条规定:“已经评定残疾等级的因战、因公致残的军人退出现役参加工作后旧伤复发的,依法享受相应的工伤待遇。”孙某现在已经不是现役军人,无法享受军人伤亡保险待遇。即使因战、因公致残退出现役参加工作时旧伤复发,也是视同工伤,享受社会保险中的工伤保险待遇,所以AD错误。

军人的退役费是根据退役当时的军人的基本情况和当时的退役费支付标准来完成支付,不会因为旧伤复发而额外给予补偿,C错误。

36.【参考答案】 B

【解析】 劳务派遣是劳动合同制的补充,派遣员工只能从事临时、辅助、替代性的岗位,不能是核心岗位,销售经理作为核心岗位应该由甲公司的劳动合同制员工担任,A错误。

《劳动合同法》第65条第2款规定,被派遣劳动者有《劳动合同法》第39条(过错)和第40条第1项、第2项规定(不适岗)情形的,用工单位可以将劳动者退回劳务派遣单位,劳务派遣单位依照本法有关规定,可以与劳动者解除劳动合同。用工单位与派遣单位形成了类似劳务买卖的合同关系,派遣员工因严重过错或不能胜任等问题无法满足用工单位的需求,相当于派遣单位提供的劳务不合格,用工单位有权退工,B正确。

《社会保险法》第41条第1款规定:“职工所在用人单位未依法缴纳工伤保险费,发生工伤事故的,由用人单位支付工伤保险待遇。用人单位不支付的,从工伤保险基金中先行支付。”工伤保险待遇与工伤事故相伴而生,无论用人单位是否缴纳工伤保险费,受到工伤的职工均能享受工伤保险的待遇,只不过承担此待遇的主体不同而已,用人单位未缴纳工伤保险费时,所有的工伤保险待遇由用人单位承担,所以C错误。

最高人民法院《关于审理工伤保险行政案件若干问题的规定》第8条第1款规定："职工因第三人的原因受到伤害，社会保险行政部门以职工或者其近亲属已经对第三人提起民事诉讼或者获得民事赔偿为由，作出不予受理工伤认定申请或者不予认定工伤决定的，人民法院不予支持。"工伤保险责任与侵权责任并不排斥，二者可同时追究。但医疗费只能主张一次，应当由侵权人承担医疗费用，侵权人无力承担的，工伤保险基金先行支付。D错误。

综上，本题答案为B。

37.【参考答案】 B

【解析】 在林地的争议解决之前，争议林木不得砍伐，需维持原状，A错误。

对于卫护公司和绿源公司两个单位发生林地使用权的争议，县级以上人民政府的处理应前置，对于处理决定不服才能起诉，所以B正确，C错误。

我国对林地的保护制度类似于对耕地的保护制度，非经法定程序不能擅自改变林地的用途为非林地或建设用地，D错误。

38.【参考答案】 D

【解析】 基于反诉的独立性，反诉独立于本诉而存在，不会因为本诉的撤销而撤销，所以郑某撤回起诉后，对于林某提出的反诉法院应当继续审理，故一审法院驳回林某反诉的裁定是错误的。对不予受理、驳回起诉、管辖权异议的裁定可以上诉，故林某对一审法院驳回起诉的裁定（裁定驳回反诉其实是一审法院对反诉作出的驳回起诉裁定）可以提起上诉，此时一审驳回起诉裁定错误，即一审法院应当对案件继续审理，故二审法院应当裁定撤销原驳回起诉裁定，指定原审法院继续审理，故本题答案为D。

39.【参考答案】 A

【解析】 本题考查两个知识点：一是互联网法院的集中管辖；二是移送管辖。

关于互联网法院的集中管辖，根据最高人民法院《关于互联网法院审理案件若干问题的规定》，互联网法院集中管辖该市辖区内应当由基层法院管辖的发生在互联网上的合同纠纷、侵权纠纷等。简言之，先根据正常的合同或者侵权纠纷的管辖权判断思路确定纠纷的管辖法院，然后判断如果该纠纷发生在互联网上，且该市有互联网法院，则纠纷属于互联网法院管辖。

本案中，首先根据管辖协议确定本案应当由N市B区法院管辖，同时该案属于发生在互联网上的合同纠纷，N市设有互联网法院，故本案应当由N市互联网法院管辖。现在M市A区法院将案件移送给N市B区法院，而本案应当由N市互联网法院管辖，故M市A区法院移送错误，但移送管辖只能移送一次，受移送法院认为本院没有管辖权，不能将案件退回，也不能再移送，只能报请上级法院指定管辖，故本案受移送的N市B区法院应当裁定将案件报请其上级法院即N市中院指定管辖。综上所述，本题选A。

40.【参考答案】 C

【解析】 当事人对管辖权有异议的，应当在提交答辩状期间提出，被告在提交答辩状期间没有提出管辖权异议，并且应诉答辩的，视为受诉法院取得管辖权，但违反级别管辖和专属管辖的除外。

本案中，被告在提交答辩状期间没有提出管辖权异议，甲县法院取得应诉管辖权，故被告C在二审中不能再提出管辖权异议，所以二审法院对被告C提出的管辖权异议不予审查，应当判决驳回上诉，维持原判。故本题答案为C。

41.【参考答案】 C

【解析】 公益诉讼的受理与裁判不影响同一侵权行为的受害人另行提起民事诉讼。本案中，某市环保协会提起公益诉讼不影响受害人甲另行起诉，故在公益诉讼中，甲希望参加诉讼的，法院应当不予受理，告知其另行起诉。本题答案为C。

42.【参考答案】 B

【解析】 本题要判断张丙的诉讼地位，到底是有独三还是共同原告。

方法一：首先，判断本案原告是张甲，被告是张乙，法律关系是法定继承。其次，张丙是基于法定继承关系主张权利，故张丙也是本案张甲、张乙争议的法定继承的一方当事人，故张丙应当是共同原告或者被告，而不是有独三或者无独三。因张丙在主张其权利，所以应当为共同原告。故本案应当以张甲、张丙为共同原告，张乙为被告。

方法二：本案可以直接根据司法解释得出答案。遗产继承纠纷中，部分继承人起诉的，人民法院应当通知其他继承人作为共同原告参加诉讼，据此得知张甲、张乙之外的其他继承人张丙应当作为共同原告参加诉讼。综上所述，本题答案为B。

43.【参考答案】 D

【解析】 本题考查证据，主要涉及民事诉讼中的非法证据排除规则，在民事诉讼中非法证据排除规则只能排除"严重侵犯他人合法权益、违反法律禁止性规定或者严重违背公序良俗方法形成或者获取的证据"。

本题中，巨星公司派工作人员假扮消费者与盗版商磋商并秘密拍摄磋商过程的行为并未严重侵犯他人合法权益，并没有被法律所禁止，且未严重违反公序良俗，所以该秘密拍摄的录音录像不属于以非法方式收集的证据。公证处制作的公证书对该取证行为以及所取得的录音录像这一证据进行监督和确认，属于传来证据，故C选项错误。

根据前述分析，巨星公司派工作人员假扮消费者与盗版商进行磋商、秘密录像等方式并不属于非法收集证据，故该公证书所公证的录音录像内容以及取证过程也并不属于非法证据，无须排除，故AB选项错误。

公证书通过其记载的内容和表达的思想证明案件事实，属于书证，故D选项正确。

44.【参考答案】 C

【解析】 本题考查证明责任分配。首先，堆放物致人损害并非适用无过错责任原则，原则上应当由原告证明侵权责任构成四要件(行为、结果、因果关系和过错)，被告证明免责事由。其次，《民法典》第1255条规定，堆放物致人损害适用过错推定原则，故在证明责任分配中应当将过错倒置给被告证明。

综上，应当由原告证明行为、结果、因果关系，被告证明免责事由和无过错。本案争议事实是季某是否存在过错，应当由被告季某对自己无过错承担证明责任，故本案C选项表述正确，D选项表述错误。

证明责任应当由当事人承担，法院不承担证明责任，故A选项错误。

本案搁置物致人损害，并非适用无过错责任原则，侵权人季某有过错是本案侵权责任的构成要件，是本案的证明对象，所以B选项错误。

综上所述，本题答案为C。

45.【参考答案】 B

【解析】 最高人民法院《关于人民法院民事调解工作若干问题的规定》第13条规定："当事人以民事调解书与调解协议的原意不一致为由提出异议，人民法院审查后认为异议成立的，应当根据调解协议裁定补正民事调解书的相关内容。"也就是说，当事人达成调解协议后，法院应当根据调解协议内容制作调解书，调解书经当事人签收后生效。当事人签收调解书后，认为人民法院制作的调解书内容与调解协议不一致的，应当以调解协议内容为准，当事人可以提出异议，申请人民法院补正调解书的内容，人民法院认为异议成立的，应当作出裁定对调解书的内容予以补正，故本题答案为B。

46.【参考答案】 D

【解析】 《民诉解释》第400条第3项规定，法院在审查再审申请期间，当事人达成和解协议并履行完毕的，应当裁定终结审查，但当事人在和解协议中声明不放弃申请再审权利的除外。第404条第1款第4项规定，在再审审理期间发现上述情形的，可以裁定终结再审程序。因为在判决生效后的执行程序、再审审查程序、再审审理程序中当事人达成和解协议并履行完毕，意味着当事人通过协议的方式处分了自己的权利，并通过实际履行的方式解决了原有的纠纷，此时法院没有必要对原生效判决进行再审审查，也没有必要对案件进行重新审理(再审程序也是诉讼程序，其目的也在于解决纠纷)，故应当裁定终结对再审申请的审查或者裁定终结再审程序。故本题答案为D。

47.【参考答案】 D

【解析】 首先，本案当事人提交上诉状，一审判决未生效，本案尚在诉讼中，故本案属于诉讼中一方当事人死亡，需要等待继承人表明是否继续诉讼，故法院应当裁定诉讼中止，通知继承人参加诉讼。问题在于本案应当由一审法院还是二审法院作出诉讼中止的裁定。本案中当事人已经提出上诉，案件已经进入二审程序，应当由二审法院作出诉讼中止的裁定。当然，也可以从另外一个角度思考，中止的目的是等待继承人表明是否继续诉讼，即等待二审是否继续进行，应当由二审法院作出诉讼中止的裁定。故本题C选项错误，D选项正确。综上所述，本题答案为D。

48.【参考答案】 B

【解析】 在第三人撤销之诉中，以起诉的第三人为原告，原审的原告、被告、有独三为被告，原审的无独三分情况讨论，原生效裁判中承担责任的无独三作为被告，原生效裁判中不承担责任的无独三作为第三人。据此分析本案，丁提出第三人撤销之诉，丁为原告；原审中甲是原告，丙是被告，乙是无独三，故在第三人撤销之诉中应当以原审原告甲和原审被告丙作为被告，而原审无独三乙在第三人撤销之诉中的诉讼地位应当视其在生效裁判文书中是否承担义务而定。原生效调解书约定的内容是"丙将一条价值20万元的手链交付给甲"，显然，在该生效调解书中，无独三乙不承担责任，故在第三人撤销之诉中乙应当作为第三人，不能作为被告。故本题答案为B。

49.【参考答案】 D

【解析】 《法律适用法》第43条规定:“劳动合同,适用劳动者工作地法律;难以确定劳动者工作地的,适用用人单位主营业地法律。劳务派遣,可以适用劳务派出地法律。”本题属于劳动合同纠纷,应该适用劳动者工作地法律,即尼日利亚法律。D项正确。A、C两项于法无据,错误。本题并非难以确定劳动者工作地的情形,故B项错误。

50.【参考答案】 D

【解析】 爱犬被打死,汉斯在南京起诉李某某,属于一般侵权纠纷。《法律适用法》第44条规定:“侵权责任,适用侵权行为地法律,但当事人有共同经常居所地的,适用共同经常居所地法律。侵权行为发生后,当事人协议选择适用法律的,按照其协议。”据此,对于汉斯的诉求,汉斯和李某某可以协议选择要适用的法律。因此,C项错误。而汉斯对李某某的侵权属于特殊侵权中的以网络方式侵犯人格权,《法律适用法》第46条规定:“通过网络或者采用其他方式侵害姓名权、肖像权、名誉权、隐私权等人格权的,适用被侵权人经常居所地法律。”题中,李某某的经常居所地在新加坡,故对于李某某的诉求,应适用新加坡法。故D项正确,A项错误。基于以上分析,汉斯的诉求,双方可以协议选择法律;李某某的诉求,应适用新加坡法。故B项错误。

二、多项选择题

51.【参考答案】 ACD

【解析】 A项:徐某经常殴打小徐,系实施严重侵害被监护人身心健康的行为,张某依法有权向法院起诉撤销徐某的监护人资格。故A项正确。

B项:限制民事行为能力人向其法定代理人主张损害赔偿的诉讼时效期间,自该法定代理终止之日起计算而非年满18周岁之日起计算。故B项错误。

C项:小徐9岁系限制民事行为能力人,祖父母赠与玉佩系纯获利益的民事法律行为,合法有效。因此,玉佩的所有权属于小徐。徐某非为小徐的利益处分其财产,将玉佩赌博输掉,依法应对小徐承担赔偿责任。故C项正确。

D项:《民法典》第196条规定,“下列请求权不适用诉讼时效的规定:……(三)请求支付抚养费、赡养费或者扶养费”,因此,抚养费作为救命钱,不适用诉讼时效的规定。故D项正确。

52.【参考答案】 CD

【解析】 无权代理和表见代理的区别主要在于,相对人是否需要举证证明其有理由相信行为人有代理权。这里的“理由”,包括主客观两方面的构成要件:主观上,要善意且无过失。(1)善意,是指不知情、不了解、不知悉,即不知行为人没有代理权。(2)无过失,是指尽到必要的审查义务,一般是指对于行为人出示的授权文件或职位的形式审查义务,无须核实。客观上,要存在权利外观。本题中,作为债务人的乔某已经向债权人郑某“出示了”其无权代理的文件证明,表明郑某主观上并非善意,不得主张构成表见代理,属于无权代理。无权代理订立的合同效力待定,作为被代理人的九环公司可以不追认而拒绝承担保证责任。故AB项错误,CD项正确。

53.【参考答案】 ACD

【解析】 A项:夫妻双方婚后共同出资购买的房屋,无论登记在谁名下,均不影响房屋“共同共有”的权属状态。故A项说法正确。

B项:共同共有人处分共有物的,需全体一致同意。本题中,陈某未经肖某同意,擅自出卖房屋的行为系无权处分,买卖合同合法有效而非“可撤销”。故B项说法错误。

C项:不动产善意取得的构成要件包括(1)卖方为无权处分;(2)买方主观上善意且无重大过失;(3)买方已经支付合理对价;(4)完成公示。本题中,秦某完全符合上述构成要件。因此,有权主张善意取得。故C项说法正确。

D项:蔡某与陈某以“夫妻名义”一起将房屋出卖给秦某的行为构成共同侵权,依法应对肖某承担赔偿责任。故D项说法正确。

54.【参考答案】 ABCD

【解析】 AB项:附合是指两个以上不同所有人的物结合在一起而不能分离,若分离会毁损该物或分离的费用较大。本题中,刘某将孟某的太湖石镶嵌在自己家的电视墙中属于不动产与动产的附合。动产与不动产的附合,由不动产所有人取得合成物的所有权,但应当给原动产所有人以补偿。故AB项正确。

CD项:加工是指在他人之物上附加自己有价值的劳动,使之成为新物。本题中,刘某将孟某的汉白玉(价值1万元)雕刻成柏拉图雕像(价值3万元)的行为系加工行为。加工物的所有权原则上归原物的所有人,并给加工人以补偿,但是当加工增加的价值大于材料的价值时,加工物可以归加工人所有,但应当给原物的所有人以补偿。故CD项正确。

55.【参考答案】 BD

【解析】 A 项：一般保证人享有先诉抗辩权，连带保证人不享有，本题中，姜某是连带保证人，不可以行使先诉抗辩权。故 A 项错误。

B 项：主债务人享有的抗辩权，保证人也可以行使。故 B 项正确。

CD 项：主债务数额增加的，必须经保证人书面同意，否则，保证人对增加的部分不承担保证责任。因此，姜某仅对 50 万元承担保证责任，对追加的 20 万元不承担责任。故 C 项错误，D 项正确。

56.【参考答案】 BCD

【解析】 AC 项：恶意串通损害他人合法权益的民事法律行为，无效。本案中，乙公司和甲公司恶意串通进行事后抵押的行为损害了丙公司的利益。因此，抵押合同无效。故 A 项错误，不当选；C 项正确。

B 项：债务人和第三人恶意串通进行事后抵押的行为，构成“侵害债权”。丙公司作为债权人有权依法撤销债务人甲公司和第三人乙公司之间的行为，即行使“债权人撤销权”。故 B 项说法正确。

D 项：根据以上分析可知，无论债权人丙公司行使“债权人撤销权”还是主张抵押合同无效，均导致甲乙之间的抵押合同自始不具有法律约束力，即自始无效。因此，汽车和房屋的所有权不发生物权变动，依然归甲公司所有。故 D 项说法正确。

57.【参考答案】 BD

【解析】 A 项：客运公司和轿车驾驶者蒋某事先并不存在“意思联络”且任何一方的单独行为均不足以导致危害结果的发生。因此，二者系无意思联络的数人共同侵权中的原因力结合而非竞合，依法应承担按份责任，而非连带责任。故 A 项说法错误。

BC 项：承运人对旅客人身承担相对无过错损害赔偿责任，即使对于免票或持优待票的乘客亦需承担赔偿责任。因此，免票的小宝有权请求客运公司承担赔偿责任。故 B 项说法正确，C 项错误。

D 项：承运人对旅客“自带物品”的损失承担过错责任。因此，如班车司机能证明对交通事故的发生没有过错，则对于唐某的手机损失，客运公司可以免责。唐某可向蒋某主张侵权损害赔偿。故 D 项说法正确。

58.【参考答案】 AB

【解析】 出租人就同一房屋订立数份租赁合同，在合同均有效的情况下，承租人均主张履行合同的，按照下列顺序确定履行合同的承租人：合法占有 > 登记备案 > 合同成立在先。本案中，柳某将房屋出租给孟某和马某，合同均有效。故 B 项正确。但是，因孟某合法占有在先，因此，孟某的租赁权优先于马某。故 A 项正确，CD 项错误。

59.【参考答案】 BC

【解析】 CD 项：假肢本身属于物，属于财产权，但一旦与人的身体融为一体，即成为人身体的组成部分，不再属于物。本题中，彭某安装的只能由专业人员拆卸的假肢不属于物，而是彭某人身的组成部分。李某将假肢打碎，侵犯了彭某的身体权，即肢体的完整性。故 C 项正确，D 项错误。

A 项：彭某并未因李某的侵权行为而导致死亡或生理、心理机能无法正常运转和发挥，因此，并未侵犯彭某的生命健康权，故 A 项错误。

B 项：自然人的人身权益受到侵犯的，有权请求精神损害赔偿。本题中，李某侵犯了彭某的人身权，彭某依法有权主张精神损害赔偿。故 B 项正确。

60.【参考答案】 AB

【解析】 《著作权法》第 18 条第 1 款规定：“自然人为完成法人或者非法人组织工作任务所创作的作品是职务作品，除本条第二款的规定以外，著作权由作者享有，但法人或者非法人组织有权在其业务范围内优先使用。作品完成两年内，未经单位同意，作者不得许可第三人以与单位使用的相同方式使用该作品。”《英语写作手册》系职务作品，著作权应归刘老师，而希望学校享有两年内优先使用的权利，故 A 项正确。

前程学校经过作者许可印刷发行《英语写作手册》并未侵犯作者的著作权。在两年期限内，希望学校对此职务作品有优先使用权，刘老师授权前程学校使用应经过希望学校同意，所得报酬应与希望学校分配，如果刘老师未经希望学校同意或未分配收益，此行为侵犯希望学校的优先使用权，但没有侵犯著作权，故 B 项正确。

“发行权”是一次性的权利，一旦作品被合法发行，作品上的发行权即用尽，之后这些合法发行的复制品再流通时，没有侵犯著作权，所以“正版流通不侵权”，书店卖二手的正版《英语学习手册》不侵犯著作权，故 C 项错误。

关于格式条款。提供格式条款一方免除其责任、加重对方责任、排除对方主要权利的，该条款无效。一般职务作品的著作权依法归作者享有，所以希望学校在与刘老师的合同中将著作权约定归学校所有，此条款无效，但合同条款的部分无效不影响整个合同效力，D 项错误。

61.【参考答案】 BD

【解析】 《著作权法》第 13 条规定：“改编、翻译、注释、整理已有作品而产生的作品，其著作权由改编、翻译、注释、整理人享有，但行使著作权时不得侵犯原作品的著作权。”对作品进行演绎创作应得到原作者的同意，原作者仍然享有原作品的著作权。将电影改为舞台剧及连环画，涉及对电影和剧本的改编，所以需要制片者创思公司和原小说作者钟某的许可并付费，故 A 项错误，B 项正确。

网站提供点播的素材仅限于电影，故只需要电影制片者创思公司同意即可，无须剧本作者钟某以及音乐作者王某的同意，也不会侵犯二者的著作权，故 C 项错误。

《著作权法》第 17 条规定：“视听作品中的电影作品、电视剧作品的著作权由制作者享有，但编剧、导演、摄影、作词、作曲等作者享有署名权，并有权按照与制作者签订的合同获得报酬。前款规定以外的视听作品的著作权归属由当事人约定；没有约定或者约定不明确的，由制作者享有，但作者享有署名权和获得报酬的权利。视听作品中的剧本、音乐等可以单独使用的作品的作者有权单独行使其著作权。”对于电影插曲，王某享有单独的著作权，所以唱片公司使用该插曲录制的行为只需要作者王某同意并付费，故 D 项正确。

62.【参考答案】 AC

【解析】 冯某对其绘制的熊猫图案享有著作权，德乐公司的外观设计专利侵犯了冯某的著作权，且与此在先权利相冲突，冯某有权申请其专利无效，故 A 项正确。

为生产经营使用、许诺销售或者销售不知道是未经专利权人许可而制造并售出的专利侵权产品，能证明该产品合法来源的，不承担赔偿责任。专利的善意侵权者包括善意的使用或销售者，不包括制造者，伯恩公司未经许可制造了专利产品，无论是否知情都应当认定侵权且承担赔偿责任，故 B 项错误。

外观设计专利权被授予后，任何单位或者个人未经专利权人许可，都不得实施其专利，即不得为生产经营制造、许诺销售、销售、进口其外观设计专利产品。外观设计专利权人控制的范围是“制造、销售、许诺销售、进口”的行为，不控制使用行为，喜登公司属于“使用”行为，不属于权利人控制范围，不构成侵权，C 项正确，D 项错误。

63.【参考答案】 ABCD

【解析】 《专利法》第 75 条规定：“有下列情形之一的，不视为侵犯专利权：……（四）专为科学研究和实验而使用有关专利的……”但本案中，学校使用电脑搞科研，电脑是科研的工具而非对象，不属于侵权抗辩的理由，故 A 项错误。

乙公司侵犯了甲公司的专利权，但乙公司获得的专利权被宣告无效之前是有效的，丙公司经授权制造、销售电脑，大学使用电脑等行为均属于合法行为，丙公司及大学并没有侵犯甲公司的专利权，且大学只是跟丙公司形成了电脑的买卖合同关系，并没有与甲发生专利许可关系，所以大学无须向甲支付专利使用费，故 B 项错误。

专利授权及宣告无效均为行政行为，由专利行政主管部门进行，法院无法通过司法行为宣告专利无效，故 C 项错误。

《专利法》第 47 条第 1、2 款规定：“宣告无效的专利权视为自始即不存在。宣告专利权无效的决定，对在宣告专利权无效前人民法院作出并已执行的专利侵权的判决、调解书，已经履行或者强制执行的专利侵权纠纷处理决定，以及已经履行的专利实施许可合同和专利权转让合同，不具有追溯力。但是因专利权人的恶意给他人造成的损失，应当给予赔偿。”即使乙的专利被宣告无效，对已经履行过的许可合同也没有溯及力，丙公司不能主张返还。故 D 项错误。

64.【参考答案】 AC

【解析】 《公司法》第 56 条第 2 款规定：“记载于股东名册的股东，可以依股东名册主张行使股东权利。”股权转让时，受让人与公司建立法律关系的证明文件应该是股东名册及相关文件的变更，所以 2018 年 5 月拉姆公司股东名册及文件变更完成时，乙取得股东资格，A 项正确。

《公司法》第 25 条规定：“公司股东会、董事会的决议内容违反法律、行政法规的无效。”本案中拉姆公司股东会决议依法分红，并没有违法违规之处，不存在决议无效的理由，B 项错误。

2018 年 4 月，甲还是拉姆公司的股东，拉姆公司的利润应分配给甲，乙可以根据和甲的约定向甲追讨相关权益，但此时乙不能直接向拉姆公司主张分红，所以 C 正确，D 错误。

综上，本题答案为 AC。

65.【参考答案】 BD

【解析】 《公司法解释（四）》第 9 条规定：“公司章程、股东之间的协议等实质性剥夺股东依据公司法第三十三条①、第九十七条②规定查阅或者复制公司文件材料的权利，公司以此为由拒绝股东查

---

① 现为第 57 条。

② 现为第 110 条。

阅或者复制的，人民法院不予支持。”知情查账权是股东的固有权利，公司不可以通过章程或股东会决议等实质剥夺股东的此项权利。本案中，公司章程规定，股东查账需经总经理审批，那么如果总经理不审批或没有总经理，股东的此项权利将无从保障。因此，此项内容应属于实质剥夺股东的查账权的内容，是无效的。所以A公司行使查账权不用顾忌此项内容，AC错误，D正确。

《公司法》第57条第2款规定：“股东可以要求查阅公司会计账簿、会计凭证的，应当向公司提出书面请求，说明目的。公司有合理根据认为股东查阅会计账簿有不正当目的，可能损害公司合法利益的，可以拒绝提供查阅，并应当自股东提出书面请求之日起十五日内书面答复股东并说明理由。公司拒绝提供查阅的，股东可以向人民法院提起诉讼。”股东因知情权受损害而诉讼维权的前置流程应该是股东依法向公司主张查账，被非法拒绝后，才能起诉，B项正确。

综上，本题答案为BD。

66.【参考答案】 AD

【解析】 《公司法解释（四）》第24条规定：“符合公司法第一百五十一条第一款①规定条件的股东，依据公司法第一百五十一条第二款、第三款②规定，直接对董事、监事、高级管理人员或者他人提起诉讼的，应当列公司为第三人参加诉讼。一审法庭辩论终结前，符合公司法第一百五十一条第一款③规定条件的其他股东，以相同的诉讼请求申请参加诉讼的，应当列为共同原告。”

董事长郭某通过关联交易损害公司利益，小股东可在穷尽内部救济流程后，以自己的名义提起代位诉讼。在此诉讼中，原告为股东，被告为侵权人郭某，公司是第三人，有相同请求的其他股东列为共同原告，所以AD正确，BC错误。

67.【参考答案】 AC

【解析】 《公司法》第89条规定：“有下列情形之一的，对股东会该项决议投反对票的股东可以请求公司按照合理的价格收购其股权：……（三）公司章程规定的营业期限届满或者章程规定的其他解散事由出现，股东会通过决议修改章程使公司存续的。”本案中，股东甲对股东会决议投反对票，作为异议股东，可以主张回购，A正确。

《公司法》第25条规定：“公司股东会、董事会的决议内容违反法律、行政法规的无效。”修改公司章程属于股东会的法定职权，所以此决议并无内容违法之处，不具备无效理由，B错误。

《公司法》第84条第1款规定：“有限责任公司的股东之间可以相互转让其全部或者部分股权。”有限公司股东之间可自由转让股权，所以只要双方达成合意，甲就可将股权转让给其他股东退出公司，C正确。

《公司法》第231条规定：“公司经营管理发生严重困难，继续存续会使股东利益受到重大损失，通过其他途径不能解决的，持有公司表决权百分之十以上的股东，可以请求人民法院解散公司。”司法强制解散的前提是公司陷入经营管理的僵局，本案中，股东会正常召开，公司的运转机制并未失灵，不具备强制解散的前提，D错误。

68.【参考答案】 BC

【解析】 《公司法》第162条规定：“公司不得收购本公司股份。但是，有下列情形之一的除外：（一）减少公司注册资本；（二）与持有本公司股份的其他公司合并；（三）将股份用于员工持股计划或者股权激励；（四）股东因对股东大会作出的公司合并、分立决议持异议，要求公司收购其股份；（五）将股份用于转换上市公司发行的可转换为股票的公司债券；（六）上市公司为维护公司价值及股东权益所必需。公司因前款第（一）项、第（二）项规定的情形收购本公司股份的，应当经股东大会决议；公司因前款第（三）项、第（五）项、第（六）项规定的情形收购本公司股份的，可以依照公司章程的规定或者股东大会的授权，经三分之二以上董事出席的董事会会议决议。公司依照本条第一款规定收购本公司股份后，属于第（一）项情形的，应当自收购之日起十日内注销；属于第（二）项、第（四）项情形的，应当在六个月内转让或者注销；属于第（三）项、第（五）项、第（六）项情形的，公司合计持有的本公司股份数不得超过本公司已发行股份总数的百分之十，并应当在三年内转让或者注销。上市公司收购本公司股份的，应当依照《中华人民共和国证券法》的规定履行信息披露义务。上市公司因本条第一款第（三）项、第（五）项、第（六）项规定的情形收购本公司股份的，应当通过公开的集中交易方式进行。公司不得接受本公司的股份作为质权的标的。”

本案所述情形属于上述第162条第1款第6项，上市公司为了维护公司价值和股东权益而托盘

---

① 现为第189条第1款。

② 现为第189条第2款、第3款。

③ 现为第189条第1款。

维稳,出手救市,为顺应资本市场的需求,决策需要快,故可授权2/3以上董事出席的董事会进行决议,并非必须股东大会,A项错误。

基于资本市场的运作需求,回购量和持有时间均有所加大和延长,公司持有的股份总额不能超过已发行股份总额的10%,且允许于3年内处理,所以B项正确,D项错误。

某公司是上市公司,上市公司因资本市场需求回购股份还需要进行信息披露并通过公开集中交易方式进行,所以C正确。

69.【参考答案】 AC

【解析】 合伙企业强调人合性和合伙人自治,故增资比例可由全体合伙人协商决定,未必按照原出资比例认缴,A正确。

《合伙企业法》第31条规定:"除合伙协议另有约定外,合伙企业的下列事项应当经全体合伙人一致同意:……(二)改变合伙企业的经营范围、主要经营场所的地点……"扩充合伙企业的经营范围属于全体合伙人一致决议的事项,故本案中决议需经全体合伙人一致同意,BD错误。

《合伙企业法》第34条规定:"合伙人按照合伙协议的约定或者经全体合伙人决定,可以增加或者减少对合伙企业的出资。"合伙企业增资事宜同样需要全体合伙人一致决定,故C正确。

70.【参考答案】 AC

【解析】 用合伙企业店面设定抵押系处分合伙企业不动产的行为,依法应经全体合伙人一致同意,所以小黄作为经营管理人员无权实施此行为,A正确。

《合伙企业法》第31条规定:"除合伙协议另有约定外,合伙企业的下列事项应当经全体合伙人一致同意:……(三)处分合伙企业的不动产……(六)聘任合伙人以外的人担任合伙企业的经营管理人员。"郭蓉作为合伙协议约定的合伙事务执行人并无单独决定聘请经营管理人员的权利,其越权聘任的情形被王倩知情后,王倩未表态视为对此聘任结果的追认,故此时的聘任生效,C正确。

更换大厨和服务员以及借款均属于合伙企业正常的经营范围,无法定特殊情形,小黄作为经营管理人员被授权全权负责火锅店的运营事务,有权代表合伙企业实施此行为。所以BD错误。

71.【参考答案】 CD

【解析】 《合伙企业法》第50条第1款规定:"合伙人死亡或者被依法宣告死亡的,对该合伙人在合伙企业中的财产份额享有合法继承权的继承人,按照合伙协议的约定或者经全体合伙人一致同意,从继承开始之日起,取得该合伙企业的合伙人资格。有下列情形之一的,合伙企业应当向合伙人的继承人退还被继承合伙人的财产份额:(一)继承人不愿意成为合伙人;(二)法律规定或者合伙协议约定合伙人必须具有相关资格,而该继承人未取得该资格;(三)合伙协议约定不能成为合伙人的其他情形。"

杨某作为普通合伙人,其死亡后继承人需要在法定条件下才能继承其资格,并非绝对有权继承,A错误。

《合伙企业法》第74条第2款规定:"人民法院强制执行有限合伙人的财产份额时,应当通知全体合伙人。在同等条件下,其他合伙人有优先购买权。"虽然有限合伙人份额没有人合属性,但是法院强制执行时,为了提高执行效率,仍保护其他合伙人的优先购买权,B错误。

《合伙企业法》第73条规定:"有限合伙人可以按照合伙协议的约定向合伙人以外的人转让其在有限合伙企业中的财产份额,但应当提前三十日通知其他合伙人。"郭某作为有限合伙人,其份额没有人合属性,对外转让时,只需要提前30日通知其他合伙人,不用其他合伙人同意也不保护其他合伙人的优先购买权,C正确。

有限合伙人的份额在合伙人内部可以自由转让,D正确。

72.【参考答案】 BD

【解析】 《合伙企业法》第48条规定:"合伙人有下列情形之一的,当然退伙:……(三)作为合伙人的法人或者其他组织依法被吊销营业执照、责令关闭、撤销,或者被宣告破产……"第78条规定:"有限合伙人有本法第四十八条第一款第一项、第三项至第五项所列情形之一的,当然退伙。"所以,作为有限合伙人的法人或其他组织主体灭失时才会法定退伙。本案中,甲公司进入破产重整程序时,尚未注销或宣告破产,主体尚未灭失,不会立即丧失有限合伙人资格,A错误。

《合伙企业法》第80条规定:"作为有限合伙人的自然人死亡、被依法宣告死亡或者作为有限合伙人的法人及其他组织终止时,其继承人或者权利承受人可以依法取得该有限合伙人在有限合伙企业中的资格。"甲公司作为有限合伙人注销,丙公司作为其权利承受人,可以继承其有限合伙人的资格,B正确。

《合伙企业法》第68条规定:"有限合伙人不执

行合伙事务,不得对外代表有限合伙企业。有限合伙人的下列行为,不视为执行合伙事务:……(五)对涉及自身利益的情况,查阅有限合伙企业财务会计账簿等财务资料……”有限合伙人在合伙企业中,只是财务投资者,对其知情权有相应的限制,只能查阅与自身利益有关的财务账簿,但不能复制,C错误。

《合伙企业法》第72条规定:“有限合伙人可以将其在有限合伙企业中的财产份额出质;但是,合伙协议另有约定的除外。”合伙协议无特殊约定的,有限合伙人有权将其份额质押,D正确。

73.【参考答案】 BCD

【解析】 《合伙企业法》第86条规定:“合伙企业解散,应当由清算人进行清算。清算人由全体合伙人担任;经全体合伙人过半数同意,可以自合伙企业解散事由出现后十五日内指定一个或者数个合伙人,或者委托第三人,担任清算人。自合伙企业解散事由出现之日起十五日内未确定清算人的,合伙人或者其他利害关系人可以申请人民法院指定清算人。”合伙企业清算的清算人可以是全体合伙人,也可以是合伙人过半数同意委托的第三人。本案中,丙作为经营管理人员经合伙人甲和乙的同意担任清算人是合法的,A错误。

《合伙企业法》第101条规定:“清算人执行清算事务,牟取非法收入或者侵占合伙企业财产的,应当将该收入和侵占的财产退还合伙企业;给合伙企业或者其他合伙人造成损失的,依法承担赔偿责任。”丙担任合伙企业的清算人,收取了丁的好处,谋取了非法收益,应对合伙企业承担赔偿责任,C正确。

《合伙企业法》第102条规定:“清算人违反本法规定,隐匿、转移合伙企业财产,对资产负债表或者财产清单作虚假记载,或者在未清偿债务前分配财产,损害债权人利益的,依法承担赔偿责任。”丙擅自豁免债务,虚构债权损害债权人利益,应对债权人承担赔偿责任,B正确。

《合伙企业法》第91条规定:“合伙企业注销后,原普通合伙人对合伙企业存续期间的债务仍应承担无限连带责任。”合伙企业作为非法人组织,并无独立地位或独立责任,即使合伙企业注销后,原普通合伙人依旧需要对合伙企业的债务承担无限连带责任,D正确。

74.【参考答案】 BD

【解析】 《破产法》第13条规定:“人民法院裁定受理破产申请的,应当同时指定管理人。”破产管理人由法院受理破产时指定,并非债权人会议选择或聘任,A项错误。

《破产法解释(三)》第2条规定:“破产申请受理后,经债权人会议决议通过,或者第一次债权人会议召开前经人民法院许可,管理人或者自行管理的债务人可以为债务人继续营业而借款。提供借款的债权人主张参照企业破产法第四十二条第四项的规定优先于普通破产债权清偿的,人民法院应予支持,但其主张优先于此前已就债务人特定财产享有担保的债权清偿的,人民法院不予支持。管理人或者自行管理的债务人可以为前述借款设定抵押担保,抵押物在破产申请受理前已为其他债权人设定抵押的,债权人主张按照民法典第四百一十四条规定的顺序清偿,人民法院应予支持。”甲公司对张三和李四的借款均发生于重整受理之后,定性为共益债务,优先于普通债权受偿。BD项正确。

李四的借款设定了有效的房产抵押,就抵押房产,李四享有优先受偿权,所以如果甲公司的财产足以清偿共益债务,张三、李四的借款均会被全额清偿。如果甲公司的财产不足以清偿共益债务,李四有优先受偿权的保障,也可以就抵押房产变现财产优先获得清偿,所以张三的债权不能因为发生在前而优先于李四的抵押债权受偿,C项错误。

75.【参考答案】 ACD

【解析】 《民事诉讼法》第233条规定:“没有人申报的,人民法院应当根据申请人的申请,作出判决,宣告票据无效。判决应当公告,并通知支付人。自判决公告之日起,申请人有权向支付人请求支付。”法院作出除权判决后,票据无效,不存在票据责任,AC正确,B错误。

《票据法》第14条第1款规定:“票据上的记载事项应当真实,不得伪造、变造。伪造、变造票据上的签章和其他记载事项的,应当承担法律责任。”刘某实施过伪造签章的行为,虽然不承担票据责任,但毕竟刘某和丙公司之间存在买卖合同民事法律关系,丙公司已经交货给了刘某,按此买卖合同刘某应当承担给付货款的民事法律义务,D正确。

综上,本题答案为ACD。

76.【参考答案】 AD

【解析】 《保险法解释(三)》第17条规定:“投保人解除保险合同,当事人以其解除合同未经被保险人或者受益人同意为由主张解除行为无效的,人民法院不予支持,但被保险人或者受益人已向投保人支付相当于保险单现金价值的款项并通知保险人的除外。”保险合同的双方当事人是投保人和保险公司,基于自愿原则,投保人享有解除合同的法定权利,被保险人或受益人仅为保险合同的关系人,无法阻止当事人解除合同。但人身保险合同对被保险人或受益人意义很大,如果被保险人或受益人已经向投保人支付了相当于保单现金价值的款项并通知了保险公司,则保全了投保人想解除保险合同的经济利益,为了交易秩序的稳定及对被保险人或受益人的权益保障,此时保险合同不解除。所以AD正确,BC错误。

77.【参考答案】 AD

【解析】《保险法解释(二)》第13条第2款规定:"投保人对保险人履行了符合本解释第十一条第二款要求的明确说明义务在相关文书上签字、盖章或者以其他形式予以确认的,应当认定保险人履行了该项义务。但另有证据证明保险人未履行明确说明义务的除外。"本案中,陈某对保险公司针对免责条款履行了告知义务后进行了签字确认,应认定保险公司尽到了如实告知的义务,免责条款对陈某生效,C错误。

《保险法解释(四)》第2条规定:"保险人已向投保人履行了保险法规定的提示和明确说明义务,保险标的受让人以保险标的转让后保险人未向其提示或者明确说明为由,主张免除保险人责任的条款不成为合同内容的,人民法院不予支持。"保险公司已经向陈某履行了告知义务,不再承担对受让人黄某的告知义务,陈某与黄某建立自卸车的买卖合同,随着自卸车的所有权转移给黄某,以自卸车为保险标的的保险合同的权利义务一并转移给黄某,故黄某不可主张此免责条款对自己不生效,保险公司有权据此免责条款拒绝向黄某履行赔偿责任,A正确,B错误。

陈某与黄某产生自卸车的交易,基于诚信规则,应将自卸车有关的保险事宜包括保险合同的免责条款告知黄某,D正确。

78.【参考答案】 CD

【解析】《反不正当竞争法》第2条第3款规定:"本法所称的经营者,是指从事商品生产、经营或者提供服务(以下所称商品包括服务)的自然人、法人和非法人组织。"自然人从事了商品的生产、经营或提供服务,也属于经营者的范畴,本案中张某利用其软件实施了播放广告取得收益的经营行为,属于经营者,B错误。

经营者在生产经营活动中,应当遵循自愿、平等、公平、诚信的原则,遵守法律和商业道德。所以"公平、诚信、法律和商业道德"是区分不正当竞争和正当经营的关键。本案中张某的行为损害了甲公司产品的正常运营,且谋取了自身的经济利益,不能以"有利于消费者"来掩盖这一不诚信的行为,所以张某的行为已经构成了不正当竞争,而非合法行为,A错误,C项正确。

《反不正当竞争法》第17条规定:"经营者违反本法规定,给他人造成损害的,应当依法承担民事责任。经营者的合法权益受到不正当竞争行为损害的,可以向人民法院提起诉讼。因不正当竞争行为受到损害的经营者的赔偿数额,按照其因被侵权所受到的实际损失确定;实际损失难以计算的,按照侵权人因侵权所获得的利益确定。经营者恶意实施侵犯商业秘密行为,情节严重的,可以在按照上述方法确定数额的一倍以上五倍以下确定赔偿数额。赔偿数额还应当包括经营者为制止侵权行为所支付的合理开支。经营者违反本法第六条、第九条规定,权利人因被侵权所受到的实际损失、侵权人因侵权所获得的利益难以确定的,由人民法院根据侵权行为的情节判决给予权利人五百万元以下的赔偿。"所以当甲公司的实际损失难以计算的时候,可按张某的侵权所得,即向乙公司收取的报酬确定赔偿金额,D正确。

79.【参考答案】 BC

【解析】《消费者权益保护法》第25条规定:"经营者采用网络、电视、电话、邮购等方式销售商品,消费者有权自收到商品之日起七日内退货,且无需说明理由……消费者退货的商品应当完好。经营者应当自收到退回商品之日起七日内返还消费者支付的商品价款。退回商品的运费由消费者承担;经营者和消费者另有约定的,按照约定。"本案中,甲通过网络购物的方式购买电视机,无论该电视机有无质量问题,均享受7天内无理由退货的权利。7天的期限自收到货物之日起开始计算,甲1日收到货,3日主张退货,符合7天的期限要求,A错误。

本案中,产品检验报告显示电视机质量合格,但使用时出现了漏光的现象,电视机是否存在质量瑕疵需要进一步印证,但消费者依旧可以主张无理由退货。消费者主张无理由退货时,在买卖双方没有约定的情形下,应由消费者承担运费,C正确。

《消费者权益保护法》第23条第3款规定:"经营者提供的机动车、计算机、电视机、电冰箱、空调器、洗衣机等耐用商品或者装饰装修等服务,消费者自接受商品或者服务之日起六个月内发现瑕疵,发生争议的,由经营者承担有关瑕疵的举证责任。"B正确。

《消费者权益保护法》第55条第2款规定:“经营者明知商品或者服务存在缺陷,仍然向消费者提供,造成消费者或者其他受害人死亡或者健康严重损害的,受害人有权要求经营者依照本法第四十九条、第五十一条等法律规定赔偿损失,并有权要求所受损失二倍以下的惩罚性赔偿。”只有当经营者有“明知”的过错,向消费者提供缺陷商品,且引发消费者或其他受害人死亡或伤残等严重后果时,才会承担2倍损失的惩罚性赔偿,本案中并没有产品缺陷的确认,也没有引发严重后果,不符合惩罚性赔偿的条件,D错误。

80.【参考答案】 BC

【解析】 最高人民法院《关于审理食品药品纠纷案件适用法律若干问题的规定》第4条规定:“食品、药品生产者、销售者提供给消费者的食品或者药品的赠品发生质量安全问题,造成消费者损害,消费者主张权利,生产者、销售者以消费者未对赠品支付对价为由进行免责抗辩的,人民法院不予支持。”食品、药品关乎消费者的健康,经营者的安保职责更大,无论是赠品还是正品,无论有无约定,发生质量问题,经营者均应承担责任,A错误,B正确。

《消费者权益保护法》第23条第3款规定:“经营者提供的机动车、计算机、电视机、电冰箱、空调器、洗衣机等耐用商品或者装饰装修等服务,消费者自接受商品或者服务之日起六个月内发现瑕疵,发生争议的,由经营者承担有关瑕疵的举证责任。”大宗耐用商品的技术门槛较高,短期内发现瑕疵,产品本身质量有问题的可能性较大,但消费者很难提供证明,为了消费者更好地维权,法律规定了电视机等大宗耐用商品于消费者接受商品或服务之日起6个月内发现瑕疵,引发争议的,举证责任倒置,由经营者承担有关瑕疵的举证责任,C正确。

《消费者权益保护法》第55条第2款规定:“经营者明知商品或者服务存在缺陷,仍然向消费者提供,造成消费者或者其他受害人死亡或者健康严重损害的,受害人有权要求经营者依照本法第四十九条、第五十一条等法律规定赔偿损失,并有权要求所受损失二倍以下的惩罚性赔偿。”只有当经营者有“明知”的过错,向消费者提供了缺陷商品,且引发消费者或其他受害人死亡或者伤残等严重后果时,才会承担两倍损失的惩罚性赔偿。本案中,冰箱不制冷最多认定为商品质量瑕疵,不能认定为其存在缺陷,且张某腹泻也没有达到法定的“死亡或者健康严重损害”的程度,不符合惩罚性赔偿的条件,D错误。

综上,本题答案为BC。

81.【参考答案】 AC

【解析】 《消费者权益保护法》第37条规定:“消费者协会履行下列公益性职责:(一)向消费者提供消费信息和咨询服务,提高消费者维护自身合法权益的能力,引导文明、健康、节约资源和保护环境的消费方式;(二)参与制定有关消费者权益的法律、法规、规章和强制性标准;(三)参与有关行政部门对商品和服务的监督、检查;(四)就有关消费者合法权益的问题,向有关部门反映、查询,提出建议;(五)受理消费者的投诉,并对投诉事项进行调查、调解;(六)投诉事项涉及商品和服务质量问题的,可以委托具备资格的鉴定人鉴定,鉴定人应当告知鉴定意见;(七)就损害消费者合法权益的行为,支持受损害的消费者提起诉讼或者依照本法提起诉讼;(八)对损害消费者合法权益的行为,通过大众传播媒介予以揭露、批评。各级人民政府对消费者协会履行职责应当予以必要的经费等支持。消费者协会应当认真履行保护消费者合法权益的职责,听取消费者的意见和建议,接受社会监督。依法成立的其他消费者组织依照法律、法规及其章程的规定,开展保护消费者合法权益的活动。”

消费者协会作为公益性的社会团体,没有行政权力,不能作出行政处罚,所以D项的“警告并罚款”不合法;对于消费者个人的维权诉讼,消费者协会可以支持,但不能代表其进行诉讼,B项错误。

消费者协会作为消费者组织,能够接触到消费者维权保障中的现实需求,所以能够参与制定有关消费者权益的法律、法规、规章和强制性标准,C项正确。

《消费者权益保护法》第47条规定:“对侵害众多消费者合法权益的行为,中国消费者协会以及在省、自治区、直辖市设立的消费者协会,可以向人民法院提起诉讼。”植物园以身高作为评判是否成年的唯一标准,对于身高在150cm以上但未成年的众多消费者的合法权益都有侵害,中国消费者协会和省消费者协会有权提起公益诉讼,所以市消费者协会提请省消费者协会提起公益诉讼是合法的,A项正确。

82.【参考答案】 ABD

【解析】 《商业银行法》第64条规定:“商业银行已经或者可能发生信用危机,严重影响存款人的利益时,国务院银行业监督管理机构可以对该银行实行接管。接管的目的是对被接管的商业银行采取必要措施,以保护存款人的利益,恢复商业银行的正常经营能力。被接管的商业银行的债权债务关系不因接管而变化。"商业银行被接管,只是由接管组接管其经营管理权,商业银行的主体资格不丧失,债权债务关系没变化,所以储户的存款利息不变,A 正确。

接管组为了实现更好的接管效果,帮助商业银行恢复经营能力,可以将其业务托管给其他商业银行,B 正确。

《商业银行法》第 68 条规定:"有下列情形之一的,接管终止:(一)接管决定规定的期限届满或者国务院银行业监督管理机构决定的接管延期届满;(二)接管期限届满前,该商业银行已恢复正常经营能力;(三)接管期限届满前,该商业银行被合并或者被依法宣告破产。"如果接管期限内商业银行恢复运营能力,说明接管的目的已经提前达成,可以终止接管而无须等到接管期限届满,C 错误。

接管期限届满前,商业银行被宣告破产,接管的目的已经无法实现,拖延无益,此时接管终止而无须等到接管期限届满,D 正确。

83.【参考答案】 AB

【解析】 《个人所得税法》第 4 条规定:"下列各项个人所得,免征个人所得税:(一)省级人民政府、国务院部委和中国人民解放军军以上单位,以及外国组织、国际组织颁发的科学、教育、技术、文化、卫生、体育、环境保护等方面的奖金……"只有上述单位发放的奖金可免纳个人所得税,其他级别的单位发放的奖金不能免税,所以教育部作为国务院部委奖励的 10 万元科研奖金可以免税,但学校发放的 2000 元奖金不能免税,故而 B 正确,C 错误。

《个人所得税法》第 2 条规定:"下列各项个人所得,应当缴纳个人所得税:……(二)劳务报酬所得;(三)稿酬所得……居民个人取得前款第一项至第四项所得(以下称综合所得),按纳税年度合并计算个人所得税……"劳务所得和稿酬作为综合所得可以合并计税,A 正确。

《个人所得税法》第 3 条规定:"个人所得税的税率:……(三)利息、股息、红利所得,财产租赁所得,财产转让所得和偶然所得,适用比例税率,税率为百分之二十。"彩票中奖属于偶然所得,适用 20% 的比例税率,没有加成征收,D 错误。

84.【参考答案】 AC

【解析】 《劳动合同法》第 14 条第 3 款规定:"用人单位自用工之日起满一年不与劳动者订立书面劳动合同的,视为用人单位与劳动者已订立无固定期限劳动合同。"本案中,张某于 2017 年 1 月 1 日与龙图公司建立劳动关系直到 2018 年 6 月 1 日离职,自用工之日起超过一年龙图公司未与张某签订书面劳动合同,自满一年当天应视为双方建立了无固定期限劳动合同关系,A 正确。

用人单位因为未按时签订书面劳动合同而需承担两倍工资的周期最长为自用工满一个月的第二天至满一年的前一天共计 11 个月的时间,而非 17 个月,B 错误。

《劳动争议调解仲裁法》第 27 条第 4 款规定:"劳动关系存续期间因拖欠劳动报酬发生争议的,劳动者申请仲裁不受本条第一款规定的仲裁时效期间(编者注:一年)的限制;但是,劳动关系终止的,应当自劳动关系终止之日起一年内提出。"本案中,张某与龙图公司之间因欠薪提起仲裁,仲裁时效应自劳动关系终止即 2018 年 6 月 1 日起一年内,所以张某于 2018 年 7 月 1 日提起仲裁未超过时效,C 正确。

《劳动合同法》第 47 条第 1 款规定:"经济补偿按劳动者在本单位工作的年限,每满一年支付一个月工资的标准向劳动者支付。六个月以上不满一年的,按一年计算;不满六个月的,向劳动者支付半个月工资的经济补偿。"本案中,因为用人单位未按时支付工资,劳动者有权单方解除劳动合同并主张经济补偿金。张某在龙图公司的工作年限为一年五个月,所以龙图公司应支付 1.5 个月工资作为补偿金,并非 2 个月,D 错误。

85.【参考答案】 AB

【解析】 本案中,李某违反与甲公司的保密约定,违法泄露其掌握的甲公司的商业秘密给乙公司,乙公司作为李某出资设立的公司,对李某的泄密行为应认定为知情,所以李某和乙公司均应认定为侵犯了甲公司的商业秘密,甲公司可以向二者主张赔偿责任,AB 正确。

《劳动合同法》第 25 条规定:"除本法第二十二条(编者注:服务期)和第二十三条(编者注:竞业限制)规定的情形外,用人单位不得与劳动者约定由劳动者承担违约金。"除了服务期及竞业限制条款用人单位可以与劳动者约定违约金外,其余情形下用人单位不得与劳动者约定违约金,本案中只表明甲公司与李某约定了保密义务,并没有约定竞业限制的义务,所以不能约定违约金。而且甲公司和乙公司之间也没有任何约定,违约金更无从谈起,C 错误。

《公司法》第 265 条第 1 项规定:"高级管理人员,是指公司的经理、副经理、财务负责人,上市公司董事会秘书和公司章程规定的其他人员。”公司章程可以自行约定本公司的高级管理人员范围，所以甲公司章程约定技术总监为高级管理人员合法有效，D 错误。

86.【参考答案】 AD

【解析】 《劳动合同法》第 72 条第 2 款规定：“非全日制用工劳动报酬结算支付周期最长不得超过十五日。”非全日制用工一般采用小时计酬并即时结算，最长支付周期不得超过 15 日，故甲公司将支付周期改为 15 日是合法的，有可能因此留住张三，A 项正确。

《劳动合同法》第68 条规定：“非全日制用工，是指以小时计酬为主，劳动者在同一用人单位一般平均每日工作时间不超过四小时，每周工作时间累计不超过二十四小时的用工形式。”如果甲公司将工作时间改为每天 4 小时，而每周工作 7 天，周工作时间就会超过法定的 24 小时，是违法的，B 项错误。

《劳动合同法》第 70 条规定：“非全日制用工双方当事人不得约定试用期。”非全日制用工的用工方式灵活且不稳定，不得约定试用期，C 项主张是违法的，错误。

《劳动合同法》第 69 条第 2 款规定：“从事非全日制用工的劳动者可以与一个或者一个以上用人单位订立劳动合同；但是，后订立的劳动合同不得影响先订立的劳动合同的履行。”非全日制用工不要求劳资关系一对一绑定，故甲公司允许张三同时在其他公司兼职是合法的，有可能因此挽留张三，D 项正确。

87.【参考答案】 CD

【解析】 《劳动合同法》第 37 条规定：“劳动者提前三十日以书面形式通知用人单位，可以解除劳动合同。劳动者在试用期内提前三日通知用人单位，可以解除劳动合同。”劳动者享有自由解除劳动合同的权利，只要给足用人单位准备的期间即可，A 错误。

《劳动争议调解仲裁法》第 20 条规定：“劳动争议仲裁委员会应当设仲裁员名册。仲裁员应当公道正派并符合下列条件之一：（一）曾任审判员的；（二）从事法律研究、教学工作并具有中级以上职称的；（三）具有法律知识、从事人力资源管理或者工会等专业工作满五年的；（四）律师执业满三年的。”在学校工作 3 年的人事部科员不满足上述担任仲裁员的资格，B 错误。

《劳动争议调解仲裁法》第 24 条规定：“当事人可以委托代理人参加仲裁活动。委托他人参加仲裁活动，应当向劳动争议仲裁委员会提交有委托人签名或者盖章的委托书，委托书应当载明委托事项和权限。”当事人有权委托代理人参加仲裁活动，本案当事人委托学校法律援助中心参加仲裁是合法的，C 正确。

《劳动争议调解仲裁法》第 49 条规定：“用人单位有证据证明本法第四十七条规定的仲裁裁决有下列情形之一，可以自收到仲裁裁决书之日起三十日内向劳动争议仲裁委员会所在地的中级人民法院申请撤销裁决：（一）适用法律、法规确有错误的；（二）劳动争议仲裁委员会无管辖权的；（三）违反法定程序的；（四）裁决所根据的证据是伪造的；（五）对方当事人隐瞒了足以影响公正裁决的证据的；（六）仲裁员在仲裁该案时有索贿受贿、徇私舞弊、枉法裁决行为的。人民法院经组成合议庭审查核实裁决有前款规定情形之一的，应当裁定撤销。仲裁裁决被人民法院裁定撤销的，当事人可以自收到裁定书之日起十五日内就该劳动争议事项向人民法院提起诉讼。”本案中小张向学校追讨欠薪 3000 元，适用“片面终局”规则，裁决作出后对用人单位生效，但用人单位可根据上述规定申请撤销，D 正确。

88.【参考答案】 CD

【解析】 《环境影响评价法》第 23 条规定：“国务院生态环境主管部门负责审批下列建设项目的环境影响评价文件：（一）核设施、绝密工程等特殊性质的建设项目；（二）跨省、自治区、直辖市行政区域的建设项目；（三）由国务院审批的或者由国务院授权有关部门审批的建设项目。前款规定以外的建设项目的环境影响评价文件的审批权限，由省、自治区、直辖市人民政府规定。建设项目可能造成跨行政区域的不良环境影响，有关生态环境主管部门对该项目的环境影响评价结论有争议的，其环境影响评价文件由共同的上一级生态环境主管部门审批。”

该公路项目跨了甲、乙、丙三个省，所以其环境影响评价文件应该报送国务院生态环境主管部门审批，而非甲乙丙中任何一个省的生态环境主管部门，所以 A 错误。

《环境影响评价法》第 24 条第 1 款规定：“建设项目的环境影响评价文件经批准后，建设项目的性质、规模、地点、采用的生产工艺或者防治污染、防止生态破坏的措施发生重大变动的，建设单位应当重新报批建设项目的环境影响评价文件。”该公路项目的环境影响评价文件被审批后，在开工前，其建设规模要发生重大变化即需要延长至丙省，所以此项目需要重新进行环境影响评价，而非简单补充，B 错误，D 正确。

《环境影响评价法》第 25 条规定："建设项目的环境影响评价文件未依法经审批部门审查或者审查后未予批准的，建设单位不得开工建设。"对于建设项目而言，需先环评后开工，擅自开工的，需被责令停止建设，恢复原状并依法对项目进行环评，所以 C 正确。

89.【参考答案】 BD

【解析】 最高人民法院《关于审理环境民事公益诉讼案件适用法律若干问题的解释》第 6 条第 3 款规定："同一原告或者不同原告对同一污染环境、破坏生态行为分别向两个以上有管辖权的人民法院提起环境民事公益诉讼的，由最先立案的人民法院管辖，必要时由共同上级人民法院指定管辖。"针对甲公司对河流的污染行为，A 市和 B 市两个环保公益组织均提起公益诉讼，应作为一个案件由一个法院审理，没必要重复审理，A 错误。

针对同一案件，两个以上法院都有管辖权，一般应由先受理的法院管辖，本案中，A 市法院先受理，应由 A 市法院管辖，B 正确。

最高人民法院《关于审理环境民事公益诉讼案件适用法律若干问题的解释》第 29 条规定："法律规定的机关和社会组织提起环境民事公益诉讼的，不影响因同一污染环境、破坏生态行为受到人身、财产损害的公民、法人和其他组织依据民事诉讼法第一百一十九条的规定提起诉讼。"环保公益诉讼与个人环境侵权诉讼，在当事人、诉讼标的等各方面均不同，不是重复诉讼，彼此不影响，C 错误。

《环境保护法》第 58 条规定："对污染环境、破坏生态，损害社会公共利益的行为，符合下列条件的社会组织可以向人民法院提起诉讼：(一)依法在设区的市级以上人民政府民政部门登记；(二)专门从事环境保护公益活动连续五年以上且无违法记录。符合前款规定的社会组织向人民法院提起诉讼，人民法院应当依法受理。提起诉讼的社会组织不得通过诉讼牟取经济利益。"提起环境公益诉讼的原告应具备市级以上民政部门"登记 + 专门从事环境保护公益"活动连续 5 年以上且无违法记录的条件，所以 D 正确。

综上，本题答案为 BD。

90.【参考答案】 BD

【解析】 首先，关于直接证据和间接证据的区分，其区分要点在于内容的完整性，在内容上能够完整证明待证事实的是直接证据，在内容上只能证明待证事实的一个部分一个片段的证据是间接证据。甲向法院提供了银行的转账凭证，该证据的待证事实是自己借给乙 50 万元，显然，该转账凭证只能证明自己向乙转款 50 万元，但并不能完整证明借款事实，是间接证据，故 A 选项错误，B 选项正确。

其次，关于证明责任，甲主张借款事实成立，应当对借款事实的成立承担证明责任，故 D 选项正确。C 选项为干扰选项，证明对象是证明责任的前提，故分析证明责任应当首先确定该事实是否为本案的证明对象，如果是本案的证明对象则需要讨论由谁承担证明责任，如果不是本案的证明对象则无须举证证明，也无须讨论证明责任。甲是否曾经向乙借款与本案无关，不是本案的证明对象，无须提供证据证明，所以无须讨论证明责任。故 C 选项错误。

综上所述，本题答案为 BD。

三、不定项选择题

91.【参考答案】 ABCD

【解析】 AB 项：出租人乙发现转租情形之日起 6 个月内未提出异议("未置可否"为关键词，表明未提出异议)，则转租合同合法有效。1 年后，乙将房屋卖给丁，即"先租后卖"，适用"买卖不破租赁"规则，丁不可以请求丙搬离房屋。故 AB 项说法不正确。

C 项：乙将房屋出卖给丁时，并未书面告知其房屋已经出租的事实。因此，丁可以基于合法有效的房屋买卖合同追究乙的违约责任而与甲无关，丁与甲之间不存在直接合同关系，不可以追究甲的违约责任。故 C 项说法不正确。

D 项：转租期限超过剩余租期的部分无效，而非全部无效。故 D 项说法不正确。

92.【参考答案】 BCD

【解析】 A 项：承包人应当在合理期限内行使建设工程价款优先受偿权，但最长不得超过 18 个月，自发包人应当给付建设工程价款之日起算。故 A 项说法错误，不当选。

BC 项：虽合同无效，但工程质量合格，则作为承包人的大象公司有权对建设工程主张法定优先权，行权期限为 6 个月，行权范围依照国务院有关行政主管部门关于建设工程价款范围的规定确定，但不包括逾期支付建设工程价款的利息、违约金、损害赔偿金等。故 BC 项正确。

D 项：为保护建筑工人利益，虽因大象公司无资质，大象公司与众森公司签订的建设工程施工合同无效，但作为发包人的众森公司依法仍应参照合同约定支付工程款。故D项正确，当选。

93.【参考答案】 AD

【解析】 ABD项：任何组织或者个人不得以丑化、污损，或者利用信息技术手段伪造等方式侵害他人的肖像权。未经肖像权人同意，不得制作、使用、公开肖像权人的肖像，但是法律另有规定的除外。未经肖像权人同意，肖像作品权利人不得以发表、复制、发行、出租、展览等方式使用或者公开肖像权人的肖像。本题中，某教育培训机构的行为侵犯了甲的肖像权。故A项正确。该市晚报未经甲同意，使用、公开甲的肖像，构成肖像权侵权。故B项错误，D项正确。

C项：姓名权，是指自然人决定、使用和依照规定改变自己姓名的权利。本题中，某教育培训机构并未使用甲的姓名，仅使用甲的照片。因此，不构成对甲姓名权的侵犯。故C项错误。

94.【参考答案】 AD

【解析】 AD项：被侵权人对损害的发生或损失扩大也有过错的，可以减轻侵权人的责任。本题中，老人曹某骨质疏松的因素不构成过错。因此，不减轻快递公司的责任，老人曹某不承担责任。故AD项均正确。

BC项：用人单位的工作人员因执行工作任务造成他人损害的，由用人单位承担侵权责任。本题中，甲系快递公司的员工，在送快递过程中造成他人损害的，依法应由快递公司承担侵权损害赔偿责任。故BC项错误。

95.【参考答案】 ABCD

【解析】 陈某作为烈士，就其英雄形象享有名誉权，其遗孀有权就此侵权行为提起诉讼，AB项正确。丁未经许可将漫画改编为电子游戏，擅自使用演绎作品对原作者甲和演绎作者乙均有侵权，C项正确。

《民法典》第1195条第1、2款规定，网络用户利用网络服务实施侵权行为的，权利人有权通知网络服务提供者采取删除、屏蔽、断开链接等必要措施。通知应当包括构成侵权的初步证据及权利人的真实身份信息。网络服务提供者接到通知后，应当及时将该通知转送相关网络用户，并根据构成侵权的初步证据和服务类型采取必要措施；未及时采取必要措施的，对损害的扩大部分与该网络用户承担连带责任。

丙网站接到权利人通知时，应立即删除侵权作品，拒不删除的，对于扩大的损害承担连带责任，故D项正确。

96.【参考答案】 A

【解析】 《著作权法》第16条规定："使用改编、翻译、注释、整理、汇编已有作品而产生的作品进行出版、演出和制作录音录像制品，应当取得该作品的著作权人和原作品的著作权人许可，并支付报酬。"第三方使用汇编作品应该经过原作者和汇编人双重授权。所以网站未经许可转载期刊中所有文章，既侵犯了杂志社又侵犯了原作者的著作权，A项正确，B项错误。

《著作权法》第35条第2款规定："作品刊登后，除著作权人声明不得转载、摘编的外，其他报刊可以转载或者作为文摘、资料刊登，但应当按照规定向著作权人支付报酬。"只有报纸、期刊之间转载、摘编才能适用法定许可制度，它们之间可以不经著作权人许可转载、摘编，但应付费。然而本案中甲网站并非报社或杂志社，不能适用法定许可，其未经许可将汇编作品《红旗》上传至网络并供网民下载，侵犯了原作者和汇编人杂志社的著作权，故C项错误。

杂志社汇编文章时，需要取得原作者的许可并付费，否则对原作者构成侵权，D项错误。

97.【参考答案】 C

【解析】 A公司的商标被宣告无效以前，此商标是有效的，B公司在其企业名称中使用他人的注册商标，侵犯了A公司的权利，此侵权行为不能以A公司侵权在先为由抗辩。此外，也不能以B公司的名称被工商登记为由抗辩，故AB项错误。

《商标法》第32条规定："申请商标注册不得损害他人现有的在先权利，也不得以不正当手段抢先注册他人已经使用并有一定影响的商标。"A公司注册"雷欧"商标的行为侵犯了约翰·雷欧在先的姓名权，作为在先权利人申请宣告该商标无效，应该在商标被注册后的5年内，C项正确。

约翰·雷欧作为公众人物，A公司未经许可将其姓名注册为商标，侵犯了雷欧的姓名权，D项错误。

98.【参考答案】 A

【解析】 《商标法》第26条第1款规定："商标在中国政府主办的或者承认的国际展览会展出的商品上首次使用的，自该商品展出之日起六个月内，该商标的注册申请人可以享有优先权。"本案中博顿公司于2018年2月1日在我国政府举办的展览会上使用过"蓝天"商标，2018年7月1日申请注册该商标,其享有优先权,所以其申请日期应按2018年2月1日认定为优先权日。按照先申请原则,博顿公司的申请应该被初审并公告,蓝天公司的申请应予驳回,故A项正确,BCD项错误。

99.【参考答案】 ACD

【解析】 集体商标和证明商标均为组织申请,但授权使用的对象不同,集体商标授权本集体组织成员使用,是成员资格的标志;证明商标授权组织以外的单位或个人使用,起到产品或服务某些特征的证明作用。本案中,"神仙湖银鱼"由神仙湖渔业协会申请注册并允许成员使用,属于集体商标而非证明商标,故A项正确,B项错误。

甲公司并非渔业协会成员,无权使用该集体商标,擅自使用属于侵权行为,故C项正确。

神仙湖属于县级以上行政区划的地名,按照《商标法》第10条第2款的规定,不得作为一般的商标使用,所以甲公司申请注册的"神仙湖银鱼"商标,应由商标局依职权或者经任何单位或个人申请宣告无效,此处无效宣告的申请并没有时间的限制,所以D项正确。

100.【参考答案】 D

【解析】 《法律适用法》第50条规定:"知识产权的侵权责任,适用被请求保护地法律,当事人也可以在侵权行为发生后协议选择适用法院地法律。"据此可知,关于知识产权的侵权责任,当事人可以在侵权行为发生后选择适用法院地法,若无此选择,则适用被请求保护地法律。题中表明挪威甲公司明确表示不同意适用中国法,则应适用被请求保护地法律。知识产权权利在何国被使用,知识产权人请求保护何国的知识产权,该国就是被请求保护国。挪威甲公司向中国某法院起诉乙公司侵犯其在"中国"的知识产权,本题被请求保护国即为中国,故D项正确,其余于法无据,为凑数项。

2020年国家统一法律职业资格考试
客观题试卷一

一、单项选择题 每题所设选项中只有一个正确答案，多选、错选或不选均不得分。（本部分含1—50题，每题1分，共50分）

1. 甲在自己家巷子口看到乙提着麻袋走出来，怀疑乙是偷狗的人，遂叫乙站住。乙放下麻袋就跑，甲紧追不舍，乙不慎被脚下石头绊倒。甲追上后，为了教训乙，对倒在地上的乙实施暴力，致其脑出血，后因脑出血而死亡。经查明，乙确有偷狗行为，麻袋里是偷的狗。甲属于？（　　）

A. 正当防卫　　B. 假想防卫

C. 防卫过当　　D. 故意伤害

2. 刘某持西瓜刀闯进超市抢劫，超市员工陈某反击。在扭打中，陈某夺下刀然后扔掉，碰巧砸中旁边王某的头部，致其重伤。刘某未取得财物，见状骑自行车逃跑。陈某扑上前去，将刘某连人带车摔倒在地，刘某摔伤（轻伤），陈某也摔伤（重伤）。下列说法正确的是？（　　）

A. 刘某对王某的受伤负刑事责任

B. 陈某致王某受伤，属于正当防卫，不负刑事责任

C. 陈某致王某受伤，系防卫过当

D. 刘某对陈某的重伤不负刑事责任，不构成抢劫罪致人重伤

3. 张三患有间歇性精神病，在不能辨认或者不能控制自己行为时，实施严重危害社会的杀人行为，该如何处理？（　　）

A. 应当负刑事责任

B. 不负刑事责任

C. 应当负刑事责任，但可以减轻或免除处罚

D. 待治愈后再追究刑事责任

4. 甲在乙家以杀害故意殴打乙，乙被迫将燃烧着炭火的炭盆掀翻，试图以此制止甲的不法侵害。甲将乙击昏后，发现掀翻的炭盆已经引燃室内杂物，为烧死乙并毁灭罪证，甲未将火苗扑灭便离开现场。炭盆随后引发大火，将乙家和其他邻居的数栋房屋焚毁。乙也在大火中因吸入过量有毒气体而死亡。甲以为乙是被烧死的。下列说法正确的是？（　　）

A. 虽然大火是乙引起的，但甲有灭火义务，故甲构成放火罪

B. 甲以为乙被烧死，实际上是吸入有毒气体而死亡，故甲对乙的死亡仅构成故意杀人罪未遂

C. 甲的行为既有作为也有不作为，但作为与不作为互相排斥，故对甲不能数罪并罚

D. 不论如何评价甲的行为，在本案中对甲仅能以一个罪名处罚

5.《刑法》第239条第2款规定：“犯前款罪，杀害被绑架人的，或者故意伤害被绑架人，致人重伤、死亡的，处无期徒刑或者死刑，并处没收财产。”在下列情形中，属于“杀害被绑架人”的是？（　　）

A. 绑架并控制被绑架人后，故意伤害被绑架人，致被绑架人死亡

B. 为勒索钱财而控制被绑架人，因害怕其出声，用毛巾塞住其嘴巴，致被绑架人窒息而死

C. 为勒索钱财而绑架被绑架人，在取得赎金后释放被绑架人，因害怕其报警，又开车追了3公里，追上后撞死被绑架人

D. 在绑架被绑架人时遭到其激烈反抗，用绳子勒死被绑架人

6. 甲、乙、丙等人经事先预谋，从淘宝店购买了某品牌的最新款手机30部，收到手机后拆下手机主板，换上废旧主板，然后利用7天无理由退货规则，将手机退货，从店主处获得全额退款。关于甲等3人的刑事责任，哪一项说法正确（不考虑数额）？（　　）

A. 就手机主板构成诈骗罪

B. 就手机主板构成盗窃罪

C. 就手机整体构成诈骗罪

D. 就退货款构成诈骗罪

7. 王某发现乙公司的视频软件存在漏洞，只要使用特定手机型号就可以注册名为“888”的靓号，便故意使用这个漏洞，注册了大量的靓号，并出售谋取钱财。下列说法正确的是？（　　）

A. 王某影响乙公司服务器运营，构成非法侵入计算机信息系统罪

B. 王某利用乙公司服务器漏洞，大量注册靓号，构成非法获取计算机信息系统数据罪

C. 王某构成非法控制计算机信息系统罪

D. 王某利用乙公司服务器漏洞，影响了乙公司的计算机系统，构成破坏计算机信息系统罪

8. 甲从境外网站购买枪支，但是卖家寄错了，寄来了子弹。下列说法正确的是？(　　)

A. 甲构成非法买卖弹药罪既遂

B. 甲构成非法买卖枪支罪未遂

C. 甲客观上买到子弹，但主观上没有购买子弹的故意，故不构成非法买卖弹药罪

D. 因子弹脱离枪支后，无法造成危害，故乙不构成非法买卖弹药罪

9. 张三具有竞拍资格但无意参加竞拍，得知报名参加竞拍，会有人收购其竞拍资格，于是张三让自己的公司多参加某市自然资源与国土资源管理局组织的土地竞拍。张三的公司连续报名参加两次竞拍，果然有人收购其竞拍资格，获利800万元，第三次参加竞拍，因无人收购而自动丧失竞拍资格。张三的行为构成？(　　)

A. 串通投标罪

B. 强迫交易罪

C. 非法经营罪

D. 非国家工作人员受贿罪

10. 关于行为主体，下列说法正确的是？(　　)

A. 单位分支机构或内设机构不是独立的法人单位，不能成为单位犯罪的主体

B. 犯罪集团和聚众犯罪的首要分子是一种特殊的身份犯

C. 已满14周岁不满16周岁的人绑架杀人的，对杀人行为具备责任年龄，对绑架行为不具备责任年龄

D. 单位犯罪本质上是单位主管人员、直接责任人员构成的特殊的共同犯罪

11. 苏某是中国澳门籍人，以S市某公司的名义，在H县和L区设立了办事机构(S市是H县和L区的共同上级行政区域)，非法集资450万元，后被发现，潜逃境外，在越南被发现，抓捕后在P市入境，管辖法院是？(　　)

A. P市法院作为入境地法院管辖

B. 经指定管辖，可以由H县审理

C. H县检察院可以在L区法院提起公诉

D. 由S市法院管辖

12. 甲涉嫌贩卖毒品，2019年12月被某市公安局盯上，为了更快破案，公安局决定对甲实施监听和控制下交付，关于技术侦查，下列哪一选项是正确的？(　　)

A. 需要上一级公安批准

B. 可以同时监听购买者和贩毒者

C. 监听中发现其他违法信息可以移交其他行政机关处理

D. 获知商业秘密可以做证据

13. 关于全面依法治国的总目标，下列说法错误的是？(　　)

A. 严密的法治监督体系既是全面依法治国总目标的重要内容，也是法治建设的一个重要环节

B. 依法治国是党领导人民治理国家的基本方略，依法治国能不能做好，关键要看党能否做到依法执政，各级政府能否做到依法行政

C. 法治社会是法治建设的目标，法治政府是法治建设的主体，法治国家是法治社会的基础

D. 全面依法治国既是国家治理体系和治理能力现代化的重要保障，也是国家治理体系和治理能力现代化的重要内容

14. 党的十八大以来，以习近平同志为核心的党中央从坚持和发展中国特色社会主义全局出发，把全面依法治国纳入“四个全面”战略布局，创造性提出了关于全面依法治国的一系列新理念新思想新战略，领导和推动我国社会主义法治建设取得了历史性成就，概括起来称为“十个坚持”。对此，下列哪一选项不属于“十个坚持”？(　　)

A. 坚持加强党对依法治国的领导

B. 坚持建设中国特色社会主义制度

C. 坚持建设中国特色社会主义法治体系

D. 坚持中国特色社会主义法治道路

15. 关于法治社会、法治国家、法治政府间的关系，下列说法错误的是？(　　)

A. 法治社会是建设法治国家的基础

B. 法治政府是建设法治国家的主体

C. 法治社会是法治建设的目标

D. 法治政府的建设对法治国家的建设具有示范作用

16. 下列关于法律漏洞和法律解释的说法，哪一选项是正确的？(　　)

A. 法律出现缺失即可称为法律漏洞

B. 对于“词不尽意”的法律漏洞可采用目的论限缩的方法予以弥补

C. 法律漏洞是法律中的客观存在，其有无不需要法官进行价值判断

D. 目的论限缩的解释与缩小解释的差别之一在于有无改变法律规范的适用范围

17. 根据我国现行《立法法》和正式的法的渊源的效力原则，下列哪一选项是错误的？（　　）

A. 宪法具有最高的法律效力，一切法律、行政法规、地方性法规、自治条例和单行条例、规章都不得同宪法相抵触

B. 某省人大制定的地方性法规的效力高于本级和下级地方政府规章

C. 某省人大先后制定了两部地方性法规，其中新的规定与旧的规定不一致，应当适用新的规定

D. 某省人大常委会制定的新的一般规定与旧的特别规定不一致时，由该省人大裁决

18. 关于宪法的分类、宪法渊源和宪法典的结构，下列哪一选项的说法是正确的？（　　）

A. 一般来说，成文宪法都是刚性宪法

B. 一般来说，不成文宪法都是柔性宪法

C. 在英美法系国家中，作为宪法渊源的宪法判例均有明文规定

D. 我国现行《宪法》在序言部分明确了公民的基本权利和义务

19. 2020年5月28日，全国人民代表大会公布《关于建立健全香港特别行政区维护国家安全的法律制度和执行机制的决定》，授权全国人大常委会制定相关法律，据此，2020年6月30日十三届全国人大常委会第二十次会议通过《香港特别行政区维护国家安全法》。对此，下列哪一选项的说法是正确的？（　　）

A. 香港特别行政区可以自行制定有关国家安全的基本法律

B. 香港特别行政区的国家安全事务均由香港特别行政区有关机关负责

C. 维护国家主权、统一和领土完整是香港特别行政区的宪制责任

D. 根据法律规定，维护香港特别行政区的国家安全仅仅是香港同胞的义务

20. 根据我国现行《宪法》和相关法律的规定，下列哪一选项的说法是正确的？（　　）

A. 全国人大选举产生国务院副总理

B. 全国人大选举产生国务院总理

C. 全国人大选举产生中央军委主席

D. 全国人大选举产生中央军委副主席

21. 中共十八届四中全会提出，深入推进依法行政，加快建设法治政府，下列做法中，不符合建设法治政府基本要求的是？（　　）

A. 某市政府要求部门内所有决策都必须进行合法性审查

B. 某市城管局要求执法人员持证上岗

C. 某市改革行政执法管理体制，推进综合执法，把工商局、食品药品监督管理局、质量监督局合并成为市场监管局

D. 某县政府强化对行政权力的制约和监督，推行政府权力清单，要求各部门把自己的职责、权限等在网上公布

22. 国家医疗保障局为国务院直属机构，下列说法错误的是？（　　）

A. 主管某项专门业务，具有独立的行政管理职能

B. 在业务上接受国家卫生健康委员会的管理

C. 有权制定规章

D. 若国家医疗保障局要成立法规司，由国务院批准

23. 下列哪类人员可以被录用为公务员？（　　）

A. 被开除公职的

B. 一年内受过两次行政处罚的

C. 因犯罪受过刑事处罚的

D. 被依法列为失信联合惩戒对象的

24. 关于公务员的交流制度，下列说法错误的是？（　　）

A. 在国有企业、高等院校和科研院所以及其他不参照《公务员法》管理的事业单位中从事公务的人员，可以调入机关担任领导职务或者四级调研员以上及其他相当层次的职级

B. 国家实行公务员交流制度，交流的方式包括调任、转任

C. 对省部级正职以下的领导成员可以有计划、有重点地实行跨地区、跨部门转任

D. 公务员应当服从机关的交流决定

25. 为落实《广告法》，国务院准备制定一部规范广告代言人代言行为的行政法规。关于该行政法规的制定程序，下列说法错误的是？（　　）

A. 起草部门应将法规草案及其说明等向社会公开征求意见且不少于30日

B. 应按规定及时报告党中央

C. 法规草案由国务院常务会议审议或者由国务院审批

D. 法规在公布后的30日内由国务院办公厅报全国人大常委会备案

26. 1997年5月，万达公司凭借一份虚假验资

报告在某省工商局办理了增资的变更登记，此后连续4年通过了工商局的年检。2001年7月，工商局以办理变更登记时提供虚假验资报告为由对万达公司作出罚款1万元，责令提交真实验资报告的行政处罚决定。2002年4月，工商局又作出撤销公司变更登记，恢复到变更前状态的决定。2004年6月，工商局又就同一问题作出吊销营业执照的行政处罚决定。关于工商局的行为，下列说法正确的是？（　　）

A. 2001年7月工商局的处罚决定违反了《行政处罚法》关于时效的规定

B. 2002年4月工商局的处罚决定违反了“一事不再罚”原则

C. 2004年6月工商局的处罚决定是对前两次处罚决定的补充和修改，属于合法的行政行为

D. 对于万达公司拒绝纠正自己违法行为的情形，工商局可以违法行为处于持续状态为由作出处罚

27. 下列哪一协议类型不属于行政协议之诉的受案范围？（　　）

A. 政府特许经营协议

B. 行政机关之间因公务协助等事由而订立的协议

C. 矿业权等国有自然资源使用权出让协议

D. 土地、房屋等征收征用补偿协议

28. 关于行政诉讼中的被告，下列说法错误的是？（　　）

A. 当事人对村民委员会或者居民委员会依据法律、法规、规章的授权履行行政管理职责的行为不服提起诉讼的，以村民委员会或者居民委员会为被告

B. 当事人对高等学校等事业单位以及律师协会、注册会计师协会等行业协会依据法律、法规、规章的授权实施的行政行为不服提起诉讼的，以该事业单位、行业协会为被告

C. 市、县级人民政府确定的房屋征收部门组织实施房屋征收与补偿工作过程中作出行政行为，被征收人不服提起诉讼的，以人民政府为被告

D. 行政机关被撤销或者职权变更，没有继续行使其职权的行政机关的，以其所属的人民政府为被告

29. 根据《维也纳外交关系公约》和《维也纳领事关系公约》，下列哪一选项是正确的？（　　）

A. 甲国驻乙国使馆有权在使馆内庇护涉嫌在乙国犯罪的丙国公民

B. 乙国有足够证据怀疑甲国驻乙国某领馆的邮袋内有爆炸物，若甲国领馆拒绝开拆，乙国可将该邮袋退回

C. 接受国甲国有权声明乙国某外交人员为不受欢迎的人，但必须说明理由

D. 乙国驻甲国某领馆办公楼发生火灾，因为情况紧急，在乙国领馆馆长反对的情况下，甲国消防人员也可进入领馆灭火

30. 甲国驻乙国使馆与乙国某公司签订办公设备买卖合同，后因款项支付发生纠纷，乙国公司诉至乙国某法院。乙国是一个主张限制豁免理论的国家，根据目前的国际法规则和实践，下列哪一选项是正确的？（　　）

A. 因为乙国主张限制豁免理论，故乙国法院有权管辖本案

B. 若甲国派代表出庭抗议乙国法院的管辖权，则视为默示接受乙国法院的管辖

C. 若甲国明示放弃管辖豁免，乙国法院可在诉讼中扣押甲国财产

D. 即使甲国明示放弃管辖豁免，乙国法院也不得强制执行判决

31. 根据《联合国海洋法公约》和中国相关规则和实践，下列哪一选项是正确的？（　　）

A. 甲国军用飞机须经我国同意方能飞越我国毗连区

B. 甲国潜水艇必须浮出水面并展示船旗才能通过我国毗连区

C. 甲国渔民在我国大陆架捕杀濒危海龟，依照我国《刑法》追究刑事责任

D. 联合国某专门机构的科考船在我国专属经济区科学考察，须经我国同意

32. 甲国球星埃尔申请加入中国国籍，依据中国《国籍法》的相关规定，下列哪一选项是正确的？（　　）

A. 埃尔加入中国国籍后，可保留甲国国籍

B. 埃尔加入中国国籍的申请应由中国外交部审批

C. 埃尔的申请无论是否被批准，其与中国女子李某在广州出生的儿子具有中国国籍

D. 埃尔的申请一旦被批准，则不得再退出中国国籍

33. 根据《维也纳外交关系公约》和《维也纳领事关系公约》，下列哪项判断是正确的？（　　）

A. 甲国驻乙国使馆的参赞非工作时间在高速公路上交通肇事，该参赞声明放弃外交特权与豁

免,乙国有权对其逮捕并审判

B. 甲国特别外交信使涉嫌毒品犯罪,待其将负责携带的外交邮袋送交收件人后,乙国有权对其逮捕并审判

C. 甲国驻乙国领事官员可在甲国驻乙国大使的批准下,在领馆范围外从事职务活动

D. 甲国驻乙国公使可在节假日在乙国内参加有偿的商事活动

34. 2018年3月,甲国国内暴发了某种流行传染病。据报,乙国驻甲国大使的私人官邸、丙国驻甲国某领馆馆舍内均发现疑似患者。甲国卫生防疫人员迅速赶到,做好处理患者准备工作。甲、乙、丙三国都是《维也纳外交关系公约》和《维也纳领事关系公约》的缔约国,请判断下列哪一选项是正确的?(　　)

A. 若乙国驻甲国大使的私人官邸处于城市居民区,甲国卫生防疫人员可以立即进入官邸调查处理患者

B. 只要乙国驻甲国大使和丙国驻甲国领馆馆长没有明确反对,甲国卫生防疫人员就可以进入乙国大使官邸和丙国驻甲国领馆进行调查和处理工作

C. 如果未得到乙国驻甲国大使的明确同意,甲国卫生防疫人员不得进入乙国大使官邸进行调查和处理工作

D. 如果未得到丙国驻甲国领馆馆长的明确同意,甲国卫生防疫人员不得进入丙国驻甲国领馆进行调查和处理工作

35. 沃林公司在甲国登记注册,其主要办事机构也在甲国。后沃林公司被乙国福特公司全资收购,其办事机构随之迁往乙国。后因经营不善,乙国福特公司又被中国启迪公司全资收购,但考虑到业务需要,沃林公司的主要办事机构仍在乙国。关于沃林公司的国籍,下列哪一选项是正确的?(　　)

A. 因沃林公司在甲国登记注册,其国籍始终是甲国

B. 因沃林公司的主要办事机构在乙国,其国籍应为乙国

C. 因沃林公司已被中国启迪公司收购,故其国籍应为中国

D. 沃林公司的国籍应由收购协议约定

36. 中国甲公司与德国乙公司因合同纠纷诉至中国某人民法院,根据我国涉外民事诉讼相关规则和实践,下列哪一选项是正确的?(　　)

A. 如合同约定适用欧盟商事条款,该法律选择条款无效

B. 如合同约定适用英国法,人民法院应依英国对反致的态度,决定是否适用英国的国际私法规则

C. 人民法院审理本案,不受《民事诉讼法》关于审理时限的限制

D. 如合同规定适用英国法,人民法院应依英国国际私法规则,确定合同应适用哪一国实体法

37. 甲国一马戏团带着动物明星欢欢来中国演出,因管理人员看管不利,欢欢逃脱被中国公民王某捕获,王某将欢欢卖给甲国公民琳达。现甲国马戏团在中国某法院起诉,要求琳达归还欢欢。根据我国《法律适用法》的相关规定,我国法院应如何认定本案动产物权的法律适用?(　　)

A. 若当事双方协议选择乙国法,法院应适用乙国法

B. 应当适用双方共同国籍国的甲国法

C. 应当适用中国法或甲国法

D. 因为欢欢逃脱和买卖的行为都发生在中国,故应适用中国法

38. 定居在新加坡的日本明星山口惠来中国旅游时,发现长沙星灿影城未经其同意在其创办的微信公众号中擅自使用其肖像宣传,山口惠在中国某法院起诉星灿影城,要求星灿影城停止侵权并赔礼道歉。我国法院处理本案时应如何适用法律?(　　)

A. 双方当事人可协议选择中国法

B. 适用山口惠经常居所地的新加坡法

C. 因山口惠是日本人,应当适用日本法

D. 因微信是在中国发行的软件,应当适用中国法

39. 经常居所地在苏州的甲国公民亨利通过悦音短视频留下遗嘱。现亨利遗产继承纠纷诉至中国某人民法院,依照中国相关法律规定,下列哪一选项是正确的?(　　)

A. 该遗嘱方式须符合中国法和甲国法,遗嘱才能成立

B. 如需适用甲国法解决本案纠纷,而双方当事人对甲国法内容有异议,人民法院应认定甲国法无法查明

C. 如在亨利立遗嘱时,甲国已禁止本国人使用悦音公司的短视频产品,则该遗嘱无效

D. 该遗嘱的效力应适用中国法或甲国法

40. 关于坚持依法治国和以德治国相结合,下

列选项不正确的是？(　　)

A. 法律有效实施有赖于道德支持，道德践行也离不开法律约束

B. 法治和德治不可分离、不可偏废，国家治理需要法律和道德协同发力

C. 既重视发挥道德的规范作用，又重视发挥法律的教化作用

D. 以法治体现道德理念、强化法律对道德建设的促进作用，以道德滋养法治精神、强化道德对法治文化的支撑作用

41. 习近平总书记在党的十八届四中全会上指出，“建设中国特色社会主义法治体系，必须坚持立法先行，发挥立法的引领和推动作用，抓住提高立法质量这个关键”，明确要求要完善立法体制。下列选项不正确的是？(　　)

A. 加强党对立法工作的领导，完善党对立法工作中重大问题决策的程序。凡立法涉及重大体制和重大政策调整的，必须报党中央讨论决定

B. 党中央向全国人大提出宪法修改建议，依照《宪法》规定的程序进行宪法修改。法律制定和修改的重大问题由全国人大常委会向党中央报告

C. 依法建立健全专门委员会、工作委员会立法专家顾问制度

D. 对部门间争议较大的重要立法事项，由决策机关引入第三方评估，充分听取各方意见，协调决定，不能久拖不决

42. 关于优化司法职权的配置，下列选项不正确的是？(　　)

A. 改革法院案件受理制度，变“立案登记制”为“立案审查制”

B. 探索建立检察机关提起公益诉讼制度

C. 建立司法机关内部人员过问案件的记录制度和责任追究制度

D. 完善刑事诉讼中认罪认罚从宽制度

43. 董仲舒在《春秋·繁露》篇中对“春秋决狱”做了解说：“《春秋》之听狱也，必本其事而原其志。志邪者不待成，首恶者罪特重，本直者其论轻。”根据《后汉书·章帝传》记载，东汉章帝元和二年重申：“王者生杀，宜顺时气。其定律：无以十一月、十二月报囚。”关于汉代的春秋决狱与秋冬行刑，下列选项错误的是？(　　)

A. 春秋决狱是法律儒家化在司法领域的反映，即应当依据儒家经典《春秋》来审判案件

B. 春秋决狱强调审案时应重视行为人在案情中的主观动机，实行“论心定罪”原则

C. 汉代统治者根据“天人感应”理论，规定春、夏不得执行死刑

D. 唐律规定“立春后不决死刑”即源于汉代的秋冬行刑制度

44. 依照唐宋时期法律的规定，殴打或谋杀祖父母、父母的行为构成“十恶”犯罪的哪一项？(　　)

A. 谋大逆　　　　B. 恶逆

C. 不孝　　　　　D. 不睦

45. 根据南京国民政府1932年公布的《法院组织法》，下列选项属于普通法院实行的是？(　　)

A. 四级三审制　　B. 三级三审制

C. 四级二审制　　D. 三级二审制

46. 贾某和丈夫王某非法代孕生下小雨。不久，王某因病去世，小雨的祖父母诉至法院，要求成为孩子的监护人，理由是王某为孩子生父，而贾某和孩子无血缘关系。法庭审理认为，联合国《儿童权利公约》第3条确立了儿童最大利益原则，我国作为缔约国，应在司法中体现该原则。在确定子女监护权归属时，应从双方的监护能力、孩子对情感的需求、家庭结构完整性等方面最大化地保护子女利益，因此将监护权判归贾某。对此，下列说法正确的是？(　　)

A.《儿童权利公约》是国际惯例，属于我国法的正式渊源

B. 小雨是民事诉讼法律关系的主体之一

C.“我国作为缔约国，应在司法中体现该原则”是确定法律推理的小前提

D. 非法代孕子女监护权归属的法律问题，体现了法的本质最终反映为法的物质制约性

47. 与西方议会制度相比，下列选项属于我国人民代表大会制度特点的是？(　　)

A. 两院制

B. 代表的专职制

C. 人民代表大会的全权性

D. 代表任期的限任制

48. 下列法律中，不属于基本法律的是？(　　)

A.《人民法院组织法》

B.《人民检察院组织法》

C.《刑法》

D.《国家赔偿法》

49. 某县法院的法官毛某交际广泛，其同学张某经营一家洗浴中心，经常组织聚会，毛某每次均欣然赴约，一起吃喝玩乐。张某在经营、生活中遇到法律纠纷，毛某尽力为其提供法律咨询意见。张

某到县法院打官司，毛某主动提出回避，根据《法官职业道德基本准则》，毛法官的行为违反了下列哪一要求？（　　）

A. 约束业外活动

B. 保障司法廉洁

C. 保持中立地位

D. 忠诚司法事业

50. 关于法与人权的关系，下列选项不正确的是？（　　）

A. 人权必须被法律化，所有的人权在实际上都被法律化

B. 人权不是天赋的，最终由一定的物质生活条件所决定

C. 人权可以诊断现实社会生活中法律侵权的症结，从而提出相应的法律救济的标准和途径

D. 按照马克思主义法学的观点，人权在本源上具有历史性

二、多项选择题　每题所设选项中至少有两个正确答案，多选、少选、错选或不选均不得分。（本部分含51—90题，每题2分，共80分）

51. 下列哪些情况构成不作为犯罪？（　　）

A. 哥哥看到成年的弟弟杀死自己的父亲而不制止，构成故意杀人罪

B. 父亲看到自己13周岁的孩子盗窃而不制止，构成盗窃罪

C. 丈夫看到妻子伤害岳母而不制止，构成故意伤害罪

D. 甲女看到女儿乙遗弃乙自己哺乳的婴儿，不管不问，构成遗弃罪

52. 宋某杀害刘某，致刘某重伤昏迷，生命垂危。宋某心生怜悯，想要抱起刘某送去医院救治，不料脚下一滑，和刘某一起摔倒在地，刘某原本已经生命垂危，加上摔倒，很快死亡。下列说法正确的有？（　　）

A. 宋某构成故意杀人罪既遂，救助行为只能是量刑情节

B. 无论如何评价宋某的犯罪形态，宋某均须对刘某的死亡结果负责

C.《刑法》第24条第2款规定："对于中止犯，没有造成损害的，应当免除处罚；造成损害的，应当减轻处罚。"宋某构成故意杀人罪中止，属于"造成损害结果"，应当减轻处罚

D. 由于宋某没有正确预料刘某死亡的因果流程，故构成故意杀人罪未遂

53. 甲、乙共谋入户抢劫，由甲入户抢劫，由乙望风。甲入户后，乙看外面人流较多，心生胆怯，打电话劝甲放弃，但甲执意继续，乙便声明离去。甲对主人丙实施暴力时，见丙穿着破烂，很可怜，便放弃暴力，没有拿走财物而离去。下列说法正确的有？（　　）

A. 乙是否中途离开对他的犯罪形态没有影响

B. 乙构成抢劫罪中止

C. 乙成立抢劫罪未遂

D. 甲成立抢劫罪中止

54. 甲、乙共同去某工厂仓库盗窃，甲望风，乙进去盗窃。乙窃得财物，从仓库出来时，被保安丙看到，丙上前抓捕乙。乙逃跑，丙追赶。此时甲为了阻止丙，将丙打成轻伤。乙事后才知道甲殴打了丙。下列说法正确的有？（　　）

A. 甲构成转化型抢劫罪

B. 乙构成转化型抢劫罪

C. 乙仅构成盗窃罪

D. 甲构成盗窃罪和故意伤害罪，并罚

55. 关于危害公共安全犯罪，下列说法正确的有哪些？（　　）

A. 甲在其乘坐的城市公交车行驶中抢夺方向盘，导致车辆失控冲向人行道撞死多人

B. 乙醉酒逆行在高速公路上，行驶十多公里，路上车辆纷纷躲避，所幸没有造成人员伤亡

C. 丙偷城市道路井盖，致使车辆行驶经过时失控，撞向了其他车辆发生交通事故，死伤多人

D. 丁高空投掷燃烧的蜂窝煤，引发火灾，导致多人伤亡

56. 关于危害公共安全犯罪，下列说法正确的有哪些？（　　）

A. 甲故意在高速公路上泼洒工业机油，导致十几辆车发生交通事故，造成重大人员伤亡。甲构成破坏交通设施罪

B. 乘客和公交车司机发生争吵，乙殴打司机头部，导致其轻微受伤，司机被迫紧急靠边停车，没有看到骑自行车的张三，致其当场死亡

C. 丙为了报复邻居，在四下无人的时候从高空向邻居车上扔酒瓶子，砸中车辆。丙构成以危险方法危害公共安全罪

D. 丁为了自杀，打开自家煤气，给周围邻居造成重大安全隐患。丁构成以危险方法危害公共安全罪

57. 关于走私犯罪，下列说法正确的有？（　　）

A. 王某以传播为目的，在家中登录境外网站，

下载淫秽影片，发给几位朋友观看，构成走私淫秽物品罪

B. 陈某向境外网站购买枪支，邮寄到境内陈某家中，陈某构成走私武器罪

C. 张某不知道法律是否允许，将贴身佩戴的小金佛吊坠放在行李里带出国，构成走私贵重金属罪

D. 李某携带假币前往公海出售，没有卖掉，又带回境内，构成走私假币罪

58. 甲、乙约定结伴爬山，在大巴上，甲看到乙睡着，便将乙的手机偷出来，并将乙微信里的余额转到自己账户上，然后把乙的手机放进自己的背包，打算下车后扔掉。下车后，乙问甲看到自己的手机了吗？甲谎称是不是落在车上了。后来，甲没有扔掉乙的手机，而是谎称手机是自己的，卖给不知情的丙。下列说法正确的有？（　　）

A. 甲对手机构成盗窃罪

B. 甲对手机和微信余额构成不同种罪名

C. 甲对手机和微信余额构成相同罪名

D. 甲对丙构成诈骗罪

59. 关于贿赂犯罪的认定，下列哪些说法是正确的？（　　）

A. 甲向国家工作人员乙行贿，携带100万元现金到乙办公室，欲交给乙。乙对甲说："钱先放你那儿吧！"甲遂将钱带回，保存于自己的保险箱内，直至案发。甲构成行贿罪既遂，数额是100万元。乙构成受贿罪既遂，数额是100万元

B. 甲向国家工作人员乙行贿，给乙一张空白支票，让乙随意写数字支取，上限为999万元。甲为确保乙能够支取，在自己相应账户上存有数千万元资金。案发时，乙未填写及支取。甲构成行贿罪既遂，数额是999万元。乙构成受贿罪，数额是999万元

C. 乙欲经营彩票业务，知道自己不符合条件，便找到国家工作人员甲。甲违规审批，授权乙在当地经营彩票业务，并欺骗乙需要交10万元审批费，乙便向甲交了10万元。甲构成受贿罪既遂，数额为10万元

D. 甲向乙行贿，送乙一张银行卡，告知乙卡内有500万元。乙收下，未查看也未使用。至案发时，卡内本息共600万元。甲构成行贿罪既遂，数额为500万元。乙构成受贿罪既遂，数额为600万元

60. 关于渎职犯罪，下列说法正确的有？（　　）

A. 司法工作人员因过失致使故意杀人犯未被起诉，故意杀人犯不久又杀人的，该司法工作人员构成玩忽职守罪

B. 办案人员因受贿而为实施重罪的犯罪嫌疑人通风报信，致使犯罪嫌疑人改变供述，导致其仅受轻罪追诉，其构成帮助犯罪分子逃避处罚罪

C. 国家机关工作人员为境外机构提供国家秘密，构成为境外非法提供国家秘密罪和故意泄露国家秘密罪的想象竞合

D. 国家机关工作人员收受贿赂并实施渎职犯罪，同时构成受贿罪的，一律数罪并罚

61. 关于检察院办理刑事案件，下列哪些选项正确？（　　）

A. 检察官办案组办理案件应由检察长或副检察长担任主办检察官

B. 上级检察院发现下级检察院的不起诉决定错误的，可以撤销其决定

C. 检察委员会可以对部分办案事项作决定，并承担相应司法责任

D. 检察官可以授权检察官助理签发某些办案事项的法律文书

62. 检察院进行羁押必要性审查时，下列哪些选项可作为其建议变更强制措施的理由？（　　）

A. 被告人体质较弱且年满65周岁

B. 犯罪嫌疑人已自愿认罪认罚

C. 被告人与被害方已达成和解协议，待其被解除羁押后予以履行

D. 犯罪嫌疑人患有严重的传染病，生活不能自理

63.《民法典》是我国第一部以"典"命名的法律，将于2021年1月1日起施行。《民法典》的颁行将对我国社会发展起到重要作用。下列说法正确的是？（　　）

A.《民法典》的颁行有助于弘扬社会主义核心价值观

B.《民法典》的颁行，能够一劳永逸地解决我国民事法治建设中所有问题

C. 婚姻家庭单独成编，既体现新中国婚姻家庭发展的实际，又传承了中华传统法律文化的精华

D. 人格权独立成编，加强了网络人格权保护

64. 关于加强重点领域立法，以下说法正确的是？（　　）

A. 加强互联网领域立法，完善网络信息服务、网络安全保护、网络社会管理等方面的法律法规，依法规范网络行为

B. 加快保障和改善民生、推进社会治理体制

创新法律制度建设。依法加强和规范公共服务。加强社会组织立法，规范和引导各类社会组织健康发展

C. 强化生产者环境保护的法律责任，大幅度提高违法成本。建立健全自然资源产权法律制度，促进生态文明建设

D. 坚持统筹推进国内法治和涉外法治，要加快涉外法治工作战略布局，强化法治思维，坚决维护国家主权、尊严和核心利益

65. 2020 年 5 月 28 日，第十三届全国人大第三次会议通过《民法典》。关于《民法典》，以下说法错误的是？（　　）

A.《民法典》是新中国第一部以法典命名的法律，开创了我国法典编纂立法的先河

B.《民法典》系统整合了新中国七十多年来长期实践形成的民事法律规范，汲取了中华民族五千多年优秀法律文化，借鉴了人类法治文明建设有益成果

C.《民法典》规定了更完备、更切实的民事权利体系，完善权利保护和救济规则，已经涵盖了公民所有的民事权利

D.《民法典》规范各类民事主体的各种人身关系和财产关系，国家机关对民事主体财产的征收和征用不受《民法典》的制约

66. 2019 年末，我国暴发新冠肺炎疫情，党和政府高度重视对新冠肺炎疫情的防范。当前，我国疫情防控已经取得阶段性成效。下列说法正确的是？（　　）

A. 必须完善疫情防控相关立法，加强配套制度建设，构建科学有效的疫情防控法律体系

B. 人民利益高于一切，为了疫情防控的需要，有关部门采取必要的措施时，可以适当突破法律规定

C. 对人民群众关注的重大违法犯罪案件，有关部门应当及时回应社会关切，加强舆论引导

D. 越是疫情防控的关键时期，越要坚持在法治轨道上推进各项工作

67. 下列关于法律概念的说法，哪些选项是正确的？（　　）

A. 所有具有法律意义的概念均可称为法律概念

B. 所有法律条文均由法律概念组成，具有行为约束力

C.“严重”“明显”属于评价性概念，不属于描述性概念

D.“淫秽物品”属于论断性概念

68. 下列关于法律证成的说法，哪些选项是正确的？（　　）

A. 庭审中当事人及律师对于案件事实的争论，属于外部证成

B. 法的证成就是法律人获得法律决定或判断的事实过程

C. 法官对证据证明能力的认定过程，是纯粹的事实判断过程

D. 内部证成的过程既涉及事实判断，也涉及价值判断

69. 古罗马法学家西塞罗说，“因为法律统治执政官，所以执政官统治人民，并且我们真正可以说，执政官乃是会说话的法律，而法律乃是不会说话的执政官”。对于这一段话，下列哪些选项的表述是正确的？（　　）

A. 只要是执政官所说的话都是法律

B. 执政官对法律的解释具有法的效力

C. 执政官的统治实际上是法律的统治

D. 执政官是法律的产物，必须服从法律

70. 下列关于国歌的说法中，哪些选项是不正确的？（　　）

A. 在各级机关举行或者组织的重大庆典上应当奏唱国歌

B. 国歌可以作为公共场所的背景音乐

C. 公民可以在国庆节等重要的国家法定节日于广播电台点播国歌

D. 奏唱国歌可以使用简谱记载的国歌标准演奏曲谱

71. 我国《民法典》第 366 条规定，居住权人有权按照合同约定，对他人的住宅享有占有、使用的用益物权，以满足生活居住的需要。对此，下列哪些选项的说法是正确的？（　　）

A. 居住权属于我国公民的基本权利

B. 居住权作为人权的内容之一，其产生早于《民法典》的规定

C. 目前居住权已成为我国公民的法定权利

D. 对于类似居住权之类的公民的需求，国家都应该制定基本法律予以规定

72. 张某在甲地修建了一栋别墅，在不动产登记簿上登记地址为乙地，后经县政府查明，张某的别墅违法占道，限期张某自行拆除。到期张某并未拆除，于是县政府对张某别墅进行了强拆，张某不服，向市政府申请复议。市政府认为县政府的行为合法，作了维持决定，张某不服，提起诉讼。下列说

法正确的是？（　　）

A. 张某起诉，县政府所在地和市政府所在地的法院都有管辖权

B. 张某起诉，甲地法院有管辖权

C. 张某起诉，本案应由中级人民法院管辖

D. 张某起诉，乙地法院有管辖权

73. 甲国研发的气象卫星委托乙国代为发射，因天气该卫星在丙国境内实际发射。在发射过程中火箭碎片掉落，砸伤受邀来现场观看发射的某丁国国民。由于轨道偏离，该气象卫星与丁国通信卫星相撞，丁国卫星碎片跌落砸坏戊国建筑并造成戊国人员伤亡。甲、乙、丙、丁、戊都是《空间物体造成损害的国际责任公约》的缔约国，下列哪些判断是正确的？（　　）

A. 丁国不对戊国财产和人员伤亡承担责任

B. 火箭碎片对某丁国国民造成的损害不适用《空间物体造成损害的国际责任公约》

C. 甲、乙、丙、丁国应对戊国的财产和人员伤亡承担绝对责任

D. 甲、乙、丙国应对丁国卫星损害承担过错责任

74. 甲、乙、丙、丁都是某多边条约的缔约国，条约规定缔约国之间就该条约产生的纠纷应由国际法院管辖。甲国对此规定声明保留；乙国表示接受甲国的保留；丙国不仅反对甲国的保留，还反对条约在甲、丙之间生效；丁国仅反对甲国的保留，但不反对条约其他条款在甲、丁两国的适用。甲、乙、丙、丁都是《维也纳条约法公约》的缔约国，下列哪些判断是正确的？（　　）

A. 甲、乙之间因该条约产生的纠纷应由国际法院管辖

B. 丙国可反对甲国的保留，但不能反对条约在甲、丙之间生效

C. 在甲、丁之间条约有效，保留所涉的规定在两国之间被视为不存在

D. 乙、丁之间因该条约产生的纠纷应由国际法院管辖

75. 约翰同时拥有甲、乙两国国籍，定居在上海。约翰和中国公民王某在上海发生侵权纠纷，诉至中国某法院。根据我国相关法律规定，下列哪些选项是正确的？（　　）

A. 因我国不承认双重国籍，故约翰应放弃一个国籍才可在我国法院起诉

B. 因约翰定居中国上海，我国法院应认定约翰为中国籍

C. 我国法院应当适用最密切联系原则认定约翰的国籍

D. 若约翰和王某协议选择甲国法，法院应适用甲国法处理本案侵权纠纷

76. 党的十九大报告提出："中国特色社会主义进入新时代，我国社会主要矛盾已经转化为人民日益增长的美好生活需要和不平衡不充分的发展之间的矛盾。"关于社会主要矛盾变化对法治建设提出的新要求，下列选项正确的是？（　　）

A. 人民美好生活需要日益广泛，不仅对物质、文化、生活提出了更高要求，而且在民主、法治、公平、正义、安全、环境等方面的要求日益增长

B. 发展不平衡不充分问题已经成为满足人民日益增长的美好生活需要的主要制约因素

C. 依法维护国家安全，防范和化解风险，严厉打击严重侵害人民群众生命财产安全的违法犯罪行为，不断增强人民群众的幸福感、安全感

D. 社会矛盾和问题交织叠加，全面依法治国任务依然繁重，国家治理体系和治理能力有待加强

77. 法谚云："一切规则皆有例外，例外也明示原则。"对这一说法的解释，下列说法不正确的是？（　　）

A. 规则为原则之例外

B. 规则有漏洞，原则无歧义

C. 规则乃共通规则，原则系特别规则

D. 规则具化原则，原则证成规则

78. 根据我国《法官法》有关法官的任职回避的规定，下列选项正确的是？（　　）

A. 甲与乙系夫妻，二人不得同时在同一人民法院担任院长、副院长

B. 甲系乙的岳母，二人不得同时在同一人民法院担任院长、审判员

C. 甲与乙系同胞兄弟，二人不得同时在同一人民法院担任刑一庭庭长、民一庭审判员

D. 甲系某省高级人民法院院长，其妻乙不得同时在该省某县人民法院担任院长

79. 某故意杀人案件，证人张三目击了犯罪当时的情景。如果张三没有正当理由拒绝出庭，法庭对其以下的处理方式错误的是？（　　）

A. 训诫

B. 情节严重的，经审判长批准，处10日以下的拘留

C. 罚款

D. 张三在侦查阶段所作的证人证言笔录不得作为定案的根据

80. 根据我国宪法和法律的规定，关于全国人

大和全国人大代表,下列选项不正确的是?(　　)

A. 全国人大审议通过的法律,由全国人大主席团公布以后才产生法律效力

B. 全国人大代表在各种会议上的发言和表决,不受法律追究

C. 在全国人大闭会期间,全国人大代表非经全国人大常委会许可不受逮捕或者刑事审判

D. 全国人大每年举行会议的时候,全国人大常务委员会、国务院、中央军事委员会、最高人民法院、最高人民检察院向会议提出的工作报告,经各代表团审议后,会议可以作出相应的决议

81. 关于中国古代法典的表述,下列选项错误的是?(　　)

A.《法经》由魏文侯李悝制定,其中《盗法》《贼法》位于法典篇首,《具法》则位于篇尾,是中国历史上第一部成文法典

B.《魏律》依据《周礼·八辟》规定了八议,这是死刑复奏制度最早的规定

C.《宋刑统》颁行于建隆四年,其主体结构与唐律基本相同

D.《大清新刑律》是中国历史上第一部近代意义上的专门刑法典,抛弃了以往“诸法合体”的编纂形式,但其总则部分仍称为《名例律》

82. 关于公民的基本权利,下列选项错误的是?(　　)

A. 对于公民的申诉、控告或者检举,一切国家机关必须查清事实,负责处理,任何人不得压制和打击报复

B. 我国公民有休息的权利,国家依照法律规定实行企业事业组织的职工和国家机关工作人员的退休制度。退休人员的生活受到国家和社会的保障

C. 劳动既是权利又是义务,国家通过各种途径,创造劳动就业条件,加强劳动保护,改善劳动条件,并在发展生产的基础上,提高劳动报酬和福利待遇

D. 在我国,为了国家安全或追查刑事犯罪的需要,公安机关、检察院、法院可以依法检查公民通信

83. 关于坚持和完善中国特色社会主义法治体系的重大意义,下列选项正确的是?(　　)

A. 坚持和完善中国特色社会主义法治体系是坚持和发展中国特色社会主义的内在要求

B. 坚持和完善中国特色社会主义法治体系是推进国家治理体系和治理能力现代化的重大举措

C. 坚持和完善中国特色社会主义法治体系是全面推进依法治国的总抓手

D. 坚持和完善中国特色社会主义法治体系,提高党依法治国、依法执政能力

84. 根据《监察法》的规定,下列选项中列举的人员属于监察范围的是?(　　)

A. 某省委办公厅机关的公务员

B. 某市监察委员会的公务员

C. 国有企业财务人员

D. 公办的教育、科研、文化、医疗卫生、体育等单位的人员

85. 关于清代会审,下列选项错误的是?(　　)

A. 秋审是最重要的死刑复审制度。秋审对象是全国上报的斩、绞监候案件,每年秋八月由三法司会同审理

B. 朝审是对刑部判决的重案及京师附近斩、绞监候案件进行的复审,其审判组织、方式与秋审大体相同,于每年霜降后10日举行

C. 案件经过秋审或朝审后,分四种情况进行处理。其中的“留养承嗣”,指案情属实、罪名恰当,但受害人有亲老丁单情形,合乎申请留养条件者,按留养奏请皇帝裁决

D. 热审是对发生在京师的死刑案件进行重审的制度,于每年小满后10日至立秋前1日由大理寺官员会同各道御史及刑部承办司共同进行

86. 王某同时持有中国护照和甲国护照,在乙国参加商品博览会时被乙国警方扣留,警方理由是:丙国认为王某违反了丙国的进出口管制法,并向乙国提出司法协助请求以及引渡王某的请求。王某父母均为中国公民,一家三口一直居住在上海。根据我国《国籍法》以及一般国际法原理,下列说法正确的是?(　　)

A. 中国不承认双重国籍,因此王某已丧失中国国籍

B. 根据我国《国籍法》,王某若要退出中国国籍需经批准

C. 如果王某仅违反了丙国的进出口管制法,乙国无权扣留并引渡王某

D. 因王某同时持有甲国护照,中国海关应当拒绝入境

87. 甲国公民大卫到乙国办理商务,购买了联程客票搭乘甲国的国际航班,经北京首都国际机场转机到乙国。甲国与我国没有专门协定。根据我国有关出入境法律,下列选项正确的是?(　　)

A. 大卫必须提前办理中国过境签证

B. 如大卫在北京机场的停留时间不超过24小时且不出机场，可免办中国入境签证

C. 如大卫不出北京机场，无论其停留时间长短都可免办中国入境签证

D. 如大卫在北京转机临时离开机场，需经边防检查机关批准

88. 下列关于刑事诉讼中证明责任的表述，错误的是？（　　）

A. 在甲故意伤害案中，辩护人提交了甲不在案发现场的证据，其对该事项承担证明责任

B. 在乙侵占案中，乙提交了被侵占的财产是属于自己占有的证据，其对该事项承担证明责任

C. 在丙故意杀人案中，丙提出排除在看守所之外讯问所获得的供述，检察院对侦查讯问程序的合法性承担证明责任

D. 丁因盗窃戊的财物，被提起公诉，戊对被盗窃的财物归其所有承担证明责任

89. 经查，李某经营的一家食品厂由于部分设备缺陷，导致生产的部分产品未达到国家标准，遂被市场监督管理机构查封了所有机器设备，扣押了全部货品。卫生行政部门认为李某的食品厂违反了卫生管理规定，对其厂房进行了查封，据此，下列说法错误的是？（　　）

A. 市场监督管理机构的查封行为是违法的，扣押行为是合法的，但是不合理

B. 卫生行政部门的查封行为违反了不得重复查封的原则

C. 若为了防止李某转移财产，要对李某的存款进行冻结，必须有省级规章以上的法律法规作为依据

D. 无论何种情况，市场监督管理机构在实施查封前必须要经过负责人批准，这是程序正当的体现

90. 周某半夜驾车出游时发生交通事故致行人鲁某重伤残疾，检察院以交通肇事罪起诉周某。法院开庭，公诉人和辩护人就案件事实和证据进行质证，就法的适用展开辩论。法庭经过庭审查实，交通事故致鲁某重伤残疾并非由周某行为引起，宣判其无罪释放。依据法学原理，下列判断正确的是？（　　）

A. 法院审理案件目的在于获得正确的法律判决，该判决应当在形式上符合法律规定，具有可预测性，还应当在内容上符合法律的精神和价值，具有正当性

B. 在本案中，检察院使用了归纳推理的方法

C. 法院在庭审中认定交通事故致鲁某重伤残疾并非由周某行为引起，这主要解决的是事实问题

D. 法庭主持的调查和法庭辩论活动，从法律推理的角度讲，是在为演绎推理确定大小前提

三、不定项选择题　每题所设选项中至少有一个正确答案，多选、少选、错选或不选均不得分。（本部分含91—100题，每题2分，共20分）

91. 下列情形中，死亡结果与甲的行为不具有因果关系的有？（　　）

A. 甲对乙施加暴力，劫取乙的财物后离去。乙受惊吓过度，回家途中因精神恍惚坠入河中溺亡

B. 甲前往乙家讨债，甲敲门时，乙发现是甲，为了躲债，尝试从阳台爬入下一层的阳台，不慎失足坠亡

C. 甲、乙合谋，由乙将丙引诱至甲家地下室，由甲枪杀丙。乙驾车载丙前往甲家的途中，二人因琐事争吵起来，乙被丙的言语激怒，在车上将丙杀死

D. 黑社会性质组织成员乙听从组织领导甲的命令，负责对丙进行拘禁，却因疏忽致丙逃脱。乙恼羞成怒，来到丙的家中，将丙杀害

92. 关于起诉制度，下列说法正确的是？（　　）

A. 因甲如实供述且有重大立功，检察院可对其不起诉

B. 因甲符合《刑事诉讼法》第16条规定的情节，检察院应对其法定不起诉

C. 因甲犯罪情节轻微，检察院可对其酌定不起诉

D. 因甲积极退赃，检察院可对其附条件不起诉

93. 老王让小王（15周岁，老王之子）多次碰瓷诈骗财物，在一次碰瓷过程中造成小马重伤。检察院以诈骗罪和故意重伤罪对老王提起公诉，下列选项正确的是？（　　）

A. 本案小马既是被害人也是证人

B. 可强制小王到庭作证

C. 本案小马可提起附带民事诉讼要求老王赔偿医疗费、护理费

D. 由于老王让小王故意犯罪，法院可以对其撤销监护人资格

94. 司法公正对社会公正具有重要引领作用，必须完善司法管理体制和司法权力运行机制，加强对司法活动的监督，努力让人民群众在每一个司法案件中感受到公平正义。下列说法正确的是？（　　）

A. 健全行政机关依法出庭应诉、支持法院受理行政案件、尊重并执行法院生效裁判的制度

B. 改革法院案件受理制度,变立案审查制为立案登记制,实行谁立案谁审判谁执行

C. 充分发挥人民法院解决纠纷的功能,实行诉访合一制度

D. 为解决纠纷,建设和谐社会,加大调解力度,提倡守法者在自愿的前提下为违法行为做出一定让步

95. 甲公司与乙公司发生纠纷向工商局申请公开乙公司的工商登记信息。该局公开了乙公司的名称、注册号、住所、法定代表人等基本信息,但对经营范围、从业人数、注册资本等信息拒绝公开。甲公司向法院起诉,法院受理。关于此事,下列说法正确的是?(　　)

A. 甲公司应先向工商局的上一级申请复议,对复议决定不服再向法院起诉

B. 工商局应当对拒绝公开的依据以及履行法定告知和说明理由义务的情况举证

C. 本案审理适用简易程序

D. 因相关信息不属政府信息,拒绝公开合法

96. 关于具体行政行为的效力,下列说法错误的是?(　　)

A. 具体行政行为废止前给予当事人的利益,在该行为废止后应收回

B. 可撤销的具体行政行为在被撤销之前,当事人应受其约束

C. 为某人设定专属权益的行政行为,如此人死亡其效力应终止

D. 对无效具体行政行为,任何人都可以向法院起诉主张其无效

97. 上海的谭某和浙江的温某在上海结婚,婚后谭某定居美国旧金山,温某定居中国上海。温某向上海市某法院起诉离婚,谭某以美国旧金山法院已在3个月前受理其离婚诉讼,且自己已定居美国为由,主张中国法院无管辖权。根据我国《民事诉讼法》及其司法解释的相关规定,下列选项正确的是?(　　)

A. 不管美国法院是否有管辖权,中国法院都有管辖权,且不受美国法院判决的影响

B. 中国法院有管辖权,但应致函美国法院要求其将案件资料移送中国法院

C. 中国法院应中止审理,根据美国法院审判结果再行决定

D. 中国法院无管辖权,应裁定不予受理

98. 辽沈公司因不能清偿到期债务而申请破产清算。法院受理后,管理人开始受理债权人的债权申报。对此,下列债权人申报的债权不属于应当受偿的破产债权的有?(　　)

A. 债务人的保证人甲,以其对辽沈公司的将来求偿权进行的债权申报

B. 债权人乙,以其已超过诉讼时效的债权进行的债权申报

C. 债权人丙,要求辽沈公司作为承揽人继续履行承揽合同进行的债权申报

D. 某海关,以其对辽沈公司进行处罚尚未收取的罚款进行的债权申报

99. 甲于2019年2月死亡。乙因与甲生前素来不和,遂到处散布甲系赌博欠下巨额高利贷无法偿还而自杀身亡,在社会上造成了较恶劣的影响。甲之子欲向法院起诉,要求追究乙的侵权责任。下列选项不正确的是?(　　)

A. 甲已经死亡,不再具有民事主体资格,因而乙的行为不构成侵权

B. 乙的行为侵害了甲的名誉,依法应当承担侵权责任

C. 只有甲的配偶有权代表甲对乙提起诉讼

D. 只有甲的子女有权对乙提起诉讼

100. 下列关于中国特色社会主义法律体系特征的表述正确的是?(　　)

A. 体现中国特色社会主义的本质要求

B. 体现改革开放和社会主义现代化建设的时代要求

C. 体现结构内在统一而又多层次的科学要求

D. 体现继承中国法制文化优秀传统和借鉴人类法制文明成果的文化要求

2020年国家统一法律职业资格考试 客观题试卷一答案及解析

一、单项选择题

1.【参考答案】 D

【解析】 本题考查的是客观违法阻却事由。由于乙确有偷狗行为,因此甲的行为不属于假想防卫。犯罪人盗窃财物后,主人或第三人当场能够挽回财物的行为,可成立正当防卫。成立正当防卫,要求行为形式上具有"犯罪行为"的特征,初步具有违法性(法益侵害性),然后才需要用正当防卫排除违法性。

例如,小偷在盗窃,甲喊了一声,小偷逃跑。甲喊这一声,就不是刑法上的违法行为,因"喊一声"不具有违法性,本身就是合法行为,不需要用正当防卫来论证无罪。因此,这种行为不属于正当防卫。本题中,甲叫乙站住,这种行为虽然制止了乙的不法侵害(乙放下麻袋),但是其本身不具有违法性,故不构成正当防卫。

当乙放下麻袋,抛弃赃物,那么甲的追赶行为就不属于为了挽回财物,就不是正当防卫行为,而是扭送行为。扭送行为是合法行为,是一种法令行为。但是,扭送行为的目的和任务是控制犯罪人的人身自由,然后交给司法机关。超出这个目的和限度,便有可能构成不法侵害行为。

例如,将小偷控制住以后,对其实施殴打、侮辱等行为,属于不法侵害行为。当乙倒地后,甲便能够控制住乙。此后甲对乙实施暴力,便超出了扭送行为的限度,构成不法侵害行为,具体而言构成故意伤害罪致人死亡。注意:此时不属于正当防卫行为,因此必然没有防卫过当。

综上所述,本题答案为D。

2.【参考答案】 D

【解析】 A项,陈某反击刘某的行为属于正当防卫,但陈某扔刀不慎砸中王某,致王某重伤,该结果不能归属给刘某。第一,该事件比较异常。王某受伤与刘某抢劫是独立关系。第二,刘某的抢劫行为对王某没有危险。王某受伤应归属给陈某。但这只是客观阶层的分析。在主观阶层,陈某对王某的受伤若没有预见可能性,则按照意外事件处理。

B、C项,陈某扔刀砸中王某的行为,不属于防卫行为,既不属于正当防卫,也不需要判断是否防卫过当。

D项,刘某未取得财物而逃跑,此时陈某追赶,不存在夺回财物的问题,不是正当防卫行为,而是扭送行为。陈某实施扭送行为导致自己受伤,该结果不能归属于刘某。这是因为,刘某的逃跑行为本身对陈某没有制造危险。因此,刘某构成抢劫罪,但不构成抢劫罪致人重伤。

综上所述,本题答案为D。

3.【参考答案】 B

【解析】 关于间歇性精神病人的刑事责任,根据《刑法》第18条第2款的规定,间歇性的精神病人在精神正常时,属于有完全刑事责任能力,应当负刑事责任。法条在此没有规定"可以从宽处罚"。根据《刑法》第18条第1款的规定,间歇性的精神病人在丧失责任能力时,不负刑事责任。还有一层考点就是在正常的时候想犯抢劫罪,在丧失能力后抢劫成功了,成立抢劫罪既遂。如果在丧失能力后去杀人,那么承担抢劫罪(未遂)的刑事责任。故B正确。

4.【参考答案】 A

【解析】 A项,甲的杀害行为引起乙的正当防卫。乙的正当防卫行为引起大火,甲有灭火义务。这是因为,甲的杀害行为与乙的正当防卫行为具有引起与被引起的关系,因此乙引起大火的结果应归属于甲。甲故意不灭火,构成不作为的放火罪。因此,A项正确。

B、C、D项,甲的杀害行为和不作为共同导致乙死亡,属于二因一果。因此,甲的杀人行为构成故意杀人罪既遂,不作为构成放火罪致人死亡。但是,对这两个罪不能数罪并罚,否则意味着对一个死亡结果处罚了两次,违反了禁止重复评价原则。对此,可将死亡结果用给处罚更重的罪名,一般而言,故意杀人罪既遂更重。因此认定为故意杀人罪既遂。基于此,放火罪就只能定放火罪,不能定放火罪致人死亡。(作为)故意杀人罪既遂与(不作为)放火罪数罪并罚。

由于甲的行为与乙的死亡在客观上有因果关

系，甲构成故意杀人罪既遂，因此甲关于因果关系的认识错误（误以为乙被烧死，实际是吸入毒气死亡）并不重要。

作为与不作为不是对立排斥关系，而且，甲有两个行为，前行为是杀人，是作为；后行为是放火，是不作为，由于是两个独立行为，应数罪并罚，但是，应注意对死亡结果只能处罚一次。

5.【参考答案】 D

【解析】 本题符合法考的命题规律，考查了总则的结合犯及分则关于对绑架罪的理解。A项，考查结合犯，行为公式：绑架罪＋故意伤害罪致人重伤、死亡＝绑架罪（加重处罚）。第一，必须有故意伤害行为。第二，必须致人重伤、死亡，不包括轻伤。第三，对死亡必须是过失，否则就是杀害。第四，伤害时间：从绑架的着手到释放人质前。

B项，第一，"用毛巾塞住其嘴巴"不属于故意杀害行为。第二，"用毛巾塞住其嘴巴"也不属于故意伤害行为，不属于故意伤害致人死亡，而属于过失致人死亡，因此不适用"故意伤害被绑架人，致人死亡"。第三，"用毛巾塞住其嘴巴"仍然属于绑架罪的实行行为（实力控制人质）范围内的行为，因此属于一个行为同时构成绑架罪和过失致人死亡罪，想象竞合，择一重罪论处。一个行为同时触犯普通绑架罪与过失致人死亡罪，属于想象竞合犯，择一重罪论处。

C项，绑架罪＋故意杀人罪＝绑架罪（加重处罚），要求其中的杀害时间：从绑架的着手到释放人质前。如果将人质释放，被释放的人便不再是人质，不再是"被绑架的人"。此时的故意杀人罪要单独处理，与前面的绑架罪数罪并罚。

D项，在实施绑架期间杀害被绑架人，属于绑架罪＋故意杀人罪＝绑架罪（加重处罚）。

综上所述，本题答案为D。

6.【参考答案】 D

【解析】 本题是经典考题，重点考查对盗窃罪与诈骗罪的区分，即有无"对方基于认识错误而处分财物"。

处分财物，是指被害人处分财物的占有，也即将自己占有的财物处分给犯罪人占有。换言之，盗窃罪与诈骗罪的相同点在于，都是转移占有型犯罪。区别在于，谁实施了转移占有。如果是犯罪人实施转移占有，则构成盗窃罪。如果是被害人（基于认识错误）实施转移占有，则犯罪人构成诈骗罪。

甲、乙、丙等人共同犯罪，用旧的主板替换了新的主板，还当新机去退，就属于隐瞒真相欺骗商家，商家基于错误认识处分购机款在不考虑差价数额的情况下，成立诈骗罪。

注意对比：这种调包与在商家面前调包是不同的。

例如，甲在商家柜台购买手机，让商家给个手机看看，甲在看手机时，将手机调换，用假手机调换了新手机，将假手机退还给商家，拿着新手机离去。这种行为构成盗窃罪，因为甲在拿着新手机观看时，商家没有失去占有，甲只是占有的辅助者，甲没有占有手机。此时甲实施调包，属于转移占有，因此构成盗窃罪。

选项描述的"就……"，是指犯罪所得或犯罪对象，而不是指犯罪工具。主板仅仅就是为了实施诈骗，装有旧主板的手机整体是骗的成本，属于犯罪工具，不是犯罪对象或犯罪所得。

综上所述，本题答案为D。

7.【参考答案】 D

【解析】 A项，非法侵入计算机信息系统罪（《刑法》第285条第1款），是指违反国家规定，侵入国家事务、国防建设、尖端科学技术领域的计算机信息系统的行为。乙公司的软件不属于国家事务、国防建设等领域的计算机信息系统，因此王某不构成该罪。

B项，非法获取计算机信息系统数据罪（《刑法》第285条第2款），是指违反国家规定，侵入《刑法》第285条第1款规定以外的计算机信息系统或者采用其他技术手段，获取该计算机信息系统中存储、处理或者传输的数据，情节严重的行为。该罪的成立，要求先非法侵入，然后获取存储的数据。王某的注册行为不属于侵入行为，也不属于获取存储的数据的行为，因此不构成该罪。

C项，非法控制计算机信息系统罪（《刑法》第285条第2款），是指违反国家规定，侵入《刑法》第285条第1款规定以外的计算机信息系统或者采用其他技术手段，对该计算机信息系统实施非法控制，情节严重的行为。该罪的成立，要求先非法侵入，然后进行非法控制。王某的注册行为不属于侵入行为，也未进行非法控制，因此不构成该罪。

D项，根据《刑法》第286条的规定，破坏计算机信息系统罪包括三种行为类型。一是违反国家规定，对计算机信息系统功能进行删除、修改、增加、干扰，造成计算机信息系统不能正常运行，后果严重的行为。二是违反国家规定，对计算机信息系统中存储、处理或者传输的数据和应用程序进行删除、修改、增加的操作，后果严重的行为。三是故意制作、传播计算机病毒等破坏性程序,影响计算机系统正常运行,后果严重的行为。王某故意利用系统漏洞,恶意注册大量靓号的行为,属于上述第二种行为类型,因此构成该罪。

综上所述,本题答案为D。

8.【参考答案】 A

【解析】 本题考查的是选择性罪名,对多个行为对象产生认识错误,按照客观实际来定罪。这是因为选择性罪名是一个罪名、一个犯罪构成。

非法买卖枪支、弹药、爆炸物罪就是一个选择性罪名,在这三个对象之间产生认识错误,按照客观实际定罪即可。甲定非法买卖弹药罪既遂。

综上所述,本题答案为A。

9.【参考答案】 D

【解析】 A项,投标与拍卖是性质不同的事项。若将拍卖解释为投标,属于类推解释。本案是对土地的竞拍,是拍卖活动。对串通拍卖不能定串通投标罪。

B项,司法解释规定,如果强迫他人退出投标、拍卖活动,可定强迫交易罪。但是在本题中,张三和收购者之间不存在强迫,而是自愿买卖,因此双方均不构成强迫交易罪。

C项,没有司法解释将串通拍卖认定为非法经营罪,因此,对串通拍卖不能定非法经营罪。

D项,非国家工作人员受贿罪(《刑法》第163条第1款),是指公司、企业或者其他单位的工作人员利用职务上的便利,索取他人财物或者非法收受他人财物,为他人谋取利益的行为。"为他人谋取利益",既包括正当利益,也包括不正当利益。"为他人谋取利益"只要求许诺为他人谋取利益,不要求实际上为他人谋取了利益。这一点与受贿罪相同。本题中,张三的行为符合非国家工作人员受贿罪的构成要件。做这道题的时候可以用排除法。

原型出处:《刑事审判参考》"张某军、刘某伟对非国家工作人员行贿案"(第1136号)。其中裁判要旨指出:"从《刑法》规定来看,尚没有对挂牌竞买人相互串通,情节严重,追究刑事责任的规定,也无相关司法解释。因此,在国有建设用地使用权挂牌出让过程中,通过贿赂指使参与竞买的其他人放弃竞买、串通报价,最终使请托人竞买成功的,不属于串通投标罪的行为,只能按照对非国家工作人员行贿罪追究相关人员的刑事责任。"

综上所述,本题答案为D。

10.【参考答案】 C

【解析】 A项,第一,单位犯罪是否要求单位必须具有法人资格?结论:在一般情况下,不要求单位有法人资格,但是私营企业构成单位犯罪,要求有法人资格。第二,单位的分支机构(分公司)或内设机构能否成为单位犯罪的主体?结论:司法解释规定,符合两个条件便可以,(1)以自己名义犯罪;(2)违法所得归该机构所有。因此,A项说法错误。

B项,真正身份犯,是指行为人只有具备某种特殊身份,才能构成犯罪。这种特殊身份也称为定罪身份或构成身份。定罪身份必须在开始犯罪时就具有。如果是在犯罪过程中形成的身份,则不属于定罪身份。例如,组织、领导、参加黑社会性质组织罪的组织者,不属于定罪身份,不是真正身份犯。又如,犯罪集团、聚众犯罪中的首要分子,也不是定罪身份。这是因为,这些身份都是在犯罪过程中形成的。

C项,《刑法》第17条第2款规定:已满14周岁不满16周岁的人,犯故意杀人、故意伤害致人重伤或者死亡、强奸、抢劫、贩卖毒品、放火、爆炸、投放危险物质罪的,应当负刑事责任。在这八种罪中,包括杀人,但不包括绑架。

D项,单位犯罪是单位本身的犯罪,既不是成员个人的共同犯罪,也不是单位与成员个人的共同犯罪。

综上所述,本题答案为C。

11.【参考答案】 B

【解析】 A项,《刑诉解释》第10条规定,中国公民在中华人民共和国领域外的犯罪,由其登陆地、入境地、离境前居住地或者现居住地的人民法院管辖;被害人是中国公民的,也可以由被害人离境前居住地或者现居住地的人民法院管辖。因此,只有涉及中国公民在境外的犯罪,才可能由入境地法院管辖,本案属于中国公民在中国境内的犯罪,A项错误。

C项,我国《刑事诉讼法》遵循同级检察院向同级法院提起公诉的原则,因此,H县检察院不可以在L区法院提起公诉,C项错误。

B、D项,《刑事诉讼法》第25条规定,刑事案件由犯罪地的人民法院管辖。如果由被告人居住地的人民法院审判更为适宜的,可以由被告人居住地的人民法院管辖。《刑诉解释》第2条规定,犯罪地包括犯罪行为地和犯罪结果地。本案中,犯罪地为H县和L区,因此H县和L区法院均有管辖权。《刑诉解释》第19条规定,两个以上同级人民法院都有管辖权的案件,由最初受理的人民法院审判。

必要时,可以移送主要犯罪地的人民法院审判。管辖权发生争议的,应当在审理期限内协商解决;协商不成的,由争议的人民法院分别层报共同的上级人民法院指定管辖。因此,H县法院和L区法院应当先行协商,协商不成的,层报共同上级S市法院指定管辖。B项正确。因此,本案不应当由S市法院管辖,D项错误。

综上所述,本题答案为B。

12.【参考答案】 B

【解析】 A项,《公安部规定》第272条规定,对涉及给付毒品等违禁品或者财物的犯罪活动,为查明参与该项犯罪的人员和犯罪事实,根据侦查需要,经县级以上公安机关负责人决定,可以实施控制下交付。在本案中某市公安局负责人批准即可。因此,A项错误。

B项,《公安部规定》第264条规定,技术侦查措施的适用对象是犯罪嫌疑人、被告人以及与犯罪活动直接关联的人员。购买者与贩毒者都是与犯罪活动直接关联的人员,因此可以同时监听购买者和贩毒者,B项正确。

采取技术侦查措施获取的材料,只能用于对犯罪的侦查、起诉和审判,不得用于其他用途;与案件无关的材料,应当及时销毁。因此,C、D项错误。

13.【参考答案】 C

【解析】 全面依法治国的总目标是建设中国特色社会主义法治体系,建设社会主义法治国家。这就是,在中国共产党领导下:坚持中国特色社会主义制度,贯彻中国特色社会主义法治理论。形成完备的法律规范体系、高效的法治实施体系、严密的法治监督体系、有力的法治保障体系,形成完善的党内法规体系。坚持依法治国、依法执政、依法行政共同推进,坚持法治国家、法治政府、法治社会一体建设,实现科学立法、严格执法、公正司法、全民守法,促进国家治理体系和治理能力现代化。故A选项正确。

依法治国是党领导人民治理国家的基本方略,依法治国能不能做好,关键要看党能否做到依法执政,各级政府能否做到依法行政。故B选项正确。考生注意,依法治国是最大的概念,依法治国要求党依法执政,各级政府依法行政。

法治国家是法治建设的目标,法治政府是建设法治国家的主体,法治社会是建设法治国家的基础。故C选项错误。

党的十九届四中全会提出,"中国特色社会主义制度和国家治理体系是以马克思主义为指导、植根中国大地、具有深厚中华文化根基、深得人民拥护的制度和治理体系,是具有强大生命力和巨大优越性的制度和治理体系,是能够持续推动拥有近十四亿人口大国进步和发展、确保拥有五千多年文明史的中华民族实现'两个一百年'奋斗目标进而实现伟大复兴的制度和治理体系"。显然,国家治理体系和治理能力现代化是一个非常大的概念,全面依法治国是国家治理体系和治理能力现代化的重要内容。

法治在我国国家治理体系和治理能力现代化的进程中起固根本、稳预期、利长远的保障作用。全面依法治国的总目标要求"促进国家治理体系和治理能力现代化",要通过法治的方式实现国家治理体系和治理能力现代化。

因此,全面依法治国既是国家治理体系和治理能力现代化的重要内容,又是实现国家治理体系和治理能力现代化的重要保障。故D选项正确。

14.【参考答案】 B

【解析】 "十个坚持"包括:(1)坚持加强党对依法治国的领导;(2)坚持人民主体地位;(3)坚持中国特色社会主义法治道路;(4)坚持建设中国特色社会主义法治体系;(5)坚持依法治国、依法执政、依法行政共同推进,法治国家、法治政府、法治社会一体建设;(6)坚持依宪治国、依宪执政;(7)坚持全面推进科学立法、严格执法、公正司法、全民守法;(8)坚持处理好全面依法治国的辩证关系;(9)坚持建设德才兼备的高素质法治工作队伍;(10)坚持抓住领导干部这个"关键少数"。故A、C、D项不当选,B项当选。

15.【参考答案】 C

【解析】 全面依法治国的总目标是建设中国特色社会主义法治体系,建设社会主义法治国家。这就是,在中国共产党领导下:坚持中国特色社会主义制度,贯彻中国特色社会主义法治理论。形成完备的法律规范体系、高效的法治实施体系、严密的法治监督体系、有力的法治保障体系,形成完善的党内法规体系。坚持依法治国、依法执政、依法行政共同推进,坚持法治国家、法治政府、法治社会一体建设,实现科学立法、严格执法、公正司法、全民守法,促进国家治理体系和治理能力现代化。

其中,法治国家是法治建设的目标,法治政府是建设法治国家的主体,法治社会是建设法治国家的基础。故,A、B选项正确,C选项错误。

法治政府的建设对法治国家的建设具有示范作用。故D项正确。

16.【参考答案】 D

【解析】 A项,法律漏洞是法律内的、不符合立法目的的缺失,而非简单的法律的缺失。故A项错误。

B项,对于“词不尽意”的法律漏洞应采用目的论扩张的方法予以弥补中的“词不尽意”是指法律规定字面过窄,不能适当表达立法目的,故采用目的论扩张的方法。故B项错误。

C项,法律漏洞的有无涉及事实判断,是个价值判断问题,需要法官进行价值判断。故C项错误。

D项,目的论限缩的解释与缩小解释以及目的论扩张的解释与扩大解释的区别主要在于有无改变法律规范的适用范围,缩小解释、扩大解释都是在既定的适用范围之内对字词的意义予以解释,而目的论限缩的解释、目的论扩张的解释则可以基于法律规范的目的对法律规范的适用范围予以限缩或扩张。故D项正确。

17.【参考答案】 D

【解析】 A项,宪法具有最高的法律效力,一切下位法不得与宪法相抵触,这是正式的法的渊源的效力原则中的首要原则,也是《立法法》第98条明确规定的“宪法具有最高的法律效力,一切法律、行政法规、地方性法规、自治条例和单行条例、规章都不得同宪法相抵触”。故A项正确,不当选。

B项,《立法法》第100条第1款规定,地方性法规的效力高于本级和下级地方政府规章。故B项正确,不当选。

C项,《立法法》第103条规定,同一机关制定的法律、行政法规、地方性法规、自治条例和单行条例、规章,特别规定与一般规定不一致的,适用特别规定;新的规定与旧的规定不一致的,适用新的规定。故C项正确,不当选。

D项,根据《立法法》第106条规定,对于地方性法规、规章,同一机关制定的新的一般规定与旧的特别规定不一致时,由制定机关裁决。故D项错误,当选。

18.【参考答案】 B

【解析】 A项,成文宪法不一定都是刚性宪法,比如哥伦比亚、智利、秘鲁、新西兰等国虽然是成文宪法国家、有宪法典,但是,其宪法典是柔性宪法。故A项错误。

B项,不成文宪法一般都是柔性宪法,因为不成文宪法国家没有宪法典,只有宪法性法律等其他宪法渊源,所以宪法规范的制定、修改程序与普通法律相同。故B项正确。

C项,宪法判例是宪法没有明文规定,由司法机关在实践中形成的、具有宪法效力的判例。故C项错误。

D项,公民的基本权利和义务规定在现行《宪法》第二章,而非序言部分。故D项错误。

19.【参考答案】 C

【解析】 A项,香港特别行政区无权自行制定有关国家安全的基本法律,由题干可知,《香港特别行政区维护国家安全法》是全国人大授权全国人大常委会制定的,同时,基本法律是指全国人大制定的法律,香港特别行政区无权制定基本法律。故A项错误。

B项,香港特别行政区的国家安全事务原则上由香港特别行政区有关机关负责,如果有特殊需要,则由中央人民政府在香港特别行政区设立的机构负责。故B项错误。

C项,香港特别行政区维护国家主权、统一和领土完整有其宪法依据,根据题干中全国人大的这一决定,香港特别行政区的宪制责任的依据是《宪法》第31条和第62条第2、14、16项的规定,以及《香港特别行政区基本法》的有关规定。故C项正确。

D项,维护香港特别行政区的国家安全是包括香港特别行政区同胞在内的全中国人民的共同义务。故D项错误。

20.【参考答案】 C

【解析】 A、B项,《宪法》第62条第5项规定,全国人民代表大会根据中华人民共和国主席的提名,决定国务院总理的人选;根据国务院总理的提名,决定国务院副总理、国务委员、各部部长、各委员会主任、审计长、秘书长的人选。故A、B项错误。

C、D项,《宪法》第62条第6项规定,全国人民代表大会选举产生中央军委主席;根据中央军委主席提名,决定中央军委其他组成人员的人选。故C项正确,D项错误。

21.【参考答案】 A

【解析】 A项错误。《中共中央关于全面推进依法治国若干重大问题的决定》中提出,建立行政机关内部重大决策合法性审查机制,未经合法性审查或经审查不合法的,不得提交讨论。

B项正确。《中共中央关于全面推进依法治国若干重大问题的决定》提出,严格实行行政执法人员持证上岗和资格管理制度,未经执法资格考试合格，不得授予执法资格，不得从事执法工作。

C、D项正确。《国务院办公厅关于深入推进跨部门综合监管的指导意见》提出，改革行政执法管理体制，推进综合执法，大幅减少市县两级政府执法种类，有条件的领域可以推行跨部门综合执法。C项是综合执法的体现，正确。D项是政府全面推进政务公开的体现，正确。

22.【参考答案】 B

【解析】 《国务院行政机构设置和编制管理条例》第6条第4款规定：国务院直属机构主管国务院的某项专门业务，具有独立的行政管理职能。故A项正确。

国家医疗保障局为国务院直属机构，直接接受国务院的领导和管理，不需要接受组成部门的管理。故B项错误。

《立法法》第91条第1款规定：国务院各部、委员会、中国人民银行、审计署和具有行政管理职能的直属机构，可以根据法律和国务院的行政法规、决定、命令，在本部门的权限范围内，制定规章。因此，国家医疗保障局有规章制定权。故C项正确。

《国务院行政机构设置和编制管理条例》第14条第1款规定：国务院行政机构的司级内设机构的增设、撤销或者合并，经国务院机构编制管理机关审核方案，报国务院批准。因此，国家医疗保障局要成立法规司，由国务院批准。故D项正确。

23.【参考答案】 B

【解析】 《公务员法》第26条规定，下列人员不得录用为公务员：(1)因犯罪受过刑事处罚的；(2)被开除中国共产党党籍的；(3)被开除公职的；(4)被依法列为失信联合惩戒对象的；(5)有法律规定不得录用为公务员的其他情形的。A、C、D项表述的内容属于不得录用为公务员的情形，不当选。

24.【参考答案】 C

【解析】 《公务员法》第70条第1款规定：在国有企业、高等院校和科研院所以及其他不参照该法管理的事业单位中从事公务的人员，可以调入机关担任领导职务或者四级调研员以上及其他相当层次的职级。因此，A项正确。

《公务员法》第69条规定：国家实行公务员交流制度。公务员可以在公务员和参照该法管理的工作人员队伍内部交流，也可以与在国有企业和不参照该法管理的事业单位中从事公务的人员交流。交流的方式包括调任、转任。因此，B项正确。

《公务员法》第71条第2款规定：对省部级正职以下的领导成员应当有计划、有重点地实行跨地区、跨部门转任。是“应当”不是“可以”。故C项错误。

《公务员法》第73条第1款规定：公务员应当服从机关的交流决定。因此，D项正确。

25.【参考答案】 B

【解析】 《行政法规制定程序条例》第13条第2款规定：起草行政法规，起草部门应当将行政法规草案及其说明等向社会公布，征求意见，但是经国务院决定不公布的除外。向社会公布征求意见的期限一般不少于30日。因此，A项正确。

《行政法规制定程序条例》第4条规定：制定政治方面法律的配套行政法规，应当按照有关规定及时报告党中央。制定经济、文化、社会、生态文明等方面重大体制和重大政策调整的重要行政法规，应当将行政法规草案或者行政法规草案涉及的重大问题按照有关规定及时报告党中央。广告代言行为的管理法规不属于政治方面法律的配套行政法规，也不涉及经济等方面的重大体制和重大政策调整，无须报告党中央。故B项错误。

《行政法规制定程序条例》第26条规定：行政法规草案由国务院常务会议审议，或者由国务院审批。国务院常务会议审议行政法规草案时，由国务院法制机构或者起草部门作说明。因此，C项正确。

《行政法规制定程序条例》第30条规定：行政法规在公布后的30日内由国务院办公厅报全国人民代表大会常务委员会备案。因此，D项正确。

26.【参考答案】 A

【解析】 2001年7月工商局的处罚决定针对的违法行为是万达公司“办理变更登记时提供虚假验资报告”，该行为不存在连续或继续状态，追究时效应从1997年5月起算，所以超过了2年的处罚追究时效。故A项正确。

2002年4月工商局的撤销决定，不具有惩罚性，不属于行政处罚，既然撤销决定不属于行政处罚，自然不违反“一事不再罚原则”。故B项错误。

2001年7月工商局的处罚决定是超过追究时效的，所以2004年6月工商局的处罚更是超过追究时效的，此外，“2002年4月工商局的撤销决定”不是行政处罚。故C项错误。

万达公司的违法行为是“办理变更登记时提供虚假验资报告”，该行为是一旦作出即完成，不存在“处于持续状态”的可能性。故D项错误。

27.【参考答案】 B

【解析】 最高人民法院《关于审理行政协议

案件若干问题的规定》第2条规定:公民、法人或者其他组织就下列行政协议提起行政诉讼的,人民法院应当依法受理:(1)政府特许经营协议;(2)土地、房屋等征收征用补偿协议;(3)矿业权等国有自然资源使用权出让协议;(4)政府投资的保障性住房的租赁、买卖等协议;(5)符合该规定第1条规定的政府与社会资本合作协议;(6)其他行政协议。该规定第3条规定,因行政机关订立的下列协议提起诉讼的,不属于人民法院行政诉讼的受案范围:(1)行政机关之间因公务协助等事由而订立的协议;(2)行政机关与其工作人员订立的劳动人事协议。B项内容不属于行政协议之诉的受案范围,故选B。

28.【参考答案】 C

【解析】 《行诉解释》第24条第1款规定:当事人对村民委员会或者居民委员会依据法律、法规、规章的授权履行行政管理职责的行为不服提起诉讼的,以村民委员会或者居民委员会为被告。该条第3款规定:当事人对高等学校等事业单位以及律师协会、注册会计师协会等行业协会依据法律、法规、规章的授权实施的行政行为不服提起诉讼的,以该事业单位、行业协会为被告。因此A、B项正确。

《行诉解释》第25条第1款规定:市、县级人民政府确定的房屋征收部门在组织实施房屋征收与补偿工作过程中作出行政行为,被征收人不服提起诉讼的,以房屋征收部门为被告。此时不是以人民政府为被告。故C项错误。

《行诉解释》第23条规定:行政机关被撤销或者职权变更,没有继续行使其职权的行政机关的,以其所属的人民政府为被告;实行垂直领导的,以垂直领导的上一级行政机关为被告。因此D项正确。

29.【参考答案】 B

【解析】 A项错误。现代国际法认为外交庇护没有合法依据,且《维也纳外交关系公约》明确规定:使馆馆舍不得用于与使馆职务不相符合的用途。

B项正确。领馆邮袋如有重大理由可在派遣国授权代表在场的情况下开拆,若派遣国拒绝开拆,邮袋应退回原发送地。

C项错误。接受国有权不具体解释外交人员为不受欢迎的人。

D项错误。在领馆遭遇火灾等紧急情况时,可推定领馆馆长已经同意而采取保护行动,但这绝对不包括在领馆馆长已经明确反对的情况下,也能采取这种紧急措施。

30.【参考答案】 D

【解析】 A项错误。现行国际法有效的是国家主权绝对豁免,乙国的主张并不符合国际法,而根据主权绝对豁免,一国国内法院无权管辖涉及其他主权国家的争端。

B项错误。国家的"诉"行为构成对主权豁免的默示放弃,出庭应诉构成"诉"行为之一,出庭抗议管辖权并非出庭应诉。

C项错误,D项正确。放弃管辖豁免不等于同时放弃了执行豁免。

31.【参考答案】 D

【解析】 A、B项错误。毗连区不是我国领水,故其上空也非我国领空,该区域适用自由航行制度,即外国船舶享有自由航行的权利(潜水艇通过领海须浮出水并展示船旗),外国飞机(包括军用飞机)享有自由飞越的权利。

C项错误。大陆架是海洋底土的一部分,因大陆架的宽度可以宽于专属经济区,故大陆架上的覆水域可能部分是专属经济区、部分是公海。对于专属经济区的自然资源,沿海国有专属勘探、开发以及与此相关的管辖权,但此权利不能延伸至公海。

D项正确。我国对专属经济区的自然资源享有专属的勘探、开发以及与此相关的管辖权,《专属经济区和大陆架法》第9条明确规定:任何国际组织、外国的组织或者个人在中华人民共和国的专属经济区和大陆架进行海洋科学研究,必须经中华人民共和国主管机关批准,并遵守中华人民共和国的法律、法规。

32.【参考答案】 C

【解析】 A项错误。依据《国籍法》第8条的规定,被批准加入中国国籍的,不得再保留外国国籍。

B项错误。在我国,国籍加入和退出的审批权都在公安部。

C项正确。《国籍法》第4条规定:父母双方或一方为中国公民,本人出生在中国,具有中国国籍。

D项错误。埃尔即使加入中国国籍,也享有退出中国国籍的权利。

33.【参考答案】 B

【解析】 A项错误。外交人员的特权与豁免只能由派遣国明示放弃,外交人员本身没有作出这种放弃的权利。

B项正确。特别外交信使享有外交信使的人身不受侵犯权,但当其将负责携带的外交邮袋送交收件人后即不再享有此等豁免。

C 项错误。领事官员执行职务应限于领馆辖区范围内,在领馆辖区范围外执行职务须经接受国同意。

D 项错误。外交代表不应在接受国内为私人利益从事任何专业或商业活动。

34.【参考答案】 C

【解析】 根据《维也纳外交关系公约》的规定,非经使馆馆长同意接受国人员不得进入使馆馆舍(包括使馆公务、私务区域以及大使私人官邸),选项 AB 错误,C 正确。

根据《维也纳领事关系公约》的规定,在遇紧急情况时,如火灾、恶性传染病和其他灾害须迅速采取措施的场合,可推定领馆馆长已经同意而采取保护行动,选项 D 错误。

35.【参考答案】 A

【解析】 A 项正确,BCD 项错误。在我国,法人国籍以其登记设立地来确定。沃林公司的主要办事机构(住所)所在地有变化,但登记注册地始终是在甲国,沃林公司的国籍为甲国。

36.【参考答案】 C

【解析】 A 项错误。合同之债在法律适用上首先尊重意思自治。BD 项错误。《法律适用法》第 9 条规定:涉外民事关系适用的外国法律,不包括该国的法律适用法。我国司法实践不适用反致制度。C 项正确。人民法院审理涉外民事案件的期间,不受《民事诉讼法》一审审理期限、二审审理期限规定的限制。

37.【参考答案】 A

【解析】 A 项正确,BCD 项错误。《法律适用法》第 37 条规定:当事人可以协议选择动产物权适用的法律。当事人没有选择的,适用法律事实发生时动产所在地法律。这里所说的"法律事实"是指"被追夺方"获得该物的事实,本案法律事实发生时动产所在地为中国,因为琳达是在中国从王某处购买的欢欢。本案法律适用的结论是:当事双方有约定从约定,无约定的适用中国法。

38.【参考答案】 B

【解析】 ACD 项错误,B 项正确。《法律适用法》第 46 条规定:通过网络或者采用其他方式侵害姓名权、肖像权、名誉权、隐私权等人格权的,适用被侵权人经常居所地法律。本案即适用新加坡法。

39.【参考答案】 D

【解析】 A 项错误。《法律适用法》第 32 条规定:遗嘱方式,符合遗嘱人立遗嘱时或者死亡时经常居所地法律、国籍国法律或者遗嘱行为地法律的,遗嘱均为成立。可见遗嘱方式符合"多法"之一即成立。

B 项错误。若当事人对查明的外国法有异议,法院应承担审查认定、确认无误方能适用的义务,而非有异议即认定无法查明。

C 项错误,D 项正确。遗嘱效力,适用遗嘱人立遗嘱时或者死亡时经常居所地法律或者国籍国法律。亨利立遗嘱时或死亡时经常居所地为中国,国籍为甲国,故其遗嘱效力应适用中国法或甲国法。

40.【参考答案】 C

【解析】 国家和社会治理需要法律和道德共同发挥作用,必须坚持"一手抓法治、一手抓德治",大力弘扬社会主义核心价值观,弘扬中华传统美德,培育社会公德、职业道德、家庭美德、个人品德,既重视发挥法律的规范作用,又重视发挥道德的教化作用。以法治体现道德理念、强化法律对道德建设的促进作用,以道德滋养法治精神、强化道德对法治文化的支撑作用,实现法律和道德相辅相成、法治和德治相得益彰。因此,C 项错误,当选。

41.【参考答案】 B

【解析】 根据党的十八届四中全会通过的中共中央《关于全面推进依法治国若干重大问题的决定》的规定,完善立法体制就要加强党对立法工作的领导,完善党对立法工作中重大问题决策的程序。凡立法涉及重大体制和重大政策调整的,必须报党中央讨论决定。党中央向全国人大提出宪法修改建议,依照《宪法》规定的程序进行宪法修改。法律制定和修改的重大问题由全国人大常委会党组向党中央报告,故 A 项正确,B 项错误。

根据中共中央《关于全面推进依法治国若干重大问题的决定》的规定,健全有立法权的人大主导立法工作的体制机制,发挥人大及其常委会在立法工作中的主导作用。建立由全国人大相关专门委员会、全国人大常委会法制工作委员会组织有关部门参与起草综合性、全局性、基础性等重要法律草案制度。增加有法治实践经验的专职常委比例。依法建立健全专门委员会、工作委员会立法专家顾问制度,故 C 项正确。

根据中共中央《关于全面推进依法治国若干重大问题的决定》的规定,明确立法权力边界,从体制机制和工作程序上有效防止部门利益和地方保护主义法律化,对部门间争议较大的重要立法事项,由决策机关引入第三方评估,充分听取各方意见,协调决定,不能久拖不决。加强法律解释工作,及时明确法律规定含义和适用法律依据,明确地方立法权限和范围,依法赋予设区的市地方立法权,故D项正确。

42.【参考答案】 A

【解析】 根据中共中央《关于全面推进依法治国若干重大问题的决定》的规定,改革法院案件受理制度,变"立案审查制"为"立案登记制",对人民法院依法应该受理的案件,做到有案必立、有诉必理,保障当事人诉权。加大对虚假诉讼、恶意诉讼、无理缠诉行为的惩治力度。完善刑事诉讼中认罪认罚从宽制度。故A项错误,D项正确。

上述决定规定,完善审级制度。一审重在解决事实认定和法律适用,二审重在解决事实法律争议、实现二审终审,再审重在解决依法纠错、维护裁判权威。完善对涉及公民人身、财产权益的行政强制措施实行司法监督制度。检察机关在履行职责中发现行政机关违法行使职权或者不行使职权的行为,应该督促其纠正。探索建立检察机关提起公益诉讼制度。故B项正确。

上述决定规定,明确司法机关内部各层级权限,健全内部监督制约机制。司法机关内部人员不得违反规定干预其他人员正在办理的案件,建立司法机关内部人员过问案件的记录制度和责任追究制度。完善主审法官、合议庭、主任检察官、主办侦查员办案责任制,落实谁办案谁负责。故C项正确。

43.【参考答案】 A

【解析】 汉代的春秋决狱是依据《春秋》等儒家经典著作中提倡的精神原则审判案件,而不仅仅依据《春秋》审案,故A项表述错误。

春秋决狱的要旨是必须根据案情事实,追究行为人的动机;动机邪恶者即使犯罪未遂也不免刑责,首恶者从重惩治;主观上无恶念者从轻处理。这里强调审断时应重视行为人在案情中的主观动机。在着重考察动机的同时,还要依据事实,分清首犯、从犯和已遂、未遂。因此,B项表述正确。

汉代对死刑的执行,实行"秋冬行刑"制度。汉代统治者根据"天人感应"理论,规定春、夏不得执行死刑。因此,C项表述正确。

秋冬行刑制度对后世有深远影响,唐律规定"立春后不决死刑"、明清律中的"秋审"制度,皆溯源于此,故D项表述正确。

44.【参考答案】 B

【解析】 十恶中各项罪名的规定:谋反,图谋反对皇帝,危害君主政权;谋大逆,图谋破坏宗庙、陵寝、宫阙;谋叛,图谋背叛朝廷,投奔外国;恶逆,殴打或谋杀祖父母、父母、伯叔父母等尊长的犯罪;不道,杀死一家非死罪者三人以上和肢解人;大不敬,即盗窃、伪造御宝等行为;不孝,即告发或咒骂祖父母、父母,祖父母、父母在世而别籍异财者;不睦,即谋杀或卖缌麻以上亲,殴打或者告发丈夫以及大功以上尊长;不义,是指闻夫丧而不举哀等行为;内乱,即奸小功以上亲、父祖妾,以及亲属内通奸。

45.【参考答案】 B

【解析】 根据南京国民政府1932年公布的《法院组织法》,普通法院分为地方法院、高等法院、最高法院三级,实行三级三审制,第三审为"法律审"。关于近代法院案件的审级,在清末的《大理院审判编制法》中第一次作出明确的规定,当时为四级三审制,其后北洋政府在《暂行法院编制法》中沿用了四级三审制的审判制度,南京国民政府改为三级三审制。因此,B选项正确。

46.【参考答案】 D

【解析】 国际惯例是指国际法院等各种国际裁决机构的判例,所体现或确认的国际法规则和国际交往中形成的共同遵守的不成文的习惯。而国际条约是指国际法主体同外国缔结的双边、多边协议和其他具有条约、协定性质的文件。《儿童权利公约》属于国际条约,而非国际惯例,故A项错误。

该诉讼是由小雨的祖父母提起,被告是贾某,所以该民事诉讼法律关系的主体是小雨的祖父母和贾某,故B项错误。

该案法官在寻找法律规范时,既考虑了我国《婚姻法》的规定,又兼顾"儿童最大利益原则","我国作为缔约国,应在司法中体现该原则"是确定法律推理的大前提,故C项错误。

代孕在我国是明确禁止的。案例中的争议是非法代孕子女的监护权归属,这就从立法和司法上对传统的民事法律领域提出新的问题,体现了科技进步对法的影响,从实质上表现出法的本质最终反映为法的物质制约性,因此D项正确。

47.【参考答案】 C

【解析】 我国人民代表大会制度具有以下特点:(1)人民代表大会制度的目的是规范国家权力和保障公民权利;(2)人民代表大会在国家机关中处于最高地位,其他国家机关由它产生,对它负责,受它监督;(3)人民代表大会实行一院制;(4)人大代表是兼职代表;(5)在人民代表大会中设立常务委员会作为常设机关。故 AB 项错误，C 项正确。全国人大代表每届任期 5 年，但没有连任限制，D 项错误。

48.【参考答案】 D

【解析】 我国的基本法律，即全国人大制定和修改的关于刑事、民事、国家机构和其他方面的规范性文件。基本法以外的法律，即由全国人大常委会制定和修改的规范性文件。本题中，《人民法院组织法》《人民检察院组织法》和《刑法》都是由全国人民代表大会制定的法律，属于我国的基本法律。而《国家赔偿法》是由全国人民代表大会常务委员会制定的，所以不是我国的基本法律。

49.【参考答案】 A

【解析】 约束业外活动要求，法官应避免使公众对法官的公正司法和清正廉洁产生合理怀疑，避免影响正常履行法官职责，避免对法院的公信力产生不良影响，法官毛某经常和同学张某一起吃喝玩乐，可能使当地民众对其清正廉洁产生合理怀疑，故 A 项当选。

保障司法廉洁要求法官秉持良善动机，增强自律意识，恰当处理关系，杜绝权力寻租。主要强调法官不得利用其掌握的审判职权为本人或亲友谋取不当利益，通过题干表述，毛某并未直接通过其审判职权为个人谋取不当利益，故 B 项不当选。

保持中立地位要求法官遵守回避制度，在审理案件时保持中立公正的立场，平等对待双方当事人，张某到甲县法院打官司，毛法官主动申请回避，完全符合保持中立地位的要求，故 C 选项不当选。

忠诚司法事业主要强调法官应具备高度的政治觉悟，遵守政治纪律，热爱司法事业，维护国家利益，从材料不能看出毛某违反该要求，故 D 项不当选。

50.【参考答案】 A

【解析】 人权既可以作为道德权利而存在，也可以作为法律权利而存在，从根本上讲，人权是一种道德权利，但为了保障人权的实现，其必须被法律化，成为法律上的权利，即人权首先是一种道德权利，其次才是一种法律权利，选项 A 错误。

按照马克思主义法学的观点，人权不是天赋的，也不是理性的产物，而是历史产生的，最终是由一定的物质生活条件所决定的。它的具体内容和范围总是随着历史发展、社会进步而不断丰富和扩展，选项 D 正确。

“天赋人权”的观念是西方资本主义为了反抗封建地主阶级提出的观念，选项 B 正确。

人权可以作为判断法律善恶的标准，人权对法的作用之一体现在人权指出了立法和执法所应坚持的最低的人道主义标准和要求，选项 C 正确。

二、多项选择题

51.【参考答案】 ABD

【解析】 本题涉及的作为义务有两种。一是危险源中的“自己监管的他人的危险行为”。二是特定关系中的“法律规定的保护义务”。

A 项，成年弟弟不是哥哥监管、监护的对象。因此，哥哥对成年弟弟的危险行为、犯罪行为，没有阻止义务。但是，弟弟杀害的是父亲。法律规定哥哥有救助父亲的义务。就此而言，哥哥的不制止，构成不作为的犯罪。

B 项，未成年孩子是家长监护的对象。家长对自己小孩的危险行为、犯罪行为负有阻止义务，不阻止的，构成不作为的犯罪。

C 项，夫妻都是成年人，不是对方的监管、监护的对象。因此，丈夫对妻子的危险行为、犯罪行为，没有阻止义务。女婿/儿媳对岳父岳母/公公婆婆没有法定的赡养义务，所以，即便是不制止，也不构成不作为犯罪。但是，有的老师认为，妻子杀害母亲，母亲是丈夫的岳母，女婿对所赡养的老人负有救助义务，丈夫对岳母有赡养义务、救助义务。就此而言，丈夫的不制止，构成不作为的犯罪。重点在于掌握不作为的义务来源，本题选项不用太过于纠结。

D 项，成年子女不是家长监护的对象。家长对成年子女的危险行为、犯罪行为没有阻止义务。但是，法律规定在一定条件下，祖母对幼小孙子、孙女负有扶养义务、救助义务。因此，祖母不阻止，构成不作为的犯罪，具体而言是遗弃罪。

综上所述，本题答案为 ABD。

52.【参考答案】 AB

【解析】 本题考查的是因果关系。宋某杀人未遂后，又多了一个救人摔倒的行为。这属于“A + B = C”，即多因一果。前后两个行为共同作用导致刘某死亡。宋某成立故意杀人罪既遂，虽然宋某实施了救助行为，但是该行为没有实际的有效性，因此不能成立犯罪中止。该救助行为只能作为普通的量刑情节考虑。故 AB 正确。

C 项，《刑法》第 24 条第 2 款规定：“对于中止犯，没有造成损害的，应当免除处罚；造成损害的，应当减轻处罚。”其中的“损害”是指由前面的犯罪行为导致的结果，而不是指由中止行为导致的结果。由于宋某不构成犯罪中止，故不存在适用该款规定的问题。

D项，客观上，宋某的杀害行为与刘某的最终死亡有因果关系，因此构成故意杀人罪既遂。此时，主观上，宋某对具体的因果流程有无认识错误，并不重要。

53.【参考答案】 BD

【解析】 ABC项，乙作为帮助犯，要成立犯罪中止，需要脱离共犯关系，需要消除自己的帮助作用。望风的帮助作用有两个：一是拦住回家的主人，这是物理性帮助作用；二是给里面的人以安定心理，这是心理性帮助作用。如果望风者悄悄离开，虽然消除了物理性帮助作用，但未消除心理性帮助作用，不能成立犯罪中止。本题中，乙声明离去，将两种帮助作用均消除了，因此成立犯罪中止，甲此后的行为便与乙无关。故A项说法错误。D项，甲主动放弃抢劫，构成犯罪中止。还应注意，如果是乙一直在外面望风，不知道甲主动放弃，则乙构成帮助犯犯罪未遂。

54.【参考答案】 AC

【解析】 甲乙共同盗窃，甲为了抗拒丙抓捕共犯乙，对丙实施暴力，构成转化型抢劫罪。由于对甲认定为转化型抢劫罪，对甲不再定盗窃罪与故意伤害罪的数罪并罚。

由于乙当时对甲的暴力行为并不知情，不转化为抢劫。乙仅构成盗窃罪实行犯既遂。假如题中交代，事先甲乙商量好，如果主人追捕，则由甲暴力阻止，那么乙也转化为抢劫。

55.【参考答案】 AB

【解析】 危害公共安全犯罪是一个类罪名，“公共”是指公众（多数人或不特定人）。危害公众安全，是指危险的危及范围无法预料，具有危及多数人的可能性。

A项，《刑法》第133条之二规定，对行驶中的公共交通工具的驾驶人员使用暴力或者抢控驾驶操纵装置，干扰公共交通工具正常行驶，危及公共安全的，成立妨害安全驾驶罪。甲抢夺方向盘导致车辆失控撞死多人的行为同时符合危害公共安全罪的犯罪构成，甲的行为属于想象竞合，择一重罪处罚，故选A。

B项，在高速公路上高速逆向行驶的，成立危险驾驶罪。乙醉酒在高速公路上行驶十多公里，不以造成人员伤亡为标准，构成以危险方法危害公共安全罪。故选B。

C项，偷盗、破坏正在使用中的社会机动车通行道路上的窨井盖，足以使汽车、电车发生倾覆、毁坏危险，尚未造成严重后果的，以破坏交通设施罪定罪处罚。故不选C。

D项，从建筑物或者其他高空抛掷物品，情节严重的，成立高空抛物罪。有前款行为，同时构成其他犯罪的，依照处罚较重的规定定罪处罚。丁从高空抛掷蜂窝煤的行为成立高空抛物罪，该行为引发火灾，导致多人伤亡，同时成立放火罪，不再定以危险方法危害公共安全罪。故不选D。

56.【参考答案】 AD

【解析】 A项，破坏交通设施罪中的“破坏”既包括物理性毁损，也包括妨害交通设施的道路通行功能。甲的行为虽然没有导致路面毁损，但是妨害了公路的通行功能，并且严重危害了道路公共安全，构成破坏交通设施罪。故选A。

B项，乙的行为严重程度尚未达到放火罪、爆炸罪、以危险方法危害公共安全罪的程度，因为《刑法修正案（十一）》规定了妨害安全驾驶罪，乙的行为应该定妨害安全驾驶罪。故不选B。

C项，《刑法修正案（十一）》增设了高空抛物罪，成立该罪要求情节严重，由于四下无人，对人没有危险性，因此不属于情节严重，所以丙不成立高空抛物罪，但可能涉嫌故意毁坏财物罪。故不选C。

D项，丁的行为对公共安全制造了具体危险，因此构成以危险方法危害公共安全罪，该罪的成立条件是制造具体危险，达到现实紧迫的危险性，既遂条件是造成实害结果。故选D。

57.【参考答案】 BD

【解析】 A项，走私淫秽物品罪，是指违反海关法规，逃避海关监管，以牟利或者传播为目的，非法运输、携带、邮寄淫秽物品进出境的行为。王某在家中登录境外网站，下载淫秽影片，此时境外网站的注册地虽然在境外，但是下载行为发生在国内，既不属于将淫秽物品从国外携带至国内，也不属于进出境的行为，因此不属于走私行为，并且，王某只给少数几位朋友观看，也不属于传播淫秽物品罪。后者要求传播给不特定人或多数人。

B项，陈某从境外购买枪支，邮寄到国内，构成走私武器罪。

C项，走私贵重金属罪是故意犯罪，要求明知该金属属于国家禁止出境的贵重金属。由于张某对此并不明知，不构成走私贵重金属罪。

D项，走私假币罪，是指违反海关法规，逃避海关监管，非法运输、携带假币进出境的行为。李某携带假币从境内进入公海，表明已经出境，构成走私假币罪。李某将假币从公海带进境内，再次构成走私假币罪。不过由于这两次行为具有连续性，可以以一罪处理。

58.【参考答案】 ACD

【解析】 A项，甲将手机偷出来时，对手机便构成盗窃罪。这是因为甲此时对手机有非法占有目的。非法占有目的包括排除意思和利用意思。首先，甲有利用手机的意思；其次，甲对手机有排除意思，也即不想归还的意思，具体而言是想扔掉。注意：如果甲在一开始偷手机时就没有利用意思，只有毁坏意思，则构成故意毁坏财物罪。但是，甲一开始有利用意思，也即利用手机将微信余额划给自己。当甲对手机构成盗窃罪后，此后的如何处置行为不影响前面盗窃罪的成立。

BC项，甲对微信余额构成盗窃罪。首先，占有手机不等于占有微信余额的资金，因此对微信余额资金不构成侵占罪。其次，微信支付的信息资料不属于信用卡信息资料，不需要按照最高人民法院、最高人民检察院《关于办理妨害信用卡管理刑事案件具体应用法律若干问题的解释》的规定处理。上述司法解释规定：以非法方式获取信用卡信息资料，并通过互联网、通讯终端等使用的，定信用卡诈骗罪。但微信支付的信息不属于信用卡信息资料，对本案应按照正常原理处理，也即甲盗划了乙的微信余额资金，构成盗窃罪。

D项，甲欺骗丙，构成诈骗罪，因为丙用正常价买到赃物，存在财产损失。

59.【参考答案】 ABC

【解析】 A项，受贿罪的既遂标准：国家工作人员接受了他人财物，建立了自己的占有。受贿罪的既遂，只要求在事实上建立占有，不要求在民法上取得财物的所有权。乙对甲说："钱先放你那儿吧！"这句话的意思是"我接受了你的钱财，然后你替我保存起来，这样更安全"。因此，乙构成受贿罪既遂，甲也构成行贿罪既遂，数额都是100万元。

B项，乙接受了支票，即使没有支取现金，也构成受贿罪既遂。关于既遂数额，如果支票有具体数额，就以具体数额来定；如果没有具体数额，但是乙可以支取999万元，那么就以999万元来定。

C项，受贿罪的本质是权钱交易，也即将他人的钱财与自己的职务行为形成不正当的对价关系。受贿罪中的索贿，既可以是勒索，也可以是编个"名目"索要钱财。只要请托方知道这笔钱是用来买对方的权(职务行为)即可。因此，甲构成受贿罪，而不构成诈骗罪。甲的受贿金额是10万元。假如，乙符合审批条件，甲欺骗乙说："按照程序，你需要给审批机关缴纳10万元审批费。"乙信以为真，以为是给审批机关缴纳费用，将10万元给甲，让甲代缴，甲据为己有。甲构成诈骗罪，不构成受贿罪。乙不构成行贿罪，而是诈骗罪的被害人。

D项，乙收下银行卡，即使未使用，也构成受贿罪既遂，既遂数额是卡里的资金数额，也即500万元。至于多了100万元利息，这属于犯罪所得的收益，不属于犯罪所得本身。受贿罪的既遂数额是指犯罪所得的数额。

60.【参考答案】 ABC

【解析】 A项，玩忽职守罪，是指国家机关工作人员玩忽职守，致使公共财产、国家和人民利益遭受重大损失的行为。该罪是过失犯罪。该罪是许多过失型渎职犯罪的兜底罪名。司法工作人员因过失致使故意杀人犯未被起诉，不构成徇私枉法罪，因为该罪是故意犯罪。但是，这种过失行为导致故意杀人犯未被起诉，该故意杀人犯在社会上又杀人，致使人民利益遭受重大损失，符合玩忽职守罪的构成要件，构成玩忽职守罪。

B项，帮助犯罪分子逃避处罚罪(《刑法》第417条)，是指有查禁犯罪活动职责的国家机关工作人员，向犯罪分子通风报信、提供便利，帮助犯罪分子逃避处罚的行为。该罪实际上是徇私枉法罪之外的补充罪名，行为类型包括两种：(1)司法工作人员利用职务便利，帮助犯罪分子逃避处罚，但又不构成徇私枉法罪的情形。(2)其他国家机关工作人员利用职务便利，帮助犯罪分子逃避刑事处罚。本题中，办案人员也即司法工作人员为犯罪嫌疑人通风报信，这种行为不构成徇私枉法罪，因为徇私枉法罪要求司法工作人员滥用自己的职权，直接为犯罪人谋利，或故意损害犯罪人利益，如法官将无罪直接判为有罪，检察官应当起诉却不起诉。而通风报信不属于徇私枉法罪中的直接渎职行为。因此，题中办案人员构成帮助犯罪分子逃避处罚罪。

C项，为境外窃取、刺探、收买、非法提供国家秘密、情报罪(《刑法》第111条)与故意泄露国家秘密罪(《刑法》第398条)的比较。前者是危害国家安全犯罪；后者是渎职犯罪一章中的罪名，但是，国家机关工作人员和非国家机关工作人员均可以构成该罪。

两罪的区别是：二者在接受方的范围上要求不同。为境外窃取、刺探、收买、非法提供国家秘密、情报罪要求为境外机构、人员。故意泄露国家秘密罪只要求故意泄露就行，至于泄露给谁，不作要求，既可以是境外机构、人员，也可以是境内机构、人员。当故意泄露国家秘密给境外机构、人员时，同时触犯为境外非法提供国家秘密罪，想象竞合，择一重罪论处。C项说法正确。

D项，国家机关工作人员既受贿，又渎职，原则上数罪并罚，但是有个例外，也即《刑法》第399条第4款规定：司法工作人员收受贿赂，有前3款行为的（徇私枉法罪，民事、行政枉法裁判罪，执行判决、裁定失职罪，执行判决、裁定滥用职权罪），同时又构成受贿罪的，择一重罪论处。因此，D项说法错误。

61.【参考答案】 BC

【解析】 A项，检察院办理刑事案件，可以由一名检察官独任办理，也可以由两名以上检察官组成办案组办理。组成办案组的，检察长应当指定一名检察官担任主办检察官。所以不是由检察长或副检察长担任。A项说法错误。

B项，《高检规则》第389条规定，上级人民检察院对下级人民检察院的不起诉决定，发现确有错误的，应当予以撤销或者指令下级人民检察院纠正。因此，B项正确。

C项，《高检规则》第4条规定，检察委员会等在各自职权范围内对办案事项作出决定，并依照规定承担相应的司法责任。因此，C项正确。

D项，检察院发布的文书，必须由检察官签发，不得由检察官助理签发，D错误。

62.【参考答案】 BD

【解析】 《高检规则》第580条规定，人民检察院发现犯罪嫌疑人、被告人具有下列情形之一，且具有悔罪表现，不予羁押不致发生社会危险性的，可以向办案机关提出释放或者变更强制措施的建议：(1)预备犯或者中止犯；(2)共同犯罪中的从犯或者胁从犯；(3)过失犯罪的；(4)防卫过当或者避险过当的；(5)主观恶性较小的初犯；(6)系未成年人或者已满75周岁的人；(7)与被害方依法自愿达成和解协议，且已经履行或者提供担保的；(8)认罪认罚的；(9)患有严重疾病、生活不能自理的；(10)怀孕或者正在哺乳自己婴儿的妇女；(11)系生活不能自理的人的唯一扶养人；(12)可能被判处一年以下有期徒刑或者宣告缓刑的；(13)其他不需要继续羁押的情形。

A项不属于上述情形，不当选。

B项属于上述第8项情形，当选。

C项被告人虽然与被害方已达成和解协议，但其还没有履行或者提供担保，不属于上述情形，不当选。

D项属于上述第9项情形，当选。

综上所述，本题答案为BD。

63.【参考答案】 ACD

【解析】 2020年5月28日，《民法典》通过，《民法典》总则编第1条规定："为了保护民事主体的合法权益，调整民事关系，维护社会和经济秩序，适应中国特色社会主义发展要求，弘扬社会主义核心价值观，根据宪法，制定本法。"故A选项正确。

根据马克思主义法学的基本观点，法律是有局限性的，不可能一劳永逸地解决所有社会问题。实际上，社会决定法律，法律只能反映社会。《民法典》的颁行是建立在当前的社会基础之上的，社会条件不是一成不变的，《民法典》也必须随着我国社会条件的变化而变化。故B选项错误。

我国《民法典》共分为：总则、物权、合同、人格权、婚姻家庭、继承、侵权责任七编。故婚姻家庭单独成编正确。婚姻家庭编，从中国实际出发，强调婚姻自由、一夫一妻、男女平等、保护妇女，其中条款既体现新中国婚姻家庭发展的实际，又传承了中华传统法律文化的精华。故C选项正确。

我国是人民主权国家，人格权单独成编充分体现我国"坚持人民主体地位"，以人民为中心的基本原则。同时，考虑到网络的发展，近年来网络侵犯人格权的现象频发，我国《民法典》人格权编将人格权的保护延伸到网络领域，充分体现了我国对人的尊严的重视。故D选项正确。

64.【参考答案】 ABCD

【解析】 全面依法治国，必然需要更多的法律。网络不是法外之地，必须加强互联网立法，依法规范网络行为。故A选项正确。

中共中央《关于全面推进依法治国若干重大问题的决定》提出，加快保障和改善民生、推进社会治理体制创新法律制度建设。依法加强和规范公共服务，完善教育、就业、收入分配、社会保障、医疗卫生、食品安全、扶贫、慈善、社会救助和妇女儿童、老年人、残疾人合法权益保护等方面的法律法规。加强社会组织立法，规范和引导各类社会组织健康发展。2018年《宪法修正案》将生态文明与社会文明写进宪法序言。故B选项正确。

中共中央《关于全面推进依法治国若干重大问题的决定》提出，加强政治、经济、文化、生态、社会、人权、国家安全方面的立法。2018年《宪法修正案》将生态文明与社会文明写进宪法序言。故C选项正确。

2020年11月的中央全面依法治国工作会议中提出，要坚持统筹推进国内法治和涉外法治。要加快涉外法治工作战略布局，协调推进国内治理和国际治理，更好维护国家主权、安全、发展利益。要强化法治思维，运用法治方式，有效应对挑战、防范风险，综合利用立法、执法、司法等手段开展斗争，坚决维护国家主权、尊严和核心利益。要推动全球治理变革，推动构建人类命运共同体。故D选项正确。

65.【参考答案】 CD

【解析】 《立法法》第65条第1款规定："法律根据内容需要，可以分编、章、节、条、款、项、目。"在《民法典》出台之前，我国各项立法在编排体系上，主要是"章、节、条、款、项"，在《民法典》出台后则出现了"编"，共分为七编，是我国第一部以法典命名的法律。故A选项正确。

我国《民法典》的编纂，坚持以人民为中心，以保护民事权利为出发点和落脚点；坚持立足国情和实际；坚持依法治国与以德治国相结合，将社会主义核心价值观融入民事法律规范，大力弘扬传统美德和社会公德，坚持科学立法、民主立法、依法立法，系统整合了新中国七十多年来长期实践形成的民事法律规范，汲取了中华民族五千多年优秀法律文化，借鉴了人类法治文明建设有益成果。故B选项正确。

《民法典》规定了更完备、更切实的民事权利体系，完善权利保护和救济规则，形成了较为有效的权利保护机制。但是，这并不意味着《民法典》已经涵盖了公民所有的民事权利。社会决定法律，法律只能反映社会。法律是有局限性的，随着社会的发展、社会物质生活条件的变化，必然会出现新的、《民法典》没有规定过的民事权利。故C选项错误。

《民法典》是全国人大制定的基本法律，各级政府应当以保证《民法典》有效实施为重要抓手推进法治政府建设，把《民法典》作为行政决策、行政管理、行政监督的重要标尺。因此，国家机关在征收和征用的过程中，必须将《民法典》作为重要标尺，不得侵犯《民法典》规定的公民各项民事权利。故D选项错误。

66.【参考答案】 ACD

【解析】 我国是社会主义国家，人民利益高于一切。但是，不能突破法律规定。"适当突破法律规定"的实质就是违法。故B选项错误。

67.【参考答案】 AC

【解析】 A项，所有具有法律意义的概念均可称为法律概念，无论是日常的法律意义还是专门的法律意义，都属于法律概念。故A项正确。

B项，所有法律规范均由法律概念组成，具有行为约束力，而不是所有法律条文。故B项错误。

C项，"严重""明显"属于评价性概念，即包含价值判断、没有真假之分的法律概念。"严重""明显"只有程度上的区别，比如"严重""更严重""明显""非常明显"，没有真"严重"与假"严重"、真"明显"与假"明显"的区分。故C项正确。

D项，"淫秽物品"属于评价性概念而非论断性概念，"淫秽物品"也是一个价值判断，同时这个概念不依赖对其他事实的确认而存在。故D项错误。

68.【参考答案】 AD

【解析】 A项，"对于案件事实的争论"就是"对小前提的争论"，也就是"对前提的论证"，即外部证成。故A项正确。

B项，法的发现是法律人获得法律决定或判断的事实过程，而法的证成是为法律决定或判断提供充足理由的推理或论证过程。故B项错误。

C项，对证据证明能力的认定过程，既涉及事实判断，也涉及价值判断。故C项错误。

D项，内部证成的过程既涉及案件事实的认定，也涉及法律规范的适用。故D项正确。

69.【参考答案】 BCD

【解析】 A项，只有执政官依照法律所说的话，才能算是法律，"只要……都是"的说法显然曲解西塞罗原意。故A项错误。

B项，"执政官乃是会说话的法律"，由此可见执政官有权依照法律作出解释、裁判。在历史上，特定人、组织、机构都曾是法定解释的主体，现代法治社会通常以特定国家机关而非人或组织为法定解释主体。故B项正确。

C项，"法律统治执政官"，而"执政官统治人民"，故执政官的统治实际上是法律的统治。故C项正确。

D项，"法律统治执政官"，故执政官是法律的产物，必须服从法律。故D项正确。

70.【参考答案】 BCD

【解析】 A项，应当奏唱国歌的场合包括各级机关举行或者组织的重大庆典。因此，A项正确，不当选。

B项，国歌不得用于或者变相用于商标、商业广告，不得在私人丧事活动等不适宜的场合使用，不得作为公共场所的背景音乐等。因此，B项错误，当选。

C项，公民不得以国歌为电台点播歌曲，故C项错误，当选。

D 项,《国歌法》第 10 条规定,在规定的场合奏唱国歌,应当使用国歌标准演奏曲谱或者国歌官方录音版本。故 D 项说法不准确,当选。

71.【参考答案】 BC

【解析】 A 项,基本权利是指由《宪法》加以规定的权利,而居住权只是《民法典》规定的普通权利。因此,A 项错误。

B 项,居住权属于人权的内容之一,其产生早于现行《民法典》的规定,B 项正确。

C 项,居住权是我国现行《民法典》明文规定的法定权利,这一点由题干即可得知,故 C 正确。

D 项,并非所有公民的需求都必须以基本法律加以规定,如果有必要用法律规范保障某种需求,其具体形式可以是宪法、法律(基本法律和非基本法律)、行政法规、地方性法规、行政规章等多种形式,故 D 项错误。

72.【参考答案】 CD

【解析】 《行政诉讼法》第 20 条规定:因不动产提起的行政诉讼,由不动产所在地人民法院管辖。《行诉解释》第 9 条规定:《行政诉讼法》第 20 条规定的“因不动产提起的行政诉讼”是指因行政行为导致不动产物权变动而提起的诉讼。不动产已登记的,以不动产登记簿记载的所在地为不动产所在地;不动产未登记的,以不动产实际所在地为不动产所在地。在本案中,有两个因素会影响地域管辖,一是该案是不动产案件,二是该案为经过复议的案件。在这二者同时存在时,一般要先考虑不动产案件的地域管辖规则,所以必须以不动产所在地法院为地域管辖法院。同时,根据相关司法解释的规定,不动产已经登记的,以不动产登记簿上所载的地址为不动产所在地,因而本案从地域管辖上来考虑应该是乙地法院有管辖权,甲地虽然是不动产实际所在地,但是甲地法院不具有管辖权。从级别管辖来看,因为本案是经过复议的案件,且是复议维持,所以县政府和市政府做共同被告,在复议维持中,基本的原则是以原行为机关确定级别管辖,因而是中级人民法院管辖。因此 A、B 项错误,C、D 项正确。

73.【参考答案】 BCD

【解析】 A 项错误,C 项正确。外空责任主体为发射国,包括促使发射行为的国家、实际完成发射行为的国家和从其领土或装置完成发射行为的国家,本案甲、乙、丙三国都是气象卫星的发射国。外空行为致地面人员和财产损害,发射国应承担绝对责任,戊国地面人员伤亡和财产损害是因甲、乙、丙三国发射的气象卫星和丁国通信卫星碰撞所致,故甲、乙、丙、丁四国应对戊国承担绝对责任。

B 项正确。《空间物体造成损害的国际责任公约》不调整缔约国和受邀参加发射活动的外国人之间的法律关系。

D 项正确。外空行为致其他外空物体损害,发射国应承担过错责任。

74.【参考答案】 CD

【解析】 A 项错误。乙国对甲国的保留表示接受,故甲、乙之间适用保留的内容,即国际法院没有当然管辖甲、乙之间因该条约产生纠纷的权利。

B 项错误。根据国际法相关规定的规定,国家可以对条约保留提出是否接受的意见,也可以对其他方面提出反对意见。丙国作为主权国家有两个意思表示,一个是反对甲国的保留,另一个是反对条约在甲、丙之间生效。这两个意思涉及不同的规则,可能产生不同的法律后果。

C 项正确。在保留国与反对保留国之间,若反对保留国并不反对条约在两国之间生效,则保留所涉及的规定,在两国之间被视为不存在。

D 项正确。乙、丁均未作出保留,二者之间适用原条约相关规定。

75.【参考答案】 CD

【解析】 A 项错误。《法律适用法》第 19 条规定:依照该法适用国籍国法律,自然人具有两个以上国籍的,适用有经常居所的国籍国法律;在所有国籍国均无经常居所的,适用与其有最密切联系的国籍国法律。可见,在自然人存在国籍冲突的情况下,其国籍状态可由法院确定而非要求当事人选择。

B 项错误。虽然约翰定居中国上海,但他并无中国国籍。

C 项正确。约翰在所有国籍国均无经常居所,法院应适用最密切联系原则认定其国籍。

D 项正确。涉外侵权法律适用的顺序是自治→共居→行为地。

76.【参考答案】 ABCD

【解析】 党的十九大报告提出:“中国特色社会主义进入新时代,我国社会主要矛盾已经转化为人民日益增长的美好生活需要和不平衡不充分的发展之间的矛盾。”我国当前的社会主要矛盾,一方面表现为人民美好生活需要日益广泛,不仅对物质、文化、生活提出了更高要求,而且在民主、法治、公平、正义、安全、环境等方面的要求日益增长;另一方面表现为我国社会生产力水平总体上显著提高，社会生产能力在很多方面进入世界前列，更加突出的问题是发展不平衡不充分，这已经成为满足人民日益增长的美好生活需要的主要制约因素。因此，A、B、C 项正确。必须认识到新时代我国社会主要矛盾的变化是关系全局的历史性变化，对党和国家提出了许多新要求。正如党的十九大报告所指出的，社会矛盾和问题交织叠加，全面依法治国任务依然繁重，国家治理体系和治理能力有待加强，因此 D 项正确。

77.【参考答案】 ABC

【解析】 法律规则和法律原则都是法律规范，但二者性质不同，法律规则内容明确具体，法律原则的内容宽泛抽象，从关系上来看，原则乃规则之母，法律规则属于法律原则内容具体化的结果。因此，AC 选项均错误。B 选项明显错误，宽泛抽象的原则在含义上较规则更加模糊。D 选项正确，规则是原则内容的细化，原则为规则提供基础和本源，构成规则的正当化基础。

78.【参考答案】 AB

【解析】 《法官法》第 23 条规定："法官之间有夫妻关系、直系血亲关系、三代以内旁系血亲以及近姻亲关系的，不得同时担任下列职务：（一）同一人民法院的院长、副院长、审判委员会委员、庭长、副庭长；（二）同一人民法院的院长、副院长和审判员；（三）同一审判庭的庭长、副庭长、审判员；（四）上下相邻两级人民法院的院长、副院长。"因此 A、B 项正确 C、D 项错误。

79.【参考答案】 BCD

【解析】 《刑事诉讼法》第 193 条第 2 款规定："证人没有正当理由拒绝出庭或者出庭后拒绝作证的，予以训诫，情节严重的，经院长批准，处以十日以下拘留……"因此，A 项正确，B 项错误。C 项于法无据，错误。《刑诉解释》第 91 条第 3 款规定："经人民法院通知，证人没有正当理由拒绝出庭或者出庭后拒绝作证，法庭对其证言的真实性无法确认的，该证人证言不得作为定案的根据。"因此，D 项错误。

80.【参考答案】 ABD

【解析】 《宪法》第 80 条规定的国家主席的职权中有"公布法律"。《立法法》第 28 条规定："全国人民代表大会通过的法律由国家主席签署主席令予以公布。"由此可知，全国人大审议通过的法律，并非由全国人大主席团公布，故 A 项错误。

《宪法》第 75 条规定："全国人民代表大会代表在全国人民代表大会各种会议上的发言和表决，不受法律追究。"因此，B 项错误。

《宪法》第 74 条规定："全国人民代表大会代表，非经全国人民代表大会会议主席团许可，在全国人民代表大会闭会期间非经全国人民代表大会常务委员会许可，不受逮捕或者刑事审判。"因此，C 项正确。

《全国人民代表大会议事规则》第 33 条规定："全国人民代表大会每年举行会议的时候，全国人民代表大会常务委员会、国务院、最高人民法院、最高人民检察院向会议提出的工作报告，经各代表团审议后，会议可以作出相应的决议。"因此，D 项错误。

81.【参考答案】 BD

【解析】 《法经》是中国历史上第一部封建成文法典，由魏文侯李悝制定，《盗法》《贼法》位于法典篇首，《具法》则位于篇尾，故 A 项正确。

《魏律》依据《周礼 · 八辟》规定了八议，这是封建特权的刑罚制度，不属于死刑复奏制度，故 B 项错误。

《宋刑统》颁行于建隆四年，其主体结构与唐律基本相同，故 C 项正确。

《大清新刑律》是中国近代意义上的第一部专门刑法典，抛弃了以往"诸法合体"的编纂形式，刑法、刑罚构成法典的全部内容，故 D 项错误。

82.【参考答案】 ABD

【解析】 对于公民的申诉、控告或者检举，有关国家机关必须查清事实，负责处理，任何人不得压制和打击报复，注意，是有关国家机关，而不是一切国家机关，因为国家机关的基本原则是法无授权即禁止，故 A 项错误。

在我国，劳动者有休息的权利，故 B 项错误。

劳动既是权利又是义务，国家通过各种途径，创造劳动就业条件，加强劳动保护，改善劳动条件，并在发展生产的基础上，提高劳动报酬和福利待遇，故 C 项正确。

为了国家安全或追查刑事犯罪的需要，公安机关、检察院可以依法检查公民通信，法院只有判断权，公安机关只有执行权，检察院既有判断权又有执行权，故 D 项错误。

83.【参考答案】 ABCD

【解析】 中国特色社会主义法治体系，是中国特色社会主义制度的重要组成部分，本质上是中国特色社会主义制度的法律表现形式，坚持和完善中国特色社会主义法治体系是坚持和发展中国特色社会主义的内在要求，故 A 项正确。

法治是国家治理体系和治理能力的重要依托，法治体系是国家治理体系的骨干工程，坚持和完善中国特色社会主义法治体系是推进国家治理体系和治理能力现代化的重大举措，故B项正确。

坚持和完善中国特色社会主义法治体系是全面推进依法治国的总抓手，建设中国特色社会主义法治体系是全面依法治国总目标的重要组成部分，是建设社会主义法治国家的前提和基础，故C项正确。

坚持和完善中国特色社会主义法治体系，提高党依法治国、依法执政能力，对不断完善和发展中国特色社会主义国家制度和法律制度，加快推进国家治理体系和治理能力现代化具有重大意义。故D项正确。

84.【参考答案】 AB

【解析】 由《监察法》第15条第1项的规定可知，中国共产党机关中的公务员、监察委员会中的公务员都属于监察对象，当然包括省委办公厅机关中的公务员。将各级监察委员会机关的公务员纳入监察范围，是为了实现监察的全覆盖，故A、B项均正确。

由《监察法》第15条第3项的规定可知，“国有企业管理人员”也属于监察的对象，而国有企业“财务人员”不是，故C项错误。

由《监察法》第15条第4项的规定可知，并不是公立的科教文卫体等单位的所有人员都属于监察对象，只有“从事管理的人员”才属于监察对象，事业单位中普通的教师、医生、科研人员等由于并不行使公权力，不属于监察对象，故D项错误。

85.【参考答案】 ACD

【解析】 清承明制，进一步发展完善了重案会审制度，形成了秋审、朝审、热审等比较规范的会审体制。(1)秋审是最重要的死刑复审制度，因在每年的秋八月举行而得名，其审理的对象是全国上报的斩、绞监候案件，由九卿、詹事、科道以及军机大臣、内阁大学士等重要官员在天安门金水桥西会同审理。(2)朝审是对刑部判决的重案及京师附近斩、绞监候案件进行的复审，其审判组织、方式与秋审大体相同，于每年霜降后10日举行。(3)热审是对发生在京师的笞杖刑案件进行重审的制度，于每年小满后10日至立秋前1日，由大理寺官员会同各道御史及刑部承办司共同进行审理，快速决放笞杖刑案犯。因此A、D项错误，B项正确。案件经过秋审或朝审程序之后，分四种情况予以处理：(1)情实，即罪情属实、罪名恰当，奏请执行死刑；(2)缓决，即案情属实但危害不大，可减为流刑或再押监候；(3)可矜，即案情属实但有可矜、可疑之处，免于死刑，减为徒、流；(4)留养承嗣，即犯罪人有亲老丁单情形，合乎申请留养条件的，奏请皇帝裁决。“留养承嗣”针对的是犯罪人，不是被害人，故C项错误。

86.【参考答案】 BC

【解析】 由《国籍法》第3条的规定可知，我国不承认中国公民具有双重国籍，但对于持有包括中国护照在内的多国护照持有者而言，我国有权确认其中国公民身份并对其行使属人管辖权或向其提供外交保护，因此A项错误。

《国籍法》第9条规定：“定居外国的中国公民，自愿加入或取得外国国籍的，即自动丧失中国国籍。”该法第14条规定：“中国国籍的取得、丧失和恢复，除第九条规定的以外，必须办理申请手续，未满十八周岁的人，可由其父母或其他法定代理人代为办理申请。”本题中，王某父母均为中国公民，且一家三口一直居住在上海市，王某中国国籍的丧失，必须办理申请手续。因此，B项正确。

由我国《国籍法》以及一般国际法原理可知，引渡必须符合“双重犯罪标准”，王某仅违反了丙国的进出口管制法，乙国无权扣留并引渡王某，故C项正确。

我国《出境入境管理法》并未规定不准多国护照持有者入境，故D项错误。

87.【参考答案】 BD

【解析】 由《出境入境管理法》第22条第3项的规定可知，外国人持联程客票搭乘国际航行的航空器、船舶、列车从中国过境前往第三国或地区，在中国境内停留不超过24小时且不离开口岸，或者在国务院批准的特定区域内停留不超过规定时限的，可以免办签证。由该法第23条第2项的规定可知，该法第22条第3项规定的人员需要离开口岸，临时入境的，应当向出入境边防检查机关申请办理临时入境手续，因此A、C项错误，B、D项正确。

88.【参考答案】 ABD

【解析】 我国法律规定，证明责任的承担主体首先是控诉机关和负有证明责任的当事人，即公诉案件中的公诉人和自诉案件中的自诉人。《刑事诉讼法》第51条规定：“公诉案件中被告人有罪的举证责任由人民检察院承担，自诉案件中被告人有罪的举证责任由自诉人承担。”A项中的辩护人、B项中的被告人、D项中的被害人都不需要承担责任，故A、B、D项均错误。

89.【参考答案】 ABCD

【解析】 《行政强制法》第 23 条第 1 款规定:“查封、扣押限于涉案的场所、设施或者财物,不得查封、扣押与违法行为无关的场所、设施或者财物;不得查封、扣押公民个人及其所扶养家属的生活必需品。”由题干可知,李某经营的食品厂只是有一部分产品未达到国家标准,因而查封和扣押不应该是针对全部设施和货品,只能针对涉案的设备和货品进行查封、扣押。在本案中,市场监督管理机构的查封和扣押行为都是违法的,因此 A 项错误。

《行政强制法》第 23 条第 2 款规定:“当事人的场所、设施或者财物已被其他国家机关依法查封的,不得重复查封。”在本案中,市场监督管理机构查封的是设备,卫生行政部门查封的是场所,其对象不一样,理由也不一样,因而并没有违反重复查封的原则。因此,B 项错误。

《行政强制法》第 29 条第 1 款规定:“冻结存款、汇款应当由法律规定的行政机关实施,不得委托给其他行政机关或者组织;其他任何行政机关或者组织不得冻结存款、汇款。”《行政强制法》第 30 条第 1 款规定:“行政机关依照法律规定决定实施冻结存款、汇款的,应当履行本法第十八条第一项、第二项、第三项、第七项规定的程序,并向金融机构交付冻结通知书。”该条第 3 款规定:“法律规定以外的行政机关或者组织要求冻结当事人存款、汇款的,金融机构应当拒绝。”由此可知,冻结存款的设定和实施都必须由法律规定,属于法律保留的事项。因此,C 项错误。

《行政强制法》第 19 条规定:“情况紧急,需要当场实施行政强制措施的,行政执法人员应当在二十四小时内向行政机关负责人报告,并补办批准手续。行政机关负责人认为不应当采取行政强制措施的,应当立即解除。”在紧急情况下,可以先采取强制措施,然后报负责人批准,补办批准手续,因此 D 项错误。

90.【参考答案】 AD

【解析】 法律人适用法律的最直接的目标就是要获得一个合理的法律决定。在法治社会,所谓合理的法律决定就是指法律决定具有可预测性和正当性,法律决定的可预测性是形式法治的要求,而正当性是实质法治的要求,因此 A 项正确。

本题中检察院用的是演绎推理方式,因此 B 项错误。

法院在庭审中认定交通事故致鲁某重伤残疾并非由周某行为引起,这解决的不单单是事实问题,实际上是从大前提和小前提中推导出的结论,因此 C 项错误。

法律人适用法律解决个案纠纷的过程,首先,要查明和确认案件事实,作为小前提;其次,要选择和确定与上述案件事实相符合的法律规范,作为大前提;最后,以整个法律体系的目的为标准,从两个前提中推导出法律决定或法律裁决。因此,D 项正确。

三、不定项选择题

91.【参考答案】 ABCD

【解析】 A 项,乙是溺亡,不是甲暴力致死。所以乙的死亡结果不能归属于甲。乙坠河溺亡属于介入因素,独立于先前的暴力抢劫行为,且被抢劫后溺水而亡是异常的。因此,甲构成抢劫罪,但不构成抢劫罪致人死亡。

B 项,乙是自己从阳台失足摔死的,另外,甲讨债敲门不是刑法上的危害行为,所以不用讨论因果关系。

C 项,丙是在车里直接被乙杀死的,虽然甲和乙共同谋划杀丙,但是乙的行为属于实行过限,甲对此不用负责。理由是,甲与乙共谋的内容虽然是杀害丙,但是甲只是让乙实施帮助行为,也即将丙引诱到甲家,可乙在路上被激怒直接杀害丙。乙的该行为超出了之前的“设计”,没有引起与被引起的关系。

D 项,乙杀死丙的行为属于实行过限,领导甲对此不用负责。领导甲只是安排乙把丙非法拘禁起来,可乙没看住,乙是事后跑丙家中将丙给杀死了。乙的该行为与甲没有引起与被引起的关系。

综上所述,本题答案为 ABCD。

92.【参考答案】 B

【解析】 不起诉分为:法定不起诉、酌定不起诉、证据不足不起诉/存疑不起诉、附条件不起诉、认罪认罚不起诉。

根据《刑事诉讼法》第 182 条的规定,犯罪嫌疑人自愿如实供述涉嫌犯罪的事实,有重大立功或者案件涉及国家重大利益的,经最高人民检察院核准,人民检察院可以作出不起诉决定,也可以对涉嫌数罪中的一项或者多项不起诉,A 错误。对于法定不起诉情节,检察机关在审查起诉阶段发现,应当作出不起诉决定,B 正确。犯罪情节轻微,依照《刑法》不需要判处刑罚或免除刑罚的才符合酌定不起诉的情形,C 选项错误。对于未成年人涉嫌《刑法》分则第四、五、六章规定的犯罪,可能判处 1 年有期徒刑以下刑罚,符合起诉条件,但有悔罪表现的，检察院可以作出附条件不起诉的决定。退赃不是附条件不起诉的条件，D 错误。

93.【参考答案】 CD

【解析】 证人必须是当事人以外的人，被告人、被害人等虽然也了解案件情况，但是由于其与案件裁判结果存在切身利害关系，只能做当事人，不能做证人。本案中，小马属于被害人，小王应属于被告人（共同被告人），不能作为证人出现。因此，A、B 错误。另外，根据《刑事诉讼法》第 193 条的规定，经人民法院通知，证人没有正当理由不出庭作证的，人民法院可以强制其到庭，但是被告人的配偶、父母、子女除外。本题如果考查这个考点，考生也应该能够回答。

刑事附带民事诉讼的原告人是因犯罪行为遭受物质损害的公民，本案中小马是被害人，可以作为附带民事诉讼的原告人。本案中小王 15 周岁，老王作为小王的监护人，可以作为附带民事诉讼的被告人，因此 C 正确。利用被监护人实施犯罪行为，应当依法撤销监护人资格，根据《关于依法处理监护人侵害未成年人权益行为若干问题的意见》第 35 条的规定，法院可以判决撤销老王的监护人资格，D 正确。

94.【参考答案】 A

【解析】 中共中央《关于全面推进依法治国若干重大问题的决定》明确提出，"完善确保依法独立公正行使审判权和检察权的制度。各级党政机关和领导干部要支持法院、检察院依法独立公正行使职权。建立领导干部干预司法活动、插手具体案件处理的记录、通报和责任追究制度……健全行政机关依法出庭应诉、支持法院受理行政案件、尊重并执行法院生效裁判的制度。完善惩戒妨碍司法机关依法行使职权、拒不执行生效裁判和决定、藐视法庭权威等违法犯罪行为的法律规定。建立健全司法人员履行法定职责保护机制。非因法定事由，非经法定程序，不得将法官、检察官调离、辞退或者作出免职、降级等处分"。故 A 选项正确。

我国于 2015 年实行立案登记制，但是，为了加强对审判权的监督，我国在人民法院内部继续分工，立案、审判、执行分别由不同的法官完成。故 B 选项错误。

中共中央《关于全面推进依法治国若干重大问题的决定》明确提出，诉访分离，逐步终结涉诉信访。之所以实行诉访分离，终结涉诉信访，是因为涉诉信访制度对司法的权威有巨大的伤害，会导致司法的公信力下降，从而损害司法公正，而非因欲充分发挥人民法院解决纠纷的功能，而实行诉访合一制度。故 C 选项错误。

我国实行调解、仲裁、行政裁决、行政复议、诉讼有机结合的多元化的纠纷解决机制。为解决纠纷，建设和谐社会，加大调解力度，这是正确的，但是，调解也不能违法，如果一味纵容违法行为，那么法律的权威将会丧失殆尽。故 D 选项错误。

95.【参考答案】 BC

【解析】 根据 2019 年《政府信息公开条例》第 51 条的规定可知，公民、法人或者其他组织认为行政机关在政府信息公开工作中侵犯其合法权益的，可以依法申请行政复议或者提起行政诉讼。该条例及相关司法解释并未规定政府信息公开诉讼属于复议前置的情形。因此，A 项错误。

最高人民法院《关于审理政府信息公开行政案件若干问题的规定》第 5 条第 1 款规定：被告拒绝向原告提供政府信息的，应当对拒绝的根据以及履行法定告知和说明理由义务的情况举证。因此，B 项正确。

《行政诉讼法》第 82 条第 1 款规定：人民法院审理下列第一审行政案件，认为事实清楚、权利义务关系明确、争议不大的，可以适用简易程序：(1)被诉行政行为是依法当场作出的；(2)案件涉及款额 2000 元以下的；(3)属于政府信息公开案件的。据此可知，本案可适用简易程序。因此，C 项正确。

企业工商登记信息由行政机关负责制作并保存，因此属于政府信息的范畴，可依法申请公开。因此，D 项错误。

96.【参考答案】 AD

【解析】 被废止的具体行政行为，自废止之日起丧失效力。原则上，具体行政行为废止之前给予当事人的利益、好处不再收回，故 A 项错误。

在实体法上，具体行政行为被撤销的效力可以溯及该具体行政行为成立之日，但当事人在撤销决定作出之前一直要受该具体行政行为的约束，故 B 项正确。

自然人死亡、法人或者其他组织不复存在的，为其设定专属权益或者义务的具体行政行为的效力应当终止，故 C 项正确。

《行政诉讼法》第 25 条第 1 款规定：行政行为的相对人以及其他与行政行为有利害关系的公民、法人或者其他组织，有权提起诉讼。因此，D 项错误。

97.【参考答案】 A

【解析】 《民诉解释》第 15 条规定："中国公

民一方居住在国外,一方居住在国内,不论哪一方向人民法院提起离婚诉讼,国内一方住所地人民法院都有权管辖。国外一方在居住国法院起诉,国内一方向人民法院起诉的,受诉人民法院有权管辖。”

《民诉解释》第531条也规定:中华人民共和国法院和外国法院都有管辖权的案件,一方当事人向外国法院起诉,而另一方当事人向中华人民共和国法院起诉的,人民法院可予受理。由此可见,同一纠纷在不同国家的平行诉讼、审理和判决是涉外民商事争议无法阻止的情形,故A项正确,BCD项错误。

98.【参考答案】 BCD

【解析】 《破产法》第51条第2款规定:“债务人的保证人或者其他连带债务人尚未代替债务人清偿债务的,以其对债务人的将来求偿权申报债权。但是,债权人已经向管理人申报全部债权的除外。”因此,A项不当选。

《破产法》没有规定可以就已超过诉讼时效的债权和罚款申报债权,因此不可能得到受偿,因此B、D项当选。

《破产法》第53条规定:“管理人或者债务人依照本法规定解除合同的,对方当事人以因合同解除所产生的损害赔偿请求权申报债权。”据此可知,因合同解除所产生的损害赔偿请求权属于应当受偿的破产债权。但C项中“债权人丙,要求辽沈公司作为承揽人继续履行承揽合同进行的债权申报”意味着合同并没有解除,不属于可以申报的债权范围,因此C项当选。

99.【参考答案】 ACD

【解析】 自然人从出生时起到死亡时止,具有民事权利能力,依法享有民事权利,承担民事义务。据此可知,自然人死亡后,其民事权利能力随之消灭,不再具有民事主体资格,但这并不意味着可以随意诋毁死者,基于对死者近亲属感情的尊重和对良好社会风尚的维护,自然人死亡后,其姓名、肖像、名誉、荣誉和隐私仍受法律保护,这是一种对人格利益的保护。乙故意毁损甲的名誉,构成侵权,应依法承担侵权责任,因此A项错误,B项正确。

由《精神损害赔偿司法解释》第3条的规定可知,死者名誉遭受侵害的,死者的近亲属有权提起侵权之诉。近亲属,包括配偶、父母、子女、兄弟姐妹、祖父母、外祖父母、孙子女、外孙子女。据此可知,甲的近亲属有权提起侵权之诉,这里的近亲属不限于配偶与子女,因此C、D项错误。

100.【参考答案】 ABCD

【解析】 当代中国特色社会主义法律体系的特色是:体现中国特色社会主义的本质要求,体现改革开放和社会主义现代化建设的时代要求,体现结构内在统一而又多层次的科学要求,体现继承中国法制文化优秀传统和借鉴人类法制文明成果的文化要求,体现动态、开放、与时俱进的发展要求。因此A、B、C、D项均正确。

2020年国家统一法律职业资格考试
客观题试卷二

一、单项选择题 每题所设选项中只有一个正确答案，多选、错选或不选均不得分。（本部分含1—50题，每题1分，共50分）

1. 甲欲出售一辆小型汽车，乙向甲主张受丙委托欲购买该车，甲向丙核实，丙未予否认。甲将该车交给乙后乙便不知去向，事后甲向丙要求付款遭拒绝。下列哪一项是正确的？（　　）

A. 由甲自行承担损失

B. 由乙支付车款

C. 由丙支付车款

D. 由乙、丙承担连带付款责任

2. 老张带5岁的儿子小张到陈某经营的农家乐吃饭，小张特别喜欢陈某饲养的鸽子，老张便给小张买了一只，微信付款后，老张让老板将鸽子交付给小张时，小张因胆小缩手，鸽子飞走。此时鸽子归谁所有？（　　）

A. 无主动产　　B. 老张

C. 小张　　D. 陈某

3. 甲、乙、丙三人系好友。乙借给甲5000元，借期1年。一日，乙、丙二人吃饭时（甲不在场），乙对丙说："甲生活困难，借给甲的5000元，我不要了。"乙虽未委托丙向甲转达，但为了让甲心里踏实，丙第二天打电话告诉了甲，甲闻知后未置可否。但乙一直未向甲表达过该意思。借期届满时，乙请求甲返还5000元的借款。对此，下列表述正确的是？（　　）

A. 因为未经甲同意，乙免除甲借款债务的意思表示未生效

B. 因为甲未于合理期限内拒绝，乙免除甲借款债务的意思表示已经生效

C. 甲无须偿还对乙的借款债务

D. 甲应当偿还对乙的借款债务

4. 陈某和华某离婚后与带有孩子的魏某结婚，与魏某婚姻存续期间仍经常资助由前夫抚养的儿子小华，丈夫魏某为了女儿魏红的成长一直隐忍，并严格控制家庭财产支出。后魏某病故，留有婚前房产一套和现金收入200万元，关于遗产继承，下列哪一项是正确的？（　　）

A. 陈某无权继承任何财产

B. 陈某可就继承遗产现金所得赠予其子小华50万元

C. 魏红可继承现金100万元

D. 魏红可继承全部房产

5. 下列选项中，不属于不当得利构成要件的是？（　　）

A. 一方获得利益，他方受有损失

B. 受损方不存在过错

C. 获益与受损之间有因果关系

D. 获益方获得利益没有合法根据

6. 甲公司在手机产品上注册了"大米"商标，乙公司未经许可在自己生产的手机上也使用"大米"商标。丙公司不知乙公司使用的商标不合法，与乙公司签订书面合同，以合理价格大量购买"大米"手机后售出，获利100万元以上。下列说法错误的是？（　　）

A. 市场监督管理部门应责令乙公司立即停止侵权行为

B. 市场监督管理部门应责令丙公司停止销售

C. 如乙公司在5年内实施两次以上商标侵权行为，应当从重处罚

D. 丙公司应向甲公司承担赔偿责任

7. 下列关于《商标法》的有关规定，说法不正确的是？（　　）

A. 声音也可被注册为商标

B. 商标注册申请人通过一份申请只能就一个类别的商品申请注册同一商标

C. 同中央国家机关的名称、标志相同的，不得作为商标使用

D. 经营者不得将驰名商标字样用于商品的广告宣传当中

8. 根据《专利纠纷解释（二）》的规定，下列选项不正确的是？（　　）

A. 被告构成对专利权的侵犯，权利人请求判令其停止侵权行为的，人民法院应予支持

B. 基于国家利益、公共利益的考量，人民法院可以不判令被告停止被诉行为，而判其支付相应的

合理费用

C. 权利人、侵权人依法约定专利侵权的赔偿数额或者赔偿计算方法,并在专利侵权诉讼中主张依据该约定确定赔偿数额的,人民法院应予支持

D. 权利人、侵权人依法约定专利侵权的赔偿数额或者赔偿计算方法,并在专利侵权诉讼中主张依据该约定确定赔偿数额的,人民法院不予支持

9. 甲在妻子乙病故后性情日益暴躁,时常对独生儿子丙(8岁)虐待、体罚。甲醉酒后因丙期末考试成绩不理想,殴打丙致其轻伤,甲因此被判有期徒刑1年,缓刑2年。下列选项不正确的是?(　　)

A. 丙的祖父有权申请人民法院撤销甲的监护资格

B. 若甲的监护资格被撤销,丙仍有权请求甲支付抚养费

C. 若甲的监护资格被撤销,在丙的监护人确定前,人民法院可以指定丙住所地的居民委员会担任丙的临时监护人

D. 若甲的监护资格被撤销后,其确有悔改表现,经甲申请,人民法院可以在尊重丙真实意愿的前提下,恢复甲的监护人资格

10. 甲与电脑城老板乙签订电脑买卖合同,约定6个月付清货款,每月支付1000元,付清货款前乙保留该电脑的所有权。甲在使用电脑期间,电脑屏幕出现问题,乙便将电脑交给丙修理,但修好后丙以5000元的价格将该电脑出售给不知情的丁,并交付。下列选项不正确的是?(　　)

A. 丁可以善意取得该电脑所有权

B. 如甲无力支付最后一个月的价款,乙可行使取回权

C. 如甲未支付到期货款达1500元,乙可要求解除合同,并要求甲支付一定的电脑使用费

D. 如甲未支付到期货款达1500元,乙可要求其一次性支付剩余货款

11. 关于我国的民事诉讼制度,下列说法错误的是?(　　)

A. 当事人对人民法院回避决定不服可以申请复议一次,复议期间被申请回避的人员不停止本案的工作

B. 除了非诉讼案件外,我国对诉讼争议案件一律实行两审终审制

C. 简易程序案件可以实行独任审理,但是独任审理的并不一定都是简易程序

D. 民事诉讼中离婚案件是否公开审理当事人都有处分权

12. 张三起诉李四要求解除合同,在案件审理的过程中,张三变更诉讼请求,要求李四承担违约责任并继续履行合同。下列说法中正确的有?(　　)

A. 张三作出的是对诉讼请求的变更

B. 张三应当先申请撤回起诉,之后再另行起诉

C. 对张三请求的继续履行和违约责任,法院应作出诉的合并审理

D. 张三作出的是对诉讼标的的变更

13. 最高人民法院确定了某法院的级别管辖金额,原告在庭审过程中增加诉讼请求金额致使其不符合一审级别管辖的范围。关于本案的处理方式,下列说法中正确的是?(　　)

A. 由于案件已经开庭,因此不受理被告提出的管辖权异议

B. 被告可以提出管辖权异议,但由于法院受理时有管辖权,应继续审理本案

C. 告知原告不得增加诉讼请求金额

D. 应受理被告提出的管辖权异议,审查管辖权异议后异议成立的,将案件移送管辖

14. 下列情形中,不构成自认的有?(　　)

A. 被告在法庭辩论终结前,向法庭提交了一份书面材料,其中记载了其向原告借款20万元的事实以及借款的具体过程

B. 在庭审结束后,被告跟原告说:“我借了你5万元,的确是事实,但是在法庭上我就不承认,气死你。”

C. 被告在证据交换的过程中承认向原告借款5万元,但是主张已经还款。开庭时,原告不承认还款事实,被告说,既然他不承认还款,那我也不承认借款

D. 原告主张被告向其借款5万元,庭审中法官问被告是否借款5万元,被告说当时向好几个同事借款,已经记不清了,法官再次确认是否借款,被告仍表示记不清了

15. A村与甲公司签订了一份服务合同,由甲公司利用飞机为A村喷洒农药施肥,飞机每次飞行时都会途经何某的养鸡场。2个月后,何某发现自己饲养的鸡越来越瘦,认为是甲公司的飞机低空飞行产生了太大的噪声,影响鸡的生长,于是起诉要求甲公司承担赔偿责任。本案应当如何分配证明责任?(　　)

A. 甲公司是否存在主观过错,应当由何某承

担证明责任

B. 甲公司是否存在主观过错，应当由甲公司承担证明责任

C. 何某的损失与飞机飞行噪声之间是否存在因果关系，应当由何某承担证明责任

D. 何某的损失与飞机飞行噪声之间是否存在因果关系，应当由甲公司承担证明责任

16. 王某与胜达公司订立了商品房买卖合同，由王某购买位于甲市的房屋一套。后胜达公司拒绝交付房屋，王某根据买卖合同中的仲裁条款向设立在乙市的仲裁委员会申请仲裁，要求胜达公司依约交付房屋。在仲裁过程中，王某提出案件法律关系清楚，且自己结婚在即急需用房，于是申请先予执行。关于本案，下列选项中说法正确的是？（　　）

A. 王某无权申请先予执行

B. 王某应当向乙市仲裁委提出申请，由乙市仲裁委将申请转交法院

C. 王某应当向房屋所在地的基层人民法院申请先予执行

D. 王某应当向乙市仲裁委所在地的基层人民法院申请先予执行

17. 甲、乙、丙是普通共同诉讼的原告，在诉讼进行的过程中，法院在双方当事人同意的情况下进行了调解，甲和乙均认可调解方案，但丙表示不同意调解方案，要求法院依法判决解决纠纷。法院应当如何处理本案？（　　）

A. 制作调解书结案，但调解书对丙没有拘束力，应告知丙另行起诉

B. 对本案依法作出判决

C. 制作调解书结案，调解书对本案的所有当事人均有拘束力

D. 对甲和乙制作调解书结案，对丙的请求继续审理，依法判决

18. A公司与B公司因买卖合同的履行发生争议，A公司将B公司诉至甲市M区法院，请求法院判令B公司按照合同的约定交付货物。法院经过审理后查明系B公司的上游公司因疫情没有供货，才导致B公司无法发货，于是判决驳回A公司的诉讼请求，双方当事人均未上诉。3个月后，A公司发现B公司的上游公司已经复工复产，但B公司仍然没有履行合同，此时A公司应当如何维护自身权益？（　　）

A. A公司可以向甲市中级人民法院上诉

B. A公司可以向甲市中级人民法院申请再审

C. A公司可以重新向甲市M区法院提起诉讼，要求B公司交付货物

D. A公司不得再次向甲市M区法院提起诉讼，否则构成重复起诉

19. A将B诉至法院，要求B支付赔偿金2万元并公开赔礼道歉。一审法院判决B向A赔偿1.2万元，未对赔礼道歉的请求作出判决。A不服一审判决提出上诉，要求改判B赔偿2万元。二审法院经过审理后维持一审判决。关于本案二审的处理方式，下列选项中说法正确的是？（　　）

A. 二审法院可以对上诉请求作出判决，遗漏的诉讼请求调解不成的发回重审

B. 二审法院应当围绕上诉请求进行审理并作出判决

C. 因为一审法院遗漏诉讼请求，所以二审法院应当先行调解，调解不成的，发回重审

D. 二审法院不应超过上诉请求的范围进行审理和裁判

20. 甲市A区法院是繁简分流改革的试点法院，苏强将其子苏明诉至甲市A区法院，请求法院判令被告支付赡养费3000元。被告苏明称其没有固定工作和固定收入，因此无力支付赡养费。关于本案，下列选项中说法正确的是？（　　）

A. 经过双方当事人同意，法院在裁判文书中可以不写裁判理由

B. 法院可以不经过双方当事人同意，直接采用在线视频的方式进行开庭审理

C. 本案可以一审终审

D. 经过双方当事人同意，本案可以不开庭审理

21. 甲与乙买卖合同诉讼的判决生效后，案外人丙提起第三人撤销之诉，请求法院撤销甲与乙的生效判决。法院审查后认为该判决中原告甲的证据是伪造的，但是丙无法证明甲与乙的生效判决侵害了自己的权益。法院应当如何处理本案？（　　）

A. 裁定驳回起诉

B. 判决驳回诉讼请求

C. 裁定撤销原判

D. 判决撤销原判

22. 范某与张某的买卖合同纠纷，甲市A区法院经过审理作出一审判决，双方当事人均未上诉。判决生效后，范某以审判组织形式违法为由向甲市中级人民法院申请再审，张某以主要证据未经质证为由向甲市A区法院申请再审。法院应当如何处

理范某和张某的申请？（　　）

A. 应当由甲市中级人民法院受理并审查再审申请

B. 应当由最先受理再审申请的法院进行审查

C. 应当由甲市中级人民法院裁定负责审查的法院

D. 应当由甲市A区法院与甲市中级人民法院进行协商，协商不成的，由甲市A区法院受理并审查再审申请

23. A知道B喜欢收藏C的画，于是A与B签订买卖合同，约定某画的售价为100万元，任何一方违约需另外支付50万元的违约金，两人约定B付款后的第二天交付该画，其实该画的真正所有权人是D。事后A得知B买画是为了交付给情敌E，于是拒绝交付该画。B据此起诉至法院，要求A交付该画。法院判决B胜诉后，A仍拒不交付该画，B遂申请法院强制执行该判决。在执行过程中，A将画撕毁，并同意向B返还100万元，但是B要求A另外支付50万元的违约金。关于本案的处理，下列说法中正确的是？（　　）

A. 法院强制执行100万元，对于50万元的违约金，告知B另行起诉

B. 裁定中止执行，等待B另行起诉的裁判结果

C. 裁定终结执行，告知B另行起诉

D. 直接执行150万元

24. 甲公司与乙公司因借款合同发生纠纷，甲公司依据合同中的仲裁条款向深圳仲裁委员会申请仲裁，仲裁庭经过审理裁决乙公司向甲公司返还借款90万元。之后，乙公司向深圳市中级人民法院申请撤销仲裁裁决，法院经过审理裁定撤销该裁决。请问甲公司如何救济自身的权益？（　　）

A. 甲公司可以向法院提起诉讼，要求乙公司返还借款

B. 甲公司可以依据原先的仲裁条款，向深圳仲裁委重新申请仲裁

C. 甲公司可以向深圳市中级人民法院申诉，请求法院自行启动再审予以纠错

D. 甲公司可以向广东省人民检察院申请提出抗诉

25. 德国英海公司与韩国致远公司协议将商事合同纠纷提交中国国际商事法庭管辖。依中国相关法律规定及司法实践，下列哪一选项是正确的？（　　）

A. 如该法庭对本案作出判决，为避免影响判决书效力，法官的少数意见不应当在判决书中载明

B. 因该法庭是最高人民法院常设审判机构，英海公司与致远公司无权选择其作为一审法院

C. 如该法庭受理本案，应先委托国际商事专家委员会调解

D. 如合同争议与中国无实际联系，该法庭无管辖权

26. 甲和乙有纠纷，后达成调解协议，法院制作调解书，送达甲、乙签收。后来甲发现调解书和调解协议有不同，违反甲的意愿，甲如何救济？（　　）

A. 申请法院再审

B. 法院收回调解书重新制作

C. 法院作裁定补正

D. 要求法院根据调解协议重新制作调解书

27. 关于当事人适格的表述，下列选项错误的是？（　　）

A. 当事人诉讼权利能力是作为抽象的诉讼当事人的资格，它与具体的诉讼没有直接的联系。当事人适格是作为具体的诉讼当事人的资格，是针对具体的诉讼而言的

B. 一般来讲，应当以当事人是否为所争议的民事法律关系的主体，作为判断当事人适格标准，但在某些例外情况下，非民事法律关系或民事权利主体，也可以作为适格当事人

C. 清算组织、遗产管理人、遗嘱执行人是适格的当事人。原因在于其根据权利主体意思或法律规定对他人的民事法律关系享有管理权

D. 检察院就生效民事判决提起抗诉，抗诉的检察院并不是适格的当事人

28. 王某以借款纠纷为由起诉吴某。经审理，法院认为该借款关系不存在，王某交付吴某的款项为应支付的货款，王某与吴某之间存在买卖关系而非借用关系。法院向王某作出说明，但王某坚持己见，不予变更诉讼请求和理由。法院遂作出裁定，驳回王某的诉讼请求。关于本案，下列选项正确的是？（　　）

A. 法院违反了不告不理原则

B. 法院适用裁判形式错误

C. 法院违反了辩论原则

D. 法院违反了处分原则

29. 李某和赵某的离婚案件，适用普通程序审理，法院判决作出后，向双方送达文书时，下列哪一项送达是正确的？（　　）

A. 向李某送达时，李某不在家，由赵某代为

签收

B. 向赵某送达时赵某拒不开门，法院将文书贴在赵某家门口，拍照录像后产生送达效力

C. 通知双方到法院领取文书，到达法院后李某拒不签字，视为送达

D. 多次送达未果，法院工作人员到李某常去的朋友王某家找到李某，李某仍然拒绝签署，法院拍照录像后视为直接送达

30. 2013 年 5 月，高某租赁品尚公司商业铺面，约定租期 1 年，到期后支付租金。租期届满后，高某仅支付 6 个月租金。品尚公司法定代表人赵某是高某的好友，因此品尚公司一直未予主张。2017 年 10 月赵某离职后，品尚公司起诉高某要求支付剩余租金和逾期利息。在案件审理过程中，品尚公司并入金光公司。关于本案，下列说法正确的是？（　　）

A. 法院不应受理品尚公司的起诉

B. 高某可反诉原告诉请超过诉讼时效

C. 公司合并后法院应当裁定诉讼终结

D. 原告应承担高某租赁其铺面事实的证明责任

31. 甲公司生产一款治疗肾病的药品“妖妖灵”，因前期市场宣传和广告力度大，上市后众多消费者购买服用，不久众多患者服用后均有不同程度的肾脏损伤症状。经检测，该药品掺杂各种动物皮质，属于假药。关于本案，下列说法正确的是？（　　）

A. 经依法公告，若有关组织不提起诉讼，检察院可提起公益诉讼

B. 检察院一旦提起公益诉讼，不允许撤回起诉

C. 甲公司可在诉讼中提反诉

D. 若检察院对甲公司已提起刑事诉讼，则不可再提公益诉讼

32. 李玉、商印共同出资成立春花秋月有限公司，关于有限责任公司的出资证明书与股东名册，下列表述错误的是？（　　）

A. 有限责任公司成立后，应当向股东签发出资证明书

B. 出资证明书应当载明出资证明书的编号

C. 股东名册应当记载出资证明书编号

D. 未记载于工商登记的股东，不得依股东名册主张行使股东权利

33. 金发、牧田、杜青三人出资设立苍黄古月文化有限责任公司，后公司因经营不善倒闭，关于与清算有关的法律责任，下列选项错误的是？（　　）

A. 如未在法定期限内成立清算组开始清算，导致公司财产贬值，债权人林庚有权主张金发、牧田、杜青对公司债务承担全部赔偿责任

B. 如该公司未经清算即办理注销登记，导致公司无法进行清算，债权人宝华有权主张金发、牧田、杜青对公司债务承担清偿责任

C. 如公司解散时金发尚有 10 万元出资未缴纳，应作为清算财产

D. 如公司财产不足以清偿债务，债权人冯志有权主张金发、牧田、杜青在未缴出资范围内对公司债务承担连带清偿责任

34. 关于支票的表述，下列选项正确的是？（　　）

A. 张三签发的现金支票只能用于支取现金

B. 李四信用良好，可以签发空头支票

C. 王五签发的支票上另行记载付款日期，该支票无效

D. 赵六签发的支票未记载收款人名称的，该支票无效

35. 姜某的私家车投保商业车险，年保险费为 3000 元。姜某发现当网约车司机收入不错，便用手机软件接单载客，后辞职专门跑网约车。某晚，姜某载客途中与他人相撞，造成车损 10 万元。姜某向保险公司索赔，保险公司调查后拒赔。关于本案，下列选项正确的是？（　　）

A. 保险合同无效

B. 姜某有权主张约定的保险金

C. 保险公司不承担赔偿保险金的责任

D. 保险公司有权解除保险合同并不退还保险费

36. 齐某给自己家的冰箱投了全额火灾险，某日邻居常某不慎将其冰箱焚毁，对于本案，以下说法不正确的是？（　　）

A. 齐某如果放弃对常某的赔偿请求，保险公司可以对齐某拒绝赔偿

B. 齐某如果向保险公司索赔后放弃对常某的赔偿请求，该弃权无效

C. 如果齐某投的是不足额保险，那么他向保险公司索赔后可以就未获得赔偿的部分向常某再索赔

D. 如果常某是齐某的家庭成员，则保险公司对齐某赔偿后不能对常某进行追偿

37. 中国国际商事法庭受理了中国甲公司和

新西兰乙公司的国际货物买卖合同纠纷，审理过程中乙公司咨询能否通过视听传输技术等信息网络方式质证，根据《设立国际商事法庭的规定》，下列哪一选项是正确的？（　　）

A. 国际商事法庭的审限应为6个月

B. 当事人可就本案判决向国际商事法庭申请执行

C. 若双方当事人无异议，为方便外方当事人，国际商事法庭可以用英文制作判决书

D. 本案必须现场质证，不可以网络方式质证

38. 法国埃尔斯公司与中国仙林公司签订CIP合同从法国出口货物到中国，依据2020年《国际贸易术语解释通则》，下列哪一选项是正确的？（　　）

A. 货物风险自货物在装运港装运上船时转移

B. 中国仙林公司应负责安排货物的运输

C. 如果双方合同约定投保平安险，法国埃尔斯公司只需投保平安险

D. 即使双方合同约定投保平安险，法国埃尔斯公司也应投保一切险

39. 中国鸿鹄医疗公司（卖方）与西班牙奥尔特公司（买方）依CIF（巴塞罗那）价格出口医疗器械。2017年4月28日，中国鸿鹄医疗公司将货物交给承运人装船。5月12日，西班牙奥尔特公司将处于运输途中的货物转卖给意大利诺雅迦公司。7月6日，意大利诺雅迦公司收货时发现部分货物湿损，经查，该湿损是船舶6月中旬在海上遭遇强热带风暴所致。依2010年《国际贸易术语解释通则》及《联合国国际货物销售合同公约》的规定，下列哪一选项是正确的？（　　）

A. 在中国鸿鹄医疗公司与西班牙奥尔特公司之间，货物风险自货交承运人时转移

B. 在中国鸿鹄医疗公司与西班牙奥尔特公司之间，应由西班牙奥尔特公司办理货物的保险并缴纳保险费

C. 本案货物湿损应由西班牙奥尔特公司承担

D. 本案货物湿损应由意大利诺雅迦公司承担

40. 中国仙林公司从甲国艾尔公司进口一批电子设备，合同中约定了设备规格，并选用了DPU术语。甲国艾尔公司制作好样品后，将样品邮寄至中国仙林公司请求确认并按照样品履行。中国仙林公司收到样品后确认收到并回复：“请依合同履行。”设备到货后与样品相符，但与合同不符，中国仙林公司要求甲国艾尔公司承担违约责任。中国和甲国都是1980年《联合国国际货物销售合同公约》的缔约国，下列哪一选项是正确的？（　　）

A. 甲国艾尔公司应承担违约责任，因为其交付的设备不符合同约定规格

B. 甲国艾尔公司不应承担违约责任，因为其交付的设备与其提供的样品相符

C. 本案货物风险自货交第一承运人时转移

D. 甲国艾尔公司须在指定装运地的任何地点交货

41. 甲国和中国均为《保护工业产权巴黎公约》缔约国，甲国阿尔斯公司发明一种环保涂料，于2018年12月1日在甲国提出了专利申请，并自2019年初开始在中国销售该种涂料。中国仙林公司发明了同样的环保涂料，于2019年12月10日向中国有关机关提出了专利申请。下列哪一选项是正确的？（　　）

A. 仙林公司无权就该种涂料在中国申请专利

B. 若仙林公司获得专利授权，阿尔斯公司继续在中国销售该种涂料，应经仙林公司授权

C. 仙林公司若在中国销售该种涂料，应经阿尔斯公司授权

D. 因阿尔斯公司申请在先，仙林公司专利权应该被宣告无效

42. 甲国A公司研发的尾气净化器在甲国获得了发明专利权。B公司在乙国仿制A公司的尾气净化器，C公司生产装载了B公司尾气净化器的客车并在乙国销售。D公司购买了C公司生产的客车用于甲乙两国之间的旅客运输，E公司将C公司生产的客车进口到甲国，但尚未出售。甲乙两国都是《保护工业产权巴黎公约》和WTO的成员国，若上述行为均未经A公司许可，哪种行为侵犯了A公司的专利权？（　　）

A. B公司的行为　　B. C公司的行为

C. D公司的行为　　D. E公司的行为

43. 中国甲公司和墨西哥乙公司签订买卖合同，合同约定因履行合同产生的纠纷适用瑞士法，合同纠纷可由北京仲裁委在新加坡仲裁，也可向中国法院起诉。后双方发生履约纠纷，中国甲公司诉至中国某法院，墨西哥乙公司则认为纠纷应通过仲裁解决。根据我国相关法律规定，下列哪一选项是正确的？（　　）

A. 北京仲裁委只能在中国工作，合同约定仲裁地在新加坡，该仲裁条款无效

B. 因买卖合同选择了瑞士法，故应适用瑞士法来认定仲裁条款的效力

C. 若适用中国法仲裁条款无效，适用新加坡

法仲裁条款有效，应认定仲裁条款有效

D. 应直接适用中国法认定该仲裁条款无效

44. 甲单位成立于20世纪80年代，其名称和简称在我国具有一定影响，2018年乙单位成立，在其提供的服务和宣传中均载明本单位的名称。该名称中包含甲单位的简称，根据《反不正当竞争法》的相关规定，下列选项不正确的是？（　　）

A. 若乙单位是仅提供公益服务而不从事生产经营活动的社会组织，无论相关公众是否误以为乙和甲存在特定联系，均不应认定乙实施了混淆行为

B. 若甲单位是仅提供公益服务而从不从事生产经营活动的社会组织，即便乙是经营者，由于其使用的不是他人有一定影响的商业标识，因此也不应认定乙实施了混淆行为

C. 若没有引人误认为乙与甲存在特定联系或误认为乙提供的服务是甲的服务，则不应认定乙实施了混淆行为

D. 若认定乙实施了混淆行为，在甲因该行为所受到的实际损失、乙因该行为所获得的利益难以确定的情况下，法院可以根据情节判处乙给予甲300万元的赔偿

45. 我国轧钢产业向商务部申请对从甲国进口的轧钢进行反倾销调查，商务部终局裁定确定倾销成立，对国内轧钢产业造成损害，决定征收反倾销税。根据我国相关法律规定，下列哪一选项是正确的？（　　）

A. 反倾销税的纳税人应该是甲国轧钢出口商

B. 我国振华公司认为其已经缴纳的反倾销税款超过倾销幅度，可以向商务部申请退税

C. 针对商务部的终局裁定，甲国轧钢出口商必须先申请复审，对复审决定不服才能提起行政诉讼

D. 针对商务部的终局裁定，甲国轧钢出口商只能申请行政复议，无权向人民法院提起行政诉讼

46. 关于林木、林地所有权和使用权争议，下列选项错误的是？（　　）

A. 单位之间发生的林木、林地所有权和使用权争议，由县级以上人民政府依法处理

B. 个人与单位之间发生的林木所有权和林地使用权争议，可以由乡镇人民政府依法处理

C. 当事人可以自接到处理决定通知之日起30日内，向人民法院起诉

D. 在林木、林地权属争议解决前，即使因森林防火需要，当事人任何一方也不得砍伐有争议的林木或者改变林地现状

47. 根据《环境保护法》的规定，下列选项错误的是？（　　）

A. 国务院环境保护主管部门制定国家污染物排放标准

B. 天津市人民政府对国家污染物排放标准中未作规定的项目，可以制定地方污染物排放标准

C. 重庆市人民政府环境保护主管部门对国家污染物排放标准中已作规定的项目，可以制定严于国家污染物排放标准的地方污染物排放标准

D. 地方污染物排放标准应当报国务院环境保护主管部门备案

48. 关于突发环境事件的预警与处置，下列做法错误的是？（　　）

A. 甲县人民政府建立环境污染公共监测预警机制，组织制定预警方案

B. 乙县环境受到污染，在可能影响公众健康和环境安全时，乙县人民政府及时公布预警信息，启动应急措施

C. 丙企业在可能发生突发环境事件时，及时通报可能受到危害的单位和居民，并向环境保护主管部门和有关部门报告

D. 丁县人民政府在突发环境事件应急处置工作结束后，立即组织评估事件造成的环境影响和损失，但没有将评估结果向社会公布

49. 甲化工厂和乙造纸厂排放污水，造成某村农作物减产。当地环境主管部门检测认定，甲排污中的有机物超标3倍，是农作物减产的原因，乙排污未超标，但其中的悬浮物仍对农作物减产有一定影响。关于甲、乙两厂应承担的法律责任，下列选项不正确的是？（　　）

A. 甲厂应对该村损失承担赔偿责任

B. 乙厂应对该村损失承担赔偿责任

C. 环境主管部门有权追究甲厂的行政责任

D. 环境主管部门有权追究乙厂的行政责任

50. 中国云海公司向某国的哈瑞公司出口一批与两用物项相关的精密设备，合同选用2020年《国际贸易术语解释通则》的CIF术语，信用证支付，信用证中注明"暂不生效，待进口许可证签发后生效"。根据《出口管制法》与信用证的相关规则，下列哪一选项符合要求？（　　）

A. 因为是精密设备，故云海公司有义务投保最高险种

B. 信用证为云海公司顺利结汇提供了充分的保障

C. 若该设备被列入出口管制清单，则未经中

国相关部门许可,作为最终用户的哈瑞公司不得擅自改变该设备的最终用途或向第三方转让

D. 若中国云海公司未在出口管制清单中查到该精密设备,则可以直接出口

二、多项选择题 每题所设选项中至少有两个正确答案,多选、少选、错选或不选均不得分。(本部分含51—90题,每题2分,共80分)

51. 甲汉服公司,于2016年注册了“南柯一梦”商标。乙公司作为一家专门经营汉服的公司,认为该商标与其公司完美契合,经协商双方签订了商标独占使用许可合同,但未报商标局备案。后丙公司提出愿出双倍许可费与甲汉服公司签订商标独占使用许可合同,甲汉服公司欣然接受。某汉服店以市场价买入丙公司制造的“南柯一梦”品牌服装后进行销售。某购物中心为装饰需要,购入一件丙公司制作的“南柯一梦”品牌服装,拆掉商标后将其穿在塑料模特上。下列哪些选项是错误的?(　　)

A. 乙公司有权向法院起诉要求甲汉服公司承担违约责任

B. 乙公司有权向法院起诉要求丙公司停止使用“南柯一梦”商标,并承担赔偿责任

C. 汉服店应当对乙公司承担赔偿责任

D. 购物中心的行为并未构成对乙公司的侵权

52. 甲为躲避债务一走了之,5年后其妻子乙向法院申请宣告甲死亡,在法院宣告甲死亡之后,乙便与丙结婚,并在1年后离婚。7年后甲归来,此时,关于婚姻关系的表述,下列选项正确的是?(　　)

A. 法院撤销死亡宣告后,甲乙的婚姻关系自行恢复

B. 法院宣告甲死亡时,甲乙的婚姻关系消灭

C. 法院撤销死亡宣告后,甲乙需要登记结婚方能确立婚姻关系

D. 甲下落不明时,甲乙的婚姻关系消灭

53. 商场促销,举行购买电器送奶粉的活动,李老太购买电器后,喝完奶粉上吐下泻,去医院治疗了7日,李老太要求商场承担赔偿责任,商场以奶粉是赠送为由抗辩。关于此案,下列说法正确的是?(　　)

A. 李老太自行承担损失

B. 李老太可向商场主张侵权

C. 李老太可向商场主张违约

D. 奶粉生产者有赔偿义务

54. 甲、乙、丙三公司与丁银行订立书面担保协议,约定:甲公司向乙公司进货,丙公司按约向丁银行开设的专门账户转账,每次转入甲、乙公司交易金额的50%作为担保金,用以担保乙公司价款债权的实现,且该专门账户由乙、丙公司共同管理,账户内的资金转账需乙、丙公司的共同签字。在合同履行过程中,甲公司尚有200万元货款到期不能履行,乙公司却发现丙公司私自转走专门账户内的50万元。下列哪些说法是正确的?(　　)

A. 乙公司对专门账户内的资金不享有担保物权

B. 乙公司对转走的50万元资金不享有担保物权

C. 乙公司可追究丁银行的违约责任

D. 乙公司可追究丙公司的违约责任

55. 甲有价值10万元的玉石一块。甲、乙订立玉石买卖合同,约定价款8万元,5日后乙付款取玉石。随后甲又向乙提出,再借用玉石把玩几天,乙表示同意。隔天,不知情的丙找到甲,表示愿以15万元购买该玉石,甲同意并当场将玉石交给丙。丙在回家路上将玉石丢失被丁拾得,丁通过自己正规的古玩店将其卖给戊。下列哪些选项是错误的?(　　)

A. 真正所有权人可以无偿追回玉石

B. 戊已取得该玉石的所有权,原所有权人无权请求返还该玉石

C. 该玉石所有权人的先后顺序是甲、乙、丙

D. 真正所有权人基于所有权请求戊返还玉石不受时间限制

56. 甲居住在高档小区,小区实行严格的封闭管理,住户需凭证件进出。甲与物业公司签订物业服务合同,合同约定甲每月按建筑面积每平方米15元的标准缴纳物业费。物业公司在小区挂横幅称“24小时巡逻,打击流浪狗、严防偷盗,给您一个安全温馨的家园”。下列哪些选项是正确的?(　　)

A. 甲7岁的儿子放学回来进小区后,被5只流浪狗咬伤,花去医疗费1200元,事后流浪狗被警察打死。物业公司应当对甲的儿子的损害承担赔偿责任

B. 甲的汽车后备厢在小区内被撬,通过监控录像可见小偷用时5小时,前前后后出入3次,偷走了一箱茅台飞天白酒、一个汽车的备胎和车顶行李架,总计价值18,000元,至今没有破案。对于甲的损失,物业公司应当承担赔偿责任

C. 甲停放在楼下公共车棚的电动自行车不久也丢失了，损失 2400 元，物业公司应当承担赔偿责任

D. 甲在楼下乘凉时被邻居乙散养的藏獒咬成重伤，花去医疗费 32,000 元，物业公司应当承担相应的补充责任

57. 甲公司为扩大生产规模向乙银行借款，甲公司以其现有的以及将有的生产设备、原材料、产品设立抵押，但未办理抵押登记。乙银行向甲公司发放贷款。关于甲公司的抵押，下列哪些选项是正确的？(　　)

A. 乙银行自抵押合同生效时取得抵押权

B. 该抵押合同为动产浮动抵押合同

C. 抵押登记机关为抵押财产所在地的市场监督管理部门

D. 乙银行的抵押权不得对抗在正常经营活动中已支付合理价款并取得抵押财产的买受人

58. 某小区野狗频繁出没，业主向物业反映，物业未采取任何措施。某日，张某出门倒垃圾，不慎把厨余垃圾洒出，引起野狗疯抢。小学生小明吃着鸡腿路过，不幸被野狗围堵咬伤。关于小明的损害赔偿责任，下列选项不正确的是？(　　)

A. 张某和小区业主承担连带责任

B. 张某应承担责任

C. 小明自己存在问题，损害由自己承担

D. 物业应当承担责任

59. 关于电影、职务、委托作品的著作权，下列哪些说法是正确的？(　　)

A. 电影《流浪地球》著作权由制片者享有，但编剧享有署名权

B. 如《流浪地球》属于受委托创作的作品，著作权属于委托人大刘

C. 如《流浪地球》属于职务作品，在作品完成 2 年内，未经单位同意，大刘不得许可第三人使用该作品

D.《流浪地球》电影剧本的作者大刘有权单独行使其著作权

60. 甲的小说《爱在深秋》于 1969 年 1 月 1 日完成。1969 年 3 月 1 日甲去世，2019 年 12 月 31 日乙网站上传小说《爱在深秋》供网友阅读，署名张三。2020 年 1 月 1 日丙网站上传小说《爱在深秋》供网友阅读，未署名。下列哪些选项是正确的？(　　)

A. 乙网站侵犯甲的信息网络传播权

B. 丙网站侵犯甲的信息网络传播权

C. 乙网站侵犯甲署名权

D. 丙网站侵犯甲署名权

61. 柴某是某大学艺术系学生，平时喜欢金丝猴，恰逢猴年便耗时 1 个月创作金丝猴图案，欢乐公司是一家灯笼厂公司，为提升灯笼销量，在灯笼上使用与其高度相似的金丝猴立体造型，但未经柴某许可，后欢乐公司获得外观设计专利权，于是制造、销售该款灯笼。大海幼儿园买入该款灯笼供学生玩耍，但并不知道该款灯笼造型与柴某的绘画近似。下列哪些选项是正确的？(　　)

A. 欢乐公司制造、销售行为侵犯了柴某的著作权，应当予以赔偿并停止侵权

B. 大海幼儿园侵犯了柴某的著作权，但无须停止侵权和赔偿

C. 柴某可请求宣告该专利权无效，因为欢乐公司的外观设计侵犯其在先权利

D. 大海幼儿园的行为侵犯了欢乐公司的外观设计专利权，其无须赔偿，但需停止侵权

62. 甲国埃尔斯公司为了在乙国的投资，申请到某国际融资机构的贷款，下列哪些属于埃尔斯公司的预期违约事项？(　　)

A. 埃尔斯公司经营状况发生重大不利变化，可能丧失清偿能力

B. 埃尔斯公司在自己的财产上为其他债权人设定担保物权

C. 埃尔斯公司涉嫌在丙国逃税，被丙国税务机关扣押财产

D. 埃尔斯公司到期不清偿贷款的本金和利息

63. 甲向乙借款，以房屋设定抵押权，并办理了抵押登记，之后甲将该房屋出租给不知情的丙，预收了 2 年的租金。借款到期后甲无力清偿债务，半年后，经乙请求，该房屋被法院委托拍卖，由丁竞买取得。下列选项错误的是？(　　)

A. 丁有权请求丙腾退房屋，丙无权要求丁退还剩余租金

B. 丁有权请求丙腾退房屋，丙有权要求丁退还剩余租金

C. 丙有权要求丁继续履行租赁合同

D. 甲与丙之间的租赁合同无效

64. 小陈 2018 年 5 月以自己的名义首付 100 万元，借款 100 万元买房一套，6 月 1 日与小李结婚、婚后两人共同努力还清了全部 100 万元借款。2020 年 3 月两人离婚，此时该房屋的市场价格已经涨到 400 万元。关于该房屋的分割，下列说法不正确的是？(　　)

A. 判决房屋归小陈所有,但应当偿还小李55万元

B. 判决房屋为小陈和小李的共同财产

C. 判决房屋归小陈个人所有,小陈补偿小李200万元

D. 判决房屋归小陈个人所有,小陈补偿小李100万元

65. 下列关于探望权的说法不正确的是?( )

A. 探望权的对象是未成年子女和成年子女

B. 探望权的主体除了父母还包括孩子的祖父母和外祖父母

C. 与子女共同生活的一方应当协助探望权的行使,如果拒绝履行协助义务的,可以对其强制执行

D. 在生效的离婚判决中未涉及探望权的,当事人无权单独就探望权起诉

66. 张三诉李四合同纠纷一案,在诉讼中,张三将合同转让给王五,王五申请参加诉讼,下列对当事人表述正确的是?( )

A. 法院直接更换王五为原告

B. 法院应直接追加王五为本案的无独立请求权的第三人,生效的法律文书对王五生效

C. 王五申请参加诉讼,法院可以更换其为原告

D. 王五申请参加诉讼,法院不同意变更其为原告,则王五可被追加为无独立请求权的第三人

67. 甲、乙、丙签订合同一份,其中约定在合同履行过程中发生争议的,可以向A区法院起诉,也可以向W仲裁委员会申请仲裁。发生纠纷后,甲向W仲裁委员会申请仲裁,乙向A区法院起诉,丙则向A区法院申请确定仲裁协议无效。关于本案,下列说法中正确的是?( )

A. A区法院应当裁定确认仲裁协议无效

B. W仲裁委员会不应受理甲的仲裁申请

C. A区法院应当受理乙的起诉

D. 法院应当在仲裁庭首次开庭前作出裁定确认仲裁协议无效

68. 王某与黄某的离婚诉讼,一审法院判决不准离婚。王某不服提出上诉,二审法院认为应当判离,于是对财产分割问题进行调解,但双方无法达成合意,于是二审法院将案件发回重审。发回重审后,一审法院再次判决不准离婚,王某再次提出上诉。此时二审法院应当如何处理本案?( )

A. 二审法院可以先针对婚姻关系部分作出判决

B. 二审法院应当再次撤销原判,将案件发回重审

C. 二审法院应当直接改判

D. 二审法院可以告知当事人对财产部分另行起诉

69. 张某与李某因相邻权纠纷诉至A市B区法院,B区法院经过审理作出判决,张某和李某均未上诉。在本案执行的过程中,李某向A市中级人民法院申请再审。下列选项中说法错误的是?( )

A. A市中级人民法院应当驳回李某的再审申请

B. A市中级人民法院应当告知李某向B区法院申请再审

C. A市中级人民法院应当裁定将再审案件移送B区法院审理

D. B区法院应当裁定中止执行

70. 甲公司与乙公司签订了外加剂买卖合同,之后甲公司申请法院向乙公司发出支付令,要求乙公司支付货款35万元。A区法院受理申请后,于2020年8月1日向乙公司发出支付令,乙公司在2020年8月6日提出书面异议称双方已经协商延期付款3个月。此外,2020年8月10日,乙公司又以甲公司提供的外加剂质量不合格为由,将甲公司诉至B区法院,要求其承担违约责任。关于本案,下列选项中说法错误的是?( )

A. 因为乙公司提出了书面异议,所以支付令失效,法院应裁定终结督促程序

B. 因为乙公司向法院提起了诉讼,所以支付令失效,法院应当终结督促程序

C. A区法院应当终结督促程序,将案件移送给B区法院

D. 支付令的效力不受影响

71. 李一和王二的借款合同纠纷一案,标的额为20万元,法院适用小额诉讼程序审理,在生效法律文书作出后,李一欲申请再审,下列关于再审的说法正确的是?( )

A. 李一可以发现新证据为由申请再审

B. 李一可以法院适用小额诉讼程序审理错误为由申请再审

C. 法院裁定再审的,应当适用合议庭审理

D. 法院裁定再审的,适用小额诉讼程序审理

72. 王杰申请法院发公示催告的公告,称遗失的票据到期付款日为2016年8月1日。法院依申

请发了公告,确定催告期间为80日,下列关于公告说法正确的是?(　　)

A. 公告是必经程序

B. 由审判员一人签发

C. 催告的期间应不少于60日,且必须在2016年8月16日后届满

D. 付款日届至,刘震作为利害关系人申报权利,其申报的期间为15日

73. 案外人对执行标的提出异议后,法院作出裁定,关于该裁定说法正确的是?(　　)

A. 该裁定不是终局裁定,对该裁定不服的,可以再审,也可以提起执行异议之诉

B. 该裁定是终局裁定,一经作出立即生效

C. 法院裁定的内容可以是中止执行,也可以是驳回异议

D. 如果法院裁定中止执行,且执行标的与原生效法律文书无关,则申请执行人必须在15日内起诉,不起诉的,法院裁定解除对该标的的执行措施

74. 法院判决乙向甲还债(金钱),执行了乙的房屋,乙的父亲站出来说该房屋是他的。下列说法正确的是?(　　)

A. 乙的父亲可以直接提起异议诉讼

B. 乙的父亲可以对执行标的提出异议

C. 法院作出判决支持乙的父亲的请求后,执行法院应解除对该房屋的查封

D. 乙的父亲可以对执行行为提出异议

75. 风年文化公司成立于2018年,股东是时代公司以及马风、丁年。章程规定公司的注册资本是100万元,持股比例为5∶3∶2,各股东应当在公司成立时一次性缴清全部出资。至2020年,时代公司将其持有的峰峻公司的股权作价评估50万元作为出资,但一直未办理产权移转登记;马风和丁年以货币出资,在公司设立时马风实际支付了10万元,丁年实际支付了20万元。关于各位股东的出资,下列哪些说法是错误的?(　　)

A. 时代公司已履行出资义务

B. 马风和丁年没有完全履行自己的出资义务

C. 马风和丁年应当承担继续履行出资义务及违约责任

D. 如马风和时代公司没有完全履行自己的出资义务,丁年无须承担连带责任

76. 南方有限公司有9个股东。2019年5月,公司经股东会决议,决定变更公司名称为南方股份公司,下列选项错误的是?(　　)

A. 该股东会决议应由6个以上股东同意

B. 该股东会决议应由出席会议代表2/3以上表决权的股东同意

C. 南方股份公司董事长由全体董事的过半数选举产生

D. 南方股份公司副董事长由出席董事的过半数选举产生

77. 欣欣贸易商行是甲和乙共同出资设立的普通合伙企业,于2020年4月完成设立登记并领取营业执照,合伙协议约定甲是合伙事务执行人。2020年3月,在合伙企业筹备阶段,甲以合伙企业名义和丙公司签了一份购买口罩的合同。2020年5月,乙了解到丁公司还有口罩存货,乙遂以合伙企业名义和丁公司签了购买合同。后来市场上口罩需求大降,丙公司现在要求还款,丁公司要求履行合同。关于本案,下列说法正确的是?(　　)

A. 甲与丙公司签订合同时,企业未领取营业执照,甲不得以合伙企业名义签订合同

B. 丁公司无权要求乙承担责任

C. 丁公司可主张甲、乙对合伙企业债务承担连带责任

D. 乙无权以合伙企业的名义对外签订合同,故丁公司无权要求合伙企业履行合同

78. 美国人川特计划在中国投资,根据《外商投资法》的规定,关于负面清单,下列说法正确的是?(　　)

A. 外商投资准入负面清单规定禁止投资的领域,川特不得投资

B. 外商投资准入负面清单规定限制投资的领域,川特不得投资

C. 外商投资准入负面清单规定限制投资的领域,川特进行投资应当符合负面清单规定的条件

D. 外商投资准入负面清单以外的领域,按照外资优先的原则实施管理

79. 根据《外商投资法》规定的对外商投资企业的投资促进措施,下列说法正确的有哪些?(　　)

A. 外商投资限于外国投资者单独或者与其他投资者共同在中国境内设立外商投资企业

B. 在投资准入阶段给予外国投资者及其投资不低于本国投资者及其投资的待遇

C. 外商投资企业不受我国制定的强制性标准的约束

D. 外商投资企业可以在中国公开发行股票、公司债券等证券

80. 古道西风有限公司被裁定进入破产程序,

根据《破产法解释(三)》的规定,下列选项正确的是?(　　)

A. 债权人会议的决议超出债权人会议的职权范围,损害债权人利益,债权人有权申请撤销

B. 债权人会议的决议内容违法,损害债权人利益,债权人有权申请撤销

C. 人民法院只能裁定撤销全部事项决议,责令债权人会议依法重新作出决议

D. 债权人申请撤销债权人会议决议的,可以提出口头或者书面申请

81. 根据《保险法解释(四)》的规定,下列说法正确的是?(　　)

A. 保险人已向投保人履行了《保险法》规定的提示和明确说明义务,保险标的受让人以保险标的转让后保险人未向其提示或者明确说明为由,主张免除保险人责任的条款不生效的,人民法院不予支持

B. 保险人已向投保人履行了《保险法》规定的提示和明确说明义务,保险标的受让人以保险标的转让后保险人未向其提示或者明确说明为由,主张免除保险人责任的条款不生效的,人民法院应予支持

C. 被保险人死亡,继承保险标的的当事人主张承继被保险人的权利和义务的,人民法院应予支持

D. 被保险人死亡,继承保险标的的当事人主张承继被保险人的权利和义务的,人民法院不予支持

82. 甲为其妻投保以死亡为给付条件的人身保险,受益人是甲。在保险责任期间,甲欲毒害妻子但妻子被救活,后甲妻因精神受到刺激,某日精神恍惚,不慎掉进河里溺水身亡。随后甲通知保险公司变更受益人为甲母。对此,下列表述错误的是?(　　)

A. 甲变更甲母为受益人,保险人不可拒绝

B. 甲订立该份保险合同的保险金额要经甲妻同意

C. 甲是受益人

D. 甲母是受益人

83. 万豪以20万元(认缴80万元)入伙喜来旅店(有限合伙企业),成为有限合伙人。后该企业的另外一名有限合伙人退出,万豪便成为唯一的有限合伙人。2019年3月,万豪不幸发生车祸,虽经抢救保住性命,但已成为植物人。对此,下列表述错误的是?(　　)

A. 就万豪入伙前该合伙企业的债务,其需以20万元为限承担责任

B. 就万豪入伙前该合伙企业的债务,其需以80万元为限承担责任

C. 因万豪已成为植物人,故该合伙企业有权要求其退伙

D. 因唯一的有限合伙人已成为植物人,故该有限合伙企业应转为普通合伙企业

84. 依据《审计法》的相关规定,下列说法正确的是?(　　)

A. 审计业务以上级审计机关领导为主

B. 审计机关履行职责所必需的经费应当列入财政预算

C. 审计人员办理审计事项,与被审计单位有利害关系的,应当回避

D. 审计人员对其在执行职务中知悉的商业秘密,可以披露

85. 中国华泰公司从甲国埃拉公司以DPU术语进口一批货物,依据2020年《国际贸易术语解释通则》和1980年《联合国国际货物销售合同公约》的规定,下列哪些判断是正确的?(　　)

A. 埃拉公司有义务为中国华泰公司投保货物运输险

B. 埃拉公司应在"运输终端"完成交货

C. 埃拉公司应承担运输中的风险

D. 中国华泰公司应在发现或理应发现货物存在质量问题后的一段合理时间通知埃拉公司

86. 甲国艾尔公司向中国出口某类商品,因价格过低涉嫌倾销被中国商务部调查,甲国艾尔公司向商务部作出价格承诺,根据我国相关法律规定,下列哪些选项是正确的?(　　)

A. 若甲国艾尔公司违反其价格承诺,则商务部可以立即决定恢复反倾销调查

B. 若商务部拒绝甲国艾尔公司的价格承诺,应当说明理由

C. 甲国艾尔公司在针对商务部的反倾销终局裁定提起的行政诉讼中对主张事实负有举证责任

D. 甲国艾尔公司不得就商务部的价格承诺复审决定提起行政诉讼

87. 甲国A公司在乙国投资设立B公司,并就该投资项目向多边投资担保机构投保货币汇兑险。A公司的某项产品发明在甲国首次申请专利后,又在乙国提出同一主题的专利申请,同时要求获得优先权保护。甲乙两国都是《多边投资担保机构公约》和《保护工业产权巴黎公约》的缔约国,下列哪

些判断是正确的？（　　）

A. 乙国应为发展中国家

B. 乙国的外汇管制是商业风险，不属于货币汇兑险的承保范围

C. 乙国有权要求A公司委派乙国境内的本地专利代理机构申请专利

D. 即使A公司在甲国的专利申请被驳回，也不影响其在乙国申请的优先权

88. 中国甲公司和美国乙公司签订1亿美元标的额的买卖合同，合同约定纠纷由最高人民法院国际商事法庭管辖，以下表述不正确的有哪些？（　　）

A. 国际商事法庭受理后，可直接委托国际商事专家委员会成员调解

B. 国际商事法庭作出的判决，败诉方不能上诉

C. 若双方达成合意，国际商事法庭可以用英文进行案件的审理

D. 因为违反级别管辖，合同中选择国际商事法庭的约定无效

89. 我国A公司从甲国B公司进口一批服装，双方约定以信用证方式结算。A公司向我国C银行申请开立了信用证。货到后，A公司发现集装箱装的全部是工业废料，根据我国相关司法解释，下列说法正确的是？（　　）

A. A公司应向人民法院申请中止支付信用证项下的款项

B. A公司应向C银行申请中止支付信用证项下的款项

C. 即使信用证具有独立性，必要时人民法院也可将A、B两公司之间的信用证纠纷与货物买卖纠纷一并审理

D. 如果C银行仅对信用证项下票据作出承兑而未实际付款，则可判决终止支付信用证项下款项

90. 关于劳动合同的解除，下列说法正确的是？（　　）

A. 甲公司拖欠张三工资，张三可以解除劳动合同

B. 乙公司未依法为李四缴纳社会保险费，李四可以解除劳动合同

C. 王五在试用期间迟到一次，甲公司可以解除劳动合同

D. 赵六严重违反规章制度，乙公司可以解除劳动合同

三、不定项选择题

每题所设选项中至少有一个正确答案，多选、少选、错选或不选均不得分。（本部分含91—100题，每题2分，共20分）

91. 根据《民法典》的规定，下列关于婚姻的消灭的说法正确的是？（　　）

A. 婚姻无效或者被撤销的，无过错方有权请求过错方承担损害赔偿责任

B. 一方患有重大疾病没有如实告知对方的，另一方可以自知道或者应当知道撤销事由之日起1年内向法院提出撤销婚姻

C. 夫妻一方因抚育子女、照料老年人、协助另一方工作等负担较多义务的，离婚时有权向另一方请求补偿，另一方应当给予补偿

D. 自婚姻登记机关收到离婚登记申请之日起30日内，任何一方不愿意离婚的，可以向婚姻登记机关撤回离婚登记申请。30日期间届满后30日内，双方应当亲自到婚姻登记机关申请发给离婚证；未申请的，视为撤回离婚登记申请

92. 甲是某有限合伙企业的有限合伙人，持有该企业15%的份额。在合伙协议无特别约定的情况下，甲在合伙期间未经其他合伙人同意实施了下列行为，其中违反《合伙企业法》规定的是？（　　）

A. 将自购的机器设备出租给合伙企业使用

B. 以合伙企业的名义购买汽车一辆归合伙企业使用

C. 以自己在合伙企业中的财产份额向银行提供质押担保

D. 提前30日通知其他合伙人将其部分合伙份额转让给合伙人以外的人

93. 老王给妻子投保了金额为20万元的人身保险，受益人是20岁的儿子小王，保险期限5年。后来老王做生意需要钱，遂准备将此保险合同退保，妻子和儿子都不同意。下列说法正确的是？（　　）

A. 老王有权解除该保险合同

B. 妻子不同意退保，老王不能解除此保险合同

C. 儿子不同意退保，老王不能解除此保险合同

D. 如果妻子向老王支付了相当于保单现金价值的款项，并通知了保险公司，此合同不能解除

94. 甲和乙因为人身损害赔偿纠纷起诉到法院，一审法院作出判决，甲对赔偿标准有异议，提起上诉。原审法院也发现赔偿金及利息的适用标准

有错误，原审法院将案件移交上级法院，甲没有按期缴纳上诉费，法院应该如何处理？（　　）

A. 二审法院撤销原判，发回原审

B. 一审法院启动审判监督程序

C. 继续审理

D. 二审法院按撤回上诉处理

95. 根据《民事诉讼法》以及相关司法解释的规定，关于离婚诉讼，下列选项正确的是？（　　）

A. 被告下落不明的，案件由原告住所地法院管辖

B. 一方当事人死亡的，诉讼终结

C. 判决生效后，不允许当事人申请再审

D. 原则上不公开审理，因其属于法定不公开审理案件范围

96. 张三和李四自行车的所有权纠纷一案，法院判决自行车归张三所有，进入执行程序后，王五认为自己是合法所有权人，下列说法正确的是？（　　）

A. 王五提起第三人撤销之诉，并向法院提供担保，法院裁定中止执行

B. 王五提起第三人撤销之诉，法院继续执行，王五以案外人身份提出执行异议

C. 王五提起第三人撤销之诉，在执行中又以案外人身份提出执行异议被驳回，王五不能申请再审

D. 王五在执行中以案外人身份提出执行异议被驳回，之前未提出第三人撤销之诉的，只能申请再审，不能提第三人撤销之诉

97. 甲欠乙钱，丙为甲担保。到期后乙向甲发支付令。下列说法正确的是？（　　）

A. 支付令仅对甲生效

B. 支付令对甲、丙均生效

C. 如果乙起诉担保人丙，支付令效力不受影响

D. 如果乙起诉担保人丙，则支付令效力失效

98. 甲因拖欠乙汽车修理厂修理费，乙厂遂对其汽车进行留置。对此，下列说法正确的是？（　　）

A. 甲乙均有权向法院申请实现该担保物权

B. 本案可以由汽车所在地或者担保物权登记地基层人民法院管辖

C. 法院审查符合法律规定，裁定拍卖、变卖该汽车的，该裁定可以强制执行

D. 法院审查不符合法律规定的，裁定驳回申请后，当事人可以向法院起诉

99. 甲与乙订立买卖合同，约定甲于10月10日交货，乙在收货后10日内付款。交货期届满时，甲发现乙有转移资金以逃避债务的行为。对此，甲可依法行使的权利是？（　　）

A. 先履行抗辩权　　B. 同时履行抗辩权

C. 先诉抗辩权　　D. 不安抗辩权

100. Y国人朴某与中国人杨某在Y国诉讼离婚，杨某向中国某法院申请承认Y国法院的判决。中国和Y国之间没有关于法院判决承认和执行的双边协议，也没有相应的互惠关系，根据相关法律及司法解释，下列判断正确的是？（　　）

A. 法院应依两国既无双边协议也无互惠关系，拒绝承认Y国的离婚判决

B. 若Y国离婚判决是在朴某缺席且未得到合法传唤情况下作出的，法院应拒绝承认

C. 若法院已经受理了杨某的申请，朴某向法院起诉与杨某离婚的，法院应当受理

D. 若法院已经受理了杨某的申请，杨某不得撤回其申请

2020年国家统一法律职业资格考试
客观题试卷二答案及解析

一、单项选择题

1.【参考答案】 C

【解析】 无权代理是指没有代理权而以他人名义进行代理活动的民事行为，无权代理效力待定。如果被代理人予以追认，则该代理行为有效。在本题中，丙明知乙以自己的名义实施民事行为，而未予否认，视为同意乙的代理行为，故该代理行为有效，其法律后果由丙承担，C项正确，A、B、D项错误。

2.【参考答案】 D

【解析】 本题考查物权变动。动产物权在动产交付时发生变动。本题中，老张付款后，老张与农家乐老板陈某成立买卖合同，老张对陈某享有债权。根据《民法典》的规定，动产交付，所有权转移。陈某向小张交付鸽子时，小张取得鸽子所有权，但小张因害怕缩手，并未完成交付。故物权不发生变动，物权仍属于老板陈某。故本题选D。

3.【参考答案】 D

【解析】 关于A项，《民法典》第575条规定："债权人免除债务人部分或者全部债务的，债权债务部分或者全部终止，但是债务人在合理期限内拒绝的除外。"据此，债权人免除债务人的债务，法定方式为"有相对人的单方法律行为"，债权人免除债务人全部或者部分债务的，仅需债权人作出免除的意思表示，免除债务的意思表示到达债务人时生效（以非对话的方式）或者自债务人了解时生效（以对话的方式），无须债务人同意。债务人不愿意接受债务被免除的利益的，可以抛弃债权人通过该单方法律行为为自己创设的利益，即债务人可"于合理期限内拒绝"。故A选项错误。就本题而言，若乙通过丙作为"使者"对甲作出免除甲借款债务的意思表示，该意思表示的作出，其要件有二：第一，乙向丙表达免除甲借款债务的意思；第二，乙委托丙向甲转达。而事实上，乙仅对丙表达了免除甲借款借务的意思，但并未委托丙向甲转达，因此，乙"尚未作出"免除甲借款债务的意思表示，未受委托的丙转达给甲的，该意思表示不能生效。因此，甲对乙的借款债务未被免除，借款到期后，甲应当向乙履行偿还借款的义务。故BC选项错误，D选项正确。

4.【参考答案】 B

【解析】 魏某婚前房产系其个人财产，在其去世之后作为遗产继承，其配偶子女均属第一顺位继承人，应平均继承。故D项错误。现金收入200万元为夫妻共同财产，魏某去世后，其中100万元由陈某和魏某之女魏红继承，各50万元。故A、C错误。陈某在继承50万元遗产后，对其财产享有支配权，故其可将其赠与其子。B正确。

5.【参考答案】 B

【解析】 《民法典》第987条规定："得利人知道或者应当知道取得的利益没有法律根据的，受损失的人可以请求得利人返还其取得的利益并依法赔偿损失。"据此可知，不当得利包括四个构成要件：没有法定或约定的原因；一方获益；一方受损；获益与受损之间存在因果关系。因此A、C、D项正确，B项错误。

6.【参考答案】 D

【解析】 《商标法》第60条第2款规定："工商行政管理部门处理时，认定侵权行为成立的，责令立即停止侵权行为，没收、销毁侵权商品和主要用于制造侵权商品、伪造注册商标标识的工具，违法经营额五万元以上的，可以处违法经营额五倍以下的罚款，没有违法经营额或者违法经营额不足五万元的，可以处二十五万元以下的罚款。对五年内实施两次以上商标侵权行为或者有其他严重情节的，应当从重处罚。销售不知道是侵犯注册商标专用权的商品，能证明该商品是自己合法取得并说明提供者的，由工商行政管理部门责令停止销售。"据此可知，A、B、C项正确。

《商标法》第64条第2款规定："销售不知道是侵犯注册商标专用权的商品，能证明该商品是自己合法取得并说明提供者的，不承担赔偿责任。"据此可知，丙公司虽然构成侵权，但不需要承担赔偿责任，故D项错误。

7.【参考答案】 B

【解析】 《商标法》第8条规定，声音可以作为商标申请注册，故A项正确。

《商标法》第22条第2款规定，商标注册申请人可以通过一份申请就多个类别的商品申请注册同一商标，故B项错误。

根据《商标法》第10条第1款第1项规定可知，同中央国家机关的名称、标志、所在地特定地点的名称或者标志性建筑物的名称、图形相同的，不得作为商标使用，故C项正确。

根据《商标法》第14条第5款规定可知，生产、经营者不得将"驰名商标"字样用于商品、商品包装或者容器上，或者用于广告宣传、展览以及其他商业活动中，故D项正确。

8.【参考答案】 D

【解析】 《专利纠纷解释(二)》第26条规定："被告构成对专利权的侵犯，权利人请求判令其停止侵权行为的，人民法院应予支持，但基于国家利益、公共利益的考量，人民法院可以不判令被告停止被诉行为，而判令其支付相应的合理费用。"因此A、B项正确。

《专利纠纷解释(二)》第28条规定："权利人、侵权人依法约定专利侵权的赔偿数额或者赔偿计算方法，并在专利侵权诉讼中主张依据该约定确定赔偿数额的，人民法院应予支持。"因此C项正确，D项错误。

9.【参考答案】 D

【解析】 A项，监护人实施严重损害被监护人身心健康的行为的，人民法院根据有关个人或者组织的申请，撤销其监护人资格，安排必要的临时监护措施，并按照最有利于被监护人的原则依法指定监护人。本题中，甲对被监护人丙，实施严重损害被监护人身心健康的行为，丙的祖父属于其他依法具有监护资格的人，有权申请法院撤销甲的监护资格，故A项正确。

B项，依法负担被监护人抚养费、赡养费、扶养费的父母、子女、配偶等，被人民法院撤销监护人资格后，应当继续履行负担的义务。本题中，甲的监护资格被撤销后丙仍有权请求甲支付抚养费，故B项正确。

C项，在指定监护人前，被监护人的人身权利、财产权利以及其他合法权益处于无人保护状态的，由被监护人住所地的居民委员会、村民委员会、法律规定的有关组织或者民政部门担任临时监护人。本题中，若甲的监护资格被撤销，在丙的监护人确定前，人民法院可以指定丙住所地的居民委员会担任丙的临时监护人，故C项正确。

D项，被监护人的父母或者子女被人民法院撤销监护人资格后，除对被监护人实施故意犯罪的外，确有悔改表现的，经其申请，人民法院可以在尊重被监护人真实意愿的前提下，视情况恢复其监护人资格，人民法院指定的监护人与被监护人的监护关系同时终止。本题中，因甲对丙实施故意犯罪而不得申请恢复被撤销的监护资格，D项错误。

10.【参考答案】 B

【解析】 A项，本题中，甲乙之间订立的是保留所有权买卖合同，乙将电脑交付给甲之后，所有权并未发生移转。之后乙将电脑交给丙维修，丙将修好的电脑卖给丁，丙为无权处分，丁作为善意第三人可以取得该电脑的所有权。故A项正确。

B项，买受人已经支付标的物总价款的75%以上，出卖人主张取回标的物的，人民法院不予支持。本题中，总价款为6000元，只剩最后一个月价款时，已支付价款在标的物总价款的75%以上，此时出卖人乙不得主张取回标的物，故B项错误。

C、D项，根据《民法典》第634条规定，分期付款的买受人未支付到期价款的数额达到全部价款的1/5，经催告后在合理期限内仍未支付到期价款的，出卖人可以要求买受人支付全部价款或者解除合同。出卖人解除合同的，可以向买受人请求支付该标的物的使用费。本题中，甲未支付到期价款达到总价款25%，即1500元，乙可以要求甲一次性支付剩余的全部价款或解除合同，并支付使用费，故C、D项正确。

11.【参考答案】 B

【解析】 《民事诉讼法》第50条规定："人民法院对当事人提出的回避申请，应当在申请提出的三日内，以口头或者书面形式作出决定。申请人对决定不服的，可以在接到决定时申请复议一次。复议期间，被申请回避的人员，不停止参与本案的工作。人民法院对复议申请，应当在三日内作出复议决定，并通知复议申请人。"由此可知，A项正确。

两审终审制的两种例外：(1)依特别程序、公示催告程序、督促程序审理的案件；(2)最高人民法院审理的一审案件。因为两审终审的例外不只包括非诉案件，故B项错误。

根据《民事诉讼法》和《民诉解释》的规定可知，适用公示催告程序审理的案件，可由审判员一人独任审理；判决宣告票据无效的，应当组成合议庭审理；实现担保物权案件可以由审判员一人独任审查；担保财产标的额超过基层人民法院管辖范围的，应当组成合议庭进行审查；适用简易程序审理的案件,由审判员独任审判,书记员担任记录。《民事诉讼法》第163条规定:“简单的民事案件由审判员一人独任审理,并不受本法第一百三十九条、第一百四十一条、第一百四十四条规定的限制。”因此C项正确。

公开审判的例外情形包括,(1)依职权不公开:涉及国家秘密的案件、涉及个人隐私的案件;(2)依申请不公开:离婚案件、涉及商业秘密的案件。民事诉讼中离婚案件,只有当事人申请不公开的,才可以不公开审理,故D项正确。

12.【参考答案】 A

【解析】 本案中的诉讼标的是合同法律关系,原告张三在诉讼中仅变更了诉讼请求,诉讼标的没有发生变化,选项A正确,D错误。

在一审中,当事人可以在诉讼中变更诉讼请求,而不用另行起诉,B错误。

《民诉解释》第232条规定:“在案件受理后,法庭辩论结束前,原告增加诉讼请求,被告提出反诉,第三人提出与本案有关的诉讼请求,可以合并审理的,人民法院应当合并审理。”张三在变更诉讼请求之后,仍然只有一个诉讼标的(且仍然是原先的诉讼标的),因此不存在诉的合并的空间,选项C的说法错误。

13.【参考答案】 D

【解析】 依据最高人民法院《关于审理民事级别管辖异议案件若干问题的规定》第1条和第3条的规定,提交答辩状期间届满后,原告增加诉讼请求金额致使案件标的额超过受诉人民法院级别管辖标准,被告提出管辖权异议,请求由上级人民法院管辖的,人民法院应当依法审查并作出裁定:异议不成立的,裁定驳回;异议成立的,裁定移送有管辖权的人民法院。依此,本案虽然已经开庭,但被告仍然有权提出管辖权异议,选项A错误。

法院审查后异议成立的,应当裁定移送管辖,选项B错误,D正确。

在一审法庭辩论终结前,当事人可以增加诉讼请求,因此在本案中当事人有权在开庭过程中增加诉讼请求金额,选项C的说法错误。

注意,被告原则上应当在提交答辩状期间届满前提出管辖权异议,但有例外:(1)提交答辩状期间届满后,因为原告变更诉讼请求导致管辖发生变化的,被告可以提出管辖权异议;(2)提交答辩状期间届满后,原告增加诉讼请求金额致使案件标的额超过受诉法院级别管辖标准的,被告可以提出管辖权异议。

14.【参考答案】 B

【解析】 《民诉证据规定》第3条规定,在诉讼过程中,一方当事人陈述的于己不利的事实,或者对于己不利的事实明确表示承认的,另一方当事人无须举证证明。在证据交换、询问、调查过程中,或者在起诉状、答辩状、代理词等书面材料中,当事人明确承认于己不利的事实的,适用前款规定。选项A的自认发生在法庭辩论终结前,构成自认;选项B的自认是在庭审结束后,发生在诉讼之外,故不构成诉讼法意义上的自认,不具备免证效力。

《民诉证据规定》第9条第1款规定:“有下列情形之一,当事人在法庭辩论终结前撤销自认的,人民法院应当准许:(一)经对方当事人同意的;(二)自认是在受胁迫或者重大误解情况下作出的。”选项C中被告在证据交换阶段作出的自认,成立诉讼法意义上的自认,且不具备撤销自认的条件。

《民诉证据规定》第4条规定:“一方当事人对于另一方当事人主张的于己不利的事实既不承认也不否认,经审判人员说明并询问后,其仍然不明确表示肯定或者否定的,视为对该事实的承认。”因此,选项D属于默示自认。

15.【参考答案】 D

【解析】 本题考查环境侵权纠纷的证明责任分配。噪声污染也属于环境污染的范畴,依据《民法典》第1229条和第1230条的规定,环境侵权纠纷适用无过错归责原则,且将因果关系举证责任倒置给被告,被告需要证明法定的免责事由以及其行为与损害之间不存在因果关系。在无过错归责的案件中,过错根本不是证明对象,原告何某不用证明被告甲公司有过错,被告也不用证明自己没有过错,选项A和B均错误。

环境侵权纠纷将因果关系举证责任倒置给被告,因此原告何某不用证明损害后果与被告的行为之间存在因果关系,而是由被告甲公司证明原告的损失与飞机飞行噪声之间没有因果关系,选项C错误,D正确。

16.【参考答案】 A

【解析】 首先,先予执行的适用范围是民事诉讼,在仲裁中不适用先予执行;其次,先予执行的适用条件是情况紧急(如支付赡养费、扶养费、抚育费、抚恤金、医疗费用、劳动报酬、社会保险金等)。本题中,当事人着急用房结婚,显然不符合上述条件,因此王某无权申请先予执行,选项A正确,选项BCD均错误。

17.【参考答案】 D

【解析】 普通共同诉讼属于可分之诉,其中一人的诉讼行为,对其他共同诉讼人不产生拘束力。本题中,甲、乙、丙作为普通共同诉讼的共同原告,相互之间属于独立的可分之诉,因此甲和乙认可调解方案,并不会对丙产生拘束力。此时分别处理:对甲和乙采用调解结案的方式;对丙的诉讼请求继续审理,依法裁判,而无须丙另行起诉。因此选项A、B、C均错误,选项D正确。

18.【参考答案】 C

【解析】 对判决的诉期为15日,此时已经超过上诉期限,当事人丧失上诉权,选项A错误。

再审的功能是纠正原生效裁判中的错误,本案的生效裁判并不存在错误,而是在裁判生效后发生了新的事实和情况,因此不适用再审,但A公司可以重新向法院起诉,选项B错误,C正确。

《民诉解释》第248条规定,裁判发生法律效力后,发生新的事实,当事人再次提起诉讼的,人民法院应当依法受理。因此A公司再次向甲市M区法院提起诉讼不构成重复起诉,选项D错误。

19.【参考答案】 C

【解析】 依据《民诉解释》第324条的规定,对当事人在第一审程序中已经提出的诉讼请求,原审人民法院未作审理、判决的,第二审人民法院可以根据当事人自愿的原则进行调解;调解不成的,发回重审。因此,选项C正确。

20.【参考答案】 C

【解析】 《民事诉讼法》第165条规定,基层人民法院和它派出的法庭审理事实清楚、权利义务关系明确、争议不大的简单金钱给付民事案件,标的额为各省、自治区、直辖市上年度就业人员年平均工资50%以下的,适用小额诉讼的程序审理,实行一审终审。因此C选项正确。

《民事诉讼程序繁简分流改革试点实施办法》第9条规定,适用小额诉讼程序审理的案件,可以比照简易程序进一步简化裁判文书,主要记载当事人基本信息、诉讼请求、答辩意见、主要事实、简要裁判理由、裁判依据、裁判主文和一审终审的告知等内容。对于案情简单、法律适用明确的案件,法官可以当庭作出裁判并说明裁判理由。对于当庭裁判的案件,裁判过程经庭审录音录像或者庭审笔录完整记录的,人民法院在制作裁判文书时可以不再载明裁判理由。因此,在试点地区小额诉讼案件裁判文书中不写裁判理由的前提条件是当庭裁判且庭审录音录像或笔录已经完整记录,而并不取决于双方当事人的合意,所以选项A错误。

在试点地区,经过双方当事人同意,法院可以采用在线视频的方式开庭,但不允许不开庭审理,选项B、D均错误。

21.【参考答案】 A

【解析】 《民诉解释》第290条规定:"第三人对已经发生法律效力的判决、裁定、调解书提起撤销之诉的,应当自知道或者应当知道其民事权益受到损害之日起六个月内,向作出生效判决、裁定、调解书的人民法院提出,并应当提供存在下列情形的证据材料:(一)因不能归责于本人的事由未参加诉讼;(二)发生法律效力的判决、裁定、调解书的全部或者部分内容错误;(三)发生法律效力的判决、裁定、调解书内容错误损害其民事权益。"故提供证据证明"发生法律效力的判决、裁定、调解书内容错误损害其民事权益"是第三人撤销之诉的受理条件,本题中第三人丙无法证明甲与乙的生效判决侵害了其合法权益,因此不满足第三人撤销之诉的受理条件,应当裁定驳回起诉,选项A正确,当选。

22.【参考答案】 D

【解析】 《民诉解释》第377条规定:"当事人一方人数众多或者当事人双方为公民的案件,当事人分别向原审人民法院和上一级人民法院申请再审且不能协商一致的,由原审人民法院受理。"本案中,双方当事人均为公民,其中范某向上一级法院申请再审,张某向原审法院申请再审,此时应当协商,无法协商一致的,应由原审法院即甲市A区法院受理并审查再审申请,因此选项D正确,当选。

23.【参考答案】 C

【解析】 《民诉解释》第492条规定:"执行标的物为特定物的,应当执行原物。原物确已毁损或者灭失的,经双方当事人同意,可以折价赔偿。双方当事人对折价赔偿不能协商一致的,人民法院应当终结执行程序。申请执行人可以另行起诉。"本题中,作为执行标的物的画已经毁损灭失,且双方当事人无法达成折价赔偿协议,此时执行程序已经无法继续,法院应当裁定终结执行,申请执行人可以另行起诉主张赔偿,因此选项C正确。

24.【参考答案】 A

【解析】 撤销仲裁裁决的裁定一经作出,即发生完全否定仲裁裁决效力的法律效力,当事人不得就该裁定提出异议。仲裁裁决被依法撤销后,当事人可以重新达成仲裁协议通过仲裁的方式解决纠纷,或者向法院提起诉讼。换言之,仲裁裁决被撤销后,纠纷回到了尚未被解决时的原点状态,当事人可以向法院提起诉讼,或者在重新订立仲裁协议后申请仲裁,选项A的说法正确。

仲裁裁决被撤销后,原仲裁协议失去效力,当事人如果还想通过仲裁的方式解决纠纷,需要重新订立仲裁协议,而不能依据原先的仲裁协议,选项B错误。

再审的救济对象是诉讼案件,因此本案不属于再审的适用范围,选项C和D均错误。

25.【参考答案】 D

【解析】 A项错误。《设立国际商事法庭的规定》第5条规定:国际商事法庭审理案件,由3名或者3名以上法官组成合议庭。合议庭评议案件,实行少数服从多数的原则。少数意见可以在裁判文书中载明。

B项错误。若本案合同纠纷标的额在3亿元以上且符合《民事诉讼法》关于书面协议管辖的规定,国际商事法庭可因当事双方的选择行使管辖权。

C项错误。调解需要经当事人同意,法庭无权直接委托调解。

D项正确。依据《民事诉讼法》的规定,书面协议选择法院受实际联系原则的限制。

26.【参考答案】 A

【解析】 调解书送达当事人签收后,就是生效的法律文书。生效的调解书违反当事人的意愿,属于违反自愿合法原则,是当事人对调解书申请再审的事由之一,故A项正确。

生效的法律文书作出后,为了程序的稳定性,不允许法院将文书收回重新制作,只能通过再审救济,故B、D项错误。

对生效法律文书中的笔误等形式性错误,法院才能通过裁定的方式补正。调解书违反自愿合法原则,是实体性错误,不能通过裁定补正的方式救济,故C项错误。

27.【参考答案】 C

【解析】 《民诉解释》第64条规定:"企业法人解散的,依法清算并注销前,以该企业法人为当事人;未依法清算即被注销的,以该企业法人的股东、发起人或者出资人为当事人。"由此可知,清算组织不再具有当事人资格,故C项错误。

28.【参考答案】 B

【解析】 不告不理原则是《民事诉讼法》的基本原则,表现为法院审理民事纠纷的范围(诉讼内容与标的)由当事人确定,法院无权变更、撤销当事人的诉讼请求,在审理过程中,法院只能按照当事人提出的诉讼事实和主张进行审理,对超过当事人诉讼主张的部分不得主动审理。本题中,法院就王某提出的诉讼请求进行审理,没有违反不告不理原则,故A项错误。

"驳回王某的诉讼请求"应该用"判决"的形式,不能用"裁定",故B项正确。

题干中给出"王某坚持己见",由此可知,王某行使了辩论权,法院并没有违反辩论原则,故C项错误。

本题中,"王某坚持己见,不予变更诉讼请求和理由"正是王某对自己的权利进行处分的体现,法院根据王某的处分作出相应的处理,并没有违反处分原则,故D项错误。

29.【参考答案】 C

【解析】 A项错误,在离婚诉讼中不能将诉讼文书交由在身份上既是与受送达人同住的成年家属,又是另一方当事人的人签收。

BD错误,受送达人拒收的,应当邀请受送达人所在单位或基层组织代表在场,将诉讼文书留在受送达人住所,记明理由,由送达人、见证人签名视为送达;或者以拍照、摄像方式记录送达过程视为送达。

C项正确,法院直接送达文书可以在当事人的住所以及住所外的其他地方,也可通知当事人到法院领取。

30.【参考答案】 D

【解析】 《民诉解释》第219条规定,当事人超过诉讼时效期间起诉的,人民法院应予受理。据此,虽然本案已过诉讼时效,但品尚公司起诉,法院应当受理,故A项错误。

反驳是指被告针对原告提出的诉讼请求和理由,从实体上和程序上、从事实上和法律上予以否定或部分否定。反驳与反诉最大的区别在于反驳并非向原告提出独立的诉讼请求。提出诉请超过诉讼时效属于时效抗辩,并没有提出独立的诉讼请求,因此属于"反驳"而非"反诉",故B项错误。

根据《民事诉讼法》第154条的规定可知,诉讼终结仅适用于自然人死亡后,诉讼程序没有必要或者不可能继续进行的情形。法人合并或者分立不会导致诉讼终结,只需要进行当事人更换。更换后诉讼程序继续进行,原当事人实施的诉讼行为对新的当事人有效,故C项错误。

《民诉解释》第91条第1项规定,主张法律关系存在的当事人,应当对产生该法律关系的基本事实承担举证证明责任。本案中,原告品尚公司要求高某支付拖欠租金,其前提是双方之间存在租赁合同关系,因此品尚公司应承担高某租赁其铺面事实的证明责任，故 D 项正确。

31.【参考答案】 A

【解析】 本题主要是对《检察公益诉讼解释》的考查。

该法第 13 条规定，人民检察院在履行职责中发现破坏生态环境和资源保护、食品药品安全领域侵害众多消费者合法权益等损害社会公共利益的行为，拟提起公益诉讼的，应当依法公告，公告期间为 30 日。公告期满，法律规定的机关和有关组织不提起诉讼的，人民检察院可以向人民法院提起诉讼。因此 A 项正确。

该法第 19 条规定："民事公益诉讼案件审理过程中，人民检察院诉讼请求全部实现而撤回起诉的，人民法院应予准许。"因此 B 项错误。

该法第 16 条规定："人民检察院提起的民事公益诉讼案件中，被告以反诉方式提出诉讼请求的，人民法院不予受理。"因此 C 项错误。

该法第 20 条第 1 款规定，人民检察院对破坏生态环境和资源保护、食品药品安全领域侵害众多消费者合法权益等损害社会公共利益的犯罪行为提起刑事公诉时，可以向人民法院一并提起附带民事公益诉讼，由人民法院同一审判组织审理。因此 D 项错误。

32.【参考答案】 D

【解析】 《公司法》第 55 条规定："有限责任公司成立后，应当向股东签发出资证明书，记载下列事项：(一)公司名称；(二)公司成立日期；(三)公司注册资本；(四)股东的姓名或者名称、认缴和完缴的出资额和出资日期；(五)出资证明书的编号和核发日期。出资证明书由法定代表人签名，并由公司盖章。"因此 A、B 项正确。

《公司法》第 56 条规定："有限责任公司应当置备股东名册，记载下列事项：(一)股东的姓名或者名称及住所；(二)股东认缴和完缴的出资额出资方式和出资日期；(三)出资证明书编号；(四)取得和丧失股东资格的日期。记载于股东名册的股东，可以依股东名册主张行使股东权利。"因此 C 正确，D 错误。

33.【参考答案】 A

【解析】 《公司法解释(二)》第 18 条第 1 款规定："有限责任公司的股东、股份有限公司的董事和控股股东未在法定期限内成立清算组开始清算，导致公司财产贬值、流失、毁损或者灭失，债权人主张其在造成损失范围内对公司债务承担赔偿责任的，人民法院应依法予以支持。"A 项错在"承担全部赔偿责任"。

《公司法解释(二)》第 20 条第 1 款规定："公司解散应当在依法清算完毕后，申请办理注销登记。公司未经清算即办理注销登记，导致公司无法进行清算，债权人主张有限责任公司的股东、股份有限公司的董事和控股股东，以及公司的实际控制人对公司债务承担清偿责任的，人民法院应依法予以支持。"因此 B 正确。

《公司法解释(二)》第 22 条规定："公司解散时，股东尚未缴纳的出资均应作为清算财产。股东尚未缴纳的出资，包括到期应缴未缴的出资，以及依照《公司法》第二十六条①和第八十条②的规定分期缴纳尚未届满缴纳期限的出资。公司财产不足以清偿债务时，债权人主张未缴出资股东，以及公司设立时的其他股东或者发起人在未缴出资范围内对公司债务承担连带清偿责任的，人民法院应依法予以支持。"因此 CD 正确。

34.【参考答案】 A

【解析】 《票据法》第 83 条第 2 款规定："支票中专门用于支取现金的，可以另行制作现金支票，现金支票只能用于支取现金。"A 正确。

《票据法》第 87 条第 1 款规定："支票的出票人所签发的支票金额不得超过其付款时在付款人处实有的存款金额。"B 错误。

《票据法》第 90 条规定："支票限于见票即付，不得另行记载付款日期。另行记载付款日期的，该记载无效。"C 错误。

《票据法》第 86 条第 1 款规定："支票上未记载收款人名称的，经出票人授权，可以补记。"D 错误。

35.【参考答案】 C

【解析】 《保险法》第 11 条规定："订立保险合同，应当协商一致，遵循公平原则确定各方的权利和义务。除法律、行政法规规定必须保险的外，保险合同自愿订立。"本题中姜某与保险公司是在自愿且协商一致的基础上订立的保险合同，该合同有效。因此 A 项错误。

《保险法》第 52 条规定："在合同有效期内，保险标的的危险程度显著增加的，被保险人应当按照合同约定及时通知保险人，保险人可以按照合同约定增加保险费或者解除合同。保险人解除合同的，应当将已收取的保险费，按照合同约定扣除自保险责任开始之日起至合同解除之日止应收的部分后，

---

① 现为第 47 条。

② 现为第 96 条。

退还投保人。被保险人未履行前款规定的通知义务的，因保险标的的危险程度显著增加而发生的保险事故，保险人不承担赔偿保险金的责任。”据此可知，姜某将私家车用于网约车并于夜晚载客，使得保险标的危险程度显著增加，保险公司据此解除合同的，应当将已收取的保险费，按照合同约定扣除自保险责任开始之日起至合同解除之日止应收的部分后，退还给姜某。姜某未履行通知义务，由此而发生的保险事故，保险公司不承担赔偿保险金的责任。因此 B、D 错误，C 正确。

36.【参考答案】 D

【解析】 《保险法》第 61 条第 1、2 款规定："保险事故发生后，保险人未赔偿保险金之前，被保险人放弃对第三者请求赔偿的权利的，保险人不承担赔偿保险金的责任。保险人向被保险人赔偿保险金后，被保险人未经保险人同意放弃对第三者请求赔偿的权利的，该行为无效。”因此 A、B 项正确。

C 项，齐某投保的是不定额保险，那么在保险公司赔偿后，剩余不足部分可以向常某进行索赔。因此，C 项正确。

《保险法》第 62 条规定："除被保险人的家庭成员或者其组成人员故意造成本法第六十条第一款规定的保险事故外，保险人不得对被保险人的家庭成员或者其组成人员行使代位请求赔偿的权利。”因此 D 项说法过于绝对，错误。

37.【参考答案】 B

【解析】 A 项错误。人民法院审理涉外民事案件的期间，不受一审审理期限、二审审理期限规定的限制。

B 项正确。国际商事法庭是最高人民法院的常设审判机构，其作出的判决、裁定，是发生法律效力的判决、裁定，当事人当然可以向国际商事法庭申请执行。

C 项错误。国际商事法庭只是在证据材料上规定当事人提交的证据材料系英文且经对方当事人同意的，可以不提交中文翻译件，但在法庭审理、判决作出等方面仍然要求使用中文。

D 项错误。国际商事法庭调查收集证据以及组织质证，可以采用视听传输技术及其他信息网络方式。

38.【参考答案】 C

【解析】 A 项错误。在 CIP 术语下货物风险自货物交第一承运人时转移。

B 项错误。在 CIP 术语下，卖方“包运也包险”，运输由卖方负责安排。

C 项正确，D 项错误。2020 年《国际贸易术语解释通则》下 CIP 术语的变化是，如无约定，卖方应投保一切险，但贸易术语在性质上属于国际惯例，具有任意性特点，因此当事双方有约定一定尊重约定。

39.【参考答案】 D

【解析】 中国鸿鹄医疗公司与西班牙奥尔特公司依 CIF（巴塞罗那）价格订立合同，根据 2010 年《国际贸易术语解释通则》，在 CIF 术语下，买卖双方的风险自货物在装运港装运上船时转移，办理货物的保险（最低险种即可）并缴纳保险费是卖方义务，选项 A、B 错误；《联合国国际货物销售合同公约》规定运输途中货物风险原则上自双方合同成立时转移，选项 C 错误，D 正确。

40.【参考答案】 A

【解析】 A 项正确，B 项错误。依据 1980 年《联合国国际货物销售合同公约》第 35 条规定，卖方交付的货物必须与合同规定的数量、质量和规格相符，并须按照合同所定的方式装箱或包装，除非双方当事人业已另有协议外。本案中，虽然卖方提供了货物样品，但双方在合同中约定了设备规格，且买方明确要求按照合同履行，故买方所交货物不符合同约定即构成违约。

CD 项错误。DPU 术语的基本内容是卖方承担“运到并卸下”的义务，故货物风险应在运到目的地并卸下后才转移，交货地点也应是约定的目的地，而非装运地。

41.【参考答案】 B

【解析】 AC 项错误。由于专利权具有地域性特点，阿尔斯公司的发明只在甲国申请了专利，并且阿尔斯公司未提出优先权请求，故仙林公司在中国就同一发明申请专利的权利不受影响，一旦仙林公司获权，其在中国的制造销售行为也无须阿尔斯公司授权。

B 项正确。若仙林公司在中国获得了专利权，阿尔斯公司在中国未经仙林公司许可的销售行为构成侵权。

D 项错误。自专利授权之日起，任何单位或者个人认为该专利权的授予不符合专利法相关规定的，可以请求国务院专利行政部门宣告该专利权无效。但基于专利的地域性特点和《保护工业产权巴黎公约》所确立的独立性原则，同一发明在其他国家的专利申请，并不必然导致专利被宣告无效。

42.【参考答案】 D

【解析】 AB 项错误。由于甲国 A 公司的专利只在甲国获权,依据专利权保护的地域性,B、C两公司在乙国的制造、销售行为不侵犯A公司的专利权。

C项错误。依据《保护工业产权巴黎公约》第5条之三的规定,陆上车辆暂时或偶然地进入缔约国时,在陆上车辆的构造或操纵中使用构成专利主题的装置设备的,不应认为是侵犯专利权人的权利,故D公司的行为没有侵犯A公司的专利权。

D项正确。《与贸易有关的知识产权协议》增加了对专利进口权的保护,E公司未经专利权人许可进口专利产品的行为侵犯了A公司的专利权。

43.【参考答案】 C

【解析】 当事人双方可约定仲裁地,仲裁地可以是仲裁机构所在地,也可以是非仲裁机构所在地,A项错误。

最高人民法院《关于审理仲裁司法审查案件若干问题的规定》第13条规定:"当事人协议选择确认涉外仲裁协议效力适用的法律,应当作出明确的意思表示,仅约定合同适用的法律,不能作为确认合同中仲裁条款效力适用的法律。"据此,B项错误。

最高人民法院《关于审理仲裁司法审查案件若干问题的规定》第14条规定,确定确认涉外仲裁协议效力适用的法律时,当事人没有选择适用的法律,适用仲裁机构所在地的法律与适用仲裁地的法律将对仲裁协议的效力作出不同认定的,人民法院应当适用确认仲裁协议有效的法律。本案仲裁协议没有约定适用的法律,但约定的仲裁机构所在地为中国,仲裁地为新加坡,若适用中国法仲裁条款无效,适用新加坡法仲裁条款有效,应认定仲裁条款有效,C项正确。

本案仲裁协议具有涉外因素,故应当适用其应当适用的法律来认定其效力,没有道理一定要用中国仲裁法来认定其效力,D项错误。

44.【参考答案】 B

【解析】 《反不正当竞争法》第2条第2、3款规定:"本法所称的不正当竞争行为,是指经营者在生产经营活动中,违反本法规定,扰乱市场竞争秩序,损害其他经营者或者消费者的合法权益的行为。本法所称的经营者,是指从事商品生产、经营或者提供服务(以下所称商品包括服务)的自然人、法人和非法人组织。"A项乙单位不是经营者,不构成不正当竞争行为,所以也不构成商业混淆行为,A正确。

《反不正当竞争法》第6条规定:"经营者不得实施下列混淆行为,引人误认为是他人商品或者与他人存在特定联系:(一)擅自使用与他人有一定影响的商品名称、包装、装潢等相同或者近似的标识;(二)擅自使用他人有一定影响的企业名称(包括简称、字号等)、社会组织名称(包括简称等)、姓名(包括笔名、艺名、译名等);(三)擅自使用他人有一定影响的域名主体部分、网站名称、网页等;(四)其他足以引人误认为是他人商品或者与他人存在特定联系的混淆行为。"B项中乙单位是经营者,虽然甲单位不是经营者,但这不影响商业混淆行为的认定,B错误。

商业混淆行为的关键是引人误认为是他人商品或者与他人存在特定联系,既然没有引人误认,当然不构成商业混淆行为,故C正确。

《反不正当竞争法》第17条第4款规定:"经营者违反本法第六条、第九条规定,权利人因被侵权所受到的实际损失、侵权人因侵权所获得的利益难以确定的,由人民法院根据侵权行为的情节判决给予权利人五百万元以下的赔偿。"因此D正确。

45.【参考答案】 B

【解析】 A项错误。反倾销税的纳税人为倾销进口产品的进口经营者。

B项正确。倾销进口产品的进口经营者有证据证明其已经缴纳的反倾销税税额超过倾销幅度的,可以向商务部提出退税申请。

C项错误。反倾销调查程序中,复审不是行政诉讼的必经程序。

D项错误。对商务部反倾销终局裁定或复审决定,利害关系人可以依法申请行政复议,也可以依法向人民法院提起诉讼。

46.【参考答案】 D

【解析】 《森林法》第22条规定:"单位之间发生的林木、林地所有权和使用权争议,由县级以上人民政府依法处理。个人之间、个人与单位之间发生的林木所有权和林地使用权争议,由乡镇人民政府或者县级以上人民政府依法处理。当事人对有关人民政府的处理决定不服的,可以自接到处理决定通知之日起三十日内,向人民法院起诉。在林木、林地权属争议解决前,除因森林防火、林业有害生物防治、国家重大基础设施建设等需要外,当事人任何一方不得砍伐有争议的林木或者改变林地现状。"因此D错误,A、B、C正确。

47.【参考答案】 C

【解析】 《环境保护法》第16条第1款规定:"国务院环境保护主管部门根据国家环境质量标准

和国家经济、技术条件，制定国家污染物排放标准。”A 正确。

《环境保护法》第 16 条第 2 款规定：“省、自治区、直辖市人民政府对国家污染物排放标准中未作规定的项目，可以制定地方污染物排放标准；对国家污染物排放标准中已作规定的项目，可以制定严于国家污染物排放标准的地方污染物排放标准。地方污染物排放标准应当报国务院环境保护主管部门备案。”因此 B、D 正确，C 错误。

48.【参考答案】 D

【解析】 《环境保护法》第 47 条规定：“各级人民政府及其有关部门和企业事业单位，应当依照《中华人民共和国突发事件应对法》的规定，做好突发环境事件的风险控制、应急准备、应急处置和事后恢复等工作。县级以上人民政府应当建立环境污染公共监测预警机制，组织制定预警方案；环境受到污染，可能影响公众健康和环境安全时，依法及时公布预警信息，启动应急措施。企业事业单位应当按照国家有关规定制定突发环境事件应急预案，报环境保护主管部门和有关部门备案。在发生或者可能发生突发环境事件时，企业事业单位应当立即采取措施处理，及时通报可能受到危害的单位和居民，并向环境保护主管部门和有关部门报告。突发环境事件应急处置工作结束后，有关人民政府应当立即组织评估事件造成的环境影响和损失，并及时将评估结果向社会公布。”因此 A、B、C 项正确，D 项错误。

49.【参考答案】 D

【解析】 根据《环境保护法》第 64 条规定，因污染环境和破坏生态造成损害的，应当依照法律的有关规定承担侵权责任。因此 A、B 项正确。

但同时也要注意，行为违法和有过错，是行为人承担环境行政责任的必要条件；违法行为与危害后果存在的因果关系，在法律明文规定的场合才成为行为人承担环境行政责任的必要条件。由此可知，甲厂超标排污，对于该环境污染造成的损害需要承担环境行政责任，而乙厂行为合法，虽然不能免除民事赔偿责任，但无须承担环境行政责任，故 C 项正确，D 项错误。

50.【参考答案】 C

【解析】 在 CIF 术语下卖方包运也包险，但除非另有约定，否则卖方只须投保平安险，A 项错误。

本案信用证包含软条款，该条款的目的是将付款的主动权掌握在开证申请人即买方手里，该条款对卖方顺利结汇是不利的，B 项错误。

《出口管制法》第 16 条第 1 款规定：“管制物项的最终用户应当承诺，未经国家出口管制管理部门允许，不得擅自改变相关管制物项的最终用途或者向任何第三方转让。”C 项正确。

我国通过出口管制清单、临时管制清单和禁止出口清单对管制物项进行出口管制，未被列入出口管制清单不足以说明出口不受管制，D 项错误。

二、多项选择题

51.【参考答案】 BCD

【解析】 根据《商标法》第 43 条第 3 款的规定，许可他人使用其注册商标的，许可人应当将其商标使用许可报商标局备案，由商标局公告；商标使用许可未经备案不得对抗善意第三人。故 A 正确，乙公司有权向法院起诉要求甲汉服公司承担违约责任。BC 错误，丙公司、汉服店均为不知情的善意第三人，乙公司无权向法院起诉要求丙公司停止使用“南柯一梦”商标，并承担赔偿责任。

购物中心为装饰需要，购入一件丙公司制作的“南柯一梦”品牌服装，拆掉商标后将其穿在塑料模特上，该行为属于《商标法》第 57 条中侵犯注册商标专用权的情形，故 D 错误，购物中心的行为构成对乙公司的侵权。

52.【参考答案】 BC

【解析】 宣告死亡后，死亡宣告被撤销的，婚姻关系自撤销死亡宣告之日起自行恢复，但其配偶再婚或者向婚姻登记机关书面声明不愿意恢复的除外。本题中，乙再婚，故甲乙婚姻关系不能自行恢复，需要另行登记结婚才能确立婚姻关系。故 A 项错误，C 项正确。

自然人宣告死亡的，婚姻关系终止。故 B 项正确。下落不明并非婚姻关系的终止事由，故 D 项错误。

53.【参考答案】 BCD

【解析】 因“促销赠品”的价金已经包含在所促销的商品价金中，故“促销赠品”本质为买卖，而非赠与。本题中，商场构成加害给付，应承担违约责任或侵权责任，故 A 错误，B、C 正确，因产品缺陷致人损害的，产品的生产者需承担侵权责任，D 正确。

54.【参考答案】 BCD

【解析】 原则上，金钱为种类物，不能作为担保物权的客体，但是封存的现金，或开设特定账户储存的资金，因可以特定化，所以可以成为动产质权的客体。故 A 项不选。

转走的50万元资金,因丧失了特定性,回归成种类物,不能再作为动产质权的客体。故B项当选。

在甲、乙、丙三公司与丁银行订立的担保协议中,包含乙公司、丙公司与丁银行之间的委托合同的内容,即丁银行承担确保需有乙、丙公司的共同签字,专门账户内的资金才能动用的义务。本题中,丁银行未尽此项义务,需承担与乙公司委托合同上的违约责任。故C项当选。

本题中,上述担保协议还包含丙公司与乙公司之间质押合同的内容,丙公司擅自转走账户款项的行为,构成质押合同上的违约,应向乙公司承担违约责任。故D项当选。

55.【参考答案】 ABD

【解析】 A项,戊是向具有经营资格的经营者购得该玉石的,权利人请求返还原物时应当支付受让人所付的费用,故A项错误。

B项,遗失物不能善意取得,戊不能善意取得,所有权人有权追回,故B项错误。

C项,本题中,甲向乙再借用玉石把玩几天,乙表示同意,表明甲乙通过占有改定方式完成交付,所有权人从甲变更为乙。之后,甲再将玉石出卖给丙属于无权处分,丙为善意第三人,可以善意取得该玉石的所有权。后玉石丢失,因遗失物不适用善意取得,所以该玉石所有权人的先后顺序是甲、乙、丙。故C项正确,不当选。

D项,所有权人或者其他权利人有权追回遗失物,该遗失物通过转让被他人占有的,权利人有权向无处分权人请求损害赔偿或者自知道或者应当知道受让人之日起2年内向受让人请求返还原物。故D项错误。

56.【参考答案】 ABCD

【解析】 A项,甲的儿子放学回家,在小区内被5只流浪狗咬伤,可见物业公司的物业管理失职,没有采取合理措施保护业主的人身、财产安全,构成违约,应当承担损害赔偿责任。故A正确。

BC项,《民法典》第942条规定,物业服务人应当按照约定和物业的使用性质,妥善维修、养护、清洁、绿化和经营管理物业服务区域内的业主共有部分,维护物业服务区域内的基本秩序,采取合理措施保护业主的人身、财产安全。物业公司在小区挂横幅称"24小时巡逻,打击流浪狗、严防偷盗,给您一个安全温馨的家园"的服务承诺构成物业公司的约定义务。小偷用时5小时偷盗大件物品,物业公司的人员竟未发现,可见物业公司违背了承诺的服务内容,没有采取合理措施保护业主的财产安全。因此应当对甲被盗损失承担违约损害赔偿责任。物业公司承担赔偿责任后可以向小偷追偿。丢失的电动自行车亦应当由物业服务企业补充或者承担违约损害赔偿责任,故BC项正确。

D项,《民法典》第1247条规定,禁止饲养的烈性犬等危险动物造成他人损害的,动物饲养人或者管理人应当承担侵权责任。甲的邻居乙饲养禁止饲养的藏獒,对甲的损害应当承担赔偿责任。物业公司作为小区公共场所的管理者没有尽到管理人义务应当承担补充赔偿责任。故D项正确。

57.【参考答案】 ABD

【解析】 A项,动产浮动抵押的抵押权自抵押合同生效时设立,未经登记,不得对抗善意第三人。乙银行自抵押合同生效时取得抵押权,A正确。

B项,本题中,甲公司以其现有的以及将有的生产设备、原材料、产品设立抵押,性质上属于动产浮动抵押,故B项正确。

C项,应当向抵押人住所地的市场监督管理部门办理登记,故C错误。

D项,以动产抵押的不得对抗在正常经营活动中已经支付合理价款并取得抵押财产的买受人,故D项正确。

58.【参考答案】 ABC

【解析】 在本题中,小明被野狗咬伤,不适用饲养动物致人损害的无过错责任原则,而只能适用过错责任原则,所以谁具有过错是本案承担侵权责任的关键。首先,张某无法预见"垃圾没倒好"会导致"小明被野狗咬伤",所以张某没有过错。其次,小区业主对小明的损害更无过错。故A、B项错误。

对于小明来讲,小明无法预见吃鸡腿会导致自己被狗咬的后果,所以小明没有过错。故C项错误。

本题中,小区物业对小区负有安全保障义务。业主向物业反映小区野狗问题,物业未采取措施,表明物业存在过错,所以应由物业对小明的损害承担赔偿责任。故D项正确。

59.【参考答案】 AD

【解析】 A项,根据《著作权法》第17条第1款的规定,视听作品中的电影作品、电视剧作品的著作权,由制作者享有,但编剧、导演、摄影、作词、作曲等作者享有署名权,并有权按照与制作者签订的合同获得报酬。故A项正确。

B 项，根据《著作权法》第 19 条的规定，受委托创作的作品，著作权的归属由委托人和受托人通过合同约定，合同未作明确约定或者没有订立合同的，著作权属于受托人。故 B 项错误。合同的著作权属于受托人。

C 项，根据《著作权法》第 18 条第 1 款的规定，自然人为完成法人或者非法人组织工作任务所创作的作品是职务作品，除该条第 2 款的规定以外，著作权由作者享有，但法人或者非法人组织有权在其业务范围内优先使用。作品完成 2 年内，未经单位同意，作者不得许可第三人以与单位使用的相同方式使用该作品。故 C 项错误。

D 项，《著作权法》第 17 条第 2、3 款规定，该法第 17 条第 1 款规定以外的视听作品的著作权归属由当事人约定；没有约定或者约定不明确的，由制作者享有，但作者享有署名权和获得报酬的权利。视听作品中的剧本、音乐等可以单独使用的作品的作者有权单独行使其著作权。故 D 项正确。

60.【参考答案】 ACD

【解析】 《著作权法》第 23 条第 1 款规定："自然人的作品，其发表权、本法第十条第一款第五项至第十七项规定的权利的保护期为作者终生及其死亡后五十年，截止于作者死亡后第五十年的 12 月 31 日；如果是合作作品，截止于最后死亡的作者死亡后第五十年的 12 月 31 日。"本题中，甲对其小说《爱在深秋》的信息网络传播权的保护期截止于 2019 年 12 月 31 日，故 A 项正确，B 项错误。

《著作权法》第 22 条规定，作者的署名权、修改权、保护作品完整权的保护期不受限制。故甲对小说《爱在深秋》享有的署名权保护期限不受时间限制，故 CD 项正确。

61.【参考答案】 AC

【解析】 AB 项，著作权又称版权，指作者对其创作的文学、科学和艺术作品依法享有的某些特殊权利。著作权包括作品署名权、发表权、修改权和保护作品完整权。柴某创作金丝猴图案享有著作权，欢乐公司未经许可使用，侵犯了柴某的著作权，应当停止侵权并赔偿损失。故 A 正确，B 错误。CD 项，《专利法》第 11 条规定，发明和实用新型专利权被授予后，除本法另有规定的以外，任何单位或者个人未经专利权人许可，都不得实施其专利，即不得为生产经营目的制造、使用、许诺销售、销售、进口其专利产品。但本题中欢乐公司外观设计侵权在前，故柴某可以请求宣告专利权无效。幼儿园购买灯笼的行为不成立侵权。故 C 正确，D 错误。

62.【参考答案】 AC

【解析】 AC 项正确。所谓预期违约，是指合同订立后，履行期到来前，合同一方明示拒绝履行合同，或通过其行为判断其将不履行合同。在国际贷款协议中借款人的主要义务就是还本付息，履行期到来前借款人明示拒绝还本付息，或丧失还本付息的能力都构成借款人的预期违约，AC 项都将导致借款人丧失还本付息的能力，构成预期违约。

B 项错误。借款人在自己的财产上为其他债权人设定担保物权，不意味着借款人必然因此丧失还本付息的能力，故此行为不构成预期违约。即使贷款协议中约定借款人不能在自己的财产上为其他债权人设定担保物权，借款人违反此项约定的行为也属于实际违约而非预期违约。

D 项错误。借款人到期不履行还本付息义务属于实际违约而非预期违约。

63.【参考答案】 BCD

【解析】 由《民法典》规定可知，因第三人主张权利，致使承租人不能对租赁物使用、收益的，承租人可以请求减少租金或者不支付租金。本题中，因房屋的受让人丁要求丙腾退房屋，基于合同的相对性，承租人丙只能请求出租人甲退还剩余租金，丁无须承担该义务，故 A 项正确，B 项错误。

根据民法"保护在先权利的原则"可知，订立抵押合同前抵押财产已出租的，原租赁关系不受该抵押权的影响。抵押权设立后抵押财产出租的，该租赁关系不得对抗已登记的抵押权。最高人民法院《关于审理城镇房屋租赁合同纠纷案件具体应用法律若干问题的解释》第 14 条规定："租赁房屋在承租人按照租赁合同占有期限内发生所有权变动，承租人请求房屋受让人继续履行原租赁合同的，人民法院应予支持。但租赁房屋具有下列情形或者当事人另有约定的除外：(一)房屋在出租前已设立抵押权，因抵押权人实现抵押权发生所有权变动的；(二)房屋在出租前已被人民法院依法查封的。"本题中，在甲与丙签订租赁合同之前，该房屋已经依法设定了抵押权，故实现抵押权时，丁依拍卖取得所有权，承租人丙无权主张"买卖不破租赁"而继续使用该房屋，故 C 项错误。

房屋设定抵押后，并不影响所有权人出租房屋的权利，因此，甲与丙签订的租赁合同应当认定有效，故 D 项错误。

64.【参考答案】 ABD

【解析】 《婚姻家庭编解释(一)》第 78 条规

定："夫妻一方婚前签订不动产买卖合同，以个人财产支付首付款并在银行贷款，婚后用夫妻共同财产还贷，不动产登记于首付款支付方名下的，离婚时该不动产由双方协议处理。依前款规定不能达成协议的，人民法院可以判决该不动产归登记一方，尚未归还的贷款为不动产登记一方的个人债务。双方婚后共同还贷支付的款项及其相对应财产增值部分，离婚时应根据民法典第一千零八十七条第一款规定的原则，由不动产登记一方对另一方进行补偿。"因此，正确分割方式是判决房屋归小陈个人所有，小陈补偿小李 200 万元。故 A、B、D 项错误，C 项正确。

65.【参考答案】 ABCD

【解析】 《民法典》第 1086 条规定："离婚后，不直接抚养子女的父或者母，有探望子女的权利，另一方有协助的义务。行使探望权利的方式、时间由当事人协议；协议不成的，由人民法院判决。父或者母探望子女，不利于子女身心健康的，由人民法院依法中止探望；中止的事由消失后，应当恢复探望。"探望权是亲权的延伸和应有之含义，探望权的对象应当是未成年子女，故 A 项错误。

探望权的主体是不直接抚养子女的父或者母，祖父母、外祖父母没有探望权，B 项错误。

执行有限原则告诉我们探望行为不能直接强制执行，故 C 项错误。

D 项错误之处在于否认了探望权的独立性和法定性，探望权可以单独起诉。

66.【参考答案】 CD

【解析】 《民诉解释》第 249 条规定："在诉讼中，争议的民事权利义务转移的，不影响当事人的诉讼主体资格和诉讼地位。人民法院作出的发生法律效力的判决、裁定对受让人具有拘束力。受让人申请以无独立请求权的第三人身份参加诉讼的，人民法院可予准许。受让人申请替代当事人承担诉讼的，人民法院可以根据案件的具体情况决定是否准许；不予准许的，可以追加其为无独立请求权的第三人。"所以法院直接更换王五为原告是不对的，原则上不予更换，故 A 项错误。

按照上述规定，原则上王五不参加诉讼，生效的法律文书对王五生效。法院应直接追加王五为本案的无独立请求权的第三人是错误的，故 B 项错误。

王五申请参加诉讼，法院视情况，可以更换其为原告，如果法院不同意变更其为原告，可追加王五为无独立请求权的第三人，故 C、D 项正确。

67.【参考答案】 BC

【解析】 《仲裁法解释》第 7 条规定："当事人约定争议可以向仲裁机构申请仲裁也可以向人民法院起诉的，仲裁协议无效。但一方向仲裁机构申请仲裁，另一方未在仲裁法第二十条第二款规定期间内提出异议的除外。"

本题中，当事人约定既可以诉讼也可以仲裁，违反了"或裁或审"的要求，因此仲裁协议无效，当事人有权提起诉讼，选项 B 和 C 正确。

基层人民法院无权认定仲裁协议的效力，中级人民法院才享有确认权，因此选项 A 错误。

当事人应当在仲裁庭首次开庭前申请确认仲裁协议无效，但并非法院应当在仲裁庭首次开庭前就对仲裁协议效力作出裁判，因此选项 D 错误。

68.【参考答案】 AD

【解析】 一审判决不准离婚的案件，上诉后，二审法院认为应当判离的，可以根据当事人自愿的原则，与子女抚养、财产问题一并调解，调解不成的，发回重审。原审法院对发回重审的案件作出判决后，当事人提起上诉的，二审法院不得再次发回重审。

本题中，二审法院不得将案件再次发回重审（发回重审限一次），选项 B 错误。

本案中的婚姻关系已经完全符合两审终审制度的要求，可以先针对婚姻关系作出判决，财产分割问题由当事人另行起诉解决，选项 A 和 D 正确。

但财产分割问题尚处第一次审理的阶段，如果二审法院直接作出裁判，就会违反两审终审的基本制度，影响当事人的审级利益，因此选项 C 错误。

69.【参考答案】 ABCD

【解析】 《民事诉讼法》第 210 条规定："当事人对已经发生法律效力的判决、裁定，认为有错误的，可以向上一级人民法院申请再审；当事人一方人数众多或者当事人双方为公民的案件，也可以向原审人民法院申请再审。当事人申请再审的，不停止判决、裁定的执行。"

本题中，双方当事人均为公民，因此李某可以向原审法院 B 区法院申请再审，也可以向上一级法院 A 市中级人民法院申请再审，选项 A、B、C 均错误。当事人申请再审的，不停止判决、裁定的执行，因此选项 D 错误。

70.【参考答案】 BCD

【解析】 乙公司在 2020 年 8 月 6 日提出书面异议称双方已经协商延期付款 3 个月，即债务尚未到清偿期限，属于有效异议，因此会导致支付令失效，法院应裁定终结督促程序，选项A正确，D错误。

《民诉解释》第431条规定："债务人在收到支付令后，未在法定期间提出书面异议，而向其他人民法院起诉的，不影响支付令的效力。债务人超过法定期间提出异议的，视为未提出异议。"由此可知，债务人向发出支付令之外的其他法院起诉的，不影响支付令的效力。本题中，乙公司是向B区法院起诉，而非向发出支付令的A区法院起诉，因此乙公司的起诉行为并不影响支付令的效力，选项B错误。

《民事诉讼法》第228条规定："人民法院收到债务人提出的书面异议后，经审查，异议成立的，应当裁定终结督促程序，支付令自行失效。支付令失效的，转入诉讼程序，但申请支付令的一方当事人不同意提起诉讼的除外。"依此，只要甲公司没有明确表示拒绝，那么受理支付令申请的A区法院应当直接将案件转为诉讼程序继续审理，而并非将案件移送给B区法院，选项C错误。

71.【参考答案】 ABC

【解析】 《民事诉讼法》第211条规定："当事人的申请符合下列情形之一的，人民法院应当再审：（一）有新的证据，足以推翻原判决、裁定的；（二）原判决、裁定认定的基本事实缺乏证据证明的；（三）原判决、裁定认定事实的主要证据是伪造的；（四）原判决、裁定认定事实的主要证据未经质证的……"

发现新证据并足以推翻原判决、裁定的，则可以申请再审。当事人认为生效的法律文书有错的，可以根据《民事诉讼法》的相关规定启动再审，其中小额诉讼程序的判决作出后，相对于其他判决，多出了一个申请再审的事由，即以适用程序错误为由申请再审。因此A、B项正确。

再审案件一律适用合议庭审理，即使原审案件是简易程序或小额诉讼程序审理的，也必须适用合议庭再审。因此C项正确，D项错误。

72.【参考答案】 ABCD

【解析】 公示催告程序中的公告是必经程序，故A项正确。

公示催告的签发公告由审判员一人签发，但除权判决由审判员组成合议庭审理，故B项正确。

《民诉解释》第447条规定："公告期间不得少于六十日，且公示催告期间届满日不得早于票据付款日后十五日。"因此C项正确。

规定公示催告期间届满日不得早于票据付款日后15日的目的，就是便于让利害关系人在票据付款日届至，知道不能行使票据权利后，能有15日的时间向法院申报权利，故D项正确。

73.【参考答案】 ACD

【解析】 案外人对执行标的提出异议后，法院作出裁定，如果执行标的与原生效法律文书有关的，应当申请再审；如果执行标的与原生效法律文书无关的，应当另行起诉。因此A项正确，B项错误。

案外人对执行标的提出异议，如果异议成立，法院裁定中止执行，如果异议不成立，裁定驳回异议，故C项正确。

《民诉解释》第314条规定："人民法院对执行标的裁定中止执行后，申请执行人在法律规定的期间内未提起执行异议之诉的，人民法院应当自起诉期限届满之日起七日内解除对该执行标的采取的执行措施。"因此D项正确。

74.【参考答案】 BC

【解析】 乙的父亲认为房子是他的，是对执行标的提出了异议，是和执行申请人甲争夺执行标的物的所有权归属，不是对执行法院的执行行为不满，故B项正确，D项错误。

乙的父亲可以提出执行异议之诉，但不能直接提出，必须在对执行标的提出异议，法院作出裁定后，才能提出执行异议之诉。因此A项错误。

法院判决支持乙的父亲的请求后，就是确定了房子是乙父的，那么乙不能用不属于自己财产的房屋来偿还甲的债务，执行法院应该解除对该房屋的查封措施。因此C项正确。

75.【参考答案】 ABCD

【解析】 《公司法解释（三）》第11条规定："出资人以其他公司股权出资，符合下列条件的，人民法院应当认定出资人已履行出资义务：（一）出资的股权由出资人合法持有并依法可以转让；（二）出资的股权无权利瑕疵或者权利负担；（三）出资人已履行关于股权转让的法定手续；（四）出资的股权已依法进行了价值评估。股权出资不符合前款第（一）、（二）、（三）项的规定，公司、其他股东或者公司债权人请求认定出资人未履行出资义务的，人民法院应当责令该出资人在指定的合理期间内采取补正措施，以符合上述条件；逾期未补正的，人民法院应当认定其未依法全面履行出资义务……"因此A选项错误。

《公司法解释（三）》第13条第3款规定："股东在公司设立时未履行或者未全面履行出资义务，

依照本条第一款或者第二款提起诉讼的原告，请求公司的发起人与被告股东承担连带责任的，人民法院应予支持；公司的发起人承担责任后，可以向被告股东追偿。”如题所述，丁年已经实缴了出资，已经履行了出资义务无须承担违约责任。马风仍欠缴20万元，需继续履行出资义务，并承担违约责任。丁年作为发起人，债权人可以请求其与未完全履行出资义务的股东承担连带责任，丁年承担责任后，可以向被告股东追偿。因此，B、C、D选项错误。

76.【参考答案】 ABD

【解析】 《公司法》第66条规定：“股东会的议事方式和表决程序，除本法有规定的外，由公司章程规定。股东会作出决议应当经代表过半数表决权的股东通过。股东会作出修改公司章程、增加或者减少注册资本的决议，以及公司合并、分立、解散或者变更公司形式的决议，应当经代表三分之二以上表决权的股东通过。”AB错误。

《公司法》第122条第1款规定：“董事会设董事长一人，可以设副董事长。董事长和副董事长由董事会以全体董事的过半数选举产生。”因此C正确，D错误。

77.【参考答案】 AC

【解析】 A选项，根据《合伙企业法》第11条的规定，合伙企业的营业执照签发日期，为合伙企业成立日期。合伙企业领取营业执照前，合伙人不得以合伙企业名义从事合伙业务。故A选项正确。

D选项，本题合伙企业约定了甲为事务执行人，则乙无权对外代表合伙企业，但该内部限制不得对抗善意第三人，即乙以合伙企业的名义对外签订合同，若没有无效事由，合同有效。故D选项错误。

由上述分析可知，欣欣贸易商行和丁公司的购销合同有效，当合伙企业不能清偿时，债权人丁公司可主张普通合伙人甲、乙对企业不能清偿的部分承担连带责任。故C选项正确，B选项错误。

78.【参考答案】 AC

【解析】 《外商投资法》第28条第1款规定：“外商投资准入负面清单规定禁止投资的领域，外国投资者不得投资。”A正确。

该条第2款规定：“外商投资准入负面清单规定限制投资的领域，外国投资者进行投资应当符合负面清单规定的条件。”B错误，C正确。

该条第3款规定：“外商投资准入负面清单以外的领域，按照内外资一致的原则实施管理。”D错误。

79.【参考答案】 BD

【解析】 《外商投资法》第2条第2款规定：“本法所称外商投资，是指外国的自然人、企业或者其他组织（以下称外国投资者）直接或者间接在中国境内进行的投资活动，包括下列情形：（一）外国投资者单独或者与其他投资者共同在中国境内设立外商投资企业；（二）外国投资者取得中国境内企业的股份、股权、财产份额或者其他类似权益；（三）外国投资者单独或者与其他投资者共同在中国境内投资新建项目；（四）法律、行政法规或者国务院规定的其他方式的投资。”A项错在“限于”。

《外商投资法》第4条第2款规定：准入前国民待遇，是指在投资准入阶段给予外国投资者及其投资不低于本国投资者及其投资的待遇。B项为“准入前国民待遇”，表述正确。

《外商投资法》第15条规定：“国家保障外商投资企业依法平等参与标准制定工作，强化标准制定的信息公开和社会监督。国家制定的强制性标准平等适用于外商投资企业。”C项错误。

《外商投资法》第17条规定：“外商投资企业可以依法通过公开发行股票、公司债券等证券和其他方式进行融资。”D项正确。

80.【参考答案】 AB

【解析】 《破产法解释（三）》第12条第1款规定：“债权人会议的决议具有以下情形之一，损害债权人利益，债权人申请撤销的，人民法院应予支持：（一）债权人会议的召开违反法定程序；（二）债权人会议的表决违反法定程序；（三）债权人会议的决议内容违法；（四）债权人会议的决议超出债权人会议的职权范围。”因此A、B正确。

该条第2款规定：“人民法院可以裁定撤销全部或者部分事项决议，责令债权人会议依法重新作出决议。”因此C错误。

该条第3款规定：“债权人申请撤销债权人会议决议的，应当提出书面申请。债权人会议采取通信、网络投票等非现场方式进行表决的，债权人申请撤销的期限自债权人收到通知之日起算。”因此D错误。

81.【参考答案】 AC

【解析】 《保险法解释（四）》第2条规定：“保险人已向投保人履行了保险法规定的提示和明确说明义务，保险标的受让人以保险标的转让后保险人未向其提示或者明确说明为由，主张免除保险人责任的条款不成为合同内容的，人民法院不予支持。”因此A正确，B错误。

《保险法解释(四)》第3条规定:"被保险人死亡,继承保险标的的当事人主张承继被保险人的权利和义务的,人民法院应予支持。"因此C正确,D错误。

82.【参考答案】 ACD

【解析】 根据《保险法》第41条,《保险法解释(三)》第10、11条的规定,投保人变更受益人未经被保险人同意的,人民法院应认定变更行为无效。据此可知:

AD选项错误,在保险事故发生后(甲妻死亡),投保人甲变更受益人,因无法得到被保险人(甲妻)同意,所以该变更行为无效。变更后的受益人(甲母)请求保险人给付保险金的,人民法院不予支持。

C选项错误,根据《保险法》第43条的规定,甲因为故意杀害被保险人未遂,丧失受益权。

B选项,因为甲是订立以死亡为给付保险金条件的合同,需要被保险人同意并认可保险金额(虽然"认可"的方式多种多样,但要求体现"被保险人"同意并认可),所以B选项正确。

83.【参考答案】 ACD

【解析】 《合伙企业法》第77条规定:"新入伙的有限合伙人对入伙前有限合伙企业的债务,以其认缴的出资额为限承担责任。"因此A错误,B正确。

《合伙企业法》第79条规定:"作为有限合伙人的自然人在有限合伙企业存续期间丧失民事行为能力的,其他合伙人不得因此要求其退伙。"因此题目中合伙企业无权要求万豪退伙,该有限合伙企业无须转为普通合伙企业。因此CD均错误。

84.【参考答案】 ABC

【解析】 《审计法》第9条规定:"地方各级审计机关对本级人民政府和上一级审计机关负责并报告工作,审计业务以上级审计机关领导为主。"因此A项正确。

《审计法》第11条规定:"审计机关履行职责所必需的经费,应当列入预算予以保证。"因此B项正确。

《审计法》第15条规定:"审计人员办理审计事项,与被审计单位或者审计事项有利害关系的,应当回避。"因此C项正确。

《审计法》第16条规定:"审计机关和审计人员对在执行职务中知悉的国家秘密、工作秘密、商业秘密、个人隐私和个人信息,应当予以保密,不得泄露或者向他人非法提供。"因此D项错误。

85.【参考答案】 CD

【解析】 A项错误、C项正确。DPU的基本含义是卖方须承担"运到并卸下"的义务,故货物的运输应由卖方安排,且运输过程中的风险也由卖方承担,卖方可以投保将运输中的风险转嫁给保险公司,也可以不投保而自行承担运输中的风险。

B项错误。在DPU术语下卖方需要将货物运到约定目的地并卸下,约定目的地可以是运输终端,也可以是其他任何地点。

D项正确。1980年《联合国国际货物销售合同公约》第39条要求,买方对货物不符合合同,必须在发现或理应发现不符情形后一段合理时间内通知卖方,说明不符情形的性质,否则就丧失声称货物不符合合同的权利。

86.【参考答案】 AB

【解析】 A项正确。依据《反倾销条例》第36条的规定,出口经营者违反其价格承诺的,商务部可以立即决定恢复反倾销调查。

B项正确。《反倾销条例》第33条第2款规定:商务部不接受价格承诺的,应当向有关出口经营者说明理由。

C项错误。依据我国《行政诉讼法》的规定,在行政诉讼中被告对作出的行政行为负有举证责任,应当提供作出该行政行为的证据和所依据的规范性文件。

D项错误。《反倾销条例》第53条规定:利害关系人对商务部的终局裁定或复审决定不服的,可以依法申请行政复议,也可以依法向人民法院提起诉讼。

87.【参考答案】 ACD

【解析】 A项正确。多边投资担保机构要求合格的东道国必须是发展中国家,甲国A公司在乙国的投资能在多边投资担保机构投保,就说明乙国一定是发展中国家。

B项错误。乙国的外汇管制若导致A公司在乙国的投资本金或利润无法或拖延汇兑或汇出,属于政治风险,构成货币汇兑险的承保范围。

C项正确。《保护工业产权巴黎公约》的国民待遇原则允许存在程序方面的例外,如要求外国专利申请人必须委派当地国家的代理人代理申请专利。

D项正确。根据《保护工业产权巴黎公约》的优先权原则,在先申请被驳回不影响该申请的优先权地位。

88.【参考答案】 ACD

【解析】 A项错误。最高人民法院组建国际商事专家委员会,并选定符合条件的国际商事调解机构、国际商事仲裁机构与国际商事法庭共同构建调解、仲裁、诉讼有机衔接的纠纷解决平台,形成"一站式"国际商事纠纷解决机制。国际商事法庭支持当事人通过调解、仲裁、诉讼有机衔接的纠纷解决平台,选择其认为适宜的方式解决国际商事纠纷。但并非国际商事法庭受理后,即可直接委托国际商事专家委员会成员调解。根据《设立国际商事法庭的规定》第12条的规定,国际商事法庭在受理案件后7日内,经当事人同意,可以委托国际商事专家委员会成员或者国际商事调解机构调解。

B项正确。根据《设立国际商事法庭的规定》第15条第1款的规定,国际商事法庭作出的判决、裁定,是发生法律效力的判决、裁定。败诉方对之不服不能上诉。

C项错误。人民法院审理涉外民事案件,应当使用中华人民共和国通用的语言、文字。因此,国际商事法庭审判案件必须用汉语和汉字。

D项错误。国际商事法庭可以受理当事人协议选择最高人民法院管辖且标的额为3亿元以上的第一审国际商事案件。本题中,当事人一中一美属于国籍涉外,买卖合同纠纷属于国际商事案件,标的额1亿美元,超过3亿元,因此是可以选择国际商事法庭管辖的。

89.【参考答案】 AC

【解析】 最高人民法院《关于审理信用证纠纷案件若干问题的规定》第9条规定:"开证申请人、开证行或者其他利害关系人发现有本规定第八条的情形,并认为将会给其造成难以弥补的损害时,可以向有管辖权的人民法院申请中止支付信用证项下的款项。"由此可知,A公司应当向人民法院而不是开证行申请中止支付信用证项下的款项,故A项正确,B项错误。

第14条第1款规定:"人民法院在审理信用证欺诈案件过程中,必要时可以将信用证纠纷与基础交易纠纷一并审理。"因此C项正确。

第10条规定:"人民法院认定存在信用证欺诈的,应当裁定中止支付或者判决终止支付信用证项下款项,但有下列情形之一的除外:……开证行或者其指定人、授权人已对信用证项下票据善意地作出了承兑……"可见,如果C银行已对信用证项下票据作出承兑,人民法院即不得判决终止支付信用证项下款项,故D项错误。

90.【参考答案】 ABD

【解析】 《劳动合同法》第38条规定:"用人单位有下列情形之一的,劳动者可以解除劳动合同:(一)未按照劳动合同约定提供劳动保护或者劳动条件的;(二)未及时足额支付劳动报酬的;(三)未依法为劳动者缴纳社会保险费的……"因此A、B正确。

《劳动合同法》第39条规定:"劳动者有下列情形之一的,用人单位可以解除劳动合同:(一)在试用期间被证明不符合录用条件的;(二)严重违反用人单位的规章制度的;(三)严重失职,营私舞弊,给用人单位造成重大损害的;(四)劳动者同时与其他用人单位建立劳动关系,对完成本单位的工作任务造成严重影响,或者经用人单位提出,拒不改正的;(五)因本法第二十六条第一款第一项规定的情形致使劳动合同无效的;(六)被依法追究刑事责任的。"因此C错误,D正确。

三、不定项选择题

91.【参考答案】 ABCD

【解析】 A项,《民法典》第1054条第2款规定,婚姻无效或者被撤销的,无过错方有权请求损害赔偿。故A项正确。

B项,《民法典》第1053条规定,一方患有重大疾病的,应当在结婚登记前如实告知另一方;不如实告知的,另一方可以向人民法院请求撤销婚姻。请求撤销婚姻的,应当自知道或者应当知道撤销事由之日起1年内提出。故B正确。

C项,《民法典》第1088条规定,夫妻一方因抚育子女、照料老年人、协助另一方工作等负担较多义务的,离婚时有权向另一方请求补偿,另一方应当给予补偿。故C项正确。

D项,《民法典》第1077条规定,自婚姻登记机关收到离婚登记申请之日起30日内,任何一方不愿离婚的,可以向婚姻登记机关撤回离婚登记申请。前款规定期限届满后30日内,双方应当亲自到婚姻登记机关申请发给离婚证;未申请的,视为撤回离婚登记申请。故D项正确。

92.【参考答案】 B

【解析】 A项,由于甲的身份是有限合伙人,其在合伙企业中没有事务执行权,也就无法干涉合伙企业的经营。所以《合伙企业法》允许有限合伙人同本有限合伙企业进行交易。但是,合伙协议另有约定的除外。本选项中,甲将自购的机器设备出租给本合伙企业,这是典型的"自我交易"行为,当合伙协议没有规定时,该行为合法。故A选项不当选。

B 项，《合伙企业法》第 68 条第 1 款规定，有限合伙人不执行合伙事务，不得对外代表有限合伙企业。甲"以合伙企业的名义"的行为性质为甲代表有限合伙企业执行合伙事务，这与甲的"有限合伙人"身份不符。故 B 选项当选。

C 项，当合伙协议没有约定时，有限合伙人可以将其在有限合伙企业中的财产份额出质。故 C 选项不当选。

D 项，《合伙企业法》第 73 条规定："有限合伙人可以按照合伙协议的约定向合伙人以外的人转让其在有限合伙企业中的财产份额，但应当提前三十日通知其他合伙人。"所以 D 选项是正确的，不当选。

93.【参考答案】 AD

【解析】 《保险法解释(三)》第 17 条规定："投保人解除保险合同，当事人以其解除合同未经被保险人或者受益人同意为由主张解除行为无效的，人民法院不予支持，但被保险人或者受益人已向投保人支付相当于保险单现金价值的款项并通知保险人的除外。"保险合同的双方当事人是投保人和保险公司，基于自愿原则，投保人享有解除合同的法定权利，被保险人或受益人仅为保险合同的关系人，无法阻止当事人解除合同，但人身保险合同对被保险人或受益人意义很大，如果被保险人或受益人已经向投保人支付了相当于保单现金价值的款项并通知了保险公司，则保全了投保人想解除保险合同的经济利益，为了交易秩序的稳定及对被保险人或受益人的权益保障，此时保险合同不解除，故 A、D 正确，B、C 错误。

94.【参考答案】 BD

【解析】 首先，甲提起上诉，但未缴纳上诉费，二审法院应当按照甲撤回上诉处理，故 D 选项正确。同时撤回上诉的效果是一审判决生效。

其次，一审法院将一审判决书送达当事人后发现裁判文书错误应当分情形讨论。如果是瑕疵(文字错误、计算错误、笔误等)，应当下达裁定书补正。如果是实质内容错误则应当视当事人是否上诉而分别处理，当事人上诉的，报二审法院由二审法院在二审中纠正；当事人不上诉的，则在判决生效后启动审判监督程序纠正。

本案中，赔偿金及利息的适用标准错误属于实质内容错误，不能通过裁定书补正。当事人上诉后，没有按期缴纳上诉费，二审法院应当按照上诉人撤回上诉处理，即一审判决生效。此时属于生效的一审判决有错误，故一审法院应当启动审判监督程序纠正错误的一审判决，所以 B 选项正确。

既然甲未交上诉费，按照撤回上诉处理，二审法院不应当对案件继续审理，也不应当对本案作出相应的判决、裁定，故 AC 选项错误。

95.【参考答案】 AB

【解析】 选项 A 正确，对下落不明或者宣告失踪的人提起的有关身份关系的诉讼，由原告住所地人民法院管辖；原告住所地与经常居住地不一致的，由原告经常居住地人民法院管辖。

选项 B 正确，离婚案件一方当事人死亡的，终结诉讼。

选项 C 错误，当事人就离婚案件中的财产分割问题申请再审，如涉及判决中已分割的财产，人民法院应当依照《民事诉讼法》第 211 条的规定进行审查，符合再审条件的，应当裁定再审；如涉及判决中未作处理的夫妻共同财产，应当告知当事人另行起诉。据此可知，并非涉及离婚的所有案件都不能申请再审。

选项 D 错误，离婚案件，涉及商业秘密的案件，当事人申请不公开审理的，可以不公开审理。据此可知，离婚案件属于申请不公开审理的案件，即原则上应该公开审理，只有当事人申请不公开审理的，才不公开审理。

96.【参考答案】 ABCD

【解析】 《民诉解释》第 297 条规定："受理第三人撤销之诉案件后，原告提供相应担保，请求中止执行的，人民法院可以准许。"因此 A 项正确。

第三人撤销之诉和案外人对执行标的的异议都是现行法律赋予王五可以行使的合法权益，故 B 项正确。

《民诉解释》第 301 条第 1 款规定，第三人提起撤销之诉后，未中止生效判决、裁定、调解书执行的，执行法院对第三人依照《民事诉讼法》第 238 条规定提出的执行异议，应予审查。第三人不服驳回执行异议裁定，申请对原判决、裁定、调解书再审的，人民法院不予受理。因此 C 项正确。

该条第 2 款规定，案外人对人民法院驳回其执行异议裁定不服，认为原判决、裁定、调解书内容错误损害其合法权益的，应当根据《民事诉讼法》第 238 条规定申请再审，提起第三人撤销之诉的，人民法院不予受理。因此 D 项正确。

97.【参考答案】 AD

【解析】 《民诉解释》第 434 条规定："对设有担保的债务的主债务人发出的支付令，对担保人没有拘束力。债权人就担保关系单独提起诉讼的，支付令自人民法院受理案件之日起失效。”债权人乙对债务人甲发的支付令，对担保人丙没有拘束力。因此A项正确，B项错误。

如果乙起诉担保人丙，则对甲所发支付令效力失效，而不是效力不受影响，故D项正确，C项错误。

98.【参考答案】 ABCD

【解析】 《民事诉讼法》第207条规定：“申请实现担保物权，由担保物权人以及其他有权请求实现担保物权的人依照民法典等法律，向担保财产所在地或者担保物权登记地基层人民法院提出。”因此A、B项正确。

《民事诉讼法》第208条规定：“人民法院受理申请后，经审查，符合法律规定的，裁定拍卖、变卖担保财产，当事人依据该裁定可以向人民法院申请执行；不符合法律规定的，裁定驳回申请，当事人可以向人民法院提起诉讼。”因此C、D项正确。

99.【参考答案】 D

【解析】 A项中的先履行抗辩权是由后履行方行使的，而甲是先履行方，所以不能行使，故A项错误。

同时履行抗辩权是在合同双方履行顺位相同时才能适用，甲也不能适用，B项错误。

C项中的先诉抗辩权是一般保证人的一种抗辩权，与题目无关，故C项错误。

不安抗辩权，是指在双务合同中，应先履行债务的一方发现后履行一方有财产状况严重恶化、转移资产以逃避债务等情形，可能危及债权时，在后履行方未履行其债务或提供担保前，拒绝先履行自己债务的权利。题中甲有理由认为乙转移资产以逃避债务的行为足以危及债权，故其可行使不安抗辩权，故D项正确。

100.【参考答案】 B

【解析】 A项错误。外国法院作出的判决、裁定，要在我国得到承认与执行，可以由当事人直接向有管辖权的法院提出，也可以由外国法院按照条约的规定或者互惠原则请求我国法院承认与执行。如果该法院所在国与我国没有缔结或者共同参加国际条约，也没有互惠关系的，裁定驳回申请。但当事人向人民法院申请承认外国法院作出的发生法律效力的离婚判决的除外，即当事人向人民法院申请承认外国法院作出的发生法律效力的离婚判决的，即使该外国与我国既没有订立司法协助协议，也不存在互惠关系，对之也可以承认。本题即申请承认外国离婚判决的例外情况。

B项正确。外国离婚判决是在被告缺席且未得到合法传唤情况下作出的，人民法院不予承认。

C项错误。根据最高人民法院《关于中国公民申请承认外国法院离婚判决程序问题的规定》第19条的规定，人民法院受理承认外国法院离婚判决的申请后，对方当事人向人民法院起诉离婚的，人民法院不予受理。

D项错误。根据上述规定第21条的规定，申请人的申请为人民法院受理后，申请人可以撤回申请，人民法院可以裁定准予撤回。申请人撤回申请后，不得再提出申请，但可以另向人民法院起诉离婚。D项“不得撤回其申请”说法错误。

2021年国家统一法律职业资格考试
客观题试卷一

一、单项选择题 每题所设选项中只有一个正确答案,多选、错选或不选均不得分。(本部分含1—50题,每题1分,共50分)

1. 关于甲、乙、丙、丁不作为行为成立犯罪的情况,下列说法正确的是?(　　)

A. 甲事后发现自己销售的一批药品不合格,但并未召回,致一名患者死亡。由于销售劣药罪的行为只能是作为,且必须具有故意,故甲不构成犯罪

B. 路人乙在荒山发现一名弃婴,将弃婴抱回家,几天后打算长期抚养。由于妻子强烈反对,乙次日将弃婴放至某菜市场门口,弃婴被他人抱走,不知去向。乙构成遗弃罪

C. 成年人赵某用手抚摸丙饲养的宠物狗,不料宠物狗张嘴把他咬了。丙在一旁没有制止,导致赵某被咬成重伤。由于赵某自己制造了危险,故丙不构成不作为犯罪

D. 丁夜间在员工宿舍用电热炉煮方便面,不慎将被单碰到电热炉上燃烧,本可立即扑灭,但担心因被单被毁会被开除,便离开,最后酿成重大火灾。丁的行为不成立不作为的放火罪,而构成失火罪

2. 关于因果关系的判断,下列说法正确的是?(　　)

A. 甲系出租车司机,某晚未经乘客同意而抄近道,女乘客误以为甲欲行不轨而跳车,摔成重伤。事后查明,甲没有加害意图。甲的行为与女乘客摔伤结果之间不具有刑法上的因果关系

B. 乙放火意图烧毁张某房子,张某冲进房内试图救出妻子,不料火势猛涨,张某及妻子均被烧死。乙的放火行为与张某死亡结果之间没有因果关系

C. 丙在医院门口捡到一婴儿,旋即发现婴儿有先天性疾病,立刻将婴儿扔至垃圾箱旁,后婴儿被冻死。丙扔婴儿的行为与婴儿死亡结果之间不具有因果关系

D. 丁盗窃张三用于治疗疾病的费用,张三悲痛欲绝,最后自杀身亡。丁的盗窃行为与张三死亡之间有因果关系

3. 对于______,应当立足______在防卫时所处的情境,按照______的一般认知,依法作出合乎情理的判断,不能苛求防卫人。对于防卫人因为恐慌、紧张等心理,对不法侵害是否已经开始或者结束产生错误认识的,应当根据______,依法作出妥当处理。关于上述空格,依次填写正确的是?(　　)

A. 不法侵害是否已经开始或者结束—社会公众—防卫人—罪刑相适应原则

B. 不法侵害是否已经开始或者结束—防卫人—社会公众—主客观相统一原则

C. 是否严重危害人身—防卫人—社会公众—主客观相统一原则

D. 是否严重危害人身—社会公众—防卫人—罪刑相适应原则

4. 关于故意、过失的认定,下列说法错误的是?(　　)

A. 甲以为眼前财物是王某的遗忘物,实际是李某占有的财物,进而拿走该财物。甲没有盗窃罪的故意,只有侵占罪的故意

B. 乙误以为自己运输的是假美元,实际是假欧元。乙的认识错误属于具体的事实认识错误。乙成立运输假币罪

C. 丙雇凶手伤害李某,反复叮嘱凶手不要导致李某死亡,但凶手仍致李某死亡。丙对死亡结果有过失

D. 丁误以为赵某是不满14周岁的男童而出卖给他人,实际上赵某是15周岁的少女。由于主客观不一致,因此丁不成立犯罪

5. 关于行为人犯罪既遂、犯罪未遂的认定,下列说法错误的是(本题不考虑犯罪数额)?(　　)

A. 甲绑架了张三的儿子向其勒索赎金,并告知张三将钱用箱子装好放在闵庄路的垃圾桶里,后张三按甲的要求将箱子放在垃圾桶里,但是箱子被他人捡走,张三以为是甲的同伙所为,虽甲未实际取得赎金,但仍认定甲犯罪既遂

B. 乙在拼夕夕售假冒知名品牌白酒以诈骗钱

财，李四将货款支付给担保平台，李四收到货物后，发现是假冒白酒，遂申请售后并向平台投诉，平台将货款退还给李四。因李四已经将货款支付给平台，即使乙未实际取得货款，也认为乙犯罪既遂

C. 丙潜入某小区偷电动车，保安王五通过监控发现了丙的盗窃行为。为了让丙的盗窃行为既遂，王五等丙盗窃得手将电动车骑出小区门口300米才骑车将其擒获，丙构成犯罪既遂

D. 丁以出卖为目的，将妇女田某骗到外省出卖；因为行情不好，加上扫黑除恶，未能将田某卖出，后来两人日久生情，在一起共同生活，因为丁未将田某卖出，故丁构成犯罪未遂

6. 甲盗窃他人银行信用卡，并于柜台取走卡内资金90万元，之后找到乙，告知其款项真实来源，让乙帮忙将90万元转移到境外。关于本案，下列哪一选项是正确的？（　　）

A. 盗窃信用卡并使用的核心是冒用他人信用卡的行为，故甲的行为只构成信用卡诈骗罪，同时构成洗钱罪的教唆犯，数罪并罚

B. 如果认为乙构成洗钱罪的正犯，则必须认定甲同时构成盗窃罪和信用卡诈骗罪且须两罪并罚，否则有违罪刑法定原则

C. 甲盗窃信用卡并使用的行为构成盗窃罪，但因甲的行为中包含了信用卡诈骗，所以甲也成立洗钱罪，应以盗窃罪与洗钱罪数罪并罚

D. 虽然盗窃信用卡并使用的行为包含了信用卡诈骗，但甲让乙帮助将诈骗款转移到境外的行为属于不可罚的事后行为，甲仅成立盗窃罪一罪

7. 甲、乙系表兄弟，长相相似，甲用乙的户口证明办理了身份证（身份证姓名为乙、号码为乙，但照片为甲）。甲得知乙的银行卡尚未绑定手机支付，遂持该身份证去银行将乙的银行卡绑定自己手机支付，后去商场购物消费3万元。乙收到了3万元的扣款短信，报案而案发。关于甲的行为性质，下列哪一选项是正确的？（　　）

A. 盗窃罪　　B. 诈骗罪

C. 信用卡诈骗罪　　D. 侵占罪

8. 甲网购了一部手机，趁快递店不注意直接拿走了手机，后联系商家谎称未收到货。商家向甲全额退款，要求快递公司赔偿所有损失。关于甲的行为，下列说法正确的是？（　　）

A. 甲仅构成对手机的盗窃罪

B. 甲仅构成对退款的诈骗罪

C. 甲对手机构成盗窃，对退款构成诈骗

D. 不论对手机还是退款，甲的行为整体构成诈骗一罪

9. 某幼儿园班主任建立了一个班级群，用于与家长们交流并收取各种费用。某日，家长甲等人依惯例将总计5000元的伙食费以"发红包"的形式发到班级群，请班主任老师接收。班主任老师未及时接收，家长乙收取了该伙食费并退群。关于乙的行为性质，下列哪一说法是正确的？（　　）

A. 抢夺罪　　B. 盗窃罪

C. 诈骗罪　　D. 侵占罪

10. 甲在驾车通过高速路收费站时，经常利用ETC将紧邻两车识别为一车的设置驶入，紧跟前车快速驶出，在挡车杆落下之前跟着前车通过，这样其ETC未被扣费。甲采用这种方式偷逃高速通行费共计1万余元。关于甲的行为定性，下列说法正确的是？（　　）

A. 盗窃罪　　B. 诈骗罪

C. 抢夺罪　　D. 不构成犯罪

11. 甲从Y市出发前往L市，途经M市。在M市期间，甲拍摄了淫秽视频。到达L市后，甲又乘车前往N市，在N市发布了淫秽视频，后甲被捕。关于本案，下列哪一地法院具有管辖权？（　　）

A. Y市　　B. L市

C. N市　　D. M市

12. 在庭审结束后、评议前，部分合议庭成员不能继续履行审判职责的，人民法院应当依法更换合议庭组成人员，重新开庭审理。对此，下列哪一理解是正确的？（　　）

A. 重新审理意味着之前的审理程序都归于无效

B. 更换合议庭成员就要更换全部成员

C. 体现了集中审理原则

D. 体现了亲历性原则

13. 甲因乙对其诽谤，向法院提起自诉，法院经审查后决定立案受理。后因该案社会影响重大，检察院决定对乙以诽谤罪提起公诉。关于本案，下列哪一说法是正确的？（　　）

A. 法院在审理自诉案件时，如乙认罪认罚且同意适用速裁程序，可适用速裁程序

B. 法院在审理公诉案件时，如乙认罪认罚且同意适用速裁程序，可适用速裁程序

C. 不论公诉或自诉案件，均可以和解

D. 法院可以将公诉和自诉案件一并审理

14. Y公司涉嫌走私普通货物罪，公司实控人甲也被提起公诉，A律师事务所律师乙担任公司诉

讼代表人。关于本案的辩护，下列哪一说法是正确的？（　　）

A. 甲不可委托A律师事务所的律师担任其辩护人

B. 乙担任诉讼代表人可由甲所在公司委托，也可由检察机关指派

C. 乙在本案中行使辩护职能

D. 若本案应被认定为单位犯罪，检察院坚持以自然人犯罪起诉的，人民法院应按照自然人犯罪作出判决

15. 甲被A市民政局救助站收容，其间将救助站工作人员乙打成重伤。A市B区法院一审以故意伤害罪判处甲有期徒刑6年，甲不服提起上诉。A市中院在二审中发现甲行为有异，经鉴定为精神病。关于本案，下列哪一说法是正确的？（　　）

A. 法院有权采取临时保护性约束措施

B. A市中院决定对甲强制医疗时应一并决定强制医疗的期限

C. A市中院应先裁定终止诉讼，再启动强制医疗程序

D. A市中院可改判甲不负刑事责任，并决定对甲强制医疗

16. 甲因诈骗罪被A区法院判处有期徒刑并处罚金30万元，后提起上诉，市中院驳回上诉，维持原判。现查明，甲名下只有位于B区的一处房子，已被公安机关查封，该房此前已被银行抵押。关于该房屋的处置，下列哪一说法是正确的？（　　）

A. 公安机关出具解封手续后，法院才可以处置该房屋

B. 若银行主张优先受偿，应将其排在补偿被害人被骗钱款之后

C. B区法院可受委托处置房屋

D. 应由市中级法院负责房屋的处置

17. 为促进上海自由贸易试验区的发展，有关机关决定暂停适用某部关于贸易的行政法规的部分规定。此处的“有关机关”是指？（　　）

A. 国务院

B. 上海市人民政府

C. 上海市人民代表大会

D. 全国人大常委会

18. 为开发统一的专车网络电商平台，市政府与博达公司签订了为期1年的特许经营协议，由博达公司开发网络电商平台并提供日常维护，并约定协议期间市政府将禁止其他公司单独开发电商平台，并约定若发生争议仲裁解决。后博达公司以其签署协议受到胁迫为由，诉请法院判决解除该协议。关于本案，下列说法正确的是？（　　）

A. 法院因存在仲裁条款裁定不予受理

B. 博达公司承担解除协议的举证责任

C. 本案不适用调解

D. 法院因协议存在仲裁条款而确认协议无效

19. 博达公司未按规定申报上年度营业所得税，市税务局责令补缴2万元税款，并罚款1万元。博达公司不服提出复议。对此，下列哪一说法是正确的？（　　）

A. 如博达公司未按时补缴，市税务局可以书面通知银行划扣其存款

B. 罚款1万元的复议机关是市政府

C. 博达公司可以直接提起行政诉讼

D. 博达公司申请复议的期限为6个月

20. 甲海关是海关总署的直属海关，在执法检查中，发现丰添公司从海外偷运回一批已被国内强制召回的丰添汽车，甲海关将汽车扣押。对此，下列说法正确的是？（　　）

A. 如果丰添公司不服扣押行为，应当向甲海关所在地的海事法院起诉

B. 如果丰添公司不服扣押行为，应当向甲海关所在地的基层法院起诉

C. 丰添公司申请行政复议，复议机关是海关总署

D. 丰添公司向海关总署申请行政复议，不服复议决定既可以起诉，也可以申请国务院终局裁决

21. 乙国民航飞机因机械故障坠毁在甲乙两国边界并引发森林火灾，甲乙两国界碑也因此损毁，乙国组织力量紧急救援，为灭火和抢救生命，救援队擅自进入甲国界数十米。尽管乙国尽力救助，火灾还是给甲国造成了财产损失。根据国际法相关规则，下列说法中正确的是哪项？（　　）

A. 乙国救援人员未经甲国同意越过边境救灾，构成国际不法行为

B. 乙国可自行修复界碑，恢复后通知甲国

C. 乙国通知甲国后，应尽快修复界碑

D. 乙国无须承担甲国因火灾致损的国际法律责任

22. 根据《联合国海洋法公约》和中国的相关法律规定，下列哪一选项是正确的？（　　）

A. 甲国军舰有权无害通过我国领海上空

B. 乙国飞机可以直接通过我国领空

C. 我国海警船从毗连区开始紧追丙国走私

船，在其进入公海时紧追应终止

D. 丁国有权在我国大陆架铺设海底电缆，但线路须经我国主管机关同意

23. 2005 年，甲国夫妇汤姆和玛丽收养了中国女孩樱樱，樱樱改名艾琳后随养父母去甲国定居，并取得甲国国籍。2019 年，艾琳被中国上海市某高校录取。根据中国相关法律规定，下列哪项判断是正确的？（　　）

A. 艾琳到中国学习，无须办理签证

B. 艾琳周末可以到快餐店兼职打工

C. 艾琳可以同时拥有中国国籍和甲国国籍

D. 甲国新冠疫情暴发，甲国夫妇以探望艾琳的名义申请进入中国境内，但中国边防检查机关有权禁止二人入境，且无须说明理由

24. 甲、乙两国发生武装冲突。地区大国丙国提出停火方案，并邀请甲、乙两国代表到丙国首都和谈。三国随后以联合声明的方式发布停火协议。后因甲、乙两国就停火协议理解不同，再次发生武装冲突。以下哪一选项符合国际法的规定？（　　）

A. 甲、乙两国宣战后，甲国可以没收乙国驻甲国大使馆的财产

B. 停火协议系经丙国调停

C. 甲、乙两国宣战后，甲国 A 公司与乙国 B 公司的商业合同自动废止

D. 丙国应对停火协议产生的争议承担法律责任

25. 中共中央印发了《法治中国建设规划（2020—2025 年）》，关于坚定不移走中国特色社会主义法治道路，奋力建设良法善治的法治中国的主要原则，下列哪一选项是不正确的？（　　）

A. 牢牢把握党的领导是社会主义法治最根本的保证，坚持党领导立法、保证执法、支持司法、带头守法

B. 坚持法治建设为了人民、依靠人民，促进人的全面发展

C. 聚焦党中央关注、人民群众反映强烈的突出问题和法治建设薄弱环节，着眼推进国家治理体系和治理能力现代化

D. 汲取中华法律文化精华，应当借鉴国外法治有益经验

26. 关于全面贯彻实施宪法，坚定维护宪法尊严和权威，下列哪一选项是不正确的？（　　）

A. 坚持依宪治国、依宪执政，把全面贯彻实施宪法作为首要任务

B. 党带头尊崇和执行宪法，把党领导人民制定和实施宪法法律同党坚持在宪法法律范围内活动统一起来，保障宪法法律的有效实施

C. 凡涉及宪法有关规定如何理解、实施、适用问题的，都应当依照有关规定向全国人大书面提出合宪性审查请求

D. 在备案审查工作中，应当注重审查是否存在不符合宪法规定和宪法精神的内容

27. 2019 年 1 月，甲国的“甲优”野生公园，拟向乙国的“乙美”动物园，转让 K 种动物活体 2 只；向乙国的“乙强”生物研究机构转让 L 种动物标本 1 具和 M 种植物标本 1 株。经查，K 种动物和 M 种植物已被列入《濒危野生动植物种国际贸易公约》附件一，L 种动物被列入公约附件二。甲乙两国均是上述公约的当事国。根据相关的国际法规则，下列哪一项是正确的？（　　）

A.“甲优”野生公园和“乙美”动物园关于 K 种动物的上述转让，需要同时办理甲国的出口许可证和乙国的进口许可证，才能合法进行

B.“甲优”野生公园与“乙强”生物研究机构的上述关于 L 种动物标本的转让，出于科学研究目的，无须甲国的出口许可证

C.“甲优”野生公园与“乙强”生物研究机构上述关于 M 种植物标本的转让，尚没有国际法相关规则的限制

D. 上述各类动植物，根据国际法相关规则，都已被严格禁止跨境转让活动

28. 关于法的概念与本质，下列说法正确的是？（　　）

A. 是否承认“法律是最低限度的道德”，是区分实证主义与非实证主义的主要标准

B.“法律的生命不在于逻辑，而在于经验”，这种观点应属于社会法学派的基本观点

C. 按照马克思主义法学派的观点，法律是社会共同体意志的体现

D. 是否承认社会实效是法的构成要素，是区分分析法学派与社会法学派的主要标准

29. 下列关于基本权利的表述，哪一说法是正确的？（　　）

A. 同社会经济权利一样，文化教育权利也属于公民的积极受益权

B. 劳动、受教育既是公民的基本权利，又是公民的基本义务

C. 公民有权对任何国家机关和国家工作人员提出批评、建议、申诉、控告和检举

D. 公民在年老、疾病或者身体虚弱的情况下，

有从国家和社会获得物质帮助的权利

30. 关于法律职业道德，下列哪一表述是错误的？（　　）

A. 法律职业道德与其他职业道德相比，具有更强的公平正义象征和社会感召作用

B. 法律职业以法官、检察官、律师为代表，法律职业之间具备同质性而无行业属性，因此多数国家规定法官、检察官、律师须通过专门培养和训练

C. 选择合适的内化途径和适当的内化方法，才能使法律职业人员将法律职业道德规范融进法律职业精神中

D. 法律职业道德教育的途径和方法，包括提高法律职业人员道德认识、陶冶法律职业人员道德情感、养成法律职业人员道德习惯等

31. 关于坚持中国特色社会主义法治道路，下列哪一选项是不正确的？（　　）

A. 坚持中国特色社会主义法治道路，本质上是中国特色社会主义道路在法治领域的具体体现

B. 坚持中国共产党的领导是中国特色社会主义法治道路最根本的保证

C. 中国特色社会主义法治道路，是社会主义法治建设成就和经验的集中体现，是建设社会主义法治国家的唯一正确道路

D. 要从中国国情和实际出发，走适合自己的法治道路，不借鉴国外法治

32. 关于全国人大常委会制度的表述，下列哪一选项是正确的？（　　）

A. 全国人民代表大会会议由全国人大常委会主持

B. 全国人民代表大会会议由全国人大主席团召集

C. 全国人大代表的选举由全国人大常委会主持

D. 全国人民代表大会批准省、自治区和直辖市的建置和区域划分

33. 习近平总书记在党的十八届四中全会上指出，“建设中国特色社会主义法治体系，必须坚持立法先行，发挥立法的引领和推动作用，抓住提高立法质量这个关键”，明确要求完善立法体制。下列哪一选项是不正确的？（　　）

A. 党中央向全国人大提出宪法修改建议，依照宪法规定的程序进行宪法修改。法律制定和修改的重大问题由全国人大常委会向党中央报告

B. 加强党对立法工作的领导，完善党对立法工作中重大问题决策的程序。凡立法涉及重大体制和重大政策调整的，必须报党中央讨论决定

C. 对部门间争议较大的重要立法事项，由决策机关引入第三方评估，充分听取各方意见，协调决定，不能久拖不决

D. 依法建立健全专门委员会、工作委员会立法专家顾问制度

34. 关于中国古代的继承制度，下列说法哪一选项是正确的？（　　）

A. 西周时期主张“以德配天、明德慎罚”，强调统治者的“德”性的后果之一便是在继承问题上主张“立嫡以贤不以长”

B. 西周时期的继承主要是财产的继承，此外，还包括政治身份的继承

C. 宋代的继承制度比较灵活，除沿袭了遗产兄弟均分制外，还允许在室女享受部分财产继承权

D. 宋代的继承制度规定，在存在遗腹子的情况下，亲生子享有3/4的财产继承权，遗腹子享有1/4的财产继承权

35. 关于我国基层群众性自治组织的表述，下列哪一选项是错误的？（　　）

A. 村民委员会是村民自我管理、自我教育、自我服务的基层群众性自治组织

B. 村民会议有权改变和撤销村民代表会议、村民委员会的不适当决定

C. 罢免村民委员会成员，须有登记参加选举的村民2/3投票，并须经投票的村民过半数通过

D. 村民委员会成员被判处刑罚的，其职务自动终止

36. 中国人张某和美国人Lily喜结良缘并在美国生下一子小张。经查明根据美国法小张出生时即具有美国国籍，张某和Lily自婚后一直定居在北京。小张出生后，张某准备通过Lily申请美国国籍。下列说法正确的是？（　　）

A. 根据我国法律，小张出生时依旧具有中国国籍

B. 根据我国法律，小张出生时不具有中国国籍

C. 如果张某是现役军人，其依旧可以退出中国国籍

D. 如果张某是国家工作人员，其依旧可以退出中国国籍

37. 关于明代刑事法律原则，下列表述错误的是？（　　）

A.“轻其轻罪，重其重罪”的原则，是与唐律相比。在伦理纲常以及危害封建统治犯罪上，明律加

重处罚

B. 祖父母、父母在,子孙别籍异财。唐律规定徒3年,明律规定处杖100

C. "引律比附"原则在律令不尽事理、断罪无正条情况下适用,但须由皇帝批准。若辄引比,构成犯罪

D. 根据《大明律·名例》相关规定,化外人犯罪科刑适用属地原则,一体适用明律

38. 根据我国香港、澳门特别行政区基本法的规定,下列哪一选项是不正确的?(　　)

A. 香港特别行政区终审法院和高等法院的首席法官,应由在外国无居留权的香港特别行政区永久性居民中的中国公民担任

B. 香港特别行政区的法官,根据当地法官和法律界及其他方面知名人士组成的独立委员会推荐,由行政长官征得立法会同意后任命,并报全国人民代表大会常务委员会备案

C. 澳门特别行政区检察长由澳门特别行政区永久性居民中的中国公民担任,由行政长官提名,报中央人民政府任命

D. 澳门特别行政区设立行政法院。行政法院是管辖行政诉讼和税务诉讼的法院。不服行政法院裁决者,可向中级法院上诉

39.《刑法》第17条第3款规定:"已满十二周岁不满十四周岁的人,犯故意杀人、故意伤害罪,致人死亡或者以特别残忍手段致人重伤造成严重残疾,情节恶劣,经最高人民检察院核准追诉的,应当负刑事责任。"对于本款规定的理解,下列哪一选项是错误的?(　　)

A. 本条款是《刑法修正案(十一)》新增,对发生在2021年3月1日《刑法修正案(十一)》施行前的案件不能适用

B. 根据本条款的规定,已满12周岁不满14周岁的人,在实施绑架过程中,故意杀害、故意伤害被绑架人的,不负刑事责任

C. 13周岁的甲使用菜刀砍断了10周岁乙的拇指,虽然乙构成重伤,但对甲不能适用本条款的规定追究刑事责任

D. 根据本条款的规定,最高人民检察院经审查决定,也可以不予核准追诉

40. 习近平总书记强调:"全面推进依法治国,建设一支德才兼备的高素质法治队伍至关重要。"下列哪一选项是不正确的?(　　)

A. 要把拥护中国共产党领导、拥护我国社会主义法治作为法律服务人员从业的基本要求

B. 推进法治专门队伍革命化、正规化、专业化、职业化

C. 全面推进依法治国,首先要把法律服务队伍建设好

D. 加强教育、管理、引导,引导法律服务工作者坚持正确的政治方向,依法依规诚信执业,认真履行社会责任

41. 下列关于司法原理的内容,表述正确的是?(　　)

A. 与行政相比,司法具有独立性、被动性、交涉性、程序性、普遍性、终极性以及受监督性等特点

B. 司法公开要求推进审判公开、检务公开、警务公开、狱务公开,所有生效法律文书必须统一上网

C. 为办案需要,某法官经领导批准后,与当事人相约在距离当事人较近的某咖啡厅里沟通案件情况

D. 司法机关领导干部因履行职责需要对正在办理的案件提出指导意见,应当以书面形式提出

42. 下列关于我国民族区域自治制度的表述,不正确的是?(　　)

A. 民族自治地方的自治机关是中央统一领导下的地方政权机关

B. 民族自治地方人大常委会的主任和副主任,应当由实行区域自治民族的人员担任

C. 民族自治地方的自治机关依照国家的军事制度和当地的实际需要,经国务院批准,可以组织本地方维护社会治安的公安部队

D. 自治州、自治县决定减税或者免税,须报省、自治区政府批准

43. 关于深入推进全民守法,下列哪一选项是错误的?(　　)

A. 建立健全立法工作宣传报道常态化机制,对立法热点问题主动发声、解疑释惑

B. 深入开展法官、检察官、监察官、行政复议人员、行政执法人员、律师等以案释法活动

C. 广泛推动人民群众参与社会治理,打造共建共治共享的社会治理格局

D. 积极引导人民群众依法维权和化解矛盾纠纷,坚持和发展新时代"枫桥经验"

44. 我国正处于社会主义初级阶段,全面建成小康社会进入决定性阶段,改革进入攻坚期和深水区,国际形势复杂多变,我们党面对的改革发展稳定任务之重前所未有、矛盾风险挑战之多前所未有,依法治国在党和国家工作全局中的地位更加突

出、作用更加重大。因此必须坚持依法治国的基本原则，在习近平法治思想下，关于依法治国说法正确的是？（　　）

A. 党的领导是中国特色社会主义最本质的特征，是社会主义法治最根本的保证

B. 人民是依法治国的主体和力量源泉，人民代表大会制度是保证人民当家作主的根本制度

C. 坚持法律面前人人平等就要做到一切情况下都平等对待

D. 学习西方先进经验，改革人民代表大会制度成为三权分立

45. 我国和甲国、乙国签订了《民商事案件司法协助条约》，其中甲国对司法协助请求文件首先通过网络提交这一条款提出了保留。我国接受该保留，乙国拒绝接受该保留。关于该条约，下列说法正确的是？（　　）

A. 该条约需要经过我国全国人民代表大会的批准方能在我国生效

B. 在甲国和我国之间适用保留后的条款

C. 在甲国和乙国之间该条约视为不存在

D. 当该条约与我国国内法出现冲突时，我国国内法的规定优先适用

46. 关于宪法监督的方式，我国采取事先审查与事后审查相结合的方式。根据《立法法》的规定，关于我国宪法监督事先审查方式的说法，下列哪一选项是不正确的？（　　）

A. 自治区的自治条例和单行条例，报全国人大常委会批准后生效

B. 自治州、自治县的自治条例和单行条例，报省、自治区、直辖市的人大常委会批准后生效

C. 省、自治区、直辖市的地方性法规，报全国人大常委会批准后施行

D. 设区的市、自治州的地方性法规报省、自治区的人大常委会批准后施行

47. 关于国家勋章和国家荣誉称号的说法，下列哪一选项是不正确的？（　　）

A. 国家荣誉称号的具体名称由全国人大常委会在决定授予时确定

B. 国务院、中央军事委员会可以向全国人民代表大会常务委员会提出授予国家勋章、国家荣誉称号的议案

C. 国家勋章包括“共和国勋章”，不包括“友谊勋章”

D. 国家主席进行国事活动，可以直接授予外国政要、国际友人等人士“友谊勋章”

48. 关于我国民族区域自治制度的表述，下列哪一选项是不正确的？（　　）

A. 民族自治地方的自治机关是自治区、自治州、自治县的人大和常委会

B. 民族自治地方人大常委会的主任或副主任，应当由实行区域自治民族的公民担任

C. 自治县人大有权制定自治条例和单行条例，报省、自治区的人大常委会批准生效

D. 自治地方可优先开发本地方的自然资源，依法确认森林和草原的归属

49. 下列哪一选项的事项不可以成为公证对象？（　　）

A. 张三请求公证处公证其于 2021 年 3 月 15 日借给李某 100 万元，李某予以否认，张三就此向法院起诉李某，目前尚未审结

B. 叶某于 2019 年 10 月 25 日 10 时 43 分在医院死亡的事实

C. 万力胜达教育科技有限公司的公司章程内容

D. 刘某设立的一份自书遗嘱，把遗产留给了第三者田某

50. 关于司法公正与司法效率的关系，下列哪一选项是错误的？（　　）

A. 司法效率大致包括时间效率、资源利用效率和成本效率三个方面

B. 司法公正是司法永恒的目标追求，提高司法效率是适应我国社会新的形势发展的要求

C. 当代社会的司法不仅要追求正义，而且还要以效率作为正义的补充

D. 公正与效率存在不可调和的矛盾，追求公平的同时难以兼顾效率

二、多项选择题　每题所设选项中至少有两个正确答案，多选、少选、错选或不选均不得分。（本部分含 51—90 题，每题 2 分，共 80 分）

51. 2021 年 2 月 28 日 23 时，甲从三楼阳台朝楼下扔装修垃圾，正好砸在自家汽车上。如现在进行审理，关于甲的行为性质，以下说法错误的是？（　　）

A. 三楼不属于高空，即使甲的行为发生在《刑法修正案（十一）》实施之后，甲也不构成高空抛物罪

B. 甲扔的垃圾砸在自家汽车上，没有危害公共安全，即使甲的行为发生在《刑法修正案（十一）》实施之后，甲也不构成高空抛物罪

C. 甲的行为发生在《刑法修正案(十一)》实施之前,不成立以危险方法危害公共安全罪,根据从旧兼从轻原则,甲不成立犯罪

D. 甲的行为发生在《刑法修正案(十一)》实施之前,成立以危险方法危害公共安全罪,根据从旧兼从轻原则,甲构成高空抛物罪

52. 甲绑架了乙,要求乙的妻子丙交钱赎人,否则杀死乙。丙想起乙平日经常打骂自己,遂决定借甲之手除掉乙,故拒绝支付赎金。甲气急败坏,将乙杀害。关于本案,下列说法正确的是?(　　)

A. 只有肯定片面共同犯罪,才能追究丙的刑事责任

B. 如不肯定片面共同犯罪,则丙只能构成故意杀人罪的间接正犯

C. 如肯定片面共同犯罪,则丙与甲在故意杀人罪的犯罪内构成共同犯罪

D. 如肯定承继的共同犯罪,则丙成立绑架罪"杀害被绑架人"的共同犯罪

53. 甲购买乙公司的一批车辆,支付了购车首付款。双方约定,在甲付完全款之后,才能获得车辆所有权。乙公司为保障其权利,在车辆上安装了定位系统。甲获取车辆之后,不想继续支付余款,欲变卖该批车辆,遂将计划告知好友丙,请其利用信息网络干扰定位系统,致使车辆定位系统崩溃。之后,甲顺利将车辆变卖。关于丙的行为性质,下列说法不正确的是?(　　)

A. 非法利用信息网络罪

B. 破坏计算机信息系统罪

C. 非法侵入计算机信息系统罪

D. 盗窃罪

54. 甲在自己经营的报亭和乙发生矛盾,冲突中甲用水果刀刺中乙。路人丙看见后报警,甲见丙报警后留在原地等待。经鉴定,水果刀刺中乙脖颈后方10厘米深处,伤害损伤为轻微伤。关于甲的行为,下列说法正确的是?(　　)

A. 乙受伤程度轻微,甲不构成犯罪

B. 甲严重伤害乙,构成故意伤害罪;但由于甲属于过激伤人,可从轻、减轻或者免除处罚

C. 若甲刺中乙后本可以继续刺击,但甲并未继续实施,甲构成犯罪中止

D. 甲见丙报警后留在原地等待的情节构成自首

55. 关于拐卖妇女、儿童罪,下列说法正确的是?(　　)

A. 农家女不想在农村生活,在街上大喊卖身救母,甲出价50万元买下。甲构成拐卖妇女罪

B. 乙以出卖为目的将妇女田某骗至外地,后卖不出去,无奈将其放回。乙构成拐卖妇女罪

C. 丙以出卖为目的将妇女张某带往外地,后打消出卖念头与之共同生活。丙构成拐卖妇女罪

D. 陈某系15周岁少女,丁误以为陈某是不满14周岁的男童而将其带至外地卖出。因丁欠缺拐卖妇女故意,不成立拐卖妇女罪

56. 诈骗罪中处分财物要求具有处分行为和处分意识,不考虑数额情况下,下列说法中,存在处分意识的有哪些?(　　)

A. 甲请张三吃饭,饭后对服务员表示送张三到门口再回来买单,服务员同意,但是一直看着门口,甲到门口后趁机溜走

B. 乙使用技术手段将燃气表度数增加了10,000立方米,收费员查表的时候,由于不知情,没有收取乙的燃气费

C. 丙在超市购物,把一个苹果手机放到了方便面箱子里,最后收银员以一箱方便面的价格收款

D. 丁伪造车辆所有权凭证和行驶证,以虚构的奥迪A6L作抵押,向李某借款50万元,借到钱后逃跑

57. 甲见乙不顺眼,于是故意伤害乙,在下列哪些情形中,其不构成抢劫罪?(　　)

A. 乙主动提出给甲5000元让其放过自己,甲要10,000元,乙答应

B. 甲致乙昏迷后,乙身上的钱包掉落下来,甲拿走了乙的钱包

C. 甲致乙昏迷后,乙左手搭在口袋处,甲认为乙护着钱包,挪开了乙的手拿走了钱包

D. 甲致乙重伤后,乙怕死,提出支付甲5000元送自己去医院,甲要10,000元,乙同意

58. 为勒索钱财,甲绑架乙之女并将其杀害,市中级法院判处甲死刑缓期执行并赔偿附带民事诉讼原告人乙35万元。一审判决后,检察院未提起抗诉,甲和乙均对附带民事部分提起上诉。关于本案的审理,下列哪些说法是正确的?(　　)

A. 市中级法院可以暂缓将甲送监

B. 省高院应将附带民事部分与刑事部分一并审查

C. 如乙变更诉讼请求,省高院可以进行调解

D. 省高院不得增加赔偿金额

59. 王某(15周岁)涉嫌强奸李美美(13周岁)。关于本案的办理,下列哪些说法是正确的?(　　)

A. 因询问时无合适成年人在场,所以李美美

的证词不能作为定案的根据

B. 审查起诉阶段不签署具结书，不影响审判阶段适用认罪认罚从宽制度

C. 王某的父亲对认罪认罚具结书有异议，需要在具结书上注明，但不影响对王某从宽

D. 侦查阶段对王某进行社会调查的工作人员可以出庭说明情况

60. 甲涉嫌贪污罪，在留置期间认罪认罚，积极退赃。关于本案，下列哪些说法是正确的？(　　)

A. 移送审查起诉期间，如检察院决定取保候审，留置措施自动解除

B. 该案需指定审判管辖时，应由检察院与同级法院协商确定

C. 监察机关可以提出从宽处罚的建议

D. 检察院应当在接到监察机关移送的案件之日起3日内告知甲有权委托辩护人

61. 甲系某法院7人合议庭中的人民陪审员，关于其享有的权利，下列哪些说法是正确的？(　　)

A. 针对案件的法律适用发表意见的权利

B. 开庭前阅卷的权利

C. 若甲参加3人合议庭审判案件，对事实认定、法律适用，独立发表意见，行使表决权

D. 经审判长同意向证人发问的权利

62. 关于未成年人刑事案件的办理程序，下列哪些说法是正确的？(　　)

A. 询问15周岁的故意伤害案被害人丁时，应当同步录音录像

B. 14周岁的乙因涉嫌抢劫罪被逮捕，法院应保证其接受义务教育

C. 17周岁的被告人丙既无固定住处也无法提供保证人，法院决定取保候审时应为其指定合适成年人作为保证人

D. 20周岁的在校大学生甲涉嫌盗窃罪，应由未成年人案件审判组织审理

63. A市中级人民法院二审判决甲和乙犯职务侵占罪并分别判处有期徒刑，同时宣告被告人丙无罪。上级法院在教育整顿期间发现本案存在甲为丙顶罪的重大嫌疑，遂指令A市中级人民法院对甲与丙启动再审。经再审查明，甲并未参与职务侵占，系为丙顶罪并替乙分担罪责。关于本案，下列哪些说法是正确的？(　　)

A. 法院可在再审判决中加重乙的刑罚

B. 本案再审应另行组成合议庭

C. 再审期间法院可决定对甲中止执行有期徒刑

D. 再审期间检察院可决定对丙采取逮捕措施

64. 甲因寻衅滋事造成乙财物损毁，检察院对其批准逮捕。甲在侦查阶段拒不认罪，移送审查起诉后认罪认罚，但未与乙就财物损毁的赔偿达成一致意见。关于本案，检察院的下列哪些做法是正确的？(　　)

A. 应及时对甲的羁押必要性进行审查

B. 可在起诉甲时建议法院适用速裁程序审理

C. 可积极促成甲和乙达成刑事和解

D. 拟对甲提出缓刑量刑建议时，可自行对甲进行社会调查

65. 甲涉嫌集资诈骗罪，侦查人员对其住宅搜查时发现其电脑中存有大量与案件相关的电子数据。对此，下列哪些说法是正确的？(　　)

A. 如提取的电子数据未以封存状态移送，不得作为定案的依据

B. 侦查人员提取电子数据时可以有见证人在场也可以用录像替代

C. 侦查人员从电脑中提取电子数据时应当制作笔录和清单

D. 如提取的电子数据有修改情形，不能作出合理解释的，不得作为定案的依据

66. 甲和乙共同在网上侮辱丙，对丙名誉造成较大损害。丙向法院提起自诉，但只起诉了甲。关于本案，下列哪些说法是正确的？(　　)

A. 如丙经法院两次传唤无正当理由拒不到庭，法院应裁定按撤诉处理

B. 在审理过程中发现甲还对丙实施了诈骗，法院应当一并审理

C. 如丙提出自己无法收集在网上被侮辱的证据，法院可以要求公安机关协助收集

D. 法院可将乙列为共同被告人

67. 甲有一批限量唱片被盗，后公安部门将犯罪嫌疑人乙抓获，并从乙处缴获了被盗唱片。对此，下列哪些说法是正确的？(　　)

A. 记录嫌疑人作案的视频监控是传来证据

B. 丢失唱片清单是实物证据

C. 丢失的唱片是直接证据

D. 防盗门的划痕是原始证据

68. 某市政府发布《关于招商引资的意见》，规定对引资人按实际投资的1%给予奖励。张某介绍博达公司与市招商局签订投资协议，以建设经营移交方式出资3000万元建设了一个大型特色风情

街。张某请求招商局支付奖励，招商局支付10万元后未再支付余款。对此，下列哪些说法是正确的？（　　）

A. 拒绝支付余款违反诚实信用原则

B. 博达公司如因投资协议的履行产生争议，可提起行政诉讼

C.《关于招商引资的意见》不属于具体行政行为

D. 张某所获得的10万元不需缴纳个人所得税

69. 2021年2月，原为国务院议事协调机构的国务院扶贫开发领导小组被改组为国家乡村振兴局，作为国务院直属机构。对此，下列哪些说法是错误的？（　　）

A. 国务院扶贫开发领导小组的编制单独设立

B. 国务院扶贫开发领导小组主管特定业务，承担行政管理职能

C. 国家乡村振兴局的设立由国务院决定

D. 国家乡村振兴局可以制定规章

70. 某县政府及县交通局多名公务员收受经济贿赂，下列对涉案公务员进行处分的做法，不正确的是？（　　）

A. 科长甲有三个应当被记大过18个月的处分，合并执行不得超过48个月

B. 调研员乙受到降级两年的处分，期满后处分解除，恢复了原级别、原职务并可正常晋升工资

C. 副县长丙因为徇私枉法被判刑并罢免了职务，无须再给予处分

D. 交通局副局长丁受到了撤职的处分，为期12个月

71. 下列哪些行为属于具体行政行为？（　　）

A. 县公安局致函县交通局要求对专车司机田某进行调查

B. 防汛指挥部发布大雨蓝色预警，请市民出行注意安全

C. 中国证监会对某公司负责人采取终身禁入证券市场措施

D. 证监局向某证券公司出具警示函，指出其执业中存在的问题并责令采取整改措施

72. 关于部门规章的权限，下列哪些说法是正确的？（　　）

A. 对行政强制措施相关事项作出具体规定

B. 对行政许可相关事项作出具体规定

C. 对行政处罚地域管辖作出特殊规定

D. 对行政处罚违法所得的计算作出特殊规定

73. 某县生态环境局检查一家养殖场时，发现其利用渗井排放污水，遂当场下发《责令停产整改决定书》。该养殖场不服，提起行政诉讼。对此，下列说法错误的是？（　　）

A. 养殖场提起诉讼的期限是60日

B.《责令停产整改决定书》属于责令改正违法行为

C.《责令停产整改决定书》属于行政命令

D. 若县生态环境局决定关闭该企业，需报有关政府批准

74. 甲市政府发布《关于限制道路通行的通告》，自7月20日至25日某路段禁止通行。甲市乙区公安分局交警大队通过监控发现张某违反限行规定，遂作出500元罚款决定。张某向乙区政府申请行政复议，乙区政府复议维持。后张某提起诉讼。关于本案，下列哪些说法是正确的？（　　）

A.《关于限制道路通行的通告》不属于具体行政行为

B. 对张某的处罚可适用简易程序

C. 被告是乙区公安分局交警大队和区政府

D. 对张某的监控记录未经审核不得作为证据使用

75. 市交通局决定扣押10辆从事非法营运的私家车，并将查封的10辆汽车委托当地一家停车场保管，为期3个月。对此，下列哪些说法是正确的？（　　）

A. 扣押小轿车应由两个以上执法人员实施

B. 市交通局应当向10名车辆司机收取停车费

C. 市交通局执法人员应当现场制作并交付扣押清单

D. 如经查不需扣押，市交通局应作出解除扣押的决定

76. 某森林公安局以某公司违规铲除植被为由，责令其恢复植被，并罚款3万元。该公司缴纳罚款后，森林公安局即办理了结案手续。森林检察院发现这一情况后，向森林公安局发出责令该公司恢复植被的检察建议，森林公安局未予理睬。森林检察院遂向法院提起诉讼。关于本案，下列哪些说法是正确的？（　　）

A. 本案是行政公益诉讼

B. 检察院提出检察建议是公益诉讼的前置程序

C. 只有民间公益诉讼组织不提起诉讼，检察

院才能提起诉讼

D. 检察院的起诉期限是6个月

77. 博达公司向某区公安分局申请公开对甲公司进行的执法检查记录,某区公安分局以该信息涉及甲公司的商业秘密且与博达公司无关为由,拒绝公开。博达公司遂向市公安局申请复议。市公安局以区公安分局作出决定超期为由,确认违法并作出不予公开的复议决定。对此,下列哪些说法是正确的?( )

A. 市公安局应对复议决定的合法性承担证明责任

B. 本案被告是区公安分局和市公安局

C. 该事项应为区公安分局主动公开事项

D. 本案应由区公安分局所在地法院管辖

78. 某船舶公司向某区政府申请设置和经营港口,区政府向当地海事管理局征求意见,海事管理局复函该公司不具备设置条件。区政府经实地勘验、专家评估和研究以后,作出不予许可的决定。对此,下列哪些说法是正确的?( )

A. 船舶公司可以对复函提起行政诉讼

B. 不予许可决定一经送达即发生法律效力

C. 专家评估时间不计入行政许可的期限

D. 如船舶公司起诉,法院应当将海事管理局列为第三人

79. 博达公司涉嫌排放污染物,生态环境局对其罚款10万元,并责令其改正违法行为。博达公司在催告后逾期不缴纳罚款,也不申请行政复议或提起行政诉讼。生态环境局遂向法院申请强制执行。关于本案,下列哪些说法是错误的?( )

A. 法院执行庭应对被执行行为的合法性进行审查

B. 生态环境局应当向博达公司所在地的基层法院申请强制执行

C. 生态环境局应当缴纳执行费用

D. 如法院经审查认为符合强制执行条件,应判决予以执行

80. 某县公安局以涉嫌故意伤害罪为由对朱某刑事拘留,县检察院批准逮捕。县检察院对朱某提起公诉,后以证据不足为由撤诉。朱某被释放后申请国家赔偿。关于本案,下列哪些说法是正确的?( )

A. 给予朱某的精神损害抚慰金不得低于侵犯人身自由赔偿金的两倍

B. 赔偿义务机关不可就赔偿项目与朱某进行协商

C. 朱某可以向赔偿义务机关的上一级机关申请复议

D. 赔偿义务机关应为县检察院

81. 根据《维也纳外交关系公约》和战争法的相关规则和实践,下列符合国际法规则的有哪些?( )

A. 甲国的外交邮袋可托交该国商业飞机机长转递

B. 甲、乙两国宣战后,甲国查封乙国大使馆的档案文件

C. 即使甲国驻乙国大使馆长期处于撤离状态,乙国也不得进入其馆舍搜查档案文件

D. 甲国驻乙国大使馆利用馆舍庇护被乙国通缉的丙国人

82. 甲、乙两国是陆上邻国,因划界纠纷爆发战争。根据相关国际法规则,下列哪些选项是正确的?( )

A. 甲、乙两国互助条约立即废止

B. 甲、乙两国边界条约自动废止

C. 甲国军舰在海上遇到乙国商船后,可对其拿捕没收

D. 甲国可以对其境内的乙国公民进行敌侨登记并进行强制集中居住

83. 关于新时代深化依法治国实践的主要任务,下列哪些选项是正确的?( )

A. 成立中央全面依法治国领导小组,加强对法治中国建设的统一领导

B. 推进科学立法、民主立法、依法立法,以良法促进发展、保障善治

C. 加强宪法实施和监督,推进合宪性审查工作,维护宪法权威

D. 建设法治政府,推进依法行政,严格规范公正文明执法

84. 关于内部证成和外部证成的表述,下列哪些选项是正确的?( )

A. 内部证成和外部证成共同保证了法律决定的合理性

B. 内部证成由于采用演绎推理而可以保证法律决定的合法性,外部证成由于采取归纳推理而可以保证法律决定的合理性

C. 外部证成是法官在审判中根据法条直接推导出判决结论的过程

D. 外部证成的过程必然涉及内部证成,对法律决定所依赖的前提的证成本身也是一个推理过程,也有一个内部证成的问题

85. 西周时期在中国历史上有浓墨重彩的一笔,不仅在于生产力、文化艺术,同时也体现在法律制度上,下列关于西周与法律相关的活动说法错误的有?(　　)

A. 西周的法律思想体现为"德主刑辅,礼刑并用"

B. 婚姻关系的成立要符合"三不去"的条件

C. 公元前513年,晋国赵鞅第一次公布我国历史的成文法

D. 借贷契约被称作"傅别","别"是在简札中间写字,然后一分为二

86. 党的十九大报告提出:"中国特色社会主义进入新时代,我国社会主要矛盾已经转化为人民日益增长的美好生活需要和不平衡不充分的发展之间的矛盾。"关于社会主要矛盾变化对法治建设提出的新要求,下列哪些选项是正确的?(　　)

A. 人民美好生活需要日益广泛,不仅对物质文化生活提出了更高要求,而且在民主、法治、公平、正义、安全、环境等方面的要求日益增长

B. 发展不平衡不充分问题已经成为满足人民日益增长的美好生活需要的主要制约因素

C. 依法维护国家安全,防范和化解风险,严厉打击严重侵害人民群众生命财产安全的违法犯罪行为,不断增强人民群众的幸福感、安全感

D. 社会矛盾和问题交织叠加,全面依法治国任务依然繁重,国家治理体系和治理能力有待加强

87. "把权力装进制度的笼子里",将权力管好,尤其是将行政权力管好,涉及人民利益的保障,也符合宪法要求的目的,关于强化行政权力的制约和监督,下列说法正确的是?(　　)

A. 加强党内监督、人大监督、民主监督、行政监督等各种监督,努力形成科学有效的权力运行机制和监督体系,增强监督合力和实效

B. 完善省以下地方审计机关人财物统一管理

C. 完善纠错问责机制,健全责令公开道歉、停职检查、引咎辞职、责令辞职、罢免等问责方式和程序

D. 完善政府内部层级监督和专门监督,改进上级机关对下级机关的监督,建立常态化监督制度

88. 后西村民委员会在开展"争创精神文明户"活动中,将子女是否孝敬老人作为一项重要的指标。张老汉的儿子张三书面承诺,每月至少给父亲500元的赡养费。之后,张三家被评为"精神文明户"。但是张三始终没有履行过承诺。村民委员会撤销了张三家"精神文明户"的称号,并支持张老汉向法院起诉。法院审理后,判令张三每月向张老汉支付赡养费500元,并支付张老汉看病的费用。几个月后,张老汉再次找到原审法官,请求撤销原判决。理由是判决生效后,虽然张三履行了判决,但是他的孙子和孙女从此再也不喊他"爷爷"了,他为此非常伤心。对此事件,下列说法哪些是正确的?(　　)

A. 在农村地区,应当优先适用风俗习惯

B. 风俗习惯与国家法律之间存在紧张关系

C. 建设法治国家,必须综合运用法律、道德等手段

D. 该案法官应当按照张老汉的要求,撤销原判决

89. 对于律师的行为的规制不能仅限于道德(律师职业道德)层面,更应该有相应的规制措施,即通过律师职业责任的方式来约束律师的行为。律师职业责任是指律师在执业活动中因违反有关律师行为、律师管理的法律、法规和执业纪律所应承担的责任,包括违纪行为的处分、行政法律责任、民事法律责任和刑事法律责任。其中主要是行政责任。下列关于律师违纪责任与行政责任处分的说法正确的是?(　　)

A. 李律师在乘坐陈某女的车辆时,进行言语挑逗,因此发生口角,进而对陈某女实施殴打,后被行政拘留7日,为此当地律协予以公开谴责

B. 曾律师为保证本方当事人胜诉,劝导证人莫某某作证说亲眼看到对方当事人接过了借款款项5万元,事后曾律师给莫某某2000元好处费,当地律协给予停止执业8个月的处罚

C. 余律师在代理陆某某案件后发现,陆某某的表弟是自己的情敌,遂在开庭时不按时出庭,于是当地律协给予余律师停止执业7个月的处罚

D. 季律师在代理一起强奸案之后,在同学聚会期间将得知的被害人的姓名和手机号透露给老同学纪某某,当地律协给予警告,并处1万元以下的罚款

90. 新婚夫妇张某与李某到某影楼拍摄婚纱照。由于影楼工作人员的疏忽,导致新拍的婚纱照的底片报废,这对新婚夫妇遂将影楼诉至法院,有关法律关系的说法,下列哪些选项是正确的?(　　)

A. 新婚夫妇与影楼之间形成的是平权型法律关系

B. 新婚夫妇与影楼之间形成的法律关系体现了双方的意志

C. 新婚夫妇与影楼之间形成的诉讼法律关系

为相对法律关系

D. 如果底片没有报废，新婚夫妇与影楼之间形成的法律关系的客体是照片

三、不定项选择题　每题所设选项中至少有一个正确答案，多选、少选、错选或不选均不得分。（本部分含 91—100 题，每题 2 分，共 20 分）

91. 李某的丈夫张某涉嫌职务类犯罪被监察委员会留置，甲对李某说：“你给我 500 万元，我保证将张某捞出来，这笔钱要去打点一下。”实际上，甲只想用 100 万元打点，剩余 400 万元，甲用于偿还个人债务。甲让小三乙去给监察员丙送过去，丙当场拒收，下列说法正确的有？（　　）

A. 甲构成诈骗罪既遂，数额为 400 万元

B. 甲和乙成立行贿罪未遂，数额为 100 万元

C. 李某构成行贿罪既遂，数额为 500 万元

D. 假如丙收到后立即上交纪委，则甲、乙构成行贿罪既遂

92. 关于侵犯财产犯罪，下列说法正确的是？（　　）

A. 甲盗窃王某手机（价值 3000 元），发现其微信账号余额 1 万元，遂将 1 万元转入自己的微信账户。甲成立盗窃罪一罪，犯罪数额为 1.3 万元

B. 乙盗窃张某手机（价值 3000 元），发现其微信账号没有余额，但绑定了信用卡，遂使用该微信绑定的信用卡账号，直接用于消费，花费了 1 万元。乙成立盗窃罪一罪，犯罪数额为 1.3 万元

C. 丙盗窃李某手机（价值 3000 元），发现其微信账号没有余额，但绑定了储蓄卡，遂用李某的储蓄卡账户往李某的微信账户充值 1 万元，后再将 1 万元转入自己微信账户。丙成立盗窃罪一罪，犯罪数额为 1.3 万元

D. 丁盗窃刘某手机（价值 3000 元），发现其微信账户没有余额，也没有绑定信用卡，遂用该手机备忘录中记载的刘某信用卡信息绑定了该微信，后去商场使用微信扫码消费了 1 万元。丁成立盗窃罪一罪，犯罪数额为 1.3 万元

93. 关于赌博类犯罪，下列说法正确的有？（　　）

A. 甲以营利为目的，邀请人员加入微信群，利用微信群进行控制管理，以抢红包的方式进行赌博，应以开设赌场罪定罪处罚

B. 乙以营利为目的，邀请人员加入微信群，根据竞猜游戏网站的开奖结果进行赌博，利用微信群控制管理，应以开设赌场罪定罪处罚

C. 丙组织我国境内旅游团赴境外旅游，其间组织旅游团成员进入当地合法赌场参加赌博，丙成立开设赌场罪

D. 丁为境外赌博网站提供资金结算业务，以开设赌场罪的共同犯罪论处

94. 李某因涉嫌犯罪被立案侦查，后经县人民检察院批准逮捕，县人民法院一审判处李某犯某罪，判处有期徒刑 1 年，缓刑 2 年；犯另一罪，判处有期徒刑 2 年，缓刑 2 年；合并执行 2 年，缓刑 2 年 6 个月。判决当日李某被释放。后李某上诉，市中级法院判决维持原判。李某申请省高级人民法院再审。省高级人民法院判决撤销第一个罪，另一罪判处有期徒刑 2 年，缓刑 2 年。关于本案，下列哪些说法是正确的？（　　）

A. 如果赔偿李某的话，赔偿义务机关是市中级法院

B. 李某所犯另一罪未被撤销，所以不予赔偿

C. 李某雇请律师的费用不属于赔偿范围

D. 李某所犯另一罪被判缓刑，国家应予赔偿

95. 根据《宪法》和《各级人民代表大会常务委员会监督法》的规定，关于各级人大常委会依法行使监督权，下列选项不正确的是？（　　）

A. 最高人民检察院作出的属于检察工作中具体应用法律的解释，应当在公布之日起 15 日内报全国人大常委会备案

B. 撤职案的表决采取无记名投票的方式，由常委会全体组成人员的 2/3 以上的多数通过

C. 特定问题调查委员会在调查过程中，应当公布调查的情况和材料

D. 质询案以口头答复的，由受质询机关的负责人到会答复

96. 下列关于法律职业制度及法律职业道德的表述，正确的有？（　　）

A. 法律职业与一般职业不同，具有职业性、实践性、更高性和正式性等特点

B. 法律职业道德的首要原则是清正廉洁、遵纪守法

C. 法官与检察官的任职条件完全相同

D. 被开除公职的司法人员、吊销执业证书的律师和公证员，5 年内禁止从事法律职业

97. 下列关于刑事诉讼中证明责任的表述，不正确的是？（　　）

A. 甲故意伤害案中，辩护人提交了甲不在案发现场的证据，其对该事项承担证明责任

B. 乙侵占案中，乙提交了被侵占的财产属于

自己占有的证据，其对该事项承担证明责任

C. 丙故意杀人案中，丙提出排除在看守所之外讯问所获得的供述，检察院对侦查讯问程序的合法性承担证明责任

D. 丁因盗窃戊的财物，被提起公诉，戊对被盗窃的财物归其所有承担证明责任

98. 关于习近平法治思想形成和发展的历史进程，下列说法不正确的有？（　　）

A. 党的十九大出台了《中共中央关于全面推进依法治国若干重大问题的决定》

B. 党的十八届四中全会提出到2035年基本建成法治国家、法治政府、法治社会

C. 党的十九届三中全会决定成立中央全面依法治国委员会，加强党对全面依法治国的集中统一领导

D. 党的十九届五中全会从推进国家治理体系和治理能力现代化的角度，对坚持和完善中国特色社会主义法治体系，提高党依法治国、依法执政能力作出部署

99. 关于《宪法》和《监察法》，下列说法错误的是？（　　）

A. 监察委员会依照法律规定独立行使监察权，不受立法机关、司法机关、社会团体和个人的干涉

B. 监察机关在工作中需要协助的，有关机关和单位应当根据监察机关的要求依法予以协助

C. 某省监察机关可以办理下设的市级监察机关管辖范围内的监察事项，但无权办理辖区内县级监察机关管辖范围内的监察事项

D. 地方各级监察委员会对本级人民政府和上一级监察委员会负责，并接受其监督

100. 习近平总书记指出："推进全面依法治国是国家治理的一场深刻变革，必须以科学理论为指导。"对此，下列说法正确的有？（　　）

A. 要营造各种所有制主体依法平等使用资源要素、公开公平公正参与竞争、同等受到法律保护的市场环境

B. 立法要主动适应改革需要，改革也要以习近平法治思想为指导思想

C. 对实践证明已经比较成熟的改革经验和行之有效的改革举措，要尽快上升为法律，先推行改革，再修订、解释或者废止原有法律

D. 立足新发展阶段，贯彻"发展要上，法治要让"的基本原则，对不适应改革要求的现行法律法规，要及时修改或废止，不能让一些过时的法律条款成为改革的"绊马索"

2021年国家统一法律职业资格考试客观题试卷一答案及解析

一、单项选择题

1.【参考答案】 B

【解析】 本题考查不作为的认定和义务来源，该考点为常考考点。公式：应为+能为+而不为+具有等价性。对存在安全隐患的产品召回就是一种作为义务，甲对出售的不合格药品负有召回义务，其知道了是劣药还不召回，那就构成不作为的销售劣药罪。故A错误。

乙已经抱回了弃婴，有基于自愿救助行为产生的保护义务，再抱出去，放到火车站、菜市场等人流量大的地方成立遗弃罪。如果乙放到荒山老林，就涉嫌故意杀人罪。故B正确。

危险源制造了危险，丙作为管理人有监管义务，如果故意不制止，成立不作为犯罪，具体应定不作为的故意伤害罪。故C错误。

自己的先行行为要产生作为义务，前提是该先行行为对法益创设了危险，丁负有消除危险的作为义务，故意不消除危险导致火灾，丁成立不作为的放火罪。故D错误。

2.【参考答案】 A

【解析】 本题考查因果关系，即危害行为与结果之间引起与被引起的关系。最重要的就是介入因素的判断。司机没有对女乘客实施加害行为、恐吓行为。偏航行为本身不是刑法上的危害行为，因此女乘客重伤与偏航没有刑法上的因果关系。故A正确。但本案改编自“货拉拉”案，如果司机对女乘客实施了加害行为、恐吓行为，女乘客为了躲避加害而跳车，这种举动不异常，那就存在因果关系了。

B项考查的是被害人自陷风险，先找出危险的实行者、支配者。张某自行进入房内是为了救自己的妻子，如果是救普通物品，与放火者无关。救人、救贵重物品，放火者负责。2012年主观题也考过这个考点。故B错误。

C项，行为人将婴儿由救助可能性较高、风险较低的医院门口，扔到被救助可能性较低、风险较高的垃圾箱旁，丙实施的是升高风险的作为行为。该行为与婴儿死亡结果具有因果关系，C错误。

D项，盗窃行为不会导致死亡的结果，介入因素是张三自杀，这个行为独立于盗窃行为，并且是异常的。故D错误。

3.【参考答案】 B

【解析】 本题考查正当防卫的时间条件，在判断时间上，应当从行为时进行判断，并且要依据防卫人在防卫时所处的情境来判断，按照社会公众的一般认知，依法作出合乎情理的判断，不能苛求防卫人。产生错误认识的，应当根据主客观相统一原则进行定罪量刑。这道题目考查的是法理，依据是2020年8月28日最高人民法院、最高人民检察院、公安部《关于依法适用正当防卫制度的指导意见》原文。

4.【参考答案】 D

【解析】 A项，盗窃罪属于将他人占有的财物转移为自己占有。甲具有盗窃罪客观行为，但是主观上没有盗窃罪的故意。盗窃罪可以包容评价为侵占罪，甲没有盗窃罪的故意。A正确。

B项，运输假币罪包括假的人民币和假的外币，只要是假币即可。乙的错误认识属于同一犯罪构成内的认识错误，这种错误错了等于没错。B正确。

C项，丙雇凶伤人，反复叮嘱不要把人弄死，这表明丙已经预见到凶手可能会导致李某死亡，但是轻信凶手会听自己的，然而凶手还是导致李某死亡。因此，丙对死亡结果存在过于自信的过失。C正确。

D项，拐卖妇女、儿童罪是选择性罪名，对象是妇女、儿童。关于选择性对象之间的对象认识错误，应按照客观情况判定。丁主观上想拐卖儿童，客观上拐卖妇女，按照客观定拐卖妇女罪既遂即可。故D错误，当选。

5.【参考答案】 D

【解析】 A项中，甲已经构成绑架罪，控制人质就已经既遂，至于是否勒索到赎金，不是绑架罪的既遂标准。故A正确，不当选。

B项中，乙卖假酒的行为触犯了：(1)销售伪劣产品罪(以假充真)，以销售金额5万元以上为既遂,不以收到货款为既遂,故乙既遂。(2)销售假冒注册商标的商品罪(假冒品牌),该罪以销售出商品为既遂,不以收到货款为既遂,故乙既遂。(3)诈骗罪,按通说"控制说",以行为人控制财物为既遂;乙还未取得货款,应认定为未遂。在罪数上,销售伪劣产品罪中包含诈骗罪的内容,二者是整体法与部分法的法条竞合关系,以整体法销售伪劣产品罪(既遂)论处;销售假冒注册商标的商品罪与诈骗罪,也是整体法与部分法的法条竞合关系,以整体法销售假冒注册商标的商品罪(既遂)论处。乙构成销售伪劣产品罪(既遂)、销售假冒注册商标的商品罪(既遂),系想象竞合,择一重处。无论哪个罪,乙均为犯罪既遂,B 项正确,不当选。

C 项中,丙成立盗窃罪。盗窃罪既遂标准是"大件扔出墙外,小件握在手中"。盗窃罪属于结果犯,行为人只有实际窃得财物的才能认定盗窃既遂。本案丙已控制住财物,当然认定为既遂,C 项正确,不当选。

D 项中,丁构成拐卖妇女罪。根据《刑法》第 240 条第 2 款,出卖只是主观目的要素,只要拐骗、绑架、收买、贩卖、接送、中转妇女行为之一完成,即为既遂,而不是以卖出为既遂标准。丁拐骗行为完成,构成犯罪既遂。既遂之后的共同生活,不影响既遂的认定,D 项错误,当选。

6.【参考答案】 C

【解析】 本题考查信用卡诈骗罪的规定,做题技巧:盗窃/抢劫来的信用卡,不管对人使用还是对 ATM 机使用,只成立盗窃罪/抢劫罪,其余的构成信用卡诈骗罪。

基于此,甲盗窃来的信用卡,使用就定盗窃罪,AB 错误。

乙在甲盗窃行为终了之后,帮甲将赃款转移境外,不构成盗窃罪的承继的共同犯罪。乙明知是盗窃罪赃款而协助转移,触犯掩饰、隐瞒犯罪所得罪。洗钱罪的上游犯罪不包括盗窃罪,但包括信用卡诈骗罪。乙既触犯洗钱罪,也触犯掩饰、隐瞒犯罪所得罪,系特别法与一般法的法条竞合关系,应以特别法洗钱罪论处。甲是洗钱罪的教唆犯。故 C 正确,D 错误。

7.【参考答案】 C

【解析】 信用卡诈骗罪在 2021 年考查较多,由于是考生回忆版,第 6 题和第 7 题可能是分两天考查的。甲用乙的户口证明办理的身份证,姓名为乙,但照片为甲,本质上是记载虚假信息的假身份证。甲欺骗办证人员申领假身份证,构成伪造身份证件罪的间接正犯。甲在银行使用假身份证,构成使用虚假身份证件罪。甲未经乙的同意,在手机上冒用乙的银行卡账号,根据最高人民法院、最高人民检察院《关于办理妨害信用卡管理刑事案件具体应用法律若干问题的解释》第 5 条第 2 款第 3 项,"非法方式获取他人信用卡信息资料,并通过互联网、通讯终端等使用的",系冒用他人信用卡,构成信用卡诈骗罪。罪数上,甲系牵连犯,择一重处,以信用卡诈骗罪论处。

8.【参考答案】 C

【解析】 本题与网购手机后,以旧主板换新主板后利用"7 天无理由退货"规则进行退货类似,都考查盗窃罪与诈骗罪的区分。被害人是快递公司,对象是手机并由快递公司占有;甲拿走时,原占有人快递公司并不知情,甲系秘密窃取的盗窃行为,已经构成了盗窃罪。正常情况下快递公司应该把手机交付给甲,最后损失的也是快递公司,甲盗窃的是快递公司的财物。甲隐瞒真相,向商家申请退款,属于诈骗商家的货款,构成诈骗罪。前后两个行为,针对两个对象,先偷后骗。但对两个行为不需要数罪并罚,可以重罪吸收轻罪,定一重罪即可。因为甲最终只获得了一份好处,即多了一部手机。

9.【参考答案】 B

【解析】 本题考查盗窃罪与抢夺罪的区别。判断网络时代的财产型犯罪也不难,首先看被害人是谁。班主任并没有点击领取,家长发的钱仍旧是家长占有并所有。乙通过平和手段,转移为自己占有,构成盗窃罪。退不退群都已经成立盗窃罪了。故 B 正确。有很多同学说"抢红包、抢红包",不应该是抢夺吗?要注意,抢夺是对物使用暴力。

10.【参考答案】 B

【解析】 "跟车逃费"的情形,被害人是高速路收费站,损失对象是高速通行费(债权)。行为人通过跟行前车让收费站误信车辆已经交费这种诈骗手段,骗取收费站放行、放弃债权。收费站没有对 ETC 扣费,说明其对收费金额知情而免除,对于放弃债权具有处分意识。根据《刑法》第 266 条的规定,甲构成诈骗罪。

11.【参考答案】 C

【解析】 通过题干可知,甲涉嫌的是传播淫秽物品罪,而该行为发生在 N 市,因此根据地区管辖的规定,应由 N 市法院审理此案,即 C 选项当选。

D 选项有一定的迷惑性,因为甲是在 M 市拍摄的淫秽视频,但是拍摄行为本身不构成犯罪,且从题干中也无法判断该拍摄行为是发布行为的预备,因此 D 选项不当选。

本案并非持续行为，Y 市、L 市两地并不是犯罪地，所以 A 选项（Y 市）、B 选项（L 市）不当选。

12.【参考答案】 D

【解析】 A 选项的说法过于绝对。如果该审理程序是二审程序，重新审理也仅是恢复到二审开始审理的状态，并不影响之前一审的效力，所以“之前的审理程序都归于无效”的说法过于绝对。A 选项说法错误。

更换合议庭组成人员并不意味着全部更换，而是更换不能继续履职的成员，因此 B 选项说法错误。

集中审理原则，又称不中断审理原则，强调法院开庭审理案件，应在不更换审判人员的条件下连续进行，不得中断审理。而本题强调的是如果亲自审理案件的合议庭成员不能参加评议，应当更换合议庭成员并重新审理，这与集中审理原则关注的重点并不一致，因此 C 选项说法错误。

所谓亲历性原则，是指合议庭成员应当亲自听审，并根据审理形成的心证形成裁判结论。如果仅是亲自听审，评议不参加，而由其他未参加审理的人员来制作裁判结论，这与亲历性的要求相悖，因此 D 选项说法正确。

13.【参考答案】 C

【解析】 根据《刑诉解释》第 370 条的规定，具有下列情形之一的，不适用速裁程序：……（4）案件有重大社会影响的……题干中已告知，本案社会影响重大，因此不可适用速裁程序，所以 A、B 选项说法错误。

因为乙涉嫌诽谤罪，符合刑事和解的条件，也符合自诉案件的第一种情况，双方可以和解。C 选项说法正确。

从法理分析，本案中的自诉以及公诉，针对的都是乙的同一行为——涉嫌诽谤罪，如果一并审理，不可能同时对乙作出两个判决，因此 D 选项说法错误。

14.【参考答案】 B

【解析】 只要甲委托的辩护人与公司委托的辩护人不是同一人即可，并不禁止由同一律所的律师分别担任同一案件中不同被告的辩护人。A 选项说法错误。

根据《刑诉解释》第 336 条第 2、3 款的规定，依据第 1 款规定难以确定诉讼代表人的，可以由被告单位委托律师等单位以外的人员作为诉讼代表人。诉讼代表人不得同时担任被告单位或者被指控为单位犯罪直接责任人员的有关人员的辩护人。同时，根据《刑诉解释》第 337 条第 1 款的规定，开庭审理单位犯罪案件，应当通知被告单位的诉讼代表人出庭；诉讼代表人不符合第 336 条规定的，应当要求人民检察院另行确定。由此可见，律师乙可以由公司委托担任公司的诉讼代表人（公司实控人已被同时提起公诉），也可以由检察机关确定为公司的诉讼代表人。因此 B 选项说法正确。

乙作为公司的诉讼代表人，就不能作为公司的辩护人在诉讼中承担辩护职能，因此 C 选项说法错误。

根据《刑诉解释》第 340 条的规定，对应当认定为单位犯罪的案件，人民检察院只作为自然人犯罪起诉的，人民法院应当建议人民检察院对犯罪单位追加起诉。人民检察院仍以自然人犯罪起诉的，人民法院应当依法审理，按照单位犯罪直接负责的主管人员或者其他直接责任人员追究刑事责任，并援引《刑法》分则关于追究单位犯罪中直接负责的主管人员和其他直接责任人员刑事责任的条款。因此 D 选项错误。

15.【参考答案】 D

【解析】 根据《刑事诉讼法》第 303 条第 3 款的规定，对实施暴力行为的精神病人，在人民法院决定强制医疗前，公安机关可以采取临时的保护性约束措施。A 选项说法错误。

强制医疗的期限应根据被强制医疗的人的治疗情况来决定，而不是由法院直接决定。B 选项说法错误。

根据前述解析，二审法院无须裁定终止诉讼。C 选项说法错误。

根据《刑诉解释》第 640 条的规定，第二审人民法院在审理刑事案件过程中，发现被告人可能符合强制医疗条件的，可以依照强制医疗程序对案件作出处理，也可以裁定发回原审人民法院重新审判。由此可见，二审法院可以直接启动强制医疗程序。同时，根据《刑诉解释》第 638、639 条的规定，对于一审的有罪判决，二审法院可以改判甲依法不负刑事责任，并同时作出强制医疗的决定。D 选项说法正确。

16.【参考答案】 C

【解析】 根据最高人民法院《关于刑事裁判涉财产部分执行的若干规定》第 5 条第 2 款的规定，对侦查机关查封、扣押、冻结的财产，人民法院在执行中可以直接裁定处置，无须侦查机关出具解除手续，但裁定中应当指明侦查机关查封、扣押、冻结的事实。A 选项说法错误。

根据最高人民法院《关于刑事裁判涉财产部分执行的若干规定》第13条的规定，被执行人在执行中同时承担刑事责任、民事责任，其财产不足以支付的，按照下列顺序执行：(1)人身损害赔偿中的医疗费用；(2)退赔被害人的损失；(3)其他民事债务；(4)罚金；(5)没收财产。债权人对执行标的依法享有优先受偿权，其主张优先受偿的，人民法院应当在前款第1项规定的医疗费用受偿后，予以支持。由此可见，银行的优先受偿权应排在退赔被害人的损失之前。B选项说法错误。

根据最高人民法院《关于刑事裁判涉财产部分执行的若干规定》第2条的规定，刑事裁判涉财产部分，由第一审人民法院执行。第一审人民法院可以委托财产所在地的同级人民法院执行。从题干可知，A区法院系一审法院，负责房屋的处置。由于该房屋位于B区，因此A区法院可委托B区法院处置。D选项说法错误，C选项说法正确。

17.【参考答案】 A

【解析】 《行政法规制定程序条例》第35条规定："国务院可以根据全面深化改革、经济社会发展需要，就行政管理等领域的特定事项，决定在一定期限内在部分地方暂时调整或者暂时停止适用行政法规的部分规定。"据此，应选择A选项，BCD选项不当选。

18.【参考答案】 B

【解析】 A选项说法错误。只要当事人签订的属于行政协议，人民法院即要受理由此引起的争议，并不能因为当事人约定了仲裁条款即裁定不予受理。

B选项说法正确。最高人民法院《关于审理行政协议案件若干问题的规定》(在本题中以下简称《行政协议规定》)第10条规定："被告对于自己具有法定职权、履行法定程序、履行相应法定职责以及订立、履行、变更、解除行政协议等行为的合法性承担举证责任。原告主张撤销、解除行政协议的，对撤销、解除行政协议的事由承担举证责任。对行政协议是否履行发生争议的，由负有履行义务的当事人承担举证责任。"本题中，博达公司请求解除涉案协议，应当对解除协议的事由承担举证责任。

C选项说法错误。《行政协议规定》第23条规定："人民法院审理行政协议案件，可以依法进行调解。人民法院进行调解时，应当遵循自愿、合法原则，不得损害国家利益、社会公共利益和他人合法权益。"

D选项说法错误。《行政协议规定》第26条规定："行政协议约定仲裁条款的，人民法院应当确认该条款无效，但法律、行政法规或者我国缔结、参加的国际条约另有规定的除外。"据此可知，虽然行政协议中约定有仲裁条款，但人民法院审理行政协议案件时，只是确认该条款无效，但并不因此导致该行政协议无效。

19.【参考答案】 A

【解析】 A选项说法正确。《税收征收管理法》第40条第1款规定："从事生产、经营的纳税人、扣缴义务人未按照规定的期限缴纳或者解缴税款，纳税担保人未按照规定的期限缴纳所担保的税款，由税务机关责令限期缴纳，逾期仍未缴纳的，经县以上税务局(分局)局长批准，税务机关可以采取下列强制执行措施：(一)书面通知其开户银行或者其他金融机构从其存款中扣缴税款；(二)扣押、查封、依法拍卖或者变卖其价值相当于应纳税款的商品、货物或者其他财产，以拍卖或者变卖所得抵缴税款。"

B选项说法错误。《行政复议法》第27条规定："对海关、金融、外汇管理等实行垂直领导的行政机关、税务和国家安全机关的行政行为不服的，向上一级主管部门申请行政复议。"我国目前税务机关实行垂直管理体制，本题中博达公司不服市税务局1万元的罚款决定，应向上一级税务机关申请复议。

C选项说法错误。《税收征收管理法》第88条规定："纳税人、扣缴义务人、纳税担保人同税务机关在纳税上发生争议时，必须先依照税务机关的纳税决定缴纳或者解缴税款及滞纳金或者提供相应的担保，然后可以依法申请行政复议；对行政复议决定不服的，可以依法向人民法院起诉。当事人对税务机关的处罚决定、强制执行措施或者税收保全措施不服的，可以依法申请行政复议，也可以依法向人民法院起诉……"依照上述规定可知：在税收征收管理领域，行政相对人与税务机关发生争议后，在提起行政诉讼前，需要先申请行政复议。

D选项说法错误。关于行政相对人申请行政复议的期限，《税收征收管理法》并未作出特别规定，因此适用《行政复议法》有关申请复议的一般期限规定。《行政复议法》第20条第1、2款规定："公民、法人或者其他组织认为具体行政行为侵犯其合法权益的，可以自知道该具体行政行为之日起六十日内提出行政复议申请；但是法律规定的申请期限超过六十日的除外。因不可抗力或者其他正当理由耽误法定申请期限的，申请期限自障碍消除之日起继续计算。"

20.【参考答案】 C

【解析】 A项,注意海事法院主要受理海事、海商案件;B项,涉及海关类的案件由中院管辖;D项,只有复议机关与原机关相同的情况下,才可申请国务院终局裁决(省政府或国务院部门,本题复议机关与原机关不一致)。

21.【参考答案】 D

【解析】 乙国救援人员虽然未经甲国同意越界进入甲国,但是在发生森林火灾且为灭火和抢救生命的情况下,属于危难或紧急状态下违背国际义务,其行为不当性被排除,A项错误。

界标出现任何移动、毁损的,一方应尽速通知另一方,并在双方代表在场的情况下恢复或重建,BC项错误。

本题火灾属于民航飞机机械故障所致,不归因于所属国家,故乙国无须承担国际法律责任,D项正确。

22.【参考答案】 D

【解析】 我国加入《联合国海洋法公约》时,对军舰的无害通过作出了保留,A项错误。

领海的上空属于领空,对应完全主权原则,外国飞机未经许可不得飞入、飞出或飞经我国领空,B项错误。

紧追权是指从有管辖权的海域开始紧追并持续到公海,当被追船舶进入其本国或第三国领海时终止,C项错误。

沿海国在大陆架仅享有自然资源的专属勘探开发和与此相关的管辖权,故他国有权在我国大陆架铺设海底电缆,但为了避免影响沿海国自然资源的勘探开发,海底电缆的所经路线须经沿海国同意,D项正确。

23.【参考答案】 D

【解析】 艾琳已定居外国且已取得外国国籍,根据《国籍法》第9条,中国国籍已自动丧失,C项错误。

作为甲国人的艾琳,入境中国需要办理签证,A项错误。

艾琳是留学生,无权在中国境内工作。即使留学生有权在校外勤工助学或实习,也需要所在学校事先同意且由相关部门在居留证件上加注相关信息,B项错误。

艾琳养父母来自有新冠疫情的国家,入境中国有可能危害中国公共卫生安全,故中国边防检查机关有权禁止二人入境。对不准入境的,出入境边防检查机关可以不说明理由,D项正确。

24.【参考答案】 B

【解析】 根据战争法规则,交战国可以没收敌国在本国境内的公产,但使馆财产档案等除外,A项错误。

停火协议是以甲、乙、丙三国联合声明的方式发布,说明丙国不仅促使甲、乙两国和谈,还参与了和谈,丙国的行为构成调停,B项正确。

战争开始会导致经贸往来的禁止,但已履行的契约或已结算的债务并不废止,C项错误。

参与斡旋和调停的国家不对斡旋和调停的结果承担法律责任,D项错误。

25.【参考答案】 D

【解析】 法治中国建设规划的主要原则是:(1)坚持党的集中统一领导。牢牢把握党的领导是社会主义法治最根本的保证,坚持党领导立法、保证执法、支持司法、带头守法,充分发挥党总揽全局、协调各方的领导核心作用,确保法治中国建设的正确方向。(2)坚持贯彻中国特色社会主义法治理论。深入贯彻习近平法治思想,系统总结运用新时代中国特色社会主义法治建设的鲜活经验,不断推进理论和实践创新发展。(3)坚持以人民为中心。坚持法治建设为了人民、依靠人民,促进人的全面发展,努力让人民群众在每一项法律制度、每一个执法决定、每一宗司法案件中都感受到公平正义,加强人权法治保障,非因法定事由、非经法定程序不得限制、剥夺公民、法人和其他组织的财产和权利。(4)坚持统筹推进。坚持依法治国、依法执政、依法行政共同推进,坚持法治国家、法治政府、法治社会一体建设,坚持依法治国和以德治国相结合,坚持依法治国和依规治党有机统一,全面推进科学立法、严格执法、公正司法、全民守法。(5)坚持问题导向和目标导向。聚焦党中央关注、人民群众反映强烈的突出问题和法治建设薄弱环节,着眼推进国家治理体系和治理能力现代化,固根基、扬优势、补短板、强弱项,切实增强法治中国建设的时代性、针对性、实效性。(6)坚持从中国实际出发。立足我国基本国情,统筹考虑经济社会发展状况、法治建设总体进程、人民群众需求变化等综合因素,汲取中华法律文化精华,借鉴国外法治有益经验,循序渐进、久久为功,确保各项制度设计行得通、真管用。

综上所述,A、B、C项正确,D项错误。

26.【参考答案】 C

【解析】 建设法治中国,必须高度重视宪法在治国理政中的重要地位和作用,坚持依宪治国、依宪执政,把全面贯彻实施宪法作为首要任务,健全保证宪法全面实施的体制机制,将宪法实施和监督提高到新水平。坚持把宪法作为根本活动准则。故 A 正确。

全国各族人民、一切国家机关和武装力量、各政党和各社会团体、各企业事业组织,都负有维护宪法尊严、保证宪法实施的职责,都不得有超越宪法法律的特权。故 B 正确。

加强宪法实施和监督。全国人大及其常委会要切实担负起宪法监督职责,加强宪法实施和监督,并将其作为全国人大常委会年度工作报告的重要事项。全国人大及其常委会通过的法律和作出的决定决议,应当确保符合宪法规定、宪法精神。但并非所有涉及宪法有关规定如何理解、实施、适用问题,都应当依照有关规定向全国人大书面提出合宪性审查请求,C 选项说得过于绝对,错误。D 正确。

27.【参考答案】 A

【解析】 国际环境法中,生物资源和生态保护是其中的重要部分。《联合国生物多样性公约》对生物资源保护作了全面广泛的规定。还有一些公约针对某些物种、某些区域的生物环境进行保护,其中重要的一项为《濒危野生动植物种国际贸易公约》。该公约建立了濒危物种清单基础上的许可证制度。附件一所列的是受贸易影响濒于灭绝的物种,只有在极其特殊情况下才被允许贸易;附件二是如不管理可能成为濒于灭绝的物种,对该物种必须加以限制贸易。对于附件中所列物种标本的贸易,必须按照公约规定进行。附件一、附件二所列物种出口都必须事先取得出口许可证。附件一物种的进口还应取得进口许可证。列入附件被限制贸易的物种包括动植物的活体和标本。因此,A 项判断正确。

28.【参考答案】 B

【解析】 A 项,区分实证主义与非实证主义的主要标准是:是否认为法与道德之间有本质、必然的联系。

B 项,"经验"即习惯、社会实效。社会法学派以社会实效作为法的首要因素,即只要某种规则在社会中实际有效,这种规则就是法。

C 项,按照马克思主义法学派的观点,法律是统治阶级意志的体现。

D 项,区分分析法学派与社会法学派的主要标准是:是否承认社会实效是法的首要构成要素。

29.【参考答案】 B

【解析】 A 项,经济、社会、文化教育权利一般属于积极受益权,但财产权和继承权除外。经济权利中的财产权和继承权是消极防御权(私人利益受到侵害时,国家出面保护)。

B 项,既是权利又是义务的:劳动和受教育。

C 项,公民有权对任何国家机关和国家工作人员提出批评、建议。但是申诉、控告和检举权仅限于违法失职行为。

D 项,获得物质帮助的条件:年老、疾病或丧失劳动能力。

30.【参考答案】 B

【解析】 法律职业道德是指法官、检察官、律师、公证员等法律职业人员所应遵循的行为规范的总和,是社会道德体系的重要组成部分,是社会道德在法律职业领域中的具体体现和升华。法律职业道德和其他职业道德相比具有更强的象征意义和感召作用,作为法律的实施者、执行者、裁判者的专业法律人员应该具有的道德品行必然要高于其他职业的道德要求,其要承担更多的社会义务,这是法律职业的特殊性决定的。A 项正确。

法律职业的特征:(1)政治属性。法律职业人员必然要服从于国家的政治要求,体现统治阶级的根本利益。(2)法律属性。法律职业人员要具备很高的职业道德水准,才能有效地维护和确保法律的正确实施。(3)行业属性。法律职业内部存在法官、检察官、律师、公证员等具体行业,因而不可能有完全统一的法律职业道德规范。(4)专业属性。法律职业人员都应具备一定的资格条件。B 项说"具备同质性而无行业属性",是错误的。

在实践中,只有选择合适的内化途径和适当的内化方法才能使法律职业人员将法律职业道德规范融进法律职业精神中。法律职业人员作为法律执业内化的主体,应该有意识地将被动学习与主动学习结合起来。C 项正确。

法律职业道德教育的途径和方法,主要包括提高法律职业人员道德认识、确立法律职业人员道德信念、陶冶法律职业人员道德情感、锻炼法律职业人员道德意志、养成法律职业人员道德习惯等。D 项正确。

31.【参考答案】 D

【解析】 中国特色社会主义法治道路,本质上是中国特色社会主义道路在法治领域的具体体现,是建设社会主义法治国家的唯一正确道路,必须始终坚持党的领导,坚持中国特色社会主义制度,贯彻中国特色社会主义法治理论。故 A、C 说法正确。

党的领导是中国特色社会主义最本质的特征，是社会主义法治最根本的保证。坚持中国特色社会主义法治道路，最根本的是坚持中国共产党的领导。故B项正确。

我们要传承中华优秀传统法律文化，从我国革命、建设、改革的实践中探索适合自己的法治道路，同时借鉴国外法治有益成果，但决不照抄照搬别国模式和做法。坚持依法治国和以德治国相结合，实现法治和德治相辅相成、相得益彰。故D项错误。

32.【参考答案】 C

【解析】 根据《宪法》第59条第2款的规定，全国人大代表的选举由全国人大常委会主持。故C项正确，当选。根据《宪法》第61条的规定，全国人大会议由全国人大常委会召集。全国人大举行会议的时候，选举主席团主持会议。故A、B项错误。根据《宪法》第62条第13项、第89条第15项的规定，全国人大批准省、自治区和直辖市的建置；国务院批准省、自治区、直辖市的区域划分，批准自治州、县、自治县、市的建置和区域划分。故D项错误。

33.【参考答案】 A

【解析】 完善立法体制就要加强党对立法工作的领导，完善党对立法工作中重大问题决策的程序。凡立法涉及重大体制和重大政策调整的，必须报党中央讨论决定。党中央向全国人大提出宪法修改建议，依照宪法规定的程序进行宪法修改。法律制定和修改的重大问题由全国人大常委会党组向党中央报告。故A错B对。

明确立法权力边界，从体制机制和工作程序上有效防止部门利益和地方保护主义法律化。对部门间争议较大的重要立法事项，由决策机关引入第三方评估，充分听取各方意见，协调决定，不能久拖不决。加强法律解释工作，及时明确法律规定含义和适用法律依据。明确地方立法权限和范围，依法赋予设区的市地方立法权。健全有立法权的人大主导立法工作的体制机制，发挥人大及其常委会在立法工作中的主导作用。建立由全国人大相关专门委员会、全国人大常委会法制工作委员会组织有关部门参与起草综合性、全局性、基础性等重要法律草案制度。增加有法治实践经验的专职常委比例。依法建立健全专门委员会、工作委员会立法专家顾问制度。故CD正确。

34.【参考答案】 C

【解析】 西周时期采行的是嫡长子继承制，即“立嫡以长不以贤，立子以贵不以长”。王位的继承人必须是正妻所生的长子，不论其贤愚。所以，A项错误。就继承的内容而言，主要是政治身份的继承，土地财产的继承是其次。B项错误。宋代的继承制度比较灵活，除沿袭以往遗产兄弟均分制外，还允许在室女享受部分财产继承权，同时承认遗腹子与亲生子享有同样的继承权。因此，C项正确，D项错误。

35.【参考答案】 C

【解析】 《村民委员会组织法》第2条第1款规定：“村民委员会是村民自我管理、自我教育、自我服务的基层群众性自治组织，实行民主选举、民主决策、民主管理、民主监督。”故A项正确。

就村委会的不适当决定：村民会议有权撤销；乡镇政府有权责令改正；受侵害的村民可以向法院提起诉讼；村民代表可以就此联名提出罢免村委会成员的要求。因此，村民会议有权改变和撤销村民代表会议以及村民委员会的不适当决定。B项正确。

《村民委员会组织法》第16条规定：“本村五分之一以上有选举权的村民或者三分之一以上的村民代表联名，可以提出罢免村民委员会成员的要求，并说明要求罢免的理由。被提出罢免的村民委员会成员有权提出申辩意见。罢免村民委员会成员，须有登记参加选举的村民过半数投票，并须经投票的村民过半数通过。”故C项错误。

《村民委员会组织法》第18条规定：“村民委员会成员丧失行为能力或者被判处刑罚的，其职务自行终止。”故D正确。

36.【参考答案】 A

【解析】 根据我国法律，如果父母一方或者双方是中国人，出生时不具有中国国籍必须同时满足三个条件：第一，本人出生在外国；第二，父母定居在外国；第三，本人出生时即具有外国国籍。本题显然缺少了定居在外国这个条件。有同学会问，那这样一来小张不就同时具有中国和美国国籍了吗？这不就违反我国立法关于禁止双重国籍的规定了吗？其实这是不违反的，现实中的做法是等小张具有完全民事行为能力后，自主选择保留一个国籍。故A对，B错。现役军人和国家工作人员不得退出中国国籍。故CD错误。

37.【参考答案】 A

【解析】 A项中“轻其轻罪”是指明朝对于有违伦理纲常的犯罪处刑上比唐律较轻；“重其重罪”是指明律在危害皇权和封建统治的犯罪处罚上比

唐律更重。

B项恰是“轻其轻罪”的体现。

故A错误,B正确。C选项“引律比附”中比附是指在法律没有明文规定的情况下,司法官员可比照最相类似的律文定罪量刑,其适用条件是:律令无明文规定,而行为又具有明显的社会危害性,应以犯罪论处。初审官员根据比附原则定罪量刑,上呈转达刑部,由刑部议定后,上奏皇帝决定,故C正确。D选项明代对化外人相犯案件的处理,明代修律,变动颇多,《大明律集解附例》记载“凡化外人犯罪者,并依律拟断”,该条从民刑兼括降到专指刑事,采用属地主义原则,故D正确。

38.【参考答案】 B

【解析】 根据《香港特别行政区基本法》第90条规定:“香港特别行政区终审法院和高等法院的首席法官,应由在外国无居留权的香港特别行政区永久性居民中的中国公民担任。……香港特别行政区终审法院的法官和高等法院首席法官的任命或免职,还须由行政长官征得立法会同意,并报全国人民代表大会常务委员会备案。”A项正确。

根据《香港特别行政区基本法》第88条规定:“香港特别行政区法院的法官,根据当地法官和法律界及其他方面知名人士组成的独立委员会推荐,由行政长官任命。”由此可见,B项混淆了“终审法院法官和高等法院首席法官”与“普通法官”的任免程序。B项错误。

考生需要明确香港特别行政区法官的任命程序:(1)法官均由行政长官任命;(2)终审法院的法官和高等法院的首席法官,还需要征得立法会同意,并报全国人大常委会备案。另外,澳门特别行政区法官的任命程序是:(1)法官均由行政长官任命;(2)终审法院的法官由行政长官根据澳门立法会议员组成的审议委员会的建议决定,并报全国人大常委会备案。

根据《澳门特别行政区基本法》第90条规定:“澳门特别行政区检察院独立行使法律赋予的检察职能,不受任何干涉。澳门特别行政区检察长由澳门特别行政区永久性居民中的中国公民担任,由行政长官提名,报中央人民政府任命。检察官经检察长提名,由行政长官任命。检察院的组织、职权和运作由法律规定。”C项正确。

根据《澳门特别行政区基本法》第86条规定:“澳门特别行政区设立行政法院。行政法院是管辖行政诉讼和税务诉讼的法院。不服行政法院裁决者,可向中级法院上诉。”D项正确。

39.【参考答案】 B

【解析】 A项正确。原来不满14周岁的人,实施任何危害社会的行为,都不负刑事责任。《刑法修正案(十一)》新增《刑法》第17条第3款,在“特定情形”下,经“特别程序”,对法定最低刑事责任年龄作个别下调。这显然不利于被告人。根据《刑法》第12条规定的“从旧兼从轻”原则,该条款不具有溯及力,对发生在2021年3月1日《刑法修正案(十一)》施行前的案件不能适用。

B项错误。本条款中的“故意杀人、故意伤害罪,致人死亡或者以特别残忍手段致人重伤造成严重残疾”包括在实施绑架、抢劫、强奸等任何其他犯罪的过程中,实施故意杀人、故意伤害行为,致人死亡或者以特别残忍手段致人重伤造成严重残疾。

C项正确。本条款中“以特别残忍手段致人重伤造成严重残疾”是指故意要造成他人严重残疾而毁人容貌、挖人眼睛、砍掉双脚等特别残忍手段伤害他人的行为,不包括一般重伤,如砍掉他人拇指。

D项正确。为了严格限制对已满12周岁不满14周岁的人追究刑事责任,最高人民检察院经审查决定,也可以不予核准追诉。

40.【参考答案】 C

【解析】 全面推进依法治国,首先要把专门队伍建设好。要加强理想信念教育,深入开展社会主义核心价值观和社会主义法治理念教育,推进法治专门队伍革命化、正规化、专业化、职业化,确保做到忠于党、忠于国家、忠于人民、忠于法律。对法治专门队伍的管理必须坚持更严标准、更高要求。要把拥护中国共产党领导、拥护我国社会主义法治作为法律服务人员从业的基本要求;推进法治专门队伍革命化、正规化、专业化、职业化;加强教育、管理、引导,引导法律服务工作者坚持正确的政治方向,依法依规诚信执业,认真履行社会责任。故ABD对,C错。

41.【参考答案】 C

【解析】 A项,司法、行政都有受监督性。

B项,并非所有的生效法律文书都要统一上网公开,如涉及国家秘密的不公开。

C项,司法人员在案件办理过程中,应当在工作场所、工作时间接触当事人、律师和特殊关系人。但为办案需要经批准可以在非工作场所、非工作时间接触,或有特殊原因的,需要在接触之后3日内向本单位纪检监察部门报告情况。

D项,不一定必须以书面形式提出,也可以口头提出。

42.【参考答案】 B

【解析】 A项,自治机关仅指人大和政府,不包括常委会,也不包括法院、检察院。故A正确。

B项,民族自治地方人大常委会的主任或副主任,由实行区域自治的民族公民担任。故B错误。

C项,民族自治地方经国务院批准,可以开辟对外贸易口岸,开展边境贸易。民族自治地方依照国家军事制度和当地的实际需要,经国务院批准,可以组织本地方维护社会治安的公安部队。故C正确。

D项,自治州、自治县需要到省政府批准的事项有:(1)自治州、自治县的自治条例和单行条例需要报省、自治区的人大常委会批准生效;(2)自治州、自治县的地方各项开支标准报省政府批准;(3)自治州、自治县决定减免税的报省政府批准。故D正确。

43.【参考答案】 B

【解析】 全面依法治国需要全社会共同参与,必须大力弘扬社会主义法治精神,建设社会主义法治文化,引导全体人民做社会主义法治的忠实崇尚者、自觉遵守者、坚定捍卫者。改进创新普法工作,加大全民普法力度,增强全民法治观念。建立健全立法工作宣传报道常态化机制,对立法热点问题主动发声、解疑释惑。全面落实"谁执法,谁普法"的普法责任制。深入开展法官、检察官、行政复议人员、行政执法人员、律师等以案释法活动。加强突发事件应对法治宣传教育和法律服务。故A项正确,B项错误。

广泛推动人民群众参与社会治理,打造共建共治共享的社会治理格局。完善群众参与基层社会治理的制度化渠道。健全社会治理规范体系。发挥工会、共青团、妇联等群团组织引领联系群众参与社会治理的作用。加快推进社会信用立法,完善失信惩戒机制。规范失信惩戒对象名单制度,依法依规明确制定依据、适用范围、惩治标准和救济机制,在加强失信惩戒的同时保护公民、企业合法权益。加强对产权的执法司法保护,健全涉产权错案甄别纠正机制。完善对暴力袭警行为的刑事责任追究制度。加大对暴力伤害医务人员犯罪行为打击力度。故C项正确。

积极引导人民群众依法维权和化解矛盾纠纷,坚持和发展新时代"枫桥经验"。充分发挥人民调解的第一道防线作用,完善人民调解、行政调解、司法调解联动工作体系。全面开展律师调解工作。完善调解、信访、仲裁、行政裁决、行政复议、诉讼等社会矛盾纠纷多元预防调处化解综合机制,整合基层矛盾纠纷化解资源和力量,充分发挥非诉纠纷解决机制的作用。深化法律援助制度改革,扩大法律援助覆盖面。有序推进行政裁决工作,探索扩大行政裁决适用范围。故D项正确。

44.【参考答案】 A

【解析】 党的领导是中国特色社会主义最本质的特征,是社会主义法治最根本的保证。把党的领导贯彻到依法治国全过程和各方面,是我国社会主义法治建设的一条基本经验,故A项正确。人民是依法治国的主体和力量源泉,人民代表大会制度是保证人民当家作主的根本政治制度,根本制度是社会主义制度,故B项错误。坚持法律面前人人平等不等于绝对平等,还要做到不同情况差别对待,比如对老、弱、病、残、孕的照顾等,故C项错误。中国特色社会主义道路、理论体系、制度是全面推进依法治国的根本遵循。必须从我国基本国情出发,同改革开放不断深化相适应,发展符合中国实际、具有中国特色、体现社会发展规律的社会主义法治理论,为依法治国提供理论指导和学理支撑。汲取中华法律文化精华,借鉴国外法治有益经验,但决不照搬外国法治理念和模式。人民代表大会制度是我国的根本政治制度,不能盲目照搬三权分立,故D项错误。因此,A项入选。

45.【参考答案】 B

【解析】 A项错误。司法协助条约确实需要批准,但批准的主体不是全国人大,而是全国人大常委会。

B项正确。在提出保留国和接受保留国之间适用保留后的条款。提出保留国想更改,接受保留国同意该更改,则适用修改后的条款。

C项错误。在提出保留国和拒绝保留国之间,保留所涉及的条款视为不存在。提出保留国想改,拒绝保留国不同意,那保留所涉及的条款显然无法形成一致的意思表示,自然就不存在了。但要注意,是"条款"不存在,而不是条约不存在。

D项错误。当国际条约和我国国内法规定不一致时,民商事领域条约优先,知识产权领域有特别规定的除外。其余领域没有统一规定,宪法没有统一规定。题目中所涉及的条约是"民商事"司法协助条约,所以应该是条约优先适用。

46.【参考答案】 C

【解析】 《立法法》第85条第1款规定,自治区的自治条例和单行条例,报全国人民代表大会常务委员会批准后生效。自治州、自治县的自治条例和单行条例，报省、自治区、直辖市的人民代表大会常务委员会批准后生效。故A、B项表述正确。

《立法法》第80条规定，省、自治区、直辖市的人民代表大会及其常务委员会根据本行政区域的具体情况和实际需要，在不同宪法、法律、行政法规相抵触的前提下，可以制定地方性法规。《立法法》第81条规定，设区的市的人民代表大会及其常务委员会根据本市的具体情况和实际需要，在不同宪法、法律、行政法规和本省、自治区的地方性法规相抵触的前提下，可以对城乡建设与管理、生态文明建设、历史文化保护、基层治理等方面的事项制定地方性法规，法律对设区的市制定地方性法规的事项另有规定的，从其规定。设区的市的地方性法规须报省、自治区的人民代表大会常务委员会批准后施行。省、自治区的人民代表大会常务委员会对报请批准的地方性法规，应当对其合法性进行审查，认为同宪法、法律、行政法规和本省、自治区的地方性法规不抵触的，应当在4个月内予以批准。省、自治区的人民代表大会常务委员会在对报请批准的设区的市的地方性法规进行审查时，发现其同本省、自治区的人民政府的规章相抵触的，应当作出处理决定。除省、自治区的人民政府所在地的市，经济特区所在地的市和国务院已经批准的较大的市以外，其他设区的市开始制定地方性法规的具体步骤和时间，由省、自治区的人民代表大会常务委员会综合考虑本省、自治区所辖的设区的市的人口数量、地域面积、经济社会发展情况以及立法需求、立法能力等因素确定，并报全国人民代表大会常务委员会和国务院备案。自治州的人民代表大会及其常务委员会可以依照第1款规定行使设区的市制定地方性法规的职权。自治州开始制定地方性法规的具体步骤和时间，依照前款规定确定。故C项表述错误，D项表述正确。

47.【参考答案】 C

【解析】 根据《国家勋章和国家荣誉称号法》第4条第2款规定，国家荣誉称号的名称冠以“人民”，也可以使用其他名称。国家荣誉称号的具体名称由全国人民代表大会常务委员会在决定授予时确定。A项正确。

根据《国家勋章和国家荣誉称号法》第5条规定，全国人民代表大会常务委员会委员长会议根据各方面的建议，向全国人民代表大会常务委员会提出授予国家勋章、国家荣誉称号的议案。国务院、中央军事委员会可以向全国人民代表大会常务委员会提出授予国家勋章、国家荣誉称号的议案。B项正确。

根据《国家勋章和国家荣誉称号法》第3条规定，国家设立“共和国勋章”，授予在中国特色社会主义建设和保卫国家中作出巨大贡献、建立卓越功勋的杰出人士。国家设立“友谊勋章”，授予在我国社会主义现代化建设和促进中外交流合作、维护世界和平中作出杰出贡献的外国人。C项不正确。

根据《国家勋章和国家荣誉称号法》第8条规定，中华人民共和国主席进行国事活动，可以直接授予外国政要、国际友人等人士“友谊勋章”。D项正确。

48.【参考答案】 A

【解析】 民族自治地方的自治机关是自治区、自治州、自治县的人大和政府，并无常委会。选项A错误。

《民族区域自治法》第16条第3款规定：“民族自治地方的人民代表大会常务委员会中应当有实行区域自治的民族的公民担任主任或者副主任。”选项B正确。

《民族区域自治法》第19条规定：“民族自治地方的人民代表大会有权依照当地民族的政治、经济和文化的特点，制定自治条例和单行条例。自治区的自治条例和单行条例，报全国人民代表大会常务委员会批准后生效。自治州、自治县的自治条例和单行条例报省、自治区、直辖市的人民代表大会常务委员会批准后生效，并报全国人民代表大会常务委员会和国务院备案。”该法第2条第2款规定：“民族自治地方分为自治区、自治州、自治县。”可见，自治县人大有权制定自治条例。选项C正确。

《民族区域自治法》第27条第1款规定：“民族自治地方的自治机关根据法律规定，确定本地方内草场和森林的所有权和使用权。”第28条规定：“民族自治地方的自治机关依照法律规定，管理和保护本地方的自然资源。民族自治地方的自治机关根据法律规定和国家的统一规划，对可以由本地方开发的自然资源，优先合理开发利用。”选项D正确。

49.【参考答案】 A

【解析】 公证对象是没有争议的民事法律行为、有法律意义的事实和文书。张三借给李某100万元这一行为尚存争议，未获法院确认，不能成为公证对象。

叶某死亡的事实具有法律意义，可能引发继承、债的转移等法律后果，可以成为公证对象。

某公司的公司章程、刘某设立的自书遗嘱均是具有法律意义的文书，亦可成为公证对象。

故A项当选。

50.【参考答案】 D

【解析】 司法效率强调的是司法机关在司法活动中,在正确、合法的前提下,要提高办案效率,不拖延积压案件,及时审理和结案,合理利用和节约司法资源。司法效率大致包括司法的时间效率、司法的资源利用效率和司法活动的成本效率三个方面。故A项正确。

司法公正是司法永恒的目标追求,提高司法效率是适应我国社会新的形势发展的要求。在司法过程中,宜坚持"公正优先,兼顾效率"的原则。当代社会的法律和司法不仅要追求正义,而且还要以效率作为正义的补充。故B、C项表述都正确。

D项表述错误,应选。

二、多项选择题

51.【参考答案】 ABD

【解析】 本案发生在《刑法修正案(十一)》生效之前,根据"从旧兼从轻"的刑法时间效力规则:

"旧法"对该行为没有单独定罪,"新法"定罪了。那么这个行为发生在"新法"实施以后,肯定是要成立高空抛物罪的,A错误。高空抛物罪规定从建筑物或者其他高空掷投物品,情节严重就构成犯罪,砸中人或者物,砸中自家人还是自家物与成立犯罪没关系。故B错误。

以危险方法危害公共安全罪必须要求可能危及多数人,如果该行为发生在"新法"实施之前,那么之前不能认定该行为有罪,不可能成立以危险方法危害公共安全罪,"从旧兼从轻"也定无罪。故C正确,D错误。

52.【参考答案】 BC

【解析】 本题考查的是共同犯罪(承继共犯、片面共犯、间接正犯)与绑架罪的核心考点。甲的行为已经成立绑架罪既遂,绑架+杀人=绑架罪一罪,这是结合犯的考点。题中关键是共犯的考点,关于片面共犯,知情的一方构成犯罪。妻子丙是在甲绑架既遂后"进入"的角色,主观上没有勒索钱财的目的,但是想借刀杀人。于是其不可能成立绑架罪的承继共犯或者片面帮助犯。故D错误。但是,丙通过拒付赎金,促成了甲故意杀人,可以认定为片面的教唆,或者是间接正犯,对甲杀人的行为起到了支配作用。

如果肯定片面共犯,片面教唆可以成立教唆犯,那么丙就成立故意杀人罪的片面教唆犯,甲和丙在故意杀人罪范围内成立共同犯罪,甲成立绑架罪(结合犯),丙成立故意杀人罪。故C正确。

如果不肯定片面共犯,丙对甲的杀人行为具有支配作用,成立故意杀人罪的间接正犯。故B正确,A错误。

53.【参考答案】 ACD

【解析】 本题考查的是侵占罪与不常考的几个罪名。甲合法占有车辆后,变占有为所有,依法成立侵占罪。甲教唆丙利用信息网络干扰定位系统,触犯了破坏计算机信息系统罪。故甲是破坏计算机信息系统罪教唆犯、侵占罪的正犯;丙是破坏计算机信息系统罪的正犯、侵占罪的帮助犯。

54.【参考答案】 CD

【解析】 本题考查的是主客观相统一原则在故意杀人罪中的运用,并且结合了犯罪形态。甲用刀刺乙身体的部位属于致命部位,客观上有杀死乙的危险,主观上至少有放任死亡结果发生的故意,即便最后是轻微伤,也成立故意杀人罪,故AB错误。

C项中甲可以继续刺杀,但是见到丙报警后未继续实施,属于犯罪中止,故C项正确。甲在原地等待警察到来的行为属于自首。D正确。

55.【参考答案】 BC

【解析】 本题考查的是被害人承诺与拐卖妇女、儿童罪,还结合了认识错误问题。甲客观上有收买行为,但是主观上没有出卖目的,并且农家女承诺有效,不成立犯罪。故A错误。

拐卖妇女罪的既遂标准是只要拐骗行为完成就既遂,不要求卖出去,之后结果如何,与拐卖妇女罪既遂没关系,故BC正确。

拐卖妇女、儿童罪属于选择性罪名,丁客观上实施了拐卖妇女的行为,主观上系对象错误、具体错误,其仍具有拐卖妇女、儿童罪的故意;客观主观相统一,构成拐卖妇女罪。故D错误。

56.【参考答案】 BD

【解析】 本题考查的是盗窃罪与诈骗罪的区分,被害人是否基于认识错误处分财物,盗窃罪缺少基于错误认识处分财物这一步。所以客观上有处分行为,主观上有处分意识的,才成立诈骗罪。

A项属于逃单行为,服务员只是同意甲去送人,没有处分餐费(债权),服务员没有处分行为,也没有处分意识。

B项调整度数,意味着少收费,这表明收费员对燃气费进行了处分行为,存在处分意识,构成诈骗罪。

C项该行为属于"夹带"行为,收银员没有处分苹果手机的处分行为和处分意识，只是处分了方便面，这是盗窃行为。

D项虚构事实、隐瞒真相，使李某基于错误认识处分50万元，借款后丁逃跑，属于诈骗罪。

57.【参考答案】 ABCD

【解析】 甲实施伤害行为，成立故意伤害罪。后面的几个选项根据具体的情况进行分析。

本题涉及最高人民法院《关于审理抢劫、抢夺刑事案件适用法律若干问题的意见》第8条的适用及其原理的理解。该条规定："行为人实施伤害、强奸等犯罪行为，在被害人未失去知觉，利用被害人不能反抗、不敢反抗的处境，临时起意劫取他人财物的，应以此前所实施的具体犯罪与抢劫罪实行数罪并罚；在被害人失去知觉或者没有发觉的情形下，以及实施故意杀人犯罪行为之后，临时起意拿走他人财物的，应以此前所实施的具体犯罪与盗窃罪实行数罪并罚。"

A项后半段仅是"议价"过程，仍须合为一体评价。实质上等同于：乙提出给甲1万元让甲放过自己，甲答应。被害人乙虽是为了不被继续伤害而交财，但行为人甲在对乙实施伤害时主观上并无抢劫故意，没有通过伤害手段取财的意图，不属于前述司法解释所述"利用被害人不能反抗、不敢反抗的处境，临时起意劫取他人财物的"（指为了取财而利用暴力威胁），不构成抢劫罪。

BC项都是被害人失去知觉的情形，均成立盗窃罪。

D项甲实施不救助乙的行为时，主观上并无抢劫故意，不构成抢劫罪。如果甲对乙说，你给我10,000元，否则我不救你让你死，这才构成抢劫罪。

58.【参考答案】 BC

【解析】 A选项具有较大的迷惑性。如果考生没有注意市中院的一审判决是死缓判决，只看到检察院没有抗诉，且只有附带民事诉讼的原被告提起了上诉，容易以为本案的一审刑事判决已经生效，此时就会援引《刑诉解释》第408条的规定：刑事附带民事诉讼案件，只有附带民事诉讼当事人及其法定代理人上诉的，第一审刑事部分的判决在上诉期满后即发生法律效力。应当送监执行的第一审刑事被告人是第二审附带民事诉讼被告人的，在第二审附带民事诉讼案件审结前，可以暂缓送监执行。但是，由于死缓判决须报请省高级人民法院复核，因此一审刑事部分的判决并未生效，自然也就谈不上送监执行的问题。A选项说法错误。

对于B选项，可从两个方面思考，一是二审的全面审查原则，二是死缓案件须经高级人民法院复核，所以一审刑事部分的判决并未生效，因此省高级人民法院当然应当将提起上诉的附带民事部分与刑事部分一并审查。B选项说法正确。

根据《刑诉解释》第410条的规定，第二审期间，第一审附带民事诉讼原告人增加独立的诉讼请求或者第一审附带民事诉讼被告人提出反诉的，第二审人民法院可以根据自愿、合法的原则进行调解；调解不成的，告知当事人另行起诉。因此，乙在二审期间变更诉讼请求的，省高级人民法院可以先调解，调解不成告知乙另行起诉。C选项说法正确。

由于附带民事诉讼的原被告人均对一审附带民事部分的判决提起了上诉，所以省高级人民法院可以增加赔偿金额。D选项说法错误。

59.【参考答案】 BD

【解析】 根据《刑诉解释》第90条的规定，证人证言的收集程序、方式有下列瑕疵，经补正或者作出合理解释的，可以采用；不能补正或者作出合理解释的，不得作为定案的根据：(1)询问笔录没有填写询问人、记录人、法定代理人姓名以及询问的起止时间、地点的；(2)询问地点不符合规定的；(3)询问笔录没有记录告知证人有关权利义务和法律责任的；(4)询问笔录反映出在同一时段，同一询问人员询问不同证人的；(5)询问未成年人，其法定代理人或者合适成年人不在场的。同时，根据该解释第92条的规定，对被害人陈述的审查与认定，参照适用本节的有关规定。因此，A选项中询问被害人李美美时没有合适成年人在场的询问笔录系瑕疵证据，只有在不能补正或者作出合理解释时，才不得作为定案的根据。A选项说法错误。

根据《认罪认罚指导意见》第31条第2款和第3款的规定，犯罪嫌疑人认罪认罚，有下列情形之一的，不需要签署认罪认罚具结书：(1)犯罪嫌疑人是盲、聋、哑人，或者是尚未完全丧失辨认或者控制自己行为能力的精神病人的；(2)未成年犯罪嫌疑人的法定代理人、辩护人对未成年人认罪认罚有异议的；(3)其他不需要签署认罪认罚具结书的情形。上述情形犯罪嫌疑人未签署认罪认罚具结书的，不影响认罪认罚从宽制度的适用。B选项说法正确。

根据《认罪认罚指导意见》第31条第2款的规定，未成年犯罪嫌疑人的法定代理人、辩护人对未成年人认罪认罚有异议的，无须签署认罪认罚具结书，因此C选项"在具结书上注明"这一说法错误。

根据《刑诉解释》第575条的规定，对未成年被告人情况的调查报告,以及辩护人提交的有关未成年被告人情况的书面材料,法庭应当审查并听取控辩双方意见。上述报告和材料可以作为办理案件和教育未成年人的参考。人民法院可以通知作出调查报告的人员出庭说明情况,接受控辩双方和法庭的询问。D选项说法正确。

60.【参考答案】 BC

【解析】 根据《高检规则》第142条的规定,对于监察机关移送起诉的已采取留置措施的案件,人民检察院应当在受理案件后,及时对犯罪嫌疑人作出拘留决定,交公安机关执行。执行拘留后,留置措施自动解除。题干中已说明监察调查期间已对甲采取留置,因此案件移送检察院时,检察院应当先行拘留,一旦对甲采取拘留,留置自动解除。因此A选项中“检察院决定取保候审,留置措施自动解除”说法错误。

B选项有较大的难度,属于《高检规则》中比较冷僻的规定。根据《高检规则》第329条的规定,监察机关移送起诉的案件,需要依照《刑事诉讼法》的规定指定审判管辖的,人民检察院应当在监察机关移送起诉20日前协商同级人民法院办理指定管辖有关事宜。因此,B选项说法正确。

根据《监察法》第31条的规定,涉嫌职务犯罪的被调查人主动认罪认罚,有下列情形之一的,监察机关经领导人员集体研究,并报上一级监察机关批准,可以在移送人民检察院时提出从宽处罚的建议:(1)自动投案,真诚悔罪悔过的;(2)积极配合调查工作,如实供述监察机关还未掌握的违法犯罪行为的;(3)积极退赃,减少损失的;(4)具有重大立功表现或者案件涉及国家重大利益等情形的。本题中甲在留置期间认罪认罚且积极退赃,符合该法第31条的规定,所以C选项说法正确。

根据《高检规则》第145条的规定,人民检察院应当自收到移送起诉的案卷材料之日起3日以内告知犯罪嫌疑人有权委托辩护人。对已经采取留置措施的,应当在执行拘留时告知。从题干可知,检察院应当对甲在执行拘留时告知,而非收到材料之日起3日内,所以D选项说法错误。

61.【参考答案】 ABC

【解析】 根据《人民陪审员法》第22条的规定,人民陪审员参加7人合议庭审判案件,对事实认定,独立发表意见,并与法官共同表决;对法律适用,可以发表意见,但不参加表决。因此A选项说法正确。

根据最高人民法院《关于适用〈中华人民共和国人民陪审员法〉若干问题的解释》第8条的规定,人民法院应当在开庭前,将相关权利和义务告知人民陪审员,并为其阅卷提供便利条件。由此可见,陪审员有庭前阅卷的权利。B选项说法正确。

根据《人民陪审员法》第21条的规定,人民陪审员参加3人合议庭审判案件,对事实认定、法律适用,独立发表意见,行使表决权。C选项说法正确。

根据最高人民法院《关于适用〈中华人民共和国人民陪审员法〉若干问题的解释》第11条的规定,庭审过程中,人民陪审员依法有权向诉讼参加人发问,审判长应当提示人民陪审员围绕案件争议焦点进行发问。由此,陪审员发问并不需要经审判长同意,所以D选项说法错误。

62.【参考答案】 ABC

【解析】 根据《刑诉解释》第556条第2款的规定,审理未成年人遭受性侵害或者暴力伤害案件,在询问未成年被害人、证人时,应当采取同步录音录像等措施,尽量一次完成;未成年被害人、证人是女性的,应当由女性工作人员进行。A选项说法正确。

根据《刑诉解释》第553条的规定,对未成年被告人应当严格限制适用逮捕措施。人民法院决定逮捕,应当讯问未成年被告人,听取辩护律师的意见。对被逮捕且没有完成义务教育的未成年被告人,人民法院应当与教育行政部门互相配合,保证其接受义务教育。B选项说法正确。

根据《刑诉解释》第554条的规定,人民法院对无固定住所、无法提供保证人的未成年被告人适用取保候审的,应当指定合适成年人作为保证人,必要时可以安排取保候审的被告人接受社会观护。C选项说法正确。

根据《刑诉解释》第550条的规定,被告人实施被指控的犯罪时不满18周岁、人民法院立案时不满20周岁的案件,由未成年人案件审判组织审理。下列案件可以由未成年人案件审判组织审理:(1)人民法院立案时不满22周岁的在校学生犯罪案件……因此,不是“应当”,而是可以由未成年人案件审判组织审理。D选项说法错误。

63.【参考答案】 BC

【解析】 根据《刑诉解释》第469条的规定,除人民检察院抗诉的以外,再审一般不得加重原审被告人的刑罚。再审决定书或者抗诉书只针对部分原审被告人的,不得加重其他同案原审被告人的刑罚。从题干可知,市中级人民法院只针对甲与丙启动再审，因此对于乙不得加重其刑罚。A 选项说法错误。

根据《刑诉解释》第 466 条第 1 款的规定，原审人民法院审理依照审判监督程序重新审判的案件，应当另行组成合议庭。本题中市中级人民法院重审此案应当另行组成合议庭。B 选项说法正确。

根据《刑诉解释》第 464 条的规定，对决定依照审判监督程序重新审判的案件，人民法院应当制作再审决定书。再审期间不停止原判决、裁定的执行，但被告人可能经再审改判无罪，或者可能经再审减轻原判刑罚而致刑期届满的，可以决定中止原判决、裁定的执行，必要时，可以对被告人采取取保候审、监视居住措施。本题中，甲系顶罪，再审可能改判无罪或者减轻原判刑罚（改判包庇罪），因此可以决定对其中止执行原刑罚。C 选项说法正确。

根据《高检规则》第 600 条的规定，人民检察院办理按照第二审程序、审判监督程序抗诉的案件，认为需要对被告人采取强制措施的，参照本规则相关规定。决定采取强制措施应当经检察长批准。可见，对于抗诉引发的再审案件，应由检察机关决定是否采取强制措施。同时根据前述《刑诉解释》第 464 条的规定，对于法院启动再审的案件，由法院决定是否采取强制措施。因此，本题中系上级法院指令再审引发的审判监督程序，应由法院而非检察院决定对丙采取强制措施。D 选项说法错误。

64.【参考答案】 AD

【解析】 根据《高检规则》第 270 条的规定，批准或者决定逮捕，应当将犯罪嫌疑人涉嫌犯罪的性质、情节，认罪认罚等情况，作为是否可能发生社会危险性的考虑因素。已经逮捕的犯罪嫌疑人认罪认罚的，人民检察院应当及时对羁押必要性进行审查。经审查，认为没有继续羁押必要的，应当予以释放或者变更强制措施。A 选项说法正确。

根据《刑诉解释》第 370 条的规定，具有下列情形之一的，不适用速裁程序：……（6）被告人与被害人或者其法定代理人没有就附带民事诉讼赔偿等事项达成调解、和解协议的……从题干可知，本题属于第 6 种情形，因此不适用速裁程序。B 选项说法错误。

从题干可知，甲涉嫌寻衅滋事罪，该罪属于《刑法》分则第六章的罪名，不属于刑事和解的案件范围（《刑法》分则第四章、第五章的犯罪）。C 选项说法错误。

根据《认罪认罚指导意见》第 36 条的规定，犯罪嫌疑人认罪认罚，人民检察院拟提出缓刑或者管制量刑建议的，可以及时委托犯罪嫌疑人居住地的社区矫正机构进行调查评估，也可以自行调查评估。D 选项说法正确。

65.【参考答案】 BCD

【解析】 根据《刑诉解释》第 113 条的规定，电子数据的收集、提取程序有下列瑕疵，经补正或者作出合理解释的，可以采用；不能补正或者作出合理解释的，不得作为定案的根据：（1）未以封存状态移送的；（2）笔录或者清单上没有调查人员或者侦查人员、电子数据持有人、提供人、见证人签名或者盖章的；（3）对电子数据的名称、类别、格式等注明不清的；（4）有其他瑕疵的。因此，未以封存状态移送，属于取证瑕疵，可以补正或者作出合理解释。A 选项说法错误。

根据 2016 年最高人民法院、最高人民检察院、公安部《关于办理刑事案件收集提取和审查判断电子数据若干问题的规定》第 15 条第 1 款的规定，收集、提取电子数据，应当根据《刑事诉讼法》的规定，由符合条件的人员担任见证人。由于客观原因无法由符合条件的人员担任见证人的，应当在笔录中注明情况，并对相关活动进行录像。因此，没有见证人，可以录像替代。B 选项说法正确。

根据 2016 年最高人民法院、最高人民检察院、公安部《关于办理刑事案件收集提取和审查判断电子数据若干问题的规定》第 14 条的规定，收集、提取电子数据，应当制作笔录，记录案由，对象，内容，收集、提取电子数据的时间、地点、方法、过程，并附电子数据清单，注明类别、文件格式、完整性校验值等，由侦查人员、电子数据持有人（提供人）签名或者盖章；电子数据持有人（提供人）无法签名或者拒绝签名的，应当在笔录中注明，由见证人签名或者盖章。C 选项说法正确。

根据《刑诉解释》第 114 条的规定，电子数据具有下列情形之一的，不得作为定案的根据：（1）系篡改、伪造或者无法确定真伪的；（2）有增加、删除、修改等情形，影响电子数据真实性的；（3）其他无法保证电子数据真实性的情形。由此可见，如出现修改情形，属于根本性缺陷，不得作为定案的根据。D 选项说法正确。

66.【参考答案】 AC

【解析】 根据《刑诉解释》第 331 条的规定，自诉人经两次传唤，无正当理由拒不到庭，或者未经法庭准许中途退庭的，人民法院应当裁定按撤诉处理。部分自诉人撤诉或者被裁定按撤诉处理的，不影响案件的继续审理。A 选项说法正确。

根据《刑诉解释》第324条的规定，被告人实施两个以上犯罪行为，分别属于公诉案件和自诉案件，人民法院可以一并审理。对自诉部分的审理，适用本章（该解释第十章）的规定。因此并不是应当一并审理，而是可以一并审理。B选项说法错误。

根据《刑诉解释》第325条第2款的规定，对通过信息网络实施的侮辱、诽谤行为，被害人向人民法院告诉，但提供证据确有困难的，人民法院可以要求公安机关提供协助。C选项说法正确。

根据《刑诉解释》第323条第1款的规定，自诉人明知有其他共同侵害人，但只对部分侵害人提起自诉的，人民法院应当受理，并告知其放弃告诉的法律后果；自诉人放弃告诉，判决宣告后又对其他共同侵害人就同一事实提起自诉的，人民法院不予受理。从题干可知，丙只起诉甲，放弃了对乙的告诉，法院应当受理，不应主动将乙列为共同被告人。D选项说法错误。

67.【参考答案】 BD

【解析】 该视频监控直接来源于案件事实，属于原始证据。如果说将该视频监控复制，复制品属于传来证据。A选项说法错误。

凡是表现为物品、痕迹或内容具有证据价值的书画文件，即以实物作为表现形式的证据，都是实物证据。B选项中的丢失唱片清单属于办案人员在现场勘验中对所见情况的客观记载，也属于实物证据。B选项说法正确。

间接证据是不能单独、直接证明刑事案件主要事实，需要与其他证据相结合才能证明的证据。丢失的唱片属于物证，无法通过该证据说明何人实施了犯罪行为，因此属于间接证据。C选项说法错误。

直接源于案件事实的证据材料是原始证据。需要注意的是，痕迹通常属于物证，但如果是将该痕迹拍成照片，该照片属于传来证据。D选项说法正确。

68.【参考答案】 ABC

【解析】 A选项说法正确。按照诚实信用原则，保护相对人信赖利益是信赖保护原则重要组成内容，其要求行政机关作出的承诺负有兑现义务。本题中，既然是政府发文承诺给予招商引资人奖金，就应当兑现自己的承诺，向张某全额支付奖励，其只支付部分奖金而拒绝支付尾款的行为，有违信赖保护原则。

B选项说法正确。最高人民法院《关于审理行政协议案件若干问题的规定》（在本题中以下简称《行政协议规定》）第1条规定，行政机关为了实现行政管理或者公共服务目标，与公民、法人或者其他组织协商订立的具有行政法上权利义务内容的协议，属于行政诉讼法规定的行政协议。第2条规定："公民、法人或者其他组织就下列行政协议提起行政诉讼的，人民法院应当依法受理：……（五）符合本规定第一条规定的政府与社会资本合作协议……"本题中，博达公司与市招商局签订投资协议，以建设经营移交方式出资3000万元建设了一个大型特色风情街，符合政府与社会资本的合作协议特点。博达公司因履行协议产生纠纷，可以依法提起行政诉讼。

C选项说法正确。市政府发布《关于招商引资的意见》针对的是不确定对象，且具有反复实施效力，不符合具体行政行为相对人特定、效力一次性的特点，不属于具体行政行为。

D选项说法错误。《个人所得税法》第4条规定："下列各项个人所得，免征个人所得税：（一）省级人民政府、国务院部委和中国人民解放军军以上单位，以及外国组织、国际组织颁发的科学、教育、技术、文化、卫生、体育、环境保护等方面的奖金……"根据上述规定，只有省级人民政府、国务院部委和中国人民解放军军以上单位，以及外国组织、国际组织颁发的奖金才免征个人所得税。

69.【参考答案】 AB

【解析】 A选项说法错误。《国务院行政机构设置和编制管理条例》第20条规定："国务院议事协调机构不单独确定编制，所需要的编制由承担具体工作的国务院行政机构解决。"

B选项说法错误。《国务院行政机构设置和编制管理条例》第6条规定："……国务院组成部门管理的国家行政机构由国务院组成部门管理，主管特定业务，行使行政管理职能。国务院议事协调机构承担跨国务院行政机构的重要业务工作的组织协调任务。国务院议事协调机构议定的事项，经国务院同意，由有关的行政机构按照各自的职责负责办理……"

C选项说法正确。《国务院行政机构设置和编制管理条例》第8条规定："国务院直属机构、国务院办事机构和国务院组成部门管理的国家行政机构的设立、撤销或者合并由国务院机构编制管理机关提出方案，报国务院决定。"

D选项说法正确。《立法法》第91条规定："国务院各部、委员会、中国人民银行、审计署和具有行政管理职能的直属机构，可以根据法律和国务院的行政法规、决定、命令,在本部门的权限范围内,制定规章……”结合上述规定可知,作为国务院直属机构的国家乡村振兴局有权制定规章。

70.【参考答案】 BCD

【解析】 A选项说法正确。应当给予开除以外多个相同种类处分的,执行该处分,并在一个处分期以上、多个处分期之和以下,决定处分期;但处分期最长不得超过48个月。对于本题,单个记大过处分期限为18个月,多个记大过处分合并执行,应当在一个处分期(18个月)以上,多个处分期总和(54个月)之下,但处分期最长不得超过48个月。综合三个条件,对科长甲的处分不得超过48个月。

B选项说法错误。处分解除后,晋升职务、级别和工资档次不再受原处分影响;但解除降级、撤职处分的,不视为恢复原级别、原职务。可见,处分解除后,行政机关不能自动恢复公务员原级别、原职务。

C选项说法错误。公务员被罢免、免职或者已经辞去领导职务后,只是领导职务不在,但依然还是公务员,自然还可以被处分。

D选项说法错误。撤职处分的处分期限为24个月。

71.【参考答案】 CD

【解析】 A选项不当选。具体行政行为的构成需要具备四个特征:特定性、处分性、外部性、行政性。县公安局致函县交通局要求对专车司机田某进行调查是内部行为,这个行为针对的对象是行政机关中的其他机构,是“自己人”,不具备外部性。

B选项不当选。防汛指挥部发布的预警信息,属于信息提供行为,对象不确定,且没有直接法律效果,不属于具体行政行为。

C选项当选。中国证监会对某公司负责人采取的终身禁入证券市场措施,符合前述四个特征要素,属于典型的具体行政行为。

D选项当选。证监局虽然发出的是“警示函”,但其内容“责令采取整改措施”直接为当事人设定了作为义务,符合“处分性”特征,属于具体行政行为。

72.【参考答案】 BCD

【解析】 A选项说法错误。根据《行政强制法》,部门规章既无行政强制措施的设定权,也无行政强制措施的具体规定权。

B选项说法正确。《行政许可法》第16条规定:“行政法规可以在法律设定的行政许可事项范围内,对实施该行政许可作出具体规定。地方性法规可以在法律、行政法规设定的行政许可事项范围内,对实施该行政许可作出具体规定。规章可以在上位法设定的行政许可事项范围内,对实施该行政许可作出具体规定。法规、规章对实施上位法设定的行政许可作出的具体规定,不得增设行政许可;对行政许可条件作出的具体规定,不得增设违反上位法的其他条件。”根据上述规定可知,部门规章有权对实施上位法设定的行政许可作出具体规定。

C选项说法正确。《行政处罚法》第22条规定:“行政处罚由违法行为发生地的行政机关管辖。法律、行政法规、部门规章另有规定的,从其规定。”

D选项说法正确。《行政处罚法》第28条规定:“行政机关实施行政处罚时,应当责令当事人改正或者限期改正违法行为。当事人有违法所得,除依法应当退赔的外,应当予以没收。违法所得是指实施违法行为所取得的款项。法律、行政法规、部门规章对违法所得的计算另有规定的,从其规定。”

73.【参考答案】 ABC

【解析】 A选项说法错误。行政诉讼起诉期限通常为行政相对人知道行政行为之日起6个月,但法律另有规定的除外。本题涉及《水污染防治法》的适用,考查该法对行政诉讼的起诉期限是否作出专门规定。由于《水污染防治法》并未就当事人不服生态环境保护部门的行政行为的起诉期限作出专门规定,故应当适用《行政诉讼法》规定的6个月起诉期限。

BC选项说法错误。责令停产停业属于行政处罚,责令改正违法行为是与行政处罚相并列的行政命令。前者属于限制当事人从事相关活动的行为罚,后者仅仅责令当事人恢复违法行为破坏的秩序,不具有制裁性。本题中责令停产整改中的“停产”直接导致养殖场运营停止,带有惩戒性质,应属于行政处罚。

D选项说法正确。《水污染防治法》第83条规定:“违反本法规定,有下列行为之一的,由县级以上人民政府环境保护主管部门责令改正或者责令限制生产、停产整治,并处十万元以上一百万元以下的罚款;情节严重的,报经有批准权的人民政府批准,责令停业、关闭:(一)未依法取得排污许可证排放水污染物的;(二)超过水污染物排放标准或者超过重点水污染物排放总量控制指标排放水污染物的;(三)利用渗井、渗坑、裂隙、溶洞,私设暗管,篡改、伪造监测数据,或者不正常运行水污染防治设施等逃避监管的方式排放水污染物的;(四)未按照规定进行预处理,向污水集中处理设施排放不符合处理工艺要求的工业废水的。”据此可知,在养殖场违法行为情节严重的情况下,生态环境保护部门在作出责令企业关闭之前,需要报经有批准权的人民政府批准。

74.【参考答案】 ACD

【解析】 A 选项说法正确。具体行政行为与抽象行政行为的区别在于:第一,行为的对象是否明确具体;第二,行为是否具有反复适用的效力。本题中,甲市政府发布的交通限行通告针对的是不特定对象,且在限行期限内可以反复适用,符合抽象行政行为特征,不属于具体行政行为。

B 选项说法错误。《行政处罚法》第 51 条规定了行政处罚简易程序的适用条件:“违法事实确凿并有法定依据,对公民处以二百元以下、对法人或者其他组织处以三千元以下罚款或者警告的行政处罚的,可以当场作出行政处罚决定。法律另有规定的,从其规定。”对照此规定可知,乙区公安分局交警大队对张某作出 500 元的罚款决定,不能适用简易程序。

C 选项说法正确。《行政诉讼法》第 26 条规定:“公民、法人或者其他组织直接向人民法院提起诉讼的,作出行政行为的行政机关是被告。经复议的案件,复议机关决定维持原行政行为的,作出原行政行为的行政机关和复议机关是共同被告……”本题中,被告应当是乙区公安分局交警大队和区政府。

D 选项说法正确。《行政处罚法》第 41 条第 1、2 款规定:“行政机关依照法律、行政法规规定利用电子技术监控设备收集、固定违法事实的,应当经过法制和技术审核,确保电子技术监控设备符合标准、设置合理、标志明显,设置地点应当向社会公布。电子技术监控设备记录违法事实应当真实、清晰、完整、准确。行政机关应当审核记录内容是否符合要求;未经审核或者经审核不符合要求的,不得作为行政处罚的证据。”据此可知,乙区公安分局交警大队对张某的监控记录应当经过审核,未经审核不得作为处罚的证据。

75.【参考答案】 ACD

【解析】 A 选项说法正确。《行政强制法》第 18 条规定:“行政机关实施行政强制措施应当遵守下列规定:……(二)由两名以上行政执法人员实施……”本题中市交通局执法人员在采取扣押车辆行为时,要求由两名以上执法人员具体实施。

B 选项说法错误。《行政强制法》第 26 条规定:“对查封、扣押的场所、设施或者财物,行政机关应当妥善保管,不得使用或者损毁;造成损失的,应当承担赔偿责任。对查封的场所、设施或者财物,行政机关可以委托第三人保管,第三人不得损毁或者擅自转移、处置。因第三人的原因造成的损失,行政机关先行赔付后,有权向第三人追偿。因查封、扣押发生的保管费用由行政机关承担。”本题中,市交通局扣押车辆的保管费用应当由其自行承担。

C 选项说法正确。《行政强制法》第 24 条规定:“行政机关决定实施查封、扣押的,应当履行本法第十八条规定的程序,制作并当场交付查封、扣押决定书和清单……”本题中,市交通局执法人员扣押涉案车辆时,依法应当现场制作并当场交付扣押决定书和清单。

D 选项说法正确。《行政强制法》第 28 条第 1 款规定:“有下列情形之一的,行政机关应当及时作出解除查封、扣押决定:(一)当事人没有违法行为;(二)查封、扣押的场所、设施或者财物与违法行为无关;(三)行政机关对违法行为已经作出处理决定,不再需要查封、扣押;(四)查封、扣押期限已经届满;(五)其他不再需要采取查封、扣押措施的情形。”第 27 条规定:“行政机关采取查封、扣押措施后,应当及时查清事实,在本法第二十五条规定的期限内作出处理决定。对违法事实清楚,依法应当没收的非法财物予以没收;法律、行政法规规定应当销毁的,依法销毁;应当解除查封、扣押的,作出解除查封、扣押的决定。”

76.【参考答案】 AB

【解析】 AB 选项说法正确。《行政诉讼法》第 25 条规定:“……人民检察院在履行职责中发现生态环境和资源保护、食品药品安全、国有财产保护、国有土地使用权出让等领域负有监督管理职责的行政机关违法行使职权或者不作为,致使国家利益或者社会公共利益受到侵害的,应当向行政机关提出检察建议,督促其依法履行职责。行政机关不依法履行职责的,人民检察院依法向人民法院提起诉讼。”根据该规定,检察机关被赋予了提起检察公益诉讼的法定职责,同时立法也明确了检察机关提起检查公益诉讼的基本程序,即先向作出行政违法行为的行政机关提出检察建议,督促其纠正违法或依法履责,在不奏效的情况下,再向人民法院提起诉讼。

C、D 选项说法错误。由于《行政诉讼法》第 25 条并未明确赋予民间公益组织提起行政公益诉讼的权利,所以,C 选项的说法缺乏法律依据,不应选。另外,该条也未就人民检察院向人民法院提起检察公益诉讼的期限作出明确规定,D 选项说法缺少明确法律依据,不应选。

77.【参考答案】 ABC

【解析】 B 选项说法正确。《行诉解释》第 22 条规定:“行政诉讼法第二十六条第二款规定的‘复议机关改变原行政行为’,是指复议机关改变原行政行为的处理结果。复议机关改变原行政行为所认定的主要事实和证据、改变原行政行为所适用的规范依据,但未改变原行政行为处理结果的,视为复议机关维持原行政行为。复议机关确认原行政行为无效,属于改变原行政行为。复议机关确认原行政行为违法,属于改变原行政行为,但复议机关以违反法定程序为由确认原行政行为违法的除外。”本题中,市公安局的复议决定以区公安分局的决定超期为由确认违法,同时作出不予公开的决定,依照前述规定,依然属于维持区公安分局的行政行为。《行政诉讼法》第 26 条第 2 款规定:“经复议的案件,复议机关决定维持原行政行为的,作出原行政行为的行政机关和复议机关是共同被告;复议机关改变原行政行为的,复议机关是被告。”据此,本题中行政诉讼被告应当为区公安分局和市公安局。

A 选项说法正确。《行诉解释》第 135 条规定:“复议机关决定维持原行政行为的,人民法院应当在审查原行政行为合法性的同时,一并审查复议决定的合法性。作出原行政行为的行政机关和复议机关对原行政行为合法性共同承担举证责任,可以由其中一个机关实施举证行为。复议机关对复议决定的合法性承担举证责任。复议机关作共同被告的案件,复议机关在复议程序中依法收集和补充的证据,可以作为人民法院认定复议决定和原行政行为合法的依据。”据此可知,作为共同被告的市公安局应当就复议决定的合法性承担举证责任。

C 选项说法正确。《政府信息公开条例》第 20 条规定:“行政机关应当依照本条例第十九条的规定,主动公开本行政机关的下列政府信息:……(六)实施行政处罚、行政强制的依据、条件、程序以及本行政机关认为具有一定社会影响的行政处罚决定……”据此可知,行政机关实施处罚的情况属于主动公开事项。

D 选项说法错误。《行政诉讼法》第 18 条第 1 款规定:“行政案件由最初作出行政行为的行政机关所在地人民法院管辖。经复议的案件,也可以由复议机关所在地人民法院管辖。”本题为经过复议的案件,既可以由区公安分局所在地的法院管辖,也可以由市公安局所在地的法院管辖。

78.【参考答案】 BC

【解析】 A 选项说法错误。选项 A 考查考生对行政诉讼受案范围尤其是过程性行为的理解。《行诉解释》第 1 条规定:“公民、法人或者其他组织对行政机关及其工作人员的行政行为不服,依法提起诉讼的,属于人民法院行政诉讼的受案范围。下列行为不属于人民法院行政诉讼的受案范围:……(六)行政机关为作出行政行为而实施的准备、论证、研究、层报、咨询等过程性行为……”上述第 6 项指向过程性行为。本题中,海事管理局针对区政府发出复函,就船舶公司不具备设置条件提出意见,即属于上述过程性行为,该行为并未直接针对船舶公司作出,也未直接处分其权利义务,不属于行政诉讼受案范围。

B 选项说法正确。本题中,区政府根据征询意见情况,并经实地勘验、听取专家评估意见和研究后,作出最终不予许可的决定,该决定属于对船舶公司申请的驳回决定,具有具体行政行为属性,一旦送达即发生法律效力。

C 选项说法正确。《行政许可法》第 45 条规定:“行政机关作出行政许可决定,依法需要听证、招标、拍卖、检验、检测、检疫、鉴定和专家评审的,所需时间不计算在本节规定的期限内。行政机关应当将所需时间书面告知申请人。”

D 选项说法错误。《行政诉讼法》第 29 条规定:“公民、法人或者其他组织同被诉行政行为有利害关系但没有提起诉讼,或者同案件处理结果有利害关系的,可以作为第三人申请参加诉讼,或者由人民法院通知参加诉讼。人民法院判决第三人承担义务或者减损第三人权益的,第三人有权依法提起上诉。”本题中,海事管理局只是应区政府要求提供咨询意见,区政府作出的不予许可决定是其综合海事管理局意见、实地考察、专家评估等因素最后确定的。区政府的行政行为被诉,法院对该案审理的结果不会对海事管理局产生影响,因此,该局不应作为行政诉讼案件的第三人。

79.【参考答案】 ABCD

【解析】 AD 选项说法错误。《行诉解释》第 160 条第 1 款规定:“人民法院受理行政机关申请执行其行政行为的案件后,应当在七日内由行政审判庭对行政行为的合法性进行审查,并作出是否准予执行的裁定。”据此可知,对行政机关提出的强制执行申请，是由人民法院行政审判庭进行合法性审查，且准予执行是以法院裁定形式作出，而非以判决形式作出。

B 选项说法错误。《行诉解释》第 157 条规定，行政机关申请人民法院强制执行其行政行为的，由申请人所在地的基层人民法院受理。本题中，受理生态环境局强制执行申请的应当是该局所在地的基层法院。

C 选项说法错误。申请人民法院强制执行，行政机关不缴纳申请费。强制执行的费用由被执行人承担。可见，C 选项认为的生态环境局应当缴纳执行费用是错误的。

80.【参考答案】 CD

【解析】 A 选项说法错误。《国家赔偿法》第 35 条规定："有本法第三条或者第十七条规定情形之一，致人精神损害的，应当在侵权行为影响的范围内，为受害人消除影响，恢复名誉，赔礼道歉；造成严重后果的，应当支付相应的精神损害抚慰金。"为了合理确定精神损害赔偿责任，2021 年 4 月 1 日起施行的最高人民法院《关于审理国家赔偿案件确定精神损害赔偿责任适用法律若干问题的解释》第 8 条规定："致人精神损害，造成严重后果的，精神损害抚慰金一般应当在国家赔偿法第三十三条、第三十四条规定的人身自由赔偿金、生命健康赔偿金总额的百分之五十以下（包括本数）酌定；后果特别严重，或者虽然不具有本解释第七条第二款规定情形，但是确有证据证明前述标准不足以抚慰的，可以在百分之五十以上酌定。"

B 选项说法错误。《国家赔偿法》第 23 条第 1 款规定："赔偿义务机关应当自收到申请之日起两个月内，作出是否赔偿的决定。赔偿义务机关作出赔偿决定，应当充分听取赔偿请求人的意见，并可以与赔偿请求人就赔偿方式、赔偿项目和赔偿数额依照本法第四章的规定进行协商。"

C 选项说法正确。《国家赔偿法》第 24 条第 1、2 款规定："赔偿义务机关在规定期限内未作出是否赔偿的决定，赔偿请求人可以自期限届满之日起三十日内向赔偿义务机关的上一级机关申请复议。赔偿请求人对赔偿的方式、项目、数额有异议的，或者赔偿义务机关作出不予赔偿决定的，赔偿请求人可以自赔偿义务机关作出赔偿或者不予赔偿决定之日起三十日内，向赔偿义务机关的上一级机关申请复议。"

D 选项说法正确。要正确回答本题，首先需要确定赔偿义务机关。朱某先被刑事拘留，后被批准逮捕，检察院提起了公诉，随后又撤诉。作出逮捕决定的县检察院为赔偿义务机关。

81.【参考答案】 AC

【解析】 外交邮袋可托交预定在准予降落地点降落的商业飞机机长转递，但机长不被视为外交信差，A 项正确。

战争开始会导致交战国外交和领事关系断绝，但外交特权与豁免并不因此而终止，接受国仍有义务保证馆舍财产和档案的安全，B 项错误。

甲国驻乙国大使馆虽然长期处于撤离状态，但并不意味着两国断绝了外交关系，故使馆仍然享有馆舍绝对不得侵犯等外交特权与豁免，C 项正确。

使馆馆舍不得用于与其职能不符的用途，如庇护外国人等，D 项错误。

82.【参考答案】 AD

【解析】 战争开始后，交战国之间友好关系的政治性条约废止，领土条约持续有效，A 项正确、B 项错误。

能没收的财产仅限敌国在本国境内除使馆财产以外的公产，C 项错误。

交战国对其境内的敌国侨民可以进行不违反人道主义原则的各种限制，如敌侨登记，强制集中居住等，D 项正确。

83.【参考答案】 ABCD

【解析】 党的十九大报告中提出，要深化依法治国实践。全面依法治国是国家治理的一场深刻革命，必须坚持厉行法治，推进科学立法、严格执法、公正司法、全民守法。成立中央全面依法治国领导小组，加强对法治中国建设的统一领导。加强宪法实施和监督，推进合宪性审查工作，维护宪法权威。推进科学立法、民主立法、依法立法，以良法促进发展、保障善治。建设法治政府，推进依法行政，严格规范公正文明执法。深化司法体制综合配套改革，全面落实司法责任制，努力让人民群众在每一个司法案件中感受到公平正义。加大全民普法力度，建设社会主义法治文化，树立宪法法律至上、法律面前人人平等的法治理念。各级党组织和全体党员要带头尊法、学法、守法、用法，任何组织和个人都不得有超越宪法法律的特权，绝不允许以言代法、以权压法、逐利违法、徇私枉法。综上所述，ABCD 项正确。

84.【参考答案】 AD

【解析】 内部证成指法律决定必须按照一定的推理规则从相关前提中逻辑地推导出来。内部证成能够保证从前提到结论的逻辑推导真实有效，但对于前提的真实性无法保证。而外部证成则恰恰是对于内部证成的前提的真实性的证成。内部证成就是推导出法律决定的演绎推理的三段论过程,而外部证成则同样是通过演绎推理的三段论过程证成内部证成前提的真实性。

法律决定的合理性在于:(1)法律决定是按照一定的推理规则从前提中推导出来,这是内部证成的问题;(2)推导法律决定所依赖的前提是真实的,这是外部证成的问题。内部证成与外部证成共同保证法律决定的合理性。AD 选项正确。

内部证成和外部证成都是通过演绎推理的方式进行。B 选项错误。

内部证成是推导出法律决定的过程。C 选项错误。

85.【参考答案】 ABC

【解析】 西周的法律思想体现为"以德配天,明德慎罚","德主刑辅,礼刑并用"属于汉代的法律思想,故 A 项错误。婚姻关系成立的条件是"六礼":纳采、问名、纳吉、纳征、请期和亲迎。"三不去"与"七出"属于婚姻关系解除的问题,其中"三不去"是婚姻关系解除的排除情形,故 B 项错误。我国历史上第一次公布成文法活动的是郑国执政子产铸刑书,晋国赵鞅铸刑鼎是我国历史上第二次公布成文法活动,故 C 项错误。借贷契约被称作"傅别","别"是在简札中间写字,然后一分为二,双方各执一半,札上的字为半文,故 D 项正确。

86.【参考答案】 ABCD

【解析】 党的十九大报告提出:"中国特色社会主义进入新时代,我国社会主要矛盾已经转化为人民日益增长的美好生活需要和不平衡不充分的发展之间的矛盾。"从"人民日益增长的物质文化需要"到"人民日益增长的美好生活需要",这一表述转变的依据是:一方面,经过多年的艰辛奋斗,我国稳定解决了十几亿人的温饱,总体上实现了社会主义的小康,不久将全面建成小康社会,人民美好生活需要的品质更高、范围更广。不仅是对物质文化生活提出了更高的要求,而且在民主、法治、公平、正义、安全、环境等方面出现了多样化、更高层次的要求,"物质文化需要"的表述不足以囊括人民各方面丰富多样的需求。另一方面,正如党的十九大报告中所指出的,我们在经济方面所面临的困难和挑战主要是"民生领域还有不少短板,脱贫攻坚任务艰巨,城乡区域发展和收入分配差距依然较大"等。故 AB 正确。

党的十九大报告提出,"明确新时代我国社会主要矛盾是人民日益增长的美好生活需要和不平衡不充分的发展之间的矛盾,必须坚持以人民为中心的发展思想,不断促进人的全面发展、全体人民共同富裕"。坚持以人民为中心的发展理念体现了党的根本宗旨,也是新时代中国特色社会主义思想和基本方略的重要组成部分。政法机关必须坚持人民的利益高于一切,坚持党的领导、人民当家作主、依法治国有机统一,坚持法治建设为了人民、依靠人民、造福人民、保护人民,以保障人民根本利益为出发点和落脚点,保证人民依法享有广泛的权利和自由、承担应尽的义务,维护社会公平正义,促进共同富裕;要依法保障人民享有平等的就业权、医疗权、受教育权,为解决发展不平衡不充分,推动缩小收入差距、地区差距作出积极贡献;要加强社会保障体系建设,打造共建共治共享的社会治理格局,依法维护国家安全,防范和化解风险,严厉打击严重侵害人民群众生命财产安全的违法犯罪行为,不断增强人民群众的幸福感、安全感;要进一步深化执法司法改革,不断推出便民利民举措,使群众办事更方便、维权更便捷,不断增强人民群众的获得感。故 C 项正确。

必须认识到,新时代我国社会主要矛盾的变化是关系全局的历史性变化,对党和国家提出了许多新要求。正如党的十九大报告所指出:社会矛盾和问题交织叠加,全面依法治国任务依然繁重,国家治理体系和治理能力有待加强。故 D 项正确。

87.【参考答案】 ABCD

【解析】 强化对行政权力的监督和制约主要有三个方面:第一,多种监督并举,加强党内监督、人大监督、民主监督、行政监督等各种监督,努力形成科学有效的权力运行机制和监督体系,增强监督合力和实效,故 A 项正确;第二,加强政府内部权力的监督与制约,完善政府内部层级监督和专门监督,改进上级机关对下级机关的监督,建立常态化监督制度,完善纠错问责机制,健全责令公开道歉、停职检查、引咎辞职、责令辞职、罢免等问责方式和程序,故 C、D 项正确;第三,完善审计制度,完善省以下地方审计机关人财物统一管理,故 B 项正确。因此,A、B、C、D 项入选。

88.【参考答案】 BC

【解析】 法律具有普遍性,在国家权力范围内普遍适用,不允许存在不受法律控制的地域,A 项错误。风俗习惯属于法的非正式渊源,属于道德的范畴,与法律规定不是完全一致的,特定情况下甚至存在冲突,B 项正确。法律具有局限性,因此必须要综合运用法律、道德等手段,C 项正确。司法行为具有公定力,一旦作出,非因法定事由、法定程序,任何人不得单方任意撤销,D 项错误。

89.【参考答案】 ABD

【解析】 对于律师的违纪行为可以处以四种类型的处分:训诫、通报批评、公开谴责和取消会员资格。其中情节严重,给委托人或律所造成一定损失的行为作出后的任何时候,再次受到处分的,应考虑已受过训诫处分的情况。语言挑逗属于有悖律师职业道德、公民道德规范的行为,可以予以公开谴责,而行政拘留并不属于行业处分,属于打人行为引起的行政处罚,故 A 项正确。对于律师故意提供虚假证据或者威胁、利诱他人提供虚假证据,妨碍对方当事人合法取得证据的,设区的市级、直辖市的区司法行政部门给予停止执业 6 个月至 1 年的处罚,可以处 5 万元以下的罚款;有违法所得的,予以没收;情节严重的,省级司法行政部门应吊销其律师执业证书;构成犯罪的,依法追究其刑事责任,故 B 项正确。对于接受委托后,无正当理由,拒绝辩护或者代理,不按时出庭参加诉讼或者仲裁的,设区的市级、直辖市的区司法行政部门给予警告,可以处 1 万元以下的罚款;有违法所得的,没收;情节严重的,给予停止执业 3—6 个月的处罚,而不是 6 个月至 1 年,故 C 项错误。对于泄露商业秘密或个人隐私的,设区的市级、直辖市的区司法行政部门给予警告,可以处 1 万元以下的罚款;有违法所得的,予以没收;情节严重的,给予停止执业 3—6 个月的处罚,故 D 项正确。

90.【参考答案】 ABC

【解析】 按照主体在法律关系中的地位不同,法律关系可以分为纵向(隶属)法律关系和横向(平权)法律关系。横向法律关系是指平权法律主体之间的权利义务关系。其特点在于:法律主体的地位是平等的,权利和义务的内容具有一定程度的任意性,如民事财产关系,民事诉讼之原被告关系等。故 A 项正确。

法律关系是体现意志性的特种社会关系。法律关系是根据法律规范有目的、有意识地建立的,所以法律关系必然体现国家的意志。但法律关系不同于法律规范,它是现实的、特定的法律主体所参与的具体社会关系。因此,特定法律主体的意志对于法律关系的建立与实现也有一定的作用。有些法律关系的产生,不仅要通过法律规范所体现的国家意志,而且要通过法律关系参加者个人意志的表示一致,如多数民事法律关系。故 B 项正确。

按法律关系主体是否完全特定化,法律关系分为绝对法律关系与相对法律关系。绝对法律关系指的是权利主体特定而义务主体不特定的法律关系。相对法律关系是存在于特定的权利主体和特定的义务主体之间的法律关系。故 C 项正确。

法律关系客体的种类包括物、人身、精神产品和行为结果等。作为法律关系客体的行为结果是特定的,即义务人完成其行为所产生的能够满足权利人利益要求的结果。行为结果一般分为两种:一种是物化结果,即义务人的行为凝结于一定的物体,产生一定的物化产品或营建物(如房屋、道路、桥梁等);另一种是非物化结果,即义务人的行为没有转化为物化实体,而仅表现为一定的行为过程,最后产生权利人所期望的结果。例如,权利人在义务人完成一定行为后,得到了某种精神享受或物质享受,增长了知识和能力等。本题中,新婚夫妇与影楼之间形成的法律关系的客体之一是拍摄婚纱照行为(包括完成照片的冲洗)。故 D 项错误。

三、不定项选择题

91.【参考答案】 ABD

【解析】 本题考查受贿罪与行贿罪,结合诈骗罪。甲对李某的 400 万元具有非法占有目的,也即该 400 万元并不想用于打点关系,而是想据为己有,因此甲对李某的 400 万元构成诈骗罪。故 A 正确。

丙当场拒收,甲和乙的行贿罪只能是未遂,未遂的数额为 100 万元,因为甲只想送出去 100 万元,而非 500 万元。故 B 正确。

李某主观上想行贿 500 万元,实际上其中 400 万元被甲给骗走了,实际行贿数额只有 100 万元。李某遭受了 400 万元的财产损失,属于被害人。故 C 选项错误。

丙立马上交纪委,丙不构成受贿罪,但是,甲、乙及李某构成行贿罪既遂。故 D 对。

92.【参考答案】 AC

【解析】 本题考查信用卡诈骗罪与盗窃罪的区分,盗窃信用卡并使用的成立盗窃罪。

A 项,盗窃手机,把微信钱包里的 1 万元转到自己账户。盗窃罪系连续犯,以盗窃罪一罪定罪处罚,数额累计 1. 3 万元。故 A 对。

B 项,属于冒用他人信用卡,盗窃罪 3000 元,信用卡诈骗罪 1 万元,数罪并罚。故 B 错。

C 项，将信用卡诈骗罪中的信用卡解释为包括不具有透支功能的普通借记卡，属于扩大解释。丙盗窃手机后，使用微信将储蓄卡内的钱转到自己微信账户，属于盗窃，数额前后加到一起，即 1.3 万元。故 C 对。

D 项，在微信上绑定信用卡账户后，在微信平台上冒用信用卡账户，构成信用卡诈骗罪。与之前所犯盗窃罪，数罪并罚。故 D 错误。

93.【参考答案】 ABD

【解析】 本题考查的是开设赌场罪，比较简单。在线上组织进入微信群，以营利为目的，不论是用哪种规则赌博，组织的人都成立开设赌场罪，故 AB 正确。

C 项，考查的是《刑法修正案（十一）》增加的组织参与国（境）外赌博罪，该行为就成立此罪。故 C 不选。

D 项，丁明知是赌博网站（包括境内赌博网站和境外赌博网站），而为其提供基数支持、资金结算等帮助，构成开设赌场罪的共犯（帮助犯）。

94.【参考答案】 ABC

【解析】 A 选项说法正确。《国家赔偿法》第 21 条规定："行使侦查、检察、审判职权的机关以及看守所、监狱管理机关及其工作人员在行使职权时侵犯公民、法人和其他组织的合法权益造成损害的，该机关为赔偿义务机关。对公民采取拘留措施，依照本法的规定应当给予国家赔偿的，作出拘留决定的机关为赔偿义务机关。对公民采取逮捕措施后决定撤销案件、不起诉或者判决宣告无罪的，作出逮捕决定的机关为赔偿义务机关。再审改判无罪的，作出原生效判决的人民法院为赔偿义务机关。二审改判无罪，以及二审发回重审后作无罪处理的，作出一审有罪判决的人民法院为赔偿义务机关。"最高人民法院《关于人民法院执行〈中华人民共和国国家赔偿法〉几个问题的解释》第 5 条规定："根据赔偿法第十九条（现在的第 21 条）第四款'再审改判无罪的，作出原生效判决的人民法院为赔偿义务机关'的规定，原一审人民法院作出判决后，被告人没有上诉，人民检察院没有抗诉，判决发生法律效力的，原一审人民法院为赔偿义务机关；被告人上诉或者人民检察院抗诉，原二审人民法院维持一审判决或者对一审人民法院判决予以改判的，原二审人民法院为赔偿义务机关。"本题中，对于李某第一个罪，省高院再审改判无罪，作出有罪判决的是作为二审法院的市中院，依前述规定，应当由其作为赔偿义务机关。

最高人民法院《关于人民法院执行〈中华人民共和国国家赔偿法〉几个问题的解释》第 4 条规定："根据赔偿法第二十六条（现在的第 33 条）、第二十七条（现在的第 34 条）的规定，人民法院判处管制、有期徒刑缓刑、剥夺政治权利等刑罚的人被依法改判无罪的，国家不承担赔偿责任，但是，赔偿请求人在判决生效前被羁押的，依法有权取得赔偿。"本题中，虽然李某第一个罪被撤销，但第二个罪依然被维持，不符合前述规定，因此，B 选项说法正确。此外，李某虽然另一罪被判缓刑，但根据前述规定，只有在该罪被改判无罪的情况下，国家才对此前的羁押行为承担赔偿责任，因此，D 选项的表述错误。

《国家赔偿法》第 33 条规定："侵犯公民人身自由的，每日赔偿金按照国家上年度职工日平均工资计算。"本题中，李某的人身自由受到侵害的，依法领取相应赔偿金，律师费用不在赔偿范围之内。C 选项说法正确。

95.【参考答案】 ABC

【解析】 《各级人民代表大会常务委员会监督法》第 31 条规定："最高人民法院、最高人民检察院作出的属于审判、检察工作中具体应用法律的解释，应当自公布之日起三十日内报全国人民代表大会常务委员会备案。"A 错误。

《各级人民代表大会常务委员会监督法》第 46 条第 3 款规定："撤职案的表决采用无记名投票的方式，由常务委员会全体组成人员的过半数通过。"B 错误。

《各级人民代表大会常务委员会监督法》第 42 条第 3 款规定："调查委员会在调查过程中，可以不公布调查的情况和材料。"C 错误。

《各级人民代表大会常务委员会监督法》第 38 条规定："质询案以口头答复的，由受质询机关的负责人到会答复。质询案以书面答复的，由受质询机关的负责人签署。"D 正确。

96.【参考答案】 AC

【解析】 B 项中法律职业人员应当把忠于党、国家、人民和忠于法律作为首要原则。D 项中被开除公职的司法人员、吊销执业证书的律师和公证员，终身禁止从事法律职业。

97.【参考答案】 ABD

【解析】 在我国，证明责任的承担主体首先是控诉机关和负有证明责任的当事人，即公诉案件中的公诉人和自诉案件中的自诉人。

《刑事诉讼法》第 51 条规定："公诉案件中被告人有罪的举证责任由人民检察院承担，自诉案件中被告人有罪的举证责任由自诉人承担。”本题A项中的辩护人、B项中的被告人、D项中的被害人，均不承担证明责任，因此，ABD三项均不正确。本题C项中，检察院对侦查讯问程序的合法性这一程序性事项承担证明责任，该项正确。答案选错误的，故ABD当选。

98.【参考答案】 ABD

【解析】 党的十八届四中全会专门研究全面依法治国，出台了《中共中央关于全面推进依法治国若干重大问题的决定》。党的十九大报告提出到2035年基本建成法治国家、法治政府、法治社会。AB两项错误。

十九届二中全会专题研究宪法修改，推动宪法与时俱进完善发展。党的十九届三中全会决定成立中央全面依法治国委员会，加强党对全面依法治国的集中统一领导。党的十九届四中全会从推进国家治理体系和治理能力现代化的角度，对坚持和完善中国特色社会主义法治体系，提高党依法治国、依法执政能力作出部署。党的十九届五中全会对立足新发展阶段、贯彻新发展理念、构建新发展格局的法治建设工作提出新要求。C项正确，D项错误。

99.【参考答案】 ACD

【解析】 监察委员会依照法律规定独立行使监察权，不受行政机关、社会团体和个人的干涉，但是要受党的领导和立法机关的监督，故A错。

监察机关在工作中需要协助的，有关机关和单位应当根据监察机关的要求依法予以协助，B对。

上级监察机关可以办理下一级监察机关管辖范围内的监察事项，必要时也可以办理所辖各级监察机关管辖范围内的监察事项，C错。

地方各级监察委员会对本级人大及其常委会和上一级监察委员会负责，并接受其监督，D错。

100.【参考答案】 AB

【解析】 厉行法治是发展社会主义市场经济的内在要求，也是社会主义市场经济良性运行的根本保障。中国特色社会主义进入新时代，党和国家通过完善市场经济法律体系，深化“放管服”改革，加强产权保护，保障公平竞争，鼓励诚实守信，营造公正、透明、可预期的法治环境，有力保障和促进了经济持续健康发展。A正确。

习近平法治思想是马克思主义法治理论中国化的最新成果，是全面依法治国的根本遵循和行动指南，立法也好，改革也好，必须以习近平法治思想为指导思想。B正确。

对实践证明已经比较成熟的改革经验和行之有效的改革举措，要尽快上升为法律，先修订、解释或者废止原有法律，再推行改革。C错误。

对不适应改革要求的现行法律法规，要及时修改或废止，不能让一些过时的法律条款成为改革的“绊马索”。立足新发展阶段，必须坚持以法治为引领，坚决纠正“发展要上，法治要让”的认识误区，杜绝立法上“放水”、执法上“放弃”的乱象，用法治更好地促进发展，实现经济高质量发展。D错误。

2021年国家统一法律职业资格考试
客观题试卷二

一、单项选择题 每题所设选项中只有一个正确答案,多选、错选或不选均不得分。(本部分含1—50题,每题1分,共50分)

1. 小丁(5岁)在玩的时候将阳台的盆栽打落,小丁住在四楼,砸伤了路过的外卖送餐员小李。关于外卖送餐员小李人身损害的责任承担,下列哪一表述是正确的?( )

A. 由外卖公司承担

B. 由小丁父母承担

C. 由小丁承担

D. 由外卖公司和小丁父母共同承担

2. 甲(发包方)与乙(总包方)签订工程承包合同,双方按照固定单价约定了工程款,且未约定任何其他价格调整条款。施工期间,受新冠疫情影响,原材料价格暴涨150%,如果工程价款不进行调整,乙公司将面临巨额亏损。乙公司请求甲公司调整工程价款,遭到甲公司的拒绝。乙公司诉至法院。关于两公司签订的工程承包合同,下列哪一说法是正确的?( )

A. 违背自愿原则

B. 适用情势变更原则

C. 违背公序良俗原则

D. 属于正常的商业风险

3. 甲将同一套房屋先后出租给乙、丙、丁,依次与乙、丙、丁签订合同,均未交付,且均收取了第一个月的租金,其中丙最先完成备案登记,丁最早支付租金。对此,下列说法正确的是?( )

A. 只有一份有效的房屋租赁合同

B. 该房应交付给丙

C. 该房应交付给乙

D. 该房应交付给丁

4. 某制造公司向某设备生产公司购买生产设备,由于该生产设备使用了世界领先的技术,所以在该购买合同中,约定某设备生产公司提供操作该设备的技术支持,直到该制造公司员工熟练操作。该购买合同属于下列哪一合同类型?( )

A. 承揽合同　　B. 买卖合同

C. 技术服务合同　　D. 建设工程合同

5. 某社会慈善家赠与甲(9岁)10万元,并约定该款项只能用于甲的学习,甲表示接受,但甲的父母不同意。关于该赠与的效力,下列哪一说法是正确的?( )

A. 因该赠与是纯获利益的,因此有效

B. 因甲的父母不同意,赠与无效

C. 因该赠与得到了甲的同意,因此有效

D. 因该赠与有利于甲,甲的父母应当同意

6. 甲在出国深造前把一辆小轿车交乙保管。乙死亡后,其遗产都由唯一的儿子丙继承。某日,丁在丙家看到停在院中的小轿车是市面上已经不再生产的经典型号小轿车,提出以100万元购买,丙以为其父不可能有钱买这么贵的车,因此认定不是真的,以50万元卖给丁并交付。2年后甲从国外回来。对此,下列说法正确的是?( )

A. 丙可以善意取得

B. 丁可以善意取得

C. 甲可以丙无权处分为由申请撤销合同

D. 丙可以重大误解为由申请撤销合同

7. 钱某在修建自家房屋时,砖块不够,想要借用邻居赵某院子里的砖块,由于赵某不在家,于是钱某未经赵某同意使用,等赵某回来再付钱。赵某回家后表示不同意,但发现砖块已经全部使用。对此,下列哪一说法是正确的?( )

A. 钱某构成不当得利

B. 钱某构成无因管理

C. 赵某对其砖块仍享有所有权

D. 赵某享有返还原物请求权

8. 孙某有一日在上班的路上,无偿搭载好友周某去超市。由于孙某边驾车边玩手机,导致汽车与路边护栏相撞,致周某受伤。在不考虑保险的前提下,对于周某的人身损害,下列哪一说法是正确的?( )

A. 孙某可以适当减轻责任

B. 孙某应承担无过错责任

C. 孙某不应该承担责任

D. 孙某应该承担全部责任

9. 甲、乙、丙三人共同出资购买一套商品房,

其出资比例为8:1:1。甲由于手头资金不足,将该房屋以100万元的价格转让给丁。对此,下列说法正确的是?(　　)

A. 甲转让的是共有份额

B. 甲与丁之间的买卖合同有效

C. 丁构成善意取得

D. 乙有优先购买权

10. 甲在下班回家路上,道路前方堆有一堆垃圾影响通行,但是物业多日未进行处理。甲只好选择另外一条路,不料楼上居民乙在收衣服的过程中不慎撞到花盆,花盆掉落,正好砸中甲,致甲重伤。关于甲人身损害的赔偿责任,下列说法正确的是?(　　)

A. 乙构成高空抛物罪

B. 由乙承担赔偿责任

C. 由物业公司承担补偿责任

D. 由乙与物业公司承担连带责任

11. 2016年甲与乙结婚,婚后育有一女,两年后,乙外出务工。甲等乙务工回来后向其同伴打听到,乙趁其不在身边经常吸毒,并欠下大笔债务,后经询问乙婚前就经常吸毒,但是在结婚的时候隐瞒其有吸毒的历史。甲心灰意冷,起诉申请离婚。对此,下列哪一说法是错误的?(　　)

A. 对于乙因吸毒欠下的债务,甲无须承担

B. 由于乙婚前隐瞒吸毒的事实,甲有权主张撤销婚姻

C. 因为乙有吸毒的不良记录,法院应将孩子的抚养权判给甲

D. 本案在审理中应当进行调解

12. 老张承诺赠与儿媳小李腹中胎儿2万元。孩子出生后老张后悔,未给付赠款。关于此案,下列哪一说法是正确的?(　　)

A. 受赠人为小李

B. 受赠人为孩子

C. 赠与合同未生效

D. 赠与合同可撤销

13. 甲欲买房,找到中介公司,签订了中介合同,约定买房后向中介公司支付2万元中介费。中介公司员工乙在网站上看到甲想要的房子,私下联系甲,去看了丙的房子,并签订了合同,乙仅收取甲5000元中介费。下列哪一说法是正确的?(　　)

A. 甲应向中介公司支付2万元

B. 甲、乙、丙承担连带责任

C. 甲、乙承担连带责任

D. 乙收取的5000元不构成不当得利

14. A区的甲公司与B区的乙公司签订合同,约定合同履行地在C区。两公司随后又达成补充协议,约定发生纠纷由C区法院管辖。后经乙公司同意,甲公司将合同转让给D区的丙公司,丙公司对补充协议并不知情。后丙公司起诉乙公司要求履行合同,乙公司主张转让合同无效。关于本案,下列哪一法院有管辖权?(　　)

A. A区法院　　B. B区法院

C. C区法院　　D. D区法院

15. 张三与李四自愿登记结婚,李四的母亲却一直反对,遂以李四与张三结婚时未达到法定结婚年龄为由,向法院起诉请求确认婚姻无效。诉讼过程中,因李四态度坚决,李四的母亲无奈向法院申请撤诉。关于本案的处理,法院的下列哪一做法是正确的?(　　)

A. 裁定同意撤诉申请

B. 调解结案

C. 判决结案

D. 裁定驳回起诉

16. 马某以10万元价格购买张某的一套茶具,双方约定马某分期付款,张某拿到首付款后交付茶具,但在马某付清全部价款前茶具仍归张某所有。收到2万元首付款后,张某交付茶具。合同履行过程中,因张某拖欠李某借款被诉至法院,李某胜诉后申请法院强制执行,法院对茶具进行了扣押。关于对马某的救济措施,下列哪一表述是正确的?(　　)

A. 提出执行异议之诉,法院应予受理

B. 对扣押行为提出执行异议,法院应予支持

C. 要求继续履行合同,法院应予支持

D. 提供担保后申请解除扣押,法院应予支持

17. 红光公司因合同纠纷起诉绿源公司,甲市乙区法院一审判决红光公司胜诉。绿源公司不服一审判决,通过乙区法院提起上诉,乙区法院收到上诉状后发现,绿源公司的上诉已超过法定上诉期限。关于本案的处理,乙区法院的下列哪一做法是正确的?(　　)

A. 报请甲市中级法院裁定驳回绿源公司的上诉

B. 直接裁定驳回绿源公司的上诉

C. 不予接收绿源公司的上诉状

D. 向甲市中级法院移送案卷

18. 甲公司与乙公司订有买卖合同一份,之后甲公司通知乙公司,因商品不达标要求解除合同,乙公司收到后一直置之不理。甲公司向法院起诉

请求确认合同解除，一审法院经过审理判决合同解除并向双方送达判决书。乙在上诉状中提出，即使合同解除，甲也应当返还商品，二审法院维持原判并向双方送达判决书。关于本案，下列哪一说法错误？（　　）

A. 甲的起诉是确认之诉

B. 甲的起诉是变更之诉

C. 买卖合同于乙收到解约书面通知时即解除

D. 乙提出返还商品的请求构成预备合并，法院应当一并审理

19. 甲因借款纠纷起诉乙，要求乙返还借款2万元，法院审理中查明借款金额应为20万元。法官询问甲，甲表示知晓总金额，但因乙背信弃义，要分10次起诉给他教训。关于本案，下列说法正确的是？（　　）

A. 对2万元作出判决，其既判力及于20万元

B. 对2万元作出判决，其既判力仅及于2万元

C. 法院对20万元作出判决不违反处分原则

D. 经过乙同意，法院可以将剩余18万元一并判决

20. 张三向李四借款10万元，借1年，双方约定利息1万元，到期不归还借款支付罚息2万元。后张三到期未偿还借款，李四起诉要求张三归还本金并支付利息和罚息。关于本案诉讼标的的数量，下列哪一表述是正确的？（　　）

A. 仅有一个诉讼标的

B. 本金和利息一个诉讼标的，罚息一个诉讼标的

C. 本金一个诉讼标的，利息和罚息一个诉讼标的

D. 本金、利息、罚息共三个诉讼标的

21. 张三向李四借款50万元，由王五提供保证，保证合同中未约定保证方式。后因借款清偿发生纠纷，一审法院判决认定王五承担连带保证责任。王五不服提起上诉，二审法院判决王五承担一般保证责任。判决生效后，王五以签订保证合同时意思表示错误不应承担保证责任为由申请再审。关于对王五申请的处理，下列哪一做法是正确的？（　　）

A. 裁定再审后组织调解，调解不成，告知另行起诉

B. 裁定再审后组织调解，调解不成，裁定发回重审

C. 裁定不予受理再审申请

D. 裁定驳回再审申请

22. 张三与李四签订防疫物资买卖合同，双方约定合同履行发生纠纷向甲仲裁委员会申请仲裁。因李四供应的货物质量不合格，张三就赔偿事宜向甲仲裁委员会申请仲裁。仲裁过程中，经仲裁庭调解，双方达成调解协议。关于仲裁调解，下列哪一表述是正确的？（　　）

A. 如李四不履行调解协议，张三可以向仲裁机构所在地法院申请执行

B. 如调解达成协议后李四即时向张三履行，仲裁庭无须制作调解书

C. 仲裁庭可根据调解协议制作仲裁裁决书

D. 仲裁庭应根据调解协议制作仲裁调解书

23. 甲因合同纠纷起诉星星公司，诉讼过程中甲突发急病，不幸变成植物人。其父老甲表示要撤回起诉，专心为甲治病；其妻乙不同意撤诉，想要继续进行诉讼。对此，法院的下列哪一做法是正确的？（　　）

A. 变更乙为原告，继续诉讼

B. 裁定诉讼中止

C. 裁定乙为法定代理人，继续诉讼

D. 裁定准许撤诉

24. 甲省规定不超过3000万元的财产纠纷由基层法院管辖。大昌公司在甲省乙市丙区法院起诉请求兴平公司支付工程款2500万元。法庭辩论终结后，合议庭评议一致决定支持大昌公司的诉讼请求。准备写判决书时，大昌公司变更诉讼请求要求兴平公司支付工程款3500万元。对此，法院的下列哪一做法是正确的？（　　）

A. 直接移送乙市中级法院审理

B. 直接就2500万元诉讼请求作出判决

C. 重新进行法庭调查

D. 兴平公司提出管辖权异议后移送管辖

25. 杨某和谢某办理结婚手续后，杨某向法院起诉确认婚姻无效。诉讼过程中谢某突发疾病死亡，其没有任何直系亲属。对此，法院的下列哪一做法是正确的？（　　）

A. 裁定诉讼终结

B. 裁定诉讼中止

C. 继续审理后作出判决

D. 追加民政部门为诉讼参加人

26. 甲公司与乙公司签订设备购销合同，双方约定发生纠纷向H仲裁委员会申请仲裁。后因设备质量发生争议，甲公司向H仲裁委员会申请仲裁。本案仲裁标的额为50万元，双方约定由3名仲裁员合议仲裁。但H仲裁委员会规定，100万元

以下的案件只能由一名仲裁员独任仲裁。H仲裁委员会安排独任仲裁员裁决支持甲公司的请求后，乙公司申请法院撤销仲裁裁决。关于本案，下列说法正确的是？（　　）

A. 乙公司可以仲裁庭组成违法为由申请撤销仲裁裁决

B. 因仲裁员独任裁决，法院可安排法官独任审查

C. 法院可直接裁定撤销仲裁裁决

D. 法院可通知仲裁庭重新仲裁

27. 甲区张三是乙区李四的债权人，李四享有对丙区王五的到期债权不予主张，张三向丙区法院代位起诉王五。在一审开庭前，王五反诉张三，提出其与李四之间订立有仲裁协议，应按照仲裁协议申请仲裁。对此，丙区法院的下列哪一做法是正确的？（　　）

A. 继续审理本案

B. 移交仲裁庭审理

C. 裁定驳回起诉

D. 通知仲裁庭立案

28. 甲公司章程约定：公司成立前3年不分红。现甲公司连续5年盈利，股东张某请求分红被拒。后来多个股东就分红事宜提出异议，甲公司决定分红。据此，下列说法错误的是？（　　）

A. 对分红持异议的股东可以请求公司回购股权

B. 若甲公司决定分红，股东可对外转让利润分配请求权

C. 甲公司章程约定前3年不分红不合法

D. 股东有权要求公司出具不分红的股东会决议

29. A公司有甲、乙、丙三个股东，甲和乙是夫妻，各自持有49%的股份。因甲乙感情不和发生矛盾，一直未召开股东会。但由于公司所在地段租金上涨，公司一直处于盈利状态。股东向法院提起解散公司之诉。据此，下列说法正确的是？（　　）

A. 因公司一直处于盈利状态，法院不得判决解散公司

B. 甲可以自己的名义提起解散公司之诉

C. 丙有权提起解散公司之诉

D. 丙可以其知情权受到损害为由请求解散公司

30. 张某是甲公司的股东，同时也是乙公司的实际控制人。甲公司和乙公司自2020年后均主要从事防疫物资的生产。因甲公司连续3年未向股东分红，因此张某向公司书面请求查阅和复制公司的财务会计报告、会计账簿、进货和销售记录。据此，下列哪一选项是错误的？（　　）

A. 甲公司章程可规定张某无权复制会计报告

B. 甲公司章程可规定张某无权复制会计账簿

C. 甲公司章程可规定张某无权查阅进货和销售记录

D. 甲公司执行董事可以张某经营与甲公司有竞争关系业务的公司为由拒绝张某的请求

31. 甲公司因疫情原因于2020年8月被法院裁定破产。管理人接管财产后，通知甲公司门店的出租方乙地产公司，决定解除租赁协议。乙地产公司拒绝，表示该协议约定租期10年，目前尚有3年的租期，且按照租赁协议的约定，该协议须严格履行，任何一方无权提前解除协议，对协议履行存在争议的应提交北京仲裁委仲裁。据此，下列哪一表述是正确的？（　　）

A. 协议自管理人通知乙地产公司解除决定时自然解除

B. 协议应由管理人向北京仲裁委提交仲裁申请时解除

C. 如仲裁委裁定解除，应自裁定书送达债权人时解除

D. 协议应继续履行，除非双方一致合意解除

32. 大恒公司的破产管理人为履行管理人职责，决定聘请财务管理人员负责该公司破产事务的财务事项。对此，下列哪一说法是正确的？（　　）

A. 破产管理人可以直接聘请财务管理人员

B. 聘任财务管理人员应向债权人委员会报告并获得债权人委员会的同意

C. 财务管理人员的薪酬应由债权人会议批准

D. 财务管理人员的报酬可由破产管理人随时支付

33. 奈斯有限公司因资产不足以清偿到期债务，被法院裁定破产重整。2021年5月，奈斯有限公司重整计划草案经债权人会议通过，并得到法院裁定批准。在重整计划的执行中，公司董事长张三提出，由于房地产市场的环境变化，奈斯有限公司名下A地块应当出售以回笼资金，但破产管理人则认为按照现在市场情形该地块依然可以继续开发经营。对于该事项，下列哪一主体有权决定？（　　）

A. 管理人　　　　B. 债权人会议

C. 破产管辖法院　　D. 奈斯有限公司

34. 张某系甲普通合伙企业的合伙人，在执行

合伙事务的过程中因重大过失给合伙企业造成了重大损失。对此，其他合伙人一致同意将其除名，但张某表示反对。虽然其他合伙人作出了对张某的除名决议，但因张某的反复抗议，除名决议虽送达张某但合伙企业并未完成合伙协议的变更登记。张某此后仍然代表甲普通合伙企业对外签订合同。2021年，因经营困难，甲普通合伙企业召开了合伙人会议，会议上除张某外其他合伙人一致决定解散合伙企业。据此，下列哪一说法是正确的？（　　）

A. 除名决议一经送达即对张某发生效力

B. 解散决议作出后，即应由执行合伙人负责清算

C. 除名决议作出后暂不生效，须法院确认不支持张某异议后方可生效

D. 解散决议由于张某异议而因未经全体合伙人一致同意而不生效力

35. 张三为其45岁的妻子李四购买人身保险，指定自己和李四的儿子为受益人。按照保险合同的约定，该保险须缴纳至65岁。张三投保10年后，因疫情原因，张三公司经营业绩不佳，大幅削减工资奖金。张三拟解除该保险合同。据此，下列哪一选项是正确的？（　　）

A. 须经李四的同意方可解除

B. 须经儿子的同意方可解除

C. 合同解除后，张三有权主张保单现金价值

D. 合同解除后，李四有权主张保单现金价值

36. 甲公司向乙汽车公司采购10台车辆，为支付价款，甲公司将自己持有的汇票背书转让给了乙汽车公司。该汇票由丙公司开具，付款人为丁银行，且已得到丁银行的承兑。在票据到期之前，乙汽车公司因为资金紧张找丁银行申请票据贴现。丁银行发现丙公司的全部财产均已经被债权人保全，因此拒绝贴现，并明确告知乙汽车公司票据到期后因丙公司已无支付能力而不会再履行付款义务。关于乙汽车公司的追索，下列哪一说法是正确的？（　　）

A. 有权在票据到期前即向丙公司和甲公司追索

B. 有权在票据到期前即向丁银行追索

C. 有权在票据到期后向丁银行追索

D. 有权在票据到期后向丙公司和甲公司追索

37. 甲公司安排业务员张三向乙公司采购农用车，并由甲公司开具支票，支票中注明“见票一个月内支付”，但未填写金额和收款人，授权张三在支付农用车价款时具体填写。张三前往乙公司后，发现电动自行车品质更优，因此擅自主张购买电动自行车，并填写了金额和收款人后将支票交付给了乙公司。后甲公司拒绝接受电动自行车并主张解除买卖合同。据此，下列说法正确的是？（　　）

A. “见票一个月内支付”的记载无效

B. 因未记载金额而支票无效

C. 因未记载收款人而支票无效

D. 因张三填写金额和收款人而支票无效

38. 甲公司成立于1990年，其名称和简称在我国国内有一定影响。乙公司于2020年成立，其在提供服务和宣传中均载明本公司的名称，该名称中包含甲公司的简称。根据《反不正当竞争法》的相关规定，下列选项错误的是？（　　）

A. 若乙公司是仅提供公益服务而不从事生产经营活动的社会组织，无论相关公众是否误以为乙公司和甲公司存在特定联系，均不应认定乙公司实施了混淆行为

B. 若甲公司是仅提供公益服务而不从事生产经营活动的社会组织，即便乙公司是经营者，由于其使用的不是他人有一定影响的商业标识，因此也不应认定乙公司实施了混淆行为

C. 若没有引人误认为乙公司与甲公司存在特定联系或误认为乙公司提供的服务是甲公司的服务，则不应认定乙公司实施了混淆行为

D. 若认定乙公司实施了混淆行为，在甲公司因该行为所受到的实际损失、乙公司因该行为所获得的利益难以确定的情况下，法院可以根据情节判处乙公司给予甲公司300万元的赔偿

39. 经常居所地同在广州的越南公民阮某和莱索托公民祁某去中国西北无人区探险时失踪。数年后两人亲属在广州某法院申请宣告死亡。关于本案的法律适用，下列选项正确的是哪项？（　　）

A. 都适用中国法

B. 若莱索托国法律无法查明，则应适用中国法确定能否对祁某宣告死亡

C. 应分别适用越南法和莱索托法

D. 同时适用中国法和各自的国籍国法

40. 中国甲公司与英国乙公司签订了商事合同，约定合同适用英国法。现甲乙两公司因合同履行发生纠纷诉至中国某人民法院，根据我国法律和相关司法解释规定，下列说法正确的是哪项？（　　）

A. 若双方在一审法庭辩论时将合同适用的法律变更为苏格兰法，应准许

B. 若英国存在多个法域，该合同纠纷应适用伦敦所在的英格兰法

C. 若双方在一审法庭辩论时约定该纠纷的诉讼时效适用中国法，应从其约定

D. 该纠纷的诉讼时效应适用中国《民法典》

41. 荷兰甲公司将一批货物卖给中国乙公司，买卖合同订立时，该批货物载于由荷兰鹿特丹开往大连的韩国籍“靖远”号远洋货船上。乙公司就该批货物的所有权纠纷诉至中国某法院，下列关于法律适用的判断正确的是哪项？（　　）

A. 应适用中国法或荷兰法

B. 若双方约定适用瑞士法，应从其约定

C. 若双方没有约定，应适用韩国法

D. 可以在中国法或者荷兰法中择一适用

42. 甲公司在德国汉堡登记注册，主营业地在波兰华沙，在新加坡有一分公司。新加坡分公司与中国乙公司签订授权在中国独家经销的合同。甲公司得知后诉至中国某法院，主张其新加坡分公司和中国乙公司签订的合同无效。关于本案，下列哪项判断是正确的？（　　）

A. 甲公司的经常居所地是波兰华沙

B. 甲公司是波兰籍公司

C. 若新加坡分公司和中国乙公司的合同未选择法律，该合同应适用新加坡法

D. 若新加坡分公司和中国乙公司的合同未选择法律，该合同应适用波兰法

43. 经常居所地在巴黎的法国人玛丽在广州工作，2020年圣诞节玛丽回国后，其饲养的宠物猫从阳台跃入邻居李某家，被李某收留和饲养。玛丽回广州后，李某还猫并要求支付饲养费用，玛丽拒绝。李某向中国某法院起诉，下列关于法律适用的判断正确的是哪项？（　　）

A. 若李某和玛丽未选择法律，法院应在中国法和法国法中择一适用

B. 若李某和玛丽协议选择德国法，法院应支持

C. 应适用中国法

D. 李某和玛丽只能在中国法和法国法中选择其中之一适用

44. 埃及人甲与印度人乙的经常居所和主要财产都在上海，现二人在上海某人民法院起诉离婚并要求分割夫妻共同财产。根据中国相关法律规定，下列选项中正确的是哪项？（　　）

A. 甲乙之子在上海出生，其子出生时不具有中国国籍

B. 只要该诉讼尚未了结，甲乙二人就不得离境

C. 诉讼离婚及夫妻财产分割事项均应适用中国法

D. 甲乙可就夫妻财产分割事项协议选择新加坡法

45. 甲国瑞尼尔公司从乙国绿地公司进口三批粮食，合同选用《2020年国际贸易术语解释通则》的CIF术语。第一批粮食正常发货后，乙国遭遇台风，致使后两批粮食不能发运，存放在仓库。绿地公司认为其遭遇了不可抗力，可以免责。两国均为《联合国国际货物销售合同公约》的成员国，下列说法正确的是哪项？（　　）

A. 若后两批粮食无法交付，甲国瑞尼尔公司可宣告合同无效

B. 若后两批粮食无法交付，乙国绿地公司通知甲国瑞尼尔公司后，即可解除合同

C. 保险人应承担后两批粮食不能交付的赔偿责任

D.《联合国国际货物销售合同公约》规定了遭遇不可抗力一方的通知义务

46. 中国三泰公司与西班牙甲公司签订合同进口一批货物，合同选用了《2020年国际贸易术语解释通则》中的CIF术语，同时约定甲公司应为该批货物投保水渍险。甲公司将货物交承运人装船后，承运人签发了清洁提单（适用《海牙规则》）。后在海运途中货物因遭遇恶劣天气部分毁损，下列哪项判断是正确的？（　　）

A. 甲公司应为该批货物投保一切险

B. 承运人应赔偿货物损失

C. 保险公司应赔偿货物损失

D. 因货物部分毁损，中国三泰公司有权要求减价

47. 美国人汤姆在中国生活期间，花费500元向中国卖家网购一件衬衫，因衬衫质量问题产生纠纷，汤姆向互联网法院起诉。关于本案可适用的程序规则，下列哪一选项是不正确的？（　　）

A. 决定线下开庭审理

B. 电子送达判决书

C. 审判员独任审理

D. 适用小额诉讼程序审理

48. 甲在大昌公司任职，月薪为1万元。甲于2020年6月1日被公司派往A国并在A国定居，在国外期间大昌公司依然为甲支付工资每月1万元，并且甲没有在其他公司兼任职位。请问下列哪

一选项是正确的？(　　)

A. 甲缴纳个人所得税不再需要纳税人识别号，由大昌公司直接代扣代缴

B. 甲应于2020年6月1日办理清税

C. 甲应就每月5000元的应纳税所得额进行缴税

D. 甲应在2021年3月1日至6月30日办理年度汇算清缴

49. 甲公司取得了规划许可证，在某工业园建仓库，当地城乡规划主管部门在巡查时发现甲公司为了存放货物私自在仓库边挖地下室，并在仓库楼顶搭设了工人居住的临时工棚。根据《城乡规划法》的规定，下列哪一说法是正确的？(　　)

A. 甲公司可补办该工棚的临时建设规划许可证

B. 甲公司可补办该地下室的规划许可证

C. 城乡规划主管部门可以责令限期拆除临时工棚并处以不超过建造成本的罚款

D. 城乡规划主管部门可以责令填埋地下室

50. 求知杂志社出版的《真知》是国内知名的时事类期刊，每期内容均精心挑选编排，入选率仅为9%。甲网站未经许可转载了该期刊每期所有的文章，并且未标明出处和不得转载。后大量网民从甲网站下载了《真知》里收录的文章。下列说法正确的是？(　　)

A. 该网站既侵犯了杂志社的权利也侵犯了作者的权利

B. 该网站只侵犯了作者的著作权

C. 如果甲网站给作者付费就不侵犯其著作权

D. 如果杂志社未经作者同意收录文章，则甲网站转载不侵犯杂志社的权利

二、多项选择题　每题所设选项中至少有两个正确答案，多选、少选、错选或不选均不得分。(本部分含51—90题，每题2分，共80分)

51. 李某有两个孩子李某林和李某森。李某森与前夫林某有一个孩子林某某，后与陆某结婚共同抚育陆某儿子陆某某至成年。李某森于2021年9月1日去世。李某亦于2021年12月1日去世，留有一处房产以及一辆小轿车。对于这一处房产以及一辆小轿车，下列哪些人有权继承？(　　)

A. 李某林　　B. 林某某

C. 陆某某　　D. 陆某

52. 甲将家传古画委托乙卖出。在有意购买的人中，丁的出价并不是最高，但是由于丁私下给了乙20%的好处费，乙将古画卖给了丁，并欺骗甲说古画市场价格大跌，同时隐瞒了比丁高的其他报价。后甲得知真相后认为合同无效。对此，下列哪些说法是正确的？(　　)

A. 该合同有效

B. 该合同无效

C. 乙构成无权代理

D. 乙与丁对甲的损害承担连带责任

53. 大学生小李在官网上购买了一台电脑，使用一月后，感觉电脑有问题，遂到维修店进行检修，检修结果显示该电脑为旧机翻新。对此，大学生小李能够主张下列哪些请求？(　　)

A. 要求换一台新电脑

B. 主张3倍的惩罚性赔偿

C. 以存在欺诈为由，撤销买卖合同

D. 保留该电脑并主张补偿差价

54. 李某与陆某离婚，离婚协议中约定儿子李某陆跟随母亲陆某生活，李某每月支付一笔合理的抚养费。现李某陆因考上大学要求增加抚养费，李某则发现李某陆已经改从母姓。对此，下列哪些说法是正确的？(　　)

A. 陆某应当为李某探望李某陆提供便利

B. 因李某陆改从母姓，李某的监护义务终止

C. 李某陆有权起诉向李某请求增加抚养费

D. 如李某陆的姓名不改回，则李某有权拒绝支付抚养费

55. 甲、乙、丙同属某大学校篮球队的队员，在某次市篮球比赛中，甲在传球给乙的时候，不慎导致乙受伤。丙作为乙的好友，认为甲系故意为之，为给乙报仇，遂拿起篮球往甲砸去，导致甲受伤。对此，下列哪些说法是正确的？(　　)

A. 甲的人身伤害应由乙与丙共同负担

B. 甲的人身伤害应由丙负责

C. 乙的人身伤害应由篮球比赛的组织者承担

D. 乙的人身伤害是自甘风险，由其自己承担

56. 甲将自己珍藏多年的名画借给乙观赏，约定两个星期内归还。在乙观赏的过程中，该画被其侄子丙看到，求借一个星期来临摹，乙碍于关系就借给丙。在丙临摹的过程中，该画被来家中做客的丁看到，丁为古画珍藏家，遂提出以高价购买该画，丙告知丁该画为乙所有。在丙的牵线下，乙知道此事，禁不住金钱的诱惑，决定将该画卖给丁，约定丁先支付50万元，等丙临摹结束后直接交付。对此，下列哪些说法是正确的？(　　)

A. 丙构成无权处分

B. 乙构成无权处分

C. 丁构成善意取得

D. 丁构成善意占有

57. 甲的宠物狗走失,公开发布悬赏广告。乙在家门口捡到该狗,该狗生病,遂带该狗去看兽医,并支付了费用。对此,下列说法正确的是?(　　)

A. 甲应当支付医药费

B. 甲可以请求返还宠物狗

C. 乙构成善意取得

D. 乙可以请求甲支付悬赏报酬

58. 甲要移民,遂将名下的房产赠与好友乙,并去当地的不动产登记机构办理转移登记。对此,下列哪些说法是正确的?(　　)

A. 应由两人共同申请转移登记

B. 赠与公证书是办理登记的必要材料

C. 办理登记前,不动产登记机构应当实地看房

D. 登记完成时,不动产登记机构应发放不动产权属证书

59. 李某有一子(李某某)一女(李某力),生前立下自书遗嘱,将名下两套房子A房与B房都给李某某,该遗嘱已公证。由于李某力经常照顾李某,李某将A房赠与李某力并办理了登记手续。李某某得知此事后下毒打算毒死李某,李某临死前得知是儿子下毒,遂立下自书遗嘱,将B房赠与其好友赵某。李某死亡后,李某的子女以及赵某为争夺房产发生争议。对此,下列哪些说法是正确的?(　　)

A. 赵某取得B房的所有权

B. 李某某取得B房的所有权

C. 李某力取得A房的所有权

D. 李某某没有因此丧失法定继承权

60. 钱某与陆某虚构购房事实,钱某以60万元购买陆某的一处房屋并支付价款。约定陆某租用该房,每月向钱某支付5万元租金,租期1年,由赵某为陆某的租金债务承担连带保证责任。事实上钱某并没有房产,赵某对此并不知情。对此,下列哪些说法是正确的?(　　)

A. 名为租赁合同,实为借款合同

B. 租赁合同无效,担保合同无效

C. 借款合同有效,担保合同无效

D. 借款合同有效,担保合同可撤销

61. 甲从某商场购买一台笔记本电脑,约定了30天的试用期。对此,下列哪些说法是正确的?(　　)

A. 若甲在试用期间将电脑租给丙,则视为同意购买

B. 若甲在试用期间支付了部分价款,则视为同意购买

C. 若电脑在试用期间遭意外火灾毁损,则甲应当支付价款

D. 若甲直到试用期满后第二天才想起来归还电脑,商场有权拒绝受领

62. 甲公司向乙公司购买一批原材料,因资金短缺,于是双方约定分期付款,在价款全部支付之前,该批原材料的所有权归乙公司。乙公司在下列哪些情形下可以取回该批原材料?(　　)

A. 甲擅自出质该批原材料

B. 甲公司保管不当致使原材料受到损坏

C. 甲公司擅自以该批原材料设立抵押权

D. 甲公司擅自出卖原材料

63. 张三起诉李四要求清偿借款,李四主张该笔欠款已经偿还。为证明其主张,李四向法院提交了一张有张三签名的收条,张三提出其签名系伪造。关于本案收条的证明,下列哪些说法是正确的?(　　)

A. 张三对收条的真实性承担证明责任

B. 李四对收条的真实性承担证明责任

C. 张三对签名为假承担提供证据责任

D. 李四对签名为真承担提供证据责任

64. 夏某向甲银行贷款500万元,由夏某和杜某各自提供一套房屋设定抵押担保。抵押合同约定发生纠纷向A市仲裁委员会申请仲裁。后因夏某无力归还贷款,甲银行向法院申请实现房屋抵押权。夏某对此无异议,杜某提出抵押合同因受欺诈而订立请求法院撤销。关于本案的处理,下列哪些选项是正确的?(　　)

A. 裁定准许拍卖夏某的房屋

B. 裁定准许拍卖杜某的房屋

C. 裁定驳回甲银行拍卖夏某房屋的申请,告知另行仲裁

D. 裁定驳回甲银行拍卖杜某房屋的申请,告知另行仲裁

65. 甲公司与乙公司因合同纠纷起诉至法院,二审审理过程中,甲公司和丙公司合并为丁公司。关于本案,下列说法正确的是?(　　)

A. 法院作出的一审判决对丁公司有实质的既判力

B. 乙公司可以向法院申请更换丁公司为诉讼当事人

C. 法院可依职权更换丁公司为诉讼当事人

D. 法院继续审理，作出的判决对丁公司有拘束力

66. 张三向李四借款60万元，期限两年，王五提供连带保证。张三只在第一年还款6万元，后李四持张三欠其60万元的借条起诉，称双方口头约定10%的利息，偿还的6万元乃第一年的利息，请求法院判令两被告归还60万元借款本金以及第二年的利息共66万元。第一次开庭时张三承认6万元是利息，第二次开庭时张三改口称双方未约定利息，第一年还款6万元属于本金，现只欠李四54万元。王五始终拒绝承认约定过利息。各方均无其他证据。关于本案，下列表述正确的是？（　　）

A. 张三第一次自认有效，应向李四归还66万元

B. 王五未承认约定利息的事实，张三的表述不构成自认，应归还54万元

C. 王五应承担60万元的担保责任

D. 王五应与张三一并向李四归还54万元

67. 张三向李四借款10万元，双方约定合同履行发生纠纷由张三所在地的甲法院管辖，后李四又与王五就该笔借款签订保证合同，约定合同履行发生纠纷由王五所在地的乙法院管辖。后因张三拖欠借款发生纠纷。关于李四的救济方式，下列哪些选项是正确的？（　　）

A. 向甲法院起诉张三和王五

B. 向乙法院起诉张三和王五

C. 向甲法院起诉张三

D. 向乙法院起诉王五

68. 张三和李四婚后育有一子。后因性格不合，张三向法院起诉离婚，法院判决两人离婚，儿子由张三抚养，李四每月可探望两次。李四因多次探望被拒，向法院申请强制执行。对此，法院可采取下列哪些强制措施？（　　）

A. 可对张三拘留

B. 可对张三罚款

C. 可将孩子带到指定场所探望

D. 可将李四带到张三住处探望

69. 甲向某银行贷款100万元，由乙提供担保。后甲又向该银行贷款80万元，由丙提供担保。两笔贷款现均已到期，甲无力还款，该银行就两笔贷款分别向法院起诉，法院决定将两个案件合并审理。关于本案，下列哪些说法是正确的？（　　）

A. 法院合并审理应当经乙、丙同意

B. 合并审理是诉的合并，应当经甲同意

C. 法院不应当合并审理

D. 本案是必要共同诉讼，应当合并审理

70. 翔宇化工厂违规排放污水，造成河流严重污染。甲环保组织提起公益诉讼，要求赔偿100万元。法官审查后发现100万元远远不够治理河流污染，建议甲环保组织将赔偿额修改为1000万元。后法院判决甲环保组织胜诉。关于本案的程序规则，下列说法错误的是？（　　）

A. 适用一审终审，不得上诉

B. 应由中级法院管辖

C. 法官建议增加赔偿额，违反处分原则

D. 甲环保组织起诉前应通知生态环境部门

71. 博达公司系张某出资设立的一人有限公司。几年后，博达公司与海涛公司共同出资设立了博海有限公司。随后，张某将其持有的博达公司的全部股权转让给了杨某并办理了变更登记。2020年，博达公司为杨某向李某的借款提供担保，与李某签订了担保协议，杨某直接在担保协议上签字并加盖公章。2021年借款到期后，杨某无力偿还借款。对此，下列哪些说法是正确的？（　　）

A. 博达公司应对借款承担担保责任

B. 该担保协议因未经股东会决议，故担保无效

C. 杨某如无法证明财产独立，则须就公司其他债务承担连带责任

D. 博海有限公司就张某和杨某的股权转让有权主张优先购买

72. 江河公司设立了两家分公司大江分公司和大河分公司。在经营过程中，大江分公司为业务伙伴大华公司向大金公司提供担保，即自行以自己的名义签订了担保协议；大河分公司以自己的名义与海涛公司签订了货物买卖协议。据此，下列哪些说法是正确的？（　　）

A. 大江分公司以自己的名义签订的担保协议无效

B. 大华公司无法偿债时，大金公司可要求江河公司承担担保责任

C. 大河分公司签订的买卖协议对江河公司具有法律效力

D. 海涛公司须首先向大河分公司主张合同责任才可向江河公司主张

73. 张三和其他数人发起设立诚盛有限公司，张三认缴出资100万元，约定于公司成立后2个月内缴纳完毕。在设立中，张三利用自己捡到的李四的身份证，冒用李四的名义，将自己的出资登记在

李四名下。2020年10月,诚盛有限公司设立。到2021年2月,李四名下的股权仍有70万元出资未缴纳。2021年8月,诚盛有限公司拖欠阳光大厦租金30万元,但公司已经无力清偿。据此,下列说法正确的是?(　　)

A. 阳光大厦有权请求李四清偿诚盛有限公司拖欠的租金30万元

B. 阳光大厦有权请求张三清偿诚盛有限公司拖欠的租金30万元

C. 李四如获知后有权对外转让股权

D. 李四有权请求公司登记机关撤销其股东资格的登记

74. 2020年3月2日,甲和乙达成股权互换协议,约定甲将自己持有的大昌公司10%的股权和乙持有的光明公司20%的股权按照1∶1的比例互换。通过互换,甲将持有光明公司50%的股权。大昌公司就该事项召开股东会,会上除丙反对并要求按评估价行使优先购买权外,其他股东均同意。甲拒绝丙的优先购买主张并积极推动协议的履行。后乙协助甲完成了光明公司的工商变更登记,但因大昌公司董事张三疏忽并未完成工商变更登记手续。2020年4月,甲为融资需求又将该大昌公司10%的股权对外出质给不知情的李四并完成了质押登记。据此,下列哪些选项是正确的?(　　)

A. 丙因不满足“同等条件”而无权主张行使优先购买权

B. 甲又将大昌公司10%的股权对外出质属于无权处分

C. 李四有权基于善意取得主张股权质押有效

D. 乙有权请求甲和张三就自己的损失承担赔偿责任

75. 关于公司决议效力,下列说法错误的是?(　　)

A. 张三于2021年3月5日通过受让股权加入甲有限公司,张三发现该公司同年2月5日曾召开股东会会议,通过增加注册资本的决议,但会议没有按照公司法规定提前通知。张三有权请求法院撤销该决议

B. 公司决议内容违反公司章程的,股东自决议作出之日起60日内,可以请求人民法院撤销

C. 甲有限公司经董事会决议,与乙公司签订了《战略合作协议》。后该董事会决议被撤销,因此该《战略合作协议》也应当被撤销

D. 甲有限公司2020年利润总额2000万元,该公司持股80%股权的股东李四直接作出决议:公司不缴纳所得税、不提取法定公积金,直接将全部利润总额向股东进行分配。李四的决议无效

76. 大华有限公司董事会有成员三人,分别为甲、乙和丙,任期均自2019年至2021年。2019年12月,甲因家中变故向公司递交辞呈,辞去董事职位。尽管公司并未批准,但甲未再继续在公司履职。2020年因丙经营能力不足,大华有限公司股东会决议罢免丙的董事职务。据此,下列哪些说法是正确的?(　　)

A. 无论大华有限公司是否批准甲的辞呈,均不会改变甲辞职的法律效力

B. 因为甲的辞职导致董事会人数不足法定人数,因此辞职不发生法律效力

C. 大华有限公司股东会决议罢免丙的董事职务并不必然导致丙丧失董事资格

D. 即使丙被罢免了董事职务,依然有权向公司要求支付剩余任期的薪资

77. 金星公司成立于2020年1月。登记股东为甲、乙、丙、丁4人。甲认缴1000万元,以其名下商业用地使用权出资(剩余使用年限20年)。乙认缴300万元,以其名下一处房屋出资。丙认缴300万元,以其对银泰公司的一项一年后到期且价值300万元的债权出资。丁以30万元现金出资,且已实缴。甲为公司执行董事,乙为总经理,丙为监事。现查明,乙出资的房屋虽已过户给金星公司,但系其伪造遗嘱所得,合法继承人为程某。此事只有丁知道。2020年12月,银泰公司破产清算,丙的债权实际清偿30万元。据此,以下说法正确的有?(　　)

A. 因为丁知道乙伪造遗嘱一事,所以乙的出资不成立

B. 丙应补足270万元出资

C. 甲可以土地使用权出资

D. 丙可以300万元债权出资

78. 甲有限公司设立于2010年,公司章程规定公司存续期为10年。2020年3月,公司存续期间届满,但公司股东会并未修改章程。此后,甲公司依然开展营业活动。因新冠疫情大面积暴发,公司着手从事防疫物资产业,获得了两笔数额较大的订单。2020年8月,公司召开股东会决议修改公司章程,将公司存续期间延长至2050年。对该决议,仅有持股3%的张三表示反对。后决议通过并办理了变更手续。据此,下列哪些说法是正确的?(　　)

A. 如公司解散,公司股东有义务组织清算事务

B. 张三有权主张甲公司按照合理价格回购其股权

C. 张三有权主张其他赞同股东按照合理价格收购其股权

D. 公司应于2020年3月自动进入清算阶段

79. 2018年,家家乐有限公司向甲银行借款1000万元,期限5年。对于该笔借款,百利有限公司向甲银行出具了担保函,约定到期后如家家乐有限公司不能清偿债务,则由百利有限公司承担清偿责任。2020年9月,家家乐有限公司被法院裁定破产,甲银行向管理人申报了全部债权。此后不久,百利有限公司也被法院裁定破产。据此,下列哪些说法是正确的?(　　)

A. 如甲银行向百利有限公司追偿,百利有限公司有权主张先诉抗辩

B. 百利有限公司有权以将来求偿权向家家乐有限公司管理人申报债权

C. 甲银行有权向家家乐有限公司和百利有限公司分别申报全部债权

D. 破产后,针对家家乐有限公司和百利有限公司的债权和担保债权均停止计息

80. 甲企业是张三、李四和王五于2016年设立的普通合伙企业,合伙协议约定经营期限为10年。后因疫情影响,该企业一直经营不佳。2021年3月,因资金短缺,张三等三位合伙人邀请赵六入伙。出于对张三等三人的信任,赵六未对该合伙企业调查,即签订了入伙协议,并登记成为合伙人。赵六入伙后得知了企业的真实经营状况,后悔不已,遂向张三等三人主张因未向其如实告知企业财产状况而撤销入伙协议,但遭到张三等三人的反对。赵六见撤销协议无望,于是转而要求退伙。2021年6月1日,张三等三人同意,合伙企业于2021年6月10日为赵六办理了退伙的变更登记。据此,下列哪些说法是正确的?(　　)

A. 赵六签订入伙协议后即应对入伙前合伙企业的债务承担无限连带责任

B. 赵六有权主张因为受欺诈撤销入伙协议

C. 赵六的退伙应当于2021年6月1日起生效

D. 2021年6月10日后该企业对外所负的债务,赵六均应承担无限连带责任

81. 立达公司是一家网约车租赁公司,该公司为其名下的车辆投保了机动车交通事故责任强制保险(以下简称交强险)和保额为200万元的机动车交通事故责任商业保险(以下简称商业险)。张三系立达公司雇佣的专职司机,某日张三驾驶公司车辆按照公司分配的订单载李四前往市郊工业园区,途经高速时发生交通事故,张三驾驶车辆撞坏了高速公路护栏,张三、李四受伤。交警出具的事故责任书认定张三全责。经鉴定,损毁的高速公路护栏价值10万元。同时因交通事故,李四未能按期前往市郊工业园区与客户签约,损失合同金额100万元。据此,下列哪些说法是正确的?(　　)

A. 司机张三的人身损害可由交强险赔付

B. 李四的人身损害可由交强险和商业险赔付

C. 毁损的高速公路护栏可由交强险赔付

D. 李四未能签约的损失可由商业险赔付

82. 2005年,李某为其40岁的丈夫张某购买了一份保额为20万元的人寿保险,保险合同约定,每年8月1日交保费1万元,共缴纳20年,如被保险人生存至65岁即支付30万元。后因夫妻感情不和,2015年8月1日后李某未再缴纳保费。2016年2月,张某患癌症住院,共花费60万元。当月,李某向保险公司申请续保。据此,保险公司的下列哪些做法是正确的?(　　)

A. 保险公司应当给付张某30万元

B. 保险公司可以拒绝李某的申请,拒绝给付60万元

C. 李某未交保费超过60日,无权再向保险公司申请续保

D. 保险公司有权解除合同,但应返还保单现金价值

83. 奇异果网站是国内大型视频网站,购买取得了热播电视剧独家网络播放权。但免费用户收看奇异果网站的热播电视剧,不可避免需要同时收看片头片尾广告,这是广告商看准奇异果网站热播剧的流量,花巨额广告费买的广告位。甲开发广告屏蔽软件,可屏蔽奇异果网站加载广告并又招商播第三方的广告。对此,下列说法正确的有?(　　)

A. 甲的行为构成不正当竞争

B. 甲开发屏蔽广告软件仅为一项技术手段,因技术无罪,所以不构成违法行为

C. 奇异果网站的实际损失难以计算的,可按照甲获取的利益确定赔偿金额

D. 奇异果网站调查甲行为所支付的所有费用应由甲赔偿

84. 甲从二手车平台"花生二手车"购买一辆电动汽车。该二手车平台承诺:所出售车辆均无质量问题。现甲在驾驶该电动汽车时电瓶发生爆炸,甲身受重伤导致残疾。现查明,该款电动汽车在全国已多次发生相同问题,但生产厂家并未停止生产

和销售。就该案,下列哪些表述是正确的?(　　)

A. 汽车厂和"花生二手车"承担连带赔偿责任

B. 汽车厂和"花生二手车"承担按份赔偿责任

C. 甲可主张精神损害赔偿

D. 甲可主张所受损失2倍以下的惩罚性赔偿

85. 国画大师李某欲将自己的传奇人生记录下来,遂由李某口述并聘请作家王某执笔,王某以李某的人生经历为素材完成了20万字的小说《我的一生》,二人未约定著作权的归属。后李某和王某均在一次旅游途中因车祸去世,王某的儿子小王在整理遗物时发现了原著手稿。小王欲将其出版,李某的儿子小李反对。下列哪些表述是正确的?(　　)

A. 小王有权向小李主张支付报酬

B. 因手稿在小王手中,该自传的著作权归小王享有

C. 原著手稿的所有权归小王所有

D. 小李主张其享有自传出版著作权,能够得到法院支持

86. 在甲乙两公司的涉外诉讼中,我国法院根据冲突规范认为应适用Y国法律,但对于具体规则不了解。甲公司申请法学专家段教授向法院提供Y国法律相关内容,乙公司对段教授的中立性保持质疑。根据我国相关法律,下列说法中正确的有哪些?(　　)

A. 甲公司应证明段教授的中立性

B. 段教授可书面提供Y国法律的报告,无须出庭

C. 法院可依职权另行委托其他专家查明Y国法

D. 段教授出庭所作陈述,可被视为甲公司的举证行为,具有证明力

87. 日本甲公司与中国乙公司将商事合同纠纷提交中国国际经济贸易仲裁委员会仲裁。根据我国法律和司法实践,下列哪些选项是正确的?(　　)

A. 两公司可约定仲裁地在新加坡

B. 如两公司未约定仲裁协议适用的法律,则应适用合同纠纷应适用的法律

C. 两公司可约定合同和仲裁协议分别适用瑞士法和中国法

D. 如仲裁庭在日本仲裁,应适用日本冲突规范确定应适用的实体法

88. 中国人张某在韩国首尔出差时在金达公司购买了一盒"野生高丽参",回国后经鉴定该高丽参系人工养殖,遂引发纠纷。经查,金达公司在中国既无住所,也未从事过相关经营活动,但在大连有可供扣押的房产。根据我国相关的法律规定,下列说法正确的有哪些?(　　)

A. 本纠纷应在韩国法和中国法中适用对张某有利的法律

B. 如张某在大连起诉,我国法院有管辖权

C. 本纠纷应适用韩国法

D. 如张某在大连起诉,我国法院能否管辖取决于金达公司的意思表示

89. 中国人杨某和甲公司都从事某种商品的出口,该种商品在国外颇受欢迎销量可观。后该种商品被列入我国出口管制清单,根据《对外贸易法》和《出口管制法》的相关规定,下列哪些判断是正确的?(　　)

A. 杨某作为自然人不能从事对外贸易活动

B. 甲公司只有经有关部门审批方能从事对外贸易活动

C. 该种商品出口应申领出口许可证

D. 外国进口商不能擅自改变该种进口商品的最终用途

90. 中国甲公司为牙膏生产公司,该公司为其"芳芳"牙膏向英国与俄罗斯申请"FANGFANG"商标,因英语"FANG"含有毒牙的意思,故英国不予注册,但俄罗斯却给予了注册。根据WTO的《与贸易有关的知识产权协定》(TRIPs协定),下列说法中错误的有哪些?(　　)

A. 英俄两国的不同做法违反了平等原则

B. 英俄两国的不同做法违反了国民待遇原则

C. 英俄两国的不同做法违反了最惠国待遇原则

D. 知识产权独立性原则影响了甲公司商标在不同国家的注册

三、不定项选择题　**每题所设选项中至少有一个正确答案,多选、少选、错选或不选均不得分。(本部分含91—100题,每题2分,共20分)**

91. 甲家门口一棵大榕树因树龄较长,树枝经常掉落,邻居乙曾多次催促甲注意修剪该树,防止树枝掉落砸到人,但甲一直未采取措施。某日下暴雨,甲家门口的榕树被暴风雨刮倒,砸坏了旁边乙家院子里的许多东西,将半边围墙砸倒了一半。乙找人清理了榕树以及散落的树枝。对此,下列说法正确的是?(　　)

A. 乙有权请求甲支付清理树枝的费用

B. 乙有权请求甲加固还没倒塌的墙

C. 乙有权请求甲支付修缮院子的费用

D. 甲有权请求乙返还清理的榕树及树枝

92. 2021 年 1 月 1 日，某公司向某银行借款 500 万元，以该公司现有及将有的生产设备、原材料、半成品等为该笔借款提供浮动抵押担保，并办理了抵押登记。同年 4 月 6 日，甲购买某公司生产的一辆汽车，价款为 100 万元，并约定以该汽车作为价款的抵押，甲先支付了一部分价款 25 万元。4 月 15 日，某公司向甲交付了汽车。4 月 20 日，某公司为该车办理了抵押登记。后甲一直未支付剩余款项。对此，下列说法正确的是？（　　）

A. 甲取得汽车的所有权

B. 某银行的抵押权可以对抗甲

C. 某公司抵押权优于某银行抵押权

D. 某银行抵押权优于某公司抵押权

93. 员工张某与甲汽修厂签订技术转让合同，在合同履行过程中发生了纠纷。依合同约定的仲裁条款，张某向 A 市仲裁委员会申请仲裁。裁决作出后，甲汽修厂以仲裁违反法定程序为由申请法院撤销该裁决。A 市人民法院经审查，裁决撤销 A 市仲裁委员会的裁决。在此情况下，张某可以采取的救济措施有？（　　）

A. 可以要求 A 市仲裁委员会裁决此案的原仲裁庭纠正程序上的错误并再次对此案作出裁决

B. 可以根据原合同的仲裁条款再次申请仲裁

C. 可以与甲汽修厂重新达成仲裁协议申请仲裁

D. 可以就该合同纠纷向人民法院起诉

94. 甲矿业集团因旧矿的采集量减少，故准备建设新的矿井。甲公司招聘井下作业人员进行新矿井的建设，李某夫妇决定去工作，公司让他们负责井下设备的管理。甲公司的下列做法符合劳动法规定的有？（　　）

A. 甲公司需要对该批职工配备防毒面具并可收取费用

B. 甲公司需要对李某定期进行健康检查

C. 甲公司可以聘用李某夫妇从事矿井下作业的工作

D. 甲公司应当在新建矿井同时安装瓦斯探测器设备

95. 海鑫矿业公司经勘察发现了实行保护性开采的特定矿种晶矿，现又在 1 平方千米内发现了放射性铀矿。海鑫矿业公司要想获得采矿许可证，关于其申请批准的程序，下列说法正确的有？（　　）

A. 晶矿应当由省级地质矿产主管部门备案并颁发采矿许可证

B. 晶矿应当由国务院地质矿产主管部门审批并颁发采矿许可证

C. 铀矿可由国务院授权的有关主管部门审批并颁发采矿许可证

D. 铀矿应当由省政府地质矿产主管部门汇总向国务院地质矿产主管部门备案

96. 甲公司从酷酷网站购买了一张徽标图片的著作权，以该徽标作为公司产品的商标，并于 2015 年 8 月获得商标注册。乙公司与甲公司签订了该商标使用许可合同，在销售具有该商标标识的产品 2 年后，于 2018 年 7 月停止使用该商标。2019 年 10 月 11 日，李某在超市中发现甲公司产品使用的商标是自己的画作，遂请求商标评审委员会宣告该注册商标无效。在审理过程中，酷酷网站辩称该商标是自己创作并办理了版权登记，并向法院提起了请求确认该徽标著作权属于自己的诉讼。下列选项正确的是？（　　）

A. 如该注册商标被宣告无效，乙公司无权请求甲公司返还商标使用许可费

B. 因已过诉讼时效，李某无权请求宣告该注册商标无效

C. 商标评审委员会应中止审查程序

D. 因酷酷网站办理了版权登记，李某无权请求宣告该注册商标无效

97. H 国星辉公司和中国 A 市的益华公司订立合同，约定合同纠纷由 H 国 S 市法院适用中国《民事诉讼法》解决。后双方达成补充协议，约定合同纠纷可以向 H 国 S 市法院诉讼外，还可向中国 A 市仲裁委员会申请仲裁，但须适用 H 国国际仲裁中心规则。后双方发生合同纠纷，根据我国相关法律和司法解释，关于该纠纷解决方式，下列判断正确的是？（　　）

A. 可由 H 国 S 市法院适用中国《民事诉讼法》解决

B. 可由 H 国 S 市法院适用 H 国民事诉讼规则解决

C. 可由中国 A 市仲裁委员会适用 H 国国际仲裁中心仲裁规则解决

D. 可由中国 A 市仲裁委员会适用自己的仲裁规则解决

98. 阿里九九股份有限公司是上市公司，2020 年 5 月，公司上市满 6 个月，该公司召开股东大会通过的下列决议中不符合法律规定的是？（　　）

A. 公司董事、监事、高级管理人员持有的本公司股份可以随时转让

B. 公司公开发行前已经发行的股份，即日起可公开转让

C. 公司收回本公司已发行股份的11%用于未来2年内奖励本公司职工

D. 决定与乙公司联合开发房地产，并要求乙公司以其持有的阿里九九公司股份作为履行合同的质押担保

99. 某个体工商户依法领取执照并登记字号为“家家利商店”，登记的经营者为张三，但是张三转让给李四经营。后因供货商未能按时供货，其欲起诉供货商。本案中，适格原告应是？（　　）

A. 张三　　B. 李四

C. 张三和李四　　D. “家家利商店”

100. 甲国人王小明与家人长期居住在中国，因海外多国的业务往返于世界各地。王小明在乙国有存款账户和托管账户，在丙国有房产，房产内有艺术品和珠宝。中国与甲乙丙国均已确认了共同申报准则（CRS）实施税务信息交换。根据CRS与我国税法的规定，下列选项正确的有？（　　）

A. 乙国应依中国的申请，方提供王小明的相关税务信息

B. 因王小明是甲国人，中国对王小明无税收管辖权

C. 王小明在乙国的存款账户和托管账户信息均需申报给中国

D. 王小明在丙国的房产及艺术品和珠宝信息无须申报给中国

2021年国家统一法律职业资格考试客观题试卷二答案及解析

一、单项选择题

1.【参考答案】 B

【解析】 本题属于典型的建筑物中抛掷物品或者建筑物上坠落物品致害责任,《民法典》第1254条规定:“禁止从建筑物中抛掷物品。从建筑物中抛掷物品或者从建筑物上坠落的物品造成他人损害的,由侵权人依法承担侵权责任;经调查难以确定具体侵权人的,除能够证明自己不是侵权人的外,由可能加害的建筑物使用人给予补偿。可能加害的建筑物使用人补偿后,有权向侵权人追偿。物业服务企业等建筑物管理人应当采取必要的安全保障措施防止前款规定情形的发生;未采取必要的安全保障措施的,应当依法承担未履行安全保障义务的侵权责任。发生本条第一款规定的情形的,公安等机关应当依法及时调查,查清责任人。”据此,对于外卖送餐员小李的人身损害责任应由侵权人——小丁承担。在此基础上需要结合监护人责任的规定。《民法典》第1188条规定:“无民事行为能力人、限制民事行为能力人造成他人损害的,由监护人承担侵权责任。监护人尽到监护职责的,可以减轻其侵权责任。有财产的无民事行为能力人、限制民事行为能力人造成他人损害的,从本人财产中支付赔偿费用;不足部分,由监护人赔偿。”据此,对于小丁的责任,由其父母作为监护人承担无过错的替代责任。选项B正确,选项C错误。

需要注意的是,本题并不适用用人者责任。《民法典》第1191条第1款规定:“用人单位的工作人员因执行工作任务造成他人损害的,由用人单位承担侵权责任。用人单位承担侵权责任后,可以向有故意或者重大过失的工作人员追偿。”该条适用的前提是工作人员作为加害人,而本题中,作为外卖公司员工的小李是受害人。选项AD错误。

2.【参考答案】 B

【解析】 选项A错误,考查自愿原则。自愿原则是指民事主体有权根据自己的意愿,自愿从事民事活动,按照自己的意思形成民事法律关系。本题中,甲乙双方按照固定单价约定了工程款,且未约定任何其他价格调整条款。这一约定是建设工程合同常见的工程款计算方式之一,从中无法推断违反了自愿原则。

选项C错误,考查公序良俗原则。公序良俗原则指的是民事主体从事民事活动不得违背公共秩序与善良风俗。本题中甲乙双方的建设工程合同并无违反公序良俗原则的内容。

选项B正确,D错误。考查情势变更。《民法典》第533条规定:“合同成立后,合同的基础条件发生了当事人在订立合同时无法预见的、不属于商业风险的重大变化,继续履行合同对于当事人一方明显不公平的,受不利影响的当事人可以与对方重新协商;在合理期限内协商不成的,当事人可以请求人民法院或者仲裁机构变更或者解除合同。人民法院或者仲裁机构应当结合案件的实际情况,根据公平原则变更或者解除合同。”据此,在甲乙双方的合同履行过程中发生了新冠疫情,该事实因素并非正常的商业风险,该事实因素也是双方当事人在合同订立时难以预见的,如果按照原有合同内容履行,会导致乙方巨额亏损,对乙方而言是显失公平的。因此,乙方可依据情势变更的规定主张救济。

3.【参考答案】 B

【解析】 本题考查的是一房多租时的履行顺序问题。最高人民法院《关于审理城镇房屋租赁合同纠纷案件具体应用法律若干问题的解释》第5条规定:“出租人就同一房屋订立数份租赁合同,在合同均有效的情况下,承租人均主张履行合同的,人民法院按照下列顺序确定履行合同的承租人:(一)已经合法占有租赁房屋的;(二)已经办理登记备案手续的;(三)合同成立在先的。不能取得租赁房屋的承租人请求解除合同、赔偿损失的,依照民法典的有关规定处理。”据此,对于一房多租的情形,各租赁合同如果没有其他效力瑕疵就都是有效的。承租人均主张履行合同的,以“先取得占有—先完成登记备案手续—先成立合同”这样的顺序确定。需要注意的是,是否支付租金,支付多少租金都不予考虑。结合本题,由于各承租人尚未取得租赁物的占有,那就先交付给最先完成备案登记手续的承租人。选项 B 正确,选项 CD 错误。

一房多租不影响合同的效力,是否完成交付以及进行登记都不是合同生效的条件。本题中,3 份租赁合同都是双方自愿真实的意思表示,不违背公序良俗,没有可撤销以及无效的事由,都是合法有效的合同。选项 A 错误。

4.【参考答案】 B

【解析】 本题的 4 个选项涉及《民法典》合同编里的 4 个典型合同:买卖合同、技术服务合同、承揽合同、建设工程合同。需要结合案例事实与这 4 个合同的主要法律特征和主要合同内容进行分析。

《民法典》第 595 条规定:"买卖合同是出卖人转移标的物的所有权于买受人,买受人支付价款的合同。"《民法典》第 878 条第 2 款规定:"技术服务合同是当事人一方以技术知识为对方解决特定技术问题所订立的合同,不包括承揽合同和建设工程合同。"《民法典》第 770 条第 1 款规定:"承揽合同是承揽人按照定作人的要求完成工作,交付工作成果,定作人支付报酬的合同。"《民法典》第 788 条第 1 款规定:"建设工程合同是承包人进行工程建设,发包人支付价款的合同。"这是《民法典》对 4 种典型合同的基本界定。

结合本题,某制造公司与某设备生产公司并非仅涉及技术问题的解决,因此并非技术服务合同。且由于标的物是生产设备,显然与建设工程无关,并非建设工程合同。该设备生产公司不仅需要按照合同的约定提供生产设备,而且还需要提供技术支持,并非承揽合同。因此,某制造公司与某设备生产公司之间的合同,就其主要内容来看,属于买卖合同。选项 B 当选,选项 ACD 不当选。

5.【参考答案】 A

【解析】 《民法典》第 19 条规定:"八周岁以上的未成年人为限制民事行为能力人,实施民事法律行为由其法定代理人代理或者经其法定代理人同意、追认;但是,可以独立实施纯获利益的民事法律行为或者与其年龄、智力相适应的民事法律行为。"据此,甲为限制民事行为能力人,其可以独立实施纯获利益的民事法律行为。这里的纯获利益指的是法律上的纯获利益,即甲不得在该民事法律行为中负担法律义务。本题中,甲与慈善家缔结了赠与合同,据此,甲有义务将赠与的款项用于甲的学习上,该赠与并非附义务的赠与而是目的性赠与,仍属于纯获利益的民事法律行为,因此甲可以独立实施。该赠与合同有效。选项 A 正确,BCD 均错误。

6.【参考答案】 D

【解析】 选项 AB 考查善意取得。首先排除丙的善意取得,因为乙作为小轿车的保管人,其死后丙作为其唯一的继承人,并不会通过继承获得该车的所有权,更不可能构成善意取得。选项 A 错误。

丙将车卖给丁构成无权处分,需要结合善意取得的规定分析丁是否构成善意取得。《民法典》第 311 条规定:"无处分权人将不动产或者动产转让给受让人的,所有权人有权追回;除法律另有规定外,符合下列情形的,受让人取得该不动产或者动产的所有权:(一)受让人受让该不动产或者动产时是善意;(二)以合理的价格转让;(三)转让的不动产或者动产依照法律规定应当登记的已经登记,不需要登记的已经交付给受让人。受让人依据前款规定取得不动产或者动产的所有权的,原所有权人有权向无处分权人请求损害赔偿。当事人善意取得其他物权的,参照适用前两款规定。"结合本题,丙将该车无权处分给不知情的丁,但该车真正的价值是 100 万元,而丙与丁最终约定的价款是 50 万元,该价格并不合理,丁无法善意取得。选项 B 错误。

《合同编通则解释》第 19 条规定:"以转让或者设定财产权利为目的订立的合同,当事人或者真正权利人仅以让与人在订立合同时对标的物没有所有权或者处分权为由主张合同无效的,人民法院不予支持……"无权处分也并非民事法律行为的法定撤销事由,故选项 C 错误。

关于重大误解,《民法典》第 147 条规定:"基于重大误解实施的民事法律行为,行为人有权请求人民法院或者仲裁机构予以撤销。"本题中,该车为市面上已经不再生产的经典型号小轿车,价值极高,但丙误以为是假的,产生了严重的错误,在此基础上与丁交易,构成重大误解,丙可以重大误解为由申请撤销合同。选项 D 正确。

7.【参考答案】 A

【解析】 钱某将赵某的砖块用于自家房屋,使用后砖块会与钱某的房屋融为一体,成为钱某的房屋的重要成分,形成附合。对于动产与不动产的附合,其法律效果有:(1)动产的所有权消灭,由不动产所有权人取得附合后物的所有权;(2)动产上原有的权利负担消灭(这一效果本题并未涉及);(3)对于所有权丧失者损害的填补,可以主张侵权损害赔偿请求权或者不当得利返还请求权。结合本题,赵某的砖块被使用后就构成附合,由钱某取得附合后房屋的所有权,赵某丧失砖块的所有权,对于赵某的损失,其可向钱某主张不当得利返还请求权。既然砖块所有权已经消灭,那么赵某也无法请求钱某返还砖块。选项A正确,CD错误。

选项B错误,考查无因管理。《民法典》第979条第1款规定:“管理人没有法定的或者约定的义务,为避免他人利益受损失而管理他人事务的,可以请求受益人偿还因管理事务而支出的必要费用;管理人因管理事务受到损失的,可以请求受益人给予适当补偿。”据此,无因管理的构成要求管理人有管理他人事务的意思。但是在本题中钱某并无管理赵某事务的意思,其只有管理自己事务的意思,不符合无因管理的构成要件。

8.【参考答案】 D

【解析】 在机动车交通事故责任中,归责原则需要区分不同的情形,依据《道路交通安全法》第76条进行判断。除了机动车与非机动车驾驶人、行人之间的事故适用无过错责任以外,其他情形下(机动车与机动车之间、机动车与车内乘客之间)均适用过错责任原则。选项B错误。

本题中,孙某驾车时玩手机,严重违反了驾驶的相关法律法规,具有重大过失,由此造成事故,致使周某受伤,孙某应当承担侵权责任。至于周某的无偿搭乘是否能减轻孙某的责任,需要结合《民法典》第1217条判断。该条规定:“非营运机动车发生交通事故造成无偿搭乘人损害,属于该机动车一方责任的,应当减轻其赔偿责任,但是机动车使用人有故意或者重大过失的除外。”具体结合本题,由于孙某具有重大过失,其不能依据无偿搭乘规则主张减轻责任。因此孙某需要对周某的全部人身损害承担责任。选项AC错误,选项D正确。

9.【参考答案】 B

【解析】 本题中,甲、乙、丙三人按照8∶1∶1比例出资购买房屋。甲将该房屋以100万元的价格转让给丁,该行为是对共有物的转让,并非甲对自己共有份额的处分。选项A错误。

对于共有物的处分,《民法典》第301条规定:“处分共有的不动产或者动产以及对共有的不动产或者动产作重大修缮、变更性质或者用途的,应当经占份额三分之二以上的按份共有人或者全体共同共有人同意,但是共有人之间另有约定的除外。”据此,按份共有的共有物转让,需要经占份额2/3以上的按份共有人同意。本题中,甲所占的份额比例为80%,已经超过2/3,因此,对于该房屋的转让,甲一人即可有权处分,因此也无须讨论丁是否能善意取得了,因为善意取得以无权处分为前提。选项C错误。不管是否是有权处分,都不影响甲丁之间买卖合同的效力。选项B正确。

《民法典》第305条规定:“按份共有人可以转让其享有的共有的不动产或者动产份额。其他共有人在同等条件下享有优先购买的权利。”据此,按份共有人对外转让份额时其他按份共有人才有优先购买权。共有物处分时其他按份共有人是不享有优先购买权的。选项D错误。

10.【参考答案】 B

【解析】 选项A错误,考查刑法上的高空抛物罪。《刑法》第291条之二规定:“从建筑物或者其他高空抛掷物品,情节严重的,处一年以下有期徒刑、拘役或者管制,并处或者单处罚金。有前款行为,同时构成其他犯罪的,依照处罚较重的规定定罪处罚。”高空抛物罪处罚的是故意行为,乙的行为是不慎导致花盆掉落,是典型的高空坠物行为,因此,不成立高空抛物罪,不能追究乙的刑事责任。

选项BCD从民法的角度考查建筑物中抛掷物品或者建筑物上坠落物品致害责任与违反安全保障义务的侵权责任。《民法典》第1253条规定:“建筑物、构筑物或者其他设施及其搁置物、悬挂物发生脱落、坠落造成他人损害,所有人、管理人或者使用人不能证明自己没有过错的,应当承担侵权责任。所有人、管理人或者使用人赔偿后,有其他责任人的,有权向其他责任人追偿。”据此,乙对甲的侵权责任奉行过错推定原则,而本题中乙明显具有过错,因此乙应当赔偿甲的人身损害。选项B正确。

至于物业公司的责任,《民法典》第1254条第2款规定:“物业服务企业等建筑物管理人应当采取必要的安全保障措施防止前款规定情形的发生;未采取必要的安全保障措施的,应当依法承担未履行安全保障义务的侵权责任。”据此,判断物业公司的侵权责任构成应适用《民法典》第1198条。该条规定:“宾馆、商场、银行、车站、机场、体育场馆、娱乐场所等经营场所、公共场所的经营者、管理者或者群众性活动的组织者,未尽到安全保障义务,造成他人损害的,应当承担侵权责任。因第三人的行为造成他人损害的,由第三人承担侵权责任;经营者、管理者或者组织者未尽到安全保障义务的,承担相应的补充责任。经营者、管理者或者组织者承担补充责任后,可以向第三人追偿。”在本题中,道路前方堆有一堆垃圾影响通行,物业多日未进行处理,但物业公司并未违反安全保障义务,因为物业公司的安全保障义务是针对防止高空抛物发生的，而垃圾的违规堆放并非这里的安全保障义务的要求内容，并且在本题中，物业多日未处理道路前方的垃圾与甲遭受损害之间也欠缺相当的因果关系。因此，物业公司并无责任。选项CD错误。

11.【参考答案】 B

【解析】 选项A正确，考查夫妻共同债务。《婚姻家庭编解释(一)》第34条规定："夫妻一方与第三人串通，虚构债务，第三人主张该债务为夫妻共同债务的，人民法院不予支持。夫妻一方在从事赌博、吸毒等违法犯罪活动中所负债务，第三人主张该债务为夫妻共同债务的，人民法院不予支持。"据此，夫妻一方吸毒所负的违法债务并非夫妻共同债务。结合本题，乙因吸毒欠下的债务并非夫妻共同债务，甲无须承担。

选项B错误，考查可撤销婚姻。《民法典》第1052条第1款规定："因胁迫结婚的，受胁迫的一方可以向人民法院请求撤销婚姻。"《民法典》第1053条第1款规定："一方患有重大疾病的，应当在结婚登记前如实告知另一方；不如实告知的，另一方可以向人民法院请求撤销婚姻。"据此，现行法上规定的婚姻可撤销事由有二：胁迫与隐瞒重大疾病。隐瞒吸毒的事实并非婚姻的可撤销事由。因此本题中，乙婚前隐瞒吸毒的事实并不构成甲撤销婚姻的事由。

选项C正确，考查离婚时的子女抚养。《民法典》第1084条第3款规定："离婚后，不满两周岁的子女，以由母亲直接抚养为原则。已满两周岁的子女，父母双方对抚养问题协议不成的，由人民法院根据双方的具体情况，按照最有利于未成年子女的原则判决。子女已满八周岁的，应当尊重其真实意愿。"据此，离婚后的子女抚养问题，由人民法院按照最有利于未成年子女的原则自由裁量。结合本题，乙有吸毒习性，从最有利于未成年子女的原则出发，法院应将孩子的抚养权判给甲。

选项D正确，考查离婚诉讼中的调解。《民法典》第1079条第2款规定："人民法院审理离婚案件，应当进行调解；如果感情确已破裂，调解无效的，应当准予离婚。"据此，在离婚诉讼中，法院有义务进行调解。

12.【参考答案】 B

【解析】 本题中，老张明确表示赠与胎儿，因而受赠人是出生后的孩子，而不是小李。故A项错误，B项正确。

事关胎儿利益保护的法律关系，发生于胎儿出生之前，则胎儿出生后，溯及法律关系发生时，胎儿具有民事权利能力。因孩子已经出生，所以赠与合同生效。故CD均错误。

13.【参考答案】 A

【解析】 本题中，乙作为中介公司员工，利用工作便利获取交易信息，构成职务行为。因此，甲通过乙获得的丙的房源信息为中介公司中介工作的结果，故甲绕开中介公司与丙直接订立合同，即构成跳单。根据《民法典》第965条"委托人在接受中介人的服务后，利用中介人提供的交易机会或者媒介服务，绕开中介人直接订立合同的，应当向中介人支付报酬"之规定，甲应依约向中介公司支付中介费2万元，A项正确。

本题中，丙与中介公司没有任何合同关系，其既不构成违约，也不构成侵权，故对中介公司没有责任，B项不选。

本题中，甲应向中介公司支付中介费，乙对中介公司构成雇佣合同上的违约及对中介公司商机的侵权。故甲、乙对中介公司的责任，不存在连带关系的法律基础，C项不选。

乙收取的5000元私人中介费，是攫取中介商机所得，没有合法依据，故构成不当得利，D项错误。

14.【参考答案】 B

【解析】 《民诉解释》第33条规定，合同转让的，合同的管辖协议对合同受让人有效，但转让时受让人不知道有管辖协议，或者转让协议另有约定且原合同相对人同意的除外。据此，因丙公司不知道存在补充的管辖协议，因此管辖协议对丙公司无效。

《民诉解释》第18条第3款规定，合同没有实际履行，当事人双方住所地都不在合同约定的履行地的，由被告住所地人民法院管辖。据此，丙公司起诉要求乙公司履行合同，证明合同并未实际履行，双方当事人的住所地均不在约定履行地C区，本案应由被告乙公司住所地B区法院管辖。因此选项B当选，ACD均不正确，不当选。

15.【参考答案】 C

【解析】 《婚姻家庭编解释(一)》第11条第1款规定，人民法院受理请求确认婚姻无效案件后，原告申请撤诉的，不予准许。据此，法院不应准许李四母亲提出的撤诉申请，A错误。

该条第2款规定，对婚姻效力的审理不适用调解，应当依法作出判决。故选项B错误，C正确。

裁定驳回起诉的适用情形是法院立案后发现

起诉不符合法定条件。关于确认婚姻无效案件的原告,该解释第9条规定,向人民法院就已办理结婚登记的婚姻请求确认婚姻无效的主体,包括婚姻当事人及利害关系人。以未到法定婚龄为由请求确认婚姻无效,未到法定婚龄者的近亲属属于利害关系人。因此,李四的母亲作为利害关系人有权起诉确认婚姻无效,法院不应裁定驳回起诉,D错误。

16.【参考答案】 C

【解析】 最高人民法院《关于人民法院民事执行中查封、扣押、冻结财产的规定》第14条规定,被执行人将其财产出卖给第三人,第三人已经支付部分价款并实际占有该财产,但根据合同约定被执行人保留所有权的,人民法院可以查封、扣押、冻结;第三人要求继续履行合同的,向人民法院交付全部余款后,裁定解除查封、扣押、冻结。本案中,张某作为被执行人,法院可以扣押其保留所有权的茶具,马某可以要求继续履行合同。因此C正确,ABD均错误。

17.【参考答案】 D

【解析】 原审法院对当事人的上诉不进行审查,上诉的立案审查权为第二审法院所享有,原审法院仅仅是协助二审法院完成相应的诉状送达工作,并依法将案件移送第二审法院。第二审法院收到第一审法院移送的上诉材料及一审卷宗材料后,再对上诉人是否在法定上诉期内提交上诉状进行审查。因此,乙区法院应将案件卷宗移交甲市中级法院,由甲市中级法院对绿源公司的上诉是否超过法定上诉期进行审查。因此D正确,ABC均错误。

18.【参考答案】 B

【解析】 甲的诉讼请求为向法院请求确认合同解除,此为确认之诉,且依据合同解除权的运行原理,合同应当于解除通知到达对方时解除,因此选项A和选项C的说法正确,选项B的说法错误。

诉的预备合并是指当事人向法院提出一个在先之诉,为预防在先之诉无理由时而向法院提出一个在后之诉,当法院认为在先顺序的诉无理由时,由法院就后位之诉再进行审理,而当在先之诉有理由时,在后顺序的诉自然消灭的情况。主位诉讼与备位诉讼互相排斥,但又存在牵连关系,为了诉讼经济和避免矛盾裁判,在当事人提出备位请求时,法院应当将主位请求与备位请求一并审理。

本案中,乙在上诉状中提出,即使合同解除,甲也应当返还商品,乙的这一请求与反对合同解除为排斥关系,是为了预防反对合同解除请求不被支持时而提出的后位请求,因此此项请求构成诉讼请求的预备合并,法院应当一并审理,因此选项D的说法正确。

19.【参考答案】 A

【解析】 从纠纷一次性化解角度,对部分请求应予限制。否则原告提出部分请求,既耗费司法资源,也增加了对方当事人不必要的诉累。因此除非原告有合理理由提起部分请求,否则部分请求的既判力客观范围应当及于全部请求。据此,甲欲将20万元争议标的额分为10次提起诉讼,仅为了给乙教训,这显然不属于提出部分请求的合理理由。因此,对2万元判决的既判力客观范围应及于全部20万元。A正确,B错误。

处分原则是指民事诉讼当事人有权在法律规定的范围内,处分自己的民事权利和诉讼权利。违反处分原则的常见情形是法院裁判遗漏或超出诉讼请求范围。据此,甲仅起诉2万元,法院对全部20万元作出判决,超越诉讼请求范围,违反了处分原则。C错误。

不管被告是否同意,法院都应以原告的请求范围为限作出判决。D错误。

20.【参考答案】 A

【解析】 诉讼标的是指当事人之间发生争执并要求法院作出裁判的民事权利义务关系。据此,无论李四起诉要求张三支付的是本金、利息还是罚息,均依据双方发生争议要求法院裁判的民间借贷合同关系。因此,本案虽然有3项不同的诉讼请求,但诉讼标的仅有一个。A正确。

21.【参考答案】 D

【解析】 《民诉解释》第393条第2款规定,当事人主张的再审事由不成立,或者当事人申请再审超过法定申请再审期限、超出法定再审事由范围等不符合《民事诉讼法》和本解释规定的申请再审条件的,人民法院应当裁定驳回再审申请。据此,王五的再审事由不符合《民事诉讼法》第211条规定的13项再审法定情形,法院应裁定驳回其再审申请。因此D正确。

22.【参考答案】 C

【解析】 《仲裁法解释》第29条规定,当事人申请执行仲裁裁决案件,由被执行人住所地或者被执行的财产所在地的中级人民法院管辖。据此,李四不履行依据调解协议制作的仲裁裁决书或仲裁调解书,张三应向李四住所地或者被执行的财产所在地法院提出申请。选项A错误。

《仲裁法》第51条第2款规定,调解达成协议的,仲裁庭应当制作调解书或者根据协议的结果制作裁决书。调解书与裁决书具有同等法律效力。据此，仲裁调解达成协议，必须制作调解书或裁决书，B错误。调解后既可制作仲裁调解书，又可制作仲裁裁决书。C正确，D错误。

23.【参考答案】 B

【解析】 《民事诉讼法》第153条第1款第2项规定，一方当事人丧失诉讼行为能力，尚未确定法定代理人的，中止诉讼。据此，原告甲在诉讼过程中突发急病变为植物人，属于丧失诉讼行为能力，因尚未确定法定代理人，法院应裁定中止诉讼。选项B正确，ACD均错误。

24.【参考答案】 B

【解析】 《民诉解释》第232条规定，在案件受理后，法庭辩论结束前，原告增加诉讼请求，被告提出反诉，第三人提出与本案有关的诉讼请求，可以合并审理的，人民法院应当合并审理。

据此，原告增加诉讼请求应当在法庭辩论结束前提出，本案中大昌公司增加诉讼请求已经超过了法定期限，一审法院不应处理，应直接就原诉讼请求作出判决。B正确，ACD均错误。

25.【参考答案】 C

【解析】 《婚姻家庭编解释(一)》第14条规定，夫妻一方或者双方死亡后，生存一方或者利害关系人依据《民法典》第1051条的规定请求确认婚姻无效的，人民法院应当受理。据此，既然夫妻一方死亡，生存一方都可以请求确认婚姻无效，那么谢某在诉讼中死亡，法院应对案件继续审理。C正确，ABD均错误。

26.【参考答案】 A

【解析】 仲裁庭由3名仲裁员组成还是1名仲裁员组成，应由双方当事人约定。而H仲裁委员会违背双方当事人的意愿，强行规定由独任仲裁员裁决违反了《仲裁法》第31条的规定。《仲裁法》第58条第1款第3项规定，仲裁庭的组成或者仲裁的程序违反法定程序的，当事人可以向仲裁委员会所在地的中级人民法院申请撤销裁决。据此，选项A正确。

《仲裁法解释》第24条规定，当事人申请撤销仲裁裁决的案件，人民法院应当组成合议庭审理，并询问当事人。据此，法院不应安排法官独任审查撤销仲裁裁决案件。选项B错误。

最高人民法院《关于仲裁司法审查案件报核问题的有关规定》第2条第2款规定，各中级人民法院或者专门人民法院办理非涉外涉港澳台仲裁司法审查案件，经审查拟认定仲裁协议无效，不予执行或者撤销我国内地仲裁机构的仲裁裁决，应当向本辖区所属高级人民法院报核；待高级人民法院审核后，方可依高级人民法院的审核意见作出裁定。据此，中级人民法院不能直接裁定撤销仲裁裁决，应履行报核手续。选项C错误。

《仲裁法解释》第21条第1款规定，当事人申请撤销国内仲裁裁决的案件属于下列情形之一的，人民法院可以依照《仲裁法》第61条的规定通知仲裁庭在一定期限内重新仲裁：(1)仲裁裁决所根据的证据是伪造的；(2)对方当事人隐瞒了足以影响公正裁决的证据的。据此，本题案情表述并未涉及证据问题，法院不能通知仲裁庭重新仲裁。选项D错误。

27.【参考答案】 A

【解析】 仲裁只对仲裁协议的双方当事人发生约束力，本案中仲裁协议由次债务人王五与债务人李四订立，该仲裁协议对债权人张三并无约束力。因此张三有权直接向丙区法院起诉次债务人王五，法院应继续审理本案。A正确，BCD均错误。

28.【参考答案】 C

【解析】 《公司法》第89条第1款规定：“有下列情形之一的，对股东会该项决议投反对票的股东可以请求公司按照合理的价格收购其股权：(一)公司连续五年不向股东分配利润，而公司该五年连续盈利，并且符合本法规定的分配利润条件……”本题公司章程约定前3年不分红的条款虽然有效，但至第5年仍不分红已经超出了章程约定，应当适用“异议股东回购请求权”的规则。故A选项正确。

利润分配请求权，是指股东专为自己利益行使的权利，该项权利具有财产权属性。但该项权利能否单独转让，即不转让股权，仅将利润分配请求权单独转让，目前法律尚无明确规定。通说认为，如果公司作出分配利润决议，股东享有的是具体利润分配请求权，该权利虽然产生于作为成员权的抽象利润分配请求权，但具体利润分配请求权在性质上与普通债权无异，故股东可以在不转让股权的情况下，将公司利润分配决议已经确定分配的利润转让给他人。故B选项正确。

有限公司章程对本公司利润分配事项作出约定，符合有限责任公司封闭性和人合性的特点，亦系公司自治原则的体现，不违反公司法的禁止性规定。所以甲公司章程约定前3年不分红，是合法有效的。故C选项错误。

《公司法》第59条第1款规定：“股东会行使下

列职权:……(四)审议批准公司的利润分配方案和弥补亏损方案……”股东会有权审议批准公司的利润分配方案和弥补亏损方案。所以公司是否分红均须股东会形成决议。故 D 选项正确。

29.【参考答案】 B

【解析】 《公司法》第 231 条规定:“公司经营管理发生严重困难,继续存续会使股东利益受到重大损失,通过其他途径不能解决的,持有公司表决权百分之十以上的股东,可以请求人民法院解散公司。”

据此,判断公司经营管理是否发生严重困难,应从公司组织机构的运行状态进行综合分析。公司虽处于盈利状态,但其股东会机制长期失灵,内部管理有严重障碍,已陷入僵局状态,可以认定为公司经营管理发生严重困难。因此,公司僵局是指经营管理严重困难,而不是公司是否处于盈利状态,故 A 错误。

持有公司表决权 10% 以上的股东,可以提起解散之诉,甲持有 49% ,丙持股比例不足 10% ,因此甲有权提起解散之诉,丙无权。B 正确,C 错误。

股东提起解散公司诉讼的前提是“公司僵局”,而股东的“知情权”受到损害不符合“公司经营管理发生严重困难”情形,该股东可以通过提出侵权之诉等其他途径解决,所以 D 选项错误。

30.【参考答案】 A

【解析】 《公司法》第 57 条第 1、2 款规定:“股东有权查阅、复制公司章程、股东名册、股东会会议记录、董事会会议决议、监事会会议决议和财务会计报告。股东可以要求查阅公司会计账簿、会计凭证。股东要求查阅公司会计账簿、会计凭证的,应当向公司提出书面请求,说明目的。公司有合理根据认为股东查阅会计账簿、会计凭证有不正当目的,可能损害公司合法利益的,可以拒绝提供查阅,并应当自股东提出书面请求之日起十五日内书面答复股东并说明理由。公司拒绝提供查阅的,股东可以向人民法院提起诉讼。”

《公司法解释(四)》第 8 条规定:“有限责任公司有证据证明股东存在下列情形之一的,人民法院应当认定股东有公司法第三十三条第二款①规定的‘不正当目的’:(一)股东自营或者为他人经营与公司主营业务有实质性竞争关系业务的,但公司章程另有规定或者全体股东另有约定的除外;(二)股东为了向他人通报有关信息查阅公司会计账簿,可能损害公司合法利益的;(三)股东在向公司提出查阅请求之日前的三年内,曾通过查阅公司会计账簿,向他人通报有关信息损害公司合法利益的;(四)股东有不正当目的的其他情形。”

《公司法解释(四)》第 9 条规定:“公司章程、股东之间的协议等实质性剥夺股东依据公司法第三十三条、第九十七条②规定查阅或者复制公司文件材料的权利,公司以此为由拒绝股东查阅或者复制的,人民法院不予支持。”

综上,有限公司股东只可查阅和复制会计报告,会计账簿只可查阅不可复制,公司进货和销售记录则并非股东知情权的对象。因此,A 项甲公司章程规定股东无权复制会计报告,违反了《公司法》第 57 条的规定,属于实质剥夺股东知情权,因此表述错误,当选。

而 B 项中章程规定的股东无权复制会计账簿和 C 项中章程规定股东无权查阅进货和销售记录,则并未剥夺股东合法的知情权,因此 C 表述正确,不当选。

由于张某是乙公司的实际控制人,而乙公司和甲公司均主要从事防疫物资的生产,属于具有实质性竞争关系,因此张某系自营与公司主营业务有实质竞争关系的情形,公司可以合理拒绝其请求。所以 D 项正确,不当选。

31.【参考答案】 A

【解析】 《破产法》第 18 条规定,人民法院受理破产申请后,管理人对破产申请受理前成立而债务人和对方当事人均未履行完毕的合同有权决定解除或者继续履行,并通知对方当事人。管理人自破产申请受理之日起 2 个月内未通知对方当事人,或者自收到对方当事人催告之日起 30 日内未答复的,视为解除合同。管理人决定继续履行合同的,对方当事人应当履行;但是,对方当事人有权要求管理人提供担保。管理人不提供担保的,视为解除合同。

本案中,甲公司和乙地产公司的租赁协议系破产申请前成立的均未履行完毕的合同,因此,管理人有权自行决定解除合同或者继续履行。故 A 项正确,BCD 均错误。

32.【参考答案】 D

【解析】 《破产法》第 28 条规定,管理人经人民法院许可,可以聘用必要的工作人员。管理人的报酬由人民法院确定。债权人会议对管理人的报酬有异议的,有权向人民法院提出。因此,AB 表述错误。

《破产法》第 25 条规定,管理人履行下列职责:……(3)决定债务人的内部管理事务;(4)决定

---

① 现为第 57 条第 2 款。

② 现为第 57 条、第 110 条。

债务人的日常开支和其他必要开支……据此，财务管理人员的薪酬属于日常开支和其他必要开支，属于管理人决定的事项，C项错误。

《破产法》第41条规定，管理人执行职务的费用、报酬和聘用工作人员的费用，属于破产费用。《破产法》第43条第1款规定，破产费用和共益债务由债务人财产随时清偿。因此，财务管理人员的报酬可随时支付，D项正确。

33.【参考答案】 D

【解析】 《破产法》第89条规定，重整计划由债务人负责执行。人民法院裁定批准重整计划后，已接管财产和营业事务的管理人应当向债务人移交财产和营业事务。

据此，奈斯有限公司的重整计划应由债务人即奈斯有限公司执行，就A地块是否应当出售回笼资金，属于公司的具体管理事务，因此，有权决定的主体应为破产公司，所以D项正确。

34.【参考答案】 A

【解析】 《合伙企业法》第49条规定，合伙人有下列情形之一的，经其他合伙人一致同意，可以决议将其除名：(1)未履行出资义务；(2)因故意或者重大过失给合伙企业造成损失；(3)执行合伙事务时有不正当行为；(4)发生合伙协议约定的事由。对合伙人的除名决议应当书面通知被除名人。被除名人接到除名通知之日，除名生效，被除名人退伙。被除名人对除名决议有异议的，可以自接到除名通知之日起30日内，向人民法院起诉。

在本题中，张某系普通合伙人，且因重大过失给合伙企业造成了重大损失，因此属于可以决议除名的情形，经其他合伙人一致同意后即可作出除名决议。除名决议在被除名人接到除名通知之日起生效。因此A项正确，C项错误。

《合伙企业法》第86条规定，合伙企业解散，应当由清算人进行清算。清算人由全体合伙人担任；经全体合伙人过半数同意，可以自合伙企业解散事由出现后15日内指定一个或者数个合伙人，或者委托第三人，担任清算人。自合伙企业解散事由出现之日起15日内未确定清算人的，合伙人或者其他利害关系人可以申请人民法院指定清算人。据此，合伙企业解散决议作出后，应由清算人进行清算。执行合伙人并非当然的清算人，因此B项错误。

《合伙企业法》第85条规定，合伙企业有下列情形之一的，应当解散：……(3)全体合伙人决定解散……本案中，张某已经被决议除名且除名决议已经送达，因此除名生效，被除名人退伙，张某已不具备合伙人资格。同时根据《合伙企业法》第85条的规定，合伙企业已经由全体合伙人决议解散，因此解散决议生效，D项错误。

35.【参考答案】 C

【解析】 《保险法解释(三)》第17条规定，投保人解除保险合同，当事人以其解除合同未经被保险人或者受益人同意为由主张解除行为无效的，人民法院不予支持，但被保险人或者受益人已向投保人支付相当于保险单现金价值的款项并通知保险人的除外。因此，AB错误。

《保险法》第47条规定，投保人解除合同的，保险人应当自收到解除合同通知之日起30日内，按照合同约定退还保险单的现金价值。因此，C项正确，D项错误。

36.【参考答案】 D

【解析】 《票据法》第61条规定，汇票到期被拒绝付款的，持票人可以对背书人、出票人以及汇票的其他债务人行使追索权。汇票到期日前，有下列情形之一的，持票人也可以行使追索权：(1)汇票被拒绝承兑的；(2)承兑人或者付款人死亡、逃匿的；(3)承兑人或者付款人被依法宣告破产的或者因违法被责令终止业务活动的。

在票据尚未到期前，一般情形下持票人既不可请求付款人付款，也无法享有追索权，除非构成《票据法》第61条第2款规定的情形，本案中并不存在这些情形，因此在票据到期前，乙汽车公司自然无权主张丁银行付款，也不能向丙公司、甲公司追索。所以AB错误。

票据到期后，乙汽车公司应当请求丁银行付款，C错误。

丙公司和甲公司分别是汇票的出票人和背书人，在票据到期后，根据题干可知，丁银行确定不会付款，属于票据被拒绝付款的情形，因此乙汽车公司有权向丙公司和甲公司追索，D项正确。

37.【参考答案】 A

【解析】 《票据法》第90条规定，支票限于见票即付，不得另行记载付款日期。另行记载付款日期的，该记载无效。本题中支票注明“见票一个月内付款”属于另行记载付款日期，因此该记载无效，A项正确。

《票据法》第84条规定，支票必须记载下列事项：(1)表明“支票”的字样；(2)无条件支付的委托；(3)确定的金额；(4)付款人名称；(5)出票日期；(6)出票人签章。支票上未记载前款规定事项之一的，支票无效。

《票据法》第85条规定,支票上的金额可以由出票人授权补记,未补记前的支票,不得使用。

《票据法》第86条规定,支票上未记载收款人名称的,经出票人授权,可以补记。支票上未记载付款地的,付款人的营业场所为付款地。支票上未记载出票地的,出票人的营业场所、住所或者经常居住地为出票地。出票人可以在支票上记载自己为收款人。

因此,在出票时未记载金额、收款人的,可以由出票人授权补记,张三系甲公司的业务员,在甲公司的授权下使用支票,因此其填写金额和收款人属于出票人的授权补记。而针对甲公司解除合同的主张,则属于原因行为争议,基于票据的无因性,张三并未超出甲公司对其的补记授权,因此补记有效。所以BCD均错误。

38.【参考答案】 B

【解析】 若乙公司仅提供公益服务,没有从事商品生产经营或者提供服务,其不符合《反不正当竞争法》所称的"经营者"。而该法的立法目的是维护市场竞争秩序,规范"经营者"在生产经营活动中的行为。所以乙公司的名称中虽然包含甲公司的简称,但不构成该法的"混淆行为"。A选项正确,不当选。

若乙公司是经营者,擅自使用他人(甲公司)有一定影响的企业名称(包括简称、字号等),引人误认为是他人商品或者与他人存在特定联系,构成《反不正当竞争法》第6条规定的禁止从事的"混淆行为"。虽然甲公司是提供公益服务的社会组织,但这不影响对乙公司混淆行为的定性。B选项错误,当选。

认定构成"混淆行为"的关键是"足以引人误认为是他人商品或者与他人存在特定联系",既然C选项已经明确告知没有引人误认,当然不构成混淆行为。C选项正确,不当选。

《反不正当竞争法》第17条第4款规定:权利人因被侵权所受到的实际损失、侵权人因侵权所获得的利益难以确定的,由人民法院根据侵权行为的情节判决给予权利人500万元以下的赔偿。D选项正确,不当选。

39.【参考答案】 A

【解析】 "自然人用经居地",自然人宣告失踪、宣告死亡等均适用其经常居所地法。阮某和祁某经常居所地均在广州,故宣告死亡均应适用中国法,A项正确,BCD项错误。

40.【参考答案】 A

【解析】 商事合同纠纷在法律适用上允许意思自治优先,且意思自治的最晚时间为一审法庭辩论终结前,在此之前达成或变更意思自治均为有效,A项正确。

若应适用法律的目标国家存在区际法律冲突,应适用与民事关系有最密切联系区域的法律,B项错误。

"时效基础法一致",时效的准据法与时效所属的基础法律关系适用同一国家的法律,CD项错误

41.【参考答案】 B

【解析】 运输中动产物权的法律适用,首先尊重当事人意思自治优先,若没有意思自治,则应适用目的地的中国法。故B项正确,ACD项错误。

42.【参考答案】 A

【解析】 法人的国籍对应注册登记地,住所对应主要办事机构所在地,经常居所地对应主营业地,故甲公司为德国籍公司,经常居所地在波兰华沙,A项正确,B项错误。

合同纠纷在法律适用上首先尊重意思自治优先,没有意思自治应适用最密切联系原则确定准据法。新加坡分公司和中国乙公司的合同内容是授权在中国独家经销,合同最密切联系地为中国,若合同没有选择法律应适用中国法,CD项均错误。

43.【参考答案】 B

【解析】 无因管理的法律适用顺序是:协议优先,没有协议的适用无因管理之债发生地的法律。本题中当事人协议选择了德国法,故B项正确,ACD项错误。

44.【参考答案】 A

【解析】 因出生在中国取得中国国籍的条件是父母均为无国籍或国籍不明且定居在中国,甲乙两人都有国籍,故其子不能因出生在中国取得中国国籍,A项正确。

外国人在中国涉及民事诉讼,只有人民法院决定不准出境的,边检机关才能限制其出境,B项错误。

诉讼离婚适用法院地的中国法,但夫妻财产关系允许有限制的意思自治优先,C项错误。

夫妻财产关系允许意思自治优先,但意思自治必须与一方当事人的国籍、经常居所地或主要财产所在地有关,D项错误。

45.【参考答案】 D

【解析】 根据《联合国国际货物销售合同公约》,分期分批交货时单批根本违约对合同效力的影响取决于各批次货物的依存关系。本案中,如果第二批和第三批货物无法交付,也不应对第一批货

物和合同效力产生影响,A 项错误。

本案台风确实构成不可抗力,但此不可抗力有可能只影响合同的如期履行,并不一定导致履行不能,B 项错误。

CIF 术语下卖方包运也包险,但除非另有约定,否则只需投保平安险。本案中,如果后两批粮食不能交运,根本不对应海上风险,任何险别下保险公司都无须赔偿,C 项错误。

买卖合同履行中,遭遇不可抗力的一方有义务将不可抗力的发生及时通知对方,D 项正确。

46.【参考答案】 C

【解析】 CIF 术语下卖方包运也包险,如果没有约定,卖方只有义务投保平安险,但本案属于有约定的情况,故对应的险别应为水渍险,A 项错误。

本案货物毁损是遭遇恶劣天气所致,承运人无过失可免责,B 项错误。

恶劣天气导致货物部分毁损,在保险关系中属于自然灾害导致的单损,属于平安险的承保范围,C 项正确。

CIF 术语下货物风险自装运港装运上船时转移,本案货损发生在风险转移之后,买方无权就货损向卖方索赔或要求减价,D 项错误。

47.【参考答案】 D

【解析】 最高人民法院《关于互联网法院审理案件若干问题的规定》第 12 条规定,互联网法院采取在线视频方式开庭。存在确需当庭查明身份、核对原件、查验实物等特殊情形的,互联网法院可以决定在线下开庭,但其他诉讼环节仍应当在线完成。据此,互联网法院可决定线下开庭。A 正确。

该规定第 15 条第 3 款规定,经告知当事人权利义务,并征得其同意,互联网法院可以电子送达裁判文书。当事人提出需要纸质版裁判文书的,互联网法院应当提供。据此,若当事人同意,互联网法院可电子送达判决书。B 正确。

该规定第 18 条规定,对需要进行公告送达的事实清楚、权利义务关系明确的简单民事案件,互联网法院可以适用简易程序审理。据此,即便需要公告送达,互联网法院也可适用简易程序审理案件。本题案情简单,标的额小,完全可以适用简易程序审理。又根据《民事诉讼法》第 40 条第 2 款规定,适用简易程序审理的民事案件,由审判员一人独任审理。因此,本案可由法官独任审理。C 正确。

《民事诉讼法》第 166 条第 2 项规定,涉外案件不适用小额诉讼程序。据此,因当事人汤姆为美国人,本案为涉外案件,不适用小额诉讼程序审理。D 错误。

48.【参考答案】 D

【解析】 甲属于被境内派出单位派往境外工作,且题意未告知甲移居境外并注销中国户籍。所以甲仍属于居民个人。

A 选项错误。虽然由大昌公司代扣代缴所得税,但毕竟甲才是纳税人,甲应当向扣缴义务人提供纳税人识别号。

B 选项错误。《个人所得税法》第 13 条第 5 款规定:“纳税人因移居境外注销中国户籍的,应当在注销中国户籍前办理税款清算。”甲定居 A 国,并未注销中国户籍,故清税措施是错误的。

C 选项错误。甲因外派至 A 国工作并在 A 国定居,通常依据 A 国税法,甲需要向 A 国缴纳个人所得税,依据我国税法甲是居民个人,他仍然要向中国申报纳税,就会出现双重纳税的情况。为解决这种情况,《个人所得税法》第 7 条规定:“居民个人从中国境外取得的所得,可以从其应纳税额中抵免已在境外缴纳的个人所得税税额,但抵免额不得超过该纳税人境外所得依照本法规定计算的应纳税额。”我国税法仅允许“税款抵免”,并非以薪金的一半 5000 元作为应纳税收入额的计算基数。

D 选项正确。因甲是居民个人且薪金属于综合所得项,依据《个人所得税法》第 11 条第 1 款的规定:居民个人取得综合所得,按年计算个人所得税;有扣缴义务人的,由扣缴义务人按月或者按次预扣预缴税款;需要办理汇算清缴的,应当在取得所得的次年 3 月 1 日至 6 月 30 日内办理汇算清缴。预扣预缴办法由国务院税务主管部门制定。

49.【参考答案】 C

【解析】 本案中,地下室和临时工棚均属于未经批准的临时建设,根据《城乡规划法》第 66 条的规定,应当由所在地城市、县人民政府城乡规划主管部门责令限期拆除,可以并处临时建设工程造价 1 倍以下的罚款。故 C 选项正确,A、B 选项补办规划许可证是错误的。

D 选项的正确表述是“建设工程所在地县级以上地方人民政府可以责成有关部门采取查封施工现场、强制拆除等措施”。城乡规划主管部门的职权是“作出责令停止建设或者限期拆除的决定”,但其无权强制拆除。另外,填埋地下室涉及建设工程安全问题,不是有效或安全的拆除手段。

50.【参考答案】 A

【解析】 《真知》杂志收录的每一篇文章的作

者都享有著作权。同时,《真知》构成汇编作品,杂志社作为汇编者也独立享有著作权。根据《著作权法》第35条第2款的规定,作品刊登后,其他报刊享有“法定许可权”,即其他报刊转载或者作为文摘、资料刊登,可以不经作者许可但要支付报酬。但甲网站并非报纸、期刊,不适用上述法定许可。甲网站未经许可的转载行为既侵犯了原作者的著作权,也侵犯了汇编人《真知》杂志社的著作权,故A选项正确,B、C选项错误。

《真知》杂志属于汇编作品,该类作品需要在汇编内容的选择或者编排上体现独创性。虽然杂志社未经作者同意收录其文章,侵犯原作品的著作权,需要对原作者承担赔偿责任,但《真知》杂志作为独立的作品类型,汇编人享有完整的著作权。所以甲网站未经许可的转载,仍侵犯了《真知》杂志社的汇编者权,故D选项错误。

二、多项选择题

51.【参考答案】 ABC

【解析】 选项A正确,D错误,考查法定继承人的范围和顺序。由于题目并未交代李某生前留有有效的遗嘱,因此关于李某的遗产分配,适用法定继承的相关规定。《民法典》第1127条第1款规定:“遗产按照下列顺序继承:(一)第一顺序:配偶、子女、父母;(二)第二顺序:兄弟姐妹、祖父母、外祖父母。”据此,李某林作为李某的子女,有权继承李某的遗产,而陆某作为李某的丧偶女婿,并不享有法定继承权。

选项BC均正确,考查代位继承。李某森作为李某的女儿先于李某死亡,对于李某的遗产继承,需要考虑代位继承规则。《民法典》第1128条规定:“被继承人的子女先于被继承人死亡的,由被继承人的子女的直系晚辈血亲代位继承。被继承人的兄弟姐妹先于被继承人死亡的,由被继承人的兄弟姐妹的子女代位继承。代位继承人一般只能继承被代位继承人有权继承的遗产份额。”依据该条第1款,李某森对李某的继承份额,由李某森的直系晚辈血亲代位继承。在本题中,林某某作为李某森的子女,有权代位继承李某的遗产。《民法典》第1127条第3款规定:“本编所称子女,包括婚生子女、非婚生子女、养子女和有扶养关系的继子女。”《民法典》第1072条第2款规定:“继父或者继母和受其抚养教育的继子女间的权利义务关系,适用本法关于父母子女关系的规定。”结合本题,李某森因与继子陆某某之间有抚养关系,因此陆某某具有李某森子女的法律地位,其也有权代位继承李某的遗产。因此,林某某与陆某某均可通过代位继承的方式继承李某的遗产。

52.【参考答案】 BD

【解析】 本题中,甲将出卖古画的代理权授予乙,双方有双层法律关系:(1)基础关系层,甲与乙之间有合法有效的委托合同,依据该合同,乙有义务为甲的利益而出卖古画;(2)授权关系层,乙有以甲的名义对外签订古画买卖合同的代理权。本题中,乙以甲的名义和丁签订了古画买卖合同,属于有权代理。但是,乙有意选择了出价更低的丁,而未选择出价更高的其他有意购买者,并且收取了丁给的20%的好处费,违反了和甲的基础关系——委托合同,属于代理权滥用,也构成恶意串通。《民法典》第154条规定:“行为人与相对人恶意串通,损害他人合法权益的民事法律行为无效。”《民法典》第164条第2款规定:“代理人和相对人恶意串通,损害被代理人合法权益的,代理人和相对人应当承担连带责任。”据此,乙签订的合同因恶意串通而无效,对于甲的损失,乙与丁应承担连带责任。选项BD正确,AC错误。

53.【参考答案】 ABCD

【解析】 选项AD均正确,考查违约责任。《民法典》第582条规定:“履行不符合约定的,应当按照当事人的约定承担违约责任。对违约责任没有约定或者约定不明确,依据本法第五百一十条的规定仍不能确定的,受损害方根据标的的性质以及损失的大小,可以合理选择请求对方承担修理、重作、更换、退货、减少价款或者报酬等违约责任。”结合本题,甲购得的电脑是旧机翻新,并不符合买卖合同的约定,甲既可以要求更换一台新电脑,也可以保留该电脑,请求补偿差价。

选项B正确,考查惩罚性赔偿。《消费者权益保护法》第55条规定:“经营者提供商品或者服务有欺诈行为的,应当按照消费者的要求增加赔偿其受到的损失,增加赔偿的金额为消费者购买商品的价款或者接受服务的费用的三倍;增加赔偿的金额不足五百元的,为五百元。法律另有规定的,依照其规定。经营者明知商品或者服务存在缺陷,仍然向消费者提供,造成消费者或者其他受害人死亡或者健康严重损害的,受害人有权要求经营者依照本法第四十九条、第五十一条等法律规定赔偿损失,并有权要求所受损失二倍以下的惩罚性赔偿。”本题中,电脑厂家明知电脑并非新机而当作新机出卖,存在欺诈行为,甲作为消费者有权请求电脑价款 3 倍的惩罚性赔偿。

选项 C 正确,考查可撤销的民事法律行为,具体涉及欺诈。《民法典》第 148 条规定:“一方以欺诈手段,使对方在违背真实意思的情况下实施的民事法律行为,受欺诈方有权请求人民法院或者仲裁机构予以撤销。”本题中,电脑厂家在明知电脑为旧机翻新的前提下欺诈甲,使甲认为其购买的是新电脑,甲有权基于欺诈撤销该合同。

54.【参考答案】 AC

【解析】 选项 A 正确,考查探望权。《民法典》第 1086 条第 1 款规定:“离婚后,不直接抚养子女的父或者母,有探望子女的权利,另一方有协助的义务。”据此,李某对李某陆享有探望权,陆某应当为李某探望李某陆提供便利。

选项 B 错误,考查监护关系的终止。《民法典》第 39 条规定:“有下列情形之一的,监护关系终止:(一)被监护人取得或者恢复完全民事行为能力;(二)监护人丧失监护能力;(三)被监护人或者监护人死亡;(四)人民法院认定监护关系终止的其他情形。监护关系终止后,被监护人仍然需要监护的,应当依法另行确定监护人。”据此,子女改姓并非监护关系终止的事由,因此,李某的监护义务不会因为李某陆改从母姓而终止。

选项 C 正确,考查抚养费的增加。《婚姻家庭编解释(一)》第 55 条规定:“离婚后,父母一方要求变更子女抚养关系的,或者子女要求增加抚养费的,应当另行提起诉讼。”据此,李某陆有权起诉向李某请求增加抚养费。

选项 D 错误,考查姓名权与抚养费支付义务之间的关系。《民法典》第 1015 条规定:“自然人应当随父姓或者母姓,但是有下列情形之一的,可以在父姓和母姓之外选取姓氏:(一)选取其他直系长辈血亲的姓氏;(二)因由法定扶养人以外的人扶养而选取扶养人姓氏;(三)有不违背公序良俗的其他正当理由。少数民族自然人的姓氏可以遵从本民族的文化传统和风俗习惯。”据此,李某陆改从母姓并未违法,且李某支付抚养费的义务是其作为李某陆的法定监护人的法定义务,不因李某陆改姓而免除。

55.【参考答案】 BD

【解析】 本题主要考查《民法典》第 1176 条关于自甘风险的规定。该条规定:“自愿参加具有一定风险的文体活动,因其他参加者的行为受到损害的,受害人不得请求其他参加者承担侵权责任;但是,其他参加者对损害的发生有故意或者重大过失的除外。活动组织者的责任适用本法第一千一百九十八条至第一千二百零一条的规定。”据此,在篮球比赛中,甲正常传球导致乙受伤,其没有故意或重大过失,因此对于乙的人身损害,不得请求甲承担。该损害属于自甘风险,由乙自行承担。而甲的人身伤害则是丙故意为之,丙不能依据自甘风险规则免责,而需要向甲承担侵权责任。对于活动组织者的责任,《民法典》第 1198 条规定:“宾馆、商场、银行、车站、机场、体育场馆、娱乐场所等经营场所、公共场所的经营者、管理者或者群众性活动的组织者,未尽到安全保障义务,造成他人损害的,应当承担侵权责任。因第三人的行为造成他人损害的,由第三人承担侵权责任;经营者、管理者或者组织者未尽到安全保障义务的,承担相应的补充责任。经营者、管理者或者组织者承担补充责任后,可以向第三人追偿。”结合本题,篮球比赛的组织者并未违反安全保障义务,因此对甲与乙的人身伤害,篮球比赛的组织者均无须承担侵权责任。综上,选项 BD 正确,选项 AC 错误。

56.【参考答案】 BC

【解析】 本题中,甲的画在被借用期间被无权处分给丁,一方面,需要确认无权处分人,另一方面,需要结合善意取得的构成要件判断丁是否构成善意取得。本案无权处分人是乙,而丙起到的仅是撮合的作用,丙并非无权处分人。选项 A 错误,B 正确。

《民法典》第 311 条规定:“无处分权人将不动产或者动产转让给受让人的,所有权人有权追回;除法律另有规定外,符合下列情形的,受让人取得该不动产或者动产的所有权:(一)受让人受让该不动产或者动产时是善意;(二)以合理的价格转让;(三)转让的不动产或者动产依照法律规定应当登记的已经登记,不需要登记的已经交付给受让人。受让人依据前款规定取得不动产或者动产的所有权的,原所有权人有权向无处分权人请求损害赔偿。当事人善意取得其他物权的,参照适用前两款规定。”结合本题,丁善意地相信乙是名画的所有权人,约定了合理的价格,并且已经通过指示交付的方式完成了交付。符合善意取得的构成要件,丁可以善意取得该画。关于指示交付的判断,《民法典》第 227 条规定:“动产物权设立和转让前,第三人占有该动产的,负有交付义务的人可以通过转让请求第三人返还原物的权利代替交付。”本题中,乙将其对丙的返还请求权让与丁,构成指示交付。因此,选项 C 正确。

选项 D 错误,考查占有的分类。无权占有可以进一步分为善意占有和恶意占有。而本题中,丁已经通过善意取得获得名画的所有权,其对名画属于有权占有,并非善意占有。

57.【参考答案】 ABD

【解析】 选项 AD 均正确,考查拾得遗失物。《民法典》第 317 条规定:“权利人领取遗失物时,应当向拾得人或者有关部门支付保管遗失物等支出的必要费用。权利人悬赏寻找遗失物的,领取遗失物时应当按照承诺履行义务。拾得人侵占遗失物的,无权请求保管遗失物等支出的费用,也无权请求权利人按照承诺履行义务。”据此,甲公开悬赏收集线索,乙拾得该狗后,有权请求甲支付悬赏报酬。乙所支付的医药费属于必要费用,可以向甲求偿。

选项 B 正确,考查返还原物请求权。《民法典》第 312 条规定,所有权人或者其他权利人有权追回遗失物。《民法典》第 235 条规定:“无权占有不动产或者动产的,权利人可以请求返还原物。”乙作为狗的拾得人,对该狗是无权占有,甲作为狗的所有权人有权请求返还。

选项 C 错误,考查善意取得。乙捡到甲的宠物狗,构成拾得遗失物。拾得遗失物本身不会导致物权的变动,甲仍为该狗的所有权人。乙不构成善意取得。

58.【参考答案】 AD

【解析】 选项 A 正确,考查不动产登记申请的共同申请原则。《不动产登记暂行条例》第 14 条第 1 款规定:“因买卖、设定抵押权等申请不动产登记的,应当由当事人双方共同申请。”该款确立了不动产登记申请的共同申请原则。据此,甲乙之间的房屋赠与应由两人共同申请转移登记。

选项 B 错误,考查申请不动产登记应提交的材料。《不动产登记暂行条例实施细则》第 38 条第 1 款规定:“申请国有建设用地使用权及房屋所有权转移登记的,应当根据不同情况,提交下列材料:(一)不动产权属证书;(二)买卖、互换、赠与合同;(三)继承或者受遗赠的材料;(四)分割、合并协议;(五)人民法院或者仲裁委员会生效的法律文书;(六)有批准权的人民政府或者主管部门的批准文件;(七)相关税费缴纳凭证;(八)其他必要材料。”该款规定的材料中并没有赠与公证书。

选项 C 错误,考查不动产登记机构的审查职责。《不动产登记暂行条例》第 19 条第 1 款规定:“属于下列情形之一的,不动产登记机构可以对申请登记的不动产进行实地查看:(一)房屋等建筑物、构筑物所有权首次登记;(二)在建建筑物抵押权登记;(三)因不动产灭失导致的注销登记;(四)不动产登记机构认为需要实地查看的其他情形。”据此,本题中,实地查看并非不动产登记机构的义务。

选项 D 正确,考查不动产权属证书。《不动产登记暂行条例》第 21 条第 2 款规定:“不动产登记机构完成登记,应当依法向申请人核发不动产权属证书或者登记证明。”据此,登记完成时,不动产登记机构应发放不动产权属证书。

59.【参考答案】 AC

【解析】 选项 A 正确,B 错误,考查数份遗嘱内容的认定。本题中,李某先后立下两份遗嘱,其中第一份遗嘱为公证遗嘱。《民法典》第 1142 条第 3 款规定:“立有数份遗嘱,内容相抵触的,以最后的遗嘱为准。”据此,对于 B 房的归属,应以第二份遗嘱为准。值得注意的是,在《民法典》中,公证遗嘱不再具有优先效力。因此,B 房的所有权应由赵某取得。

选项 C 正确,考查遗嘱的变更和撤回。李某立下第一份遗嘱后就 A 房又作出了相冲突的民事法律行为。《民法典》第 1142 条第 1 款与第 2 款规定:“遗嘱人可以撤回、变更自己所立的遗嘱。立遗嘱后,遗嘱人实施与遗嘱内容相反的民事法律行为的,视为对遗嘱相关内容的撤回。”据此,李某在立下第一份遗嘱后又将 A 房赠与女儿,视为对第一份遗嘱的相关内容的撤回。因此 A 房的所有权由李某的女儿取得。

选项 D 错误,考查继承权的丧失。《民法典》第 1125 条第 1 款规定:“继承人有下列行为之一的,丧失继承权:(一)故意杀害被继承人;(二)为争夺遗产而杀害其他继承人;(三)遗弃被继承人,或者虐待被继承人情节严重;(四)伪造、篡改、隐匿或者销毁遗嘱,情节严重;(五)以欺诈、胁迫手段迫使或者妨碍被继承人设立、变更或者撤回遗嘱,情节严重。”据此,李某某毒杀李某,构成故意杀害被继承人,李某某的继承权因此而丧失。

60.【参考答案】 ABC

【解析】 本题中,由于该购房合同为钱某与陆某虚构,这意味着双方通谋签订了房屋买卖合同与房屋租赁合同(售后回租模式),这两个合同均非当事人真实的意思表示,属于虚假行为。《民法典》第 146 条规定:“行为人与相对人以虚假的意思表示实施的民事法律行为无效。以虚假的意思表示隐藏的民事法律行为的效力,依照有关法律规定处理。”据此,房屋买卖合同与房屋租赁合同作为虚假行为,均无效。钱某与陆某二人真实的意思,由其交易安排来看,是陆某向钱某借款60万元,通过每月还款5万元的方式来归还本金及利息。因此,钱某与陆某之间的隐藏行为是借款合同,该合同没有其他效力瑕疵,是有效的。由于赵某对房屋为虚构物这一事实情节并不知情,因此其并无为钱某与陆某之间的借款关系提供担保的意思。既然房屋买卖合同与租赁合同均无效,那么作为从合同的保证合同也随之无效。因此,选项D错误,选项ABC正确。

61.【参考答案】 ABD

【解析】 选项ABD均涉及买受人认可的确定以及认可的拟制。本题属于试用买卖,这不难判断。试用买卖是以买受人的认可为生效条件的买卖合同,因此买受人认可与否决定了该买卖合同最终的效力。《民法典》第638条规定:"试用买卖的买受人在试用期内可以购买标的物,也可以拒绝购买。试用期限届满,买受人对是否购买标的物未作表示的,视为购买。试用买卖的买受人在试用期内已经支付部分价款或者对标的物实施出卖、出租、设立担保物权等行为的,视为同意购买。"据此,若甲在试用期间支付了部分价款,或者将电脑租给丙,或者在试用期内不作任何表示,均产生认可的法律效果,相应地,买卖合同正式生效。选项AB正确。

选项C涉及试用期内的风险负担问题。《民法典》第640条规定:"标的物在试用期内毁损、灭失的风险由出卖人承担。"据此,试用期内标的物毁损灭失的风险由出卖人——商场承担,因此若电脑在试用期间遭意外火灾毁损,甲也无须支付价款。选项C错误。

试用期满后的第二天,甲已经成为该电脑的所有权人,其没有义务将电脑归还,若甲归还,则商场有权拒绝受领。选项D正确。

62.【参考答案】 ABCD

【解析】 本题是对所有权保留买卖中出卖人取回权的直接考查。《民法典》第642条第1款规定:"当事人约定出卖人保留合同标的物的所有权,在标的物所有权转移前,买受人有下列情形之一,造成出卖人损害的,除当事人另有约定外,出卖人有权取回标的物:(一)未按照约定支付价款,经催告后在合理期限内仍未支付;(二)未按照约定完成特定条件;(三)将标的物出卖、出质或者作出其他不当处分。"据此,选项AD直接符合该条款的规定,当选。另外,尽管该条并未明确列举,但是只要是可能造成出卖人损害的其他不当处分行为,如出租、标的物的使用,均可触发取回权。因此选项BC也属于其他不当处分,当选。

63.【参考答案】 BC

【解析】 《民诉证据规定》第92条第1款规定,私文书证的真实性,由主张以私文书证证明案件事实的当事人承担举证责任。据此,收条的真实性应由主张以收条证明欠款已归还事实的李四承担证明责任。选项A错误,B正确。

该条第2款规定,私文书证由制作者或者其代理人签名、盖章或捺印的,推定为真实。据此,收条有张三的签名,推定为真实。张三若认为其签名是伪造的,应承担提供证据责任。选项C正确,D错误。

64.【参考答案】 AD

【解析】 《民诉解释》第370条规定,人民法院审查后,按下列情形分别处理:(1)当事人对实现担保物权无实质性争议且实现担保物权条件成就的,裁定准许拍卖、变卖担保财产;(2)当事人对实现担保物权有部分实质性争议的,可以就无争议部分裁定准许拍卖、变卖担保财产;(3)当事人对实现担保物权有实质性争议的,裁定驳回申请,并告知申请人向人民法院提起诉讼。据此,夏某对实现担保物权无异议,法院可裁定准许拍卖夏某的房屋。故A正确,C错误。

杜某对抵押合同效力提出异议,这属于实质性争议,法院应裁定驳回甲银行拍卖杜某房屋的申请。又因为双方就抵押合同约定了仲裁条款,合法有效的仲裁排斥诉讼,法院应告知甲银行另行申请仲裁。故B错误,D正确。

65.【参考答案】 BC

【解析】 《民诉解释》第334条规定:"在第二审程序中,作为当事人的法人或者其他组织分立的,人民法院可以直接将分立后的法人或者其他组织列为共同诉讼人;合并的,将合并后的法人或者其他组织列为当事人。"

当事人的"死亡、终止、分立、合并"都会导致原来的诉讼主体资格消灭,此时就是不得不更换当事人的情形。所以,当事人乙公司可以申请法院更换,法院也可以依职权更换丁公司作为新的当事人(甲公司已经不存在),如果法院置之不理,直接以甲公司作为当事人进行判决,将违反程序规则。但若是判决作出后,甲公司和丙公司才合并成为丁公司,此时,才能认为法院以甲公司作为当事人作出的判决对于丁公司具备拘束力。故B、C项正确。

一审判决尚未生效(二审审理过程中),对任何人都没有实质的既判力。故 AD 错误。

66.【参考答案】 BD

【解析】 《民诉证据规定》第 6 条第 2 款规定,必要共同诉讼中,共同诉讼人中一人或者数人作出自认而其他共同诉讼人予以否认的,不发生自认的效力。其他共同诉讼人既不承认也不否认,经审判人员说明并询问后仍然不明确表示意见的,视为全体共同诉讼人的自认。据此,因王五从始至终否认约定过利息,因此无论张三是否曾承认约定利息,对双方口头约定利息的事实均不发生自认的效力。是否约定有利息,应由李四承担证明责任,李四并无证据予以证明,法院只能认定张三还款 6 万元为本金,因此张三还应归还 54 万元本金,对此王五承担连带清偿责任。BD 正确,AC 错误。

67.【参考答案】 ACD

【解析】 无论王五提供的是一般保证还是连带保证,李四都可以将王五和张三作为共同被告提起诉讼。《担保制度解释》第 21 条第 2 款规定,债权人一并起诉债务人和担保人的,应当根据主合同确定管辖法院。据此,李四一并起诉张三和王五,应根据借款合同约定向甲法院起诉。A 正确,B 错误。

无论王五提供的是一般保证还是连带保证,李四都可以单独起诉债务人张三。此时,应依据借款合同约定向甲法院起诉。C 正确。

若王五提供的是连带保证,李四可单独起诉王五;若王五提供的是一般保证,李四起诉张三未获执行后,亦可单独起诉王五。《担保制度解释》第 21 条第 3 款规定,债权人依法可以单独起诉担保人且仅起诉担保人的,应当根据担保合同确定管辖法院。据此,若李四单独起诉保证人王五,可根据保证合同约定向乙法院起诉。D 正确。

68.【参考答案】 AB

【解析】 《婚姻家庭编解释(一)》第 68 条规定,对于拒不协助另一方行使探望权的有关个人或者组织,可以由人民法院依法采取拘留、罚款等强制措施,但是不能对子女的人身、探望行为进行强制执行。据此,只能对张三采取拘留、罚款等强制措施,不能对探望行为和子女人身强制执行。因此 AB 正确,CD 错误。

69.【参考答案】 AB

【解析】 《民事诉讼法》第 55 条第 1 款规定,当事人一方或者双方为二人以上,其诉讼标的是共同的,或者诉讼标的是同一种类、人民法院认为可以合并审理并经当事人同意的,为共同诉讼。

本案中,甲向某银行先后贷款两次,银行起诉的两个案件的诉讼标的均为借贷合同关系,诉讼标的属于同一种类,经各方当事人同意,法院合并审理属于普通共同诉讼。选项 A 正确。

合并审理可以节约司法资源、实现诉讼经济,符合普通共同诉讼的构成要件,法院可以合并审理,选项 C 错误。

本案不属于必要共同诉讼,选项 D 错误。

诉的合并,是指将两个或两个以上彼此之间有牵连的诉合并到一个诉讼程序中审理和裁判。据此,银行起诉的两个案件存在牵连关系,合并审理属于诉的合并,选项 B 正确。

70.【参考答案】 ABCD

【解析】 民事公益诉讼程序如无特别规定,应适用普通民事诉讼规则审理。民事公益诉讼的程序规则未规定公益诉讼案件适用一审终审,因此民事公益诉讼案件仍适用两审终审制。A 错误,当选。

最高人民法院《关于审理环境民事公益诉讼案件适用法律若干问题的解释》(以下在本题中简称《环境民事公益诉讼解释》)第 6 条第 2 款规定,中级人民法院认为确有必要的,可以在报请高级人民法院批准后,裁定将本院管辖的第一审环境民事公益诉讼案件交由基层人民法院审理。据此,环境民事公益诉讼符合上述条件,可交由基层法院审理。B 错误,当选。

《环境民事公益诉讼解释》第 9 条规定,人民法院认为原告提出的诉讼请求不足以保护社会公共利益的,可以向其释明变更或者增加停止侵害、修复生态环境等诉讼请求。据此,为维护社会公共利益,法官建议增加赔偿数额,不违反处分原则。C 错误,当选。

《环境民事公益诉讼解释》第 12 条规定,人民法院受理环境民事公益诉讼后,应当在 10 日内告知对被告行为负有环境资源保护监督管理职责的部门。据此,法院受理案件后,才应当告知生态环境部门,原告起诉前无须通知。D 错误,当选。

71.【参考答案】 AC

【解析】 《担保制度解释》第 10 条规定,一人有限责任公司为其股东提供担保,公司以违反《公司法》关于公司对外担保决议程序的规定为由主张不承担担保责任的,人民法院不予支持。公司因承担担保责任导致无法清偿其他债务,提供担保时的股东不能证明公司财产独立于自己的财产,其他债权人请求该股东承担连带责任的，人民法院应予支持。

《公司法》第15条第2款规定，公司为公司股东或者实际控制人提供担保的，应当经股东会决议。

据此，博达公司为其唯一的股东杨某提供担保，由于一人公司并无股东会，所以尽管《公司法》第15条第2款规定，公司为公司股东提供担保须经股东会决议，但就一人公司的情形并未规定。因此，《担保制度解释》第10条才具体规定，一人公司可以为其唯一的股东提供担保，并且公司不能以未经股东会决议为由主张不承担担保责任。B选项错误。

关于一人公司对股东担保的效力应当如何分析是实践中的一个难题，实践中一般认为应当采用合同成立的认定方式，即签字或盖章即可。对于这种观点可以从以下两个角度理解：第一，一人公司不设股东会。股东作出《公司法》第59条第1款所列决定时，应当采用书面形式，并由股东签名或者盖章后置备于公司。该条规定的实质是公司个人股东的同意，这即代表了公司的意思。第二，根据一人公司的法人人格否认制度，可以平衡债权人利益的保护问题。因此AC选项表述正确。

D选项认为博海有限公司就张某和杨某的股权转让有权主张优先购买，混淆了博海有限公司和博达公司的关系，表述错误。

72.【参考答案】 AC

【解析】 《民法典》第74条规定，法人可以依法设立分支机构。法律、行政法规规定分支机构应当登记的，依照其规定。分支机构以自己的名义从事民事活动，产生的民事责任由法人承担；也可以先以该分支机构管理的财产承担，不足以承担的，由法人承担。

《公司法》第13条第2款规定，公司可以设立分公司。分公司不具有法人资格，其民事责任由公司承担。

《担保制度解释》第11条第1款规定，公司的分支机构未经公司股东（大）会或者董事会决议以自己的名义对外提供担保，相对人请求公司或者其分支机构承担担保责任的，人民法院不予支持，但是相对人不知道且不应当知道分支机构对外提供担保未经公司决议程序的除外。

据此，大江分公司以自己的名义签订的担保协议系越权担保，在未能出具江河公司股东会或董事会决议的情形下，大金公司也非属善意，因此该担保无效，A项表述正确，B项表述错误。

大河分公司对外签署的“买卖协议”，系分公司以自己名义对外签订的协议，并无合同无效的情形，因此协议有效，且产生的民事责任应由江河公司承担，因此C项表述正确。

债权人可以选择直接要求总公司承担合同责任，也可以先以分公司管理的财产承担再行向总公司追偿，而非必须先向分公司追偿，因此D项表述错误。

73.【参考答案】 BD

【解析】 《公司法解释（三）》第28条规定：“冒用他人名义出资并将该他人作为股东在公司登记机关登记的，冒名登记行为人应当承担相应责任；公司、其他股东或者公司债权人以未履行出资义务为由，请求被冒名登记为股东的承担补足出资责任或者对公司债务不能清偿部分的赔偿责任的，人民法院不予支持。”由此可知，被冒名登记为股东的主体并非公司股东，其无须承担股东的瑕疵出资的责任，这一责任应当由冒名登记行为人承担，因此A项错误，B项正确。

被冒名登记为股东的主体并非公司股东，自然无权行使股东权，所以C项错误。

既然被冒名登记的主体并非公司股东，将其登记为股东属于公司登记错误，其自然有权请求公司登记机关撤销登记，因此D项正确。

74.【参考答案】 ABCD

【解析】 A选项中，丙系大昌公司的股东，针对甲与乙的股权互换，丙的优先购买的主张是否成立需要结合股权对外转让中优先购买权的行使条件进行分析。《公司法解释（四）》第18条规定，人民法院在判断是否符合《公司法》第71条第3款①及本规定所称的“同等条件”时，应当考虑转让股权的数量、价格、支付方式及期限等因素。本案中，甲和乙达成的股权置换，且经过互换甲将持有光明公司50%的股权。因此，即使丙主张按照股权评估价优先购买，但依然采用的是现金的支付方式，进而影响甲增持光明公司股权所带来的价值增长。因此，丙的主张并不满足“同等条件”，A项表述正确。

B和C考查股权出质。甲和乙达成股权互换协议，大昌公司的其他股东除丙外也均表示赞同。此时，乙已经就股权享有实质权利。就此，针对甲在大昌公司办理完成工商登记变更手续前又将股权对外出质的行为，根据《公司法解释（三）》第27条第1款的规定，股权转让后尚未向公司登记机关

① 现为第84条第2款。

办理变更登记,原股东将仍登记于其名下的股权转让、质押或者以其他方式处分,受让股东以其对于股权享有实际权利为由,请求认定处分股权行为无效的,人民法院可以参照《民法典》第311条的规定处理,即参照善意取得的规定处理。因此,B项称该质押为无权处分的表述正确,C项称李四有权基于善意取得而主张质押有效的表述正确。

《公司法解释(三)》第27条第2款规定:"原股东处分股权造成受让股东损失,受让股东请求原股东承担赔偿责任、对于未及时办理变更登记有过错的董事、高级管理人员或者实际控制人承担相应责任的,人民法院应予支持……"因此,乙有权请求甲承担赔偿责任;张三作为公司的董事未能及时办理变更登记导致乙权益受损,也应当承担相应赔偿责任。因此,D项正确。

75.【参考答案】 CD

【解析】 A项正确。首先,股东会会议未提前通知各位股东,属于会议的召集程序违反法律,故该决议属于可撤销的决议;其次,撤销公司决议效力之诉的原告为公司股东,要求起诉时具有股东身份,而非决议通过时具有股东资格。故张三有权提起撤销决议的诉讼。

B项正确。该项是对法条内容的考查。《公司法》第26条规定:"公司股东会、董事会的会议召集程序、表决方式违反法律、行政法规或者公司章程,或者决议内容违反公司章程的,股东自决议作出之日起六十日内,可以请求人民法院撤销……"

C项错误。《公司法》第28条第2款规定:"股东会、董事会决议被人民法院宣告无效、撤销或者确认不成立的,公司根据该决议与善意相对人形成的民事法律关系不受影响。"

D项错误。公司就形成分红方案的审议通过未召开股东会会议,故该决议不成立,而非无效。

故C、D项当选。

76.【参考答案】 AB

【解析】 《公司法》第68条第1款规定:"有限责任公司董事会成员为三人以上……"《公司法》第70条第2款规定:"董事任期届满未及时改选,或者董事在任期内辞职导致董事会成员低于法定人数的,在改选出的董事就任前,原董事仍应当依照法律、行政法规和公司章程的规定,履行董事职务。"A项和B项涉及的是董事甲在任期内辞职,因甲的辞职会导致董事人数不足法定最低人数三人,因此甲在改选出的董事就任之前,仍应履行董事职务,也即辞职并不发生法律效力。因此,A项认为无论公司是否同意甲辞职,均不会改变甲辞职的法律效力,表述正确。B项认为因辞职导致董事人数不足法定最低人数,因此辞职不发生法律效力,表述正确。

《公司法》第71条规定:"股东会可以决议解任董事,决议作出之日解任生效。无正当理由,在任期届满前解任董事的,该董事可以要求公司予以赔偿。"最高人民法院《关于适用〈中华人民共和国公司法〉若干问题的规定(五)》(以下简称《公司法解释(五)》)第3条规定:"董事任期届满前被股东会或者股东大会有效决议解除职务,其主张解除不发生法律效力的,人民法院不予支持。董事职务被解除后,因补偿与公司发生纠纷提起诉讼的,人民法院应当依据法律、行政法规、公司章程的规定或者合同的约定,综合考虑解除的原因、剩余任期、董事薪酬等因素,确定是否补偿以及补偿的合理数额。"大华有限公司股东会可以决议罢免丙的董事职务,职务罢免后即时生效,并不产生董事留任的效果。因此,C项表述错误。

D项错误,考查董事被罢免之后的补偿,按照《公司法》第71条以及《公司法解释(五)》第3条的规定是给予赔偿,具体合理补偿的数额可以结合解除的原因、剩余任期以及董事薪酬等因素综合判断。

77.【参考答案】 CD

【解析】 A项错误。乙以房屋出资,系无权处分。因乙本人在公司担任总经理,高管的意志可推定为公司的意志,遂推定公司对于其无权处分是知情的,因此不能认定公司是善意的,故公司不能依善意取得制度而取得该房屋。但是,丁并未在公司任职,不能代表公司,故A选项所述"因为丁知道",和乙的出资是否成立无关。

B项错误,D项正确。债权可依法进行价值评估,并可以转让。故债权出资形式合法。出资不实是指公司成立后股东的非货币财产价值显著低于章程或评估价值。若出资后因市场原因或非因股东原因导致价值下降的,股东不承担责任。

C项正确。土地使用权是合法的出资形式。

78.【参考答案】 AB

【解析】 《公司法》第89条规定:"有下列情形之一的,对股东会该项决议投反对票的股东可以请求公司按照合理的价格收购其股权:(一)公司连续五年不向股东分配利润,而公司该五年连续盈利,并且符合本法规定的分配利润条件;(二)公司合并、分立、转让主要财产;(三)公司章程规定的营业期限届满或者章程规定的其他解散事由出现，股东会通过决议修改章程使公司存续。自股东会决议之日起六十日内，股东与公司不能达成股权收购协议的，股东可以自股东会决议作出之日起九十日内向人民法院提起诉讼。”

《公司法》第229条规定：“公司因下列原因解散：（一）公司章程规定的营业期限届满或者公司章程规定的其他解散事由出现；（二）股东会决议解散；（三）因公司合并或者分立需要解散；（四）依法被吊销营业执照、责令关闭或者被撤销；（五）人民法院依照本法第二百三十一条的规定予以解散。公司出现前款规定的解散事由，应当在十日内将解散事由通过国家企业信用信息公示系统予以公示。”

《公司法》第230条规定：“公司有前条第一款第一项、第二项情形，且尚未向股东分配财产的，可以通过修改公司章程或者经股东会决议而存续。依照前款规定修改公司章程或者经股东会决议，有限责任公司须经持有三分之二以上表决权的股东通过，股份有限公司须经出席股东大会会议的股东所持表决权的三分之二以上通过。”

《公司法》第232条规定：“公司因本法第二百二十九条第一项、第二项、第四项、第五项规定而解散的，应当清算。董事为公司清算义务人，应当在解散事由出现之日起十五日内组成清算组进行清算，清算组由董事组成，但是公司章程另有规定或者股东会决议另选他人的除外。清算义务人未及时履行清算义务，给公司或者债权人造成损失的，应当承担赔偿责任。”

A项认为如公司解散，公司股东有义务组织清算事务的表述正确。

B项认为投反对票的股东有权主张公司按照合理价格收购其股权，表述正确，C项错误。

对于D项，《公司法》第230条规定，可以通过修改公司章程或者股东会决议使公司继续存续，因此并非公司章程规定营业期限届满，公司即自动进入清算阶段，并且公司清算也需要负有清算义务的主体组织清算组方可展开，因此D项错误。

79.【参考答案】 CD

【解析】 《破产法》第51条规定，债务人的保证人或者其他连带债务人已经代替债务人清偿债务的，以其对债务人的求偿权申报债权。债务人的保证人或者其他连带债务人尚未代替债务人清偿债务的，以其对债务人的将来求偿权申报债权。但是，债权人已经向管理人申报全部债权的除外。

《破产法》第52条规定，连带债务人数人被裁定适用本法规定的程序的，其债权人有权就全部债权分别在各破产案件中申报债权。

《破产法解释（三）》第4条规定，保证人被裁定进入破产程序的，债权人有权申报其对保证人的保证债权。主债务未到期的，保证债权在保证人破产申请受理时视为到期。一般保证的保证人主张行使先诉抗辩权的，人民法院不予支持，但债权人在一般保证人破产程序中的分配额应予提存，待一般保证人应承担的保证责任确定后再按照破产清偿比例予以分配。保证人被确定应当承担保证责任的，保证人的管理人可以就保证人实际承担的清偿额向主债务人或其他债务人行使求偿权。

《破产法解释（三）》第5条规定，债务人、保证人均被裁定进入破产程序的，债权人有权向债务人、保证人分别申报债权。债权人向债务人、保证人均申报全部债权的，从一方破产程序中获得清偿后，其对另一方的债权额不作调整，但债权人的受偿额不得超出其债权总额。保证人履行保证责任后不再享有求偿权。

A项错误，在担保人百利有限公司被裁定破产后，债权人有权申报保证债权。在债务未到期时，保证债权在保证人破产申请受理时视为已到期，一般保证的保证人丧失先诉抗辩权。

B项错误，债务人破产的，保证人尚未代替债务人清偿债务的，可以将来求偿权申报，但是债权人已经申报全部债权的除外，本题中的债权人甲银行已经向债务人、管理人申报了全部债权。

C项正确，债务人和保证人均被裁定破产的，债权人有权向债务人、保证人分别申报债权。

D项正确，根据《破产法》第46条第2款的规定，附利息的债权自破产申请受理时起停止计息。

80.【参考答案】 ABC

【解析】 《合伙企业法》第43条第1款规定，新合伙人入伙，除合伙协议另有约定外，应当经全体合伙人一致同意，并依法订立书面入伙协议。《合伙企业法》第44条第2款规定，新合伙人对入伙前合伙企业的债务承担无限连带责任。据此，赵六入伙得到张三等三位合伙人的一致同意且签订了合伙协议，因此应对入伙前合伙企业的债务承担无限连带责任。A项正确。

《民法典》第148条规定，一方以欺诈手段，使对方在违背真实意思的情况下实施的民事法律行为，受欺诈方有权请求人民法院或者仲裁机构予以撤销。

《合伙企业法》第43条第2款规定，订立入伙协议时，原合伙人应当向新合伙人如实告知原合伙企业的经营状况和财务状况。新入伙的合伙人需要与原合伙人一同对合伙企业的债务承担无限连带责任,因此,《合伙企业法》特别赋予了原合伙人全面告知合伙企业的如实告知义务。本案中,张三等三位原合伙人未如实告知赵六合伙企业的经营状况和财务状况,属于对事实的隐瞒,导致了赵六在违背真实意思的情况下签订了入伙协议,受到了欺诈,因此入伙协议属于可撤销的协议。所以 B 项正确。

《合伙企业法》第 45 条规定,合伙协议约定合伙期限的,在合伙企业存续期间,有下列情形之一的,合伙人可以退伙:(1)合伙协议约定的退伙事由出现;(2)经全体合伙人一致同意;(3)发生合伙人难以继续参加合伙的事由;(4)其他合伙人严重违反合伙协议约定的义务。在本题中,赵六主张退伙,“2021 年 6 月 1 日,张三等三人同意”,因此,经全体合伙人一致同意,赵六即退伙成功,故 C 项正确。

《合伙企业法》第 53 条规定,退伙人对基于其退伙前的原因发生的合伙企业债务,承担无限连带责任,因此 D 项错误。

81.【参考答案】 BC

【解析】 《保险法》第 65 条规定,保险人对责任保险的被保险人给第三者造成的损害,可以依照法律的规定或者合同的约定,直接向该第三者赔偿保险金。责任保险的被保险人给第三者造成损害,被保险人对第三者应负的赔偿责任确定的,根据被保险人的请求,保险人应当直接向该第三者赔偿保险金。被保险人怠于请求的,第三者有权就其应获赔偿部分直接向保险人请求赔偿保险金。责任保险的被保险人给第三者造成损害,被保险人未向该第三者赔偿的,保险人不得向被保险人赔偿保险金。责任保险是指以被保险人对第三者依法应负的赔偿责任为保险标的的保险。

A 项错误,司机张三的人身损害系被保险人的损害,不属于责任保险赔偿的范围。

B 项正确,李四系乘客,因为张三的原因导致的交通事故给其造成的损失,属于被保险人对第三者应依法作出的赔偿。

C 项正确,护栏的损失也属于因为被保险人发生交通事故造成的损失,因此应当赔偿。

D 项错误,李四因为交通事故而遭受的未能缔约的 100 万元的损失,并非张三未能依法安全驾驶导致的直接损失。

82.【参考答案】 BD

【解析】 《保险法》第 36 条规定,合同约定分期支付保险费,投保人支付首期保险费后,除合同另有约定外,投保人自保险人催告之日起超过 30 日未支付当期保险费,或者超过约定的期限 60 日未支付当期保险费的,合同效力中止,或者由保险人按照合同约定的条件减少保险金额。被保险人在前款规定期限内发生保险事故的,保险人应当按照合同约定给付保险金,但可以扣减欠交的保险费。

《保险法》第 37 条规定,合同效力依照本法第 36 条规定中止的,经保险人与投保人协商并达成协议,在投保人补交保险费后,合同效力恢复。但是,自合同效力中止之日起满 2 年双方未达成协议的,保险人有权解除合同。保险人依照前款规定解除合同的,应当按照合同约定退还保险单的现金价值。

《保险法解释(三)》第 8 条规定,保险合同效力依照《保险法》第 36 条规定中止,投保人提出恢复效力申请并同意补交保险费,除被保险人的危险程度在中止期间显著增加外,保险人拒绝恢复效力的,人民法院不予支持。保险人在收到恢复效力申请后,30 日内未明确拒绝的,应认定为同意恢复效力。保险合同自投保人补交保险费之日恢复效力。保险人要求投保人补交相应利息的,人民法院应予支持。

本案中,李某自 2015 年 8 月 1 日起未再缴纳保费,60 日内为保险合同效力中止期间。2016 年 2 月,被保险人张某患病发生保险事故,已经超过了 60 日,保险公司不给付保险费。但未超过两年,投保人可以请求复效。因张某罹患癌症属于在合同中止期间危险程度显著增加,保险公司可以解除合同,但应返还保单现金价值。因此 BD 正确,AC 错误。

83.【参考答案】 AC

【解析】 “不正当竞争行为”是指经营者在生产经营活动中,采取非法的或者有悖商业道德的手段和方式,与其他经营者相竞争的行为。甲开发广告屏蔽软件,破坏了网站“广告加免费视频”的完整商业模式,并自行招商播第三方的广告,违反诚信原则和商业道德,构成不正当竞争行为。故 A 选项正确。

《反不正当竞争法》第 12 条第 2 款规定:“经营者不得利用技术手段,通过影响用户选择或者其他方式,实施下列妨碍、破坏其他经营者合法提供的网络产品或者服务正常运行的行为:……(四)其他妨碍、破坏其他经营者合法提供的网络产品或者服务正常运行的行为。”本题甲以无广告播放为宣传噱头，破坏奇异果网站合法提供的完整的服务正常运行。因此，不得以“技术手段”为名掩盖不正当竞争的事实。故B选项错误。

《反不正当竞争法》第17条第3款规定：“因不正当竞争行为受到损害的经营者的赔偿数额，按照其因被侵权所受到的实际损失确定；实际损失难以计算的，按照侵权人因侵权所获得的利益确定。……赔偿数额还应当包括经营者为制止侵权行为所支付的合理开支。”故C选项正确。

D项错在“所有费用”，应当是“合理费用”。

84.【参考答案】 ACD

【解析】 A、B选项考查产品侵权责任。汽车生产者和销售者“花生二手车”应当对受害人承担连带赔偿责任（不真正连带责任）。A选项正确，B选项错误。

C选项正确，甲身受重伤，已经造成精神损害，受害人可以要求精神损害赔偿。

D选项正确，经营者承担“惩罚性赔偿”责任，需要满足以下条件：①经营者故意侵权；②造成他人死亡或者健康严重损害后果。本题满足上述两项条件，受害人（甲）主张“所受损失2倍以下的惩罚性赔偿”表述正确。

85.【参考答案】 ACD

【解析】 首先，本题要明确《我的一生》的作品属性为自传体作品，该类作品著作权的归属规则为：自传体作品，有约定的从其约定，无约定的，著作权归该特定人物享有，执笔人或者整理人可以要求获得适当报酬。其次，要考虑自然人死亡后著作权的归属。著作权属于自然人的，著作权中的人身权由作者的继承人或者受遗赠人保护；著作权中的财产权在《著作权法》规定的保护期内依法转移。

A选项正确，因作家王某是执笔人，有权要求获得适当报酬，王某去世后，其子仍然可以主张该项权利。

B选项错误，D选项正确。由于该书是以李某口述的人生经历为素材创作的自传体小说，李某是该特定人物，享有著作权。另外，出版属于著作权中的财产权，李某死亡后，该权利在保护期内依法转移至其合法继承人小李。

C选项正确。需要区分“著作权”和“所有权”。原著手稿系动产，小王实际占有该手稿，并在无相反证据证明小王为非法持有人的情况下，小王应认定为涉案手稿的合法所有人。

86.【参考答案】 BC

【解析】 本题题干表述“法院根据冲突规范认为应适用Y国法律”说明本案应适用的Y国法并非当事人意思自治导致适用，故查明义务在法院。法院可以通过当事人获得Y国法，但这不是当事人的义务而是权利。甲公司通过法律专家获得Y国法并向法院提交后，无须对外国法的正确性、专家的中立性等承担法律义务，A项错误。

提供外国法的专家并非案件的证人，其没有出庭的义务，提供的是法律也非证据，B项正确，D项错误。

若一方当事人对查明的外国法表示异议，法院承担审查认定确保无误的义务，当然也有权通过其他专家查明Y国法以印证段教授提供的法律是否正确，C项正确。

87.【参考答案】 ACD

【解析】 涉外仲裁充分尊重当事人的意思自治，仲裁规则、仲裁地、仲裁协议的法律适用等均可由当事双方选择，AC项正确。

最高人民法院《关于审理仲裁司法审查案件若干问题的规定》第13条规定：“当事人协议选择确认涉外仲裁协议效力适用的法律，应当作出明确的意思表示，仅约定合同适用的法律，不能作为确认合同中仲裁条款效力适用的法律。”B项错误。

如仲裁庭在日本仲裁，说明仲裁地在日本，故仲裁庭应适用日本冲突规范确定准据法，D项正确。

88.【参考答案】 BC

【解析】 根据《法律适用法》关于消费者合同法律适用的规定，消费者张某有选择法律的权利，但只有选择商品提供地的韩国法才有效。若张某没有选择法律，由于金达公司在张某经常居所地的中国没有相关经营活动，也只能适用商品提供地的韩国法。故无论张某是否选择法律，本案消费者合同纠纷均只能适用韩国法，A项错误，C项正确。

根据《民事诉讼法》第276条，因涉外民事纠纷，对在中华人民共和国领域内没有住所的被告提起除身份关系以外的诉讼，如果合同签订地、合同履行地、诉讼标的物所在地、可供扣押财产所在地、侵权行为地、代表机构住所地位于中华人民共和国领域内的，可以由合同签订地、合同履行地、诉讼标的物所在地、可供扣押财产所在地、侵权行为地、代表机构住所地人民法院管辖。本案属于消费者合同纠纷，被告金达公司在中国没有住所，但在中国大连有可供扣押的房产，故大连法院有权管辖此合同纠纷，B项正确，D项错误。

89.【参考答案】 CD

【解析】 《对外贸易法》第8条规定："本法所称对外贸易经营者，是指依法办理工商登记或者其他执业手续，依照本法和其他有关法律、行政法规的规定从事对外贸易经营活动的法人、其他组织或者个人。"可见，个人可以成为外贸经营者，且外贸经营权的获得适用登记备案制而非审批制，AB项错误。

《出口管制法》第12条第1、2款规定："国家对管制物项的出口实行许可制度。出口管制清单所列管制物项或者临时管制物项，出口经营者应当向国家出口管制管理部门申请许可。"C项正确。

《出口管制法》第16条第1款规定："管制物项的最终用户应当承诺，未经国家出口管制管理部门允许，不得擅自改变相关管制物项的最终用途或者向任何第三方转让。"D项正确。

90.【参考答案】 ABC

【解析】 根据《保护工业产权巴黎公约》（该公约已被TRIPs协定纳入）的商标、专利独立性原则，关于外国人的专利申请和商标注册，应由各成员国依据本国法确定，而不应受原属国或任何其他国家就该申请作出的决定的影响，ABC项判断错误，D项判断正确。本题为选非题，答案应为ABC。

三、不定项选择题

91.【参考答案】 ABCD

【解析】 选项AC正确，考查无因管理。《民法典》第979条第1款规定："管理人没有法定的或者约定的义务，为避免他人利益受损失而管理他人事务的，可以请求受益人偿还因管理事务而支出的必要费用；管理人因管理事务受到损失的，可以请求受益人给予适当补偿。"该条规定了无因管理情形下管理人所享有的债权。本题中，甲的榕树倒了以后砸进了乙家，榕树及树枝对乙的房屋所有权以及土地使用权构成了妨害，乙有权请求甲排除妨害。与此同时，甲的榕树倒了以后砸到了乙家，砸坏了乙的东西，构成侵权，乙曾多次催促甲修剪，但乙一直未采取措施，存在过错，甲须对乙遭受的损失承担侵权责任。乙在没有约定或者法定义务的情形下，替甲承担了前述责任，构成无因管理，乙有权请求甲偿还因管理事务而支出的必要费用，即其支出的清理榕树树枝的费用以及修缮院子的费用。

选项B正确，考查消除危险请求权。乙家尚未倒塌的墙岌岌可危，仍有侵害乙房屋所有权的危险，乙有权依据消除危险请求权请求甲加固还没倒塌的墙。

选项D正确，考查返还原物请求权。甲的榕树倒了以后砸进了乙家，甲仍为其所有权人，乙对树枝的占有属于无权占有，甲有权依据返还原物请求权请求乙返还清理出来的树枝。

92.【参考答案】 ABD

【解析】 选项A正确，考查抵押财产的转让以及特殊动产的物权变动。本题中，某公司将现有及将有的生产设备、原材料、半成品等为债务提供浮动抵押担保，依据《民法典》第396条与第403条，某银行取得动产浮动抵押权，汽车属于抵押财产的一部分。按照《民法典》第406条所揭示的精神，《民法典》已经允许抵押财产自由转让，因此，某公司有权不经某银行的同意将汽车转让给甲。《民法典》第225条规定："船舶、航空器和机动车等的物权的设立、变更、转让和消灭，未经登记，不得对抗善意第三人。"按照目前通说见解，特殊动产买卖的物权变动方式是"交付生效+登记对抗"。本题中，2021年4月15日，某公司向甲交付了汽车，甲已经取得了汽车的所有权。

选项B正确，考查抵押财产的转让。本题中，某公司转让的是已经被抵押且抵押权已经登记的汽车，甲取得的汽车所有权上是否还有抵押权负担，需要结合《民法典》第404条，审查甲是否为正常经营活动中的买受人。《民法典》第404条规定："以动产抵押的，不得对抗正常经营活动中已经支付合理价款并取得抵押财产的买受人。"对于正常经营活动买受人规则，《担保制度解释》第56条作出了进一步的具体规定："买受人在出卖人正常经营活动中通过支付合理对价取得已被设立担保物权的动产，担保物权人请求就该动产优先受偿的，人民法院不予支持，但是有下列情形之一的除外：（一）购买商品的数量明显超过一般买受人；（二）购买出卖人的生产设备；（三）订立买卖合同的目的在于担保出卖人或者第三人履行债务；（四）买受人与出卖人存在直接或者间接的控制关系；（五）买受人应当查询抵押登记而未查询的其他情形。前款所称出卖人正常经营活动，是指出卖人的经营活动属于其营业执照明确记载的经营范围，且出卖人持续销售同类商品。前款所称担保物权人，是指已经办理登记的抵押权人、所有权保留买卖的出卖人、融资租赁合同的出租人。"本题中，甲仅支付了25%

的价款,且此后再也没有支付价款,这意味着甲并未"已经支付合理价款",甲不构成《民法典》第404条中的正常经营活动买受人,汽车上某银行的抵押权并不消灭,甲取得的是一个有抵押权负担的汽车。因此,某银行的抵押权可以对抗甲。

选项C错误,D正确,考查担保物权竞合问题,具体涉及价款担保权的超级优先规则的适用。《民法典》第416条规定:"动产抵押担保的主债权是抵押物的价款,标的物交付后十日内办理抵押登记的,该抵押权人优先于抵押物买受人的其他担保物权人受偿,但是留置权人除外。"该条是关于价款担保权超级优先的规则。《担保制度解释》第57条对该条作出了进一步的具体规定。本题中,甲取得汽车的所有权后立即将其抵押给某公司,该公司在交付后10日内办理了登记。但是价款担保权超级优先规则,要求竞合的两个担保权必须是同一个债务人所设,而本题中,动产浮动抵押权是某公司所设,而汽车抵押权是甲所设,并非同一债务人所设,不符合价款担保权超级优先规则的保护目的。因此某公司的汽车抵押权不能取得超级优先地位,其与某银行的抵押权的顺位仍应适用一般的意定担保物权竞合的顺位规则,即《民法典》第414条。该条规定:"同一财产向两个以上债权人抵押的,拍卖、变卖抵押财产所得的价款依照下列规定清偿:(一)抵押权已经登记的,按照登记的时间先后确定清偿顺序;(二)抵押权已经登记的先于未登记的受偿;(三)抵押权未登记的,按照债权比例清偿。其他可以登记的担保物权,清偿顺序参照适用前款规定。"依据该条第1款第1项,某银行的抵押权优先于某公司的抵押权。

93.【参考答案】 CD

【解析】 本题考查仲裁裁决被撤销的法律后果。仲裁裁决被撤销后,当事人既可以直接向法院起诉,也可以达成新的仲裁协议申请仲裁,但是不能根据原来的仲裁协议要求原仲裁机构重新仲裁或在没有新的仲裁协议的前提下再次申请仲裁。

94.【参考答案】 BD

【解析】 A选项不当选,用人单位必须为劳动者提供符合国家规定的劳动安全卫生条件和必要的劳动防护用品,这是用人单位的义务,收取费用是违反法律规定的。

B选项当选,《劳动法》规定应当对两类劳动者定期进行健康检查:(1)未成年工;(2)从事有职业危害作业的劳动者。故应当对李某进行体检。

C选项不当选,李某的妻子不能从事矿山、井下、国家规定的第四级劳动强度的劳动和其他禁忌从事的劳动。

D选项当选,瓦斯探测器设备属于劳动安全卫生设施,新建、改建、扩建工程的劳动安全卫生设施必须与主体工程同时设计、同时施工、同时投入生产和使用。

95.【参考答案】 BC

【解析】 根据《矿产资源法》第16条的规定:(1)对保护性开采的特定矿种,由国务院地质矿产主管部门审批,并颁发采矿许可证;(2)对开采石油、天然气、放射性矿产等特定矿种,可以由国务院授权的有关主管部门审批,并颁发采矿许可证。据此可知,本题B、C选项正确,当选。

96.【参考答案】 AC

【解析】 A选项,宣告注册商标无效的决定或者裁定,对宣告无效前已经履行的商标转让或者使用许可合同,不具有溯及力。本题乙公司与甲公司签订了商标使用许可合同并已经履行完毕,题干也无法得出甲公司恶意的结论,所以即使该商标被宣告无效,乙公司也无权请求甲公司返还商标使用许可费。故A选项正确。

B选项,当出现法定事由时,在先权利人或者利害关系人自商标注册之日起5年内,可以请求商标评审委员会宣告该注册商标无效。本案中,涉案徽标于2015年8月获得商标注册,李某于2019年10月11日申请该商标无效,尚未超过时效。故B选项错误。

C选项,根据《商标法》第45条第3款的规定,商标评审委员会在对无效宣告请求进行审查的过程中,所涉及的在先权利的确定必须以人民法院正在审理或者行政机关正在处理的另一案件的结果为依据的,可以中止审查。中止原因消除后,应当恢复审查程序。故C选项正确。

D选项,仅因酷酷网站办理了版权登记而认为李某无权请求宣告商标无效是错误的。自创作完成之日起,作者即享有著作权,版权登记仅具有对抗效力,不得以此否认实际权利人的权利,所以李某请求宣告该注册商标无效并无不当。故D选项错误。

97.【参考答案】 B

【解析】 《民诉解释》第529条第1款规定:"涉外合同或者其他财产权益纠纷的当事人,可以书面协议选择被告住所地、合同履行地、合同签订地、原告住所地、标的物所在地、侵权行为地等与争议有实际联系地点的外国法院管辖。"本案涉外合同纠纷选择H国S市法院管辖的约定是有效的，但H国S市法院管辖后只会适用H国民事诉讼规则解决纠纷，不会适用当事双方选择的中国民事诉讼法，A项错误，B项正确。

本案双方补充协议构成涉外仲裁协议，其效力在没有意思自治的情况下应适用仲裁机构所在地法或仲裁法，本案即为中国法。但我国《仲裁法解释》第7条规定："当事人约定争议可以向仲裁机构申请仲裁也可以向人民法院起诉的，仲裁协议无效……"若适用中国法，可裁可诉的仲裁协议无效，故CD项均错误。

98.【参考答案】 ABCD

【解析】 A项错误。股份公司的董事、监事、高级管理人员，所持本公司股份自公司股票上市交易之日起1年内不得转让。

B项错误。股份公司公开发行股份前已经发行的股份，自上市之日起1年内不得转让。

C项错误。股份公司为实施员工持股计划、股权激励而回购股份，不得超过10%。

D项错误。股份公司不得接受本公司的股份作为质押标的。

99.【参考答案】 D

【解析】 《民诉解释》第59条规定："在诉讼中，个体工商户以营业执照上登记的经营者为当事人。有字号的，以营业执照上登记的字号为当事人，但应同时注明该字号经营者的基本信息。营业执照上登记的经营者与实际经营者不一致的，以登记的经营者和实际经营者为共同诉讼人。"本题中，"家家利商店"属于个体工商户。该个体工商户有登记的字号，应当以登记的字号作为当事人，即本案原告为"家家利商店"。

100.【参考答案】 CD

【解析】 根据CRS，交换税收情报是自动进行、无须申请的，A项错误。

根据中国《个人所得税法》，自然人纳税居民身份的确定适用住所和居住时间标准，王小明长期居住在中国，构成中国纳税居民，B项错误。

CRS下交换的仅为产生现金流的金融账户信息，而非所有财产信息，CD项正确。

2022年国家统一法律职业资格考试
客观题试卷一

一、单项选择题　每题所设选项中只有一个正确答案，多选、错选或不选均不得分。（本部分含1—50题，每题1分，共50分）

1. 关于盗窃罪，下列选项说法正确的是？（　　）

A. 胜达公司购买房屋后将房屋登记在员工张某的名下，张某谎称房产证丢失补办了房产证，并且把房屋出售给不知情的丙，张某的行为只构成盗窃罪

B. 快递员甲错将快递（洗衣机）送给收件人的邻居乙，邻居乙明知快递是对门的，还将快递拿回家，经甲催要仍不退还，乙的行为构成侵占罪

C. 乙去朋友甲家中喝酒做客，乙偷了甲的自行车，甲因喝多帮乙一起偷，事后才知被偷的自行车是自己的，甲与乙构成盗窃罪的共犯

D. 甲在无人售货的超市将更高价牌子的产品换成低价的标签，然后刷低价的标签"买"走高价的商品，甲的行为构成盗窃罪

2. 甲国有独资企业有一项正在进行的工程，派遣员工张某负责工程项目安全、质量、付款、验收等现场管理工作，项目施工方乙建筑公司指定王某为该项目执行经理，项目监理公司指定刘某为总监代表。在施工过程中，张某、王某和刘某3人共谋，由王某以虚构水泥的方式报给刘某审核，张某签字确认，使甲国有独资企业多付款200万元给乙建筑公司，然后王某从乙建筑公司取出60万元和张某、刘某平分，3人各分得20万元。剩下140万元用于乙建筑公司的正常生产经营。关于张某、王某和刘某3人的行为性质和涉款数额，下列说法正确的是？（　　）

A. 王某即使不是国家工作人员，仍然构成贪污罪，金额200万元

B. 刘某构成行贿罪，金额20万元

C. 张某构成受贿罪，金额20万元

D. 张某虽然不是乙建筑公司的工作人员，仍然构成职务侵占罪，金额60万元

3. 关于运输毒品罪，下列选项说法正确的是？（　　）

A. 甲运送毒品去贩卖，但还未来得及交易，就被警察抓获。即使没有交易成功，甲仍构成运输毒品罪

B. 乙出差时发现毒品便宜，为了自己吸食，买了少量带回家，乙成立运输毒品罪

C. 丙发现电子烟的"大麻素"可以成瘾，但不知道"大麻素"的具体成分，出售了大量该种类型的电子烟。丙不成立贩卖毒品罪

D. 甲在网上向卖家乙购买少量毒品供自己吸食，乙将毒品寄出，甲成功收货。甲、乙构成运输毒品罪的共犯

4. 关于构成要件要素，以下说法正确的是？（　　）

A. 贩卖毒品罪的"毒品"是规范的构成要件要素

B. 抢劫罪的"暴力"是记述的构成要件要素

C. 受贿罪的"为他人谋取利益"是不成文的构成要件要素

D. 诈骗罪的"非法占有目的"是不成文的构成要件要素

5. 乙是五常本地的水稻种植大户，收割当季水稻后，将其交给甲经营的米厂进行加工。甲把乙提供的水稻脱壳得到新的大米占为已有而将陈年旧米交付给乙。甲的行为构成何罪？（　　）

A. 甲第一个行为构成盗窃罪，第二个行为不构成犯罪

B. 甲第一个行为构成侵占罪，第二个行为构成诈骗罪

C. 甲第一个行为构成盗窃罪，第二个行为构成诈骗罪

D. 甲第一个行为构成侵占罪，第二个行为不构成犯罪

6. 关于刑法因果关系的判断，正确的是？（　　）

A. 无论是依据条件说还是相当因果关系说，都认为没有条件关系便没有因果关系

B. 行为人实施危害行为引发危害结果，尽管有其他积极因素介入，但并非过分异常的因素，不中断危害行为与危害结果之间的因果关系

C. 在合法则的条件说中，合法则是在具体案件中，根据经验法则或科学法则进行判断

D. 因果关系是实行行为与危害结果之间引起与被引起的关系，即便是预备行为产生了危害结果，也应当认定存在因果关系

7. 关于刑事责任能力，以下说法正确的是？（　　）

A. 甲（15岁）因琐事与乙产生纠纷，甲打电话给自己的父亲丙，让其组织群架，甲在一旁观看。甲不成立聚众斗殴罪

B. 甲在国外不能回国参加高考，甲的父亲乙让丙代替甲参加考试。乙成立组织考试作弊罪，丙成立代替考试罪

C. 甲组织多名未成年人在景区实施盗窃，甲仅成立组织未成年人进行违反治安管理活动罪

D. 甲因犯抢劫罪被羁押至看守所，其间，甲花50万元从他人处购买了某国家工作人员的犯罪信息并揭发了该国家工作人员的犯罪行为。甲对抢劫罪不成立自首，但揭发国家工作人员的犯罪行为成立立功

8. 甲、乙持刀抢劫路人丙，丙强烈反抗，甲遂持刀刺向丙，由于丙向一侧躲闪，甲的刀刺中同伴乙的胸部致其重伤，丙趁机逃跑。下列哪一选项是正确的？（　　）

A. 甲的行为属于打击错误，根据法定符合说，甲对乙的重伤承担刑事责任

B. 甲的行为属于对象错误，根据法定符合说，甲对乙的重伤承担刑事责任

C. 乙虽然身受重伤，但乙与甲构成共同犯罪，故乙对自己的重伤承担刑事责任

D. 甲对乙的重伤属于偶然防卫，不构成犯罪

9. 关于犯罪中止，下列说法正确的是？（　　）

A. 甲、乙系夫妻，因琐事发生争吵，乙提出离婚后欲上床睡觉。甲害怕离婚，遂起杀妻之念，边掐乙的脖子边问其是否离婚，乙连声回答“要离”。甲掐乙的脖子越掐越紧，导致乙昏迷休克。甲认为乙被掐死，遂松手观望。两分钟后乙醒来要喝水，甲递给乙水，没有继续实施杀害行为。甲成立故意杀人罪的犯罪中止

B. 化学老师甲制造毒品后，因感到害怕，又将制造好的毒品倒入沟里。甲成立制造毒品罪的犯罪中止

C. 甲打电话威胁乙向其银行卡打30万元，否则就杀了乙。后甲怕被抓，又发短信让乙不要打钱。乙为保安全还是往甲的银行卡上打了30万元。甲成立敲诈勒索罪的犯罪中止

D. 甲计划通过八次投放毒药致妻子乙慢性中毒死亡，投放四次后，甲心生悔意，放弃了进一步的投放行为，但因前四次毒药投放的量过大致乙死亡。甲成立故意杀人罪的犯罪中止

10. 甲为了讨债拘禁了乙，乙非常气愤地大叫“老子就没钱，要命有一条”。甲被激怒说，“既然这样那就用命偿还吧”，随后一刀将乙杀死。对甲的行为如何定性？（　　）

A. 甲的行为成立绑架罪

B. 甲成立非法拘禁致人死亡的结果加重犯

C. 如果认为《刑法》第238条第2款对“罪数”的规定为法律注意规定，甲的行为成立非法拘禁罪与故意杀人罪，数罪并罚

D. 如果认为《刑法》第238条第2款对“罪数”的规定为法律注意规定，甲的行为成立故意杀人罪一罪

11. 下列关于假释，说法错误的是？（　　）

A. 假释考验期内犯新罪，假释考验期届满后发现的，也应当撤销假释

B. 假释考验期满后犯新罪，应当撤销假释

C. 假释考验期满后，发现假释考验期内严重违反假释规则，情节严重的，不能撤销假释

D. 假释考验期满后发现漏罪的，应当撤销假释

12. 关于妨害信用卡管理罪和信用卡诈骗罪（不考虑数量），下列说法错误的是？（　　）

A. 甲将丙的身份证交给乙，乙拿去办理了数十张信用卡。甲成立妨害信用卡管理罪

B. 环卫工人甲分次捡拾到共30张信用卡，放在家里不用，后来失主也陆续挂失。甲成立妨害信用卡管理罪

C. 甲用虚假的身份证明骗领了一张信用卡，准备去附近的商场刷卡消费。途中，因形迹可疑，甲被巡逻的警察盘问，遂案发。甲仅成立信用卡诈骗罪的犯罪预备，不成立妨害信用卡管理罪

D. 甲得知同名同姓的乙丢失了信用卡，于是便到银行挂失并补办了一张信用卡。甲成立妨害信用卡管理罪

13. 下列关于洗钱罪的说法，正确的是？（　　）

A. 诈骗罪、盗窃罪、抢夺罪等财产犯罪的行为人，实施自洗钱的行为，不可能构成洗钱罪

B. 在上游犯罪判决前，不能对洗钱罪进行

审判

C. 上游犯罪超过追诉时效，洗钱罪没有超过追诉时效的，可以追究洗钱罪的刑事责任

D. 2017年《刑法》所规定的洗钱罪是“明知是毒品犯罪、黑社会性质的组织犯罪……的所得及其产生的收益”，《刑法修正案（十一）》删除了“明知”。因此，过失可以构成洗钱罪

14. 下列行为不成立生产、销售有毒、有害食品罪的是？（　　）

A. 有证据证明甲在生产的食品中加入了有害的非食品原料，但鉴定机构未检查出有害物质

B. 王某捡到若干毒蘑菇，明知蘑菇有毒还向他人销售

C. 甲往酒里兑工业酒精进行出售，导致多人中毒

D. 甲明知对方是食用油经销者，仍然将“地沟油”加工而成的劣质油脂销售给对方，导致“地沟油”流入食用油市场供人食用

15. 张某和徐某交往期间，骗得徐某10万元，后以涉嫌诈骗被立案侦查。审查起诉阶段，张某认罪认罚，积极退还部分款项并取得徐某谅解。适用速裁程序审理阶段，张某辩称欺骗徐某感情为真，但款项为民间借贷并在积极退赔中。对此正确的是？（　　）

A. 张某在庭审阶段“辩解”，法院当庭应从重量刑处罚

B. 张某的“辩解”仅影响“认罚”，不影响“认罪”

C. 张某不可以选择适用普通程序，只能适用速裁程序审理

D. 法院仍可按照积极退赔从宽量刑

16. 张某在火车上扒窃，回到家后被公安机关抓获，请问该案管辖机关是？（　　）

A. 抓获地公安机关

B. 小偷出站地铁路公安机关

C. 列车始发地铁路公安机关

D. 列车乘警所在铁路公安机关

17. 关于认罪认罚从宽制度，下列说法正确的是？（　　）

A. 提升了刑诉被告人的地位

B. 体现了刑事诉讼的独立价值

C. 体现了我国审判的职权主义

D. 进一步贯彻了无罪推定

18. 张某醉酒骑电动自行车与行人徐某相撞，被公安机关以危险驾驶罪移送检察院审查起诉。下列选项中，检察院可以作出存疑不起诉决定的是？（　　）

A. 张某辩称知道醉酒不能开车但是不知道不能骑电动自行车

B. 张某的血液样本被污染

C. 能证明骑车时路段人稀少，检察院可以侦查后决定

D. 能证明张某骑的电动车属于非机动车

19. 张某因实施强奸被公安机关当场抓获，某县公安机关对其立案侦查，在检察院审查起诉期间，张某自愿认罪认罚，下列表述正确的是？（　　）

A. 张某认罪认罚的，检察院可以就主刑、附加刑、是否适用缓刑等提出量刑建议

B. 检察院办理认罪认罚案件，应当提出确定刑量刑建议

C. 检察院提出量刑建议，应当听取被害人及其诉讼代理人的意见

D. 检察院应当听取侦查机关、相关行政执法机关的意见

20. 辩护制度是保障犯罪嫌疑人、被告人权利的重要制度，下列关于辩护制度的说法正确的是？（　　）

A. 非律师辩护人可以自审查起诉之日起，查阅案卷材料

B. 被告人可以因“不顺眼”而拒绝法律援助的辩护人为其辩护

C. 自审查起诉之日起，值班律师可以查阅案卷材料、了解案情

D. 与案件有利害关系的人一律不得担任本案辩护人

21. 关于强制措施的表述，下列说法正确的是？（　　）

A. 公安机关对于扭送来的人应当接受并审查，扭送是强制措施的一种

B. 对于没有住处的犯罪嫌疑人，可以指定在专门办案场所执行

C. 可以将被拘留的犯罪嫌疑人变更为监视居住，但不得将监视居住变更为拘留

D. 取保候审和监视居住都可以由公安机关、检察院、法院决定

22. 关于未成年人刑事诉讼程序，下列选项正确的是？（　　）

A. 犯罪的时候不满18周岁的未成年人，应当对相关犯罪记录予以封存

B. 检察院审查批准逮捕未成年犯罪嫌疑人时,可以听取辩护律师的意见

C. 审查起诉时,未成年犯罪嫌疑人认罪认罚的,无须签订认罪认罚具结书

D. 未成年嫌疑人法定代理人对附条件不起诉有异议的,检察院应当作出起诉的决定

23. 张某因故意杀人罪被中级人民法院一审判处死刑立即执行,张某未上诉,检察院也未抗诉,经高级人民法院核准后报最高人民法院核准。下列说法正确的是?( )

A. 若张某有辩护人,最高人民法院在复核期间,应当听取辩护人意见

B. 最高人民法院在复核期间,应当讯问张某

C. 最高人民法院复核后发现原判认定事实正确,但依法不应当判处死刑的,应当依法改判

D. 最高人民法院认为张某不应判处死刑,不予核准的,应当发回中级人民法院重新审判

24. 刘某喝醉酒后,当街殴打王某,路人见状报警。经立案侦查后,刘某因涉嫌故意伤害罪被提起公诉,检察院向法院提交如下证据:案发处监控录像,刘某的认罪供述,本案前刘某曾犯盗窃的案卷材料,路人的证言。下列说法正确的是?( )

A. 若案发监控录像模糊,无法辨别是否刘某打人,则录像不得作为证据使用

B. 刘某的认罪供述属于间接证据

C. 本案前刘某曾犯盗窃的案卷材料可以作为认定刘某主观恶意的证据使用

D. 经法院通知,路人没有正当理由拒绝出庭作证,法院对其真实性无法确认的,路人证言不得作为定案的根据

25. 甲、乙、丙承包土地使用权,界限不明,丙申请确认,政府认定了甲、乙的10亩地给丙,丙将这10亩地用铁丝网圈住种树。甲、乙诉至法院请求丙消除影响。下列说法正确的是?( )

A. 法院判决驳回甲、乙诉求

B. 此实质是土地权属纠纷

C. 法院应判决甲、乙胜诉

D. 应由政府解决此纠纷

26. 关于公务员的诫勉,下列选项正确的是?( )

A. 诫勉的性质是公务员行政处分

B. 诫勉是组织对公务员的监督

C. 被诫勉的公务员不得涨工资

D. 对诫勉决定不服,公务员不能提出申诉

27. 中国人民银行和中国银行保险监督管理委员会发布一则规章办法,关于该办法的说法正确的是?( )

A. 起草稿报国务院法制机构备案审查

B. 列入国务院年度立法计划

C. 中国人民银行和中国银行保险监督管理委员会召开部门会议讨论通过或决定

D. 两部门领导共同署名发布

28. 某船舶公司向区政府申请筹建和经营渡口,区政府向当地海事管理机构征求意见,海事管理机构复函认定船舶公司目前不具备筹建和经营渡口的条件,区政府经过勘验、调查、取证后作出了不予许可的决定,船舶公司对不予许可不服,申请起诉。下列哪一选项是正确的?( )

A. 专家评审时间不计入行政许可期限

B. 复议决定一经作出即发生效力

C. 船舶公司可以对复函提起诉讼

D. 复议机关应通知海事管理机构作为第三人参加复议

29. 甲向省资源环境厅申请环评许可,省资源环境厅未作答复,甲用邮政邮寄的方式提交起诉书,要求准予环评许可,诉讼中,环境厅发放许可,甲不撤诉。下列说法不正确的是?( )

A. 甲的起诉期限为6个月

B. 法院驳回原告的诉讼请求

C. 法院可以以短信方式送达诉讼文书

D. 对于甲的起诉,法院以邮政签收日期为起诉日期

30. 市人社局将田某的养老保险关系转入社会保险关系,田某认为自己应该按照事业单位保险缴纳,于是向市政府复议。市政府维持,田某起诉至法院。法院以不属于行政案件受案范围驳回起诉。下列说法正确的是?( )

A. 复议后应60日内起诉

B. 法院应当裁定一并驳回对市人社局和市政府的起诉

C. 本案应由中级人民法院管辖

D. 市政府不需要对市人社局的合法性承担举证责任

31. 甲认为乙侵权,区知识产权局认为不侵权,甲向市知识产权局复议,复议维持,甲向法院起诉请求撤销知识产权局的决定,并请求乙停止侵害。下列说法正确的是?( )

A. 法院应将行政和民事争议一并审理

B. 法院应当分别立案

C. 该案件按行政案件标准收费

D. 法院应将责令侵权人停止侵害单独立案

32. 我国邮政局是由交通运输部管理的行政机构,关于该机构下列说法正确的是?(   )

A. 由国务院交通运输部门管理,主管特定业务,行使行政管理职能

B. 该机构根据工作需要应当设立司、处两级内设机构

C. 该机构的设立、撤销或者合并由国务院机构编制管理机关审核批准

D. 该机构增加或者减少编制,由交通运输部审核,报国务院决定

33. 某市政建设管理部门依法授予甲公司城市管道燃气独占专营权。在甲公司经营权与营业权存续期间内,该市政建设管理部门确定了城市管道燃气项目招标方案,并举行招标,乙公司中标。对招标行为,甲公司向法院提起诉讼。下列说法错误的是?(   )

A. 授予甲公司城市管道燃气独占专营权的行为属于民事行为

B. 如果法院受理此案,乙公司为第三人

C. 非因法定事由并经法定程序,市政建设管理部门不得撤回甲公司依法取得的城市管道燃气独占专营权

D. 授予甲公司城市管道燃气独占专营权的行为属于行政许可

34. 张某到某县郊区旅社住宿,拒不出示身份证件,与旅社工作人员争吵并强行住入该旅社。该郊区派出所以扰乱公共秩序为由,决定对张某处以300元罚款。以下说法错误的是?(   )

A. 对于处罚决定不服,张某可以向县政府申请行政复议

B. 作出处罚决定前,应当告知张某作出处罚的事实、理由和依据

C. 对于处罚决定不服,张某不得向县公安局申请行政复议

D. 对于处罚决定不服,张某可以向市公安局申请行政复议

35. 甲市A区市场监督管理局在例行检查的过程中,发现陈某擅自设立互联网上网服务营业场所,甲市A区市场监督管理局联合市消费者协会对陈某进行了处罚,陈某不服。对此下列说法正确的是?(   )

A. 应当以甲市A区市场监督管理局和市消费者协会作为共同被告

B. 可以以甲市A区市场监督管理局或市消费者协会作为被告

C. 市消费者协会是本案被告

D. 市消费者协会是本案第三人

36. 关于行政诉讼的被告,下列哪些说法是正确的?(   )

A. 甲复议机关确认原行政行为无效,当事人不服的,应当以原机关和复议机关为共同被告

B. 乙复议机关以违反法定程序确认原行政行为违法,当事人不服的,应当以复议机关为被告

C. 丙区文化与旅游局被撤销且没有继续行使其职权的机关的,以其上一级文化与旅游局为被告

D. 王某对丁村委会经《土地管理法》授权作出行为不服而起诉的,应当以丁村委会为被告

37. 关于党内法规和法律的关系,下列说法不正确的是?(   )

A. 党内法规是党的中央组织以及中央纪律检查委员会制定的党内规章制度的总称

B. 党的纪律是党内规矩,党规党纪严于国家法律

C. 党内法规是管党治党的重要依据,也是建设社会主义法治国家的有力保障

D. 党章是最根本的党内法规,对所有党员都平等适用

38. 关于党的领导和依法治国的关系,下列说法不正确的是?(   )

A. 党的领导和社会主义法治是一致的,社会主义法治必须坚持党的领导,党的领导必须依靠社会主义法治

B. 党的领导是中国特色社会主义最本质的特征,是社会主义法治最根本的保证

C. 坚持党的领导就是要善于让党组织推荐的人直接成为国家政权机关的领导人员

D. 党的主张通过法定程序成为国家意志,是党的领导的主要内容之一

39. 关于习近平法治思想的形成发展,下列说法不准确的是?(   )

A. 习近平法治思想在全面依法治国工作中的指导地位,是全面贯彻习近平新时代中国特色社会主义思想,加快建设中国特色社会主义法治体系、建设社会主义法治国家的必然要求

B. 习近平法治思想是马克思主义法治理论中国化的最新成果,是中国特色社会主义法治理论的重大创新发展,是习近平新时代中国特色社会主义思想的重要组成部分,是新时代推进全面依法治国

必须长期坚持的指导思想

C. 习近平法治思想是着眼中华民族伟大复兴战略全局和当今世界百年未有之大变局，顺应实现中华民族伟大复兴时代要求应运而生的重大战略思想

D. 习近平法治思想是引领法治中国建设实现高质量发展的思想旗帜

40.《老年人权益保障法》第 18 条第 1 款规定："家庭成员应当关心老年人的精神需求，不得忽视、冷落老年人。"关于该条款，下列哪一说法是错误的？(　　)

A. 规定的是确定性规则，也是义务性规则

B. 是用"规范语句"表述的

C. 规定了否定式的法律后果

D. 规定了家庭成员对待老年人之行为的"应为模式"和"勿为模式"

41. 甲市政府对某行政事业性收费项目的依据和标准迟迟未予公布，社会各界意见较大。关于这一问题的表述，下列哪一选项是错误的？(　　)

A. 市政府应当主动公开该收费项目的依据和标准

B. 市政府可向市人大常委会要求就该类事项作专项工作报告

C. 市人大常委会组成人员不可向常委会口头提出针对市政府不公开信息的质询案

D. 市人大举行会议时，市人大代表可依法书面提出针对市政府不公开信息的质询案

42. 社会主义公有制是我国经济制度的基础。根据现行《宪法》的规定，关于基本经济制度的表述，下列哪一选项是正确的？(　　)

A. 国家财产主要由国有企业组成

B. 城市的土地属于国家所有

C. 农村和城市郊区的土地都属于集体所有

D. 国营经济是社会主义全民所有制经济，是国民经济中的主导力量

43. 有法谚云："法律为未来作规定，法官为过去作判决。"关于该法谚，下列哪一说法是正确的？(　　)

A. 法律的内容规定总是超前的，法官的判决根据总是滞后的

B. 法官只考虑已经发生的事实，故判案时一律选择适用旧法

C. 法律绝对禁止溯及既往

D. 即使案件事实发生在过去，但"为未来作规定"的法律仍然可以作为其认定的根据

44. 下列关于宪法的分类，正确的选项是？(　　)

A. 世界上第一部宪法是 1787 年的《美国宪法》，欧洲的第一部宪法是 1791 年的《法国宪法》

B. 中国是典型的刚性宪法国家，宪法的修改程序严于普通法律，宪法修正案要求全国人大全体代表的 2/3 以上多数通过，普通法律只需要 1/2 以上通过即可

C. 在成文宪法国家，宪法典就是通常意义上的宪法，而在不成文宪法国家，其宪法往往体现为实质意义上的宪法性法律、宪法惯例等形式

D. 1889 年的《明治宪法》和 1830 年的《法国宪法》是两部典型的钦定宪法

45. 唐代诉讼制度不断完善，并具有承前启后的特点。下列哪一选项体现了唐律据证定罪的原则？(　　)

A. 唐律规定，审判时"必先以情，审察辞理，反复参验，犹未能决，事须拷问者，立案同判，然后拷讯，违者杖六十"

B.《断狱律》说："若赃状露验，理不可疑，虽不成引，即据状断之。"

C. 唐律规定，对应议、请、减和老幼残疾之人"不合拷讯"

D.《断狱律》说："(断狱)皆须具引律、令、格、式正文，违者笞三十。"

46.《法官职业道德基本准则》为加强法官职业道德建设，保证法官正确履行法律赋予的职责，规定了相关内容，以下说法正确的是？(　　)

A. 法官应当严格遵守法定办案时限，提高审判执行效率，及时化解纠纷，注重节约司法资源，杜绝玩忽职守、拖延办案等行为，符合司法为民的要求

B. 法官认真贯彻司法公开原则，尊重人民群众的知情权，自觉接受法律监督和社会监督，同时避免司法审判受到外界的不当影响，符合司法公正的要求

C. 法官加强自身修养，培育高尚道德操守和健康生活情趣，杜绝与法官职业形象不相称、与法官职业道德相违背的不良嗜好和行为，遵守社会公德和家庭美德，维护良好的个人声誉，符合司法忠诚的要求

D. 法官不从事或者参与营利性的经营活动，不在企业及其他营利性组织中兼任法律顾问等职务，不就未决案件或者再审案件给当事人及其他诉讼参与人提供咨询意见，符合司法中立的要求

47. 董仲舒解说“春秋决狱”:“春秋之听狱也,必本其事而原其志;志邪者不待成,首恶者罪特重,本直者其论轻。”关于该解说之要旨和倡导,下列哪些表述是错误的?(　　)

A. 断案必须根据事实,要追究犯罪人的动机,动机邪恶者即使犯罪未遂也不免刑责

B. 在着重考察动机的同时,还要依据事实,分别首犯、从犯和已遂、未遂

C. 如犯人主观动机符合儒家“忠”“孝”精神,即使行为构成社会危害,也不给予刑事处罚

D. 以《春秋》经义决狱为司法原则,对当时传统司法审判有积极意义,但某种程度上为司法擅断提供了依据

48. 2018—2021 年我国颁布了典型案例,旨在加强保护知识产权和企业家权益的政策,提高司法保护力,发挥典型案例的价值引导和行为规范的作用,下列说法正确的是?(　　)

A. 典型案例有普遍约束力

B. 在我国,党的政策都是正式的渊源

C. 对于最高人民法院的典型案例,法院审判类似案件时必须参照适用

D. 司法具有政策实施功能

49. 甲国和乙国在平等自愿的基础上签订条约,约定将甲国的一个岛屿割让给乙国。甲国的一个省通过填海造田的方法增加领土面积,其中一部分已进入乙国领海。甲国长期占有南极的大片土地,并宣布该土地归甲国所有。与此同时甲国宣布对某个国际海底区域实行先占。根据国际法相关规则,关于甲国的做法,下列说法正确的是?(　　)

A. 割让不是现代国际法允许的领土取得方式,该岛屿的割让无效

B. 甲国某省的做法符合国际法

C. 甲国宣布南极的土地归其所有不符合国际法的规定

D. 甲国可以对该国际海底区域实行先占

50. 甲国和乙国爆发重大武装冲突,大量甲国难民涌入乙国,关于难民,下列说法正确的是?(　　)

A. 难民到乙国后不得从事营利性工作

B. 难民不受国际法的庇护

C. 如果难民未经允许进入,可以对其惩罚

D. 如果遣返后生命安全受到威胁,无论如何不得遣返

二、多项选择题　每题所设选项中至少有两个正确答案,多选、少选、错选或不选均不得分。(本部分含 51—90 题,每题 2 分,共 80 分)

51. 甲和秘书乙去 KTV 消费,上卫生间的时候和保安发生争吵。乙瞒着甲叫了 a、b、c、d 4 人(均持枪)到 KTV 大堂。甲下楼的时候才发现乙叫了人过来,遂对乙说:打他们(甲不知道 a、b、c、d 4 人有枪),便离开了。a、b、c 朝天朝地开枪,只有 d 对保安丙开枪,保安当场死亡。下列说法正确的有?(　　)

A. 甲构成故意伤害(致死)

B. 乙构成故意杀人罪

C. a、b、c 构成故意杀人罪

D. d 构成故意杀人罪

52. 关于刑法上的因果关系判断,下列说法正确的是?(　　)

A. 甲向银行申请贷款时按银行相关人员的要求提供了伪造的材料,甲取得贷款后因经营受损,未能归还。甲骗取贷款的行为与银行损失之间没有因果关系

B. 溺水者乙即将抓住一个可以救命的属于甲的漂浮物,甲立即拿走了漂浮物,导致乙溺水而亡,甲的行为与乙的死亡具有因果关系

C. 甲、乙没有意思联络,同时向丙各开了一枪,均打中非要害部位,丙因为两处受伤部位流血过多而亡,甲、乙的行为与丙的死亡均具有因果关系

D. 甲、乙没有意思联络,均想投毒杀死丙,乙到达现场时发现甲已经向丙的水投放了毒药,乙便没有放毒,后丙死亡。甲、乙的行为与丙的死亡均具有因果关系

53. 关于故意犯罪的情形界定,下列说法正确的是?(　　)

A. 张某不清楚法律上“枪支”的口径数值,认为自己持有的“枪支”不属于刑法上的枪支,但事实上属于。张某有非法持有枪支罪的犯罪故意

B. 徐某认为偷越国(边)境不是刑法上的故意犯罪,于是从内地偷越到香港,徐某具有偷越国(边)境的故意

C. 李某贩卖电子烟,明知电子烟中合成的大麻有让人上瘾的作用仍然继续贩卖。李某具有贩卖毒品的故意

D. 戴某无聊盗窃马路上井盖,具有盗窃的故意,但不具有破坏交通设施的故意

54. 关于正当防卫,下列说法正确的是?(　　)

A. 甲骑摩托车追赶上乙后，用棍棒打乙，乙逃跑。乙逃跑离开现场5分钟后，发现甲的摩托车停在河边，乙害怕甲骑着车再追自己，于是一脚将摩托车踹下河。乙的行为成立正当防卫

B. 甲和乙共谋杀死丙，甲朝丙开枪之时，丙一把抓过乙，甲的子弹打在乙身上，乙死亡。如果认为偶然防卫也成立正当防卫，丙的行为成立正当防卫

C. 不法侵害者甲追打乙，追打过程中，甲突然犯病抽搐，身体无法动弹。乙观察10分钟之后，发现甲仍然无法动弹。此时乙趁机用凳子砸甲的头，致甲轻伤。乙的行为成立正当防卫

D. 警察王某回家路上被李某拿刀抢劫，假装害怕，然后偷袭李某致其重伤。警察王某的行为成立正当防卫

55. 关于共同犯罪，下列说法正确的是？(　　)

A. 甲、乙共同对丙实施杀害行为，致丙重伤后误以为丙已经死亡，乙先行离开。甲留下处理“尸体”。一个小时后，发现丙还有呼吸，甲一脚将丙踢死了。乙构成故意杀人罪既遂

B. 甲、乙共谋抢劫，在去往抢劫目标的路上，乙因拉肚子无法前往，由甲一人前去抢劫。甲在抢劫过程中看被害人太可怜，于是放弃抢劫。乙成立抢劫罪的未遂

C. 甲、乙共同约定，如果看到警察，就一起开枪打死警察。但警察出现时，乙举手投降，甲按原约定开枪打死警察。乙成立故意杀人罪的未遂

D. 甲知道乙要杀丙，当丙未出现且丁出现时，甲欺骗乙说丙出现了，继而乙枪杀了丁。甲、乙“可能”成立故意杀人罪的共犯

56. 关于法条竞合和想象竞合，下列说法正确的有哪些？(　　)

A. 抢劫致人死亡和抢劫罪的基本犯不可能是法条竞合

B. 如果认为盗窃罪与诈骗罪是对立的，则不可能成立法条竞合

C. 贷款诈骗罪必然涉及骗取贷款罪，但骗取贷款罪不必然涉及贷款诈骗罪。因此，贷款诈骗罪与骗取贷款罪不是法条竞合

D. 张某冒充机关工作人员骗取戴某大量财物和美色。如果认为交叉关系不属于法条竞合，那么甲的行为属于招摇撞骗罪和诈骗罪的想象竞合

57. 关于抢劫罪，下列说法正确的是？(　　)

A. 张某在璀璨天城小区入户盗窃，刚走出被害人家门就被保安发现，保安追赶张某，张某便殴打小区保安，后被保安制服并扣押了盗窃的贵重物品。张某的行为成立转化型抢劫

B. 徐某在公交车上盗窃张某财物得手后下车，被害人张某当即发现并下车追赶，徐某为抗拒抓捕殴打张某致轻伤。徐某的行为构成在交通工具上抢劫

C. 张某在被害人徐某家盗窃财物成功离开后，想到还可以再把徐某家的猫偷走，遂于1个小时后决定返回徐某家偷猫，刚走到徐某家小区单元门口就遇到了徐某。徐某怀疑张某已经在家中盗窃了自己的财物，遂抓住张某不放，张某把徐某打晕后逃走。张某的行为构成转化型抢劫

D. 戴某在道路上盗窃行人张某身上的钱包后逃跑，后被张某发现并追赶。此时，戴某遇到同乡徐某请求帮助殴打张某，知情的徐某帮助戴某一同殴打张某。戴某成立抢劫罪的共犯

58. 关于危险驾驶罪，下列说法正确的是？(　　)

A. 戴某明知张某喝醉了酒，仍然将自己的奔驰车借给张某，让其独自开车回家。张某驾车回家途中，不慎撞死了路人甲。戴某成立危险驾驶罪，不构成交通肇事罪

B. 张某喝醉酒后，给妻子戴某打电话，让其过来开车。等待期间，张某因天气寒冷，在停车场将机动车发动后，打开暖风取暖，被执勤的交警发现，对张某应定危险驾驶罪

C. 某日深夜，王某突发疾病，救护车也无法及时赶到，在场唯一会开车的涛哥也喝醉了酒。为了救王某，涛哥只能驾车将王某送到医院。涛哥不成立危险驾驶罪

D. 张某喝醉酒后骑超标电动车(最高时速达70公里/小时)回家，途中不慎将路人甲撞致轻伤。如果认为超标电动车属于机动车，则张某成立危险驾驶罪

59. 云南胜达旅游公司老板任某(法人代表)安排员工带领没有合法签证的旅客偷越国(边)境。任某让员工张某运前一段距离，到指定的国内的某地，后半段再分两拨运送，任某亲自带一拨15人顺利出境，另一拨是员工王某带队的5人，未出国境线即被抓获。下列说法正确的是？(　　)

A. 任某构成组织他人偷越国(边)境罪既遂

B. 张某构成组织他人偷越国(边)境罪既遂

C. 王某构成组织他人偷越国(边)境罪既遂

D. 本案成立单位犯罪，单位的犯罪形态和任

某的完全一致

60. 关于受贿罪的犯罪形态，下列说法正确的是？（　　）

A. 公安局王局长收到张某送来的没有密码的银行卡，虽然没有取钱但也成立受贿罪既遂

B. 教育局局长收到博达送来的以博达名义开的银行卡且知道银行卡密码，能够随取随用，构成受贿罪既遂

C. 体育局局长收到戴某送来的银行卡，但是卡内为3年期定期存款，收到银行卡不能取钱，因此构成受贿罪未遂

D. 法院院长收到张律师送来的余额为0的银行卡，因为没有钱，就构成受贿罪未遂

61. 张某犯盗窃被一审法院判5年有期徒刑，因犯诈骗判5年有期徒刑，最终合并判决8年有期徒刑。检察院没有抗诉，只有被告张某上诉，二审法院对该案发回重审，最终只判盗窃6年，诈骗不予追究刑事责任，检察院抗诉。对此，下列说法正确的有哪些？（　　）

A. 判盗窃6年违反了上诉不加刑

B. 抗诉后对诈骗罪的二审不得超过5年

C. 抗诉后到二审盗窃和诈骗合并执行改判不得重于8年

D. 发回重审，对盗窃罪的判决不得重于一审盗窃罪的5年

62. 下列关于犯罪嫌疑人、被告人逃匿、死亡案件违法所得的没收程序的表述，下列说法不正确的有哪些？（　　）

A. 对于公安机关侦查的案件，直接由公安机关向法院提出没收违法所得的申请

B. 在审理过程中，在逃的犯罪嫌疑人、被告人自动投案的，人民法院应当中止审理

C. 对于违法所得的没收程序，案情简单的，可以独任审理

D. 法院不开庭审理的，检察院可以不派员出席

63. 对于刑事诉讼第二审程序，下列说法正确的是？（　　）

A. 共同犯罪案件中，只有部分被告人上诉的，第二审法院仅需审查上诉的部分

B. 张某因敲诈勒索一审被判处有期徒刑2年，张某不服上诉。二审法院经审理判处张某有期徒刑3年，缓刑2年，二审法院违反上诉不加刑原则

C. 我国现行刑事诉讼法遵循二审终审制，二审判决自宣告之日起生效

D. 对于一审事实不清、证据不足的，二审法院应当撤销原判，发回重审

64. 老张带领其儿子小张(15周岁)多次盗窃，在一次盗窃过程中造成小马重伤。检察院以盗窃罪和故意伤害罪对老张提起公诉，下列选项正确的是？（　　）

A. 本案小马可以作为证人

B. 可强制小张到庭作证

C. 本案小马可提起附带民事诉讼要求老张赔偿医疗费护理费

D. 由于老张让小张故意犯罪，法院可以对其撤销监护人资格

65. 关于不起诉制度，下列说法正确的是？（　　）

A. 在一审中，对于事实不清、证据不足、不能认定被告人有罪的，人民法院应当作出证据不足、指控罪名不能成立的无罪判决

B. 因甲符合《刑事诉讼法》第16条情节之一，检察院可对其法定不起诉

C. 犯罪嫌疑人自愿如实供述涉嫌犯罪的事实，有重大立功或者案件涉及国家重大利益的，人民检察院可以作出不起诉决定

D. 对于酌定不起诉的，被不起诉人有权向作出不起诉决定的检察院申诉

66. 某县级人民法院对博达被指控故意伤害一案进行了第一审审理，判处博达5年有期徒刑。检察院认为量刑过轻，提出抗诉。关于本案的第二审程序，下列说法正确的是？（　　）

A. 如果博达不服一审判决，可以口头方式提起上诉

B. 二审法院可以不开庭审理

C. 若二审期间，被害人张某提起附带民事诉讼，二审法院可以一并作出判决

D. 第二审法院经审查，认为原判事实不清、证据不足，需要发回重新审判的，可以不开庭审理

67. 关于审判监督程序，下列哪些选项是错误的？（　　）

A. 只有当事人及其法定代理人、近亲属才能对已经发生法律效力的裁判提出申诉

B. 除检察院抗诉的以外，再审不得加重原审被告人的刑罚

C. 对于依照审判监督程序重新审判后可能改判无罪的案件，可中止原判决、裁定的执行

D. 再审启动后，应当对原判决、裁定进行全面

审查

68. 某县林草局发现某公司在国有林地进行开挖，经查该公司未获取相关行政许可，遂责令该公司限期恢复原状并罚款50万元，在收到罚款后予以结案。县检察院以该局怠于监督恢复原状为由提起诉讼，下列说法正确的有哪些？（　　）

A. 检察院应在诉讼前提出检察建议

B. 对于恢复原状县林草局可以依法代为履行

C. 该公司有义务对林地恢复原状

D. 检察院提起诉讼时效为6个月

69. 区政府发布征收安置协议，张某在征收范围，张某认为征收协议违法诉至法院，法院认为虽然程序错误，但安置协议并不违法，要求张某变更诉讼请求，张某拒绝。下列正确的有哪些？（　　）

A. 张某拒绝变更，法院可驳回其诉讼请求

B. 法院可驳回张某起诉

C. 安置协议属于公益性质

D. 案件由中级人民法院管辖

70. 下列哪些属于国家组成部门？（　　）

A. 中国证券监督管理委员会

B. 中国民族事务委员会

C. 国务院国有资产监督管理委员会

D. 审计署

71. 关于行政诉讼的一审过程，下列哪些说法是正确的？（　　）

A. 法院在立案后5日内将起诉状副本发送被告，被告收到后15日内未提交答辩状，法院中止审理

B. 被告应当自收到起诉状副本之日起15日内提交作出行政行为所依据的规范性文件

C. 本案必须采取言词审理的方式

D. 涉及商业秘密的案件，法院可以不公开审理

72. 陈某因违法经营，被甲市乙区市场监督管理局罚款5万元，陈某不服，向乙区政府申请复议，乙区政府将罚款增加为8万元。陈某不服起诉，法院经审理认为8万元罚款决定违法，应如何判决？（　　）

A. 判决撤销8万元的罚款决定

B. 判决责令乙区政府重新作出复议决定

C. 判决责令乙区市场监督管理局重新作出行政决定

D. 判决恢复原行政行为的法律效力

73. 关于《行政处罚法》的相关规定，下列哪些说法是正确的？（　　）

A. 在行政处罚的一般程序中，行政机关应将处罚决定书按照《民事诉讼法》的规定在7日内送达当事人

B. 在证据可能灭失的情况下，经上级机关批准，调查执法人员可以对证据先行登记保存

C. 地方政府规章可以设定警告、通报批评或者一定数额罚款的行政处罚

D. 部门规章可以设定一定数额罚款的行政处罚，罚款的限额由国务院规定

74. 下列哪类人员不可以被录用为公务员？（　　）

A. 被开除公职的

B. 一年内受过两次行政处罚的

C. 因犯罪受过刑事处罚的

D. 被依法列为失信联合惩戒对象的

75. 伟大的时代孕育伟大的理论，伟大思想引领伟大征程，关于习近平法治思想形成发展，下列说法正确的是？（　　）

A. 习近平法治思想是马克思主义法治理论中国化的最新成果，是中国特色社会主义法治理论的重大创新发展

B. 习近平法治思想是习近平新时代中国特色社会主义思想的重要组成部分，是新时代推进全面依法治国必须长期坚持的指导思想

C. 习近平法治思想是着眼中华民族伟大复兴战略全局和当今世界百年未有之大变局，顺应实现中华民族伟大复兴时代要求应运而生的重大战略思想

D. 贯彻社会主义法治理论是中国特色社会主义法治道路的核心要义之一

76. 某村村委会未经村民会议讨论，制定了土地承包经营方案，侵害了村民的合法权益，引发了村民的强烈不满。根据《村民委员会组织法》的规定，下列哪些做法是正确的？（　　）

A. 村民会议有权撤销该方案

B. 由该村所在地的乡镇级政府责令改正

C. 受侵害的村民可以申请法院予以撤销

D. 村民代表可以就此联名提出罢免村委会成员的要求

77. 下列关于坚持以人民为中心，说法正确的是？（　　）

A. 以人民为中心是中国特色社会主义法治的根本立场

B. 坚持人民主体地位。要把体现人民利益、反映人民愿望、维护人民权益、增进人民福祉落实

到全面依法治国各领域全过程

C. 牢牢把握社会公平正义的价值追求

D. 推进全面依法治国的根本目的是依法保障人民权益

78. 预算制度的目的是规范政府收支行为，强化预算监督。根据《宪法》和法律的规定，关于预算，下列表述正确的是？（　　）

A. 政府的全部收入和支出都应当纳入预算

B. 经批准的预算，未经法定程序，不得调整

C. 国务院有权编制和执行国民经济和社会发展计划、国家预算

D. 全国人大常委会有权审查和批准国家的预算和预算执行情况的报告

79. 现行《宪法》规定，“中华人民共和国是全国各族人民共同缔造的统一的多民族国家”，“国家在必要时得设立特别行政区。在特别行政区内实行的制度按照具体情况由全国人民代表大会以法律规定”。下列理解正确的有哪些？（　　）

A. 在法律制度方面，我国只有一部宪法，只有一套以宪法为基础的法律体系

B. 在国家机构方面，我国只有一套中央国家机关体系

C. 在中央和地方的关系上，地方行政区域均需坚持中央政府的统一领导，不得脱离中央而独立

D. 我国地方行政区划包括普通行政区划、民族自治行政区划及经济特区行政区划

80. 下列哪些情形下律师可以与当事人建立或维持委托关系？（　　）

A. 律师与委托当事人系多年好友

B. 接受民事诉讼一方当事人委托，同一律师事务所其他律师系该案件对方当事人的近亲属，但委托人知悉且同意

C. 同一律师事务所不同律师同时担任同一民事案件争议双方当事人代理人

D. 委托关系停止后两年，律师就同一法律业务接受与原委托人有利害关系的对方当事人委托

81. 某环保公益组织以一企业造成环境污染为由提起环境公益诉讼，后因诉讼需要，向县环保局申请公开该企业的环境影响评价报告、排污许可证信息。环保局以该组织无申请资格和该企业在该县有若干个基地，申请内容不明确为由拒绝公开。下列哪些说法是错误的？（　　）

A. 对该组织的申请内容是否明确，环保局的认定和处理是正确的

B. 该组织提出申请时应出示其负责人的有效身份证明

C. 该组织的申请符合根据自身生产、生活、科研等特殊需要要求，环保局认为其无申请资格不成立

D. 该组织所申请信息属于依法不应当公开的信息

82. 下列哪些选项符合特别行政区基本法的规定？（　　）

A. 特别行政区立法机关制定的法律，须报全国人大常委会备案

B. 特别行政区行政长官由年满40周岁，在特别行政区居住连续满20年并在外国无居留权的永久性居民中的中国公民担任

C. 国务院有权任命特别行政区行政长官、行政机关主要官员以及澳门特别行政区检察院检察长

D. 澳门特别行政区法院系统包括普通法院和行政法院，行政法院管辖行政诉讼和税务诉讼的案件，不服行政法院的判决可向中级法院上诉

83. 甲、乙、丙3国缔结了《石油资源开发公约》，该公约规定丁国也能享有该公约规定的权利，丁国对此未作任何表示。数年后乙、丙、丁3国又缔结了新的《石油、天然气资源开发公约》，下列说法正确的是？（　　）

A. 丁国不能享受《石油资源开发公约》中规定的权利

B. 乙国和丙国之间适用《石油、天然气资源开发公约》

C. 甲国和丁国之间适用《石油资源开发公约》

D. 甲国和丁国之间没有条约关系

84. 我国《刑法》规定，故意伤害他人身体……致人重伤的，应处以3年以上10年以下有期徒刑。在一起故意伤害案件中，法官推理的步骤是：(1)使人肢体残废的，属于致人重伤。(2)丧失手的机能，就属于肢体残废。(3)如果手指失去作用，就会丧失手的机能。(4)砍断他人的左手拇指、食指与中指，手指就失去了作用。(5)张三砍断他人的左手拇指、食指与中指。(6)张三应处以3年以上10年以下有期徒刑。对此评论正确的是？（　　）

A. 法官使用了演绎推理

B. 法官使用了类比推理

C. 法官的推理着眼于法律的安定性

D. 此种推理方法有利于解决大前提与小前提的衔接问题

85. 下列公、检、法机关在侦查或审理案件中的

处理，哪些做法是错误的？（　　）

A. 公安机关在侦查公诉案件中发现，犯罪嫌疑人还实施了侵占行为，公安机关可以一并侦查，一并起诉

B. 公安机关在强奸案侦查中发现犯罪嫌疑人还涉嫌职务犯罪的，如果涉嫌的主罪属于公安机关管辖，由公安机关为主侦查

C. 人民法院在审理侵占案件中发现被告人还实施了挪用公款的行为，应当将案件移送给公安机关进行立案侦查

D. 公安机关在抢劫案侦查中发现犯罪嫌疑人还涉嫌受贿罪，应当将受贿案移送给检察院立案侦查

86. 秦代有很多罪名，体现了秦代对社会管制活动比较多，也体现了秦代的法律制度具有一定的水平。下列关于秦代罪名说法错误的有哪些？（　　）

A. 秦代的“盗”分为群盗与共盗，其中群盗属于侵犯财产和人身犯罪

B.“失刑”与“不直”的区别在于“失刑”属于过失犯罪

C.“偶语《诗》《书》”属于渎职罪

D.《田律》中的违令卖酒罪属于财产类犯罪

87. 改革既不是“法外之地”，更不是“法律禁地”。对此，下列哪些理解是正确的？（　　）

A. 不得借改革之名进行违法乱纪活动

B. 立法时应当为未来的改革预留空间

C. 不应以现行法无依据为由退滞改革

D. 先行先试的改革可以突破法律红线

88. 习近平总书记指出：“推进全面依法治国是国家治理的一场深刻变革，必须以科学理论为指导。”对此，下列哪些说法是正确的？（　　）

A. 习近平法治思想是新时代全面依法治国的根本遵循和行动指南

B. 习近平法治思想构成了系统完备、逻辑严密、内在统一的科学思想体系

C. 习近平法治思想为全球治理体系变革提供了中国方案

D. 贯彻社会主义法治理论是中国特色社会主义法治道路的核心要义之一

89. 法律格言云：“不确定性在法律中受到非难，但极度的确定性反而有损确定性。”对此，下列哪些说法是正确的？（　　）

A. 在法律中允许有内容本身不确定，而是可以援引其他相关内容规定的规范

B. 借助法律推理和法律解释，可提高法律的确定性

C. 通过法律原则、概括条款，可增强法律的适应性

D. 凡规定义务的，即属于极度确定的；凡规定权利的，即属于不确定的

90. 律师在推进全面依法治国进程中具有重要作用，律师应依法执业、诚信执业、规范执业。根据《律师执业管理办法》，下列哪些做法是正确的？（　　）

A. 甲律师依法向被害人收集被告人不在聚众斗殴现场的证据，提交检察院要求其及时进行审查

B. 乙律师对当事人及家属准备到法院门口静坐、举牌、声援的做法，予以及时有效的劝阻

C. 丙律师在向一方当事人提供法律咨询中致电对方当事人，告知对方诉讼请求缺乏法律和事实依据

D. 丁律师在社区普法宣传中，告知群众诉讼是解决继承问题的唯一途径，并称其可提供最专业的诉讼代理服务

三、不定项选择题　每题所设选项中至少有一个正确答案，多选、少选、错选或不选均不得分。（本部分含91—100题，每题2分，共20分）

91. 张三、李四是没有正式编制的辅警，夜间巡逻时看到一个身体虚弱口角流血的王某，把他送到了救助站门口，但张三、李四未进救助站办理交接手续，而是打开车门让王某自行下车。王某行走数步摔倒在地，张三、李四未及时救助即驾车离开。第二天早晨，王某被救助站人员发现并送往医院，最后因失血过多而死。事后查明，如果当时张三、李四及时送医而不是直接驾车离开，王某能够被救活。关于张三、李四的行为，下列说法正确的是？（　　）

A. 因为张三、李四已经把王某送到救助站，所以不能认定玩忽职守罪

B. 因为对张三、李四的行为不能认定为玩忽职守罪，所以只能认定为过失致人死亡罪

C. 因为张三、李四没有正式编制所以不是国家工作人员，不满足玩忽职守罪的主体要件

D. 王某的死亡与张三、李四的行为之间存在因果关系

92. 作为国有单位的员工，对其利用职务之便挪用公款的定性，下列说法正确的是？（　　）

A. 王某作为领导将抢险救灾的钱款转用于装

修办公大楼，群众利益受到巨大损害，不构成挪用公款罪

B. 李某长期将单位“应急管理”的越野车作为私用，直至该车辆报废，不构成挪用公款罪

C. 张某挪用公款5000万元投资不动产，后来受疫情影响，成了“接盘侠”，无力还款潜逃外地。张某的行为不构成挪用公款罪

D. 赵某利用经常去私企检查工作之便，指使该企业的人员，挪用该企业3000万元供赵某炒股，一年后归还了。赵某已经偿还，故不构成挪用公款罪

93. 关于网络诈骗的相关犯罪，以下说法错误的是？（　　）

A. 博达明知田某要实施诈骗，仍为田某提供了网络技术帮助，田某利用该技术实施了诈骗犯罪。对博达应以诈骗罪的共犯论处

B. 张某以为戴某是在利用网络进行诈骗，为其提供了网络技术帮助，但戴某其实没有犯罪，张某仍然构成帮助信息网络犯罪活动罪

C. 张三明知徐某是为了利用网络进行诈骗，为其提供了网络技术帮助，结果徐某是利用李四提供的网络技术实施的诈骗犯罪，并未使用张三提供的技术，张三仍构成帮助信息网络犯罪活动罪

D. 潘某成立50个微信群准备进行诈骗，但在培训员工的过程中，就被警察抓获。潘某不构成非法利用信息网络罪

94. 下列关于因果关系的认定，说法错误的是？（　　）

A. 甲高空抛物，不慎砸中徐某，致其死亡。虽然高空抛物造成伤害的概率很低，但甲的行为与徐某的死亡具有因果关系

B. 乙驾驶出租车搭载女乘客。途中，乙选择了一条与手机导航路线不同的偏航路线。女乘客误以为乙要加害自己，迅速跳车，导致重伤。实际上乙没有加害意图。乙的偏航行为与女乘客的重伤有因果关系

C. 丙向李某家放火，李某观察火势不大，便入户抢救贵重物品，不料火势突然变大，导致李某被烧死。丙的放火行为与李某的死亡没有因果关系均为假关系

D. 丁盗窃钱某用于治病的资金，钱某悲痛欲绝，自杀身亡。丁的盗窃行为与钱某的死亡有因果关系

95. 关于下列行为的性质，说法正确的是？（　　）

A. 甲是某国有公司董事长，未经董事局同意，挪用公款给其他单位，谋取个人利益。甲不是挪用公款归个人使用，不成立挪用公款罪

B. 甲搭建线路是为了给自己的电信诈骗团伙用，乙刚好也要给自己的电信诈骗团伙接入线路，但误接入甲的线路，并且诈骗了丙，甲、乙构成共同犯罪

C. 甲晚上遵守正常的交通规则将车开回车库，而醉酒的乙躺在地下车库的拐弯处被甲轧死。事后警察做了侦查实验，证明乙躺的地方是在盲区。甲的行为不成立过失犯罪，属于意外事件

D. 甲（15周岁）盗窃，请乙（17周岁）为自己望风，甲盗窃得手5000元后，仅分给乙500元，即使甲因为年龄不够不负刑事责任，乙也构成盗窃罪的共犯

96. 具有法定情形不予追究刑事责任，下列说法正确的是？（　　）

A. 甲涉嫌抢夺，检察院审查起诉后认为犯罪情节轻微，不需要判处刑罚，决定不起诉

B. 乙涉嫌抢夺，法院经审理后认为犯罪情节轻微，危害不大，不认为是犯罪的，应当终止审理

C. 丙涉嫌诈骗，法院审理后认为其主观上不具有非法占有他人财物的目的，作出无罪判决，这体现了具有法定情形不予追究刑事责任的原则

D. 丁涉嫌诈骗，但公安机关立案后发现已过追诉时效，应撤销案件

97. 关于行政诉讼的二审判决，下列说法错误的是？（　　）

A. 一审判决遗漏了必须参加诉讼的当事人，二审法院应当裁定撤销原审判决，发回重审

B. 一审判决遗漏了必要诉讼请求，二审法院应当裁定撤销原审判决，发回重审

C. 一审判决遗漏了当事人的赔偿请求，二审法院应当裁定撤销原审判决，发回重审

D. 当事人在二审期间提出行政赔偿请求，二审法院认为依法不应当予以赔偿的，应当判决驳回行政赔偿请求

98. 关于2022年最高人民法院《关于审理行政赔偿案件若干问题的规定》的说法，下列哪些说法是正确的？（　　）

A. 受害的公民死亡，支付受害公民医疗费、丧葬费等合理费用的人可以依法提起行政赔偿诉讼

B. 两个行政机关共同实施侵权行政行为造成损害的，赔偿请求人坚持对其中一个提起行政赔偿诉讼，未被起诉的机关追加为第三人

C. 行政行为未被确认为违法，公民提起行政赔偿诉讼的，法院应当视为提起行政诉讼时一并提起行政赔偿诉讼

D. 由于不可抗力造成公民损害，但行政机关拖延履行法定义务导致未能及时止损或者损害扩大，行政机关应当不予赔偿

99. 下列关于检察院办理认罪认罚案件的表述，正确的是？（　　）

A. 辩护人确因客观原因无法到场见证具结的，可以由值班律师代为见证具结

B. 犯罪嫌疑人自愿认罪认罚，没有委托辩护人，拒绝值班律师帮助的，可自行签订认罪认罚具结书

C. 人民检察院提起公诉后，检察院不再受理被告人的认罪认罚

D. 人民法院采纳人民检察院提出的量刑建议作出判决，被告人仅以量刑过重为由提出上诉，因被告人反悔不再认罪认罚致从宽量刑明显不当的，人民检察院应当依法提出抗诉

100. 关于证人证言，下列哪些选项是正确的？（　　）

A. 证人证言只能由自然人提供

B. 生理上、精神上有缺陷的人不可以提供证人证言

C. 如控辩双方对证人证言有异议，相应证人应出庭

D. 证人应出庭而不出庭的，其庭前证言仍可能作为证据

2022年国家统一法律职业资格考试
客观题试卷一答案及解析

一、单项选择题

1.【参考答案】 D

【解析】 A项:侵占罪是指将“代为保管”的他人财物非法占为己有。张某作为房屋的名义登记人,在事实上占有不动产的产权,将代为保管的财产变成自己所有,依法成立侵占罪。故A项错误。

B项:快递员甲错误地投放了快递,但是并没有委托邻居乙保管,所以不属于代为保管他人财物。本案中,乙已经明知该财物不是自己的,也就是由快递员甲事实上对其进行支配,由甲占有。乙将该财物据为己有的行为,成立盗窃罪。故B项错误。

C项:乙事实上侵害了甲的法益(财产权),即使是甲的财产,也能成为乙的犯罪对象,故乙成立盗窃罪既遂。甲不构成盗窃罪,甲的盗窃对象应不包括自己本人的财产,盗窃自己的财产没有违法性,不构成盗窃罪既遂,故C项错误。

D项:机器不能成为被骗的对象,在无人售货超市无人看管的情况下,采取秘密调换商品条形码的方式调换商品,本身就是一种秘密窃取方式,构成盗窃罪,故D项正确。

2.【参考答案】 A

【解析】 A、D项:张某系国有独资企业的员工,属于特殊身份,其利用负责工程项目安全、质量、付款、验收等现场管理工作的职务便利,与项目执行经理王某、监理人员刘某共谋骗取国家工程款200万元,成立贪污罪。王某、监理人员刘某与张某共谋并互相配合实施上述行为,应成立贪污罪的共犯。故A项正确,D项错误。

B、C项:张某的行为是贪污行为,而不是受贿行为,刘某不构成行贿罪,与张某构成贪污罪的共犯。故B、C项错误。

3.【参考答案】 A

【解析】 A项:甲运送毒品去卖,即使没交易成功,也构成贩卖毒品罪未遂和运输毒品罪,故A项正确。

B项:刑法对“运输”作了限制解释,限于与走私、贩卖、制造具有关联性的运输行为。乙为了自己吸食,购买没有达到非法持有毒品罪的数量的毒品带回家,不成立运输毒品罪,也不成立非法持有毒品罪,B项错误。

C项:丙发现电子烟的“大麻素”可以成瘾,但不知道是毒品犯罪种类,成立犯罪故意,只要求行为人大致认识到行为的危害性即可。就贩卖毒品罪而言,行为人只要知道对象是或可能是毒品,仍然进行贩卖,就成立贩卖毒品罪,并不要求行为人对毒品的种类有具体的认识,即使对毒品种类产生错误认识,也不影响本罪的成立。C项错误。

D项:甲不构成贩卖毒品罪。吸毒者甲购买毒品供自己吸食的行为(买),不构成贩卖毒品罪。这种行为不是“卖”,而是“买”。乙将毒品出卖给甲的行为成立贩卖毒品罪,将毒品运输至甲的行为成立运输毒品罪。故乙成立贩卖、运输毒品罪。因此,D项错误。

4.【参考答案】 D

【解析】 A项:日常生活对贩卖毒品罪中的“毒品”有明确的界限。对于“毒品”相对应的客观事实,只需要进行事实判断,知觉的、认识的活动即可确定。故贩卖毒品罪的“毒品”是记述的构成要件要素。因此,A项错误。

B项:抢劫罪中“暴力”通过感知并不能够获得正确的判断,需要法官的价值评价的要素。例如,抢劫罪中的暴力是否达到“足以抑制被害人反抗的程度”,需要法官进一步进行价值判断。从这个意义上看,“暴力”属于规范的构成要件要素。因此,B项错误。

C项:《刑法》第385条第1款规定:“国家工作人员利用职务上的便利,索取他人财物的,或者非法收受他人财物,为他人谋取利益的,是受贿罪。”法条中明确规定,成立受贿罪必须“为他人谋取利益”,属于成文的构成要件要素。故C项错误。

D项:不成文的构成要件要素是指刑法条文表面上没有明文规定,但根据刑法条文之间的相互关系、刑法条文对相关要素的描述所确定的,成立犯罪所必须具备的要素。大部分财产型犯罪均有“非法占有目的”,属于不成文构成要件要素。故D项正确。

5.【参考答案】 D

【解析】 在本案中,甲有两个行为,一是将新大米据为已有的行为,二是将陈年旧米交付给乙的行为。甲将新大米据为己有的行为构成侵占罪,属于变自己合法占有为自己所有,而非盗窃罪。

甲基于与乙的加工协议对该批新米产生了事实上的占有后将其据为已有的行为属于侵占行为,主观上也明知是把自己占有的他人财物不法据为已有,应成立侵占罪。

甲将旧大米交付给乙的行为属于不可罚的事后行为,因为甲第一个行为已经让乙产生了损失。故D选项正确。

6.【参考答案】 B

【解析】 A项:条件说认为,行为与结果之间存在"没有前者就没有后者"的条件关系时,前者就是后者的原因。因此,一般认为,如果不存在条件关系,就没有因果关系。部分情形下,即使没有条件关系,也能认为行为与结果之间存在因果关系。比如,甲给仇人丙灌了致命的毒药,在临死前,乙一枪将丙打死。即便没有甲的灌药行为丙也会死。甲的行为和丙的死亡之间就缺乏条件关系。故A项错误。

B项:刑法上的因果关系是指危害行为与危害结果之间的因果关系,在因果关系(前因后果)的发展过程中,如果出现介入因素,则可能中断前行为(因)与后结果之间的因果关系。欲中断因果关系的进程,介入因素必须是异常的因素(介入因素的发生并不是前行为合乎规律所引起的),且介入因素对后结果发生的贡献率接近100%。故B选项正确。

C项:合法则的条件说,是根据科学法则进行判断,行为与结果之间是否合乎规则,而不是根据经验法则。因此,C项错误。

D项:刑法上的因是危害行为,预备行为不是刑法上的"原因"。预备行为本身不具有导致危害结果的通常性,不合乎规律。因为只有实行行为才能导致危险的现实化,从而发生危害结果,合乎规律。故D项错误。

7.【参考答案】 A

【解析】 A项:15岁的甲教唆父亲丙组织群架,系聚众斗殴罪的教唆犯。如果聚众斗殴过程中不存在致人重伤、死亡的情况,由于聚众斗殴不属于故意杀人、故意伤害致人重伤/死亡、强奸、抢劫、爆炸、投放危险物质、贩卖毒品之一,故对甲不能以聚众斗殴罪论处。故A项正确。

B项:为特定的应考人寻找替考人的,成立代替考试罪的共犯。本案中,乙让丙代替甲参加高考,成立代替考试罪的教唆犯。故B项错误。

C项:甲组织未成年人实施盗窃,盗窃的财物数额较大或者巨大、特别巨大的,则此时甲同时触犯组织未成年人进行违反治安管理活动罪与盗窃罪(教唆犯或者间接正犯),二罪成立想象竞合,应择一重罪处罚。因此,C项错误。

D项:甲向他人购买某国家工作人员的犯罪线索并检举揭发的,属于以非法手段获取他人犯罪线索,甲不成立立功。故D项错误。

8.【参考答案】 A

【解析】 A、B项:行为人(甲)意欲侵害的对象(丙)在本案中已经出现,只是因为行为误差而导致侵害了乙,因此,属于打击错误。故B项错误。根据法定符合说,打击错误行为,行为人意欲侵害的对象与实际侵害的对象不是具体一致的,也不影响故意犯罪既遂的成立。甲主观上具有伤害并抢劫他人的故意,客观上的行为造成了他人重伤的后果,在法律层面符合抢劫致人重伤的构成要件,应当对乙的重伤承担刑事责任。故A项正确。

C项:乙不可能对自己的重伤承担责任,虽然甲、乙二人系共同犯罪,但其共同故意的内容是"共同伤害并抢劫丙"。对于甲之外的罪过及其行为,乙不用承担责任,更不需要对甲伤害自己(乙)的行为承担责任。因此,C项错误。

D项:对于偶然防卫,存在不同的观点,有的观点认为是犯罪,有的观点认为偶然防卫也属于正当防卫,不构成犯罪。故D项错误。

9.【参考答案】 A

【解析】 A项:乙陷入休克状态时,危险还在存续的过程中,甲意识到被害人还活着后不继续实施杀人行为,是自动的中止行为,故仍然可以认定甲的行为成立犯罪中止。故A项正确。

B项:犯罪形态,一旦确定就不可再进行变化。甲已经成功制造出了毒品,已经既遂。既遂以后的"中止"行为,也不能改变既遂的成立。故B项错误。

C项:中止行为必须有效地防止了犯罪结果发生,才能成立犯罪中止。本案中乙已经将钱打到了甲的银行卡,甲发短信告知乙不要打钱,该中止行为并未有效消除乙的恐惧,乙向甲的银行卡打入30万元的行为依然是甲的恐吓行为所导致的,已经既遂。故C项错误。

D 项:中止行为必须有效地防止了犯罪结果发生,才能成立犯罪中止。本案中,甲心生悔意,放弃了进一步的投毒行为,误以为前 4 次的投毒行为不会导致乙死亡,但最终导致了乙死亡结果的发生,故甲的行为不成立犯罪中止。故 D 项错误。

10.【参考答案】 C

【解析】 A 项:绑架罪 = 非法拘禁罪 + 敲诈勒索罪。甲为了讨债拘禁了乙,甲的行为不成立绑架罪,故 A 项错误。

B 项:成立非法拘禁致人死亡的结果加重犯,要求非法拘禁行为本身致被害人死亡,并且死亡结果与非法拘禁行为之间必须有直接的因果关系。本案中,甲是实施了拘禁行为之外的杀害行为,故甲不成立非法拘禁致人死亡。故 B 项错误。

《刑法》第 238 条第 2 款规定,非法拘禁他人,使用暴力致人伤残、死亡的,应以故意伤害罪、故意杀人罪论处。该规定为法律注意规定,行为人实施了前、后两行为,后行为成立故意杀人罪,前行为仍成立非法拘禁罪,应数罪并罚。故 C 项正确,D 项错误。

11.【参考答案】 B

【解析】 A 项:《刑法》第 86 条第 1 款规定,被假释的犯罪分子,在假释考验期限内犯新罪,应当撤销假释,依照本法第 71 条(先减后并)的规定实行数罪并罚。因此,A 项正确。

B 项:行为人在"假释考验期内"没有故意犯罪,认真遵守假释规定的,假释考验期满,视为刑罚执行完毕。行为人再犯新罪的,不能撤销假释,只要处罚新罪即可。故 B 项错误。

C 项:《刑法》第 86 条第 3 款规定,被假释的犯罪分子,在假释考验期限内,有违反法律、行政法规或者国务院有关部门关于假释的监督管理规定的行为,尚未构成新的犯罪的,应当依照法定程序撤销假释,收监执行未执行完毕的刑罚。假释考验期满视为执行完毕,不能再撤销假释了。故 C 项正确。

D 项:《刑法》第 86 条第 2 款规定,在假释考验期限内,发现被假释的犯罪分子在判决宣告以前还有其他罪没有判决的,应当撤销假释,依照本法第 70 条(先并后减)的规定实行数罪并罚。故 D 项正确。

12.【参考答案】 C

【解析】 A 项:使用虚假的身份证明骗领信用卡的,成立妨害信用卡管理罪。本案中,甲将丙的身份证交给乙,乙使用丙的身份证骗领了数十张信用卡,甲、乙成立妨害信用卡管理罪的共犯。其中,甲是帮助犯,乙是实行犯。因此,A 项正确。

B 项:"非法持有他人信用卡,数量较大",成立妨害信用卡管理罪。甲非法持有他人信用卡,数量较大(30 张),成立妨害信用卡管理罪。因此,B 项正确。

C 项:甲用虚假的身份证明骗领了一张信用卡,在持该卡去商场消费前案发。甲的行为虽然从理论上来讲是信用卡诈骗罪的预备行为,但刑法已将此种行为规定为独立的罪名,即妨害信用卡管理罪。故 C 项错误。

D 项:使用虚假的身份证明骗领信用卡的,成立妨害信用卡管理罪。甲冒用实际丢卡人乙的名义,挂失了乙丢失的信用卡并骗领补办了一张信用卡,甲成立妨害信用卡管理罪。故 D 项正确。

13.【参考答案】 C

【解析】 A 项:《刑法修正案(十一)》将自洗钱的行为纳入洗钱罪的处罚范围,因此犯罪嫌疑人自洗钱的也成立洗钱罪。故 A 项错误。

B 项:洗钱罪的成立,应当以上游犯罪事实成立为认定前提。因此,只要上游犯罪经查证属实,即使尚未依法裁判,也不影响对洗钱罪的审判。故 B 项错误。

C 项:洗钱罪与其上游犯罪之间是两个独立的犯罪。上游犯罪超过追诉时效不能追究刑事责任,不会影响对尚在追诉时效内的洗钱罪的追诉。故 C 项正确。

D 项:《刑法修正案(十一)》删除"明知"的目的,不是将故意犯罪变为过失犯罪,而是为了将"自洗钱"的行为纳入洗钱罪的处罚范围。2017 年《刑法》所要求的"明知"是明知他人犯罪所得,经修正后,只要"为掩饰、隐瞒毒品犯罪……的所得",包容性更大,无论是自己的,还是他人的犯罪所得,都能成为洗钱罪的对象。故 D 项错误。

14.【参考答案】 A

【解析】 A 项:成立生产有毒、有害食品罪,是指在生产、销售的食品中掺入有毒、有害的非食品原料或者销售明知掺有有毒、有害的非食品原料的食品的行为。没有检测出有害物质,则不能成立本罪,故 A 项当选。

B 项:生产销售有毒、有害食品罪中的"食品"不要求是经过加工制作的。例如,行为人将自己打捞的有毒鱼虾拿到市场上进行售卖,即使没有经过加工,也可能成立销售有毒食品罪。

本案中,王某将捡到的毒蘑菇进行售卖,虽然没有经过任何加工，但也属于生产销售有毒、有害食品罪中的“食品”，成立销售有毒食品罪。因此，B 项不当选。

C 项：工业酒精属于“有毒、有害的非食品原料”，因此甲的行为属于“在生产、销售的食品中掺入有毒、有害的非食品原料”，成立生产、销售有毒、有害食品罪。因此，C 项不当选。

D 项：最高人民法院、最高人民检察院、公安部《关于依法严惩“地沟油”犯罪活动的通知》规定，对于利用“地沟油”生产“食用油”的，依照《刑法》第 144 条生产有毒、有害食品罪的规定追究刑事责任，即“地沟油”属于有毒、有害食品。

在本案中，甲违反国家食品管理法规，将“地沟油”进行生产、加工，并将加工提炼而成且仍含有有毒、有害物质的非食用油冒充食用油予以销售，并供人食用，成立生产、销售有毒、有害食品罪。因此，D 项不当选。

15.【参考答案】 D

【解析】 本题考查的考点是认罪认罚从宽制度。

A 项：当事人的辩解不影响认罪认罚的成立，法院不可当庭从重处罚。故 A 项错误。

B 项：诈骗罪以非法占有为目的，张某辩解属于民间借贷，不承认诈骗钱财必然影响定罪。故 B 项错误。

C 项：犯罪嫌疑人、被告人享有程序选择权，不同意适用速裁程序、简易程序的，不影响“认罚”的认定。故 C 项错误。

D 项：审查认罪认罚的自愿性、认罪认罚具结书的真实性、合法性。对于认罪认罚的案件，法院作出裁判时，一般应当采纳检察院指控罪名和量刑建议。故 D 项正确。

16.【参考答案】 D

【解析】 根据《公安部规定》第 26 条规定，在列车上发生的刑事案件，需要根据犯罪嫌疑人被抓获的地点确定管辖：

(1)犯罪嫌疑人在列车运行途中被抓获的，由前方停靠站所在地的铁路公安机关管辖；必要时，也可以由列车始发站、终点站所在地的铁路公安机关管辖。

(2)犯罪嫌疑人不是在列车运行途中被抓获的，由负责该列车乘务的铁路公安机关管辖。

(3)在列车运行途经的车站被抓获的，也可以由该车站所在地的铁路公安机关管辖。

本案张某在列车上进行盗窃，返回居住地后被抓获，应由负责该列车乘务的铁路公安机关管辖。故 D 选项正确，A、B、C 选项均错误。

17.【参考答案】 B

【解析】 A 项：认罪认罚从宽制度有利于加强人权司法保障，并不意味着提升被告人的诉讼地位。故 A 项错误。

B 项：公正与效率是刑事诉讼本身的重要价值，认罪认罚从宽制度的确立不仅仅是为了节约司法资源、提高办案效率，更是为了在更高层次上实现刑事司法公正与效率相统一。故 B 项正确。

C 项：认罪认罚从宽制度强化了犯罪嫌疑人、被告人辩护或者获得法律帮助的权利，更倾向于当事人主义。故 C 项错误。

D 项：我国没有确立无罪推定原则。故 D 项错误。

18.【参考答案】 B

【解析】 存疑不起诉也叫证据不足不起诉，是检察机关对于经过补充侦查的案件，仍然认为证据不足，不符合起诉条件，作出的不起诉决定。

A 选项属于违法性认识错误，不影响行为人的犯罪成立，在符合起诉条件的情况下可依法提起公诉。

B 选项属于送检材料、样本因污染不具备鉴定条件，鉴定意见不得作为定案的根据的情形。《高检规则》第 368 条规定：“具有下列情形之一，不能确定犯罪嫌疑人构成犯罪和需要追究刑事责任的，属于证据不足，不符合起诉条件：(一)犯罪构成要件事实缺乏必要的证据予以证明的……”据此，在张某的血液样本被污染的情况下，检察院可作出存疑不起诉的决定。

C 选项属于犯罪情节轻微的情形。危险驾驶罪属于抽象危险犯，但由于该路段人员稀少，张某醉酒骑车的行为不足以危害不特定多数人的生命健康安全和公共财产安全，检察院根据案情可以作出酌定不起诉的决定。

D 选项属于不构成犯罪的情形。危险驾驶罪要求醉酒后驾驶机动车，现已能证明张某所驾驶的电动车属于非机动车，则不符合危险驾驶罪的构成要件，检察院应依法作出法定不起诉的决定。

19.【参考答案】 C

【解析】 A 错误，《人民检察院办理认罪认罚案件开展量刑建议工作的指导意见》第 1 条第 1 款规定：“犯罪嫌疑人认罪认罚的，人民检察院应当就主刑、附加刑、是否适用缓刑等提出量刑建议。”

B 错误，《人民检察院办理认罪认罚案件开展量刑建议工作的指导意见》第4条第1句规定："办理认罪认罚案件，人民检察院一般应当提出确定刑量刑建议。"据此，检察院不是"应当提出"。

《人民检察院办理认罪认罚案件开展量刑建议工作的指导意见》第9条规定："人民检察院办理认罪认罚案件提出量刑建议，应当听取被害人及其诉讼代理人的意见，并将犯罪嫌疑人是否与被害方达成调解协议、和解协议或者赔偿被害方损失，取得被害方谅解，是否自愿承担公益损害修复及赔偿责任等，作为从宽处罚的重要考虑因素。犯罪嫌疑人自愿认罪并且有赔偿意愿，但被害方拒绝接受赔偿或者赔偿请求明显不合理，未能达成调解或者和解协议的，可以综合考量赔偿情况及全案情节对犯罪嫌疑人予以适当从宽，但罪行极其严重、情节极其恶劣的除外。必要时，人民检察院可以听取侦查机关、相关行政执法机关、案发地或者居住地基层组织和群众的意见。"故C正确。必要时，人民检察院可以而非应当听取侦查机关、相关行政执法机关的意见，故D错误。

20.【参考答案】 C

【解析】 A错误，非律师辩护人经法院、检察院许可后，才可以自审查起诉之日起，查阅案卷材料。辩护律师凭借律师证、律师事务所函、委托书或法律援助公函可以自审查起诉之日起，查阅案卷材料。

B错误，属于强制法律援助情形的，被告人拒绝辩护应有正当理由。

C正确，《法律援助值班律师工作办法》第6条规定，自人民检察院对案件审查起诉之日起值班律师可以查阅案卷材料、了解案情。

D错误，如果是被告人的监护人、近亲属，由被告人委托担任辩护人的，可以准许。

21.【参考答案】 D

【解析】 A错误，公民扭送不是强制措施，而是配合司法机关采取的一种辅助手段，强制措施只包括拘传、取保候审、监视居住、拘留、逮捕。

B错误，犯罪嫌疑人无固定住处的，可以在指定的居所执行，但不得在羁押场所、专门的办案场所执行。

C错误，强制措施是可以变更的，符合法定条件的情况下，可以进行变更。

D正确，拘留的决定机关为公安机关、检察院，取保候审和监视居住的决定机关为公安机关、检察院、法院，逮捕的决定机关是公安机关、检察院、法院，执行机关为公安机关。

22.【参考答案】 D

【解析】 A错误，《刑事诉讼法》第286条第1款规定，犯罪的时候不满18周岁，被判处5年有期徒刑以下刑罚的，应当对相关犯罪记录予以封存。注意有刑期要求。

B错误，根据《刑事诉讼法》第280条第1款的规定，对未成年犯罪嫌疑人、被告人应当严格限制适用逮捕措施。人民检察院审查批准逮捕和人民法院决定逮捕，应当讯问未成年犯罪嫌疑人、被告人，听取辩护律师的意见。注意是应当听取辩护律师意见。

C错误，《人民检察院办理认罪认罚案件开展量刑建议工作的指导意见》第27条第4款规定，未成年犯罪嫌疑人签署具结书时，其法定代理人应当到场并签字确认。法定代理人无法到场的，合适成年人应当到场签字确认。法定代理人、辩护人对未成年人认罪认罚有异议的，未成年犯罪嫌疑人不需要签署具结书。

D正确，若未成年嫌疑人及其法定代理人对检察院决定附条件不起诉有异议的，检察院应当作出起诉的决定。

23.【参考答案】 B

【解析】 A错误，辩护律师提出要求的，应当听取辩护人的意见。

B正确，为保障张某权利，最高人民法院复核期间应当讯问被告人张某。

C错误，《刑诉解释》第429条规定："最高人民法院复核死刑案件，应当按照下列情形分别处理：……（五）原判认定事实正确、证据充分，但依法不应当判处死刑的，应当裁定不予核准，并撤销原判，发回重新审判；根据案件情况，必要时，也可以依法改判……"

D错误，《刑诉解释》第431条规定："高级人民法院依照复核程序审理后报请最高人民法院核准死刑，最高人民法院裁定不予核准，发回高级人民法院重新审判的，高级人民法院可以依照第二审程序提审或者发回重新审判。"因此，最高人民法院可以发回中级人民法院或高级人民法院。

24.【参考答案】 D

【解析】 A错误，录像具备合法性、关联性、客观性即可作为证据使用，模糊不是排除的情形。

B错误，认罪供述属于直接证据，能够单独证明案件主要事实。

C错误，本案前刘某曾犯盗窃的案卷材料与本案没有关联性。

D正确，《刑诉解释》第91条规定："证人当庭作出的证言,经控辩双方质证、法庭查证属实的,应当作为定案的根据。证人当庭作出的证言与其庭前证言矛盾,证人能够作出合理解释,并有其他证据印证的,应当采信其庭审证言;不能作出合理解释,而其庭前证言有其他证据印证的,可以采信其庭前证言。经人民法院通知,证人没有正当理由拒绝出庭或者出庭后拒绝作证,法庭对其证言的真实性无法确认的,该证人证言不得作为定案的根据。”

25.【参考答案】 D

【解析】 公民、法人或其他组织认为行政机关的具体行政行为侵犯其已经依法取得的土地、矿藏、水流、森林、山岭、草原、荒地、滩涂、海域等自然资源的所有权或者使用权的,应当先申请行政复议;对行政复议决定不服的,可以依法向人民法院提起行政诉讼。本题属于依法申请行政复议前置的情形,应当由政府解决此纠纷,故D项正确,A、B、C项错误。

26.【参考答案】 B

【解析】 A项错误、B项正确,公务员的处分仅包括警告、记过、记大过、降级、撤职、开除。诫勉主要是对有轻微违纪行为或有苗头性、倾向性问题的党员、干部进行谈话、诫勉教育,达到提前打招呼、及时提醒、教育挽救的目的,是组织对公务员的一种监督方式。

C项错误,中央组织部《关于组织人事部门对领导干部进行提醒、函询和诫勉的实施细则》第19条规定:受到诫勉的领导干部,取消当年年度考核、本任期考核评优和评选各类先进的资格,6个月内不得提拔或者重用,并未规定不得晋升工资档次。

D项错误,受到诫勉处理的党员干部可以根据《中国共产党党员权利保障条例》第18条的规定,向作出诫勉决定的党组织、上级党组织直至中央提出申诉。如果是非党员干部受到诫勉处理,其也可以根据《公务员法》的规定,自知道该人事处理之日起30日内向原处理机关申请复核。对复核结果不服的,自接到复核决定之日起15日内,按照规定向同级公务员主管部门或者作出该人事处理的机关的上一级机关提出申诉;也可以不经复核,自知道该人事处理之日起30日内直接提出申诉。

27.【参考答案】 D

【解析】 该办法属于部门联合规章,部门规章的起草稿报本部门的法制机构审查,A项错误。

部门规章应拟定本部门年度规章制定工作计划,B项错误。

部门规章应当经部务会议或者委员会会议决定,C项错误。

部门联合规章由联合制定的部门首长共同署名公布,D项正确。

28.【参考答案】 A

【解析】 A项正确,《行政许可法》第45条规定:行政机关作出行政许可决定,依法需要听证、招标、拍卖、检验、检测、检疫、鉴定和专家评审的,所需时间不计算在本节规定的期限内。

B项错误,《行政复议法》第75条规定:行政复议机关作出行政复议决定,应当制作行政复议决定书,并加盖行政复议机关印章。行政复议决定书一经送达,即发生法律效力。

C项错误,《内河交通安全管理条例》第35条规定:设置或者撤销渡口,应当经渡口所在地的县级人民政府审批;县级人民政府审批前,应当征求当地海事管理机构的意见。本题中,海事管理机构对区政府作出的复函属于行政机关的内部行为,未对当事人的权利义务产生实际影响,不属于行政诉讼的受案范围。

D项错误,行政复议的第三人,是同被申请的具体行政行为有利害关系,参加行政复议的其他公民、法人或者组织,不存在地位相当于复议被申请人的第三人。

29.【参考答案】 D

【解析】 A项正确,行政诉讼的起诉期限为从知道或应当知道之日起的6个月内,起诉行政不作为的案件,若法律法规规定了行政机关的履行职责的期限,则自该期限届满之日起计算6个月的起诉期限。

B项正确,甲起诉要求准予环评许可,即要求行政机关履行职责,诉讼中,行政机关给甲发放了行政许可,履行了相关职责,法院就没有必要再作出履行或答复判决了,应向甲释明,告知其撤诉,甲仍不撤诉的,应判决驳回诉讼请求。

C项正确,法院送达诉讼文书,经当事人同意的,可电子送达。

D项错误,当事人向法院邮寄立案材料的,自信件寄出之日起,视为当事人向法院提起诉讼。信件寄出之日以寄出的邮戳日为准;邮戳日不清晰或者没有邮戳的,以法院实际收到日为准,但是当事人能够提出实际邮戳日证据的除外。通过邮政企业以外的快递企业递交的,以快递企业收寄日为准;收寄日不明确的,以法院实际收到为准,但是当事人能够提出实际收寄日证据的除外。

30.【参考答案】 B

【解析】 经复议后起诉,复议机关作出了复议决定的,起诉期限为收到复议决定书之日起15日。故A项错误。

《行诉解释》第136条第7款规定:原行政行为不符合复议或者诉讼受案范围等受理条件,复议机关作出维持决定的,人民法院应当裁定一并驳回对原行政行为和复议决定的起诉。本案法院认为原行政行为不符合诉讼受案范围,应当裁定一并驳回对市人社局和市政府的起诉。故B项正确。

本案属于复议维持,市人社局和市政府为共同被告,以原行政机关市人社局确定级别法院,应当由基层人民法院管辖。故C项错误。

复议维持的案件,复议机关和作出原行政行为的机关对原行政行为的合法性共同承担举证责任。故市政府需要对市人社局作出的行政行为的合法性承担举证责任,故D项错误。

31.【参考答案】 A

【解析】 行政诉讼一并审理民事争议,原则上应分别立案,但是审理行政机关对民事争议所作裁决的案件,一并审理民事争议的,不另行立案。故A项正确,B、D项错误。C项错误,应按行政案件、民事案件的标准分别收取诉讼费用。

32.【参考答案】 A

【解析】 A项正确,邮政局是由国务院交通运输部门管理,主管特定业务,行使行政管理职能的行政机构。

B项错误,国务院组成部门管理的国家行政机构根据工作需要可以设立司、处两级内设机构,也可以只设立处级内设机构。

C项错误,国务院组成部门管理的国家行政机构的设立、撤销和合并由国务院机构编制管理机关提出方案,报国务院决定。

D项错误,国家行政机构增加或减少编制,由国务院机构编制管理机关审核方案,报国务院批准。

33.【参考答案】 A

【解析】 市政建设管理部门授予甲公司城市管道燃气独占专营权是行政机关为公共利益行使管理权的表现,属于行政许可,并不是民事行为,故A项错误,D项正确。

首先考生需要理解甲公司获得的是独占专营权(1号许可),此时对市政建设管理部门的“一物二卖”,即在甲公司独占专营权存续期间,让乙公司获得城市管道燃气项目招标方案的行为(2号许可),作为公平竞争关系且具有行政法上的法律利害关系,甲公司自然有权起诉。在甲公司起诉其行政许可的时候,如果2号许可因为“一物二卖”被撤销,2号许可的相对人乙公司的利益自然会受到影响,所以,乙公司可为该案件的第三人,故B项正确。

根据信赖利益保护原则,非因法定事由并经法定程序,行政机关不得撤销、变更已经生效的行政决定。行政机关的朝令夕改,恰恰会破坏法律的安定性,导致人民无所适从,无法理性地安排自己的生活、处分自己的权利,故C项正确。

34.【参考答案】 D

【解析】 在确定本案复议机关之前,首先应当确定本案复议被申请人。

派出所有权作出警告、罚款500元以下的处罚,所以,本案被申请人为派出所,在派出所为复议被申请人的情况下,按照《行政复议法》第24条第4款规定,对县级以上地方各级人民政府工作部门依法设立的派出机构依照法律、法规、规章规定,以派出机构的名义作出的行政行为不服的行政复议案件,由本级人民政府管辖;其中,对直辖市、设区的市人民政府工作部门按照行政区划设立的派出机构作出的行政行为不服的,也可以由其所在地的人民政府管辖。由此可见,A、C选项正确,D选项错误。公安机关作出治安管理处罚决定前,应当告知违反治安管理行为人作出治安管理处罚的事实、理由及依据,并告知违反治安管理行为人依法享有的权利,故B正确。

35.【参考答案】 D

【解析】 由于消费者协会并非行政机关,而且未取得任何法律的授权,所以,并没有成为行政主体(被告)的资格。对于甲市A区市场监督管理局联合市消费者协会作出的处罚,学理上将其命名为“假共同行为”(行政主体与非行政主体共同署名作出某个行政行为)。当事人如果对该行为起诉只能以其中的行政主体作为被告,而非行政主体应当列为第三人。所以,在本案中被告只能是甲市A区市场监督管理局,市消费者协会应当作为第三人。综上所述,D选项正确,A、B、C选项错误。

36.【参考答案】 D

【解析】 A选项错误,不当选。确认无效属于复议改变,以复议机关为被告。

B选项错误,不当选。复议机关以违反法定程序为由确认违法,属于复议维持,应当以原机关和复议机关为共同被告。

C选项错误,不当选。根据《行诉解释》第23条规定:“行政机关被撤销或者职权变更,没有继续行使其职权的行政机关的，以其所属的人民政府为被告；实行垂直领导的，以垂直领导的上一级行政机关为被告。”文化与旅游局属于双重领导的行政机关，应当以其所属的人民政府为被告。

D选项正确，当选。《行诉解释》第24条第1款规定：“当事人对村民委员会或者居民委员会依据法律、法规、规章的授权履行行政管理职责的行为不服提起诉讼的，以村民委员会或者居民委员会为被告。”

37.【参考答案】 A

【解析】 党内法规是党的中央组织，中央纪律检查委员会以及党中央工作机关和省、自治区、直辖市党委制定的体现党的统一意志、规范党的领导和党的建设活动、依靠党的纪律保证实施的专门规章制度。故A项错误，其余均正确。

38.【参考答案】 C

【解析】 不可以让党组织推荐的人直接成为国家政权机关的领导人员，应该通过人大的选举或者提名之后由人大决定。故C项错误，其余均正确。

39.【参考答案】 D

【解析】 习近平法治思想是引领法治中国建设实现高质量发展的思想旗帜，这是习近平法治思想的重大意义之一。A、B、C选项均正确。

40.【参考答案】 C

【解析】 确定性规则，是指内容本已明确肯定，无须再援引或参照其他规则来确定其内容的法律规则。法律条文中规定的绝大多数法律规则属于此种规则。义务性规则，是指在内容上规定人们的法律义务，即有关人们应当作出或不作出某种行为的规则。该条款规定的是确定性规则，也是义务性规则。故A选项正确。

表达法律规则的特定语句往往是一种规范语句。该条款表达了法律规则，是用“规范语句”表述的。故B选项正确。

法律规则均由假定条件、行为模式和法律后果三个部分构成。所谓法律后果，是指法律规则中规定人们在作出符合或不符合行为模式的要求时应承担相应的结果的部分，是法律规则对人们具有法律意义的行为的态度。根据人们对行为模式所作出的实际行为的不同，法律后果又分为以下两种：

(1)合法后果，又称肯定式的法律后果，是法律规则中规定人们按照行为模式的要求行为而在法律上予以肯定的后果，它表现为法律规则对人们行为的保护、许可或奖励。

(2)违法后果，又称否定式的法律后果，是法律规则中规定人们不按照行为模式的要求行为而在法律上予以否定的后果，它表现为法律规则对人们行为的制裁、不予保护、撤销、停止，或要求恢复、补偿等。因此，该条款没有规定否定式的法律后果。故C选项错误。

41.【参考答案】 C

【解析】 根据《政府信息公开条例》，市政府对于该收费项目的依据和标准，不仅应当主动公开，而且其属于重点公开的内容，故A选项正确。

《各级人民代表大会常务委员会监督法》第9条第2款规定：“人民政府、人民法院和人民检察院可以向本级人民代表大会常务委员会要求报告专项工作。”故B选项正确。

根据《各级人民代表大会常务委员会监督法》第35条第1款的规定，设区的市人大常委会组成人员5人以上联名、县级人大常委会组成人员3人以上联名，可以向常委会书面提出对本级人民政府及其部门和人民法院、人民检察院的质询案。故C选项错误，当选。

《地方各级人民代表大会和地方各级人民政府组织法》第24条第1款规定：“地方各级人民代表大会举行会议的时候，代表十人以上联名可以书面提出对本级人民政府和它所属各工作部门以及监察委员会、人民法院、人民检察院的质询案……”可见，D选项正确。

42.【参考答案】 B

【解析】 土地等自然资源是国有经济赖以发展的物质基础，是非常重要的物质财富，是国家财产的重要组成部分；此外，国家机关、事业单位等全民单位的财产也是国有财产的重要组成部分。所以，A项表述不完整，故错误。

《宪法》第10条第1款规定：“城市的土地属于国家所有。”故B项正确。

《宪法》第10条第2款规定：“农村和城市郊区的土地，除由法律规定属于国家所有的以外，属于集体所有……”可见，农村和城市郊区的土地，只是原则上属于集体所有，宪法允许法律作出例外规定，故C项中“都属于”的表述是错误的。

D项的错误在于“国营经济”，准确的表述应当是“国有经济”。1993年《宪法修正案》作了明确修改。

43.【参考答案】 D

【解析】 “法律为未来作规定，法官为过去作判决”，这句谚语的核心意思是说，立法者在制定法律时要考虑到未来可能出现的情形,法官处理的是已经发生的案件,对已经出现的法律争议作正确的裁判。但这并不意味着法律的内容规定总是超前的;相反,法以社会为基础,不仅法律的功能与性质决定于社会,而且法律变迁与社会发展的进程基本一致。法官依法作出裁判,作为法官判决依据的法律并不总是滞后的,故A选项错误。

法官裁判案件必须以已经发生的事实为依据,但同时也要考虑案件裁判对未来人们行为的影响,因此并不是只考虑已经发生的事实。在判案时也并非一律选择适用旧法,如果新法比旧法的处罚更轻,会选择适用新法,故B选项错误。

法律并非绝对禁止溯及既往。目前各国采用的通例是"从旧兼从轻"的原则,即新法原则上不溯及既往,但是新法不认为是犯罪或者处刑较轻的,适用新法。我们也可以把这个原则称为"有利原则",它同样具有其正当性或合理性基础。而在某些有关民事权利的法律中,法律有溯及力。比如,《著作权法》第66条第1款规定:"本法规定的著作权人和出版者、表演者、录音录像制作者、广播电台、电视台的权利,在本法施行之日尚未超过本法规定的保护期的,依照本法予以保护。"C选项错误。

即使案件事实发生在过去,但在裁判时仍然要依据当下有效的"为未来作规定"的法律来进行认定,故D选项正确。

44.【参考答案】 C

【解析】 A选项错误,宪法有成文宪法和不成文宪法的区分,不成文宪法要注意,也是宪法,只不过不具备统一法典的形式而已,因此世界上第一部宪法是1215年的英国《自由大宪章》(世界宪法之母)。所以A选项错在遗漏了"成文"二字。B选项错误,普通法律的通过不是1/2以上,而是过半数,两者不一样,因为涉及本数的问题,前者包含本数,后者不包含本数。D选项错误,因为1830年的《法国宪法》属于协定宪法(还有另外一部典型的协定宪法,即《自由大宪章》)。

45.【参考答案】 B

【解析】 唐律要求在拷讯之前,必须先审核口供的真实性,然后反复查验证据。证据确凿,仍狡辩否认的,经过上审官和参审官共同决定,可以使用刑讯;未经法定程序拷讯的,承审官要负刑事责任。这是规定的刑讯的条件,并非体现的是据证定罪的原则。故A选项错误。

唐律规定,对那些人赃俱获,经拷讯仍拒不认罪的,也可"据状断之",即根据证据定罪。故B选项正确。

唐律规定对两类人禁止使用刑讯,只能根据证据来定罪:一是具有特权身份的人,如应议、请、减之人;二是老幼废疾之人,指年龄70周岁以上15周岁以下,肢废、腰脊折、痴哑、侏儒等人。这描述的是禁止刑讯的情形,故C选项错误。

《断狱律》说:"(断狱)皆须具引律、令、格、式正文,违者笞三十。"这主要介绍的是判决时如何引用法律条文。故D选项错误。

46.【参考答案】 B

【解析】 《法官职业道德基本准则》是法官职业道德的基本要求,它提出了包括忠诚司法事业、保证司法公正、确保司法廉洁、坚持司法为民、维护司法形象几大方面的要求。A项中,法官应当严格遵守法定办案时限,提高审判执行效率,及时化解纠纷,注重节约司法资源,杜绝玩忽职守、拖延办案等行为,这个属于保障司法公正的要求,不是司法为民的要求。故A项说法错误。

B项中,法官认真贯彻司法公开原则,尊重人民群众的知情权,自觉接受法律监督和社会监督,同时避免司法审判受到外界的不当影响,符合司法公正的要求,故B项表述正确。

C项中,法官加强自身修养,培育高尚道德操守和健康生活情趣,杜绝与法官职业形象不相称、与法官职业道德相违背的不良嗜好和行为,遵守社会公德和家庭美德,维护良好的个人声誉,符合维护司法形象的要求,不是司法忠诚。故C项说法错误。

D项中,法官不从事或者参与营利性的经营活动,不在企业及其他营利性组织中兼任法律顾问等职务,不就未决案件或者再审案件给当事人及其他诉讼参与人提供咨询意见,符合司法廉洁的要求,不是司法中立与公正的要求。故D项表述错误。

47.【参考答案】 C

【解析】 《春秋》决狱实行"论心定罪"原则,如犯人主观动机符合儒家"忠""孝"精神,即使其行为构成社会危害,也可以减免刑事处罚。以《春秋》经义决狱为司法原则,对传统的司法和审判是一种积极的补充。但是,如果专以主观动机"心""志"的"善恶",判断有罪、无罪或罪行轻重,也往往会成为司法官吏主观臆断和陷告无辜的口实,在某种程度上为司法擅断提供了依据。因此,C选项的说法不成立,董仲舒"春秋决狱"说不包含这一意思,而其他项的表述可以成立。

48.【参考答案】 D

【解析】 当代中国正式法律渊源包括宪法、法律、行政类法规、地方性法规、民族自治法规、经济特区的规范性文件、特别行政区的法律、国际条约、国际惯例。典型案例和党的政策属于非正式法律渊源,不具有普遍的约束力,可以作为参考的依据,但不是必须参照适用。故A、B、C选项错误。司法政策作为非正式法律渊源,是法官裁判案件时的重要考量,同时也是保证法律实施机关正确适用法律的重要工具,故司法具有政策实施功能,D选项正确。

49.【参考答案】 C

【解析】 A选项错误。非强制性的割让是合法的,强制性的割让是非法的。本题中的割让显然属于非强制性的割让,是合法的。

B选项错误。自然添附和不损害他国利益的人工添附是合法的;损害他国利益的人工添附是不合法的。本题中特别强调该行为进入乙国领海,故是不合法的。

C选项正确。目前国际法上对南极领土的规定是"冻结"各国对南极的领土要求。显然甲国的行为违反了这一规定。

D选项错误。先占的对象应该是无主地,公海和国际海底区域都是全人类共同财产,准确来说,现在已经没有无主地可供先占。

50.【参考答案】 A

【解析】 交战人民之间一般是不允许进行商务往来的,难民在乙国从事营利性工作须经乙国同意,故A项正确。难民受《日内瓦公约》的保护,故B项错误。根据战士俘虏、难民优待内容,不能惩罚难民,故C项错误。一旦战争结束后要立即遣返,不得延迟,故D项错误。

二、多项选择题

51.【参考答案】 AD

【解析】 甲、乙属于教唆犯,和a、b、c、d在故意伤害的范围内成立共同犯罪。甲不知4人有枪,只有伤害的故意,没有杀人的故意,对保安的死亡结果有过失,故甲构成故意伤害致人死亡,A项正确。

乙虽然知道4人有枪,但主观上乙也只有伤害的故意,应成立故意伤害罪致人死亡,故B项错误。

a、b、c 3人的行为不具有杀人的可能性,因此不构成故意杀人罪,故C项错误。

d开枪并造成保安死亡的结果,是故意杀人的实行犯,构成故意杀人罪,故D项正确。

52.【参考答案】 ABC

【解析】 A项:银行损失的原因是甲未能按时归还贷款,而不是甲提供伪造材料骗取贷款的行为。换句话说,即使甲使用合法手段获取贷款,甲经营受损后不能按时归还贷款,也是造成银行损失的原因。故A项正确。

B项:虽然漂浮物属于甲,但是在乙生命受到严重威胁时,甲拿走了可以挽救乙生命的工具,其行为创设了不被法律所允许的风险,应当肯定拿走漂浮物的行为与死亡结果之间具有因果关系。故B项正确。

C项:两个行为,互不知情,各自单独都不能导致危害结果的发生,但重要作用叠加在一起,同时发挥作用,共同导致结果发生,两个行为都与结果有因果关系,属于二因一果。故C项正确。

D项:丙的死亡系甲的投毒行为所致,乙虽然发现甲投了毒,并且也希望丙喝毒水而死亡,但是乙自始至终没有实施刑法所禁止的实害行为,也不具有阻止丙喝下毒水的作为义务,丙的死亡与乙没有关系。故D项错误。

53.【参考答案】 ABC

【解析】 A项:非法持有枪支罪要求行为人必须认识到持有的是枪支弹药,张某认识到自己持有的是枪支,只是对枪支的口径产生疑问,不影响非法持有枪支罪的成立。故A项正确。

B项:成立犯罪故意,原则上只要行为人认识到客观事实即可。本案中,徐某对偷越国(边)境这一事实具有认识,即行为人认识到了偷越国(边)境的客观事实,具有偷越国(边)境的故意。因此,B项正确。

C项:李某明知电子烟中合成的大麻有让人上瘾的作用,其认识到了行为的危害性,当然成立贩卖毒品罪。至于其认为这不属于"毒品",系对法律概念"毒品"范围的认识错误,不影响贩卖毒品罪的成立。因此,C项正确。

D项:盗窃、破坏正在使用中的社会机动车通行道路上的窨井盖,足以使汽车、电车发生倾覆、毁坏危险,尚未造成严重后果的,依照《刑法》第117条的规定,以破坏交通设施罪定罪处罚;造成严重后果的,依照《刑法》第119条第1款的规定处罚。可见,道路上的窨井盖,也属于交通设施,本案中戴某完全可能具有多重故意,既具有盗窃窨井盖的故意,也具有破坏交通设施(危害公共安全)的故意。因此,D项错误。

54.【参考答案】 ABD

【解析】 A项：成立正当防卫，要求行为人针对不法侵害人进行防卫。针对不法侵害人的防卫通常包括两种情况：一是针对不法侵害人的人身进行防卫，如束缚不法侵害人的身体、造成不法侵害人受伤乃至死亡；二是针对不法侵害人的财产进行防卫，如不法侵害人使用自己的财产作为犯罪工具或手段时，如果能够起到制止不法侵害、保护法益的作用，则可以通过毁损财产进行正当防卫。本案中，摩托车是甲的犯罪工具，乙将甲的摩托车踹进河里，可以使甲丧失用摩托车追赶乙进行侵害的可能，一定程度上制止了甲即将进行的不法侵害，保护了乙。因此，乙的行为可以成立正当防卫。A项正确。

B项：甲本意欲侵害丙的生命，却打中同伙乙，客观上保护了丙的生命，属于偶然防卫。对于偶然防卫，理论上存在争议，但选项中说"如果认为偶然防卫成立正当防卫"，那么，丙的行为成立正当防卫。因此，B项正确。

C项：对于已经结束的不法侵害，不能再对之实施防卫行为。在本案中，不法侵害人已经抽搐，因此丧失了侵害能力，行为人继续实施防卫行为的，不能成立正当防卫。因此，C项错误。

D项：刑法对面临抢劫行为，赋予了防卫者特殊防卫权。虽然王某是警察，但刑法并未因其身份要求其进行正当防卫时需要承担更多注意义务。因此，王某致持刀抢劫者重伤的行为并不属于明显过当。因此王某的行为成立正当防卫。因此，D项正确。

55.【参考答案】 BD

【解析】 A项：甲、乙在故意杀人罪范围内共同犯罪，在乙离开之前，两人均成立故意杀人罪（未遂）。乙离开以后，甲发现人没有死亡，一脚将丙踢死。甲单独成立故意杀人罪既遂。乙并没有参与后一阶段的行为，在后一阶段，甲、乙不成立共同犯罪。乙仅对前一阶段的行为负责，乙的行为成立故意杀人罪未遂。因此，A项错误。实务中很难判定乙未遂，如果甲没有发现丙还活着，最后丙是窒息死亡。那么甲、乙都要承担既遂的责任。

B项：甲、乙共谋抢劫，在抢劫罪范围内成立共犯，乙中途无法前往，甲独自实施抢劫，乙并未脱离。甲在实施抢劫罪的过程中，因为可怜被害人而放弃犯罪，属于"出于己意"而自动放弃犯罪，成立犯罪中止。但是对乙而言，属于意志以外的原因，成立未遂。因此，B项正确。

C项：甲、乙共谋故意杀死警察，共犯中止不仅要中止自己的行为，还要阻止同案犯实施的共同的犯罪行为达到既遂。在本案中，乙成立故意杀人罪的犯罪既遂。因此，C项错误。

D项：这个选项是历年真题改编的，甲的行为对乙杀人起到了支配作用，属于间接正犯。考生可能会想到认识错误问题，对于客观题考试，快速锁定答案，甲、乙"可能"成立故意杀人罪共犯，命题老师给得也比较委婉，故D项当选。

56.【参考答案】 BD

【解析】 A项：张明楷教授指出，虽然有的加重构成要件并不成立新罪名，但相对于基本犯罪（普通法条）而言，结果加重犯仍然属于特别法。抢劫致人死亡相对于普通抢劫而言，就是特别法条。抢劫致人死亡这一加重犯，包含了抢劫罪的所有构成内容。因此，二者是法条竞合。因此，A项错误。

B项：如果认为二者是对立关系，则一行为针对同一行为对象或同一侵害结果，不可能同时触犯盗窃罪与诈骗罪，此时盗窃罪与诈骗罪不可能成立法条竞合。故B项正确。

C项：就贷款诈骗罪与骗取贷款罪而言，所有的贷款诈骗罪都触犯骗取贷款罪，但骗取贷款罪却并未同时触犯贷款诈骗罪。故贷款诈骗罪包含了骗取贷款罪，二者存在法条竞合。因此，C项错误。

D项：招摇撞骗罪与诈骗罪之间系交叉竞合。招摇撞骗罪只有以财物为骗取对象时，才可能与诈骗罪存在竞合，如果是以荣誉、地位等为骗取对象，不符合诈骗罪的构成要件。同样的道理，诈骗罪也并不必然触犯招摇撞骗罪，只有冒充国家机关工作人员招摇撞骗的，才构成招摇撞骗罪。题干中已经设定了前提"如果交叉关系不属于法条竞合"，根据这一前提，两罪就不属于法条竞合，是想象竞合。因此，D项正确。

57.【参考答案】 AD

【解析】 A项：《刑法》第269条所规定的转化型抢劫，是指行为人犯盗窃、诈骗、抢夺罪，为窝藏赃物、抗拒抓捕或者毁灭罪证而当场使用暴力或者以暴力相威胁的，转化为抢劫罪。在本案中，小区保安虽然不是张某实施的盗窃罪的被害人，但是其客观上妨碍了张某窝藏赃物的目的。因此，张某对保安实施暴力的行为，成立转化型抢劫。因此，A项正确。

B项：要认定"在公共交通工具上抢劫"（非普通抢劫），要求全程发生在公共交通工具上，即前行为（盗窃、诈骗、抢夺）与后行为（暴力、胁迫手段）

均发生在公共交通工具上。本案是在车下发生的暴力,不成立“在公共交通工具上抢劫”,故B项错误。

C项:成立转化型抢劫,要求行为人“当场”实施暴力或以暴力相威胁。如果行为人实施盗窃等行为后,离开现场一段时间,基于其他原因再次返回盗窃现场,被警察、被害人等发现,则不属于“当场”,故C项错误。

D项:两人以上共同实施盗窃、诈骗、抢夺犯罪,其中部分行为人为窝藏赃物、抗拒抓捕或者毁灭罪证而当场使用暴力或者以暴力相威胁的,对于其余行为人是否以抢劫罪共犯论处,主要看其对实施暴力或者以暴力相威胁的行为人是否形成共同犯意、提供帮助。本案中,徐某明知戴某因为盗窃而被追赶,仍对张某使用暴力,成立转化型抢劫的共犯。因此,D项正确。

58.【参考答案】 ACD

【解析】 A项:戴某明知张某处于醉酒状态,仍“纵容”张某驾驶自己所有的车辆,两人成立危险驾驶罪的共犯。交通肇事罪是过失犯罪,且成立交通肇事罪要求标准较高。对戴某以危险驾驶罪论处即可,故A项正确。

B项:危险驾驶罪属于抽象的危险犯。这意味着没有抽象危险的行为,不可能成立本罪。本案中,张某虽然在醉酒状态下发动了机动车,但仅仅是为了取暖,主观上并无醉酒驾驶的意图且车辆并未发生任何位移,就不存在危害不特定多数人的可能,不具有抽象的危险,故张某不成立危险驾驶罪。B项错误。

C项:这属于紧急避险。面对王某突发疾病,救护车无法及时赶到,在场的人中除了涛哥都不会开车,此时醉酒的涛哥驾车将王某送往医院属于不得已而为之。且在深夜,道路人车流量不多,应认定是紧急避险。故C项正确。

D项:张某在醉酒状态下在道路上驾驶超标电动车(最高时速达70公里/小时),如果认为超标电动车属于机动车,则张某成立危险驾驶罪。故D项正确。

59.【参考答案】 AB

【解析】 组织他人偷越国(边)境罪,以被组织者的行为属于偷越国(边)境为前提。但并不要求被组织者的行为构成偷越国(边)境罪。

A项:领导、策划、指挥他人偷越国(边)境或者在首要分子指挥下,实施拉拢、引诱、介绍他人偷越国(边)境等行为的,应当认定为《刑法》第318条规定的“组织他人偷越国(边)境”。任某主观上以组织他人偷越国(边)境为目的,客观上实施了领导、策划、指挥他人偷越国(边)境的行为,成立组织他人偷越国(边)境罪。已经带出15人,成立犯罪既遂。因此,A项正确。

B项:张某与任某属于共同犯罪。共同犯罪,一人既遂,全部既遂。故张某也成立犯罪既遂,B项正确。

C项:王某没有运送出境就被抓,不成立既遂,应当以组织他人偷越国(边)境罪未遂论处。故C项错误。

D项:单位犯罪直接责任人员在主观上只有对单位犯罪故意的“赞同和执行”的意思,没有自己的独立于单位犯罪意志的主观意志时,单位犯罪停止形态与单位犯罪直接责任人员的犯罪停止形态具有一致性,但不是完全一致。故D项错误。

60.【参考答案】 ABD

【解析】 送卡型受贿,主要看收卡的国家工作人员是否能够实际支配卡内的余额。

A项:王局长收受他人没有密码的银行卡,已经对卡内余额具有支配能力,成立受贿罪,受贿金额为卡内全部余额。故A项正确。

B项:虽然银行卡的“名义人”是行贿人,但受贿人(国家工作人员)的职权决定了其对银行卡有实质上的掌握权。因此,成立受贿罪既遂。故B项正确。

C项:体育局局长收到的银行卡卡内余额为定期存款,看似不能随取随用,但也能取出来,只不过是损失了一些利息。因此,C项错误。

D项:受贿犯罪的本质是权钱交易,以对财物的实际控制为基础,银行卡具有代替现金功能的特殊性质,但收受银行卡并不等同于收受现金。认定收受银行卡并不等同于收受现金。认定收受银行卡受贿罪既遂的标准应为,受贿人是否基于与行贿人的合意实际控制银行卡账户、支配银行卡卡内的资金,与活期存款或定期存款无关。卡内余额为0,无资金可支配,只成立受贿罪未遂。故D项正确。

61.【参考答案】 BC

【解析】 A项:发回重审可以改变罪数并调整刑罚,但是不得加重刑罚或对刑罚的执行产生不利的影响。故可以改罪数,只要总刑罚不加刑就可以。因此,A项错误。

B项:检察院在重审后抗诉,第二审法院改判不得重于原审人民法院的第一次判决,故诈骗罪受到上诉不加刑原则的限制,不得超过5年。故B项正确。

C项:根据B选项,二审不得改判超过8年。故C项正确。

D项:对盗窃罪的刑罚可以调整,只要总刑罚不超过8年即可。故D项错误。

62.【参考答案】 ABC

【解析】 A项:公安机关认为可以适用违法所得的没收程序的,应当写出没收违法所得意见书,移送人民检察院。人民检察院可以向人民法院提出没收违法所得的申请。故只能检察院向法院提出。故A项错误。

B项:在审理过程中,在逃的犯罪嫌疑人、被告人自动投案或者被抓获的,人民法院应当终止审理。人民检察院向原受理申请的人民法院提起公诉的,可以由同一审判组织审理。注意是终止审理而非中止。故B项错误。

C项:没收违法所得程序是中级人民法院管辖的,只能组成合议庭审理,不可独任审理。故C项错误。

D项:法院决定开庭的,检察院应派员出席,若不开庭,则无须派员。故D项正确。

63.【参考答案】 BC

【解析】 A项:对于共同犯罪案件,部分被告人上诉的,应该遵循全面审查原则,第二审法院应全面审查,一并处理,故A项错误。

B项:张某虽然被判处缓刑,但实际上有期徒刑2年改为3年加强了刑罚,违反了上诉不加刑原则。故B项正确。

C项:二审判决自宣告之日起生效,故C项正确。

D项:对于一审事实不清、证据不足的案件,二审法院可以查清事实后改判,也可以裁定撤销原判发回重审,故D项错误。

64.【参考答案】 CD

【解析】 证人必须是当事人以外的人,被告人、被害人等虽然也了解案件情况,但是由于其与案件裁判结果存在切身利害关系,因而只能做当事人,不能做证人。本案中,小马属于被害人而不能做证人。小张属于被告人,也不能做证人。故A、B项错误。

C项:刑事附带民事诉讼的原告人是因犯罪行为遭受物质损害的公民,本案中小马是被害人,可以作为附带民事诉讼的原告人。本案中小张15周岁,老张作为小张的监护人,可以作为附带民事诉讼的被告人。

D项:利用被监护人实施犯罪行为,应当依法撤销监护人资格。根据《关于依法处理监护人侵害未成年人权益行为若干问题的意见》第35条的规定,法院可以判决撤销老张监护人资格。

65.【参考答案】 ABD

【解析】 刑事诉讼法中的不起诉分为:法定不起诉、酌定不起诉、证据不足不起诉/存疑不起诉、附条件不起诉、认罪认罚不起诉。

A正确,《刑事诉讼法》第200条第3项规定,一审中,对于事实不清、证据不足、不能认定被告人有罪的,人民法院应当作出证据不足、指控罪名不能成立的无罪判决。

B正确,对于法定不起诉,检察机关在审查起诉阶段发现的,应当作出不起诉决定。

C错误,《刑事诉讼法》第182条第1款规定:"犯罪嫌疑人自愿如实供述涉嫌犯罪的事实,有重大立功或者案件涉及国家重大利益的,经最高人民检察院核准,公安机关可以撤销案件,人民检察院可以作出不起诉决定,也可以对涉嫌数罪中的一项或者多项不起诉。"认罪认罚不起诉的,需经最高人民检察院核准。

D正确,被酌定不起诉人不服的,可以自收到决定书后7日内向作出不起诉决定的检察院申诉。

66.【参考答案】 AD

【解析】 A项:《刑事诉讼法》第227条第1款规定:"被告人、自诉人和他们的法定代理人,不服地方各级人民法院第一审的判决、裁定,有权用书状或者口头向上一级人民法院上诉。被告人的辩护人和近亲属,经被告人同意,可以提出上诉。"据此,被告人上诉既可以书面形式,也可以口头形式。故A正确。

B项:《刑事诉讼法》第234条第1款规定:"第二审人民法院对于下列案件,应当组成合议庭,开庭审理:(一)被告人、自诉人及其法定代理人对第一审认定的事实、证据提出异议,可能影响定罪量刑的上诉案件;(二)被告人被判处死刑的上诉案件;(三)人民检察院抗诉的案件;(四)其他应当开庭审理的案件。"本案属于检察院抗诉的案件,应当开庭审理。故B错误。

C项:在二审期间才提起附带民事诉讼的,二审法院可以依法进行调解,调解不成的,告知当事人可以在刑事判决、裁定生效后另行提起民事诉讼。故C错误。

D项:《刑诉解释》第394条规定:"对上诉、抗诉案件,第二审人民法院经审查,认为原判事实不清、证据不足,或者具有刑事诉讼法第二百三十八条规定的违反法定诉讼程序情形,需要发回重新审判的,可以不开庭审理。"故D正确。

67.【参考答案】 ABD

【解析】 A项:根据《刑诉解释》第451条的规定,当事人及其法定代理人、近亲属对已经发生法律效力的判决、裁定提出申诉的,人民法院应当审查处理。案外人认为已经发生法律效力的判决、裁定侵害其合法权益,提出申诉的,人民法院应当审查处理。申诉可以委托律师代为进行。据此可知,除了当事人、法定代理人及近亲属以外,案外人也能就已经发生法律效力的裁判提出申诉。故A错误。

B项:《刑诉解释》第469条规定:"除人民检察院抗诉的以外,再审一般不得加重原审被告人的刑罚。再审决定书或者抗诉书只针对部分原审被告人的,不得加重其他同案原审被告人的刑罚。"注意是"一般不得",有例外。故B错误。

C项:根据《刑诉解释》第464条的规定,对决定依照审判监督程序重新审判的案件,人民法院应当制作再审决定书。再审期间不停止原判决、裁定的执行,但被告人可能经再审改判无罪,或者可能经再审减轻原判刑罚而致刑期届满的,可以决定中止原判决、裁定的执行,必要时,可以对被告人采取取保候审、监视居住措施。故C正确。

D项:《刑诉解释》第465条规定:"依照审判监督程序重新审判的案件,人民法院应当重点针对申诉、抗诉和决定再审的理由进行审理。必要时,应当对原判决、裁定认定的事实、证据和适用法律进行全面审查。"故D错误。

68.【参考答案】 ABC

【解析】 A项正确,行政公益诉讼以检察建议为起诉前提。

B项正确,该公司的行为已经或将破坏自然资源,县林草局可以代履行。

C项正确,该公司未获取相关行政许可非法开挖林地,县林草局作出的责令限期恢复原状的处罚决定合法,该公司有义务对该林地进行恢复。

D项错误,行政机关在收到检察建议书之日起2个月未履行职责,检察院可依法提起诉讼。

69.【参考答案】 AD

【解析】 由于安置协议并不违法,张某如果拒绝变更诉讼请求,法院只能驳回其诉讼请求,A项正确,B项错误。

C项:安置协议属于行政合同性质,不属于公益性质,C项错误。

D项:本案属于县级以上人民政府作出的行为,故由中级人民法院管辖,D项正确。

70.【参考答案】 BD

【解析】 国务院的组成部门包括:中华人民共和国外交部、中华人民共和国国防部、中华人民共和国国家发展和改革委员会、中华人民共和国教育部、中华人民共和国科学技术部、中华人民共和国工业和信息化部、中华人民共和国国家民族事务委员会、中华人民共和国公安部、中华人民共和国国家安全部、中华人民共和国民政部、中华人民共和国司法部、中华人民共和国财政部、中华人民共和国人力资源和社会保障部、中华人民共和国自然资源部、中华人民共和国生态环境部、中华人民共和国住房和城乡建设部、中华人民共和国交通运输部、中华人民共和国水利部、中华人民共和国农业农村部、中华人民共和国商务部、中华人民共和国文化和旅游部、中华人民共和国国家卫生健康委员会、中华人民共和国退役军人事务部、中华人民共和国应急管理部、中国人民银行、中华人民共和国审计署。故B、D项正确,A、C项错误。

71.【参考答案】 BCD

【解析】 A项:被告不提交答辩状不影响人民法院的审理,所以,被告收到起诉状副本后15日内未提交答辩状,不会出现法院中止审理情况。A项错误,不当选。

B项:被告应当在收到起诉状副本之日起15日内向人民法院提交作出行政行为的证据和所依据的规范性文件,并提交答辩状。B项正确,当选。

C项:行政诉讼一审案件,不管是否公开审理,都必须采取言词审理的方式。C项正确,当选。

D项:法院公开审理行政案件,但涉及国家秘密、个人隐私和法律另有规定的除外。涉及商业秘密的案件,当事人申请不公开审理的,法院可以不公开审理。对于公开审理的案件,允许公民旁听、允许记者采访报道。当事人所提供的证据涉及国家秘密、商业秘密或者个人隐私的,提供人应当作出明确标注,并向法庭说明,法庭予以审查确认。对此需要特别注意的是,涉及国家秘密、个人隐私是法定无条件不公开,涉及商业秘密的案件,只有在当事人申请不公开审理的情况下,法院才可以不公开审理。D项正确,当选。

72.【参考答案】 ABD

【解析】 A项:2018年《行诉解释》规定,复议决定改变原行政行为错误,法院判决撤销复议决定时,可以一并责令复议机关重新作出复议决定或者判决恢复原行政行为的法律效力。A项正确,当选。

复议改变后的基本逻辑线索是:“被告(复议机关)→审理对象(复议决定)→判决对象(复议决定)。”如果法院将改变后的复议决定撤销,自然也只能要求复议机关自己重作了。诉的是复议机关,审的是复议机关,撤的是复议机关,那么要求重作的也只能是复议机关。B 项正确,当选。C 选项错误,不当选。

D 项:除了责令复议机关重新作出复议决定,2018 年《行诉解释》还增加了一个新的处理方案:判决恢复原行政行为的法律效力。D 项正确,当选。

73.【参考答案】 CD

【解析】 A 项:《行政处罚法》第 61 条第 1 款规定:“行政处罚决定书应当在宣告后当场交付当事人;当事人不在场的,行政机关应当在七日内依照《中华人民共和国民事诉讼法》的有关规定,将行政处罚决定书送达当事人。”据此可知,当事人在场,行政处罚决定书能够当场交付当事人的,应当当场交付。A 项错误,不当选。

B 项:《行政处罚法》第 56 条规定:“行政机关在收集证据时,可以采取抽样取证的方法;在证据可能灭失或者以后难以取得的情况下,经行政机关负责人批准,可以先行登记保存……”据此可知,对于证据的登记保存仅需本级行政机关负责人批准即可,无须上级机关批准。B 项错误,不当选。

C 项:《行政处罚法》第 14 条第 2 款规定:“尚未制定法律、法规的,地方政府规章对违反行政管理秩序的行为,可以设定警告、通报批评或者一定数额罚款的行政处罚。罚款的限额由省、自治区、直辖市人民代表大会常务委员会规定。”C 项正确,当选。

D 项:《行政处罚法》第 13 条第 2 款规定:“尚未制定法律、行政法规的,国务院部门规章对违反行政管理秩序的行为,可以设定警告、通报批评或者一定数额罚款的行政处罚。罚款的限额由国务院规定。”D 项正确,当选。

74.【参考答案】 ACD

【解析】 《公务员法》第 26 条规定,下列人员不得录用为公务员:(1)因犯罪受过刑事处罚的;(2)被开除中国共产党党籍的;(3)被开除公职的;(4)被依法列为失信联合惩戒对象的;(5)有法律规定不得录用为公务员的其他情形的。A、C、D 项表述的内容属于不得录用为公务员的情形。

75.【参考答案】 ABC

【解析】 2020 年 11 月 16 日至 17 日召开的中央全面依法治国工作会议,主题重大、意义重大,最重要的成果是明确了习近平法治思想在全面依法治国工作中的指导地位。在我国开启全面建设社会主义现代化国家新征程的重要时刻,明确习近平法治思想在全面依法治国工作中的指导地位,是全面贯彻习近平新时代中国特色社会主义思想,加快建设中国特色社会主义法治体系、建设社会主义法治国家的必然要求。A、B、C 选项都是在说习近平法治思想形成的时代背景,D 选项不是,故不选。

76.【参考答案】 ABCD

【解析】 A 项:村委会作出的该方案,违反了法定程序。根据《村民委员会组织法》第 23 条有关村民会议的权力的规定,村民会议“有权撤销或者变更村民委员会不适当的决定”,故 A 选项正确。

B 项:《村民委员会组织法》第 27 条第 2 款规定:“村民自治章程、村规民约以及村民会议或者村民代表会议的决定不得与宪法、法律、法规和国家的政策相抵触,不得有侵犯村民的人身权利、民主权利和合法财产权利的内容。”而且,该条第 3 款进一步规定,村民会议的决定违反前款规定的,由乡、民族乡、镇的人民政府责令改正。故 B 选项正确。

C 项:本题中明确交代,村委会未经法定程序而制定土地承包经营方案,这个决定本身是违法的,而后果也让村民合法权益受损,故 C 选项正确。

D 项:《村民委员会组织法》第 16 条第 1 款规定:“本村五分之一以上有选举权的村民或者三分之一以上的村民代表联名,可以提出罢免村民委员会成员的要求,并说明要求罢免的理由……”D 选项中虽然没有交代具体人数,即 1/3 以上的村民代表,但是 D 项强调的是“代表可以就此联名”提出罢免要求,这并不违背该法上有关人数的规定,故 D 选项正确。

77.【参考答案】 ABCD

【解析】 习近平法治思想的核心要义之坚持以人民为中心,具有以下四个侧面:以人民为中心是中国特色社会主义法治的根本立场(A 项)。坚持人民主体地位。要把体现人民利益、反映人民愿望、维护人民权益、增进人民福祉落实到全面依法治国各领域全过程(B 项)。牢牢把握社会公平正义的价值追求(C 项)。推进全面依法治国的根本目的是依法保障人民权益(D 项)。故 A、B、C、D 项均正确。

78.【参考答案】 ABC

【解析】 我国《预算法》第 4 条第 2 款明确规定:“政府的全部收入和支出都应当纳入预算。”该法第13条规定："经人民代表大会批准的预算，非经法定程序，不得调整。各级政府、各部门、各单位的支出必须以经批准的预算为依据，未列入预算的不得支出。"本题的A选项和B选项正确。

《宪法》第89条关于国务院的职权之第5项明确规定：编制和执行国民经济和社会发展计划和国家预算。故C选项正确。全国人大有权审查和批准国家的预算和预算执行情况的报告，而根据《宪法》第67条第5项的规定，全国人大常委会在全国人大闭会期间，只能审查和批准"部分调整方案"，故D选项错误。

79.【参考答案】 ABC

【解析】 A、B、C均正确，我国的单一制国家结构，其特点在于：

(1)只有一部宪法典和一套统一的法律体系；

(2)只有一套包括立法、行政、司法在内的中央国家机关体系；

(3)地方权力来源于中央授权；

(4)中国是唯一的国际法主体，即对外资格单一，国家机关单一，法律单一。

D项：我国的行政区划包括：普通行政区划、民族自治地方区划、特别行政区划。故D错误。

80.【参考答案】 ABD

【解析】 A项：律师与委托当事人之间无任何利益冲突，可建立或维持委托关系。故A项正确。

B项："同一律师事务所其他律师系该案件对方当事人的近亲属"本属于应该回避的事项，但是"委托人知悉且同意"，豁免了律师的回避义务。故B项正确。

C项："同一律师事务所不同律师同时担任同一民事案件争议双方当事人代理人"，此时不得建立或维持委托关系。故C项错误。

D项：委托关系终止后1年内，律师不得就同一法律业务接受与原委托人有利害关系的对方当事人委托。但是D选项中"委托关系停止后两年"的情形，可以建立委托关系。

81.【参考答案】 ABD

【解析】 A项：应当告知申请人作出更改、补充。B项：只有涉及税费缴纳、社会保障和医疗卫生等政府信息，才应当出示有效身份证件或证明文件。C项：行政机关主动公开的政府信息外，公民、法人或者其他组织还可以根据自身生产、生活、科研等特殊需要，向国务院部门、地方各级人民政府及县级以上地方人民政府部门申请获取相关政府信息。据此可知，该公益组织因诉讼需要申请政府信息公开，是有申请资格的。D项：并没有涉及国家秘密。故C正确，不当选；A、B、D错误，当选。

82.【参考答案】 ACD

【解析】 A项：特别行政区立法机关制定的法律必须报全国人大常委会备案。备案不影响该法律的效力。

B项：特别行政区各级官员的任职资格条件需要对香港和澳门作区分。行政长官的任职资格，香港比澳门多一个条件，即在外国无居留权。澳门没有这个要求。所以B项错误。

C项：国务院对特别行政区的管理权限包括：人事权（任命行政长官、行政主要官员、澳门检察长）；行政权（外交和防务，但授权行政区日常对外事务）。

D项：澳门行政法院是管辖行政诉讼和税务诉讼的法院，不服行政法院裁决，可向中级法院上诉。行政法院在级别上相当于初级法院。

83.【参考答案】 BD

【解析】 A项：条约为第三国创设权利，如果第三国没有相反的表示，应推断其同意接受这项权利，无须以书面形式表示接受。条约为第三国创设义务，则必须经第三国以书面形式明示接受，才能对第三国产生义务。题干中明确说明是创设权利，所以丁国只要没有相反意思表示即可享受该权利。故A错误。

B项：涉及新约和旧约的关系。同时为新约、旧约缔约国的国家，适用新约的规定。分别同属新约、旧约缔约国的国家则分别适用新约或旧约的规定。新约缔约国和旧约缔约国之间没有条约关系。故B正确。

C项：如B项解析所述，甲国为旧约缔约国，丁国为新约缔约国，且二者之间并没有交叉和同属关系。所以甲国和丁国之间没有条约关系。另需注意，丁国没有相反意思表示意味着丁国享有条约为其创设的权利，但丁国仍旧不是缔约国。故C错误。

D项：甲国为旧约缔约国，丁国为新约缔约国，且二者之间并没有交叉和同属关系。所以甲国和丁国之间没有条约关系。故D正确。

84.【参考答案】 ACD

【解析】 A、B、C项：法官使用的演绎推理，简言之，根据法条判案即为演绎推理。着眼于法律的安定性。故A、C项正确；B项错误，没有使用类比推理。演绎推理是从大前提和小前提中推出结论的推理。故D项正确。

85.【参考答案】 ABCD

【解析】 A项:自诉类犯罪包括侮辱、侵占、暴力干涉婚姻自由等,本题中公安机关侦查发现侵占行为属于“公诉中有自诉交叉”,可以一并起诉。

B项:被调查人既涉嫌严重职务违法或者职务犯罪,又涉嫌其他违法犯罪的,一般应当由监察机关为主调查,其他机关予以协助。

C项:属于“自诉中有公诉交叉”,人民法院在审理自诉案件过程中,如果发现被告人还犯有必须由检察院提起公诉的罪行,则应将新发现的罪行另案移送有管辖权的公安机关或者检察院处理。

D项:应当移送监察机关。

86.【参考答案】 ACD

【解析】 A项:秦代的“盗”分为群盗与共盗,共盗是指5人以上共同盗窃,属于侵犯财产犯罪,而群盗是指聚众造反,属于危害皇权罪,故A项错误。

B项:“失刑”与“不直”的区别在于“失刑”属于过失犯罪,是指因过失而量刑不当,“不直”是指故意轻罪重判、重罪轻判,故B项正确。

C项:“偶语《诗》《书》”、以古非今属于危害皇权罪,如果遇到这些犯罪官员见知不举者属于渎职罪,故C项错误。

D项:《田律》中的违令卖酒罪属于妨害社会管理秩序罪,故D项错误。

87.【参考答案】 ABC

【解析】 法治和改革有着内在的必然联系,二者相辅相成、相伴而生。党的十八大以来,习近平总书记就改革和法治的关系作出了一系列重要论述,强调全面深化改革需要法治保障,发挥法治对改革的引领和推动作用,做到在法治的轨道上推进改革。

关于改革与法治的关系存在两种错误观点:一种观点认为,改革就是要冲破法律禁区;“改革要上路,法律要让路”。这种观点很容易导致在实践中搞违法的“改革”,也就是A选项所讲的“不得借改革之名进行违法乱纪活动”。故A选项正确。

另一种观点认为,法律就是要保持稳定性、权威性、适当的滞后性,法律很难引领改革。这种观点在实践中就表现为不善于运用法治思维和法治方式引领改革。对于立法工作而言,要坚持改革决策和立法决策相统一、相衔接,立法主动适应改革需要,这就表现为立法的前瞻性,也就是为未来的改革预留空间。故B选项正确。

重大改革应于法有据,但这并不意味着现行法上无依据时就束手无策,对实践条件还不成熟、需要先行先试的改革措施,完全可以按照法定程序作出授权,在若干地区开展改革试点,这同样是于法有据。故C选项正确。

如果不经授权就随意“突破法律红线”,就显然属于前述第一种错误观点,即摘除法的“改革”。故D选项错误。

88.【参考答案】 ABCD

【解析】 习近平法治思想是马克思主义法治理论中国化的最新成果,是全面依法治国的根本遵循和行动指南,故A选项正确。

习近平法治思想具有系统性,它科学地指出了当前和今后一个时期推进全面依法治国11个重要方面的要求,构成了系统完备、逻辑严密、内在统一的科学思想体系,故B选项正确。

习近平法治思想的世界意义在于,为人类政治文明进步贡献了中国智慧,为全球治理体系变革提供了中国方案,故C选项正确。

中国特色社会主义法治道路的核心要义在于坚持党的领导,坚持中国特色社会主义制度,贯彻中国特色社会主义法治理论,故D选项正确。

89.【参考答案】 ABC

【解析】 法律规则中有一种准用性规则,指内容本身没有规定人们具体的行为模式,而是可以援引或参照其他相应内容规定规则。因此,在法律中允许有内容本身不确定,可以通过援引其他相关内容来确定内容的规范。故A选项正确。

法律推理,是指法律人在从一定的前提推导出法律决定的过程中所必须遵循的规则。法律推理是一种寻求正当性证明的推理。自然科学研究中的推理是一种寻找和发现真相和真理的推理。而在法学领域,因为法律是一种社会规范,其内容为对人的行为的要求、禁止与允许,所以法律推理的核心主要是为行为规范或人的行为是否正确或妥当提供正当理由。法律解释,是指一定的人、组织以及国家机关在法律运用或实施过程中,对表达法律的语言的意义的揭示、说明和选择。法律解释始终直接或间接地涉及在一个法律体系中应为什么、勿为什么、可为什么以及被授权做什么。这样的过程是一个价值评判过程,具有强烈的目的性。因此,依据法律规范评价个别案件,就成为贯彻法律意图的主要过程,尤其是在出现疑难案件时,更需要法官创造性地依据法律的基本目的,对案件作出恰当的衡量。在法律实施过程中,对于法律条文的理解可能会出现分歧,导致法律的不确定性,而借助法律推理和法律解释，可以达致对法律条文的正确理解，在此基础上获得一个合理的法律决定。因此，借助法律推理和法律解释，可以提高法律的确定性。故B选项正确。

法律原则和概括条款对人的行为及其条件有更大的覆盖面和抽象性，因此能够提高法律的弹性和对社会变化的适应性，故C选项正确。

无论是规定权利还是义务，都需要借助语言文字来表达，如果选用的术语比较模糊抽象，那么其确定性和可预测性就会较低。这与语言文字本身有直接关系，而与规定的内容是权利还是义务没有太大关系。故D选项错误。

90.【参考答案】 AB

【解析】 律师向被害人或者其近亲属、被害人提供的证人收集与本案有关的材料，向人民检察院提出申请的，人民检察院应当在7日以内作出是否许可的决定。人民检察院没有许可的，应当书面说明理由。甲律师依法向被害人收集被告人不在聚众斗殴现场的证据，提交检察院要求其及时进行审查的做法符合《律师执业管理办法》的规定。故A选项正确。

律师承办业务，应当引导当事人通过合法的途径、方式解决争议，不得采取煽动、教唆和组织当事人或者其他人员到司法机关或者其他机关静坐、举牌、打横幅、喊口号、声援、围观等扰乱公共秩序、危害公共安全的非法手段，聚众滋事，制造影响，向有关部门施加压力。乙律师对当事人及家属准备到法院门口静坐、举牌、声援的做法，予以及时有效的劝阻的做法符合《律师执业管理办法》的规定。故B选项正确。

《律师执业管理办法》第38条第1项规定，未经当事人委托或者法律援助机构指派，以律师名义为当事人提供法律服务、介入案件，属于律师违反法定程序履行职责，以不正当方式影响依法办理案件的情形。丙律师在向当事人提供法律咨询中致电对方当事人告知对方诉讼请求缺乏法律和事实依据，干扰依法办理案件，其做法违反了《律师执业管理办法》的规定。故C选项错误。

处理继承问题，诉讼并非唯一解决途径，各继承人可通过协商等方式来解决。丁律师在社区普法宣传中，告知群众诉讼是解决继承问题的唯一途径，并称其可提供最专业的诉讼代理服务，其做法违反了《律师执业管理办法》的规定。故D选项错误。

三、不定项选择题

91.【参考答案】 D

【解析】 A项：张三、李四作为辅警，应当对被救助对象送救助站的程序、交接手续有一定的了解，并作相应的处理。而张三、李四二人仅将人送至救助站附近，并未与救助站人员办理交接手续即驾车离开。二人是严重不负责任或不正确履行职责，属于玩忽职守的行为，应该认定为玩忽职守罪。A项错误。

B项：张三、李四二人在履行公务过程中，严重不负责任，不正确履行职责，致使人民利益遭受重大损失，其行为已构成玩忽职守罪。B项错误。

C项：国家工作人员是指在国家机关中从事公务的人员。从事公务是刑法上国家工作人员的本质特征，一般理解为在国家机关、国有公司、企业、事业单位、人民团体等单位中，履行一定的组织、领导、监督和管理的职责。在本案中，张三、李四虽然是没有编制的辅警，但对有需要的人员进行救助和帮助接受救助的工作职责，也应成为公务的一种类型。因此，二人主体适格，可以成立相应的渎职犯罪。C项错误。

D项：张三、李四二人未与救助站人员办理交接手续即驾车离开，致使王某长时间无人看护，后经他人发现并送医抢救，最终抢救无效死亡。因此，张三、李四二人的行为导致王某丧失抢救时机或未能有效救治，具有因果关系。因此，D项正确。

92.【参考答案】 AD

【解析】 A项：挪用特定款物罪是将特定款物挪用到单位其他事项上使用，未能专款(物)专用，实质上仍具有"公款公用"的性质。在本案中，王某虽然将抢险救灾的公款挪用，但其只用于装修办公大楼而非归自己使用，因此不成立挪用公款罪，只成立挪用特定款物罪。因此，A项正确。

B项：挪用公款罪的行为对象原则上是公款。但是，挪用用于救灾、抢险、防汛、优抚、扶贫、移民、救济款物等时，并不限于公款，包括款、物。在本案中，李某对该车的挪用属于对特定公物的挪用，应当构成挪用公款罪。因此，B项错误。

C项：挪用公款后因客观原因不能退还的情况以挪用公款罪定罪处罚，张某挪用公款投资房地产属于挪用公款数额巨大不退还，应以挪用公款罪论处。因此，C项错误。

D项：挪用公款罪的行为对象是公款。本案中，赵某指令私企的人员挪用资金供自己炒股，私企的资金并不属于公款，因此不成立挪用公款罪。

故D项正确。

93.【参考答案】 BCD

【解析】 A项：如果田某实施网络诈骗的行为骗取了数额较大的财物，直接造成了法益侵害结果，就可以肯定博达的行为与该结果之间具有物理的因果性，所以，对博达的行为应以诈骗罪的共犯或者共同正犯论处。当然，对于该行为，也可以认为是帮助信息网络犯罪活动罪，与诈骗罪存在竞合。故A项正确。

B项：张某虽然以为戴某在进行犯罪而提供网络技术支持，但是由于戴某未进行犯罪，故张某的行为本身不可能侵犯任何法益。因此，对于张某的行为不可能以犯罪论处。故B错误。

C项：徐某利用李四的技术支持进行网络诈骗活动，成立诈骗罪。张三的行为对徐某骗取财物的侵害结果没有起任何作用。因此，对张三的行为就不应以犯罪论处。故C项错误。

D项：根据最高人民法院、最高人民检察院《关于办理非法利用信息网络、帮助信息网络犯罪活动等刑事案件适用法律若干问题的解释》第10条第3项，即设立用于实施违法犯罪活动的通讯群组，数量达到5个以上或者群组成员账号数累计达到1000以上的，就属于情节严重。

本案中，潘某成立50个微信群准备实施诈骗活动，虽然还未实施诈骗，就在培训过程中被警察抓获，但是其设立微信群是为了实行犯罪，而且已经达到情节严重的标准，应当认定成立非法利用信息网络罪。因此，D项错误。

94.【参考答案】 BCD

【解析】 A项：甲高空抛物，对楼下的人制造了危险，该危险现实化为死亡结果，徐某被砸死。因此，甲的行为与徐某的死亡有因果关系。实害结果发生的概率大小，是指发生或不发生的可能性大小，讨论的是一种假设的，可能的情形。然而因果关系具有客观性和现实性。因果关系讨论的结果是指现实发生的结果，而非假设的结果。只要危险现实化为死亡结果，就应认定因果关系。因此，这种结果发生的概率大小不影响因果关系的认定。故A项正确。

B项：刑法上的因果关系的“因”，必须是危害行为。这就要求行为对法益制造了现实危险。题干交代，乙没有对女乘客实施加害行为、恐吓行为。乙仅仅实施了偏航行为，而偏航行为本身不会给女乘客的人身制造危险。偏航行为本身不是刑法上的危害行为。因此，女乘客的重伤与乙的偏航行为没有刑法上的因果关系。故B项说法错误。

C项：考查被害人自陷风险。根据“两步走”做题标准，第一步，找出危险的实行者、支配者。由于是李某自行入户，进入火场被烧死，因此李某自陷风险，是危险的实行者、支配者。第二步，李某对危险有认识能力。但是对于贵重物品，缺乏自由的控制能力、避免能力。此时，对于贵重物品，法律不能期待人们坐视不管、不予抢救以遭受火灾危险。因此，李某被烧死这一结果不能算到李某头上，应算到放火者头上。故C项说法错误。

D项：丁的盗窃行为与钱某的死亡没有刑法上的因果关系。理由：第一，盗窃行为只给钱某的财物制造危险，没有给钱某的生命制造危险。根据危险现实化理论，钱某的死亡不是丁的盗窃行为的危险实现的。第二，钱某的死亡结果不是盗窃罪保护范围内的法益。盗窃罪只能保护财产法益，不能保护生命法益。第三，可能有人认为，没有丁的盗窃行为，则钱某不会自杀身亡，因此钱某的死亡应算到丁的头上。然而，这种推理根据是条件说，也即“无A则无B，那么A即B因”。条件说用必要条件来认定因果关系，不当扩大了因果关系的认定范围，不能成为刑法上的因果关系的认定依据。因此，D项错误。

95.【参考答案】 CD

【解析】 A项：挪用公款罪，是指国家工作人员利用职务上的便利，挪用公款归个人使用，进行非法活动的，或者挪用公款数额较大、进行营利活动的，或者挪用公款数额较大、超过3个月未还的行为。甲的行为属于个人决定以单位名义将公款供其他单位使用，谋取个人利益，构成挪用公款罪，因此，A项错误。

B项：共同犯罪是指二人以上共同故意犯罪。本案中，乙仅是误接入甲的线路成功诈骗丙，双方并没有存在意思交互即没有共同故意。故甲、乙不构成共同犯罪。因此，B项错误。

C项：过失犯罪的前提是，行为人违反了特定的规则。本案中，是醉酒的乙躺在地下车库的拐弯处创造了风险，造成了严重后果。司机遵守了规则，并没有创设额外的法不容许的风险，因此，司机不构成过失犯罪。故C项正确。

D项：当有责任能力者对无责任能力者居于支配地位时，有责任能力者为间接正犯。如果无责任能力者并不处于被支配的地位，二者之间成立共同犯罪。本案中，甲、乙二人在客观上共同实施了盗窃行为，二人对自己行为的基本意义也能理解，虽然甲未达责任年龄,但成立共犯只看“客观不法行为”,与责任(年龄)无关,故甲、乙二人成立共同犯罪。因此,D项正确。

96.【参考答案】 D

【解析】 A错误,应当作出法定不起诉的处理。而如果检察机关认为犯罪情节“轻微”,依照刑法规定不需要判处刑罚或者免除刑罚的,可以作出酌定不起诉的处理。要注意二者在适用条件上的区别。

B错误,法院开庭审理后,应宣告无罪。

C错误,作出无罪判决是通过开庭审理案件所作出的裁判,不属于《刑事诉讼法》第16条规定的6种不追究刑事责任的情形。

D正确。

97.【参考答案】 CD

【解析】 A、B选项正确,不当选。与民事诉讼相同,原审判决遗漏了必须参加诉讼的当事人或者诉讼请求的,第二审人民法院应当裁定撤销原审判决,发回重审。

C选项错误,当选。与民事诉讼不同的是,如果一审法院遗漏的是当事人的赔偿请求,二审法院并不一定会撤销原审判决,发回重审,而是会根据是否予以赔偿具体情况具体处理。第一,二审法院经审查认为依法不应当予以赔偿的,应当判决驳回行政赔偿请求。第二,二审法院经审理认为依法应当予以赔偿的,在确认被诉行政行为违法的同时,可以就行政赔偿问题进行调解;调解不成的,应当就行政赔偿部分发回重审。

D选项错误,当选。与民事诉讼相同,当事人在二审期间提出行政赔偿请求的,二审法院可以进行调解;调解不成的,应当告知当事人另行起诉。

98.【参考答案】 ABC

【解析】 A选项正确,当选。在受害人死亡后,除了其继承人和其他有抚养关系的人可以提起行政赔偿诉讼外,支付受害公民医疗费、丧葬费等合理费用的人可以依法提起行政赔偿诉讼,这是2022年最高人民法院《关于审理行政赔偿案件若干问题的规定》新增内容。

B选项正确,当选。两个行政机关共同实施侵权行政行为造成损害的,本应两个机关共同作为被告,但如果赔偿请求人坚持不予以起诉的话,那么未被起诉的机关应当被追加为第三人。

C选项正确,当选。行政行为是单独行政赔偿诉讼的逻辑前提,如果已经通过先行处理或其他方式确认行为违法,法院自然可以就赔偿案件立案审理。但如果未被确认为违法,公民、法人或者其他组织单独提起行政赔偿诉讼的,达不到法院单独提起赔偿诉讼的立案标准,如果法院直接不受理案件也不好,此时,法院应当视为提起行政诉讼时一并提起行政赔偿诉讼。

D选项错误,不当选。由于不可抗力等客观原因造成公民、法人或者其他组织损害,行政机关不依法履行、拖延履行法定义务导致未能及时止损或者损害扩大的,人民法院应当根据行政机关不依法履行、拖延履行法定义务行为在损害发生和结果中的作用大小确定其承担相应的行政赔偿责任。可见,D选项说不予以赔偿表述是过于绝对的。

99.【参考答案】 D

【解析】 A错误,《人民检察院办理认罪认罚案件开展量刑建议工作的指导意见》第27条第2款规定:“犯罪嫌疑人有辩护人的,应当由辩护人在场见证具结并签字,不得绕开辩护人安排值班律师代为见证具结。辩护人确因客观原因无法到场的,可以通过远程视频方式见证具结。”

B错误,《人民检察院办理认罪认罚案件开展量刑建议工作的指导意见》第27条第3款规定:“犯罪嫌疑人自愿认罪认罚,没有委托辩护人,拒绝值班律师帮助的,签署具结书时,应当通知值班律师到场见证,并在具结书上注明……”

C错误,《人民检察院办理认罪认罚案件开展量刑建议工作的指导意见》第29条规定:“人民检察院提起公诉后开庭前,被告人自愿认罪认罚的,人民检察院可以组织听取意见……”

D正确,《人民检察院办理认罪认罚案件开展量刑建议工作的指导意见》第39条规定:“认罪认罚案件中,人民法院采纳人民检察院提出的量刑建议作出判决、裁定,被告人仅以量刑过重为由提出上诉,因被告人反悔不再认罪认罚致从宽量刑明显不当的,人民检察院应当依法提出抗诉。”

100.【参考答案】 AD

【解析】 A正确。证人证言为自然人提供。

B错误。《刑事诉讼法》第62条规定,凡是知道案件情况的人,都有作证的义务。生理上、精神上有缺陷或者年幼,不能辨别是非、不能正确表达的人,不能作证人。因此,生理上、精神上有缺陷的人有时可以提供证人证言。

C错误。《刑事诉讼法》第192条第1款规定,公诉人、当事人或者辩护人、诉讼代理人对证人证言有异议,且该证人证言对案件定罪量刑有重大影响,人民法院认为证人有必要出庭作证的,证人应当出庭作证。据此可知，如果人民法院认为证人等没有必要出庭的，相应证人无须出庭。

D 正确。《刑诉解释》第 91 条规定，证人当庭作出的证言，经控辩双方质证、法庭查证属实的，应当作为定案的根据。证人当庭作出的证言与其庭前证言矛盾，证人能够作出合理解释，并有其他证据印证的，应当采信其庭审证言；不能作出合理解释，而其庭前证言有其他证据印证的，可以采信其庭前证言。经人民法院通知，证人没有正当理由拒绝出庭或者出庭后拒绝作证，法庭对其证言的真实性无法确认的，该证人证言不得作为定案的根据。

2022年国家统一法律职业资格考试
客观题试卷二

一、单项选择题 每题所设选项中只有一个正确答案，多选、错选或不选均不得分。（本部分含1—50题，每题1分，共50分）

1. 20岁男子张某与21岁女子戴某经相亲认识，后来结婚。两人婚后一年经常因为琐事吵架，戴某得知张某隐瞒真实年龄，戴某应如何救济？（　　）

A. 因欺诈可撤销

B. 因瑕疵可撤销

C. 婚姻有效

D. 婚姻无效

2. 胜达学校未设围栏的露天操场在举办篮球赛，拾荒者张三为抄近道从篮球场穿过，篮球队员田某专心比赛快速奔跑时不慎撞倒张三，致其头部重伤，下列哪个选项正确？（　　）

A. 拾荒者张三自己担责

B. 田某承担部分责任

C. 学校承担全部责任

D. 田某承担全部责任

3. 胜达教育公司看中锦江宾馆的巨型山水画，以高于商场1亿元的价格买下了宾馆的全部财产（包括这幅巨型山水画）。次日委托拍卖巨型山水画赚了1.5亿元，问胜达教育公司和锦江宾馆之间的买卖合同效力如何？（　　）

A. 重大误解，可撤销

B. 无效力瑕疵，有效

C. 显失公平，可撤销

D. 恶意欺诈，可撤销

4. 乙向甲借款500万元，丙以其自有房屋做抵押。甲与丙签订不动产抵押合同，经甲多次催告丙恶意不办理抵押登记。借款合同到期后，乙无力偿还借款，下列说法正确的是？（　　）

A. 丙恶意延期不办理抵押登记，视为抵押权已经设立

B. 合同成立后抵押权设立

C. 在抵押物的价值范围内承担违约责任

D. 抵押合同效力待定

5. 某日，古文爱好者博先生在本地经常光顾的潘家园古玩街花费数十万元购买了一件青铜器，疑为明代真品。后经鉴定，该青铜器为现代仿品，仅值数百元。对此，下列哪一说法正确？（　　）

A. 博先生可主张存在重大误解，请求撤销合同

B. 博先生意思表示真实有效，无权请求撤销合同

C. 博先生可主张存在显失公平，请求撤销合同

D. 博先生可主张其被出卖人欺诈，请求撤销合同

6. 张某和戴某要出国度蜜月，于是委托徐某看管房屋，徐某委托田某拆自己家房屋内空调进行清洗，顺便把张某和戴某家的空调也进行拆卸，折抵自己家拆卸清洗空调的费用。但是田某说不接私活，平台派单让我来你家工作，不能去别人家，于是让同乡的甲来拆张某和戴某家房子里的空调，不料甲在拆空调时摔落成重伤，下列说法正确的是？（　　）

A. 张某和戴某对甲赔偿

B. 徐某看管张某和戴某的房屋构成无因管理

C. 徐某对甲的损害承担责任

D. 田某对甲的损害承担责任

7. 2022年4月20日，张某因购买制造假酒设备和原材料向田某借款60万元，期限1年，约定月息2%。张某告知借款用途，田某当即同意，并于次日向张某交付现金30万元，4月22日向张某银行卡转账30万元。应田某要求，徐某以自己所持有的易好贷公司的股权为该笔贷款提供担保，并办理了质押登记，下列哪一说法正确？（　　）

A. 徐某应承担担保责任

B. 借款合同部分无效

C. 借款合同无效

D. 借款合同于2022年4月20日成立

8. 甲公司与乙公司签订长期供货合同，因地震原材料成本和运输成本上涨，若继续履行合同甲公司将遭受重大损失，甲公司与乙公司协商变更合同被拒绝，下列哪一说法正确？（　　）

A. 合同因重大误解可撤销

B. 合同因显失公平可撤销

C. 合同因不可抗力可撤销

D. 合同因情势变更可变更

9. 甲公司与乙公司签订为期3年的供货合同，丙公司表示，在该供货合同期限内，对甲公司产生的货款债务愿意提供保证。后因甲公司经营不善，无力清偿货款，与乙公司协商终止该供货合同。尚有2022万元货款未支付，乙公司表示免除22万元尾款，并同意甲公司将500万元债务转至丁公司承担，以上均未通知丙公司，下列说法正确的是？(　　)

A. 丙公司应对2022万元承担保证责任

B. 丙公司应对1500万元承担保证责任

C. 丙公司应对2000万元承担保证责任

D. 丙公司应对甲公司产生的债务承担连带责任

10. 下列行为中，属于侵犯专利权的行为的是？(　　)

A. 专利权人制造的专利产品售出后，使用该产品的行为

B. 为科学研究而使用有关专利的

C. 为提供行政审批所需要的信息，制造专利药品或者专利医疗器械的

D. 为生产经营目的使用不知道是未经专利权人许可制造而售出的专利产品，能证明本产品合法来源的

11. 甲、乙、丙、丁均为资深骑马爱好者，相约去草原骑马。甲提供4匹马，骑行过程中，乙的马被突然出现的野兔惊吓，造成乙受伤。关于责任承担，下列说法正确的是？(　　)

A. 甲承担全部责任

B. 四人平均分担

C. 乙自行承担

D. 甲承担补充责任

12. 张某为唐山大地震孤儿，仅有一张与父母的合影。张某为留作纪念，将照片交给某照相馆修复，不料照相馆晚上意外发生火灾，遭受重大财产损失，张某照片也被损毁。据此，下列选项说法正确的是？(　　)

A. 照相馆侵犯了张某的肖像权

B. 张某可要求精神损害赔偿

C. 照相馆侵犯了张某的隐私权

D. 照相馆不承担侵权责任

13. 2012年5月9日，张某(男)和李某(女)结婚。婚后，生育一子张天一。从2014年4月起二人感情不和，张某前往深圳打工，并结识打工妹阿红。二人自2015年2月开始同居，后生育一子张天二。2016年5月，张某因病住院，于6月1日亲笔书写一份遗嘱称："死后将自己的所有遗产留给阿红。"但未注明年月日。2017年10月，张某去世。关于本案，下列哪一表述是错误的？(　　)

A. 张某的遗嘱无效，阿红不能继承张某的遗产

B. 李某有权继承张某的遗产

C. 张天一是张某的第一顺序的法定继承人

D. 张天二不能继承张某的遗产

14. 田某突发重病神志不清，田父将其送至医院，医院使用进口医疗器械实施手术，手术失败，田某死亡。田父认为医院在诊疗过程中存在一系列违规操作，应对田某的死亡承担赔偿责任。关于本案，下列哪一选项是正确的？(　　)

A. 医疗损害适用过错责任原则，由患方承担举证责任

B. 医院实施该手术，无法取得田某的同意，可自主决定

C. 如因医疗器械缺陷致损，患方只能向生产者主张赔偿

D. 医院有权拒绝提供相关病历，且不会因此承担不利后果

15. 甲、乙、丙、丁为4名大学生，同住一个寝室，事先约定成绩公布后聚餐，由获得奖学金的人请客。成绩出来后，甲、乙获得了一等奖学金，4人遂按约定去聚餐，结果甲、乙因为付款事宜大打出手，未付款而离开，然后丙、丁也离开了，下列哪一说法正确？(　　)

A. 饭店有权向4人主张付款，丙、丁可以其内部约定抗辩之

B. 约定由获得奖学金的人请客是法律行为

C. 约定获得奖学金的人请客是民间情谊行为

D. 最终结果是甲、乙付款平分账单

16. 甲的父母去世后，甲(唯一继承人)因法定继承取得房屋所有权，但尚未办理过户手续。甲欲出卖该房屋，遂与乙订立房屋买卖合同，约定房屋一旦交付，所有权即转移给乙。合同缔结后不久，甲即完成了该房屋的交付。对此，下列哪一说法是正确的？(　　)

A. 房屋买卖合同全部有效

B. 房屋买卖合同全部无效

C. 房屋所有权没有转移

D. 房屋所有权已经转移

17. A区的甲和在B区的乙因为合同产生纠纷，约定履行地是C区，且合同实际履行了，并协议由合约方法院管辖，甲向法院起诉，两人都说自己是合约方，应当由下列哪个法院管辖？（　　）

A. C区法院

B. A区法院

C. B区法院

D. 法院认为两者都是合约方，那么A区法院和B区法院都可以管辖

18. 甲告乙还款，申请法院执行乙的股权，法院冻结股权。丙以隐名股东提出异议，法院驳回，丙以自己是实际出资人提起诉讼，要求暂停执行并解除冻结。该诉是什么诉？（　　）

A. 积极的确认之诉

B. 给付之诉

C. 消极的确认之诉

D. 变更之诉

19. 张某投资建厂，欠王某部分工程款，协议将部分厂房给王某。后张某因其他欠款诉讼败诉，法院要执行所有厂房，王某提出执行异议。张某与其达成协议，进行赔偿，王某撤回异议。后张某又不履行，王某再次提出异议，法院以王某重复异议为由驳回，王某应当如何救济？（　　）

A. 向本院提起执行异议之诉

B. 向上一级法院提起执行异议之诉

C. 向本院提起复议

D. 向上一级法院提起复议

20. 朱某和葛某之间的民间借贷纠纷，一审判决朱某向葛某支付本金及利息。朱某不服上诉，二审葛某表示一审判决正确应该维持。经审判，二审法院维持原判。葛某之后表示一审判决利息计算存在错误，申请再审。下列说法正确的是？（　　）

A. 葛某有再审利益，法院可以裁定再审

B. 经法院院长同意裁定再审

C. 经朱某同意可以再审

D. 葛某违反诚信原则，应驳回再审申请

21. 甲、乙纠纷中针对质证环节，甲同意在线诉讼，乙表示己方不同意在线，法院以不同意的理由不正当为由视为乙放弃质证权利，最终判决乙败诉，法院违反了哪一原则？（　　）

A. 同等原则　　B. 对等原则

C. 诚信原则　　D. 在线诉讼原则

22. 居住在杭州的甲、乙因网购合同中所购物品质量问题产生纠纷，甲诉至杭州互联网法院，甲同意线上开庭，乙以不具备线上设备参与诉讼的条件为由不同意线上开庭，下列说法正确的是？（　　）

A. 法院依职权线上审理

B. 对甲先行审理，对乙延期审理

C. 对乙线下开庭，对甲线上庭审

D. 因当事人乙不同意，只能双方都线下开庭

23. 甲和胜达公司发生诉讼，甲提出管辖权异议被驳回。甲又怀疑张法官有偏见申请其回避，回避请求也被驳回。后胜达公司更换法定代表人为文某，甲得知文某和张法官是同学。甲再次申请回避。下列说法正确的是？（　　）

A. 甲不能再次申请回避，只能对回避决定申请复议

B. 如果张法官被准予回避，甲可重新提出管辖权异议

C. 张法官应当暂停工作

D. 法院应当裁定张法官不予回避

24. 甲公司与乙公司合同约定发生纠纷由某基层法院管辖，一审适用简易程序，甲公司不服上诉，二审法院指定徐法官适用独任制审理，乙公司当庭表示异议。对此哪一说法正确？（　　）

A. 上诉案件应组成合议庭审理

B. 简易程序一审终审不得上诉

C. 二审法院有权直接指定法官适用独任制审理

D. 二审法院应裁定转为合议庭审理

25. 甲欠乙50万元货款，乙为了防止甲转移财产申请了诉前保全。后又急着想要实现债权，向甲的住所地法院申请支付令，受理支付令申请的法院对此应如何处理？（　　）

A. 本案属于到期金钱给付案件，法院应发出支付令

B. 本案属于货物合同纠纷，法院不予受理

C. 因乙申请了诉前保全，法院驳回支付令申请

D. 诉前保全法院将保全移交给支付令法院

26. 甲租赁乙的仓库，仓库位于A区，月租金300元，约定纠纷由甲住所地法院管辖，甲后来累计欠付租金2500元。于是乙向甲住所地法院起诉，法院适用小额速裁程序，甲认为应由仓库所在地法院管辖本案，提出管辖权异议，但是被法院驳回，法院判决甲败诉。甲在裁判生效后，认为管辖权错误，欲申请再审，下列说法正确的是？（　　）

A. 管辖权异议裁定不服可以上诉

B. 甲应向甲住所地法院申请再审

C. 甲应向仓库所在地法院申请再审

D. 管辖权错误无法启动再审程序

27. 胜达公司与王某签订劳动合同，后王某于2020年离职，2021年向劳动仲裁委申请仲裁，因为生活费不能支撑正常生活，王某申请仲裁委裁决先行予以支付，对此劳动仲裁委怎么处理？（　　）

A. 移送胜达公司住所地法院审查

B. 裁决先予执行，由劳动仲裁委执行

C. 裁决先予执行，移送胜达公司住所地法院执行

D. 不予准许先予执行

28. 下列可以提起环境公益诉讼的主体有？（　　）

A. 连续10年从事环保工作的某企业

B. 在某省级民政部门登记注册的某环保联盟协会

C. 国外某环保协会

D. 某县登记的环保协会

29. 晋某购买了甲房地产开发公司的一间房屋，后因房屋被征收，晋某起诉要求返还双倍定金共计40万元，法院认定甲房地产开发公司没有过错，判决只需返还定金20万元。判决生效后晋某又起诉要求甲房地产开发公司支付定金利息2万元，甲房地产开发公司认为晋某属于重复起诉，关于法院处理下列说法正确的是？（　　）

A. 既判力范围及于利息，直接裁定驳回起诉

B. 原判决有既判力，直接裁定适用原判决

C. 既判力范围及于利息，判决驳回诉讼请求

D. 既判力范围不及于利息，不属于重复起诉，法院继续审理

30. A市的甲和B市的乙签订买卖合同，约定产生纠纷由A市的仲裁委调解或B市的仲裁委仲裁，后合同履行中产生纠纷，甲主张仲裁，乙申请确认仲裁协议效力。下列说法错误的是？（　　）

A. 甲可以选择A市的仲裁委调解

B. 乙可以申请A市的仲裁委确认仲裁协议效力

C. 乙可以申请B市中级人民法院确认仲裁协议效力

D. 甲可以选择B市的仲裁委仲裁

31. 依票据法原理，票据具有无因性、设权性、流通性、文义性、要式性等特征。关于票据特征的表述，下列哪一选项是错误的？（　　）

A. 没有票据，就没有票据权利

B. 任何类型的票据都必须能够进行转让

C. 票据的效力不受票据赖以发生的原因行为的影响

D. 票据行为的方式若存在瑕疵，不影响票据的效力

32. 依据我国《海商法》和《民法典》的相关规定，关于船舶所有权，下列哪一表述是正确的？（　　）

A. 船舶买卖时，船舶所有权自船舶交付给买受人时移转

B. 船舶建造完成后，须办理船舶所有权的登记才能确定其所有权的归属

C. 船舶不能成为共同共有的客体

D. 船舶所有权不能由自然人继承

33. 陈某在担任某信托公司总经理期间，该公司未按照金融企业会计制度和公司财务规则严格管理和审核资金使用，违法开展信托业务，造成公司重大损失。对此，陈某负有直接管理责任。关于此事，下列哪个说法是错误的？（　　）

A. 该公司严重违反审慎经营规则

B. 银保监会可责令该公司停业整顿

C. 国家市场监督管理总局可吊销该公司的金融许可证

D. 银保监会可取消陈某一定期限直至终身的任职资格

34. 关于税收优惠制度，根据我国税法，下列哪一说法是错误的？（　　）

A. 个人进口大量化妆品，免征消费税

B. 武警部队专用的巡逻车，免征车船税

C. 企业从事渔业项目的所得，可免征、减征企业所得税

D. 农民张某销售的自家地里种植的山核桃，免征增值税

35. 张某大学毕业后应征入伍，在一次地震救灾中，负伤致残，被认定为九级伤残，取得革命伤残军人证。后张某转业到地方甲公司工作，在工作期间，旧伤复发住院。有关张某的医疗等相关费用，下列说法不正确的是？（　　）

A. 张某在服役期间，享受军人伤亡保险待遇，应当按国家规定自行承担部分保险费

B. 张某在救灾中负伤致残，应当享受军人残疾保险金

C. 张某系旧伤复发住院，视同工伤

D. 张某应依法享受相应的工伤待遇

36. 下列所述四种情形，乙的行为构成对甲的

外观设计专利权侵害的是？(　　)

A. 甲对由“一个茶壶与四个茶杯”组成的成套产品享有外观设计专利权。未经甲允许，乙制造、出售的由“一个茶壶与四个茶杯”组成的成套产品中，与甲享有专利权的外观设计相比，茶壶的设计“近似”，但茶杯的设计“不相同”亦“不近似”

B. 甲对由“基座和水壶两个组件”组成的电热水壶享有外观设计专利权。未经甲允许，乙制造、出售的由“基座和水壶两个组件”组成的电热水壶，与甲享有专利权的外观设计相比，基座的设计“相同”，但基座与水壶组合状态下的设计“不相同”亦“不近似”

C. 甲对“国际象棋”享有外观设计专利权。未经甲同意，乙制造、出售的“国际象棋”，与甲享有专利权的外观设计相比，“King”和“Queen”的设计“相同”，但其他棋子的设计“不相同”亦“不近似”

D. 甲对“沙发床”享有一外观设计专利权。未经甲允许，乙制造、出售的沙发床，与甲享有专利权的外观设计相比，在“作为床使用状态下”的设计“近似”，但在“作为沙发使用状态下”的设计，“不相同”亦“不近似”

37. 某镇拟编制并实施镇总体规划，根据《城乡规划法》的规定，下列哪一说法是正确的？(　　)

A. 防灾减灾系镇总体规划的强制性内容之一

B. 在镇总体规划确定的建设用地范围以外，可设立经济开发区

C. 镇政府编制的镇总体规划，报上一级政府审批后，再经镇人大审议

D. 建设单位报批公共垃圾填埋场项目，应向国土部门申请核发选址意见书

38. 胜达有限责任公司投资设立一家子公司万力有限责任公司，胜达有限责任公司持有万力有限责任公司75%的股权。在经营过程中，两个公司的下列哪一行为不符合法律规定？(　　)

A. 胜达有限责任公司的董事会可以决定为万力有限责任公司提供担保

B. 胜达有限责任公司章程可以规定对万力有限责任公司担保只能由股东会决议

C. 万力有限责任公司若要为胜达有限责任公司提供担保，只能由股东会决议

D. 若万力有限责任公司为胜达有限责任公司全资子公司，则万力有限责任公司不能为胜达有限责任公司提供担保

39. 胜达有限公司有股东张某、孙某、任某3人。出资比例为2∶3∶5，均已实际交付。亿万富豪博达看到胜达有限责任公司近年来发展势头很好，想对其进行投资。恰逢胜达有限公司拟增资扩股，随即博达与徐某商量，二人签订《代持股权协议》，博达出资，由徐某代博达申购胜达有限公司部分新增资本，胜达有限公司将徐某的名字记载于股东名册之上，并办理了公司变更登记。后来，因博达和徐某之间发生了纠纷，下列表述正确的是？(　　)

A. 公司章程可以约定公司利润由股东平均分配

B. 博达可以直接持《代持股权协议》向公司主张自己才是胜达有限公司真正股东

C. 徐某将记载于自己名下的股权转让给田某，田某能否取得股权须经博达的确认

D. 若博达未经徐某同意，擅自持徐某身份证将徐某登记为公司股东，日后徐某有权向公司主张分红

40. 胜达有限公司是一家机械制造厂。2019年董事长张胜达的好友戴某提出最近要进一批紫砂壶销售，需要贷款200万元，希望胜达有限公司能够为其贷款提供担保，二人约定支付价款4%的金额作为酬谢打入张胜达指定账户，张胜达便安排为其办理担保事宜。公司的副董事长博博得知此事之后，不满张胜达的行为，一怒之下因心脏病意外死亡。博博除一7岁儿子之外无其他继承人。根据有关法律规定，下列表述正确的是？(　　)

A. 张胜达可以决定为戴某提供担保

B. 公司有权要求戴某支付4万元利息

C. 博博的儿子不能继承其股东资格

D. 张胜达可以主张优先购买博博的股权

41. 2016年11月，甲、乙、丙、丁4人共同出资设立1家有限责任公司，注册资本为400万元，4人出资比例分别为90%、3%、3%、4%，甲担任董事长兼法定代表人。成立之初，4人在公司章程中约定，公司对外签订合同时，金额超过200万元，需要召开股东会，经全体股东一致同意。2017年10月，甲认为章程的约定限制了公司的发展，随即自行作出股东会1号决议，将这一内容删除，并伪造其他股东签字，到工商管理部门办理了变更登记。2017年11月，甲代表公司与戊签订价值300万元的货物买卖合同。2017年11月，乙认为1号决议是在自己不知情的情况下作出的，遂向法院起诉。下列表述正确的是？(　　)

A. 乙可以请求法院认定1号决议不成立

B. 乙可以请求法院确认1号决议无效

C. 乙可以请求法院撤销1号决议

D. 公司与戊签订的合同因1号决议属于瑕疵决议而无效

42. 甲、乙、丙、丁4人准备出资设立胜达有限责任公司。其中甲以现金500万元出资，乙以奥迪A6L小轿车出资，丙以自有房屋出资，丁以划拨土地使用权出资。公司成立后，甲为董事长，乙为总经理。下列关于出资的表述，符合法律规定的是？（　　）

A. 甲以贪污所得的500万元出资，半年后甲依法被判入狱，法院应当拍卖或变卖甲取得的股权

B. 乙出资的小轿车系其好友李某所有，李某才是公司股东

C. 丙将房屋交付给公司后，未及时办理权属变更登记，则丙虽然是股东，但是不享有股东权

D. 丁以划拨土地使用权出资，甲、乙、丙向法院请求认定其未全面履行其出资义务，则法院应当认定丁未全面履行出资义务

43. 关于林木、林地所有权和使用权争议，下列哪一选项是错误的？（　　）

A. 单位之间发生的林木、林地所有权和使用权争议，由县级以上人民政府依法处理

B. 个人与单位之间发生的林木所有权和林地使用权争议，可以由乡镇人民政府依法处理

C. 当事人可以自接到处理决定通知之日起30日内，向人民法院起诉

D. 在林木、林地权属争议解决前，即使因森林防火需要，当事人任何一方也不得砍伐有争议的林木或者改变林地现状

44. 胜达有限公司是一家大型房地产公司，由徐某、张某、任某等8人共同出资设立。其中徐某、张某、任某3人组成公司董事会，徐某任董事长。公司设有监事会。根据有关法律规定，下列符合法律规定的是？（　　）

A. 徐某任期内辞职，在改选出新董事前徐某应当继续履行董事职务

B. 任某的法定任期为3年

C. 胜达有限公司可以有少于1/3的职工监事

D. 徐某的报酬由公司董事会决定

45. 胜达公司是由任某等5名股东发起设立的一家大型商贸公司，关于公司经理一职，下列表述不符合法律规定的是？（　　）

A. 公司的经理可以担任公司的法定代表人

B. 胜达公司如果是有限公司，可以不设经理，如果是股份公司则必须设经理

C. 经理根据公司章程的规定或者董事会的授权行使职权

D. 若章程规定经理对外签订合同金额超过500万元应当报告董事会决定，则经理任某签订的金额为600万元的合同效力待定

46. 中国公民李某在北京购买了法国甲公司的一批股票，随后将该批股票在北京质押给北京某银行并用质押所得资金购买了法国乙公司的一批债券。最终张某将该批债券在英国出售。根据我国《法律适用法》的规定，下列说法正确的是？（　　）

A. 股票的质押适用李某和北京某银行选择的法律

B. 股票的质押适用中国法

C. 债券所有权的转让应该适用英国法

D. 债券所有权的转让应该适用与该债券有最密切联系的法律

47. 中国甲公司和英国乙公司签订在渤海湾勘探开发海底石油资源的合同。在合同履行过程中发生了纠纷，下列说法正确的是？（　　）

A. 甲、乙两公司的纠纷在我国只能通过诉讼程序来解决

B. 因合同在海上履行，所以该纠纷应该适用《联合国海洋法公约》

C. 甲、乙两公司可约定将纠纷提交新加坡国际仲裁中心仲裁解决

D. 甲、乙两公司可协议选择由英国法院审理此案

48. 中国河北外运公司的“天仁”号货轮承运一批蔗糖从古巴某港口运往中国宁波港（运输合同受《海牙规则》约束），收货人为中国浙江方圆公司。货轮到达宁波港后，浙江方圆公司收货时发现所载蔗糖中有2000袋受潮变质。经检验，发现蔗糖变质分别因下列原因所致，请问其中中国河北外运公司应当承担赔偿责任的是哪项？（　　）

A. 600袋蔗糖受潮变质是因承运人没有根据托运人的要求打开货舱通风设备所致

B. 900袋蔗糖受潮变质是因为遭遇强热带风暴，海水和雨水涌进货舱浸泡所致

C. 300袋蔗糖受潮变质是因为该批蔗糖本身含水分过高所致

D. 200袋蔗糖受潮变质是因为该货轮与他船发生碰撞，货舱进水后浸泡所致

49. 新加坡国际商事仲裁中心对中国甲公司和新加坡乙公司的合同纠纷作出裁决，甲公司不执

行裁决,乙公司向某法院申请承认和执行,下列说法正确的是?(　　)

A. 该仲裁中心适用f国对中国的单边制裁的协议作出,该法院可直接认定不予承认和执行仲裁裁决

B. 该中心的首席仲裁员属于被中国制裁的人员,法院应向外交部通知

C. 应适用中国法确认仲裁条款

D. 法院如果承认和执行该裁决,可不向最高人民法院上报

50. 甲公司与乙于2020年1月8日签劳动合同,为期1年,在这期间为甲公司撰写《甲公司发展史》,2020年12月8日,乙外出旅游受伤休息了3个月,2021年6月8日,乙给甲公司交付了该内容。问甲公司与乙的劳动合同期限到期时间为?(　　)

A. 2021年1月8日

B. 2021年6月8日

C. 2021年4月8日

D. 2021年12月8日

二、多项选择题　每题所设选项中至少有两个正确答案,多选、少选、错选或不选均不得分。(本部分含51—90题,每题2分,共80分)

51. 甲与其妹乙、乙之子丙旅游漂流,发生意外,3人溺水。乙当场死亡,甲当晚死亡,丙第二天死亡。甲未婚无儿无女,丙有一子戊,乙另有一子丁。关于甲财产分配问题,下列说法正确的有哪些?(　　)

A. 就甲的财产,戊有权转继承丙代位继承甲的财产

B. 就甲的财产,丁有权代位继承甲的财产

C. 甲无继承人且无受捐赠人,归国家所有

D. 甲的死亡赔偿金不参与遗产分配

52. 沈万三(男)29岁和邱婷婷(女)31岁再婚,沈万三有一子3岁,一女5岁。邱婷婷有小女儿5岁和大女儿7岁。经沈万三前妻及邱婷婷前夫同意,决定收养对方子女,组成6人家庭,下列说法正确的有哪些?(　　)

A. 前妻前夫没有特殊困难也能收养

B. 沈万三只能收养小女儿或大女儿中的一个

C. 邱婷婷可以收养沈万三的儿子和女儿

D. 沈未满30岁,不能收养邱婷婷的两个女儿

53. 甲看到乙有个鼻烟壶,价值1万元,甲知道丙在以10万元求购。于是甲给了乙5000元定金求购,3日后交付。乙又找了丙要了2万元定金。3日后交付的时候乙把鼻烟壶摔坏了。下列说法正确的有哪些?(　　)

A. 乙应该给丙2万元定金的双倍赔偿

B. 乙应该给甲5000元定金的双倍赔偿

C. 乙可以请求法院减少双倍赔偿金额

D. 乙不用给甲双倍赔偿

54. 张某和妻子戴某装修婚房,后张某出差,戴某将旧屏风卖给邻居田某,后田某在屏风里发现一个红包里面有2000元,这是张某10年前藏的私房钱,关于这2000元属于何种性质?(　　)

A. 发现物、埋藏物,不属于田某

B. 是夫妻共同财产

C. 田某构成善意取得

D. 占有即所有,属于田某

55. 肖某驾车越野死亡,继承人侯某将车送至高某的修理店维修,高某修理后让侯某付款领车,侯某忙于丧事没来,高某将车停在店外面的公路旁,后车被盗。下列说法正确的有哪些?(　　)

A. 高某丧失留置权

B. 高某未尽到看管义务

C. 侯某丧失所有权

D. 高某丧失占有

56. 张某得到一匹上等布料,想要给女朋友戴某量身定制旗袍。因材质复杂,乙需要额外购入机器,花费5000元,约定9月15日完工。张某预付了20,000元工钱(包含5000元机器款项),张某9月13日的时候跟女朋友分手了,通知乙旗袍不做了,下列说法正确的有哪些?(　　)

A. 张某需支付大部分费用

B. 张某有权解除合同

C. 机器所有权归乙

D. 未完工旗袍所有权张某、戴某共有

57. 甲是个人独资企业的老板,成立后聘用了张某做管理人,约定张某仅在50万元的交易额范围签订合同。后张某未经同意与乙签订了一份80万元的合同,并以该独资企业的厂房作为抵押并登记。以下说法正确的有哪些?(　　)

A. 该抵押合同有效

B. 该抵押行为无效

C. 甲可以张某行为解聘张某

D. 乙对厂房主张优先受偿,甲无权拒绝

58. 丙是甲公司员工,出差考察民宿的时候,正值松茸时节。丙就想赚差价以甲公司名义团购价与乙订购了一批松茸,丙付的钱。结果地址错写成了公司地址,松茸直接送到公司。公司了解情况后

当作员工福利发下去了，下列说法正确的有哪些？（　　）

A. 乙可以以欺诈撤销合同

B. 丙有权请求公司返还钱款

C. 丙无权代理合同效力待定

D. 丙有权请求公司返还松茸

59. 下列属于夫妻共同财产的有哪些？（　　）

A. 结婚登记前一方收的礼金

B. 婚前获得著作权婚后稿酬

C. 婚后企业破产安置费

D. 男方给女方的父母支付的彩礼，婚后女方父母将彩礼给予女方

60. 甲公司把A市的物流业务承包给乙公司，乙公司让丙拉货。没给丙钱，丙就扣下了快递，然后甲公司给丙付了钱，下列说法正确的有哪些？（　　）

A. 甲公司有权付钱

B. 丙有权留置

C. 甲公司有权找乙公司要钱

D. 丙有权找甲公司要钱

61. 乙公司是物业公司，到期后未更换该物业公司。未经许可，乙公司分别将物业专用房和绿化地租用给外人。下列说法正确的有哪些？（　　）

A. 租用物业专用房的行为侵害了业主的建筑物区分所有权

B. 租用绿化地的行为侵害了业主的建筑物区分所有权

C. 除去合理成本，剩余租金应归全体业主共有

D. 小区业主可以该物业公司未经许可对外转让为由，依据法定程序解聘该公司

62. 甲起诉乙要求支付600万元货款，一审法院判决支持了甲全部的诉讼请求，乙上诉，上诉中双方和解，由乙支付100万元，丙支付400万元，乙要是不按期履行就按年12%支付违约金，甲撤回上诉。到期后乙拒绝履行，乙认为违约金过高显失公平，请求法院撤销和解协议。下列说法正确的有？（　　）

A. 甲可申请执行一审判决

B. 乙可以以显失公平为由撤销协议

C. 法院应当支持乙的请求

D. 甲可以就和解协议起诉乙支付违约金

63. 刘某没有子女，祝某把自己女儿祝乙过继给了刘某，刘某和刘某弟弟的女儿祝丙签订了意定监护协议，后刘某因疾病丧失行为能力，法院直接指定祝乙监护，但是祝乙和刘某闹矛盾，不愿意住在一起，祝丙拿着意定监护协议去法院起诉更改监护人。下列说法正确的有？（　　）

A. 法院无权依据祝丙的申请直接变更监护人

B. 指定监护无效

C. 对祝丙的申请法院应经过审判程序解决

D. 祝丙的申请不诉讼解决实质纠纷，适用非诉讼程序

64. 大国驾驶汽车将香秀撞倒，经调查得知，车是刘水的。车辆是上个月前被永强偷走，然后借给大国驾驶的。现香秀想要起诉，下列说法正确的有哪些？（　　）

A. 起诉大国，将大国列为被告

B. 起诉永强，将永强列为被告

C. 起诉大国和永强两个人，列为共同被告

D. 起诉刘水，将刘水列为被告

65. 甲在丙的超市买了乙公司的产品，产品有问题，甲到法院起诉了丙。丙要求追加乙公司并由乙公司负最终的责任，乙公司庭审前提交答辩状里承认了产品存在问题。但是开庭时又不承认，说是律师写错字了，丙对此表示不知情不发表意见。下列说法正确的有哪些？（　　）

A. 乙公司构成自认

B. 乙公司的自认对丙不发生效力

C. 丙不发表意见拟制自认

D. 乙公司撤销自认，法庭不应准许

66. 张某（男）20周岁，为了娶到戴某谎报年龄。戴某（女）21周岁。两人结婚一年后，时常发生争吵，于是想要以婚姻登记瑕疵提起民事诉讼。下列选项正确的有哪些？（　　）

A. 戴某可以向法院提起确认婚姻关系无效的诉讼

B. 戴某可以以婚姻登记效力瑕疵为由提起行政诉讼

C. 戴某可以提起撤销婚姻关系的诉讼

D. 戴某可以向婚姻登记机关申请行政复议

67. 甲公司和乙公司签了一个合同，约定甲公司送货给乙公司，甲公司让自己的分公司供货给乙公司，乙公司没有付款，分公司遂起诉乙公司违约，法院在受理后发现主体不适格，就把当事人是否适格作为本案争议焦点。乙公司认为分公司违约提起反诉，后分公司申请撤诉，本案如何处理？（　　）

A. 法院应当判决驳回乙公司的反诉

B. 分公司不是适格原告，法院裁定驳回分公司的撤诉请求

C. 裁定驳回乙公司的反诉

D. 裁定准许分公司撤诉

68. A市b区的段某租用A市c区的红铜公司位于D市e区的小型仓库，约定租房3年，租金500元1个月，约定合同履行争议交红铜公司住所地法院解决。合同履行一段时间后段某6个月没付房租，红铜公司向A市c区法院提起诉讼，段某在答辩期内提出管辖权异议，被法院驳回。对此，说法正确的有哪些？（　　）

A. 本案A市c区作为管辖协议约定地，该地法院有管辖权

B. 段某对驳回裁定不服可以提起上诉

C. 段某对驳回裁定不服可以申请再审

D. 若段某上诉，二审法院撤销原裁定，移送D市e区法院管辖

69. 小张（17周岁）划伤了小赵（16周岁）的眼睛，小赵父亲大赵找到小张父亲大张协商赔偿未果，向法院起诉，此时上高三的小张已满18周岁无经济能力，本案诉讼参与人说法正确的有哪些？（　　）

A. 大赵是适格原告

B. 小赵是适格原告，大赵是法定代理人

C. 小张是适格被告，大张是法定代理人

D. 大张是适格被告

70. 甲公司起诉乙公司，甲公司胜诉，乙公司不服上诉后二审维持原判。丙公司认为生效判决损害自身权益提了第三人撤销之诉，中级人民法院在审理第三人撤销之诉的过程中，高级人民法院对本案启动了再审，此时法院如何处理？（　　）

A. 高级人民法院裁定将再审并入第三人撤销之诉

B. 中级人民法院裁定将第三人撤销之诉并入再审

C. 高级人民法院裁定撤销一审二审判决，发回重审

D. 高级人民法院裁定再审中止审理，等待撤销判决

71. 甲公司开具一张金额500万元的汇票，收款人为乙公司，付款人为丙银行。乙公司收到后将该汇票背书转让给丁公司。下列哪些说法是正确的？（　　）

A. 乙公司背书不得附有条件，背书时附有条件的，背书无效

B. 乙公司背书不得附有条件，背书时附有条件的，所附条件不具有汇票上的效力

C. 如甲公司在出票时于汇票上记载有“不得转让”字样，则乙公司的背书转让行为无效

D. 如甲公司在出票时于汇票上记载有“不得转让”字样，则乙公司的背书转让行为依然有效，但持票人不得向甲行使追索权

72. 博杰看中一款鑫荣家电厂生产的外形好看且价格较低的“鑫宝”电饭煲，欣然购买回家使用，该电饭煲煮饭时突然炸开，弹飞的盖子将博杰击伤。“鑫宝”电饭煲在其他省份销售时被消费者投诉后，鑫荣家电厂随即在该省份采取补救措施，但是在博杰所在省份仍未停止销售。数月之后，鑫荣家电厂开始召回该款电饭煲。关于博杰起诉鑫荣家电厂要求赔偿一案，下列表述哪些是正确的？（　　）

A. 博杰可主张鑫荣家电厂支付所受损失2倍的赔偿

B.“鑫宝”电饭煲召回的必要费用应由鑫荣家电厂承担

C. 鑫荣家电厂应承担博杰所受损失2倍的赔偿责任

D. 因已经采取召回措施，可以减轻鑫荣家电厂对博杰的赔偿责任

73. 依据《审计法》的相关规定，下列哪些说法是正确的？（　　）

A. 审计业务以上级审计机关领导为主

B. 审计机关履行职责所必需的经费应当列入财政预算

C. 审计人员办理审计事项，与被审计单位有利害关系的，应当回避

D. 审计人员对其在执行职务中知悉的商业秘密，可以披露

74. 甲的小说《爱在深秋》于1965年1月1日完成。1965年3月1日甲去世。2015年12月31日乙网站上传小说《爱在深秋》供网友阅读，署名丁。2016年1月1日丙网站上传小说《爱在深秋》供网友阅读，未署名。下列哪些表述是正确的？（　　）

A. 乙网站侵犯甲的信息网络传播权

B. 丙网站侵犯甲的信息网络传播权

C. 乙网站侵犯甲署名权

D. 丙网站侵犯甲署名权

75. 根据2021年6月1日起施行的《著作权法》，秋月侵犯春花著作权，侵权人秋月应当如何赔

偿权利人春花？(　　)

A. 秋月应当按照春花因此受到的实际损失或者秋月的违法所得给予赔偿

B. 春花的实际损失或者秋月的违法所得难以计算的，可以参照该权利使用费给予赔偿

C. 如秋月故意侵犯春花著作权，可以在确定数额的1倍以上10倍以下给予赔偿

D. 春花的实际损失难以计算的，由人民法院根据秋月侵权行为的情节，判决给予500元以上500万元以下的赔偿

76. 甲公司与乙公司签订《合作协议》，约定两方合作对某区域进行煤炭资源勘探，下列说法正确的是？(　　)

A. 甲公司与乙公司组成的联合勘探主体，在勘探中的投入达到最低比例后，经依法批准，可将探矿权予以转让

B. 甲公司与乙公司完成勘探后，有权优先取得勘查作业区内煤炭资源的采矿权

C. 矿产资源属于国家或者集体所有

D. 地下的矿产资源的国家所有权，因其所依附的土地的所有权的不同而改变

77. 2017年1月，甲公司因扩大规模，急需客服人员，遂委托乙劳务派遣公司派遣5名员工。随后，乙劳务派遣公司将已签订劳动合同的张某等5人派遣至甲公司。对此，下列说法错误的是？(　　)

A. 甲公司应当为张某缴纳工伤保险费

B. 乙公司应当为张某缴纳工伤保险费

C. 张某与甲公司形成劳动关系

D. 如果张某在工作中造成他人受伤，应当由甲公司和乙公司承担连带责任

78. 甲、乙是某有限责任公司股东，甲、乙分别持有公司51%和49%的股权，2018年10月甲想把持有的公司51%的股权转让给外部的第三人丙，但乙不同意，于是，甲提出只转让0.1%的股权给丙，乙便同意了甲的请求。在丙成为公司的股东后，甲于2018年12月把自己持有的剩下50.9%的公司股权也转给了丙，并且办理了股权登记证明，这时候乙出来反对，但未主张优先购买。关于两次股权转让是否有效，下列说法正确的是？(　　)

A. 甲的第一次股权转让有效

B. 甲的第一次股权转让无效

C. 甲的第二次股权转让有效

D. 甲的第二次股权转让无效

79. 中国甲公司和美国乙公司存在经贸往来。为保证付款，甲公司申请中国工商银行向乙公司开立了载明适用国际商会《见索即付保函统一规则》的函件，单据要求乙公司提供提单和银行对账单用以在最高金额内付款。后因甲公司到期未支付款项，乙公司持提单和银行对账单要求中国工商银行向其付款。中国工商银行以提供单据多处与函件不符为由拒绝付款。下列说法正确的是？(　　)

A. 本案中的函件应当被认定为属于独立保函

B. 本案中中国工商银行拒绝付款的理由是正当的

C. 本案中中国工商银行可以基础交易违约为由拒绝付款

D. 本案中发生纠纷后约定由中国工商银行所在地法院管辖

80. 美国人张某自2012年以来一直定居在中国，2021年其从美国苹果公司获得了1亿美元分红所得。美国政府对苹果公司的全部收入进行了征税，中国政府对张某的1亿美元进行了征税，中美双方加入了CRS(共同申报准则)，根据我国法律和相关的国际法规则，下列说法正确的是？(　　)

A. 张某属于我国的纳税居民

B. 中国和美国的征税行为构成国际重复征税

C. 美国应该向中国提供张某在美国的税务信息，无需理由，一年一次

D. 如果张某在美国投资的是房产或者贵金属，则美国不需要向中国提供相应税务信息

81. 定居北京的中国公民张某和定居澳门的中国公民李某因民事纠纷诉至北京市某中级人民法院。由于本案的关键证据位于澳门，北京市某中级人民法院遂委托北京市高级人民法院向澳门法院申请协助调查取证并送达诉讼文书。根据《关于内地与澳门特别行政区法院就民商事案件相互委托送达司法文书和调取证据的安排》下列说法正确的是？(　　)

A. 送达文书和调取证据一般不收取费用，但鉴定、证人、翻译和特殊方式费用须委托方支付

B. 如经最高人民法院和澳门终审法院协商并授权，北京市某中级人民法院也有权发出申请

C. 需要传递的司法文书可以通过司法协助网络平台进行，通过该平台传递的电子材料和原件的效力一致

D. 如北京方面请求证人到北京作证，澳门法院经过证人同意后，可以协助安排相关人员到北京作证

82. 关于上市公司征集人制度，下列选项是正

确的有哪些？(　　)

A. 上市公司持有10%以上有表决权股份的股东可以作为征集人

B. 依照规定征集股东权利的，征集人应当披露征集文件，上市公司应当予以配合

C. 可以用有偿的方式公开征集股东权利

D. 公开征集股东权利违反法律、行政法规或者国务院证券监督管理机构有关规定，导致上市公司或者其股东遭受损失的，应当依法承担赔偿责任

83. 甲公司严重亏损，2016年年初就已经资不抵债且不能清偿到期债务，后债权人乙申请甲公司破产清算，法院2017年1月1日裁定受理并指定了管理人。管理人对甲公司的在先的相关行为主张撤销。下列关于撤销权的说法正确的是？(　　)

A. 2016年12月1日，甲公司向工人支付了11月的工资20万元。管理人不得主张撤销

B. 2016年11月1日，甲公司向自来水公司支付了拖欠的水费100万元。管理人不得主张撤销

C. 2016年3月，甲公司放弃对其股东张三的一笔20万元的债权。管理人不得主张撤销

D. 2016年8月1日，甲公司向乙支付了未到期的10万元货物款。管理人不得主张撤销

84. 胜达教育股份集团公司是一家大公司。公司共有董事9人，监事7人。公司于2022年3月召开董事会会议。根据法律规定，下列哪些表述是不正确的？(　　)

A. 胜达教育股份集团公司的董事会和监事会都无法履行职责时，股东大会可由持有公司股份10%的股东张某召集和主持

B. 连续90日以上单独或合计持有公司10%以上股份的股东才可以提议召开临时董事会

C. 董事会会议应有半数以上的董事出席方可举行

D. 董事因故不能出席董事会可以书面委托他人代为出席

85. 胜达食品有限公司共8个股东，除股东张某外，其余股东都已足额出资。某次股东会上，7个股东一致表决同意因张某未实际缴付出资而不能参与当年公司利润分配。3个月后该公司发生食物中毒事件，公司因此应承担巨额赔偿责任，公司的全部资产不足以赔偿。张某向其他7个股东声明：自己未出资，也未参与分配，实际上不是股东，公司的债权债务与己无关。下列哪些选项是错误的？(　　)

A. 张某虽然没有实际缴付出资，但不影响其股东地位

B. 其他股东决议不给张某分配当年公司利润是符合公司法规定的

C. 就公司财产不足清偿的债务部分，只应由张某承担相应的责任，其他7个股东不承担责任

D. 张某的声明对内具有效力，但不能对抗善意第三人

86. 张某是胜达公司的法定代表人，某日与万力公司的法定代表人徐某签订协议，胜达公司购买万力公司200吨钢材。张某在合同书上签字并加盖了胜达公司的公章。后万力公司要求胜达公司支付款项时，胜达公司以加盖公章不是公司在市场监督管理局备案公章为由，主张合同无效。下列表述正确的是？(　　)

A. 张某必须是公司股东

B. 张某可以不是公司股东

C. 两公司签订的合同有效

D. 两公司签订的合同无效

87. 胜达公司是外商投资企业，中国某地政府在引进外资时曾依法对其作出承诺并订立了合同。胜达公司为履行项目与甲银行(牵头银行)等签订了间接银团贷款协议。后因行政区划调整，合同履行发生争议。下列说法中错误的是？(　　)

A. 该银团贷款各参与贷款的银行之间承担连带责任

B. 因行政区划调整，政府无须再履行相关政策承诺

C. 如因社会公共利益需要，政府不能再履行政策承诺，但需对胜达公司进行合理的补偿

D. 该银团贷款由甲银行单独与胜达公司签订协议

88. 张某、徐某、戴某、田某、王某是某有限合伙企业的合伙人，其中张某是普通合伙人，徐某、戴某、田某、王某是有限合伙人。合伙协议对合伙份额的转让、质押等处分行为未作约定。下列说法错误的是？(　　)

A. 张某死亡后，其合法继承人有权继承张某在该合伙企业中的份额

B. 徐某的债权人申请法院执行徐某的合伙份额还债，其他合伙人不能主张优先购买权

C. 戴某对外转让其合伙份额时，其他合伙人无权主张优先购买权

D. 田某可随时转让其合伙份额给王某

89. 甲国外商与其他投资者在中国境内设立

外商投资企业，该外商特别关注收益的汇出、投资领域、技术要求及纳税问题。根据相关法律规定，以下哪些是正确的？（　　）

A. 甲国外商在中国境内的出资、利润、收益等可依法对外汇自由汇入、汇出

B. 甲国外商应依照甲国法律缴纳企业所得税

C. 不得专门针对外商投资企业适用高于强制性标准的技术要求

D. 负面清单之外领域形成的投资合同，因合同未经有关行政部门批准故无效

90. 甲与胜达公司签订了劳动合同，后来发生纠纷，甲在劳动仲裁中申请先予执行。请问劳动仲裁委的下列做法，错误的有哪些？（　　）

A. 移送公司住所地法院审查

B. 裁定先予执行，在劳动仲裁委执行

C. 裁定先予执行，在公司住所地法院执行

D. 不准许先予执行

三、不定项选择题　每题所设选项中至少有一个正确答案，多选、少选、错选或不选均不得分。（本部分含 91—100 题，每题 2 分，共 20 分）

91. 甲服装公司与乙银行订立合同，约定甲公司向乙银行借款 300 万元，用于购买进口面料。同时，双方订立抵押合同，约定甲公司以其现有的以及将有的生产设备、原材料、产品为前述借款设立抵押。借款合同和抵押合同订立后，乙银行向甲公司发放了贷款，但未办理抵押登记。之后，根据乙银行要求，丙为此项贷款提供连带责任保证，丁以一台大型挖掘机作质押并交付。关于甲公司的抵押，下列选项正确的是？（　　）

A. 该抵押合同为最高额抵押合同

B. 乙银行自抵押合同生效时取得抵押权

C. 乙银行自抵押登记完成时取得抵押权

D. 乙银行的抵押权不得对抗在正常经营活动中已支付合理价款并取得抵押财产的买受人

92. 2019 年 1 月 2 日，大象公司和众森公司签订了一份建筑工程施工合同，但大象公司无资质。工程验收合格后，众森公司以大象公司无资质为由抗辩，大象公司起诉主张工程价款以及建筑工程优先受偿权。关于本案，下列说法正确的有？（　　）

A. 大象公司应在 6 个月内主张建筑物优先受偿权

B. 大象公司有权主张建筑物优先受偿权

C. 大象公司主张的建筑物优先受偿权不包括违约金

D. 众森公司应参照合同约定支付工程款

93. 甲精通某网络平台开发的网络游戏，并获得该款游戏装备“开天辟地斧”（市场价值 1 万元）。另一玩家乙欲花 1.2 万元购买该装备，约定先付款后交货。不料付款后尚未交付，甲突发脑出血死亡，甲只有近亲属小甲。对此，下列说法正确的是？（　　）

A. 如账号无法登录，网络平台无义务协助

B. 小甲继承 1.2 万元财产，无须履行给付装备义务

C. 甲死亡，甲、乙约定无效

D. 1.2 万元为网络虚拟财产，小甲有权继承

94. 某基金管理公司在 2003 年曾公开发售一只名为“基金利达”的封闭式基金。该基金原定封闭期 20 年，现即将到期，拟转换为开放式基金继续运行。关于该基金的转换，下列选项正确的是？（　　）

A. 须经国务院证券监督管理机构核准

B. 转换后该基金应保持一定比例的现金或政府债券

C. 基金份额持有人大会就该转换事宜的决定应经有效表决权的 1/2 以上通过

D. 转换后基金份额持有人有权查阅或复制该基金的相关会计账簿等财务资料

95. 房某认为自己的债务人江某与案外人周某串通，以虚假交易将江某财产转移到周某名下，房某请求法院撤销江某与周某买卖合同，并判令周某向自己返还款项，用以偿还江某对自己的债务，房某向法院提出的请求之间是什么关系？（　　）

A. 诉的主体合并　　B. 诉的重叠合并

C. 诉的预备合并　　D. 诉的客体合并

96. 张某从李某处借了价值 10 万元的古董花瓶，约定几天后返还，几个月后仍未返还，李某向法院起诉返还，法院判决张某返还花瓶。后经查花瓶已打碎，达成和解协议约定张某把另外一个其他的花瓶给李某。后张某觉得吃亏，遂不履行协议。下列说法正确的有？（　　）

A. 李某可申请执行原判决

B. 李某可就赔偿另行起诉

C. 李某可申请执行和解协议

D. 李某可申请法院执行张某价值 10 万元的其他财产

97. 甲公司与乙公司纠纷约定仲裁解决，在仲裁委员会作出裁决书后，甲公司认为乙公司隐瞒了重要证据导致仲裁裁决结果错误，申请撤销仲裁裁

决，法院裁定准予撤销。对此，下列说法中正确的包括？（ ）

A. 仲裁裁决作出生效，而非送达生效

B. 甲公司应向仲裁委员会所在地中级人民法院申请撤销

C. 甲公司可以在收到裁决书 6 个月内申请撤销

D. 裁决撤销后，甲公司可以就原纠纷向法院诉讼

98. 甲有限责任公司法定代表人王某以公司的名义为不属于公司股东或实际控制人的刘某的 200 万元银行贷款提供连带保证担保，在提供担保时王某向银行出具了甲公司董事会的同意担保函，未提供公司章程。根据甲公司章程的规定，公司法定代表人对外提供担保超过 100 万元的，应当经过股东会同意。贷款到期后刘某未偿还贷款。对此，下列说法正确的是？（ ）

A. 银行可以要求甲公司清偿 200 万元

B. 银行只能要求甲公司清偿 100 万元

C. 由于银行未审查甲公司章程，故不能要求甲公司承担责任

D. 由于董事会决议内容违法而无效，故银行不能要求甲公司承担责任

99. 2017 年 3 月，甲公司因资不抵债进入破产重整程序，乙公司对甲公司享有 100 万元到期债权，但乙公司在债权申报期间并未申报债权。2018 年 1 月，甲公司重整计划执行完毕，全体普通债权人的清偿比例为 45%。下列说法正确的是？（ ）

A. 对乙公司的债权，甲公司无须承担偿还义务

B. 对乙公司的债权，参考甲公司重整方案，按同类债权等比例清偿

C. 乙公司的债权由甲公司全额清偿

D. 重整方案对乙公司不具有法律效力

100. 临海是听涛有限公司的小股东，持股 5%；同时，临海还在静言有限公司任董事，而听涛有限公司与静言有限公司均从事保险经纪业务。听涛有限公司多年没有给临海分红，临海一直对其会计账簿存有疑惑。关于本案，下列选项正确的是？（ ）

A. 临海可以用口头或书面形式提出查账请求

B. 临海可以提议召开临时股东会表决查账事宜

C. 听涛有限公司无权要求临海先向监事会提出查账请求

D. 听涛有限公司有权以临海的查账目的不具正当性为由拒绝其查账请求

2022年国家统一法律职业资格考试
客观题试卷二答案及解析

一、单项选择题

1.【参考答案】 D

【解析】 《民法典》规定结婚年龄,男不得早于22周岁,女不得早于20周岁。本题中男方未到法定结婚年龄22周岁,属于无效婚姻。

2.【参考答案】 A

【解析】 拾荒者张三明知操场在举办篮球比赛,运动较为激烈,仍然选择穿过篮球场,存在过错,属于自愿冒险行为应当自己承担责任,而学生的行为属于在校内的正常活动,没有过错,不应当承担责任。学校未设置围栏且没有看管阻止无关人员进入,未尽到安全保障义务,应当承担与过错相应的责任。故A项正确,B、C、D项错误。

3.【参考答案】 B

【解析】 胜达教育公司将整个宾馆买下,包括宾馆中的山水画,且高于市场价1亿元,对方应当有所察觉。

A项:双方对于买卖宾馆以及宾馆所包含的物品没有理解错误,不构成重大误解。A错误。

C项:不存在趁人之危等显失公平的情况,不构成显失公平。C错误。

D项:题目中没有交代欺诈,也看不出胜达教育公司为了签订买卖合同,有恶意串通宾馆员工等情况,故不构成恶意欺诈。D错误。

4.【参考答案】 C

【解析】 不动产抵押权自登记时设立。本题中甲与丙签订不动产抵押合同,合同成立并生效,但是未登记,没有设立抵押权。在抵押合同生效之后,抵押人的义务便是协助债权人办理抵押权登记。如果其未能履行协助债权人办理登记的义务,导致不动产抵押权未能有效设立,债权人未取得抵押权,那么,因抵押人原因未能办理不动产抵押登记的行为构成对抵押合同义务的违反,抵押人应当根据双方订立的抵押合同承担相应的违约责任。故C项正确,A、B项错误。虽然抵押权因为没有登记而未成功设立,但不影响抵押合同效力,抵押合同仍然有效,故D项错误。

5.【参考答案】 B

【解析】 古玩市场是个特殊的行业,题目中买家和卖家都不确定到底是不是真品,只是疑似为明代真品。博先生购买青铜器意思表示真实,没有受到卖家欺诈胁迫,也不存在重大误解和显失公平,合同成立并生效,无法撤销。生活中还有开赌石,买定离手。开出来翡翠就赚了,开出来是石头就赔了,打眼的情况只能自己担责。故选B。

6.【参考答案】 C

【解析】 A项:张某和戴某对甲的损害结果不存在任何过错,无须承担赔偿责任,故A项错误。

B项:徐某看管张某和戴某的房屋是基于委托关系,所以不构成无因管理,B项错误。

C、D项:雇员在劳务中受到损害,应由雇主承担责任。本题中田某只是推荐,并非雇主,雇主是徐某,应当由徐某承担责任,故C项正确,D项错误。

7.【参考答案】 C

【解析】 根据最高人民法院《关于审理民间借贷案件适用法律若干问题的规定》第13条第4项的规定,出借人事先知道或者应当知道借款人借款用于违法犯罪活动仍然提供借款的,人民法院应当认定民间借贷合同无效。

本案中,张某因购买制造假酒设备和原材料向田某借款,且田某明知还进行借款,该借款合同无效。故C项正确,B项错误。

担保合同具有从属性,当主合同因违反《民法典》及司法解释的规定被认定无效时,担保合同原则上也归于无效。主合同无效导致第三人提供的担保合同无效,担保人无过错的,不承担赔偿责任。故A项错误。

借款合同是实践合同,自然人之间的借款合同,自贷款人提供借款时成立,需实际交付借款时借款合同方成立,故D项错误。

8.【参考答案】 D

【解析】 合同有效成立后,因不可归责于双方当事人的原因发生情势变更,致合同之基础动摇或丧失,若继续维持合同原有效力显失公平或不能实现合同目的,允许变更合同内容或者解除合同。故本题属于因情势变更的情况,可变更或解除合同。故 D 正确。

9.【参考答案】 B

【解析】 根据《民法典》第 695 条第 1 款的规定,债权人和债务人未经保证人书面同意,协商变更主债权债务合同内容,减轻债务的,保证人仍对变更后的债务承担保证责任;加重债务的,保证人对加重的部分不承担保证责任。

根据《民法典》第 697 条第 1 款的规定,债权人未经保证人书面同意,允许债务人转移全部或者部分债务,保证人对未经其同意转移的债务不再承担保证责任,但是债权人和保证人另有约定的除外。

本题中,丙公司为保证人,乙公司免除甲公司 22 万元尾款的行为属于减轻债务,虽未经丙公司书面同意,丙公司仍对变更后的债务即 2000 万元承担保证责任。而后,乙公司在未经丙公司书面同意的情况下,同意甲公司将 500 万元债务转移给丁公司,且乙公司与丙公司之间无另外的约定。对此,保证人丙公司对该 500 万元不再承担保证责任。故 B 选项正确。

10.【参考答案】 D

【解析】 A、B、C 项不属于侵犯专利权的行为。《专利法》第 75 条规定:"有下列情形之一的,不视为侵犯专利权:(一)专利产品或者依照专利方法直接获得的产品,由专利权人或者经其许可的单位、个人售出后,使用、许诺销售、销售、进口该产品的;(二)在专利申请日前已经制造相同产品、使用相同方法或者已经作好制造、使用的必要准备,并且仅在原有范围内继续制造、使用的;(三)临时通过中国领陆、领水、领空的外国运输工具,依照其所属国同中国签订的协议或者共同参加的国际条约,或者依照互惠原则,为运输工具自身需要而在其装置和设备中使用有关专利的;(四)专为科学研究和实验而使用有关专利的;(五)为提供行政审批所需要的信息,制造、使用、进口专利药品或者专利医疗器械的,以及专门为其制造、进口专利药品或者专利医疗器械的。"

《专利法》第 77 条规定:"为生产经营目的使用、许诺销售或者销售不知道是未经专利权人许可而制造并售出的专利侵权产品,能证明该产品合法来源的,不承担赔偿责任。"D 项属于善意侵权,但也属于侵权。

11.【参考答案】 C

【解析】 根据《民法典》第 1176 条第 1 款规定,自愿参加具有一定风险的文体活动,因其他参加者的行为受到损害的,受害人不得请求其他参加者承担侵权责任;但是,其他参加者对损害的发生有故意或者重大过失的除外。

本题中,甲、乙、丙、丁 4 人作为资深骑马爱好者,应当预见骑马系一项危险活动,仍相约去草原骑马,4 人的行为系"自愿参加具有一定风险的文体活动"的行为。在骑马过程中,只要其他参加者对损害的发生没有故意或者重大过失就无须承担侵权责任。乙的马被突然出现的野兔惊吓,属于意外事件,其他 3 人不存在过错。因此,无须对乙的受伤承担赔偿责任,即由乙自行承担。故 C 项正确,A、B、D 项错误。

12.【参考答案】 B

【解析】 B 项:本题中张某与照相馆构成承揽合同关系。《民法典》第 996 条规定,因当事人一方的违约行为,损害对方人格权并造成严重精神损害,受损害方选择请求其承担违约责任的,不影响受损害方请求精神损害赔偿。本题中,照相馆将张某送交的承揽合同的标的物毁损,构成违约,且该照片具有重大人格意义,故张某可以主张精神损害赔偿,B 项正确。

D 项:《民法典》第 1165 条第 1 款规定,行为人因过错侵害他人民事权益造成损害的,应当承担侵权责任。本题中照片毁损,照相馆在违约的同时也构成侵权责任,二者发生竞合,故 D 项错误。

A、C 项:照片因火灾烧毁,属于物的毁损灭失,但没有侵犯肖像权和隐私权,A、C 项错误。故本题选 B。

13.【参考答案】 D

【解析】 根据《民法典》第 1134 条的规定,自书遗嘱由遗嘱人亲笔书写,签名,注明年、月、日。本题中,张某的自书遗嘱因未注明年月日而无效。同时,根据《民法典》第 1127 条的规定,遗产按照下列顺序继承:(1)第一顺序:配偶、子女、父母。(2)第二顺序:兄弟姐妹、祖父母、外祖父母。上述所称子女,包括婚生子女、非婚生子女、养子女和有扶养关系的继子女。

本题中,阿红并非张某的配偶,因此,无权继承。李某(配偶)、张天一(婚生子)和张天二(非婚生子)均是张某的第一顺序的法定继承人。故 A、B、C 项说法正确,不当选;D 项说法错误,当选。

14.【参考答案】 A

【解析】 A 项:《民法典》第 1218 条规定:"患者在诊疗活动中受到损害,医疗机构或者其医务人员有过错的,由医疗机构承担赔偿责任。”据此可知,该条中有过错才承担责任,A 项表述正确。

B 项:《民法典》第 1219 条第 1 款规定:“医务人员在诊疗活动中应当向患者说明病情和医疗措施。需要实施手术、特殊检查、特殊治疗的,医务人员应当及时向患者具体说明医疗风险、替代医疗方案等情况,并取得其明确同意;不能或者不宜向患者说明的,应当向患者的近亲属说明,并取得其明确同意。”第 1220 条规定:“因抢救生命垂危的患者等紧急情况,不能取得患者或者其近亲属意见的,经医疗机构负责人或者授权的负责人批准,可以立即实施相应的医疗措施。”本题中,虽然田某神志不清,无法取得其同意,但是在田某的父亲在场的情况下,应取得其父亲书面同意。B 项忽略了近亲属,表述错误。

C 项:《民法典》第 1223 条规定:“因药品、消毒产品、医疗器械的缺陷,或者输入不合格的血液造成患者损害的,患者可以向药品上市许可持有人、生产者、血液提供机构请求赔偿,也可以向医疗机构请求赔偿。患者向医疗机构请求赔偿的,医疗机构赔偿后,有权向负有责任的药品上市许可持有人、生产者、血液提供机构追偿。”据此可知,患方在此情况下,也可向医院机构请求赔偿。C 项表述错误。

D 项:《民法典》第 1222 条规定:“患者在诊疗活动中受到损害,有下列情形之一的,推定医疗机构有过错:……(二)隐匿或者拒绝提供与纠纷有关的病历资料……”据此可知,医院若拒绝提供相关病历,便推定医院有过错。D 项表述错误。

15.【参考答案】 C

【解析】 请客吃饭为情谊行为,亦即好意施惠关系,纵有承诺亦不具有法律约束力,所以,B 项错误,C 项正确。

4 人同去饭店吃饭,与饭店之间便缔结了餐饮服务合同,饭店有权向 4 人主张付款,4 人内部约定由甲、乙付款不得对抗善意第三人,故 A 项错误。

因为甲、乙的请客承诺不具有法律上的效果意思,故甲、乙无须承担最终的付款责任,D 项表述错误。

16.【参考答案】 C

【解析】 根据《民法典》第 156 条的规定,民事法律行为部分无效,不影响其他部分效力的,其他部分仍然有效。

根据《民法典》第 153 条第 1 款的规定,违反法律、行政法规的强制性规定的民事法律行为无效。但是,该强制性规定不导致该民事法律行为无效的除外。《合同编通则解释》第 16 条对《民法典》第 153 条第 1 款但书的适用进行了规定:(1)强制性规定虽然旨在维护社会公共秩序,但是合同的实际履行对社会公共秩序造成的影响显著轻微,且认定合同无效将导致案件处理结果有失公平公正;(2)强制性规定旨在维护政府的税收、土地出让金等国家利益或者其他民事主体的合法利益而非合同当事人的民事权益,认定合同有效不会影响该规范目的的实现;(3)强制性规定旨在要求当事人一方加强风险控制、内部管理等,对方无能力或者无义务审查合同是否违反强制性规定,认定合同无效将使其承担不利后果;(4)当事人一方虽然在订立合同时违反强制性规定,但是在合同订立后其已经具备补正违反强制性规定的条件却违背诚信原则不予补正;(5)法律、司法解释规定的其他情形。基于物权法定原则,不动产物权变动需要进行登记,本题中,甲和乙在房屋买卖合同中约定交付即发生物权变动,违反法律的效力性强制性规定。因此,该部分约定无效。但是,该部分无效不影响其他部分的效力。房屋买卖合同部分有效部分无效。A、B 项说法错误。

根据《民法典》第 230 条的规定,因继承取得物权的,自继承开始时发生效力。本题中,甲父母去世后,甲(唯一继承人)即可取得房屋所有权,未办理过户手续,不影响甲取得房屋所有权。同时,甲一直未履行过户登记手续,因此房屋所有权没有转移。故 C 项说法正确,当选;D 项错误,不选。

17.【参考答案】 D

【解析】 管辖协议约定两个以上与争议有实际联系的地点的法院管辖,原告可以向其中一个法院起诉。故正确答案选 D。

18.【参考答案】 B

【解析】 根据原告诉讼请求内容将诉分为确认之诉、给付之诉和变更之诉,本题中原告是甲,要求乙还款,是给付之诉。

19.【参考答案】 A

【解析】 由于本题中张某因其他欠款诉讼败诉的生效判决与案外人王某无关,案外人王某可以提出案外人对执行标的的异议,法院裁定中止或驳回后,属于与原生效裁判无关,应当依法向执行法院提起执行异议之诉。

20.【参考答案】 A

【解析】 葛某作为案件当事人具有再审利益,可以提起再审,符合法定情形法院可以裁定再审,

A 项正确,D 项错误。当事人申请再审无须院长同意,也无须经对方当事人同意,B、C 项错误。

21.【参考答案】 C

【解析】 平等原则是指当事人双方之间权利义务平等,本题中没有体现出双方不平等的情形,故 A 项错误。对等原则是针对外国人的,本题中未体现,故 B 项错误。诚实信用原则要法院应当以事实为依据、以法律为准绳,善意行使自由裁量权,是否同意在线诉讼是当事人权利,法院应当尊重,不得滥用权力,故 C 项正确。在线诉讼并非民事诉讼法的原则,D 项错误。

22.【参考答案】 C

【解析】 根据《人民法院在线诉讼规则》的规定,在诉讼过程中,如存在当事人欠缺在线诉讼能力、不具备在线诉讼条件或者相应诉讼环节不宜在线办理等情形之一的,人民法院应当将相应诉讼环节转为线下进行。选择庭审方式是当事人的权利,由于乙以不具备线上设备参与诉讼的条件为由不同意线上开庭,所以可以对乙线下开庭,对甲线上庭审,故 C 项正确。

23.【参考答案】 C

【解析】 甲两次申请的事由不同,甲可以新的事由再次申请张法官回避。申请后,回避决定作出前,被申请回避的人应当暂停本案工作,故 C 项正确,A 项错误。

回避与管辖权异议是两个不同的制度,张法官是否被准予回避,与甲能否重新提出管辖权异议无关,甲如果对管辖权异议被驳回不服,可以上诉,但不能重复提起,故 B 项错误。

法院是否应当因为文某和张法官的同学关系裁定张法官回避,需要由法院结合相关证据认定,根据题干信息无法判断,D 项错误。

24.【参考答案】 D

【解析】 第一审适用简易程序审结的,二审可以适用独任制,但是需取得双方当事人同意,因此 D 项正确,A、C 项错误。小额诉讼程序一审终审不得上诉,简易程序可以上诉,B 项错误。

25.【参考答案】 B

【解析】 督促程序属于非诉程序的一种,适用前提是案件没有纠纷,而本案属于货物合同纠纷,法院应当不予受理支付令申请,故本题选 B。

26.【参考答案】 D

【解析】 小额诉讼一审终审,包括管辖权异议也是一审终审,故管辖权异议裁定不服的,不可以上诉,A 项错误。管辖权错误无法启动再审程序,D 项正确,B、C 项错误。

27.【参考答案】 C

【解析】 仲裁庭对追索劳动报酬、工伤医疗费、经济补偿或者赔偿金的案件,根据当事人的申请,可以裁决先予执行,移送人民法院执行。

28.【参考答案】 B

【解析】 依照法律、法规的规定,在设区的市级以上人民政府民政部门登记的社会团体、民办非企业单位以及基金会等,可以认定为《环境保护法》第 58 条规定的社会组织,故本题选 B。

29.【参考答案】 A

【解析】 当事人再次起诉主张利息的,如果前诉与后诉原告是同一人,诉讼标的相同,诉讼请求相同,构成重复起诉,法院应裁定驳回起诉。

30.【参考答案】 B

【解析】 甲、乙之间有仲裁条款,法律并没有规定“或裁或调”条款无效,故 A、D 项正确。确认仲裁协议效力可以向约定的仲裁委员会或仲裁协议签订地、仲裁协议约定仲裁机构所在地、申请人和被申请人住所地中级人民法院申请,故 C 项正确,B 项错误。

31.【参考答案】 D

【解析】 票据的设权性是指票据权利的发生必须首先作成票据,即票据上所表示的权利,是由出票行为创设,没有票据,就没有票据权利,所以 A 项的表述正确。

票据的流通性是指票据可以通过背书或交付的方式自由转让,流通性是票据的基本特征,票据如果不能流通,就不能称为票据。我国《票据法》规定汇票、本票和支票均可以流通,所以 B 项的表述正确。

票据的无因性是指票据的效力与产生票据的原因完全分离,票据产生的原因有效与否,与票据本身的效力无关,即票据的效力不受票据赖以发生的原因行为的影响,所以 C 项的表述正确。

票据的要式性是指票据的出票、背书、保证等票据行为必须依照票据法规定的方式进行。我国《票据法》规定了票据上应当记载的事项,票据当事人必须记载,如不记载,票据无效,因此票据行为方式如存在瑕疵,可能影响票据的效力,所以 D 项的表述错误。

32.【参考答案】 A

【解析】 《海商法》第 9 条第 1 款规定:“船舶所有权的取得、转让和消灭,应当向船舶登记机关登记;未经登记的,不得对抗第三人。”《民法典》第

224 条规定："动产物权的设立和转让，自交付时发生效力，但是法律另有规定的除外。"第 225 条规定："船舶、航空器和机动车等的物权的设立、变更、转让和消灭，未经登记，不得对抗善意第三人。"由此可知，船舶买卖时，船舶所有权自船舶交付时起即转移给买受人，登记不是取得船舶所有权的要件，不过未经登记，买受人的所有权不具有对抗善意第三人的效力，所以 A 项正确，B 项错误。

《海商法》第 10 条规定："船舶由两个以上的法人或者个人共有的，应当向船舶登记机关登记；未经登记的，不得对抗第三人。"法律并不禁止船舶成为共有权的客体，共有人可以按份共有船舶，也可以共同共有，所以 C 项错误。

船舶既可以由法人或其他组织所有，也可以由自然人所有，还可以由国家所有，法律对船舶所有权的主体不作限制，船舶所有权当然可以由自然人继承，所以 D 项错误。

33.【参考答案】 C

【解析】 《银行业监督管理法》第 2 条第 3 款规定，"对在中华人民共和国境内设立的金融资产管理公司、信托投资公司、财务公司、金融租赁公司以及经国务院银行业监督管理机构批准设立的其他金融机构的监督管理，适用本法对银行业金融机构监督管理的规定"。可见，信托公司也适用《银行业监督管理法》，且该法第 21 条第 2 款规定，审慎经营规则包括风险管理、内部控制、资本充足率、资产质量、损失准备金、风险集中、关联交易、资产流动性等内容，而该公司风险管理和内部控制等制度失范，后果严重，故 A 项正确。

《银行业监督管理法》第 46 条规定了"严重违反审慎经营规则"的处罚规则，即由国务院银行业监督管理机构责令改正，并处 20 万元以上 50 万元以下罚款；情节特别严重或者逾期不改正的，可以责令停业整顿或者吊销其经营许可证；构成犯罪的，依法追究刑事责任。故 B 项正确。

根据《银行业监督管理法》第 46 条的规定，应由国务院银行业监管机构吊销其经营许可证，故 C 项错误。

根据《银行业监督管理法》第 48 条的规定，银行业金融机构违反法律、行政法规以及国家有关银行业监督管理规定的，银行业监督管理机构除依照该法第 44 条至第 47 条规定处罚外，还可以区别不同情形，采取下列措施：取消直接负责的董事、高级管理人员一定期限直至终身的任职资格，禁止直接负责的董事、高级管理人员和其他直接责任人员一定期限直至终身从事银行业工作。故 D 项正确。

34.【参考答案】 A

【解析】 目前，应税消费品的范围是由国务院发布的《消费税暂行条例》和财政部、国家税务总局的行政决定规定的。根据现行规定，应税消费品包括化妆品。因此，化妆品一般为应税消费品，纳税人大量进口时，恰恰应征消费税，故 A 项错误。

根据《车船税法》第 3 条第 2 项，对军队、武装警察部队专用的车船，免征车船税，故 B 项正确。

根据《企业所得税法》第 27 条第 1 项规定，企业从事农、林、牧、渔业项目的所得，可免征、减征企业所得税，故 C 项正确。

农业生产者销售的自产农业产品，可免征增值税，故 D 项正确。

35.【参考答案】 A

【解析】 军人伤亡保险所需资金由国家承担，个人不缴纳保险费。A 项不正确。

张某因公致残，评定为九级伤残，按照评定的残疾等级和相应的保险金标准，给付军人残疾保险金。B 项正确。

C、D 项：张某因公致残，已经评定九级伤残，退役参加工作后旧伤复发的，视同工伤，依法享受相应的工伤待遇。所以 C、D 项正确。

36.【参考答案】 A

【解析】 对于成套产品，只要与其中的一个相同或相近似，就构成侵权，因此 A 项构成侵权，当选。

组合产品关键看组合状态下是否相同或相近似，B 项组合状态下不相同亦不近似，因此不构成侵权。

象棋是没有组合关系的，因此不能因为跟其中某一个棋子相同或相近似就认定为侵权，没有组合关系判定侵权的标准是看全部，因此 C 项不构成侵权。

多个状态可以变换的，各种状态都要相同或相近似才算构成侵权，D 项不构成侵权。

37.【参考答案】 A

【解析】 根据《城乡规划法》第 17 条第 2 款的规定，规划区范围、规划区内建设用地规模、基础设施和公共服务设施用地、水源地和水系、基本农田和绿化用地、环境保护、自然与历史文化遗产保护以及防灾减灾等内容，应当作为城市总体规划、镇总体规划的强制性内容。可见，环境保护和防灾减灾等，系镇总体规划的强制性内容，故 A 项正确。

根据《城乡规划法》第 30 条第 2 款的规定，在城市总体规划、镇总体规划确定的建设用地范围以外,不得设立各类开发区和城市新区,故B项错误。

根据《城乡规划法》第15条、第16条的规定,县政府编制县政府所在地镇的总体规划,先经县人大常委会审议,再报上一级政府审批,而镇的总体规划由镇人民政府组织编制,先经镇人大审议,再报上一级政府审批,故C项错误。

根据《城乡规划法》第36条第1款的规定,按照国家规定需要有关部门批准或者核准的建设项目,以划拨方式提供国有土地使用权的,建设单位在报送有关部门批准或者核准前,应当向城乡规划主管部门申请核发选址意见书。《土地管理法》第54条规定,城市基础设施用地和公益事业用地,经县级以上人民政府依法批准,可以以划拨方式取得。公共垃圾填埋项目属于城市基础设施。故该公共垃圾填埋场项目的建设单位,应向城乡规划主管部门申请核发选址意见书,故D项错误。

38.【参考答案】 D

【解析】 A选项不当选。《公司法》第15条第1款规定:"公司向其他企业投资或者为他人提供担保,按照公司章程的规定,由董事会或者股东会决议;公司章程对投资或者担保的总额及单项投资或者担保的数额有限额规定的,不得超过规定的限额。"万力公司是一家独立的公司,胜达公司可以为万力公司提供担保。

B选项不当选。根据《公司法》第15条第1款的规定,公司章程可以规定对其他公司的担保由董事会或者股东会决议。因此胜达公司章程可以规定对万力公司担保只能由股东会决议。

C选项不当选。《公司法》第15条第2款规定:"公司为公司股东或者实际控制人提供担保的,应当经股东会决议。"胜达公司是万力公司的股东,因此,万力公司要为胜达公司提供担保必须由股东会决议。

D选项当选。《公司法》第15条第3款规定:"前款规定的股东或者受前款规定的实际控制人支配的股东,不得参加前款规定事项的表决。该项表决由出席会议的其他股东所持表决权的过半数通过。"该款规定的股东回避表决旨在防止大股东滥用股东权利损害公司和小股东利益而非禁止或限制此类担保。因此,该规范对一人公司并无适用的必要。

39.【参考答案】 A

【解析】 A选项正确,公司章程可以对利润进行规定,在全体股东约定的情况下,章程是可以对利润分配作出规定的。

B选项错误,《公司法》第56条第2款规定:"记载于股东名册的股东,可以依股东名册主张行使股东权利。"记载于股东名册上的股东有权向公司主张股东权利,博达虽是公司实际股东,但未记载于股东名册中,不能直接向公司主张权利。

C选项错误,《公司法解释(三)》第25条第1款规定:"名义股东将登记于其名下的股权转让、质押或者以其他方式处分,实际出资人以其对于股权享有实际权利为由,请求认定处分股权行为无效的,人民法院可以参照民法典第三百一十一条的规定处理。"名义股东徐某处分自己名下股权,受让人能否取得股权可以参照善意取得制度,无须经过实际股东博达确认。

D选项错误,《公司法解释(三)》第28条规定:"冒用他人名义出资并将该他人作为股东在公司登记机关登记的,冒名登记行为人应当承担相应责任;公司、其他股东或者公司债权人以未履行出资义务为由,请求被冒名登记为股东的承担补足出资责任或者对公司债务不能清偿部分的赔偿责任的,人民法院不予支持。"博达是冒名人应承担责任,徐某作为被冒名人,不对公司承担责任,也不享有权利。

40.【参考答案】 B

【解析】 A项:《公司法》第15条第1款规定:"公司向其他企业投资或者为他人提供担保,按照公司章程的规定,由董事会或者股东会决议;公司章程对投资或者担保的总额及单项投资或者担保的数额有限额规定的,不得超过规定的限额。"董事会有权决定提供担保,但董事长张胜达无权决定为戴某提供担保。A项错误。

B项:《公司法》第186条规定:"董事、监事、高级管理人员违反本法第一百八十一条至第一百八十四条规定所得的收入应当归公司所有。"所以董事长张胜达违规向他人提供担保,收入应归入公司。B项正确。

C项:《公司法》第90条规定:"自然人股东死亡后,其合法继承人可以继承股东资格;但是,公司章程另有规定的除外。"所以,博博的儿子可以继承其股东资格。C项错误。

D项:《公司法解释(四)》第16条规定:"有限责任公司的自然人股东因继承发生变化时,其他股东主张依据公司法第七十一条第三款①规定行使

① 现为第84条第2款。

优先购买权的，人民法院不予支持，但公司章程另有规定或者全体股东另有约定的除外。”所以张胜达不可以主张优先购买权。D项错误。

41.【参考答案】 A

【解析】 A选项正确，B、C、D选项错误。《公司法解释（四）》第5条规定：“股东会或者股东大会、董事会决议存在下列情形之一，当事人主张决议不成立的，人民法院应当予以支持：（一）公司未召开会议的，但依据公司法第三十七条第二款①或者公司章程规定可以不召开股东会或者股东大会而直接作出决定，并由全体股东在决定文件上签名、盖章的除外；（二）会议未对决议事项进行表决的；（三）出席会议的人数或者股东所持表决权不符合公司法或者公司章程规定的；（四）会议的表决结果未达到公司法或者公司章程规定的通过比例的；（五）导致决议不成立的其他情形。”1号决议是甲在伪造其他股东签字的情形下作出的，因此该1号决议不成立。

42.【参考答案】 A

【解析】 A项：《公司法解释（三）》第7条第2款规定：“以贪污、受贿、侵占、挪用等违法犯罪所得的货币出资后取得股权的，对违法犯罪行为予以追究、处罚时，应当采取拍卖或者变卖的方式处置其股权。”法院拍卖或者变卖股权的做法是正确的。

B项：《公司法解释（三）》第7条第1款规定：“出资人以不享有处分权的财产出资，当事人之间对于出资行为效力产生争议的，人民法院可以参照民法典第三百一十一条的规定予以认定。”所以公司可以善意取得，乙是股东。

C项：《公司法解释（三）》第10条第1款规定：“出资人以房屋、土地使用权或者需要办理权属登记的知识产权等财产出资，已经交付公司使用但未办理权属变更手续，公司、其他股东或者公司债权人主张认定出资人未履行出资义务的，人民法院应当责令当事人在指定的合理期间内办理权属变更手续；在前述期间内办理了权属变更手续的，人民法院应当认定其已经履行了出资义务；出资人主张自其实际交付财产给公司使用时享有相应股东权利的，人民法院应予支持。”股东是否享有股东权利，是依据其是否被记载于股东名册之上。交付了而没有登记的，交付后可主张自交付之日起享有股东权利。

D项：《公司法解释（三）》第8条规定：“出资人以划拨土地使用权出资，或者以设定权利负担的土地使用权出资，公司、其他股东或者公司债权人主张认定出资人未履行出资义务的，人民法院应当责令当事人在指定的合理期间内办理土地变更手续或者解除权利负担；逾期未办理或者未解除的，人民法院应当认定出资人未依法全面履行出资义务。”据此可知，合理期限内未变更登记，才可以认定出资人未依法全面履行出资义务。

43.【参考答案】 D

【解析】 《森林法》第22条规定：“单位之间发生的林木、林地所有权和使用权争议，由县级以上人民政府依法处理。个人之间、个人与单位之间发生的林木所有权和林地使用权争议，由乡镇人民政府或者县级以上人民政府依法处理。当事人对有关人民政府的处理决定不服的，可以自接到处理决定通知之日起三十日内，向人民法院起诉。在林木、林地权属争议解决前，除因森林防火、林业有害生物防治、国家重大基础设施建设等需要外，当事人任何一方不得砍伐有争议的林木或者改变林地现状。”D选项错误。

44.【参考答案】 A

【解析】 A项：《公司法》第70条第2款规定：“董事任期届满未及时改选，或者董事在任期内辞职导致董事会成员低于法定人数的，在改选出的董事就任前，原董事仍应当依照法律、行政法规和公司章程的规定，履行董事职务。”徐某任期内辞职，会导致公司董事人数低于法定最低人数（有限公司董事人数为3人以上），因此徐某在新董事选出之前应继续履行董事职务。

B项：《公司法》第70条第1款规定：“董事任期由公司章程规定，但每届任期不得超过三年。董事任期届满，连选可以连任。”因此，董事的任期为不超过3年，而非法定任期3年。

C项：《公司法》第76条第2款规定：“监事会成员应当包括股东代表和适当比例的公司职工代表，其中职工代表的比例不得低于三分之一，具体比例由公司章程规定。监事会中的职工代表由公司职工通过职工代表大会、职工大会或者其他形式民主选举产生。”根据法条，监事会应当包含不少于1/3的职工代表，故C选项错误。

D项：《公司法》第59条第1款规定：“股东会行使下列职权：（二）选举和更换董事、监事，决定有关董事、监事的报酬事项……”因此董事徐某的薪资是由股东会决定的。

45.【参考答案】 D

【解析】 A项：《公司法》第10条规定：“公司

---

① 现为第59条第3款。

的法定代表人按照公司章程的规定，由代表公司执行公司事务的董事或者经理担任。”经理担任公司的法定代表人是符合法律规定的，A项正确。

B项：《公司法》第74条第1款规定：“有限责任公司可以设经理，由董事会决定聘任或者解聘。”《公司法》第126条第1款规定：“股份有限公司设经理，由董事会决定聘任或者解聘。”B项正确。

C项：《公司法》第74条第2款规定，经理对董事会负责，根据公司章程的规定或者董事会的授权行使职权。经理列席董事会会议。故C项正确。

D项：《民法典》第505条规定：“当事人超越经营范围订立的合同的效力，应当依照本法第一编第六章第三节和本编的有关规定确定，不得仅以超越经营范围确认合同无效。”据此，除非合同相对方明知法定代表人超越权限，否则合同有效。若合同另一方是善意的，则合同有效。D项错误。

46.【参考答案】 B

【解析】 选项A错误、B正确。根据我国《法律适用法》第40条的规定，权利质权适用质权设立地法律，不允许当事人选择，所以A项的表述是错误的。北京是该权利质权的设立地，所以股票的质押应该适用中国法。

选项C、D错误。我国《法律适用法》第39条规定，有价证券，适用有价证券权利实现地法律或者其他与该有价证券有最密切联系的法律。本题中该批债券的权利实现地是英国。准确的说法应该是债券所有权的转让应该适用英国法或者其他与该有价证券有最密切联系的法律。

47.【参考答案】 C

【解析】 根据我国相关法律的规定，在我国履行的中外合资、中外合作以及中外合作勘探开发自然资源合同，由我国法院专属管辖并且只能适用我国法律，但并不排除通过仲裁方式解决争端。大家注意，专属管辖指针对“法院”的专属，不涉及仲裁。也就是说你要想到法院解决争端，就只能到中国法院，但不妨碍双方约定通过仲裁方式解决争端。故A、B、D错误，C正确。

48.【参考答案】 A

【解析】 选项A是承运人未妥善管货导致货损，属于承运人违反最低义务，应由河北外运公司赔偿，A正确；选项B、C货损承运人无过失，可免责，错误；选项D属于承运人航行过失致损，依《海牙规则》可免责，错误。

49.【参考答案】 D

【解析】 《民事诉讼法》第244条规定，对依法设立的仲裁机构的裁决，一方当事人不履行的，对方当事人可以向有管辖权的人民法院申请执行。受申请的人民法院应当执行。

被申请人提出证据证明仲裁裁决有下列情形之一的，经人民法院组成合议庭审查核实，裁定不予执行：

（1）当事人在合同中没有订有仲裁条款或者事后没有达成书面仲裁协议的；

（2）裁决的事项不属于仲裁协议的范围或者仲裁机构无权仲裁的；

（3）仲裁庭的组成或者仲裁的程序违反法定程序的；

（4）裁决所根据的证据是伪造的；

（5）对方当事人向仲裁机构隐瞒了足以影响公正裁决的证据的；

（6）仲裁员在仲裁该案时有贪污受贿，徇私舞弊，枉法裁决行为的。

人民法院认定执行该裁决违背社会公共利益的，裁定不予执行。

裁定书应当送达双方当事人和仲裁机构。

仲裁裁决被人民法院裁定不予执行的，当事人可以根据双方达成的书面仲裁协议重新申请仲裁，也可以向人民法院起诉。

该仲裁中心适用f国对中国的单边制裁的协议作出不属于不予承认和执行的理由。故A项错误。该中心的首席仲裁员属于被中国制裁的人员，法院应向外交部通知的说法没有法律依据。故B项错误。《法律适用法》规定，当事人可以协议选择仲裁协议适用的法律。当事人没有选择的，适用仲裁机构所在地法律或者仲裁地法律。因此，C项适用中国法确认仲裁条款是不正确的。逐级上报制度适用于法院拒绝承认与执行外国仲裁裁决的情形，法院如果承认和执行该裁决，可不向最高人民法院上报。故D项正确。

50.【参考答案】 A

【解析】 甲公司与乙于2020年1月8日签劳动合同，为期1年，属于固定期限劳动合同，到期日应当是2021年1月8日，所以选A。

二、多项选择题

51.【参考答案】 ABD

【解析】 考点为代位继承。被继承人的兄弟姐妹先于被继承人死亡的，由被继承人的兄弟姐妹的子女代位继承。本题中，乙先于甲死亡，故甲的财产由乙的子女丙和丁代位继承，由于丙于第二天死亡，其继承的甲的财产应当由戊转继承，故A、B项正确，C项错误。死亡赔偿金不属于遗产，不参与遗产分配，故D项正确。

52.【参考答案】 AC

【解析】 根据《民法典》第1103条，继父或者继母经继子女的生父母同意，可以收养继子女，并可以不受生父母有特殊困难、收养人子女的数量及收养人年龄的限制，故A、C正确。

53.【参考答案】 AB

【解析】 收受定金的一方不履行债务或者履行债务不符合约定，致使不能实现合同目的的，应当双倍返还定金。乙为收受定金的一方，无法履行债务，应当双倍返还定金，故A、B正确，D错误。本题定金约定为2万元，没有超过10万元的20%，故C错误。

54.【参考答案】 BD

【解析】 A项：屏风中的钱是张某藏的钱，不属于发现物、埋藏物，故A项错误。

B项：私房钱是婚姻关系存续期间获得的财产，是夫妻共同财产，故B项正确。

C项：妻子戴某对于2000元并没有处分意识，不属于无权处分，田某不能善意取得，故C项错误。

D项：货币适用占有即所有，即田某取得该2000元钱的所有权，原权利人仅可主张债权性的返还请求权，故D项正确。

55.【参考答案】 ABD

【解析】 A项：留置权要求留置权人占有留置物，高某丧失占有留置权即消灭，故A项正确。

B项：留置权人负有妥善保管留置物的义务，而本题中的高某将车放在了店铺的外面，没有尽到保管义务，故B项正确。

C项：车子被盗后侯某只是丧失占有，并没有丧失所有权，故C项错误。

D项：车辆被盗窃后由小偷占有，高某丧失占有，故D项正确。

56.【参考答案】 ABC

【解析】 张某和乙之间签订了承揽合同，定作人在承揽人完成工作前可以随时解除合同，造成承揽人损失的，应当赔偿损失。

本题中，张某基于任意解除权可以解除合同，但应当赔偿因此造成的乙的损失，故A、B正确。

本题不涉及融资租赁的问题，所以乙买的机器，尽管可能使用的是张某的钱，但是所有权仍然属于乙，故C正确。承揽合同定作物的所有权属于定作人，故D项错误。

57.【参考答案】 ACD

【解析】 张某的行为构成表见代理，抵押合同有效，故A正确，B错误。张某的越权行为给企业造成了利益损失，甲可以解聘张某，C项正确。张某将厂房抵押并办理了抵押登记，抵押权成功设立，乙可以对厂房主张优先受偿，甲无权拒绝，但甲可以向张某追偿，D项正确。

58.【参考答案】 BC

【解析】 丙的行为为无权代理，合同效力待定。公司了解情况后当作员工福利发下去，视为公司对于无权代理的合同进行了追认。故丙可以请求公司返还钱款，但不能请求公司返还松茸。B、C正确，D错误。本题中不存在欺诈的情形，故A错误。

59.【参考答案】 ABC

【解析】 礼金属于参与婚宴的嘉宾对于夫妻二人的祝福，应当视为对夫妻二人的赠与，所以为夫妻共同财产，A项正确。

关于知识产权收益发表或获得稿酬之一发生在夫妻关系存续期间即可认定为夫妻共同财产，故B项正确。

婚后企业破产安置费属于一方个人财产在婚后产生的收益，是夫妻共同财产，C项正确。

婚前给付的彩礼一般视为夫妻个人财产，婚后女方父母将彩礼明确只给女方一方，那么就属于女方个人财产，D项错误。

60.【参考答案】 ABC

【解析】 根据合同相对性原理，乙公司和丙之间签订的合同，不约束甲公司，但甲公司可以基于自愿代为清偿，A项正确，D项错误。

丙作为承运人，当托运人不支付运费时有权对相应的运输货物进行留置，B项正确。债务人不履行债务，第三人对履行该债务具有合法利益的，第三人有权向债权人代为履行，甲公司属于有合法利益的第三人，其代为履行完毕后，第三人的债权也就是丙的债权转让给甲公司，所以甲公司可以要求乙公司支付钱款，C项正确。

61.【参考答案】 ABCD

【解析】 建筑物区分所有权由专有权、共有权和成员权构成。建筑区划内的其他公共场所和公用设施属于业主共有。随意转租物业服务用房和绿化地侵犯了建筑物区分所有权中的共有权，且所得租金除去合理成本，剩余租金应归全体业主共有，故A、B、C正确。业主有权更换物业服务企业，故D项正确。

62.【参考答案】 AD

【解析】 二审中当事人达成和解协议撤诉的，如果一方未履行和解协议，另一方可以申请执行一审判决或者根据和解协议重新起诉，故A、D正确。本题中双方约定的违约金数额没有超过法定限制，不构成显失公平，故B、C错误。

63.【参考答案】 BD

【解析】 法院指定监护的前提是第一顺位法定监护人均死亡或丧失监护能力，其他顺位有监护资格的人之间协商不成。本题中存在有效的意定监护协议，故协议下的监护人应当按照协议履行监护职责，法院指定无效，B项正确。祝丙拿着意定监护协议去法院起诉更改监护人，由于没有纠纷，故适用非诉程序，D项正确，A、C项错误。

64.【参考答案】 ABC

【解析】 盗窃、抢劫或者抢夺的机动车发生交通事故造成损害的，由盗窃人、抢劫人或者抢夺人承担赔偿责任。

盗窃人、抢劫人或者抢夺人与机动车使用人不是同一人，发生交通事故造成损害，属于该机动车一方责任的，由盗窃人、抢劫人或者抢夺人与机动车使用人承担连带责任。

那么本题永强作为盗窃者，大国作为实际使用者，二人应当承担连带责任，被盗窃者刘水不承担责任。根据《民法典》第178条第1款的规定，在连带责任的情形下，权利人可请求部分或全部连带责任人承担责任。所以香秀可以自由选择起诉大国或者永强或者同时起诉两人，故A、B、C正确，D错误。

65.【参考答案】 AD

【解析】 乙公司的答辩状里承认产品问题构成自认，且不满足自认撤销的条件，故A、D项正确。

自认的效力约束当事人和法院，所以对丙也发生效力，B项错误。

当事人到庭沉默不语或回答不知道，如果是应当知道或者亲身经历而回答不知道的，一般认定自认，除此之外，不认定自认。本题中没有进行说明，不能认定丙为拟制的自认，C项错误。

66.【参考答案】 AB

【解析】 本题中男方未到法定结婚年龄22周岁，属于无效婚姻。女方可以向法院提起确认婚姻关系无效的诉讼，也可以以婚姻登记效力瑕疵为由提起行政诉讼，故本题选AB。

67.【参考答案】 CD

【解析】 依法登记并领取营业执照的法人的分支机构具有诉讼权利能力，可以作为案件的诉讼主体，本题中未提到甲公司的分公司依法登记并领取营业执照，因此其没有诉讼权利能力，不能作为案件的适格当事人，法院应当裁定准许分公司撤诉并驳回乙公司的反诉，故本题选CD。

68.【参考答案】 AB

【解析】 本题中当事人有管辖协议，应当由管辖协议约定地A市c区法院管辖，A项正确，D项错误。对管辖权异议不服可以提起上诉，B项正确。管辖权错误不是再审理由，C项错误。

69.【参考答案】 BD

【解析】 本题中小赵诉讼时未满18周岁，不具备诉讼行为能力，不能亲自参加诉讼，需要其法定代理人代为参加诉讼，但是其仍拥有诉讼权利能力，是本案的适格原告，故B项正确，A项错误。由于侵权行为发生时小张未满18周岁，所以其监护人大张与小张为共同被告，故D项正确，C项错误。

70.【参考答案】 BC

【解析】 第三人撤销之诉审理期间，进行再审的，受理第三人撤销之诉的人民法院应当裁定将第三人的诉讼请求并入再审程序，有证据证明原审当事人之间恶意串通损害第三人合法权益的，人民法院应当先行审理第三人撤销之诉案件，裁定中止再审诉讼。本题没有提到证据证明原审当事人之间恶意串通损害第三人合法权益的情形，因此B项正确，A项错误。本题中原一审二审遗漏了有独立请求权第三人，将第三人撤销之诉并入再审后应当撤销原一审二审判决，发回重审，C项正确，D项错误。

71.【参考答案】 BC

【解析】 《票据法》第33条第1款规定："背书不得附有条件。背书时附有条件的，所附条件不具有汇票上的效力。"A选项错误，B选项正确。

《票据法》第27条第2款规定："出票人在汇票上记载'不得转让'字样的，汇票不得转让。"C选项正确，D选项错误。

72.【参考答案】 AB

【解析】 《消费者权益保护法》第55条第2款规定："经营者明知商品或者服务存在缺陷，仍然向消费者提供，造成消费者或者其他受害人死亡或者健康严重损害的，受害人有权要求经营者依照本法第四十九条、第五十一条等法律规定赔偿损失，并有权要求所受损失二倍以下的惩罚性赔偿。"A选项正确。

《消费者权益保护法》第19条规定："经营者发

现其提供的商品或者服务存在缺陷,有危及人身、财产安全危险的,应当立即向有关行政部门报告和告知消费者,并采取停止销售、警示、召回、无害化处理、销毁、停止生产或者服务等措施。采取召回措施的,经营者应当承担消费者因商品被召回支出的必要费用。”B 选项正确。

73.【参考答案】 ABC

【解析】 《审计法》第 9 条规定:“地方各级审计机关对本级人民政府和上一级审计机关负责并报告工作,审计业务以上级审计机关领导为主。”A 选项正确。

《审计法》第 11 条规定:“审计机关履行职责所必需的经费,应当列入预算予以保证。”B 选项正确。

《审计法》第 15 条规定:“审计人员办理审计事项,与被审计单位或者审计事项有利害关系的,应当回避。”C 选项正确。

《审计法》第 16 条规定:“审计机关和审计人员对在执行职务中知悉的国家秘密、工作秘密、商业秘密、个人隐私和个人信息,应当予以保密,不得泄露或者向他人非法提供。”D 选项错误。

74.【参考答案】 ACD

【解析】 《著作权法》第 23 条第 1 款规定:“自然人的作品,其发表权、本法第十条第一款第五项至第十七项规定的权利的保护期为作者终生及其死亡后五十年,截止于作者死亡后第五十年的 12 月 31 日;如果是合作作品,截止于最后死亡的作者死亡后第五十年的 12 月 31 日。”甲对小说《爱在深秋》享有的信息网络传播权的保护期截止于 2015 年 12 月 31 日,故 A 选项正确,B 选项错误。

《著作权法》第 22 条规定:“作者的署名权、修改权、保护作品完整权的保护期不受限制。”甲对小说《爱在深秋》享有的署名权保护期限不受限制。C、D 选项正确。

75.【参考答案】 ABD

【解析】 《著作权法》第 54 条第 1 款规定:“侵犯著作权或者与著作权有关的权利的,侵权人应当按照权利人因此受到的实际损失或者侵权人的违法所得给予赔偿;权利人的实际损失或者侵权人的违法所得难以计算的,可以参照该权利使用费给予赔偿。对故意侵犯著作权或者与著作权有关的权利,情节严重的,可以在按照上述方法确定数额的一倍以上五倍以下给予赔偿。”A、B 选项正确,C 选项错误。

《著作权法》第 54 条第 2 款规定:“权利人的实际损失、侵权人的违法所得、权利使用费难以计算的,由人民法院根据侵权行为的情节,判决给予五百元以上五百万元以下的赔偿。”D 选项正确。

76.【参考答案】 AB

【解析】 《矿产资源法》第 6 条第 1 款第 1 项规定:“探矿权人有权在划定的勘查作业区内进行规定的勘查作业,有权优先取得勘查作业区内矿产资源的采矿权……”B 项正确。

探矿权人在完成规定的最低勘查投入后,经依法批准,可以将探矿权转让他人,A 项正确。

根据《矿产资源法》第 3 条第 1 款的规定,矿产资源属于国家所有,由国务院行使国家对矿产资源的所有权,C 项错误。

地表或者地下的矿产资源的国家所有权,不因其所依附的土地的所有权或者使用权的不同而改变,D 项错误。

77.【参考答案】 ACD

【解析】 根据《劳动合同法》第58 条第1 款的规定,劳务派遣单位是本法所称用人单位,应当履行用人单位对劳动者的义务。《社会保险法》第 33 条规定,用人单位缴纳工伤保险费,本题中乙劳务派遣公司为用人单位,应当履行为劳动者缴纳社会保险费的义务。A 项错误,B 项正确,C 项错误。

根据《民法典》第 1191 条第 2 款的规定,劳务派遣期间,被派遣的工作人员因执行工作任务造成他人损害的,由接受劳务派遣的用工单位承担侵权责任;劳务派遣单位有过错的,承担相应的责任。D 项错误。

78.【参考答案】 AC

【解析】 根据《公司法解释(四)》第 21 条的规定,有限责任公司的股东向股东以外的人转让股权,以欺诈、恶意串通等手段,损害其他股东优先购买权,其他股东主张按照同等条件购买该转让股权的,人民法院应当予以支持,但其他股东仅提出确认股权转让合同及股权变动效力等请求,未同时主张按照同等条件购买转让股权的,人民法院不予支持。A、C 项正确,B、D 项错误。

79.【参考答案】 AB

【解析】 选项 A 正确。根据我国《审理独立保函的规定》,保函具有下列情形之一,当事人主张保函性质为独立保函的,人民法院应予支持,但保函未载明据以付款的单据和最高金额的除外:(1)保函载明见索即付;(2)保函载明适用国际商会《见索即付保函统一规则》等独立保函交易示范规则;(3)根据保函文本内容,开立人的付款义务独立于基础交易关系及保函申请法律关系,其仅承担相符交单的付款责任。本题中的函件显然载明了单据和最高金额,并且载明适用国际商会的《见索即付保函统一规则》,应当被认定为独立保函。

选项 B 正确。根据我国《审理独立保函的规定》,开立人可以单据不符合保函要求为由拒绝付款。这是开立人的正当权利,B 项的表述正确。

选项 C 错误。根据我国《审理独立保函的规定》,除非涉及欺诈,独立保函和基础交易无关。所以银行不能以基础交易违约为理由拒绝付款。

选项 D 错误。根据我国《审理独立保函的规定》,双方当事人可以在独立保函中协议约定独立保函纠纷案件的管辖法院。大家一定注意,是在独立保函中约定,D 项中事后约定的表述显然不符合法律的规定。

80.【参考答案】 ACD

【解析】 A 项正确。根据我国法律的规定,在我国有住所或者连续居住满 183 天的人可以认定为我国的纳税居民。

B 项错误。这个选项的关键在区别国际重复征税和国际重叠征税。二者的共同点都是一笔钱征了两次税。区别在于国际重复征税只有一个纳税人,国际重叠征税有两个以上的纳税人。本题中中国政府向张某征税,美国政府向苹果公司征税,有两个纳税人,应该构成国际重叠征税。

C 项正确。根据 CRS 的规定,相关国家应该向对方提供所涉及的税务信息,无需理由,自动的,一年一次。

D 项正确。根据 CRS 的规定,如果投资的是海外房产、珠宝、艺术品、贵金属等不属于金融资产的品类,则不需要提供税务信息。

81.【参考答案】 ABCD

【解析】 选项 A 正确。根据该安排,送达文书和调取证据一般不需要委托方单独支付费用,但需要支付给鉴定人、证人、翻译机构的费用和采取特殊方式所需要的费用,需要委托方单独支付。

选项 B 正确。根据该安排,内地的委托机构是高院和最高院,澳门的委托机构是终审法院。但最高院可以在和澳门终审法院进行协商后,授权基层法院和中院作为委托机构。B 项说明了协商和授权两个条件,正确。

选项 C 正确。根据该安排,双方相互委托送达司法文书和调取证据,通过内地与澳门司法协助网络平台以电子方式转递。不能通过司法协助网络平台以电子方式转递的,采用邮寄方式。通过司法协助网络平台以电子方式转递的司法文书、证据材料等文件与原件具有同等效力。

选项 D 正确。根据该安排,受委托方法院可以根据委托方法院的请求,并经证人、鉴定人同意,协助安排其辖区的证人、鉴定人到对方辖区出庭作证。大家记忆的时候一定注意两个小点,一要经过"同意",二是"可以"。

82.【参考答案】 ABD

【解析】 《证券法》第 90 条规定:"上市公司董事会、独立董事、持有百分之一以上有表决权股份的股东或者依照法律、行政法规或者国务院证券监督管理机构的规定设立的投资者保护机构(以下简称投资者保护机构),可以作为征集人,自行或者委托证券公司、证券服务机构,公开请求上市公司股东委托其代为出席股东大会,并代为行使提案权、表决权等股东权利。依照前款规定征集股东权利的,征集人应当披露征集文件,上市公司应当予以配合。禁止以有偿或者变相有偿的方式公开征集股东权利。公开征集股东权利违反法律、行政法规或者国务院证券监督管理机构有关规定,导致上市公司或者其股东遭受损失的,应当依法承担赔偿责任。"据此,A、B、D 项正确,C 项错误。

83.【参考答案】 AB

【解析】 受理破产前 6 个月内,债务人已有资不抵债或者无法清偿到期债务情形,仍对个别债权人清偿的,管理人有权追回。但是,存在以下例外情况:(1)债务人为维系基本生产需要而支付水费、电费等的;(2)债务人支付劳动报酬、人身损害赔偿金的;(3)使债务人财产受益的其他个别清偿。故 A、B 项正确。

人民法院受理破产申请前 1 年内,涉及债务人财产的下列行为,管理人有权请求人民法院予以撤销:(1)无偿转让财产的;(2)以明显不合理的价格进行交易的;(3)对没有财产担保的债务提供财产担保的;(4)对未到期的债务提前清偿的;(5)放弃债权的。故 C、D 项错误。

84.【参考答案】 ABCD

【解析】 A 选项错误,当选。《公司法》第 114 条规定:"股东会会议由董事会召集,董事长主持;董事长不能履行职务或者不履行职务的,由副董事长主持;副董事长不能履行职务或者不履行职务的,由半数以上董事共同推举一名董事主持。董事会不能履行或者不履行召集股东会会议职责的,监事会应当及时召集和主持;监事会不召集和主持的,连续九十日以上单独或者合计持有公司百分之十以上股份的股东可以自行召集和主持。"胜达教育股份集团公司的董事会和监事会都无法履行职责时，股东大会可由连续 90 日以上单独或者合计持有公司 10% 以上股份的股东召集和主持。

B 选项错误，当选。《公司法》第 123 条第 2 款第 1 句规定："代表十分之一以上表决权的股东、三分之一以上董事或者监事会，可以提议召开临时董事会会议。"据此，提议召开临时董事会并不要求"连续 90 日以上"持股。

C 选项错误，当选。《公司法》第 124 条第 1 款规定："董事会会议应有过半数的董事出席方可举行……""过半数"不包括 50% 自身，非半数以上。

D 选项错误，当选。《公司法》第 125 条第 1 款规定："董事会会议，应由董事本人出席；董事因故不能出席，可以书面委托其他董事代为出席，委托书应当载明授权范围。"只能委托其他董事，不可委托非董事会成员。

85.【参考答案】 CD

【解析】 A 选项正确。《公司法》第 4 条规定："有限责任公司的股东以其认缴的出资额为限对公司承担责任；股份有限公司的股东以其认购的股份为限对公司承担责任。"《公司法》第 49 条第 1、2 款规定："股东应当按期足额缴纳公司章程规定的各自所认缴的出资额。股东以货币出资的，应当将货币出资足额存入有限责任公司在银行开设的账户；以非货币财产出资的，应当依法办理其财产权的转移手续。"《公司法》第 56 条第 2 款规定："记载于股东名册的股东，可以依股东名册主张行使股东权利。"我国现行公司设立采取认缴资本制，股东没有实际履行出资义务的，不影响其股东地位。

B 选项正确。《公司法解释（三）》第 16 条规定："股东未履行或者未全面履行出资义务或者抽逃出资，公司根据公司章程或者股东会决议对其利润分配请求权、新股优先认购权、剩余财产分配请求权等股东权利作出相应的合理限制，该股东请求认定该限制无效的，人民法院不予支持。"张某没有履行出资义务，可以对他的利润分配请求权进行合理限制。

C 选项错误。《公司法解释（三）》第 13 条第 2、3 款规定："公司债权人请求未履行或者未全面履行出资义务的股东在未出资本息范围内对公司债务不能清偿的部分承担补充赔偿责任的，人民法院应予支持……股东在公司设立时未履行或者未全面履行出资义务，依照本条第一款或者第二款提起诉讼的原告，请求公司的发起人与被告股东承担连带责任的，人民法院应予支持；公司的发起人承担责任后，可以向被告股东追偿。"张某应在未出资本息范围内对公司不能清偿的债务承担补充赔偿责任，其他发起人应承担连带责任。

D 选项错误。出资是股东的法定义务，并不能因为其未取得分红，而拒绝履行自己应当承担的法定义务，故张某的声明无效。

86.【参考答案】 BC

【解析】 A 选项错误，B 选项正确。《公司法》第 10 条规定："公司的法定代表人按照公司章程的规定，由代表公司执行公司事务的董事或者经理担任……"根据《公司法》第 67 条第 8 项的规定，董事会决定聘任或者解聘公司经理及其报酬事项。因此，法定代表人可以由公司经理担任，经理由董事会聘任，故法定代表人并不要求必须是公司股东。

C 选项正确，D 选项错误。这种真人假章的问题，是实践中非常常见的违法行为。根据《民法典》第 61 条的规定，法定代表人是公司的对外表意机关，法定代表人在合同上加盖法人公章的行为，表明其是以法人名义签订合同，应当由法人承担相应的法律后果。《民法典》第 504 条规定："法人的法定代表人或者非法人组织的负责人超越权限订立的合同，除相对人知道或者应当知道其超越权限外，该代表行为有效，订立的合同对法人或者非法人组织发生效力。"在本题交代的案情中，张某为胜达公司的法定代表人，万力公司的法定代表人徐某有理由相信，张某有权代表公司与其签订合同，张某的行为构成表见代表，因此合同有效。至于公司内部如何追责，是公司内部的事情，与本题无关。

87.【参考答案】 AB

【解析】 A、D 项，间接银团贷款指的是牵头行单独与借款人签订贷款合同并向借款人发放或承诺发放贷款，然后牵头行再通过将部分已经发放的贷款或承诺发放的贷款分别转让给其他愿意提供贷款的银行的方式安排其他愿意提供贷款的银行发放贷款，由牵头行和受让贷款的银行共同组成银团，并由同时作为代理行的牵头行负责贷款管理的银团贷款。间接银团贷款中的每个成员行所承担的权利与义务是相互独立的，彼此之间不存在连带关系。A 项错误，D 项正确。

B、C 项，政府对外国投资者、外商投资企业应该践行守诺，如果随便就不履行承诺，于营造投资者友好的环境不利，于大国的权威不利。因国家利益、社会公共利益需要改变政策承诺、合同约定的，应当依照法定权限和程序进行，并依法对外国投资者、外商投资企业因此受到的损失予以补偿。B 项直接表述为“无须再履行相关政策承诺”，错误。C 项表述公共利益 + 合理补偿是正确的。

88.【参考答案】 AB

【解析】 A 项，张某作为普通合伙人具有极强的人合性，普通合伙人的“份额”兼顾财产属性和人身属性，张某死亡后继承人需要在“你情、我愿、资格有”的条件下才能继承其份额成为新的合伙人，并非绝对“有权继承”，A 项错误。

B 项，虽然有限合伙人份额没有人合属性，但是法院的诉求只是尽快将份额变现，所以在法院强制执行时，为了提高执行效率，同等条件下保护其他合伙人的优先购买权，B 项错误。

C 项，戴某作为有限合伙人，其份额没有人合属性，对外转让时，只需要提前 30 日通知其他合伙人，不用其他合伙人同意，也不保护其他合伙人的优先购买权，C 项正确。

D 项，有限合伙人的份额在合伙人内部可以自由转让，D 项正确。

89.【参考答案】 AC

【解析】 外国投资者在中国境内的出资、利润、资本收益、资产处置所得、知识产权许可使用费、依法获得的补偿或者赔偿、清算所得等，可以依法以人民币或者外汇自由汇入、汇出，因此 A 项正确。

外商投资企业开展生产经营活动，应当遵守法律、行政法规有关劳动保护、社会保险的规定，依照法律、行政法规和国家有关规定办理税收、会计、外汇等事宜，并接受相关主管部门依法实施的监督检查。企业分为居民企业和非居民企业。居民企业，是指依法在中国境内成立，或者依照外国（地区）法律成立但实际管理机构在中国境内的企业。居民企业应当就其源于中国境内、境外的所得缴纳企业所得税。因此，应当依照我国税法纳税，B 项错误。

国家保障外商投资企业依法平等参与标准制定工作，强化标准制定的信息公开和社会监督。国家制定的强制性标准平等适用于外商投资企业，C 项正确。

对《外商投资法》第 4 条所指的外商投资准入负面清单之外的领域形成的投资合同，当事人以合同未经有关行政主管部门批准、登记为由主张合同无效或者未生效的，人民法院不予支持。因此，负面清单之外领域形成的投资合同，因合同未经有关行政部门批准故无效的说法错误，D 项错误。

90.【参考答案】 ABD

【解析】 仲裁庭对追索劳动报酬、工伤医疗费、经济补偿或者赔偿金的案件，根据当事人的申请，可以裁决先予执行，移送人民法院执行。

三、不定项选择题

91.【参考答案】 BD

【解析】 A 项：双方签订的是以现有的以及将有的生产设备、原材料、产品为抵押物而设立的抵押，属于浮动抵押而不是最高额抵押。所以，A 项错误。

B 项：根据《民法典》第 403 条的规定：以动产抵押的，抵押权自抵押合同生效时设立；未经登记，不得对抗善意第三人。所以，乙银行自抵押合同生效时取得抵押权，未经登记只不过不得对抗善意第三人。所以，B 项正确，C 项错误。

D 项：根据《民法典》第 404 条的规定，以动产抵押的，不得对抗正常经营活动中已支付合理价款并取得抵押财产的买受人。所以，乙的抵押权不得影响企业正常经营，不得对抗正常交易。所以，D 项正确。

92.【参考答案】 ABCD

【解析】 《民法典》第 791 条第 3 款规定，禁止承包人将工程分包给不具备相应资质条件的单位。《民法典》第 793 条规定，建设工程施工合同无效，但是建设工程经验收合格的，可以参照合同关于工程价款的约定折价补偿承包人。本题中，大象公司与众森公司签订的建设工程施工合同因欠缺资质而无效。但发包人的众森公司依法仍应参照合同约定支付工程款，故 D 项正确。

最高人民法院《关于审理建设工程施工合同纠纷案件适用法律问题的解释（一）》第 40 条规定，承包人建设工程价款优先受偿的范围依照国务院有关行政主管部门关于建设工程价款范围的规定确定。承包人就逾期支付建设工程价款的利息、违约金、损害赔偿金等主张优先受偿的，人民法院不予支持。故 C 项正确。同时，该司法解释第 41 条规定，承包人行使建设工程价款优先受偿权应当在合理期限内，自发包人应当给付建设工程价款之日起算。故 A、B 项正确。

综上所述，本题的正确答案为 ABCD。

93.【参考答案】 D

【解析】 本题中，网络游戏玩家和游戏运营商之间是合同关系，游戏运营商有根据网络游戏的相关合同协助游戏玩家顺利登录账户的合同义务。

A 项错误。合同的权利义务可以继承，小甲作为甲的继承人，需要继续履行合同义务。B 项错误。甲、乙合同不因甲的死亡而无效，C 项错误。《民法典》第 127 条规定，法律对数据、网络虚拟财产的保护有规定的，依照其规定。网络虚拟财产可以被继承，D 项正确。故本题答案为 D。

94.【参考答案】 B

【解析】 我国对证券投资基金已经实施注册制，目前即使是公开募集基金，《证券投资基金法》也已规定是由国务院证券监督管理机构注册，因此应当能够初步判断出 A 项的"核准"是错误的。

根据《证券投资基金法》第 68 条的规定，开放式基金应当保持足够的现金或政府债券，具体比例由国务院证券监督管理机构规定，故 B 项正确。

封闭式基金转换为开放式基金属于基金运作方式的变化，因此考生应当根据《证券投资基金法》第 86 条的规定，判断出该事项应经基金份额持有人大会表决权的 2/3 以上通过，故 C 项错误。

依据《证券投资基金法》第 46 条第 2 款的规定，公开募集基金的基金份额持有人有权查阅或者复制公开披露的基金信息资料，非公开募集基金的基金份额持有人对涉及自身利益的情况，有权查阅基金的财务会计账簿等财务资料。只有私募基金份额持有人才有权查账，故 D 项错误。

95.【参考答案】 A

【解析】 本题中诉讼标的同种类，债权人撤销之诉是将两个诉的主体合并，故本题选 A。

96.【参考答案】 AC

【解析】 执行中双方达成和解协议的，法院裁定中止执行，若被申请人拒不履行和解协议的，申请人可以选择申请恢复执行或者就和解协议起诉，故本题选 AC。

97.【参考答案】 ABCD

【解析】 仲裁裁决作出生效，A 项正确。申请撤销仲裁裁决的管辖法院为仲裁委员会所在地中级人民法院，B 项正确。申请撤销仲裁裁决要在收到裁决书 6 个月内申请，C 项正确。裁决撤销后，仲裁协议不复存在，但纠纷依然存在，故甲公司可以就原纠纷向法院诉讼，也可以重新达成仲裁协议，D 项正确。

98.【参考答案】 A

【解析】 本题考查公司对外担保的效力。

我国《公司法》第 15 条第 1 款规定："公司向其他企业投资或者为他人提供担保，按照公司章程的规定，由董事会或者股东会决议；公司章程对投资或者担保的总额及单项投资或者担保的数额有限额规定的，不得超过规定的限额。"

《担保制度解释》第 7 条第 3 款对债权人的善意作了详细的规定，该款规定"第一款所称善意，是指相对人在订立担保合同时不知道且不应当知道法定代表人超越权限。相对人有证据证明已对公司决议进行了合理审查，人民法院应当认定其构成善意，但是公司有证据证明相对人知道或者应当知道决议系伪造、变造的除外"。根据该款规定，债权人只要证明其已对公司决议进行了审查即可，而无须审查公司章程。而且，此处的公司决议应作公司股东会决议或公司董事会决议解释。换言之，在债权人无须审查公司章程的前提下，不知情的债权人不论审查股东会决议抑或董事会决议均可满足该款规定的善意构成要件。

本题中，银行审查了董事会决议，且银行无须审查公司章程以及无须对董事会决议进行实质审查，且不存在其他恶意的情形，故而银行构成善意，对外担保有效，选项 A 正确，选项 B 错误。

《民法典》第 61 条第 3 款规定："法人章程或者法人权力机构对法定代表人代表权的限制，不得对抗善意相对人。"因此，选项 C 错误。

《公司法》第 26 条规定："公司股东会、董事会的会议召集程序、表决方式违反法律、行政法规或者公司章程，或者决议内容违反公司章程的，股东自决议作出之日起六十日内，可以请求人民法院撤销……"因此，虽然董事会的决议内容违反了章程的规定，但是董事会决议属于可撤销决议，可撤销决议在未被撤销时仍有效。即便董事会决议被撤销而无效，但是由于债权人无须对董事会决议作实质审查，故而也不影响债权人构成善意。因此 D 项错误。

99.【参考答案】 B

【解析】 根据《破产法》第 92 条第 2 款的规定，债权人未依照规定申报债权的，在重整计划执行期间不得行使权利；在重整计划执行完毕后，可以按照重整计划规定的同类债权的清偿条件行使权利。故 A、C 项错误，B 项正确。

根据《破产法》第 92 条第 1 款的规定，经人民法院裁定批准的重整计划，对债务人和全体债权人均有约束力，D 项错误。

100.【参考答案】 CD

【解析】 本题考查有限责任公司股东查账权规则，《公司法解释(四)》对此有进一步的规定，考生要高度重视该考点。

《公司法》第57条第2款规定:“股东可以要求查阅公司会计账簿、会计凭证。股东要求查阅公司会计账簿、会计凭证的,应当向公司提出书面请求,说明目的。公司有合理根据认为股东查阅会计账簿、会计凭证有不正当目的,可能损害公司合法利益的,可以拒绝提供查阅,并应当自股东提出书面请求之日起十五日内书面答复股东并说明理由。公司拒绝提供查阅的,股东可以向人民法院提起诉讼。”A、B选项错误,C、D选项正确。

2023年国家统一法律职业资格考试 客观题试卷一

一、单项选择题 每题所设选项中只有一个正确答案，多选、错选或不选均不得分。（本部分含1—50题，每题1分，共50分）

1. 关于不作为犯，下列说法正确的是？（　　）

A. 甲、乙在宿舍同住，宿舍着火，甲惊醒来不及叫乙，最终乙被烧死。甲不叫乙的行为构成不作为的故意杀人罪

B. 甲在宾馆住宿时发现宾馆线路暴露，离开时未提醒宾馆前台，后该线路着火。甲不告知的行为构成不作为的放火

C. 嫖客丙去女子家中嫖娼。过程中女子过度兴奋突发心脏病，嫖客丙没有救助导致其死亡。嫖客丙构成不作为的故意杀人罪

D. 甲是公交车司机，发现有人在车上偷东西，司机没有提醒乘客，导致乘客钱包被盗。司机甲不成立不作为的盗窃罪

2. 甲、乙二人一起吃饭，其间甲说乙是200斤的肥猪少吃点。身材高大的乙大怒，把甲推倒在地掐他脖子，甲身材瘦小呼吸困难，拿酒瓶打乙，乙仍不撒手。甲将酒瓶打破，用玻璃碴扎乙，致乙重伤。关于甲的行为，下列说法正确的是？（　　）

A. 甲造成乙重伤，但其是出于正当防卫，仅构成过失致人重伤

B. 甲虽有过错在先，但仍可进行正当防卫，并未超过明显必要限度，应认定为正当防卫

C. 甲不构成正当防卫，构成故意伤害致人重伤

D. 甲虽有过错在先，但仍可进行正当防卫，造成的重大损害，应认定为防卫过当

3. 甲想走私国家禁止进出口的货物，骗乙说走私的是普通货物。乙听后帮甲进行运输。关于乙的行为，下列说法错误的是？（　　）

A. 按照抽象符合说，乙成立走私国家禁止进出口的货物、物品罪的既遂

B. 按照法定符合说，乙构成走私普通货物、物品罪的既遂

C. 按照具体符合说，乙构成走私普通货物、物品罪的未遂

D. 无论按照何种学说，乙都不构成走私国家禁止进出口的货物、物品罪

4. 甲以故意杀人的意图将乙击倒。甲以为乙死亡，便离开现场，但事实上乙只是陷入昏迷。关于下列情形，说法错误的是？（　　）

A. 甲通知兄弟丙去收尸，丙到现场后发现乙还活着，用石头将其砸死。甲构成故意杀人罪的未遂

B. 甲次日回到现场，打算收尸，甲以为乙已经死亡，便将昏迷的乙扔到河中，乙被水呛死。甲构成故意杀人罪的既遂

C. 乙昏迷后吸入过量沙子死亡。甲构成故意杀人罪的未遂

D. 乙醒来后，因身受重伤，浑浑噩噩走到公路上，汽车躲闪不及，乙被撞死。甲构成故意杀人罪的既遂

5. 关于犯罪形态，下列说法正确的是？（　　）

A. 徐某在杀人案件中，要求证人张某不要出庭作证，并给了张某5万元。张某收了5万元，但因害怕承担责任，依然出庭作证。徐某构成妨害作证罪未遂

B. 傅某想杀害妻子骗取保险金，把妻子带到悬崖边后，临时后悔，便没有杀害妻子。傅某构成故意杀人罪的中止和保险诈骗罪的中止

C. 戴某非法运输成品油，且已运输至我国境内，在海关监管现场被查获。戴某构成走私普通货物、物品罪未遂

D. 田某种植数量较大的罂粟，但观看法治频道后悔悟，将罂粟铲除。田某构成非法种植毒品原植物罪的中止

6. 关于共同犯罪，下列说法正确的是？（　　）

A. 帮助犯的既遂要求正犯满足全部的犯罪构成

B. 帮助犯和正犯在《刑法》分则中的构成要件完全相同

C. 部分犯罪共同说要求共同犯罪行为人所实

施的犯罪构成同属一个分则条文

D. 共同行为说不要求共同犯罪行为人所实施的犯罪构成同属一个分则条文

7. 关于共同犯罪，下列说法正确的是？（ ）

A. 间接正犯是正犯中的一种，与其相对的概念是单独正犯

B. 承继的共犯仅存在于事前无通谋的共同犯罪中

C. 无论是任意共同犯罪还是必要共同犯罪都存在对向犯

D. 只有在任意共同犯罪中才存在共犯过限的问题

8. 关于共同犯罪，下列说法正确的是？（ ）

A. 乙明知甲拐卖妇女，还将甲和被拐卖的妇女容留在乙家住了两天。乙成立拐卖妇女罪的帮助犯

B. 甲在境外实施电信诈骗，乙在庙里为甲烧香祈福，甲对此并不知情。乙成立诈骗罪的帮助犯

C. 甲实施盗窃，乙在外面帮忙望风，甲对此并不知情，此处偏僻无人，望不望风甲都能顺利盗窃。乙成立盗窃罪的帮助犯

D. 甲实施盗窃，乙在一旁对犯罪过程进行网络直播，甲对此并不知情。乙成立帮助犯

9. 甲是出租车司机，乙是乘客。甲在乙下车前看到了乙的华为X5手机遗落。乙下车后，甲在原地停留了几分钟，但未开口提醒乙。随后甲试了试，打开了乙的手机，将乙银行卡里的6万元转到了乙的微信上，甲给自己购物花费6万元。之后，乙打电话来，甲佯装路人，谎称自己是捡到的手机，随后挂断电话。下列说法正确的是？（ ）

A. 乙离开时手机的占有已经转移给了司机甲，甲对手机构成侵占罪

B. 乙下车时对手机还未脱离占有，甲看到了但不提醒，甲对手机构成不作为的盗窃罪

C. 甲用乙手机将信用卡中6万元转移到乙微信中的行为构成信用卡诈骗罪

D. 甲佯装路人并欺骗乙是捡来的手机，甲构成诈骗罪

10. 国家工作人员甲，让私营企业的员工乙“报销”旅游费用10万。乙因需依赖甲的职务关系以谋取不正当利益，遂以自己的工作开支为由从私营企业将这笔费用予以报销，后将报销所得金额全部交予甲。下列说法错误的是？（ ）

A. 如果认为职务侵占罪不要求“占有”为自己占有，则乙成立职务侵占罪

B. 如果认为职务侵占罪要求“占有”为自己占有，则乙成立诈骗罪

C. 甲与乙是行贿罪的共同犯罪，不再对甲定受贿罪

D. 认定职务侵占罪，不仅仅要考虑侵占物的情况，还得考虑行为人是否利用了职务便利

11. 甲身穿林业局的工作服，在没有采伐许可证的情况下砍伐林木。其间被多名群众围观，但认为其是林业部门的工作人员，便没有制止。关于甲的行为定性，下列说法正确的是？（ ）

A. 盗窃罪　　B. 盗伐林木罪

C. 滥伐林木罪　　D. 故意毁坏财物罪

12. 王某未取得药品批准许可，私自从境外进口治疗丙型肝炎的药物，转卖给国内患者（该药物在境外是合格药品），获利30余万元。患者服用药品后均有一定程度好转。关于王某的刑事责任，下列说法正确的是？（ ）

A. 非法经营罪　　B. 妨害药品管理罪

C. 销售假药罪　　D. 不构成犯罪

13. 关于危害公共安全罪，下列说法错误的是？（ ）

A. 虽然实施放火行为，但没有对公共安全造成危险的，不构成以危险方法危害公共安全罪

B. 在公共场所引爆炸药导致数人重伤，构成爆炸罪和故意伤害罪想象竞合

C. 在未发生火灾时，只要实施了损坏消防栓等防火工具的行为，就构成以危险方法危害公共安全罪

D. 刑法特别规定了高空抛物罪，即便高空抛物的行为没有危害公共安全，也构成高空抛物罪

14. 关于帮助信息网络犯罪活动罪及相关犯罪的认定，下列选项说法正确的是？（ ）

A. 甲明知张某使用银行卡要用于电信诈骗而提供银行卡，张某也用于了电信诈骗，甲的行为成立帮助信息网络犯罪活动罪

B. 乙以为张某使用银行卡要用于开设网络赌场而提供银行卡，但是无法查清张某是否用于犯罪，乙的行为成立帮助信息网络犯罪活动罪

C. 丙以为张某使用银行卡要用于网络赌场而提供银行卡，但是张某用于了电信诈骗，丙的行为成立诈骗罪的帮助犯

D. 丁以为张某使用银行卡要用于电信诈骗而提供银行卡，但是张某并未实施犯罪的，丁的行为

不成立犯罪

15. 甲向国家工作人员乙行贿100万元(一张银行卡,户名为甲),乙知道密码后收下。次日,甲通过网上银行,将银行卡内的100万元资金转为定期,只有甲携带身份证才能取出来使用。乙没有动里面分毫。下列分析正确的是?( )

A. 乙构成受贿罪未遂

B. 甲构成行贿罪既遂

C. 甲将给予乙的100万元资金转为定期存款,构成诈骗罪

D. 甲把乙控制的钱存成定期,构成盗窃罪

16. 关于贪污贿赂罪,下列说法正确的是?( )

A. 张某是一名律师,在东城区执业。请海淀区法院院长甲帮忙介绍东城区的案源,甲让东城区法院院长乙给张某介绍了案源,后张某分别给甲、乙一笔好处费。甲的行为属于斡旋受贿

B. 甲为谋取不正当利益,想找市长帮忙,给市长的儿子乙送礼。乙将甲的诉求转达给父亲但市长不同意帮忙。乙构成利用影响力受贿罪的既遂

C. 甲为谋取不正当利益,想找市长帮忙,给市长的儿子乙送礼。但乙还未向市长说明任何情况,市长主动为甲谋取了不正当利益。一周后,市长从乙口中得知乙收受了甲的礼物,也未反对。乙构成利用影响力受贿罪的既遂

D. 甲为谋取不正当利益,想找市长帮忙,给市长的儿子乙送礼。乙未收下礼物,但是答应为甲帮忙。乙向市长说明后,市长同意帮忙。乙构成利用影响力受贿罪的既遂

17. 关于刑事辩护,下列说法正确的是?( )

A. 甲起诉乙侵占,乙提起反诉,甲的代理律师王某,在反诉中的辩护是委托辩护

B. 甲被申请强制医疗,法律援助中心指派乙为其辩护,是法律援助辩护

C. 甲作为乙的法定代表人为其辩护,是自行辩护

D. 甲被起诉,乙作为利害关系人委托丙为自己辩护,是委托辩护

18. 在未成年诉讼程序中,对未成年人实行教育、感化、挽救方针,坚持教育为主,惩罚为辅,下列表述错误的是?( )

A. 排除以欺骗的方式获取的犯罪供述

B. 委托社会组织对未成年开展社会调查

C. 对女性未成年被害人询问应有女工作人员在场

D. 保护未成年人,应当坚持最有利于未成年人的原则

19. 张某强奸了一位8岁的女孩,公安机关检查张某的户口及身份证,结果显示张某已满14岁。张某的父母说办户口时报的是假生日,张某实际年龄不满14岁,以下属于意见证据的是?( )

A. 办理户籍的人说张某的出生证明的涂改印记可能是假的

B. 鉴定人员说张某骨龄与实际年龄差两岁左右

C. 村民说当年村里出生的男孩很多,张某也是其中之一

D. 当地民警说本地确实很多人来修改出生时间

20. 徐某在A市B区因故意伤害罪被判处有期徒刑8年,在A市监狱服刑3年后,徐某逃往C市,在C市D区持刀抢劫致一人死亡,最后在E市客运站被抓获,以下哪个法院有管辖权?( )

A. A市B区法院

B. C市D区法院

C. A市中级人民法院

D. C市中级人民法院

21. 田某曾多地流窜盗窃后被A市公安机关逮捕,现关于申请法律援助,下列说法正确的是?( )

A. 田某系最低生活保障金领取人员,法律援助机构免于对其进行经济审查

B. 田某的家属向鉴定机构申请盗窃财物数额认定,法律援助中心据此不提供援助

C. 田某应向首次盗窃地申请法律援助

D. 关押田某的看守所应当在第3日进行审查

22. 张某因绑架杀人被公安机关立案侦查,下列关于法律援助的说法正确的是?( )

A. 若张某没有委托辩护人,也表示不需要法律援助,公安机关可不为其通知法律援助

B. 值班律师可应张某申请或主动为其提供法律咨询

C. 值班律师可在为张某提供法律咨询后签订合同转为辩护人

D. 如为张某提供法律援助辩护人,该辩护人需要具备3年以上相关执业经历

23. 张某和唐某系夫妻关系,唐某和李某(已婚)以夫妻名义共同生活,张某向法院对李某以重婚罪提起自诉,法院告知张某也可以对唐某提起自

诉并告知其放弃告诉的法律后果。下列表述正确的是？(　　)

A. 如果张某到公安机关报案，公安机关不予接受

B. 如果张某到公安机关报案，公安机关经过审查认为属于重婚案件，应当告知张某可以向法院起诉

C. 如果法院经过审理判决李某无罪，张某对唐某以重婚罪提起自诉的，法院应当受理

D. 若张某因客观原因无法取得唐某与李某之间的转账记录，申请法院调取的，法院应当及时调取

24. 小王和小李均系未成年人，涉嫌共同抢劫犯罪。小李在审查起诉阶段被酌定不起诉，小王被提起公诉后，法院决定对其变更强制措施为取保候审。法院随后由两名审判员和一名人民陪审员组成合议庭审理。关于本案审判程序，下列哪一选项是正确的？(　　)

A. 小王的辩护人向法庭提交的有关小王从小父母离异缺失家庭教育的材料，可以作为本案定案根据

B. 小王若无法提供保证人，法院应当指定合适成年人作为小王的保证人，必要时可以安排小王接受社会观护

C. 本案人民陪审员可从熟悉未成年人身心特点、关心未成年人保护工作的陪审员中直接指定

D. 小李可以证人身份出庭作证

25. 在某起组织、领导黑社会性质组织案件的庭审中，被告人伍某的辩护人申请法院通知之前提供了对伍某不利证言的项某出庭作证，下列表述不正确的是？(　　)

A. 法院决定对项某采取不公开个人信息的保护措施，可以在判决书中对项某使用化名

B. 项某作证时故意作虚假陈述，必要时，公诉人可以宣读证言笔录进行核对

C. 项某到庭后，应当先由公诉人对其发问

D. 公诉人对项某进行诱导性发问，辩护人可以提出异议

26. 郭某和王某(17周岁)，将未成年少女小孙和小赵送至KTV，并强迫二人卖淫。郭某和王某因涉嫌协助组织卖淫罪被检察院提起公诉，下列说法错误的是？(　　)

A. 在审查起诉阶段，若认为王某是从犯，有悔罪表现，可能判处一年有期徒刑，检察院可对其酌定不起诉

B. 在审判阶段法院可以组织相关机构对小孙、小赵进行心理疏导

C. 在审判阶段，对小赵的询问应由女性工作人员进行

D. 在审判阶段询问小孙时，应当通知其父母到场

27. 张某贪污公款后逃往海外，某市检察院向某市中级人民法院申请没收张某的违法所得，法院发出公告。张某的妻子徐某在公告期内申请参加诉讼。公告期满后法院开庭审理，徐某接到法院通知后无正当理由拒不到庭，法院经过审理裁定没收张某违法所得2亿元。徐某不服上诉，某省高级人民法院进行二审。在审理过程中，张某回国投案自首。下列表述正确的是？(　　)

A. 徐某无故拒不到庭，法院可以不开庭审理

B. 徐某无故拒不到庭，无权提出上诉

C. 在二审时，若张某的朋友金某申请参加诉讼主张债权，法院经过审查发现金某一直在国外留学，刚刚回国才了解案件情况，法院应告知金某另行提起诉讼

D. 张某回国投案自首，某省高级人民法院应将案件裁定撤销原判，发回重审

28. 张某和张某宝是父子，张某是户主。张某宝以张某的名义跟政府签订了房屋征收协议，张某以对此不知情为由向法院提起诉讼，请求确认该协议无效。对此下列说法正确的是？(　　)

A. 法院不能以民事诉讼法律规范确认行政协议无效

B. 若协议约定管辖的，管辖无效

C. 若无效的事由在一审法庭辩论终结前消失，法院可驳回原告起诉

D. 法院应审查行为人签订协议的合法性

29. 某区政府实施土地房屋征收，确定由区规划和自然资源局实施。区征地办受区规划和自然资源局委托与陈某签订《房屋征收补偿协议》，陈某以区征地办没有签订主体资格诉至法院，请求确认该协议无效。下列说法正确的是？(　　)

A. 被告为区政府

B. 该协议不得约定争议管辖法院

C. 该案不得进行调解

D. 该案由区法院管辖

30. 某市镇长齐某因醉酒驾驶，公安机关对齐某酒驾作出暂扣驾照6个月，罚款1000元的处罚，县监察委还发现齐某经常把公车挪作私用，决定作出撤职处理，降为四级主任科员。下列说法正确的

是？（　　）

A. 暂扣驾照属于行为罚

B. 齐某不能对公安局的处罚提起行政诉讼

C. 撤职的处分时间为 18 个月

D. 对于公安局处罚过的行为监察委不能再进行处罚

31.《行政强制法》第 5 条规定："行政强制的设定和实施，应当适当。采用非强制手段可以达到行政管理目的的，不得设定和实施行政强制。"该规定符合下列哪一项行政法原则？（　　）

A. 考虑相关因素原则　B. 信赖利益保护原则

C. 比例原则　D. 公众参与原则

32. 为了优化营商环境，某市商务局将进出口许可委托给当地海关，一公司申请进口许可，当地海关不予许可，该公司向市政府申请行政复议，市政府作出维持不予许可的复议决定，该公司提起行政诉讼，下列选项正确的是？（　　）

A. 由中级法院管辖

B. 由基层法院管辖

C. 被告为市政府

D. 市商务局与当地海关为共同被告

33. 京州市市场监督局对一家奶茶店进行检查，发现其包装和标签涉嫌违法，决定没收其包装盒和违法所得并作出罚款，奶茶店对此提起行政诉讼。市场监督局向法院提供了检查时的现场笔录、奶茶店的外包装及标签，以及现场询问笔录。以下哪一选项是正确的？（　　）

A. 市场监督局出具的现场笔录应加盖市场监督局公章

B. 市场监督局应在法庭答辩前提供上述证据

C. 现场询问笔录应加盖奶茶店公章

D. 奶茶店对提供的证据有异议有权要求作出处罚的执法人员出庭说明

34. 河务局认定某公司在河滩区违法存放工程弃土，决定对其处罚 30 万元。该公司既未申请行政复议，也未提起行政诉讼，但未在指定期限内缴纳罚款。河务局向法院申请强制执行。下列哪一说法是正确的？（　　）

A. 河务局应向该公司所在地基层法院申请强制执行

B. 应当由法院执行庭对被执行行为的合法性进行审查

C. 申请法院强制执行前，河务局应履行催告义务

D. 法院审查符合执行条件的，应当判决准予执行

35. 某区市政府发布《扬尘污染防治管理办法》，关于该办法，下列哪一说法是正确的？（　　）

A. 可以跟行政诉讼一并审查

B. 报国务院备案

C. 在省公报上发布

D. 可以设立临时性许可

36. 某县公安局认定王某殴打了李某，经过听证后对王某作出拘留 7 日、罚款 300 元的处罚决定。王某向法院起诉，请求撤销该处罚决定，同时，李某认为处罚过轻，也向法院起诉。法院经过审理认为县公安局处罚决定过轻，于是作出对王某拘留 10 日、罚款 300 元的判决，对此，下列哪一选项是正确的？（　　）

A. 因法院加重了对王某的处罚，所以法院判决是违法的

B. 县公安局组织听证属于程序违法情形

C. 县公安局可以传唤李某提供证言

D. 一审期间县公安局可以改变行政处罚决定

37. 根据《公务员法》的规定，聘任制公务员按照国家规定实行协议工资制，关于协议工资制的具体办法，由哪一部门制定？（　　）

A. 中央公务员主管部门

B. 省级以上人力资源和社会保障主管部门

C. 省级以上公务员主管部门

D. 国务院人力资源和社会保障主管部门

38. 在过去几年中，政府部门密切联系人民群众，通过开门评警、回访等多种形式广征民意，倾听基层呼声，为人民群众排忧解难，切身践行为人民服务的宗旨，为人民提供高质量服务。关于上述做法，下列说法错误的是？（　　）

A. 政法机关应当坚持专门机关工作和群众路线相结合

B. 信访制度会破坏司法的权威性，导致公信力下降，应终止信访制度

C. 畅通群众利益协调、权益保障法律渠道

D. 把信访纳入法治化轨道，保障合理合法诉求依照法律规定和程序就能得到合理合法的结果

39. 甲乙两国计划在海底修建天然气输送管道，管道要途经丙国的专属经济区和大陆架，管道口需要经过丁国的领海。根据相关海洋法规则，下列说法错误的是？（　　）

A. 甲乙两国在丙国的专属经济区铺设海底管道，需要经过丙国的同意

B. 该管道在丙国的专属经济区发生泄漏，丙国可以依据其国内法进行管辖并采取相关措施

C. 拥有专属经济区需要经过沿海国的宣告，拥有大陆架不需要宣告

D. 甲乙两国在大陆架铺设海底管道，线路的划定需要经过沿海国的同意

40. 甲乙两国因沿海资源开发发生争端，找丙国总统居中斡旋。甲国为解决争端，封锁了乙国的海域。根据相关国际法规则，下列说法正确的是？(　　)

A. 甲乙两国元首去丙国之前，可以通过网络进行秘密谈判

B 丙国总统可以在谈判前设宣并提出解决方案

C. 丙国总统可以主持谈判

D. 甲国的封锁行为符合国际法的规定

41. 对于民族自治区域内国家机关领导人员的任职资格，哪一职位必须由实行区域自治的民族的公民担任？(　　)

A. 法院院长　　B. 检察院检察长

C. 人大常委会主任　　D. 自治州州长

42. 某地法院为方便"老、残"等行动不便人员参加诉讼专门设置了特殊情况人员专门受理、接纳通道。以下哪一说法是错误的？(　　)

A. 法院的做法体现了司法为民、司法便民的要求

B. 保障弱势群体的权益是实现司法公正的必然要求

C. 法院的做法违背了法律面前人人平等原则，不利于实现司法公正

D. 司法公正对社会公正具有关键的引领作用，司法不公对社会公正具有致命的破坏作用

43. 关于我国的经济制度，下列哪一说法是正确的？(　　)

A. 我国 1999 年实行社会主义市场经济

B. 我国的经济制度的基础是全民所有制经济

C. 集体经济组织实行家庭承包经营为基础、统分结合的双层经营体制

D. 土地的使用权可以依照法律的规定转让

44. 关于公职律师，下列哪一说法是正确的？(　　)

A. 只要担任过法官、检察官或律师 2 年以上，经申请人所在单位同意，由申请人所在单位向司法行政机关提出申请

B. 要构建社会律师、公职律师、公司律师等优势互补、结构合理的律师队伍

C. 公职律师任职期间，只能为本单位服务，接受本单位考核。

D. 公职律师任职满 2 年，且最后一次年度考核称职的，可转为社会律师

45. 关于审判制度和检察制度，下列哪一说法是正确的？(　　)

A. 法院人才分为员额法官、审判辅助人员、司法行政人员三类，其中法官助理属于员额法官的一种

B. 省、自治区、直辖市设立法官遴选委员会。负责初任法官人选专业能力的审核并任命法官

C. 检察权一体化行使原则决定了检察机关不宜实行司法责任制

D. 最高人民检察院和省级人民检察院检察官可以从下两级人民检察院遴选

46. 关于法律援助，下列哪一说法是正确的？(　　)

A. 法律援助律师在办理援助案件时，告知当事人若收取一定的办案费，可以加快案件的办理进度

B. 刑事诉讼中的法律援助，不需要考察受援助对象的经济状况

C. 盲人、聋人拒绝法律援助机构指派的律师为其辩护的，有正当理由的应当准许，同时告知另行委托辩护人

D. 检察院审查批准逮捕时，认为公安机关对犯罪嫌疑人应当通知辩护而没有通知的，应当通知辩护

47. 下列对全面依法治国工作重要环节的说法中，哪一选项是错误的？(　　)

A. 健全法律法规规章起草征求人大代表意见制度，增加代表列席常委会会议人数

B. 政府建立所有决策终身责任追究制度及责任倒查机制

C. 减少多头执法，减少市县两级政府执法队伍种类

D. 规范司法解释和加强案例指导，统一法律适用标准

48. 关于《全国人民代表大会和地方各级人民代表大会选举法》和平等权的说法，下列选项正确的是？(　　)

A. 宪法保护的平等权禁止任何选举权上的差别对待

B. 每一代表所代表的城乡人口数应当相等

C. 城市代表和农村代表名额相同

D. 各个地区的代表名额由根据该地区人口数计算确定的名额数构成

49. 关于撤职提案，下列说法正确的是？（　　）

A. 全国人大常委会有权对其产生的国家机关组成人员进行撤职

B. 中央军委主席有权向全国人大常委会提出针对中央军委其他组成人员的撤职提案

C. 委员长会议有权向全国人大常委会提出针对国务院组成人员的撤职提案

D. 地方人大常委会的撤职对象是地方“一府两院”中除正职外的组成人员

50. 关于县人大代表的选举，下列说法正确的是？（　　）

A. 县人大代表的选举由县人大主席团主持

B. 10个选民联名有权提出县人大代表候选人

C. 县人大代表选举时，候选人的人数比应选代表人数应多出1/5至1/2

D. 县人大代表的选举与罢免，均要求全体选民过半数同意

二、多项选择题　每题所设选项中至少有两个正确答案，多选、少选、错选或不选均不得分。（本部分含51—90题，每题2分，共80分）

51. 关于不作为犯，下列说法正确的有哪些？（　　）

A. 民警甲下班后在自己辖区酒吧喝酒，遇到乙使用暴力强迫他人卖淫，没有制止。甲构成不作为犯

B. 甲、乙经常在乙家吸毒。某次吸毒过后，乙口吐白沫，甲没有进行救助。甲构成不作为犯

C. 甲、乙一见如故，相约一起登山，结果发生雪崩，甲能带乙逃离而没有，乙被砸死。甲构成不作为犯

D. 乙欲前往某山区探险，被村民甲告知危险，劝乙不要去。乙执意前往。次日，甲在山区偶然发现奄奄一息的乙，没有救助，最终乙死亡。甲构成不作为犯

52. 甲持剪刀攻击乙，乙为了躲避，将手中的火把丢向甲。甲躲开后，火把正好落在了旁边的草垛上，乙快速逃跑。甲见状也走了，导致几间民房被烧毁。关于甲、乙的行为性质，下列说法错误的是？（　　）

A. 甲成立不作为的放火罪

B. 甲不成立犯罪

C. 乙成立正当防卫

D. 乙成立放火罪

53. 甲、乙与丙素有仇恨，一直想伺机报复。某日，甲、乙得知丙在KTV唱歌，协商由甲进去打丙，乙守在门口防止丙逃脱。甲进去数分钟之后，丙从门口出来发现乙一个人在门口（丙并不知道乙欲对其进行伤害）。在乙没有发现丙之前，丙拿铁棒击打乙，乙发现后掏出随身携带的小刀反击，最后乙、丙均受轻伤。下列说法错误的是？（　　）

A. 乙构成正当防卫

B. 乙不成立正当防卫

C. 由于乙具有伤害意图，存在过错，所以成立防卫过当

D. 无论采取何种学说，丙都成立故意伤害罪

54. 下列说法正确的是？（　　）

A. 甲看到一种极为罕见的鸟类，于是带回家进行饲养，事后查明此鸟属于濒危物种。甲具有危害濒危野生动物罪的犯罪故意

B. 甲误以为苹果有毒（实际无毒），欲毒死小女孩，给小女孩吃苹果。结果小女孩被苹果噎住致死。甲具有故意杀人罪的犯罪故意，成立故意杀人罪既遂

C. 甲与妻子饮酒，妻子突然口吐白沫。甲只能醉酒驾车送妻子去医院。甲构成紧急避险

D. 甲持有杀伤力很大的弓弩，成立非法持有枪支罪

55. 关于犯罪中止，下列说法错误的有哪些？（　　）

A. 甲闯入乙房间想要强奸乙，乙苦苦哀求，于是甲停止使用暴力放弃强奸。甲成立犯罪中止

B. 甲给机场人员打电话谎称有炸弹，想制造恐慌，机场组织人员疏散。其后，甲悔悟又给机场人员打电话说了实情，机场停止了人员疏散。甲成立犯罪中止

C. 甲以拐卖故意，把乙带到山区。之后，甲觉得乙为人不错，于是放弃拐卖。甲成立犯罪中止

D. 甲敲诈勒索乙，以“不给钱就杀乙全家”相威胁，造成乙巨大心理恐惧。在乙给钱之前甲心生悔悟向乙道歉。甲成立犯罪中止

56. 关于立功，下列选项正确的是？（　　）

A. 王某因诈骗被抓，审问中揭发：徐某曾在斗殴中打死一人。经查，徐某的行为属于正当防卫。王某的行为不构成立功

B. 毒贩钱某揭发：警察曹某经常给自己通风报

信，曹某构成帮助犯罪分子逃避处罚罪。钱某的行为不构成立功

C. 走私犯李某揭发：邻居钟某3年前曾将自己打成轻伤，构成故意伤害罪。李某的行为不构成立功

D. 抢劫犯赵某揭发：朋友李某明知赵某犯抢劫罪之后，仍为其提供住处，李某构成窝藏罪。赵某的行为不构成立功

57. 关于财产犯罪的认定，下列选项中错误的有哪些(不考虑情节或数额)？(　　)

A. 甲在肉摊小贩身后偷走小贩的剔骨刀，后甲趁乙不备，用剔骨刀割开乙挎包背带，夺走挎包后逃走。甲构成抢夺罪

B. 甲潜入乙的家中偷窃珠宝，看到乙家桌子上的现金不为所动，继续翻找珠宝。后乙回家与甲照面，甲为逃避抓捕，将乙打倒致其轻微伤后逃脱。甲构成抢劫罪的未遂

C. 甲在洗车过程中看到乙车副驾驶上及车头烟灰缸里各有一张彩票，甲偷走两张彩票后拿去兑奖，其中有一张彩票中奖。无论是哪张彩票中奖，甲均构成盗窃罪的既遂

D. 甲发现乙将电脑放置商场一层维修部维修，其趁天黑前往商场门口，并对清洁工丙说电脑是自己的，丙将电脑交给甲。甲对丙构成诈骗罪

58. 张某是胜达公司的工作人员，公司提供门面出租，张某负责收租金。张某伪造公司公章加盖文件，私自与商家订立租赁合同，并收取商家租金9万元。关于张某的行为，下列说法正确的是？(　　)

A. 即使认为张某构成职务侵占罪，也不影响张某诈骗罪的认定

B. 如果认为职务侵占罪的手段不包括骗取、窃取，仅包括侵吞，即使认为张某利用了职务之便，也不影响张某诈骗罪的认定

C. 即使认为张某构成表见代理，也不影响张某诈骗罪的认定

D. 即使商家再向公司重新缴纳租金，也不影响张某诈骗罪的认定

59. 甲男为强奸乙女，对其实施暴力行为。练过散打的乙女将甲男制服后，欲将其扭送至公安机关，甲男为逃跑将乙女捅成重伤。下列说法错误的有哪些？(　　)

A. 甲带着奸淫目的对乙实施了暴力行为，虽然致乙重伤，导致了加重结果，但结果加重犯不存在未遂，甲构成一般强奸罪的既遂

B. 虽然犯盗窃罪为抗拒抓捕而当场使用暴力致人重伤，应以抢劫罪致人重伤论处，但不能基于此种认识而对甲定强奸罪致人重伤

C. 根据刑法通说，强奸罪的实行行为致人重伤的，应以强奸罪致人重伤论处，因此对甲应以强奸罪致人重伤论处

D. 甲带着奸淫目的实施暴力行为，但是因意志以外的原因未得逞，以强奸罪的未遂论处，与故意伤害罪数罪并罚

60. 甲、乙两个人打算开歌舞厅，乙提议在歌舞厅中进行淫秽表演。甲的父亲认可并表示可以提供帮助，但如果以后事发，要求乙不能把甲给供出来。乙的父亲知道后表示赞同，但未提供任何帮助。后事发，乙因此被公安机关抓获后未供出甲，乙的父亲也未供出甲。下列说法错误的是？(　　)

A. 甲的父亲构成包庇罪

B. 甲的父亲构成妨害作证罪

C. 乙的父亲构成包庇罪

D. 乙的父亲构成伪证罪

61. 关于窝藏罪，下列说法正确的有哪些？(　　)

A. 甲犯罪后不想逃跑，甲的妻子在甲的食物中投放安眠药，趁甲睡着，带甲去外地暂时躲避。甲的妻子不构成窝藏罪

B. 乙犯罪后，原本不想逃跑，甲劝说乙逃跑，后乙经甲劝说后逃跑。甲不构成窝藏罪

C. 丙犯罪后逃匿，在逃跑期间打电话拜托张某照顾自己的妻子。在丙外逃期间，张某一直给丙的妻子打生活费，使丙在外面得以安心。张某不构成窝藏罪

D. 丁犯罪后，在外逃匿期间，其妻子相随，长年照顾丁的生活起居。丁的妻子不构成窝藏罪

62. 刘某因故意杀人被判处死刑立即执行，同案犯钱某因涉其他案件被另案处理。关于死刑复核程序，下列说法正确的有哪些？(　　)

A. 刘某辩护律师可将辩护意见直接寄送最高人民法院

B. 报请死刑复核的案件报告中应包括钱某处理情况

C. 如最高人民检察院经复核认为刘某可死缓并限制减刑，可直接改判

D. 如死刑复核期间最高人民检察院提出意见，最高人民法院应当面听取并制作笔录

63. 京州市发生一起命案，侦查人员安某请当

地村治保主任王某某做勘查见证，关于刑事侦查，下列说法正确的有哪些？（　　）

A. 王某某应当在勘验笔录上签名

B. 王某某作为见证人，可以申请公安机关保护其安全

C. 王某某也是诉讼参与人

D. 勘验笔录有争议时，法庭可以通知王某某出庭作证

64. 齐某（16周岁）与王某（18周岁）共同对刘某进行殴打致刘某轻伤，齐某、王某因聚众斗殴被立案侦查，移交审查起诉后检察院决定对齐某附条件不起诉，下列哪些行为会影响对齐某的附条件不起诉？（　　）

A. 齐某对附条件不起诉决定提出异议，并不签署认罪认罚具结书

B. 王某表明齐某系主犯，不同意对其适用附条件不起诉

C. 齐某表明是刘某先对其动手，自己是正当防卫，并提供相应证据

D. 齐某的父亲同意附条件不起诉决定，但对所附条件及考验期有异议

65. 常某和郑某交往期间，骗取郑某8万元。公安机关对常某以涉嫌诈骗立案侦查。审查起诉阶段，常某认罪认罚，积极退还部分款项并取得郑某谅解。法院决定适用速裁程序审理，在审理过程中，常某辩称欺骗郑某感情为真，但8万元款项属于民间借贷并在积极退赔中，自己没有非法占有的意图。下列表述不正确的有？（　　）

A. 法院当庭对常某在量刑方面从重处罚

B. 常某的表态仅影响“认罚”，不影响“认罪”

C. 法院可以将速裁程序转为简易程序继续审理

D. 法院可以将速裁程序转为普通程序继续审理

66. 在监狱服刑的罪犯在被暂予监外执行期间，出现下列哪些情况，在监狱之外的时间不能折抵刑期？（　　）

A. 通过贿赂手段违法适用暂予监外执行的

B. 因怀孕被暂予监外执行的

C. 在暂予监外执行期间逃跑的

D. 因重病保外就医的

67. 区房管局以刘某享有安置房为由停发其住房安置补贴，刘某向区政府复议，区政府以超过复议期限为由作出驳回复议请求的决定，刘某以区房管局为被告提起行政诉讼，下列说法正确的是？（　　）

A. 刘某的复议期限为60日

B. 法院应追加区政府为共同被告

C. 住房补贴属于行政给付行为

D. 刘某可以对住房安置补贴申请先予执行

68. 关于行政许可的撤销与注销，下列说法错误的是？（　　）

A. 都是裁量性行政行为

B. 都是依申请的行政行为

C. 不属于可诉性行政行为

D. 都是行政处罚

69. 下列行为属于行政处罚的是？（　　）

A. 法律援助中心派律师进行辩护，该律师拒绝辩护，被司法局通报批评

B. 首席仲裁员私下和当事人多次见面，当事人对仲裁结果存疑

C. 公证人员因失职，将不该公证的事项公证，被暂扣公证员证书

D. 参与行政复议的公务员因利用职务便利将公费据为己有而被判刑

70. 采砂场获得了水利局发的采砂许可证，后由于采砂场区域划入湿地保护范围，水利局撤回采砂许可证，采砂场提起行政诉讼要求补偿250万元损失。以下说法正确的是？（　　）

A. 提起行政诉讼前，采砂场能先向水利局申请补偿

B. 补偿额以实际投入损失为准

C. 法院应判决水利局履行补偿义务

D. 水利局撤回采砂许可证前应组织听证

71. 西华区政府认定张某的房屋是超过规划范围的违法建筑物，于是组织人员拆除，张某对强制拆除行为提起诉讼。诉讼中，对于西华区政府是否夜间进行拆迁行为产生争议，张某邻居徐某作出房屋是夜间拆除的证言，西华区政府的工作人员王某提供的现场笔录证明房屋不是夜间拆除的，对此，下列哪些选项是错误的？（　　）

A. 王某现场笔录的证明力优先于徐某的证言

B. 西华区政府对于强制拆除造成的损害结果承担举证责任

C. 如果法院认定强制拆除行为合法，则西华区政府对强制拆除造成的损失不承担任何责任

D. 如果政府认定强制拆除行为违法，则应当撤销拆除决定

72. 万力公司超标排污，甲向生态部门申请公开公司的环评文件，行政机关口头征求公司意见，公司以商业秘密为由拒绝。行政机关以涉及商业秘密为由拒绝向甲公开。下列选项正确的有？（　　）

A. 若该公司逾期未答复，则视为同意公开

B. 行政机关拒绝公开违法

C. 对于拒绝决定，甲应当先申请行政复议后才可以提起行政诉讼

D. 申请信息公开时应当提供身份证明

73. 甲国入侵乙国，甲国向乙国宣战，但未派遣军队参与作战行动。丙国是乙国的盟友，得知甲国入侵乙国后，也向甲国宣战并派出军队进入乙国境内作战。丙国在作战过程中俘虏了甲国的一些士兵。联合国安理会作出决议，要求该三国停战。根据相关国际法规则，下列说法正确的是？（　　）

A. 联合国安理会的决议只对这三个争议当事国有拘束力

B. 甲乙两国处于战争法上的战争状态

C. 丙国在“尊重战俘的基础上”，可以禁止战俘举行宗教仪式

D. 丙国可以限制战俘和家属通话

74. 国家之权乃是“神器”，公权力姓公也必须为公，自觉接受监督是行政机关的职责，下列说法正确的是？（　　）

A. 实行全面依法治国要求构建“以权力制约权力、以权利制约权力、以道德制约权力”的权力制约监督体系与机制

B. 政法机关既要接受国家监督，又要接受社会监督

C. 建设法治国家需要发挥人大代表、政协委员的监督作用

D. 公权力是神圣的，超越法律、政治独立存在

75. 中共中央《关于坚持和完善中国特色社会主义制度　推进国家治理体系和治理能力现代化若干重大问题的决定》要求，构建基层社会治理新格局，完善群众参与基层社会治理的制度化渠道。对此说法正确的是？（　　）

A. 健全党组织领导的自治、法治、德治相结合的城乡基层治理体系，实现政府治理和社会调节、居民自治良性互动

B. 推动社会治理和服务重心向基层下移，把更多资源下沉到基层，发挥法律在基层治理中的重要作用，逐步限制市民公约、村规民约等社会规范的作用

C. 健全社会矛盾预防化解机制，完善调解、仲裁、行政裁决、行政复议、诉讼等有机衔接的多元化纠纷解决机制

D. 坚持新时代的“枫桥经验”，畅通和规范群众诉求表达、权益保障通道，努力将矛盾化解在基层

76. 全面依法治国，必须坚持以人民为中心，坚持人民主体地位。对此，下列说法正确的有哪些？（　　）

A. 法律既是保障人民自身权利的有力武器，也是人民必须遵守的行为规范

B. 人民依法享有广泛的权利和自由，同时也承担应尽的义务

C. 人民通过各种途径直接行使立法、执法和司法的权力

D. 人民根本权益是法治建设的出发点和落脚点，法律要为人民所掌握、遵守和运用

77. 法谚云：“一切规则皆有例外，例外也明示原则。”针对这一说法，下列错误的有哪些？（　　）

A. 规则为原则之例外

B. 规则有漏洞，原则无歧义

C. 规则乃共通原则，原则系特别规则

D. 规则具化原则，原则证成规则

78. 关于宪法相关知识，下列说法正确的有哪些？（　　）

A. 1787 年《美国联邦宪法》规定了公民广泛的文化权利和国家的文化政策

B. 我国的根本政治制度是人民代表大会制度

C. 我国《宪法》规定的基本社会制度包括劳动保障制度

D. 我国《宪法》从总纲概述、公民的相关权利和义务、国家机构的相关职权三个角度对我国的基本文化制度进行了较为完善的规定

79. 2023 年国务院进行机构改革，组建国家数据局。负责协调推进数据基础制度建设，统筹数据资源整合共享和开发利用，统筹推进数字中国、数字经济、数字社会规划和建设等，由国家发展和改革委员会管理。关于国务院的职权，下列说法正确的是？（　　）

A. 国务院可以向全国人大常委会提出授予国家勋章和国家荣誉称号的议案

B. 国务院依照法律规定决定省、自治区、直辖市的范围内部分地区进入紧急状态

C. 有权制定有关行政拘留的规范性文件

D. 编制和执行国民经济和社会发展计划和国家预算

80. 关于各级人民政府，以下说法错误的有哪些？（　　）

A. 地方各级人民政府从属于本级国家权力机

关，由国家权力机关产生，向它负责，受它领导

B. 地方各级审计机关对本级人大常委会和上一级审计机关负责

C. 经过上一级政府批准，地方各级政府可以设立工作部门

D. 经过全国人大或全国人大常委会批准，国务院可设立工作部门

81. 关于司法制度，下列说法正确的有哪些？(　　)

A. 解决纠纷是司法制度的普遍性特征

B. 司法具有解决纠纷、调整社会关系的直接功能

C 司法工作人员不得向当事人借用手机

D. 司法人员原则上只能在工作场所与当事人接触

82. 关于我国的审判机关，下列说法错误的有哪些？(　　)

A 在我国专门法院中，知识产权法院的地位相当于基层人民法院

B. 最高人民法院巡回法庭庭长、副庭长由最高人民法院院长提请全国人大常委会任免

C. 合议庭评议案件笔录由合议庭作出决定的多数人员签名

D. 审判委员会讨论案件的事实认定与法律适用，其决定合议庭应当执行

83. 宪法惯例形成的前提是书面的宪法文件对某些宪法事项没有作出明确规定，而政治实践中又需要一定的政治规则，关于宪法惯例，下列说法错误的有哪些？(　　)

A. 宪法惯例往往可以反映一国的宪制传统

B. 由国家的强制力来保障实施，违反宪法惯例会直接导致一定的法律后果

C. 宪法惯例能适应国家形势的发展变化，弥补宪法规定的不足

D. 可以采取成文的形式

84. 关于法的现代化，下列说法错误的有哪些？(　　)

A. 法的现代化仅要求法律制度的变革

B. 外源型法的现代化具有自发性和渐进性特征

C. 从清末开始，中国法的现代化一直是司法主导型

D. 法的现代化要求法具备形式合理性和实质合理性

85. 关于中国法律制度发展和演进，下列说法正确的有哪些？(　　)

A. 商鞅“改法为律”强调了法律规范的普遍性

B. 汉武帝顺应历史发展废除肉刑进行刑制改革，为建立封建刑罚制度奠定了重要基础

C. 唐律是我国传统法典的楷模，是中华法系形成的标志

D. 清末修律改变了中国传统上的“诸法合体”，形成了近代法律体系的雏形

86. 宋朝的时候有个富豪去世后留下遗嘱，把遗产留给女儿女婿，让他们照顾好自己3岁的儿子。遗嘱内容，把3/10的遗产留给儿子，7/10的遗产留给女儿女婿。儿子长大后跟姐姐姐夫争遗产，告到官府。县令对儿子说，幸好你爹聪明，留了这个遗产，不然你就活不了了。然后改判7/10的遗产归儿子，3/10的遗产归女儿女婿。对此，下列说法错误的有哪些？(　　)

A. 古代判决以遗嘱为先

B. 县令判决遵从法律

C. 判决完全不遵守契约

D. 宋朝规定，出嫁女能得到一半的财产

87. 关于律师职业道德，下列做法错误的有哪些？(　　)

A. 张律师在网络讲授法律知识，宣传自己是本领域的头号大律师

B. 知审律所在责令停业整顿期间不可以自行解散

C. 王律师担任某企业独立董事，应当吊销其律师执业证

D. 金律师为了社会利益，在未受委托的情况下以律师名义为受害人提供服务

88. 关于党的集中和权威统一领导，下列说法正确的有哪些？(　　)

A. 中国共产党的领导是中国特色社会主义的本质特征

B. 依法执政是依法治国的关键。各级党组织和全体党员要带头遵法学法守法用法，任何组织和个人都不得有超越宪法法律的特权

C. 必须坚持党领导立法、保证执法、支持司法、带头守法，把依法治国基本方略同依法执政基本方式统一起来

D. 党的领导理论可以追溯到列宁关于无产阶级专政与社会主义法治的思想

89. 截至2021年10月，全国人大常委会法工委基层立法联系点先后就126部法律草案、年度立法计划等征求基层群众意见建议7800余条，2200

余条意见建议被不同程度采纳吸收,其中部分意见建议被直接反映在法律条文中。关于上述做法,下列选项正确的有哪些?(　　)

A. 该做法表明我国的人民民主是全过程的民主,人民群众可以有效地参与国家立法

B. 该做法表明我国的人民民主是全过程的民主,人民事实上直接行使管理国家的权力

C. 该做法打通了国家立法机关直接联系人民群众的渠道,是实现法治社会的重要措施

D. 全民依法治国的基础在基层,根基在民众

90. 我国《宪法》第二章规定了“公民的基本权利和义务”,《宪法》中的权利之所以被称为基本权利的理由有哪些?(　　)

A. 对公民来说不可或缺

B. 是公民其他权利的基础

C. 由《宪法》规定

D. 涉及公民和国家之间的关系

三、不定项选择题　每题所设选项中至少有一个正确答案,多选、少选、错选或不选均不得分。(本部分含91—100题,每题2分,共20分)

91. 甲教唆有辨认能力但没有控制能力的精神病人乙,让乙用剪刀刺瞎丙的双眼。结果乙用剪刀将丙杀害。关于本案,下列说法错误的是?(　　)

A. 乙有辨认能力但无控制能力,为限制责任能力人。因此,应当对丙的死亡结果承担责任

B. 甲不构成教唆犯,构成间接正犯

C. 如果认为是否构成共犯与“行为(责任)能力”无关,则仅在不能确定甲有支配意图时,才能认定甲构成教唆犯

D. 对于乙的行为,甲属于工具的过限。因此,甲成立过失致人死亡罪

92. 公司股东甲知道股东乙的儿子丙是市领导秘书,其为了申请贷款便向乙请求让丙帮忙找关系批贷款,承诺事成后给乙10%的回扣。乙便告知丙回扣事宜,请其帮忙。丙找国有银行的领导丁帮忙,丁不知其真实目的,但想到和丙有工作上的联系,便违规向甲的公司发放贷款,丁也并未收取好处。事后甲给乙400万元,乙给丙200万元。关于本案,下列说法错误的是?(　　)

A. 甲对乙的行为成立对有影响力的人行贿罪

B. 乙对丙的行为成立对有影响力的人行贿罪

C. 丙对丁的行为成立受贿罪(斡旋受贿)

D. 丙对丁的行为成立利用影响力受贿罪

93. 关于网络犯罪,下列说法正确的有?(　　)

A. 乙以为甲可能利用网络实施诈骗,为甲提供了网络接入服务。实际上,甲根本未实施犯罪。乙构成帮助信息网络犯罪活动罪

B. 乙明知甲欲利用网络实施诈骗,仍为其提供了网络接入服务。甲利用了乙的网络接入服务实施了诈骗。乙构成帮助信息网络犯罪活动罪和诈骗罪(帮助犯)想象竞合,择一重罪论处

C. 甲为了实施网络诈骗,建立了15个微信群,成员有2000人。甲准备实施诈骗时被公安机关抓捕。甲构成非法利用信息网络罪

D. 某民营公司职员甲无权登录公司的某个网络系统,但其利用技术手段偷偷登录,获取了公司采取保密措施的客户名单(十几位客户)。离职后,其联系相关客户,让客户选择与自己合作。甲构成侵犯商业秘密罪

94. 甲乙共谋运输毒品,并且约定“如果被查,就开枪拒捕”。后二人在运输毒品时遇到警察抓捕,乙见此情景,当场举手投降,甲看到乙投降,仍决定开枪,打死一名警察。下列说法正确的有?(　　)

A. 甲构成故意杀人罪既遂

B. 乙构成故意杀人罪既遂

C. 乙构成故意杀人罪预备阶段的中止

D. 乙构成故意杀人罪实行阶段的中止

95. 关于二审全面审查原则,下列说法正确的是?(　　)

A. 全面审查不受上诉、抗诉的限制

B. 全面审查体现职权主义特征

C. 全面审查体现程序和实体公正

D. 全面审查制度是集中审理的具体体现

96. 黄某因网络诈骗多人被立案侦查。关于本案电子数据的收集与运用,下列说法正确的是?(　　)

A. 黄某的硬盘数据未以封存状态移送,应作为非法证据予以排除

B. 侦查人员提取黄某的手机银行数据时应制作笔录并附电子数据清单

C. 黄某的服务器数据存在局部篡改,应先判断是否属于瑕疵证据

D. 侦查人员提取黄某电脑数据时应有见证人员在场并全程录像

97. 甲用牵手App约卖淫女乙去酒店,甲穿着假警服扮成警察,用带有警察字样的钱包冒充人民

警察证，拿着电棍吓唬乙并索要了5000元。后甲被公安机关以招摇撞骗罪立案侦查，下列表述错误的有哪些？（　　）

A. 甲所穿警服是本案物证

B. 因乙系卖淫妇女，做的本就是非法生意，可对甲从宽处罚

C. 带有警察字样的钱包是本案的书证

D. 甲与乙手机上的聊天记录属于电子数据

98. 王某被某县派出所处以5日行政拘留并罚款200元，王某对此不服，向县政府提起复议，县政府决定维持原决定。王某不服复议决定，对此提起行政诉讼。下列说法错误的是？（　　）

A. 本案被告是县政府

B. 王某提起行政诉讼的期限是90日

C. 派出所处理治安处罚的期限是90日

D. 王某提起行政诉讼的同时可以向派出所申请暂缓执行拘留

99. 行政法规签署公布后，应当及时在哪些载体上刊载？（　　）

A. 国务院公报

B. 中国政府法制信息网

C. 全国范围内发行的报纸

D. 全国人大公报

100. 关于法律职业道德，下列说法正确的是？（　　）

A. 法律职业道德的基本内容可以从大众朴素的道德体系中推出

B. 与一般道德相比，法律职业道德更关注法律实务问题

C. 法律职业人员的程序性思维可能与广大群众观念价值存在差异

D. 立法本身存在的矛盾直接导致了法律职业道德与大众观念的差异

2023年国家统一法律职业资格考试
客观题试卷一答案及解析

一、单项选择题

1.【参考答案】 D

【解析】 A项:共同生活的成员因形成了紧密的共同体,可以产生作为义务。例如,家庭成员之间,或者婚前同居的未婚夫妻,如同婚后一般一起生活的,可以产生作为义务。但是,一般的室友关系不产生作为义务。在本案中,甲、乙只是普通的宿舍室友关系,因此,甲没有对乙的生命的保护义务。甲没有叫醒乙,致乙死亡的,不成立不作为犯。A错误。

B项:不作为犯的义务来源包括对自己支配的建筑物。在本案中,宾馆属于店主支配的领域。租客对宾馆内的危险不负有阻止的义务,租客不成立不作为犯。B项错误。

C项:根据B选项在卖淫女的家中发生关系,该场所是卖淫女支配的场所。因此,当卖淫女突发心脏病时,嫖客丙没有救助义务,不构成不作为犯。反之,在嫖客丙家,卖淫女突发心脏病,嫖客丙就有救助义务了,C错误。

D项:行为人对危险发生领域具有排他性支配时,才具有作为义务。例如,出租车司机对后排拼车的男乘客强奸女乘客置若罔闻才成立不作为犯罪。本题中,公交车人员多、流动性大,这种支配力不具备排他性。故司机没有提醒的义务,D正确。

2.【参考答案】 B

【解析】 甲言语侮辱行为引发了乙重大杀伤行为,通常情况下,乙最多也就是侮辱回来或者是对甲实施轻微的一般暴力,故甲的行为不属于防卫挑拨。乙将甲推倒在地掐他脖子,致使甲呼吸困难,并且甲、乙之间的身材差距较大,说明乙的不法侵害具有致甲死亡的危险,乙的行为属于杀人行为而非一般的暴力行为。甲在自己有死亡危险的情况下用酒瓶打乙,且乙仍不撒手的情况下,甲继续用碎玻璃碴扎乙,虽然致乙重伤,但没有超出防卫的必要限度。故甲成立正当防卫,B项正确。

3.【参考答案】 A

【解析】 抽象的事实认识错误,是指行为人所认识的事实与现实所发生的事实,分别属于不同的构成要件的情形。本案中,乙想走私"普通货物",实际走私了"国家禁止进出口的货物",应当属于抽象的认识错误中的对象错误。

A项:按照抽象符合说,在乙所认识的构成要件事实与现实发生的构成要件事实相一致的限度内,承认故意犯的既遂。本题中,乙主观上有走私普通货物的故意,实际上实施了走私国家禁止进出口的物品,乙的行为可以成立走私普通货物罪而不成立走私国家禁止进出口的货物、物品罪,因为乙没有走私国家禁止进出口的货物的故意。故A项错误。

B项:根据法定符合说,不同构成要件之间的错误原则上阻却故意的成立或者仅成立故意犯罪未遂。即使构成要件不同,但如果犯罪是"同质"的,那么在重合的限度内,成立轻罪的故意既遂。本案中,乙主观上想走私普通货物,客观上走私了国家禁止进出口的货物,"普通货物"与"国家禁止进出口的货物"的重合之处,即为"普通货物",故乙的行为成立走私普通货物、物品罪既遂。因此,B正确。

C项:根据具体符合说,要求行为人所认识的事实与所发生的事实"完全"一致,才能成立犯罪既遂。本题中,乙想走私普通货物,只要走私的不是普通货物,就无法成立走私普通货物罪的既遂,只能属于未遂形态。故C正确。

D项:根据不同学说,对乙的定性会产生差异。但无论按照哪种学说,都不成立走私国家禁止进出口的货物、物品罪。故D正确。

4.【参考答案】 C

【解析】 在因果关系的判断中,出现介入因素,则可能中断前行为与后结果之间的因果关系。中断的前提是介入因素独立于前行为并且是异常的。

A项:丙明知乙还活着,将丙杀害的行为属于介入因素。就甲先前击倒乙的行为来看,丙的行为是异常的,独立导致了乙死亡的结果。故中断了甲的行为与乙的死亡结果之间的因果关系,甲成立故意杀人罪的未遂。A项正确。

B 项:存在因果关系错误,理论上称之为事前的故意,第一个行为没有导致死亡结果发生,但是毁尸灭迹的行为产生了希望导致的结果发生,根据通说观点,甲仍旧成立故意杀人罪既遂形态。B 正确。

C 项:乙的死法和甲预想的不一致,在刑法理论上称之为狭义的因果关系错误。甲具有杀人的故意,并且实施了杀人行为(将乙击倒),只是甲所预想的因果流程是乙被其使用暴力杀害,而乙最终是因吸入过量沙子而死,这属于狭义的因果关系认识错误,并不影响故意犯罪的成立。C 错误。

D 项:乙因受重伤,躲闪汽车不及被撞死,这一个人因素不异常,不中断甲的杀人行为与乙的死亡结果之间的因果关系。D 项正确。

5.【参考答案】 A

【解析】 A 项:妨害作证罪不是抽象危险犯,要求行为人采取暴力、威胁、贿买等方式阻止证人作证或者指使他人作伪证,证人因此没有出庭作证或者作伪证才成立本罪既遂。本题中,徐某通过贿买方式阻止张某作证,但张某仍旧出庭作证了,徐某只成立妨害作证罪(未遂)。故 A 正确。

B 项:保险诈骗罪的着手是行为人到保险公司索赔的行为,之前的制造保险事故(杀害妻子的行为)属于保险诈骗罪的预备行为。傅某的行为最终应认定故意杀人罪(中止)。B 项错误。

C 项、D 项:戴某和田某都成立犯罪既遂,戴某非法运输成品油,在海关监管现场被查获,已经构成了走私普通货物、物品罪既遂。故 C 错误。田某只要是种植了数量较大的罂粟就成立犯罪既遂,但是,在观看法治频道后悔悟,将罂粟铲除的,根据《刑法》第 351 条(非法种植毒品原植物罪)第 3 款规定,可以免除处罚。故 D 错误。

6.【参考答案】 D

【解析】 A 项:共犯的成立采取限制从属性说,即只要正犯符合构成要件且具有违法性时,就认为共犯成立。因此,帮助犯可以在正犯不满足责任要件的情况下,成立犯罪既遂。故 A 错误。

B 项:帮助犯与正犯的区别在于,正犯实施的是符合基本构成要件的行为,而帮助犯实施的为正犯提供物理或者心里的帮助即可,故 B 错误。

C 项:部分犯罪共同说认为,二人以上虽然共同实施了不同的犯罪,但当这些不同的犯罪之间具有重合的性质时,则在重合的限度内成立共同犯罪。部分犯罪共同说不要求共同犯罪行为人所实施的犯罪构成同属一个分则条文。C 错误。

D 项:行为共同说认为,共同犯罪是指数人共同实施了行为,只要行为具有共同性就可以成立共同犯罪,部分犯罪共同说不要求共同犯罪行为人所实施的犯罪构成同属一个分则条文。D 正确。

7.【参考答案】 B

【解析】 A 项:间接正犯,是"直接正犯"的对称,是指行为人以自己的犯罪意图,利用无责任能力的人或无犯罪意思的人实施犯罪行为,以达到自己的犯罪目的的人。单独正犯相对的概念是共同正犯(根据共犯人数来区分)。故 A 错误。

B 项:承继的共犯是指先行行为人已经实施了一部分犯罪行为,在其实行行为尚未全部实行终了时,后行行为人明知这一犯罪事实而参与进来,或单独或与先行行为人一同,将剩余行为实行完毕。如果事前有通谋,则没办法中途加入,故 B 正确。

C 项、D 项:任意的共同犯罪,是指《刑法》分则规定的一个人能单独实施的犯罪,由二人以上共同实施而形成的共同犯罪。必要共同犯罪是必须由两人以上共同故意实施的犯罪,故任意共犯不存在对向犯问题,C 错误。在必要共犯和任意共犯中都存在共犯过剩问题,比如聚众斗殴罪中事前约定不能闹出人命,结果张三斗殴时将李四打死了,张三的行为就属于过限,即必要共犯也可以存在过限问题。故 D 项错误。

8.【参考答案】 A

【解析】 帮助犯是指为正犯实施犯罪行为提供帮助,这种帮助可以是物理上的帮助,也可以是心理上的帮助。提供工具、窥探被害人行踪等属于物理上的帮助。摇旗呐喊、打气助威、壮胆等属于心理上的帮助。

A 项:乙明知甲拐卖妇女,还为犯罪人及被拐卖的妇女提供住宿,对拐卖妇女罪具有物理上的促进作用,成立帮助犯。A 正确。

B 项:烧香拜佛等祈祷行为不是刑法上评价的行为,对甲的诈骗行为不具有物理或者心理上的帮助作用,故 B 错误。

C 项、D 项:乙在望风也好、直播也罢,对行为人甲而言都是不知情的,对甲盗窃行为没有起到物理上或者心理上的帮助,不成立帮助犯。有同学认为 C 选项中属于刑法理论中评价的片面共犯,但成立片面帮助犯也要求对行为人犯罪行为起到帮助的作用,如果一点用都没有,就不成立帮助犯。故 C、D 均错。

9.【参考答案】 A

【解析】 A 项:侵占罪的犯罪对象是代为保管

或占有的他人财物。出租车作为一种特定场所，具有一定的封闭性。本题中，出租车司机甲发现乘客乙遗失在出租车上的手机，非法占为己有的，应当成立侵占罪。A 项正确。

B 项：当乙离开出租车后，手机的占有权已经转移给甲，而且转移的原因是乙自身的过失。盗窃罪的犯罪对象只能是他人占有的财物，司机甲对自己占有的财物不可能成立盗窃罪。故 B 错误。

C 项：甲通过微信，将乙银行卡内的 6 万元转移到乙的微信钱包中，所直接使用的是微信的相关资料，而没有直接使用乙的信用卡的卡号、密码等，因而不能认定为使用、冒用他人信用卡。故甲不成立信用卡诈骗罪。至于具体构成什么罪，在理论上存在观点冲突，有观点认为属于事后不可罚的行为，有观点认为成立盗窃罪，总之不成立信用卡诈骗罪。故 C 错误。

D 项：侵占罪已经既遂，之后的“欺骗”行为并没有侵犯新的法益，不成立诈骗罪，也不成立“新的”侵占罪，故 D 错误。

10.【参考答案】 C

【解析】 A 项：如果认为职务侵占罪中的“占有”不要求行为人自己占有，那么即使行为人本人没有将钱据为已有，而由第三者占有，也不影响行为人非法占有目的的成立。虽然乙利用职务上的便利，采用欺诈的方式骗取单位财产后，全部给了甲，乙并未据为已有，但仍成立职务侵占罪。因此 A 正确。

B 项：乙虚构自己工作开支的事实，以欺诈的手段骗取单位财产，使得单位（或者单位财务人员）基于错误认识而处分了财产，成立诈骗罪。B 项正确。

C 项：行贿罪是指行为人给予国家工作人员以财物，请求国家工作人员利用职务上的便利，为其谋取利益。国家工作人员甲是利用职务上的便利索取财物，而不是利用职务上的便利为他人谋取利益，应当属于受贿罪中的索贿，构成受贿罪。对于这种必要的共犯（对向犯），刑法对双方都规定了独立的罪名，甲成立受贿罪，就不再与乙成立行贿罪的共同犯罪。故 C 错误。

D 项：《刑法》第 271 条第 1 款规定，“公司、企业或者其他单位的工作人员，利用职务上的便利，将本单位财物非法占为己有，数额较大的，处三年以下有期徒刑或者拘役，并处罚金；数额巨大的，处三年以上十年以下有期徒刑，并处罚金；数额特别巨大的，处十年以上有期徒刑或者无期徒刑，并处罚金”。因此，只有行为人利用职务上的便利，才可能成立职务侵占罪。D 项正确。

11.【参考答案】 B

【解析】 盗伐林木罪的保护法益是森林资源及其合理利用以及国家、集体、他人对生长中的林木的财产所有权。无论行为人是在他人的注视下还是秘密砍伐，都应成立盗伐林木罪。故本题选择 B 项。

12.【参考答案】 D

【解析】 很多考生选择了非法经营罪，在《刑法修正案（十一）》已经规定了更为具体、处罚更轻的妨害药品管理罪之后，就不宜将未经批准经营境外合法药品的行为认定为非法经营罪，而应坚持特别法优先，成立妨害药品管理罪。故 A 错误。

B 项：《刑法》第 142 条之一规定：“违反药品管理法规，有下列情形之一，足以严重危害人体健康的，处三年以下有期徒刑或者拘役，并处或者单处罚金；对人体健康造成严重危害或者有其他严重情节的，处三年以上七年以下有期徒刑，并处罚金……”从法条可知成立妨害药品管理罪，要求达到“足以严重危害人体健康”这一危险状态。本题中，患者服用后均有一定程度好转，故 B 错误。

C 项：对于销售假药罪的认定，2020 年《刑法修正案（十一）》将依据《药品管理法》认定假药的条款予以删除，并不会因为没有经过国内批准许可就定性为假药。故 C 错误。

综上，王某的行为不宜认定为犯罪更为合适，故 D 项当选。

13.【参考答案】 C

【解析】 A 项：由于放火行为没有危害公共安全，因此不成立放火罪。因此 A 项正确。

B 项：行为人仅有一个爆炸行为，可以认为既触犯了爆炸罪，也触犯了故意伤害罪，系想象竞合犯，应择一重罪处罚。故 B 正确。

C 项：如果损坏消防栓的行为没有危害到公共安全，那么就不能构成以危险方法危害公共安全罪。如果在火灾发生之际，行为人损坏消防栓，直接影响了火灾的扑灭，应认定为以危险方法危害公共安全罪。C 项错误。

D 项：高空抛物罪被规定在“妨害社会管理秩序罪”中，其保护的法益是“社会秩序”而非“公共安全”。即便高空抛物的行为没有危害公共安全，也能构成高空抛物罪。故 D 正确。

14.【参考答案】 D

【解析】 明知他人利用信息网络实施犯罪，仍为其提供银行卡的行为成立帮助信息网络犯罪活动罪。

A 项：甲明知他人利用银行卡实施诈骗而提供银行卡的行为除了成立帮助信息网络犯罪活动罪外，还成立诈骗罪，属于想象竞合，择一重罪处罚，认定诈骗罪的帮助犯更为合适，故 A 错误。

B 项：查不清楚对方使用银行卡实施了什么行为，则无法认定共犯。明知他人利用信息网络实施犯罪，还提供银行卡的行为才能认定帮助信息网络犯罪活动罪，本题中张某是否犯罪无法查清，故 B 错误。

C 项：丙明知他人要实施信息网络犯罪活动，而且他人确实实施了信息网络犯罪活动，因此，在“信息网络犯罪”这一问题上，丙的主观认识与客观是一致的，故丙的行为成立帮助信息网络犯罪活动罪。C 错误。

D 项：张某并没有实施犯罪行为，丁不成立犯罪。只有张某实施了相应的犯罪，丁的出借银行卡行为才有处罚的必要，故 D 正确。

15.【参考答案】 B

【解析】 A 项、B 项：受贿罪既遂的标准是国家工作人员收了银行卡，并且知道银行卡密码，能够随时支配银行卡里面的钱。本题中，甲给乙银行卡的时候 100 万元是可以随时支配的，且乙知道密码。甲的行贿罪既遂、乙的受贿罪既遂。故 A 错误，B 正确。

C 项、D 项：甲将 100 万元转成定期致使乙无法使用 100 万元，但乙并没有因为被骗而处分自己的财产。故甲不成立诈骗罪。甲能够将卡内资金转为定期，说明甲能够支配该笔钱，是事实上财物的占有人。甲处分自己占有的财物，不成立盗窃罪。故 C、D 均错误。

16.【参考答案】 A

【解析】 A 项：斡旋受贿是指国家工作人员利用本人职权或者地位形成的“便利条件”，通过其他国家工作人员职务上的行为，为请托人谋取不正当利益，索取请托人财物或者收受请托人财物的行为。张某并没有利用海淀区法院院长甲的权利之便利，而是让甲利用工作关系拜托东城区法院院长乙，属于斡旋型的受贿罪。故 A 正确。

B 项：利用影响力受贿罪的保护法益包括工作人员职务行为的公正性，以及国民对职务行为不可收买性的信赖。因此，成立利用影响力受贿罪，至少要求国家工作人员允诺为请托人谋取不正当利益。市长没有同意，即便儿子收了钱，也不成立贪污贿赂犯罪，如果儿子乙拒不退还，可能涉嫌侵占罪，B 项错误。

C 项：乙与市长构成受贿罪的共同犯罪。市长的行为构成受贿罪的既遂，系“权钱交易”。那么，市长的受贿行为的完成，得益于乙收受甲的礼物，乙与市长成立受贿罪的共犯。因此，乙的行为不构成利用影响力受贿罪的既遂。C 错误。

D 项：受贿犯罪的既遂与未遂的区分应以是否得到了贿赂作为标准，离开了收受礼物行为，就无所谓受贿罪、利用影响力受贿罪等的既遂。本题中，乙并未收受甲的财物，因此不能成立利用影响力受贿罪的既遂。其要求市长为甲谋取不正当利益的，可能成立渎职类犯罪的教唆犯。D 错误。

17.【参考答案】 A

【解析】 强制医疗被申请人没有委托诉讼代理人的，法院应当通知法律援助机构指派律师为其提供法律帮助，B 项错误。自行辩护指的是犯罪嫌疑人、被告人自己针对指控进行的辩护，C 项错误。委托辩护是犯罪嫌疑人、被告人（或监护人、近亲属）委托律师或其他公民担任辩护人协助犯罪嫌疑人、被告人进行辩护，D 项错误。

18.【参考答案】 A

【解析】 非法排除被告人供述限于使用暴力、胁迫、限制人身自由等方式收集，A 项错误。社会调查报告既可以由公检法自行开展调查，也可以委托社区矫正机构、社会组织等主体进行调查，B 正确。询问未成年被害人，应当有女性工作人员在场，C 正确。《未成年人保护法》第 4 条规定，保护未成年人，应当坚持最有利于未成年人的原则。D 项正确。

19.【参考答案】 A

【解析】 证人在其直接感受到的事实的基础上，推论争议事实是否存在，法律上称为意见，证人以此推论所作的陈述，称为意见证据。意见在证据法上的意义，是从观察到的事实所作的推论。可以看出，意见证据是基于证人所感知到的事实而作出的猜测性、评论性、推断性的言论。据此可以判断 A 项属于意见证据，B 项是鉴定意见，C 项就是普通的证人证言，D 项民警的说法并非意见证据。故本题选 A。

20.【参考答案】 C

【解析】 徐某持刀抢劫致使一人死亡，可能判处无期徒刑以上刑罚，依据《刑事诉讼法》第 21 条，由中级人民法院管辖，故 A、B 选项排除不选。

根据《刑诉解释》第 13 条第 3 款的规定，罪犯在脱逃期间又犯罪的，由服刑地的人民法院管辖。但是，在犯罪地抓获罪犯并发现其在脱逃期间犯罪的，由犯罪地的人民法院管辖。徐某在A市是服刑地，结合级别管辖，应由A市中级人民法院管辖。故C当选，D错误。

21.【参考答案】 A

【解析】 A项：依据《法律援助法》第42条的规定，法律援助申请人有材料证明属于下列人员之一的，免予核查经济困难状况：社会救助、司法救助或者优抚对象。故A正确。

B项：申请法律援助的原因不包括犯罪嫌疑人、被告人及其家属向鉴定机构申请盗窃财产数额认定。只要是符合法律援助条件的，都可以申请。故B错误。

C项：根据《法律援助法》第14条的规定，法律援助机构可以在人民法院、人民检察院和看守所等场所派驻值班律师，依法为没有辩护人的犯罪嫌疑人、被告人提供法律援助。本题中，田某被A市公安机关逮捕，应当向A市法律援助机构申请。故C错误。

D项：依据《法律援助法》第43条的规定，法律援助机构应当自收到法律援助申请之日起7日内进行审查，作出是否给予法律援助的决定。故D错误。

22.【参考答案】 D

【解析】 A项：张某涉嫌绑架杀人，可能被判处无期徒刑或者死刑，属于应当提供法律援助的对象，公安机关应当通知司法局为张某提供法律援助辩护人，A错误。

B项：对于符合值班律师介入的案件，犯罪嫌疑人有权申请会见值班律师。值班律师若要主动会见犯罪嫌疑人，需要经过办案机关的许可。B选项中表述，值班律师可"主动为其提供法律咨询"，缺少了"经办案机关允许"这一前提条件，B错误。

C项：值班律师是法律援助制度的新发展，为符合条件的犯罪嫌疑人、被告人提供公益法律服务。若值班律师会见犯罪嫌疑人后可以接受委托转为辩护人，可能有些值班律师在会见时会尽力说服犯罪嫌疑人、被告人委托自己。如此一来，公益法律服务变成案源拓展活动，这与设计值班律师制度的初衷相悖。因此，值班律师会见张某，不可接受委托成为其辩护人，C错误。

D项，为了保证有效辩护，在法律援助中，对于可能被判处无期徒刑、死刑的人，应当由具有一定刑辩执业经历的律师担任辩护人，根据《法律援助法》第26条的规定，要求具有3年以上相关执业经历，D正确。

23.【参考答案】 B

【解析】 A项：张某到公安机关报案，不论公安机关是否有管辖权，都应当接受。A项说"公安机关不予接受"是错误的。

B项：自诉案件共分三类，重婚案件属于第二类自诉案件，既可由公安机关立案侦查，也可由被害人向法院提起自诉。因此，张某到公安机关报案，公安机关认为属于重婚案件，应当告知张某可以向法院提起自诉。当然，若张某坚持由公安机关处理，公安机关应当受理。B项正确。

C项：张某对李某提起自诉时，法院已告知张某可以对唐某提起自诉并告知其放弃告诉的法律后果。这个后果就是，一旦张某放弃起诉唐某，法院对李某宣告判决后，张某又对唐某就重婚事实提起自诉的，法院不予受理，C项说"法院应当受理"是错误的。

D项：无论公诉案件还是自诉案件，当事人申请法院调查取证存在一个规律，那就是法院肯定不会"一触即发"，法院会审查"必要性"，有必要的才会调取，没必要的不会调取。D项说张某"申请法院调取的，法院应当及时调取"是错误的。

24.【参考答案】 B

【解析】 A项：辩护人提交的小王家庭情况的材料与小王是否实施犯罪没有关联，不能作为证据使用，更不能成为定案根据，只能作为法官的办案参考，A错误。

B项：审判阶段，被取保候审的未成年被告人若无法提供保证人，法院应当指定合适成年人作为保证人，必要时可以安排小王接受社会观护，即由专门观护组织在诉讼期间对小王辅导、监督、观察、矫正、保护、管束，以达到改善行为、预防再犯、保证诉讼顺利进行的目的，B正确。

C项：审理未成年被告人案件中的陪审员，可以从熟悉未成年人身心特点、关心未成年人保护工作的陪审员名单中选取，但应当"随机抽取"，不可"直接指定"，C错误。

D项：小李、小王共同抢劫，虽然小李被检察院酌定不起诉，但小李仍然实施了抢劫行为，与小王系同案犯罪嫌疑人。小李具有当事人身份，不可作为证人，D错误。

25.【参考答案】 C

【解析】 A项：本案系涉黑犯罪，若法院决定对项某采取不公开个人信息的保护措施，未来在判决书中可以对项某使用化名，A正确。

B 项：在审理过程中，证人进行虚假陈述的，公诉人应当通过发问来澄清事实，必要时，可以宣读在审前阶段制作的该证人的证言笔录进行核实，B 正确。

C 项：证人出庭后，一般先向法庭陈述证言。经审判长许可，由申请通知证人出庭的一方发问，发问完毕后，对方也可以发问。本案中，项某到庭后，应当先由项某进行陈述，经审判长许可，再由伍某及其辩护人向项某发问。最后由公诉人发问。C 项中表述“应当先由公诉人对其发问”是错误的。

D 项：公诉人向证人发问不能采取诱导式发问，只能采取开放式发问，对于公诉人的不当发问，辩护人有权提出异议，同时申请审判长制止，D 正确。

26.【参考答案】 A

【解析】 A 项：王某 17 周岁，可以适用附条件不起诉，但不能适用酌定不起诉。酌定不起诉的一个关键条件是“依照刑法规定不需要判处刑罚或者免除刑罚”，而 A 项说王某可能判处一年有期徒刑，即不符合酌定不起诉条件，A 错误。

B 项：在未成年人刑事案件中，司法机关需要“双向保护”，既要保障未成年犯罪嫌疑人、被告人的合法权益，也要保障未成年被害人、证人的合法权益。法院可以对未成年被害人进行心理疏导，也可以委托专门机构、专业人员进行，B 正确。

C 项：小赵系未成年人，被送至 KTV 强迫卖淫，小赵属于性侵害的被害人。为了充分保障未成年被害人的个人隐私与合法权益，法院应当安排女性工作人员询问小赵，C 正确。

D 项：为了保障未成年人合法权益，公安司法机关在讯问未成年犯罪嫌疑人、被告人，询问未成年证人、被害人时，均应通知其法定代理人到场。本题中，小孙是未成年被害人，法院询问小孙时应当通知其父母到场，D 正确。

27.【参考答案】 A

【解析】 A 项：徐某作为本案一审唯一参加诉讼的利害关系人，接到法院通知后无正当理由拒不到庭，法院可视为无利害关系人主张权利，可以不开庭审理，A 正确。

B 项：由于张某不在案，为维护张某或利害关系人的合法权益，张某的近亲属徐某有权提出上诉，这与徐某是否出庭无关，B 错误。

C 项：金某因客观原因没有参加一审，二审期间申请参加诉讼的，某省高级人民法院应当准许，并撤销原裁定，将案件发回某市中级人民法院重审。故 C 错误。

D 项：张某回国投案自首，即不再处于“逃匿、死亡”状态，对张某不能再适用违法所得的没收程序，某省高级人民法院应当裁定终止审理。对张某可由有管辖权的检察院向对应的法院提起公诉。D 错误。

28.【参考答案】 D

【解析】 《关于审理行政协议案件若干问题的规定》第 12 条第 2 款规定：“人民法院可以适用民事法律规范确认行政协议无效。”故 A 错误。

《关于审理行政协议案件若干问题的规定》第 7 条规定：“当事人书面协议约定选择被告所在地、原告所在地、协议履行地、协议订立地、标的物所在地等与争议有实际联系地点的人民法院管辖的，人民法院从其约定，但违反级别管辖和专属管辖的除外。”当事人协议约定管辖在不违反级别管辖和专属管辖的情况下是有效的，故 B 项错误。

《关于审理行政协议案件若干问题的规定》第 12 条第 3 款规定：“行政协议无效的原因在一审法庭辩论终结前消除的，人民法院可以确认行政协议有效。”由此可知，法院应作出确认判决，而不能直接驳回起诉，C 项错误。

《关于审理行政协议案件若干问题的规定》第 11 条第 1 款规定：“人民法院审理行政协议案件，应当对被告订立、履行、变更、解除行政协议的行为是否具有法定职权、是否滥用职权、适用法律法规是否正确、是否遵守法定程序、是否明显不当、是否履行相应法定职责进行合法性审查。”人民法院审查行政协议是应当审查其合法性，故 D 正确。

29.【参考答案】 D

【解析】 作出行政行为的行政机关是被告。本题中区政府实施土地房屋征收，确定由区规划和自然资源局实施。区征地办不是本案的被告，被告应为区规划和自然资源局。故 A 错误。

《房屋征收补偿协议》是行政机关为了实现行政管理或者公共服务目标，与公民、法人或者其他组织协商订立的具有行政法上权利义务内容的协议。协议可以约定争议管辖法院，遇到争议也可以进行调解。故 B、C 错误。

县级以上地方政府为被告的行政案件由中级人民法院管辖。本案被告为区规划和自然资源局，由区法院管辖即可，故 D 正确。

30.【参考答案】 D

【解析】 暂扣许可证件是资格罚，A 错误。行政处罚行为可以起诉，B 错误。撤职的处分时间为

24个月,C错误。

31.【参考答案】 C

【解析】 考虑相关因素原则是指作出行政决定和进行行政裁决只能考虑符合立法授权目的的各种因素,不得考虑不相关因素;

信赖利益保护原则是指非因法定事由并经法定程序,行政机关不得撤销、变更已经生效的行政决定;

比例原则包括:合目的性、适当性、损害最小三方面,当存在实现行政管理目的的其他方式时,应选择对当事人权益损害最小的方式;

公众参与原则是指行政机关作出规定或决定是应当听取公众意见。本题中的该条规定并不涉及A、B、D三项原则,其体现了比例原则,C项正确。

32.【参考答案】 B

【解析】 行政许可委托的,委托机关对受托机关实施行政许可的后果承担法律责任,故本题行政复议被申请人为市商务局,复议机关市政府作出复议维持决定,即行政诉讼被告为市商务局和市政府。复议维持案件以原行政行为机关确定级别管辖,故由基层法院管辖。本题选B。

33.【参考答案】 D

【解析】 现场笔录应由执法人员和当事人签名,未规定加盖行政部门公章,故A项错误。

市场监督局作为行政诉讼被告,其提供证据的期限应为收到起诉状副本之日起的15日内,需要提供作出被诉行政行为的全部证据和所依据的规范性文件,故B项错误。

询问笔录应当有行政执法人员、被询问人、陈述人、谈话人签名或者盖章,并非应当加盖公司公章,故C项错误。奶茶公司作为原告,对现场笔录的合法性或真实性有异议,或者对检验的物品取样或保管有异议等,要求相关执法人员出庭说明的,法院可以准许,故D项正确。

34.【参考答案】 C

【解析】 行政机关申请法院强制执行的,一般由申请人所在地的基层人民法院管辖;但执行对象为不动产的,由不动产所在地的基层人民法院管辖。本题不应当向该公司所在地基层人民法院申请,而应当向河务局所在地基层人民法院申请,A项错误。

因为申请法院强制执行案件(又称为非诉执行案件)需要法院对被执行行政行为的合法性进行审查,所以,审查主体应当是法院中更具有专业性的行政庭而非执行庭。如果行政庭审查认为需要采取强制执行措施,再由法院负责强制执行非诉行政行为的机构执行,B项错误。

行政机关应催告当事人履行义务且催告期应满10日。催告程序是非诉执行的前置程序。其要求如下:行政机关申请法院强制执行前,应当催告当事人履行义务。如经催告,当事人履行义务,则不再申请法院强制执行;但经催告后,当事人仍不依法履行义务,则申请法院强制执行,C项正确。

本案情形属于非诉执行案件,即在当事人既未申请行政复议,也未提起行政诉讼,但未在指定期限内履行义务的情况下,由行政机关申请法院强制执行,执行标的是罚款、税款等行政行为,非诉执行案件没有经历过起诉的过程,法院自然不会作出判决,如果法院认为申请被执行行政行为合法、符合执行条件,法院应当裁定准许执行,D项错误。

35.【参考答案】 B

【解析】《扬尘污染防治管理办法》为市政府规章,不可以附带性审查,A错误。市政府规章应报省级人大常委会、本级人大常委会、国务院和省级政府备案,B正确。市政府规章应当在市政府公报上公布,C错误。市政府规章不能设定临时性许可,D错误。

36.【参考答案】 D

A项:法院对行政处罚行为作出变更判决,原则上只能减轻不能加重,不得加重原告的义务或者减损原告的权益。但是,在行政诉讼中,利害关系人同为原告,且诉讼请求相反的除外。而本题就属于这种情况,王某请求撤销处罚,李某请求加重处罚,两方同为原告且诉讼请求相反,所以,法院加重处罚并不违法,A项错误。

B项:行政处罚的听证除法定听证外,还有约定听证,因为听证是正式地听取公民意见的方式,应当予以鼓励。应当告知当事人听证权利的为吊销等六大事项;而其他事项,比如拘留7日、罚款300元,在双方自愿的情况下,均属于可以听证。当事人的听证权并非仅基于法律规定或法律授予,也可以基于行政机关的承诺。本项认为本案适用听证程序属于违法的判断是错误的。

C项:传唤是指公安机关通知违法行为人到指定的地点接受调查的一种调查手段。传唤的对象为违法行为人,受害人、证人不得适用传唤,所以县公安局传唤受害人李某提供证言是违法的,C项错误。

D项:根据有错必纠的理念,行政机关可以在一审中,也可以在二审、再审中改变其认为错误的行政行为,D 项正确。

37.【参考答案】 A

【解析】 《公务员法》第 103 条第 3 款规定:“聘任制公务员实行协议工资制,具体办法由中央公务员主管部门规定。”故 A 项正确,B、C、D 项错误。

38.【参考答案】 B

【解析】 “联系群众,为人民服务”是我国国家机关的组织和活动原则之一。故 A 正确。

信访制度必须坚持,将信访纳入法治化轨道。为确保司法权威,提升司法公信力,我们必须终结涉诉信访。涉诉信访对司法权威性具有极大的破坏性,必须终结。故 B 错误。

构建对维护群众利益具有重大作用的制度体系,建立健全社会矛盾预警机制、利益表达机制、协商沟通机制、救济救助机制,畅通群众利益协调、权益保障法律渠道。把信访纳入法治化轨道,保障合理合法诉求依照法律规定和程序就能得到合理合法的结果。故 C、D 正确。

39.【参考答案】 A

【解析】 A 项:各国在沿海国的专属经济区中享有“航行、飞跃、铺设海底电缆和管道”的权利,无须沿海国许可同意,故 A 错误。

B 项:虽然专属经济区并非各国领海,但沿海国对其享有一定的管辖权,可以制定和《联合国海洋法公约》规定一致的专属经济区法规,并可采取必要措施以确保其法规得到遵守,故 B 正确。

C 项:根据《联合国海洋法公约》,沿海国在专属经济区的权利需要宣告才拥有,在大陆架的权利无须宣告即可拥有,故 C 正确。

D 项:根据《联合国海洋法公约》规定,所有国家都有权在其他国家的大陆架上铺设电缆和管道,但其线路的划定须经沿海国同意,并应顾及现有电缆和管道,不得加以损害,故 D 正确。

40.【参考答案】 A

【解析】 A 项:争端在甲国和乙国之间发生,双方可以自行选择提前谈和,这与斡旋之间不存在冲突。故 A 正确。

B、C 项:斡旋是第三方不实质介入谈判,包括不参与谈判,不提出方案。调停是第三方实质介入谈判,包括参与谈判,或者提出方案。换句话说,斡旋中第三方只负责拉人组局,不介入争端解决的实质问题。调停则是第三方介入争端解决的实质问题中,B 项中丙国总统的行为属于斡旋,但是提出解决方案就超越了斡旋的范畴,同理,C 项中“主持谈判”说法错误。所以 B、C 错误。

D 项:平时封锁作为争端解决方法,只能由联合国安理会决定,当事国无权采取此类措施。

41.【参考答案】 D

【解析】 民族自治区域内,法院和检察院并不是自治机关,法律并未要求民族自治区域内的法院院长或者检察院检察长必须由区域自治的民族的公民担任,故 A、B 项错误。

《民族区域自治法》第 16 条第 3 款规定:“民族自治地方的人民代表大会常务委员会中应当有实行区域自治的民族的公民担任主任或者副主任。”C 项错误。

根据《民族区域自治法》第 17 条的规定,自治区主席、自治州州长、自治县县长由实行区域自治的民族的公民担任。故 D 项正确。

42.【参考答案】 C

【解析】 以人民为中心是中国特色社会主义法治的本质要求。法治建设要为了人民、依靠人民、造福人民、保护人民。法院专门设置老年人、残疾人快速通道,有助于满足老年人与残疾人的诉讼需求,体现了司法为民、司法便民的要求。故 A 正确。

法律面前人人平等并非形式上的平等,更不是均等,在特定条件下,为了实现真正的平等,可以制造合理差别。法院专门设置“老、残”等行动不便人员专门受理、接纳通道属于对社会弱势群体和特殊群体的倾向性保护,并没有违背法律面前人人平等原则,是实质的平等,是合理差别限度内的平等。C 错误,B 正确。

社会公正要求在政治、经济、文化、法治等各个方面都必须要实现公正。司法公正要求法律面前人人平等,公平、公正对待各方诉讼参与者。司法是维护社会公平正义的最后一道屏障,司法公正对社会公正具有关键的引领作用,司法不公对社会公正具有致命的破坏作用。故 D 正确。

43.【参考答案】 D

【解析】 A 项:我国 1993 年《宪法修正案》第 7 条规定,国家实行社会主义市场经济。故 A 错误。

B 项:《宪法》第 6 条第 1 款规定:“中华人民共和国的社会主义经济制度的基础是生产资料的社会主义公有制,即全民所有制和劳动群众集体所有制……”故 B 错误。

C 项:《宪法》第 8 条第 1 款规定,农村集体经济组织实行家庭承包经营为基础、统分结合的双层经营体制。集体经济有农村和城市两种类型,在城市的集体经济主要体现为各种形式的合作经济,故C错误。

D项:《宪法》第10条第4款规定:“任何组织或者个人不得侵占、买卖或者以其他形式非法转让土地。土地的使用权可以依照法律的规定转让。”故D正确。

44.【参考答案】 B

【解析】 A项:从事法律事务工作2年以上,或者曾经担任法官、检察官、律师1年以上,具有公职人员身份,品行良好,所在单位同意其担任公职律师,由申请人所在单位向司法行政机关提出申请,故A错误。

B项:党的十八届四中全会提出,构建社会律师、公职律师、公司律师等优势互补、结构合理的律师队伍,故B正确,

C、D项:公职律师任职期间,在本单位从事法律事务工作,接受律师协会考核。公职律师任职满3年,且最后一次年度考核称职的,可转为社会律师。《公职律师管理办法》第11条规定:公职律师经历计入社会律师执业年限,故C、D错误。

45.【参考答案】 D

【解析】 A项:法院人才分为员额法官、审判辅助人员、司法行政人员三类。员额法官包括院长、副院长、审判委员会委员、庭长、副庭长、审判员。法官助理并不属于员额法官的一种,法官助理被包括在审判辅助人员内。A错误。

B项:省、自治区、直辖市设立法官遴选委员会,负责初任法官人选专业能力的审核。省级法官遴选委员会的组成人员应当包括地方各级人民法院法官代表、其他从事法律职业的人员和有关方面代表,其中法官代表不少于1/3。但是法官的任命和免除由院长提请同级人大常委会任免,法官遴选委员会无权任免法官。B错误。

C项:检察权一体化行使原则与司法责任制并不排斥,检察机关的司法责任制强调检察官对其职权范围内就案件作出的决定负责。检察长、检察委员会对案件作出决定的,承担相应责任,C错误。

D项:根据相关法律规定,初任检察官一般到基层人民检察院任职,上级人民检察院检察官一般逐级遴选,最高人民检察院和省级人民检察院检察官可以从下两级人民检察院遴选。参加上级人民检察院遴选的检察官应当在下级人民检察院担任检察官一定年限,并具有遴选职位相关工作经历。D正确。

46.【参考答案】 C

【解析】 A项:法律援助服务是完全无偿的,不存在“缓交费”及“减费”等规定,更不存在收取办案费后,可以加快办理案件的情形。A错误。

刑事诉讼中的法律援助,包括依申请的法律援助与依通知的法律援助。依申请的法律援助又分为一般情形和可以援助的情形。一般情形下,犯罪嫌疑人、被告人因经济困难没有委托辩护人,本人及其近亲属可以书面或者口头形式向办案机关所在地法律援助机构申请法律援助。因此,刑事诉讼中的法律援助也可能需要考察受援助对象的经济状况。B错误。

C项:盲人、聋人没有能力为自己申请法律援助,也没有能力为自己辩护,属于依通知的法律援助的情形。对于依通知辩护的案件,拒绝法律援助机构指派的律师为其辩护的,公检法机关应当查明拒绝的原因,有正当理由的,应当准许,同时告知犯罪嫌疑人、被告人需另行委托辩护人。未另行委托辩护人的,公检法机关应当及时通知法律援助机构另行指派律师为其提供辩护。C正确。

D项:检察院审查批准逮捕时,认为公安机关对犯罪嫌疑人应当通知辩护而没有通知的,人民检察院应当通知公安机关予以纠正,公安机关应当将纠正情况通知人民检察院。D错误。

47.【参考答案】 B

【解析】 A项:科学立法、严格执法、公正司法、全民守法、法律监督是全面依法治国工作的重要环节,也是建设法治国家和法治体系的必然要求。健全法律法规规章起草征求人大代表意见制度,增加代表列席常委会会议人数,体现了人大主导立法和民主立法的要求,符合科学立法的基本理念,A正确。

B项:法治政府的建设要求贯彻行政责任原则,实现行政活动的权责统一,但这并不意味着政府的所有决策都要适用终身责任追究制度及责任倒查机制,这样反而会导致责任审查能力的过于分散和丧失重点,终身责任追究制度及责任倒查机制只针对重大行政决策。B错误。

C项:减少多头执法,减少市县两级政府执法队伍种类,符合有条件推进综合执法,实现政府精兵简政的改革方向,体现了法治政府的建设要求,C正确。

D项:通过案例指导和司法解释制度,能够有效地避免司法适用过程中的不统一现象,符合公正司法的基本理念。D正确。

48.【参考答案】 B

【解析】 我国《宪法》保护的平等权是形式平等与实质平等的有机统一，实质平等允许存在合理差别，A 项错误。

《全国人民代表大会和地方各级人民代表大会选举法》第 17 条第 1 款规定，“……按照每一代表所代表的城乡人口数相同的原则……”，即每一代表所代表的人口数量，无论是城市人口还是农村人口都应当是相同的。但是，城乡人口总量不同，城乡代表人数的数量不可能相同。故 B 项正确、C 项错误。

根据《全国人民代表大会和地方各级人民代表大会选举法》第 17 条第 2 款规定：“……代表名额，由根据人口数计算确定的名额数、相同的地区基本名额数和其他应选名额数构成。”各区的代表人数需综合考虑，并不是根据该地区人口数计算。故 D 项错误。

49.【参考答案】 B

【解析】 A 项：全国人大常委会的撤职对象只有由其决定的中央政府和中央军委除正职外的其他组成人员，而全国人大常委会决定的“两院一委”（最高法、最高检、监察委）的相关人员，则不在撤职范围内。A 错误。

B 项：国务院总理和中央军委主席均可以对本机关的其他组成人员向全国人大常委会提出撤职提案。B 正确。

C 项：委员长会议可以针对国务院除总理外的其他组成人员提出撤职提案，而非国务院的组成人员（总理属于国务院组成人员），C 错误。

D 项：地区和直辖市中的中级人民法院和人民检察院分院的一把手是由省级人大常委会任免的，当然也可以由其撤职。D 错误。

50.【参考答案】 B

【解析】 A 项：《全国人民代表大会和地方各级人民代表大会选举法》第 9 条规定，市级及以上的人大代表选举由同级人大常委会主持，主持组织为选举委员会。乡级和县级人大代表由选民直接选举，主持组织为选举委员会。故 A 错误。

B 项：《全国人民代表大会和地方各级人民代表大会选举法》第 30 条规定，10 个以上选民或代表联名有权提名候选人，政党和人民团体可以单独或者联合提名候选人。故 B 正确。

C 项：《全国人民代表大会和地方各级人民代表大会选举法》第 31 条规定，人大代表实行差额选举。直接选举候选人比应选人多出 1/3 至 1 倍；间接选举候选人比应选人多出 1/5 至 1/2。故 C 错误。

D 项：《全国人民代表大会和地方各级人民代表大会选举法》第 45 条第 1 款规定，直接选举的选举要求“双过半”，即全体选民过半数参加投票，代表候选人获得过半数的选票方可当选。根据《全国人民代表大会和地方各级人民代表大会选举法》第 53 条第 2 款的规定，直接选举的罢免则要求“全过半”，即全体选民过半数同意。故 D 错误。

二、多项选择题

51.【参考答案】 ABC

【解析】 A 项：基于职务或业务可以产生作为义务。原则上，行为人只有在担任此职务或从事此行业的工作期间才负有相应的义务，但也有例外。例如，根据《人民警察法》第 19 条的规定，人民警察在非工作时间，遇有其职责范围内的紧急情况，应当履行职责。因此，在警察下班后，遇到职责范围内的紧急情况，依然具有作为义务。在本案中，民警甲下班后，在其辖区内遇到他人使用暴力强迫卖淫，应当负有制止义务。甲能够制止而不制止的，成立不作为犯。因此，A 项正确。

B 项：行为人只有在自己所能支配的领域中才能够产生作为义务。在本案中，乙发病是在乙的家中，因此，甲并不因空间的支配而产生救助乙的作为义务。但也有例外，共同体成员之间具有相互救助的义务。在本案中，甲、乙二人经常在一起吸毒，已经形成了特殊的危险共同体，甲、乙对于相互之间因吸毒产生的风险具有救助义务。在乙吸毒后发生生命危险时，甲没有履行救助义务致其死亡的，成立不作为的故意杀人罪。B 项正确。

C 项：基于和法益的无助状态之间的特殊关系可以产生作为义务。几个人一起约定登山，如果没有特殊约定，就意味着所有人都接受了保护同伴的义务。在这种情况下，法益的保护依赖于特定人，特定人就具有保护义务。在本案中，甲与乙一起约定登山，因此二人具有互相保护对方的作为义务。甲能够保护乙而未保护的，成立不作为的故意杀人罪，C 项正确。

D 项：村民甲并没有创造风险，仅仅是看见风险，当然没有救助义务，不成立不作为的故意杀人罪。D 项错误。

52.【参考答案】 BC

【解析】 对于甲而言，甲持剪刀攻击乙与火灾之间介入了乙的行为。这种行为的介入是正常的。故甲与引发火灾之间具有因果关系，甲负有灭火的义务。故 A 项正确,B 项错误。

对于乙而言,乙为了避免甲对自己的不法侵害,向甲抛出火把,虽然没有造成甲的损害,但也属于正当防卫。但防卫过后,应该设法控制。乙的防卫行为创造了引发火灾的风险,具有消除风险的义务,乙不履行该义务的,成立不作为犯的放火罪。故 C 项错误,D 项正确。

53.【参考答案】 BCD

【解析】 正当防卫需要有防卫意识(包括防卫认识与防卫意志)。防卫认识,是指防卫人认识到不法侵害正在进行;防卫意志,是指防卫人出于保护国家、公共利益、本人或者他人的人身、财产和其他权利免受正在进行的不法侵害的目的。只要行为人认识到自己的行为是与正在进行的不法侵害相对抗,就应认为具有防卫意识。乙在认识到对方的不法侵害时,同时具有攻击对方的意识,也应肯定其具有防卫意识。即使乙带有伤害丙的意图,但是当丙先对乙实施严重不法侵害(拿铁棒击打乙),乙也能对客观上的不法侵害实施防卫行为。故 A 正确,B 错误,C 错误。

D 项:丙故意伤害乙的行为属于偶然防卫。对于偶然防卫,行为无价值论认为,偶然防卫成立故意犯罪。但是,结果无价值论认为,其所造成的结果在客观上被法律所允许,即客观上制止了乙的不法侵害,因此不构成犯罪。故 D 项错误。

本题选择错误的,即 BCD。

54.【参考答案】 AC

【解析】 A 项:对某种鸟类是否属于濒危物种的认识属于法律认识,法律认识错误原则上错了等于没错,仍旧成立故意犯罪。行为人不需要认识到自身行为在法律上的违法性,只要求认识到事实本身即可。故 A 正确。

B 项:成立故意犯罪,要求行为人明知行为会产生危害后果,仍旧实施刑法禁止的行为。本案中,甲虽然有犯罪的故意,但是给小女孩递无毒的苹果,并不是刑法要禁止的危害行为。即使小女孩被苹果噎死,甲也不构成故意杀人罪既遂。B 项错误。

C 项:成立紧急避险要求存在正在发生的现实危险,出于不得已损害另一法益的情况下,实施损害较小的行为造成不应有的损害。本题中,甲的妻子口吐白沫,存在现实危险。甲认识到自己饮酒,此时开车违反交通规则甚至成立危险驾驶罪。但为了急救妻子不得已醉酒驾车,且没有造成交通事故,没有超过必要限度造成不应有的损害,甲的行为成立紧急避险,C 项正确。

D 项:刑法上的枪支需要以“火药或者压缩气体”等为动力,把弓弩解释成枪支属于类推解释,虽然具有杀伤力,但不构成非法持有枪支罪,D 错误。

55.【参考答案】 BC

【解析】 对于中止犯,没有造成损害的,应当免除处罚;造成损害的,应当减轻处罚。

A 项:已经着手实施犯罪,在甲使用暴力过程中被乙苦苦哀求进而放弃继续犯罪的行为成立强奸罪的中止,故 A 正确。

B 项:甲拨打电话后已经严重扰乱社会秩序,就成立编造、故意传播虚假恐怖信息罪的既遂。之后再打电话的行为不影响既遂的成立,故 B 错误。

C 项:以出卖为目的,实施了控制住妇女、儿童的行为就成立拐卖妇女罪既遂,不以卖出为既遂要件,甲把妇女逮到了山区,实际控制了该妇女就构成既遂,C 错误。

D 项:向特定个人实施诈骗或者敲诈勒索行为,使被害人受骗或者产生了恐惧心理,但后来自动放弃犯罪,不要求被害人交付财物的,不应认定为“造成损害”。因为使特定个人单纯受骗或者单纯产生恐惧心理,都不是刑法规范禁止的侵害结果,因而不能评价为中止犯中的“造成损害”。甲并未因敲诈勒索行为取得财物,仅造成乙的恐惧心理后就中止犯罪。因此,甲的行为属于不造成损害的犯罪中止。因此,D 正确。

本题选择错误选项,故 BC 当选。

56.【参考答案】 AD

【解析】 立功是指犯罪分子有揭发他人犯罪行为,查证属实的,或者提供重要线索,从而得以侦破其他案件。

A 项:王某揭发的不是犯罪行为,徐某的行为属于正当防卫,因此不能评价为立功,故 A 正确。

B 项:钱某向司法机关揭发警察曹某为自己通风报信,不是交代自己贩毒行为的共犯,即揭发的行为超出了自己毒品类犯罪的范围,应认定为立功,故 B 错误。

C 项:犯罪分子检举、揭发他人对自己的犯罪行为,或者协助司法机关抓捕对自己实施了犯罪行为的嫌疑人的,构成立功。本题李某揭发邻居钟某 3 年前曾将自己打成轻伤,属于揭发他人对自己的犯罪行为,成立立功。故 C 错误。

D 项:赵某揭发检举的是自己犯罪后被李某窝藏的行为。赵某的行为不应认定为立功,立功是揭发他人犯罪行为,应与本人无关的他人犯罪行为。

揭发他人窝藏自己或者揭发他人帮助自己掩饰隐瞒犯罪所得行为都是本人“制造”出来的犯罪行为,不能评价为立功。故D正确。

57.【参考答案】 AD

【解析】 A项:甲的行为属于《刑法》第267条第2款规定,即携带凶器抢夺的,依照抢劫罪的规定定罪处罚,甲“偷走”剔骨刀,然后利用剔骨刀“夺走”挎包的行为成立抢劫罪。故A错误。

B项:《刑法》第269条规定了转化型抢劫:“犯盗窃、诈骗、抢夺罪,为窝藏赃物、抗拒抓捕或者毁灭罪证而当场使用暴力或者以暴力相威胁的,依照本法第二百六十三条的规定定罪处罚。”本题中,甲的前行为成立盗窃罪(未遂),甲抗拒抓捕实施暴力行为,属于转化型抢劫罪,并属于抢劫罪(未遂)。B正确。

C项:被害人将车放到洗车店里洗车,不能认为被害人具有将车内财物一并交由洗车工保管的意思,被害人也并无放弃、遗忘车内财物的意思。因此,甲并不占有车内的财物,拿走车内彩票的行为不成立侵占罪。甲在为被害人洗车过程中,秘密窃取了车内的两张彩票,应当成立盗窃罪,后续拿彩票去兑奖的行为,是盗窃行为的自然延伸,属于事后不可罚的行为,即仅成立盗窃罪一罪。故C正确。

D项:甲欺骗了有处分权的丙,丙处分了乙的财产。甲通过欺骗“中间人丙而间接获取了乙的财产。但是,成立三角诈骗(诈骗罪)的前提是,处分人具有财产的处分权。在本案中,清洁工对维修部的手提电脑并没有处分权,因此不成立诈骗罪。甲的行为构成盗窃罪。故D错误。

本题选择错误的,故AD当选。

58.【参考答案】 ABCD

【解析】 A项:职务侵占罪的方式包括利用职务上的便利来窃取、骗取、侵吞公司财物的行为。在不考虑数额的情况下,盗窃罪、诈骗罪、侵占罪与职务侵占罪并不是对立关系,即盗窃型、骗取型、侵占型职务侵占罪均符合盗窃罪、诈骗罪、侵占罪的构成要件。故A正确。

B项:如果认为职务侵占罪的手段不包括骗取、窃取,仅包括侵吞,那么利用职务上的便利骗取、窃取公司财务的行为就成立诈骗罪和盗窃罪了,故B正确。

C项:商家基于错误认识,处分了自己的财产。基于代理人的欺骗行为,相对人陷入错误认识而向代理人交付财产,被代理人对相对人享有的债权因此予以消灭。然而,被代理人交付了财产或者发生了债务,但未获得财产,因此遭受了财产损失。故张某应当成立诈骗罪。C正确。

D项:商家如果再次向公司支付租金,那么商家就是本案的被害人,张某虚构合同,商家基于错误认识,处分自己的财产。张某就成立诈骗罪。故D正确。

59.【参考答案】 AC

【解析】 “强奸致人重伤、死亡”这一结果加重犯,是指因强奸妇女、奸淫幼女导致被害人性器官严重损伤,或者造成其他严重伤害,甚至当场死亡或者经治疗无效死亡的,对于强奸犯出于报复、灭口等动机,在实施强奸的过程中,杀死或伤害被害妇女、幼女的,应分别定为强奸罪、故意杀人罪或者故意伤害罪,按数罪并罚惩处。

A项:甲是出于抗拒抓捕的目的而非出于奸淫的目的实施暴力行为,因此不能将暴力行为所导致的重伤后果认定为强奸罪的加重结果。A错误。

B项:《刑法》第269条规定:“犯盗窃、诈骗、抢夺罪,为窝藏赃物、抗拒抓捕或者毁灭罪证而当场使用暴力或者以暴力相威胁的,依照本法第二百六十三条的规定定罪处罚。”这一条属于法律拟制规定,对于法律拟制的规定,如果没有《刑法》第269条这一特别规定,就应认定为盗窃罪与故意伤害罪并罚。在本案中,犯强奸罪,为抗拒抓捕实施暴力的,刑法并没有拟制为强奸致人重伤。因此,不能将甲的行为拟制认定为强奸致人重伤。因此,B项正确。

C、D项:乙的重伤结果并非由甲的强奸行为直接导致,而是甲为了逃跑的目的将乙捅伤。因此,甲的行为不成立强奸罪致人重伤,而是应当以强奸罪与故意伤害罪数罪并罚。故C项错误,D项正确。

60.【参考答案】 ABCD

【解析】 A项:窝藏、包庇行为是在被窝藏、包庇的人犯罪后实施的,其犯罪故意也是在他人犯罪后产生的,即只有在与犯罪人(本犯)没有事前通谋的情况下(不构成共同犯罪),实施窝藏、包庇行为的,才成立窝藏、包庇罪。本题中,甲的父亲在甲、乙开展淫秽表演前就已经知道此事,并且表示可以提供帮助,属于事前通谋,应当成立共同犯罪。A项错误。

B项:甲的父亲与甲、乙已经成立共同犯罪。共同犯罪人本人,就其共同犯罪的事实,妨害他人作证的,系事后不可罚行为,不应以妨害作证罪论处。本案中,甲的父亲作为共犯,其劝说他人不要作证的行为,不成立妨害作证罪。B 项错误。

C 项:明知发生犯罪事实或者明知犯罪人的去向,而不主动向公安、司法机关举报的行为,属于单纯的知情不举行为,不成立窝藏、包庇罪。本题中,乙的父亲知道甲与乙的犯罪事实,但是单纯未提供证言,不成立包庇罪。C 项错误。

D 项:伪证罪,是指在刑事诉讼中,证人、鉴定人、记录人、翻译人对案件有重要关系的情节,故意作虚假证明、鉴定、记录、翻译,意图陷害他人或者隐匿罪证的行为。其中,行为人必须作了虚假的证明,必须是积极的行为,单纯的知情不举,不构成伪证罪。本题中,乙的父亲仅是未供出甲,并未做虚假陈述,不构成伪证罪。D 项错误。

本题选错误的,答案为 ABCD

61.【参考答案】 ACD

【解析】 A 项:窝藏罪,是指明知是犯罪的人而为其提供隐藏处所、财物,帮助其逃匿的行为。但犯罪人的配偶、近亲属对犯罪人实施的窝藏、包庇行为,由于缺乏期待可能性,不宜认定为窝藏罪,甲的妻子将甲迷晕带往外地的行为妨害了司法机关发现甲,一般认为成立窝藏罪。但是,甲的妻子将其带走,由于缺乏期待可能性,应当认为不构成窝藏罪。A 正确。

B 项:劝犯罪人逃匿的,成立窝藏罪。这是一种相对积极的行为使本来未逃匿的人逃匿了,应属于窝藏罪所要求的“帮助”行为。故 B 错误。

C、D 项:帮助逃匿必须是提供隐藏处所、财物,帮助其逃匿的行为。C 项张某没有直接给犯罪逃匿的丙打钱,而是给丙的妻子打生活费,这是一种关怀行为,这种行为是刑法所允许的,不宜以犯罪论处。D 项中配偶单纯的陪同照顾行为也不应认定为窝藏罪。故 C、D 正确。

综上,本题选择 ACD。

62.【参考答案】 AB

【解析】 A 项:最高人民法院《关于办理死刑复核案件听取辩护律师意见的办法》第 3 条规定,辩护律师提交委托手续、法律援助手续及辩护意见、证据等书面材料的,可以经高级人民法院同意后代收并随案移送,也可以寄送至最高人民法院承办案件的审判庭或者在当面反映意见时提交;对尚未立案的案件,辩护律师可以寄送至最高人民法院立案庭,由立案庭在立案后随案移送。A 正确。

B 项:《刑诉解释》第 426 条规定,报请复核死刑、死刑缓期执行的报告,应当写明案由、简要案情、审理过程和判决结果。案件综合报告应当包括以下内容:需要说明的问题。包括共同犯罪案件中另案处理的同案犯的处理情况,案件有无重大社会影响,以及当事人的反应等情况,B 正确。

C 项:最高人民检察院行使的是控告权,法院行使的是审判权。最高人民法院《关于死刑缓期执行限制减刑案件审理程序若干问题的规定》第 6 条规定,最高人民法院复核死刑案件,认为对被告人可以判处死刑缓期执行并限制减刑的,应当裁定不予核准,并撤销原判,发回重新审判。故 C 错误。

D 项:《刑诉解释》第 435 条规定,死刑复核期间,最高人民检察院提出意见的,最高人民法院应当审查,并将采纳情况及理由反馈最高人民检察院。故 D 错误。

63.【参考答案】 AD

【解析】 《公安部规定》第 216 条规定,勘查现场,应当拍摄现场照片、绘制现场图,制作笔录,由参加勘查的人和见证人签名。故 A 正确。

B 项:没有见证人申请保护的相关规定,B 错误。C 项:见证人不属于诉讼参与人,C 错误。D 项:勘验笔录系侦查机关制作,如果对笔录有异议,法庭可以通知见证人出庭作证。D 正确。

64.【参考答案】 AC

【解析】 A 项:《高检规则》第 470 条第 1 款规定,未成年犯罪嫌疑人及其法定代理人对拟作出附条件不起诉决定提出异议的,人民检察院应当提起公诉。A 项中齐某提出异议,不论是否签署认罪认罚具结书,均应当提起公诉。故 A 当选。

B、C 项:属于未成年犯罪嫌疑人提出的辩解,根据《高检规则》第 470 条第 1 款的规定,未成年犯罪嫌疑人及其法定代理人提出无罪辩解,人民检察院经审查认为无罪辩解理由成立的,应当按照本规则第 365 条的规定作出不起诉决定。B 选项中齐某系主犯,不是不适用附条件不起诉的禁止条件,B 不选。C 选项中齐某可能不构成犯罪,是无罪辩解,如果成立,则应对其作出法定不起诉,故 C 当选。

D 项:《高检规则》第 470 条第 2 款规定,未成年犯罪嫌疑人及其法定代理人对案件作附条件不起诉处理没有异议,仅对所附条件及考验期有异议的,人民检察院可以依法采纳其合理的意见,对考察的内容、方式、时间等进行调整。这并不影响附条件不起诉。故 D 不当选。

65.【参考答案】 ABCD

【解析】 A 项:常某当庭表示“8 万元款项属

于民间借贷”“没有非法占有的意图”，相当于对诈骗指控拒不认罪，此时法院不能再适用速裁程序审理，因此A项说“当庭对常某在量刑方面从重处罚”是错误的。

B项：常某当庭表示“8万元款项属于民间借贷”，意指本案属于民间借贷纠纷，不属于刑事案件，实质是否认诈骗罪指控，影响了“认罪”，B项错误。

C、D项：一方面，常某当庭反悔认罪，不承认指控罪名，不仅不符合速裁程序的适用条件，也不符合简易程序的适用条件，C项中表述转为简易程序错误；另一方面，从速裁程序转为简易程序或者普通程序后，需要重新审理，而非“继续”审理，C项、D项错误。

66.【参考答案】 AC

【解析】 罪犯通过贿赂方式违法实现暂予监外执行或者在暂予监外执行期间脱逃的，罪犯在监狱之外的期间不计入刑期。本题选AC。

67.【参考答案】 AC

【解析】 《行政复议法》第20条规定，公民、法人或者其他组织认为行政行为侵犯其合法权益的，可以自知道或者应当知道该行政行为之日起60日内提出行政复议申请；但是法律规定的申请期限超过60日的除外。故本题中，刘某申请行政复议的期限为60日，A正确。

经过复议机关复议结果维持的，原机关和复议机关为共同被告，本题中，区政府对该事项没有作实体处理，故不得追加区政府为共同被告，B错误。

行政给付是指政府通过给予公民、法人利益和便利等方式实现行政目的的活动。其也称行政物质帮助，是指行政机关依法对特定的相对人提供物质利益或与物质利益有关的权益的行为。住房补贴属于行政给付行为，故C正确。

《行诉解释》第92条规定：原告申请被告依法履行支付抚恤金、最低生活保障待遇或者社会保险待遇等给付义务的理由成立，被告依法负有给付义务而拒绝或者拖延履行义务的，人民法院可以根据《行政诉讼法》第73条的规定，判决被告在一定期限内履行相应的给付义务。住房安置补贴不属于先予执行的范围，故D错误。

68.【参考答案】 ABCD

【解析】 A项：裁量性行政行为是指法律规定在行为的范围方式等方面留有一定的余地和幅度，行政主体可以结合具体情况，斟酌、选择而作出的行为。行政许可的撤销与注销均不属于裁量性行政行为，A项错误。

B项：行政许可的撤销可以根据当事人申请，也可以由有关机关主动撤销，行政许可的注销应当由行政机关依法办理，B项错误。

C项：行政许可的撤销与注销是在许可实施过程中的管理行为，都属于具体行政行为，所以都可以申请行政复议或者提起行政诉讼，C项错误。

D项：撤销行政许可是因为许可本身违法，故该行为只是纠错行为，注销行政许可是因为该许可在本质上已经失效，故该行为只是程序性行为，因此两者均不属于行政处罚，D项错误。

69.【参考答案】 AC

【解析】 行政处罚是指行政机关依法对违反行政管理秩序的公民、法人或者其他组织，以减损权益或者增加义务的方式予以惩戒的行为。具体包括警告，通报批评，罚款，没收违法所得、非法财物，暂扣许可证件，降低资质等级，吊销许可证件，限制开展生产经营活动，责令停产停业，责令关闭、限制从业，行政拘留等。A项和C项属于行政处罚，B项没有进行行政处罚，D属于刑事案件。故本题选AC。

70.【参考答案】 AB

【解析】 《国家赔偿法》第36条和《行政诉讼法》第76条规定，人民法院判决确认违法或者无效的，给原告造成损失，应当判决被告承担赔偿责任，对财产权造成其他损害的，按照直接损失给予赔偿。提起行政诉讼前，采砂场可以先向水利局申请补偿。A正确。补偿以实际投入损失为准，B正确。法院只需要确认行政行为违法或者无效即可，C错误。行政机关认为需要听证的其他涉及公共利益的重大行政许可事项，行政机关应当向社会公告，并举行听证。本题不涉及公共利益，听证不是必要的，故D错误。本题选择AB。

71.【参考答案】 BCD

【解析】 A项：证明同一事实的数个证据，其证明效力一般是国家机关以及其他职能部门依职权制作的公文文书优于其他书证，故A正确。

B项：在行政赔偿、补偿诉讼中，原告需要证明损害结果的存在，但因被告的原因使原告无法就损害情况举证的，应当由被告就该损害情况承担举证责任。本题并没有表达是因被告的原因使原告无法举证的，所以，损害结果的举证责任应当由原告承担。故B错误。

C项：如果法院认定强制拆除行为合法，被告无须承担赔偿责任，但在国家机关的责任类型中，除了赔偿责任外,还有对于合法行为承担的人道主义的补偿责任,如对于未超过规划范围的建筑物部分,国家还是需要承担补偿责任的,而C中说不承担任何责任,过于绝对,故C错误。

D项:如果政府认定强制拆除行为违法,但由于房屋已被强制拆除,此时,属于不具有可撤销内容的情况,法院应当判决确认违法,而非撤销,D错误。

综上所述,本题选择错误的为BCD。

72.【参考答案】 BD

【解析】 A项:对于涉及商业秘密、个人隐私的信息,行政机关应当书面征求第三方意见,第三方应当收到征求意见书之日起15个工作日内提出意见,如果第三方逾期未提出意见的,由行政机关依照《政府信息公开条例》的规定权衡判断是否公开。此时,既不视为拒绝,也不视为同意,而是由行政机关权衡判断,故A错误。

B项:涉及商业秘密的信息并非绝对不能公开,只是原则上不得公开,但以下情形除外:第一,经权利人同意公开;第二,行政机关认为不公开可能对公共利益造成重大影响。本题中,行政机关在既未书面征求第三方意见,也未判断是否存在危及公共利益的情况下,直接以涉及商业秘密为由拒绝公开的做法在程序上和实体上都是违法的,故B正确。

C项:本题不属于复议前置的情况,不需要经过复议后才能提起诉讼,故C错误。

D项:为了防止在申请资格放开后,一些"匿名"申请人滥用权利胡乱申请,进而浪费有限的行政资源,要求所有申请人均需要提供身份证明,故D正确。

73.【参考答案】 BC

【解析】 A项:联合国安理会的决议对当事国和所有成员国均有法律拘束力,故A错误。

B项:根据战争法的规定,战争的开始可以交战双方或一方的宣战为标志,也可因为一方使用武力的行为被另一方、第三方或国际社会认为已经构成战争行为而开始。故B正确。

C项:战俘的人格尊严、生活和与家庭的联络都应受到交战国尊重,战俘的基本人权应得到尊重,但举行宗教仪式并非基本人权,也和战俘的管理无关,故C正确。

D项:战俘除享有基本人权外,交战国应允许其和家庭通讯和邮寄邮件,故D错误。

74.【参考答案】 ABC

【解析】 A项:"用法律控制国家权力,以保障公民的权利",除通过法治的方式让国家权力互相监督制约以外,还须用道德制约国家权力,A项正确。

B项、C项:我国法律监督体系包括国家法律监督体系和社会法律监督体系,国家法律监督体系包括权力机关、执法机关、监察机关、司法机关的监督,社会法律监督体系包括政党监督、社会组织和个人的监督,B、C项正确。

D项:公权力的行使必须得到制约和监督,不能超越法律、政治独立存在,D项错误。

75.【参考答案】 ACD

【解析】 A项、B项:中共中央《关于坚持和完善中国特色社会主义制度　推进国家治理体系和治理能力现代化若干重大问题的决定》提出,构建基层社会治理新格局。完善群众参与基层社会治理的制度化渠道,健全党组织领导的自治、法治、德治相结合的城乡基层治理体系,健全社区管理和服务机制,推行网格化管理和服务,发挥群团组织、社会组织作用,发挥行业协会商会自律功能,夯实基层社会治理基础。加快推进社会治理现代化。推动社会治理和服务重心向基层下移,把更多资源下沉到基层,更好提供精准化、精细化服务。注重发挥家庭家教家风在基层社会治理中的重要作用。A项正确,B项错误。

C项:法律有其局限性,因此我国采取调解、仲裁、行政裁决、行政复议、诉讼等有机衔接的多元化纠纷解决机制。C项说法正确。

D项:"枫桥经验"强调依靠人民群众,以法治方式在法治框架内采取多元化的纠纷解决机制,就地化解矛盾,D项正确。

76.【参考答案】 ABD

【解析】 制约国家权力,保障公民权利是法律的作用之一,与此同时公民也必须遵守法律。A项正确。权利义务具有一致性,没有无权利的义务,也没有无义务的权利,B项正确。

人民并不直接行使管理国家的权力,C项错误。

坚持以人民为中心是中国特色社会主义法治的本质要求,推进全面依法治国的根本目的是维护人民权益,D项正确。

77.【参考答案】 ABC

【解析】 法律规则和法律原则都是法律规范,但二者性质不同,法律规则内容明确具体,法律原则的内容宽泛抽象,从关系上来看,原则乃规则之母,法律规则属于法律原则内容的具体化结果。

A、C 选项均错误。

B 选项错误，宽泛抽象的原则在含义上较规则更加模糊。D 选项正确，规则是原则内容的细化，原则为规则提供基础和本源，构成规则的正当化基础。

78.【参考答案】 BCD

【解析】 1787 年《美国联邦宪法》由序言和 7 条文本组成。该宪法的主要内容包括：立法权、行政权、司法权、授予各州的权力、宪法修正案提出和通过的程序、强调宪法和根据宪法制定的法律以及缔结的条约是“全国最高法律”、宪法本身的批准问题等，并没有对公民的权利进行规定，故 A 错误。

人民代表大会制度是我国根本政治制度。故 B 正确。

我国《宪法》规定的基本社会制度包括社会保障制度，劳动保障制度，医疗卫生事业、计划生育制度，人才培养制度，秩序和安全维护制度。故 C 正确。

1982 年《宪法》对政治、经济、文化、社会、生态等各方面的基本制度规定得都较为完善，从总纲概述、公民的相关权利和义务、国家机构的相关职权三个角度对我国的基本文化制度进行了较为完善的规定。故 D 正确。

79.【参考答案】 ABD

【解析】 国家勋章和国家荣誉称号由全国人大常委会根据国务院、中央军委、委员长会议的议案提请全国人大常委会决定授予。故 A 正确。

全国人大常委会可以决定全国和部分省市进入紧急状态，而国务院可以决定省级范围内部分地区进入紧急状态。故 B 正确。

根据我国《立法法》第 11 条的规定，犯罪与刑罚，对公民政治权利的剥夺、限制人身自由的强制措施和处罚，属于法律的绝对保留事项，因此只能由全国人大或全国人大常委会制定法律加以规定，国务院的行政法规无权规定上述事项。故 C 错误。

国务院编制和执行国民经济和社会发展计划和国家预算，由全国人大批准。全国人大闭会期间，全国人大常委会决定计划和预算的部分调整方案。故 D 正确。

80.【参考答案】 ABC

【解析】 地方各级人民政府从属于本级国家权力机关，由国家权力机关产生，向它负责，受它监督。同时，地方各级人民政府还要服从上级人民政府的领导。A 错误。

审计机关在国务院总理领导下，依照法律规定，独立行使审计监督权，不受其他行政机关、社会团体和个人的干涉。同时，审计机关采用双重领导体制，即地方各级审计机关对本级政府和上一级审计机关负责。B 错误。

乡政府不设工作部门。县级以上地方各级政府经过上一级政府批准，可以设立工作部门。C 错误，D 正确。

81.【参考答案】 ACD

【解析】 司法权的性质是判断权，司法具有解决纠纷的直接功能。解决纠纷是司法制度的普遍性特征。司法的直接功能是解决纠纷，间接功能是调整社会关系，人权保障，解释和补充法律，形成公共政策、秩序维持、文化支持等。故 A 正确，B 错误。

司法人员不得向当事人、律师、特殊关系人、中介组织借款、租借房屋、借用交通工具、通讯工具或者其他物品。故 C 正确。

司法人员原则上只能在工作场所与当事人接触。必须要出去会见当事人，应当提前获得单位批准。偶然遇见当事人的，应当在 3 日内向单位纪检部门报备。故 D 正确。

82.【参考答案】 ACD

【解析】 我国专门法院包括军事法院、金融法院、海事法院和知识产权法院，知识产权法院的地位相当于中级人民法院。故 A 错误。

《人民法院组织法》第 42 条第 2 款规定，最高人民法院巡回法庭庭长、副庭长，由最高人民法院院长提请全国人民代表大会常务委员会任免。故 B 正确。

合议庭对其审判的案件的事实认定和法律适用负责。合议庭评议案件应当按照多数人的意见作出决定，少数人的意见应当记入笔录。评议案件笔录由合议庭全体组成人员签名。故 C 错误。

审判委员会只应当讨论决定重大、疑难、复杂案件的法律适用，审判委员会讨论案件的决定，合议庭应当执行。故 D 错误。

83.【参考答案】 BD

【解析】 宪法惯例是指在实际的政治生活中存在的，并为国家机关、政党及公众所普遍遵守的，具有宪法效力的习惯或传统，宪法惯例并非法律，因此并没有具体的法律形式(成文形式)，但它涉及国家根本制度、公民基本权利和义务等基本性的宪法问题，且宪法惯例并不是由国家强制力保障实施的，而主要依靠政治家的自觉和公共舆论来保证实施。据此，A 项正确，B、D 项错误。

宪法惯例能适应国家形势的发展变化,弥补宪法规定的不足,从而充实并丰富一国宪法的内容,有助于有效地实现宪法功能。故 C 项正确,不当选。

84.【参考答案】 ABC

【解析】 法的现代化不仅要求法律制度的现代化,还要求法律文化的现代化、公民法律意识的现代化等,A 项错误。

外源型法的现代化具有被动性、反复性等特点,B 项错误。

我国法的现代化始于“清末修律”,属于外源型法的现代化,属于立法主导性,C 项错误。

法的现代化要求法律必须具有形式合理性和实质合理性,D 项正确。

85.【参考答案】 ACD

【解析】 商鞅的“改法为律”强调法律规范的普通性,是古代法律观念上的一大进步。故 A 正确。

汉代文帝最先废除肉刑,故 B 错误,当选。

唐律是中国传统法典的楷模,是中华法系形成的标志,在中国法制史上具有继往开来、承前启后的重要地位。唐朝承袭秦汉立法成果,吸收汉晋律学成就,使唐律表现出高度的成熟性。唐律因具有传统法律的典型性,对宋元明清产生了深刻影响。故 C 正确。

在法典编纂形式上,清末修律改变了中国传统的“诸法合体”的形式,明确了实体法之间、实体法与程序法之间的差别,分别制定、颁行或起草了有关宪法、刑法、民法、商法、诉讼法、法院组织法等方面的法典或法规,形成了近代法律体系的雏形。故 D 正确。

86.【参考答案】 ACD

【解析】 宋代法律在继承关系上,有较大的灵活性。除了沿袭以往遗产兄弟均分制外,允许在室女享受部分继承财产权,同时承认遗腹子与亲生子享有同样的继承权。

在室女、遗腹子、户绝继承的新规定。允许在室女享有部分继承权,承认遗腹子与亲生子享有同样继承权。户绝遗产继承:无男子继承,凡夫亡而妻在,立继从妻,称“立继”;凡夫妻俱亡,立继从其尊长,称为“命继”。

继子与户绝之女均享有继承权,只有在室女的,在室女继承 3/4,继子继承 1/4。只有出嫁女的,出嫁女继承 1/3,继子继承 1/3,另外 1/3 收为官府所有。本题县令应该依据宋朝的法律进行裁判。B 项正确,其余均错。

87.【参考答案】 ACD

律师可以通过网络讲授法律知识,但是不可以在宣传中明示或暗示自己是某领域的专家或者权威,A 项错误。

根据相关法律规定,律师业务所受到停业整顿处罚期限未满的,不得自行决定解散,B 项正确。

专职律师不得担任企业的法定代表人、不得担任企业董事,但独立董事除外,C 项错误。

未经当事人委托或法律援助机构指派,律师不得以律师名义为当事人服务、介入案件、干扰依法办理案件,D 项错误。

88.【参考答案】 ABCD

【解析】 A 项:2018 年《宪法修正案》明确规定,中国共产党领导是中国特色社会主义最本质的特征。故 A 正确。

B 项:依法治国首先要坚持依法执政。法律面前人人平等,任何人都不得拥有超越宪法和法律的特权。故 B 正确。

C 项:必须坚持党对全面依法治国的领导,要坚持党领导立法、保证执法、支持司法、带头守法,把依法治国基本方略同依法执政基本方式统一起来。故 C 正确。

D 项:马克思主义和列宁思想是社会主义法治理论的理论渊源,其中,列宁关于无产阶级专政与社会主义法治的思想是党的领导的理论源脉。故 D 正确。

89.【参考答案】 ACD

A 项:以人民为中心是中国特色社会主义法治的本质要求。坚持以人民为中心要坚持全过程民主,保证人民在党的领导下依照法律规定通过各种途径和形式管理国家事务,管理经济和文化事业,管理社会事务。全国人大常委会法工委基层立法联系点加强了国家立法机关同人民群众的联系,让老百姓参与立法过程,提高立法质量。A 正确。

B 项:全国人大常委会法工委基层立法联系点加强了国家立法机关同人民群众的联系,让老百姓真正参与立法过程,而不是让人民群众直接行使国家权力。故 B 错误。

C 项、D 项:法治社会是法治国家、法治政府建设的基础和依托,法治国家、法治政府建设必须筑牢法治社会根基。法治社会要求全民守法,打通国家立法机关直接联系基层人民群众的渠道,让人民群众直接参与立法,可以让立法更好地反映人民意志,是实现法治社会的重要措施。故 C、D 正确。

90.【参考答案】 ABCD

【解析】 基本权利是指通过《宪法》进行规定和保护的公民权利。该权利之所以用“基本”加以限定,主要是为了指明该权利的重要性和根本性。第一,基本权利往往以基础人权为内容,是社会生活中最为重要和不可或缺的权利,也是能够享受其他权利的基础;第二,公民基本权利指明了公民在国家生活中的基础地位,根据经典的宪法理论,人民制宪的根本目的在于保障自身的安全和利益,对公民权益的保障是国家公权力的合法性基础,这也从根本上界定了国家和公民的基本关系。

本题答案为 ABCD。

三、不定项选择题

91.【参考答案】 AD

【解析】 A 项:乙是精神病人有辨认能力但没有控制能力,属于无责任能力的人,无责任能力的人对自己的行为不承担责任,故 A 错误。

B 项:乙虽然具有辨认能力,但是在没有控制能力的情况下,被控之人在实施犯罪时根本不能控制自己的行为,而其属于被甲支配、操纵,应当认定为间接正犯。B 正确。对于乙的行为而言,其属于甲的工具,乙造成丙死亡不存在过限问题,甲的行为成立故意伤害罪,并承担致人死亡的刑事责任。D 错误。

C 项:在间接正犯的场合,由于利用者只是实施了利用行为,并没有直接造成法益侵害的结果。那么要使利用者对全部结果承担正犯责任的前提必须是,被利用者对构成要件的实现应当归属于利用者的行为。换言之,在利用者的支配或操纵下,被利用者实施的行为,完全符合利用者要其实施的罪名规定的构成要件。此时,被利用者的行为产生的责任,才能让利用者承担。故 C 正确。

92.【参考答案】 BD

【解析】 A 项:对有影响力的人行贿罪的实质在于行为人想用金钱“敲打”有影响力的人,希望通过有影响力的人去“敲打”权力,即通过金钱间接影响权力,而不是通过金钱直接影响权力。本题中,甲向乙请求让丙帮忙找关系批贷款,承诺事成后给乙 10% 的回扣,并不是想将回扣直接交给丙。应当成立对有影响力的人行贿罪。故 A 项正确。

B 项:《刑法》第 388 条(斡旋受贿犯罪)规定,国家工作人员利用本人职权或者地位形成的便利条件,通过其他国家工作人员职务上的行为,为请托人谋取不正当利益,索取请托人财物或者收受请托人财物的,以受贿论处。本题中,丙作为国家工作人员对其他国家工作人员丁(国有银行领导)进行斡旋,为请托人谋取不正当利益,收受贿赂的行为,丙的行为成立受贿罪(斡旋受贿)。请托人乙找丙谋取不正当利益,乙、丙当然成立受贿罪的共犯。B 项错误。

C 项:斡旋受贿的客观行为表现为,国家工作人员(行为人)接受他人请托,使其他国家工作人员实施包括放弃职务上的行为,为请托人谋取不正当利益。本题中,丙作为国家工作人员,使其他国家工作人员丁(国有银行领导)实施职务上的行为,为请托人谋不正当利益,并收受请托人礼物的,丙成立受贿罪(斡旋受贿)。因此,C 项正确、D 项错误。

本题选择错误的,答案为 BD。

93.【参考答案】 BCD

【解析】 A 项:帮助信息网络犯罪活动罪的成立,应遵守共犯从属性原则,即如果实行者不构成犯罪,则帮助者不构成帮助信息网络犯罪活动罪。因此,乙不构成帮助信息网络犯罪活动罪。A 项错误。

B 项:甲构成诈骗罪的实行犯。乙提供帮助,一方面构成诈骗罪的帮助犯,另一方面构成帮助信息网络犯罪活动罪,想象竞合,择一重罪论处。B 正确。

C 项:根据《刑法》第 287 条之一规定,设立用于实施诈骗犯罪的通讯群组,情节严重的,构成非法利用信息网络罪。根据相关司法解释,建立了 15 个微信群,成员有 2000 人,属于情节严重。因此,甲构成非法利用信息网络罪。非法利用信息网络罪是将诈骗罪的预备行为作为独立罪名来认定。C 项正确。

D 项:(1)公司采取保密措施的客户名单和相关信息,是公司的商业秘密。甲通过电子侵入的方式非法获取该商业秘密,构成侵犯商业秘密罪。(2)甲不构成非法侵入计算机信息系统罪,因为该罪的系统要求是国家事务、国防建设方面的系统。(3)甲不构成非法获取计算机信息系统数据罪,因为该罪的数据要求达到一定的数量。(4)甲不构成非法利用信息网络罪,因为该罪的行为方式要求设立网站、群组、发布消息等。甲没有实施这些行为。D 项正确。

94.【参考答案】 AC

【解析】 共同犯罪过程中,有人想中途退出,进而成立犯罪中止,条件是脱离共犯关系,具体而言,消除自己的贡献,包括物理性、心理性的贡献。

本题中，甲、乙共谋杀害警察，这种共谋行为属于预备行为。乙见到警察抓捕，便举手投降，表明此时乙的杀人尚未着手实行，仍处在预备阶段。乙的贡献主要是心理性贡献，即共谋所产生的贡献。此时乙要消除这种心理性贡献，只需要明确向甲表达退出意思即可，让甲意识到自己只能“单打独斗”了。乙当场在甲的面前举手投降，便向甲传达了退出意思，因此消除了心理性贡献，能够成立犯罪中止，属于预备阶段的中止。甲构成故意杀人罪既遂。故AC 正确。

95.【参考答案】 AC

【解析】 A 项：第二审人民法院应当就第一审判决认定的事实和适用法律进行全面审查，不受上诉或者抗诉范围的限制。共同犯罪的案件只有部分被告人上诉的应当对全案进行审查，一并处理。故 A 正确。

B 项：我国职权主义的诉讼特征：(1)审查起诉程序中只存在控辩关系；(2)侦查程序无控辩审三方构造，即侦查程序中只有侦查机关、犯罪嫌疑人两方参与，没有审判方(法院)参与；(3)被告人认罪案件审理程序中存在控辩对抗。全面审查不是职权主义的特征，故 B 错误。

C 项：二审人民法院在审理过程中既要审查实体问题，又要审查程序问题，体现程序公正和实体公正，C 正确。

D 项：集中审理原则，又称不中断审理原则，是指法院开庭审理案件，应当在不更换审判人员的条件下连续进行，不得中断审理的诉讼原则。与全面审查制度没有关系，属于偷换概念。故 D 错。

96.【参考答案】 B

【解析】 A 项：电子数据若未以封存状态移送的，属于瑕疵证据，经补正或者作出合理解释的，可以采用，A 项应作为非法证据予以排除是错误的。

B 项：侦查人员收集、提取电子数据，应当制作笔录，并附收集、提取电子数据的清单、规格、类别、文件格式、完整性校验值等，B 正确。

C 项：电子数据被篡改的，因其存“伪”，属于严重违法，该电子数据不得直接作为定案根据，C 项应先判断是否属于瑕疵证据是错误的。

D 项：侦查人员提取电子数据时，电子数据持有人无法签名或者拒绝签名的，应当在笔录中注明，由见证人签名或者盖章。有条件的，侦查人员应当对相关活动进行录像。可见，在提取电子数据时，并非必须有见证人，也并非必须录像，D 错误。

97.【参考答案】 BC

【解析】 A 项，物证是以其物质属性、外部特征、存在状态来证明案件事实的材料。本题中，甲所穿的假警服系其实施招摇撞骗罪的犯罪工具，可以用该警服的外部特征和存在状态证明案件事实，属于物证，A 项正确。

B 项，根据关联性证据规则的要求，证据应当和案件事实存在客观联系，一般认为，被害人的过往以及身份和案件没有关联性。本题中，甲通过手机约卖淫女乙并对其实施招摇撞骗，乙的“失足妇女”身份系甲明确的侵害对象。此时不能因为乙的“失足妇女”身份而对甲从宽处罚，换言之，被害人的身份与对甲从宽处罚没有相关性，不能作为对甲从宽量刑的证据，B 项错误。

C 项，带有警察字样的钱包是甲实施招摇撞骗罪的犯罪工具，是用钱包的外形特征来证明案件事实，属于物证。注意：甲并非用“警察”两个字来实施招摇撞骗，而是用长得像人民警察证的钱包来实施招摇撞骗，甲是用该钱包的外形特征来证明其警察身份。试想，若甲用一张 A4 纸写上“警察”二字，乙会相信他是警察吗？是故，该带有警察字样的钱包系物证而非书证，C 项错误。

D 项，电子数据是案件发生过程中形成的，是以数字化形式存储、处理、传输的，能够证明案件事实的数据。如通过手机、电脑传输、储存的聊天记录，电子邮件，电子数据交换等均为电子数据。本题中，甲与乙通过手机上的软件进行网络聊天，相关记录属于电子数据，D 项正确。

98.【参考答案】 ABC

【解析】 A 项：本案属于复议维持的情形，县公安局和县政府应为共同被告。故 A 错误。

B 项：《行政诉讼法》第 45 条规定，公民、法人或者其他组织不服复议决定的，可以在收到复议决定书之日起 15 日内向人民法院提起诉讼。由此可知经复议后，王某的起诉期限为 15 天，故 B 错误。

C 项：根据《治安管理处罚法》第 99 条第 1 款的规定，公安机关办理治安案件的期限，自受理之日起不得超过 30 日；案情重大、复杂的，经上一级公安机关批准，可以延长 30 日。由此可知，派出所处理治安案件的最长期限是 60 日，不是 90 日。

D 项：根据《治安管理处罚法》第 107 条的规定，被处罚人不服行政拘留处罚决定，申请行政复议、提起行政诉讼的，可以向公安机关提出暂缓执行行政拘留的申请。D 正确。

99.【参考答案】 ABC

【解析】 《行政法规制定程序条例》第 28 条第 1 款规定：“行政法规签署公布后，及时在国务院公报和中国政府法制信息网以及在全国范围内发行的报纸上刊载。国务院法制机构应当及时汇编出版行政法规的国家正式版本。”可见，A、B、C 选项正确，全国人大的公报是刊载全国人大重要文件资料的，不用于刊载关于国务院的重要文件资料，D 选项错误。

100.【参考答案】 BC

【解析】 无论是法律职业还是法律职业道德都是高度专业化的，因此，法律职业道德与大众朴素的道德观尽管有一定的关系，但是其内容与方法还是有区别之处。比如，法律职业道德基本内容无法从大众朴素的道德体系中推出、法律职业人员的程序性思维可能与大众价值观念存在差异等。因此 A 选项错误，C 选项正确，这种差异是由于法律职业的高度专业性造成的，因此 D 错误。法律职业道德具有实践性，法律职业就是为了解决案件而存在的，因此，与一般道德相比，法律职业道德更关注法律实务问题。故 B 正确。

2023年国家统一法律职业资格考试
客观题试卷二

一、单项选择题 每题所设选项中只有一个正确答案，多选、错选或不选均不得分。（本部分含1—50题，每题1分，共50分）

1. 凌某和李某分居多年，于2021年9月签订离婚协议书。双方对婚后设定的多家公司的股权，名下的多套房产以及其他财产、债务进行了分割，并且变更了部分公司的股权登记和部分房产登记，其余则尚未变更。2023年李某到法院提起离婚诉讼。对此，以下哪一选项是正确的？（　　）

A. 离婚协议书尚未生效，法院应依法分割财产和债务

B. 未变更的其他股权和房产，按离婚协议书处理

C. 已登记变更的，从变更完成时起成为一方个人财产

D. 如财产分割无法达成一致，法院应判决不许离婚

2. 知名作曲家在二手书店翻到了早年自己丢弃的笔记本，里面有自己青涩年华的乐谱，遂提出要买回笔记本。书店店员报价5000元，作曲家认为太高了。下列说法正确的是？（　　）

A. 作曲家对乐谱仍有著作权

B. 作曲家对乐谱仍有所有权

C. 作曲家可在买下笔记本后主张胁迫而撤销合同

D. 作曲家可在买下笔记本后主张显失公平而撤销合同

3. 甲公司解雇潘某，但还欠潘某3万元工资未支付。潘某多次索要无果，一气之下将甲公司的面包车开走。乙公司是甲公司的母公司，知道这事后帮甲公司给潘某支付了2万元工资，下列说法正确的是？（　　）

A. 潘某的行为是自助行为

B. 乙公司是无因管理

C. 甲公司还欠潘某1万元

D. 甲公司还欠潘某3万元

4. 甲、乙二人是学生，乙在校园网上发了一个广告说要卖自己的山地自行车，售价1000元，先到先得。甲找到乙说想买，但只愿出价900元，乙当即拒绝。最后甲同意1100元成交，但只给乙转账1000元，乙对此很不满。对此，下列说法正确的是？（　　）

A. 因为甲乙二人未达成合意，所以合同无效

B. 乙发的广告属于要约邀请

C. 甲乙之间成立1000元的合同

D. 甲乙之间成立1100元的合同

5. 王某将自己的名牌包抵押给石某，已经交付。双方约定石某借给王某10万元，3个月后王某返还本金10万元及利息。但王某到期未能赎回，石某遂宣称该名牌包归自己所有。下列说法正确的是？（　　）

A. 石某对名牌包享有质权

B. 石某取得名牌包所有权

C. 石某对名牌包享有留置权

D. 石某对名牌包享有抵押权

6. 甲公司为乙医院提供医疗设备，乙医院欠甲公司设备费用300万元，该笔欠款已经届满一年。甲公司发现丙公司欠付乙医院医疗服务费500万元，丙公司逾期支付已经满两年，乙医院一直未催促丙公司支付。现在，甲公司欲向丙公司行使代位权，向法院提起诉讼。下列说法正确的是？（　　）

A. 甲公司对丙公司行使代位权，甲公司对乙医院的诉讼时效中止

B. 甲公司对丙公司行使代位权，乙医院对丙公司的诉讼时效中止

C. 甲公司的代位权以300万元为限

D. 甲公司的代位权以500万元为限

7. 在某建设施工合同中，A公司与B公司约定工程款为100万元，B公司分包给C公司80万元。A公司已经向B公司支付了50万元，B公司给C公司支付了20万元。工程完工后，B公司未支付C公司剩余的60万元，C公司起诉A公司请求支付60万元，将B公司列为第三人。法院应如何判决？（　　）

A. 判A公司支付C公司50万元

B. 判A公司支付C公司50万元，B公司支付

C公司10万元

C. 判B公司支付C公司60万元

D. 判B公司支付C公司50万元，A公司支付10万元

8. 甲去旅游，看上了小摊摊主的碗，花费10元钱买下。后经鉴定，这碗是文物，价值10万元，摊主可以主张何种救济？（　　）

A. 解除合同

B. 基于显失公平撤销合同

C. 基于重大误解撤销合同

D. 基于欺诈撤销合同

9. 外卖员张某在送外卖时遇到李某跳江自杀，张某遂将自己手机交给路人王某后，奋不顾身跳入10米深的江中救人，结果背部受伤。在救李某时，因李某反抗导致李某的手臂被拉伤。王某围观过程中因太过紧张，将张某手机屏幕摔坏。下列说法正确的是？（　　）

A. 李某可对手臂受伤请求张某赔偿

B. 张某可因手机屏幕摔坏向王某主张赔偿

C. 张某可就背部受伤向李某主张补偿

D. 张某可就手机屏幕摔坏向李某主张补偿

10. 2023年1月1日，甲和乙签订《房屋买卖合同》，甲将自有的一套商品房转让给乙，约定乙应于合同签订后1个月内付清全部房款，之后便可随时向甲要求办理不动产过户登记。1月2日，为保证乙的物权实现，甲和乙在登记机关办理了预告登记，1月15日，甲在该商品房上为其母亲设立了居住权，但未办理登记。1月16日，乙付清全部房款。5月5日，甲又在该商品房上为其父亲设立了居住权，并办理了登记。而乙直到当年年底，也未要求甲办理不动产过户登记。对此，下列说法正确的是？（　　）

A. 甲的父亲未取得居住权

B. 5月5日，预告登记已失效

C. 甲的母亲取得了居住权

D. 乙已取得了房屋所有权

11. 保利宾馆系一家五星级酒店，经营状况良好。胜达公司喜欢保利宾馆大厅内陈列的一幅山水画，多次协商未果。后胜达公司以4.5亿元（高于市场价1亿元）收购了保利宾馆的全部资产。收购的第二天，胜达公司拍卖了该幅山水画，拍卖价15亿元，引起人们的关注。关于该项收购交易的行为，下列哪一说法是正确的？（　　）

A. 属于重大误解，可以撤销

B. 属于欺诈，可以撤销

C. 属于显失公平，可以撤销

D. 并无瑕疵，合法有效

12. 2022年张某（男）与徐某（女）结婚。二者签订婚前协议，张某婚前财产房屋一套归张某所有，徐某享有居住权。但是，徐某不得转让、出租并且将婚前协议进行了公证。2023年张某死亡，徐某将房屋出租。关于本案，下列说法正确的是？（　　）

A. 居住权成立，租赁合同有效

B. 居住权不成立，租赁合同有效

C. 居住权成立，租赁合同无效

D. 居住权不成立，租赁合同无效

13. 2023年8月，赵某乔迁新居后赴外地出差，妻子管某在处理旧物件时，将木质屏风卖给邻居辛某。辛某打开屏风时掉出一个封面写有“赵某备用2012年5月5日”的信封，信封内装有1000元。赵某出差回来后，听妻子说起该屏风，想起这笔10多年前藏的私房钱1000元（系奖金收入）。关于该笔金钱，下列哪一说法是正确的？（　　）

A. 属于发现隐藏物，不能归辛某所有

B. 不属于赵某夫妻共同财产

C. 辛某构成先占，享有货币所有权

D. 辛某并非恶意占有，构成善意取得

14. 张某在古玩店发现刘某以5万元出售一只清代紫烟壶，张某知道这壶是一对。收藏家田某正以10万元报价在古玩园内寻求另一只，张某与刘某达成协议以1万元购买，于3日后付款，并向刘某支付5000元定金。张某前往田某家中以10万元达成协议3日内交货，田某向张某支付2万元定金。3日后，刘某取出该紫烟壶时不小心将其摔碎。关于本案，下列哪一说法是正确的？（　　）

A. 刘某只需将定金返还给张某

B. 刘某应当向张某返还1万元双倍定金

C. 张某有权向田某请求减少返还定金金额

D. 张某应当向田某承担违约责任

15. 张某沾酒就倒。某日，张某去酒店参加徐某的生日聚会，聚会上张某喝多了。第二天，张某醒来出酒店时，酒店前台对张某说昨晚张某在参加徐某生日聚会时打碎了酒店的花瓶，让张某赔偿2000元。关于本案，以下选项正确的是？（　　）

A. 花瓶损失由徐某赔偿

B. 张某因醉酒不具有民事行为能力

C. 张某因醉酒不具有民事权利能力

D. 花瓶损失由张某赔偿

16. 甲乙结婚后，甲购买一套房屋，登记在甲的

名下。后乙怀孕，甲被确诊癌症。甲要求乙将孩子打掉，乙不同意。后甲立下遗嘱，该房屋归乙和自己父母所有。甲死亡后，乙生下孩子随母姓。关于本案，下列说法错误的是？（　　）

A. 若甲的父母不同意孩子随母姓，有权向法院起诉变更

B. 孩子可以随母姓

C. 甲的遗嘱因为处分了夫妻共有财产部分无效

D. 甲的遗嘱因为没有给未出生的孩子留下必要份额而部分无效

17. A公司与B银行签订了最高额抵押合同，以建设用地抵押，抵押额为6000万元，期限一年。第一季度，A公司向B银行借款4000万元，而后B银行将债权转让给C公司。第二季度，A公司和B银行约定将之前的2000万元债务转入最高额抵押。第三季度，A公司向B银行再借款4000万元。一年期满，A公司无法清偿到期债务，B银行申请拍卖建设用地使用权，所得价款8000万元。下列哪一说法是正确的？（　　）

A. B银行可以获得6000万元优先权

B. B银行仅能就4000万元优先受偿

C. C公司可以受偿4000万元优先权

D. C公司可以受偿2000万元优先权

18. 顾客甲在超市买东西时，看见顾客乙将手机遗失在水果摊位，甲因乙挑拣水果行为粗鄙，便没有直接告诉乙遗失了手机，而是将手机送到超市的失物招领处。招领处的工作人员丙在登记时，不小心碰翻了顾客丁遗失的小鱼缸，致使该手机进水损坏。对此，下列哪一说法正确？（　　）

A. 甲的行为构成无因管理

B. 甲的行为构成拾得遗失物

C. 对于乙的手机损坏，丙与丁系共同侵权

D. 对于乙的手机损坏，甲与丙系共同侵权

19. 戴某小区开发商与向荣物业公司订立前期物业服务合同，后成某购买了戴某小区的房屋。成某因车位长期无故被人占用，不满向荣物业公司服务，于是拒付物业费表示反抗。对此，下列哪一表述是正确的？（　　）

A. 成某可以其长期在外工作，未实际接收物业服务为由，拒绝支付物业服务费

B. 成某可以未参与该物业服务合同的签订为由，主张该物业服务合同对其无约束力

C. 确有必要时，向荣物业公司可停止供水、供电，催促成某交付物业费

D. 成某无权以物业服务瑕疵为由主张物业服务合同对其无约束力

20. 甲（男）与乙（女）在外地打工期间相识，之后二人确立了恋爱关系并同居。后乙发现甲有很多缺点，两人在一起并不合适，遂提出分手。甲不同意，并用乙的裸照相威胁（实际并没有裸照），称如果乙不同意与之结婚便在网上发布乙的裸照。乙无奈，遂与之结婚。下列哪一说法是正确的？（　　）

A. 甲和乙的婚姻合法有效

B. 因甲欺诈，婚姻可撤销

C. 因甲胁迫，婚姻可撤销

D. 婚姻并非乙的真实意思表示应无效

21. 甲因借给乙100万元，乙未偿还而将乙诉至法院，现双方因是否支付了该笔借款产生争议。法院依法向甲送达传票后，开庭之日甲以自己忙为由只让律师纪某出庭，法庭为此决定延期7日开庭，并再次向甲送达传票。7日后甲仍旧以自己忙为由只让纪某出庭，现法院应如何处理？（　　）

A. 视为撤诉

B. 拘传甲

C. 视为甲并没有向乙支付款项

D. 缺席审理，驳回甲的诉请

22. 甲和胜达公司发生纠纷，胜达公司提起诉讼。甲在诉讼中提出管辖权异议但被驳回，遂怀疑审理本案的张法官对己方有偏见，申请该法官回避，法院不予准许。后胜达公司更换法定代表人，更换后的法定代表人和张法官是同学，甲又申请回避。下列哪一说法是正确的？（　　）

A. 甲不能再申请回避，只能申请复议

B. 如果张法官被回避，则甲可提出管辖权异议

C. 张法官应当暂停工作

D. 法院应当裁定不予回避

23. 小张（17岁）打了小赵（16岁），双方的监护人老张和老赵无法就赔偿问题达成一致意见，遂诉至法院。起诉时小张已满18周岁，但仍在上学且无收入来源。下列说法正确的是？（　　）

A. 老赵是适格原告

B. 小赵是适格原告，老赵是其法定代理人

C. 小张是适格被告，老张是其法定代理人

D. 老张是适格被告

24. 甲的房子位于临街的三楼。某日，甲邀请朋友乙来家中做客。乙打开窗户吸烟时，不慎碰落花盆，砸伤了丙，双方发生纠纷。关于本案的适格被告，下列说法正确的是？（　　）

A. 甲作为被告

B. 甲和乙作为必要共同诉讼的被告

C. 甲和乙作为普通共同诉讼的被告

D. 乙作为被告

25. 小区业主A某觉得业主大会选举存在程序违法，遂向法院请求撤销业主大会选举结果。关于本案，下列说法正确的是？(　　)

A. 原告不适格，裁定驳回起诉

B. 被告不适格，裁定驳回起诉

C. 不属于民事诉讼范围，裁定驳回起诉

D. 若原告权益未受损，则判决驳回诉讼请求

26. 甲男(28岁)诉乙女(22岁)离婚。法院查明，二人夫妻感情确已破裂，且乙结婚时不满20周岁。关于法院的做法，下列说法正确的是？(　　)

A. 判决驳回离婚的诉讼请求

B. 裁定驳回起诉

C. 判决婚姻关系无效

D. 判决二人离婚

27. 甲乙签订合同，约定定金20万元，后乙违约，甲起诉乙要求返还40万元，法院经审理认为乙无重大违约，判决乙返还甲20万元。后甲再次起诉要求乙返还定金产生的利息。法院应如何处理？(　　)

A. 判决既判力及于利息，法院应受理案件

B. 判决既判力及于利息，法院应裁定不予受理

C. 判决既判力不及于利息，法院应裁定不予受理

D. 判决既判力不及于利息，法院应受理案件

28. 甲公司与乙公司在合同中约定，因合同履行发生争议，由某基层法院管辖。后甲乙公司发生纠纷，诉至某基层法院。该基层法院一审用简易程序审理并作出了判决，甲公司不服，提出上诉。二审法院指定张法官适用独任制审理，乙公司当庭提出异议。对此，下列说法正确的是？(　　)

A. 二审案件应一律组成合议庭审理

B. 简易程序一审终审，不得上诉

C. 二审法院有权直接指定法官适用独任制审理

D. 二审法院应裁定转由合议庭审理

29. 下列哪一主体可以提起环境污染公益诉讼？(　　)

A. 连续10年从事环保工作的企业

B. 在省民政部门登记设立的某环保联盟

C. 国外某环保协会

D. 在县民政部门登记设立的某环保协会

30. 甲在某网络平台购物后，因产品质量纠纷诉至杭州某互联网法院。甲同意线上开庭，但对方当事人主张自己的设备不支持，不同意线上开庭。法院应如何处理？(　　)

A. 一方线上开庭，一方线下开庭

B. 因一方不同意，只能双方都线下开庭

C. 延期审理

D. 法院可依职权决定线上审理

31. 洪某投资建厂，欠吕某工程款100万元。双方协商将洪某名下部分厂房转给吕某抵债，双方未办理过户手续。后洪某因拖欠周某借款500万元被起诉，周某获得生效胜诉判决后申请执行，法院欲拍卖洪某名下的全部厂房，吕某提出执行异议。洪某向吕某承诺履行还款义务，吕某撤回异议。后因洪某不履行承诺，吕某再次向执行法院提出异议，被以重复异议为由裁定驳回。关于对吕某的救济，下列哪一表述是正确的？(　　)

A. 向执行法院申请复议

B. 向上一级法院申请复议

C. 向执行法院提起执行异议之诉

D. 向上一级法院提起执行异议之诉

32. 甲乙丙丁共同出资设立一家有限责任公司，约定每人出资100万元。之后，甲乙均按期足额出资；丙到期只出资40万元；丁以房屋出资，已交付使用但未过户。股东会通过以下决议：(1)丁在完成过户前不享有股东权利；(2)丙在补足出资前只能按10%分配利润。据此，下列说法正确的是？(　　)

A. 决议(1)无效，丁无须办理过户，自房屋交付之日起就享有股权

B. 决议(2)对丙利润分配请求权的限制不合法

C. 决议(2)无效，公司未催告丙补足出资

D. 丁未办理房屋过户，无须向甲乙丙承担违约责任

33. 汪某是蓝鸥股份有限公司(以下简称蓝鸥公司)的大股东及法定代表人。为了实现公司上市的目标，汪某以个人名义和公司名义分别与爱思基金签订增资协议。该协议约定，蓝鸥公司全体股东放弃对此次增资的优先认缴权，爱思基金投资2亿元用以增加蓝鸥公司的注册资本。汪某与蓝鸥公司承诺，爱思基金增资后3年内公司完成上市。若未完成该目标，则汪某以市场价格收购爱思基金持有的公司股权，且蓝鸥公司以当年公司全部利润为汪某收购股权提供担保。下列说法正确的是？(　　)

A. 蓝鸥公司以当年公司全部利润为汪某收购股权提供担保，因违反利润分配原则无效

B. 蓝鸥公司以当年公司全部利润为汪某收购股权提供担保，因违反资本维持原则无效

C. 其他股东可以该协议损害其优先认缴权为由，主张合同无效

D. 蓝鸥公司为汪某收购股权提供担保，须经股东会决议通过，且汪某无表决权

34. A公司欠B公司租金1500万元。一年后，B公司索要时，发现A公司尚有1000万元资产，但是法定代表人不知所踪，公司也不再经营。据此，下列说法正确的是？（　　）

A. B公司没有向法院申请确认合同债权，不能向法院申请破产

B. B公司没有向法院确认A公司资不抵债，法院不能受理其破产申请

C. B公司应当向A公司所在地的中级人民法院申请破产

D. B公司可以直接向法院申请对A公司进行破产清算

35. 甲公司于2021年8月1日被法院受理破产申请，后管理人发现甲公司于2021年5月向乙公司支付1200万元用于购买设备，乙公司于2021年7月10日发货，管理人于8月13日收到该批设备。据此，下列说法正确的是？（　　）

A. 管理人可将该批设备列为债务人财产

B. 乙公司有权取回该批设备

C. 管理人有权解除该合同

D. 管理人有权向法院申请撤销对乙公司的价款支付

36. 甲公司破产，法院指定李某担任破产管理人，李某决定甲公司继续营业。李某在核对甲公司财产时，发现甲公司曾经将一块价值500万元的和田玉质押给债权人乙公司用以担保甲公司和乙公司之间一笔500万元的债权。现李某决定取回和田玉用于继续加工经营，但此时该和田玉已贬值到300万元。对此，下列哪一选项是正确的？（　　）

A. 李某可以直接取回该和田玉

B. 李某再支付200万元，即可免除500万元的债务

C. 因为该和田玉贬值，李某需继续提供200万元的担保物

D. 乙公司未获清偿的部分只能作为普通债权获偿

37. 2021年6月20日，甲向乙出具了一张汇票。7月1日，乙将该张汇票背书给了丙，并注明“7月30日前不得转让给他人”。7月15日，丙将该张汇票背书给了丁。丁为了偿还对A公司的债务，于7月28日直接将该张汇票交给了A公司的财务负责人王某。据此，下列说法正确的是？（　　）

A. 因王某是A公司财务负责人，A公司享有票据权利

B. 王某是持票人，享有票据权利

C. 丙将该票据转让给丁是无效背书，丁不享有票据权利

D. 丁向乙追索时，乙有权拒绝承担票据责任

38. 陆某是甲公司的法定代表人，在一次展销会上遇到乙公司的业务员杜某。陆某代表甲公司和杜某签订了50万元的订单，并以甲公司的名义开具支票，但未加盖公司印章。后杜某将支票背书转让给丙。下列说法正确的是？（　　）

A. 因未加盖甲公司公章，故丙只能向陆某行使追索权

B. 因未加盖甲公司公章，故该支票无效

C. 虽然未加盖甲公司公章，但该张支票仍然可以背书转让，丙享有票据权利

D. 该张支票有法定代表人签名，故该支票有效

39. 2019年6月，甲陪丈夫乙去做常规体检，体检报告单写有“整体未见明显异常，疑似甲状腺有结节状，建议进一步检查”。2020年3月，甲为乙购买医疗健康险，投保单询问表上明确写有“被保险人是否有肿瘤、甲状腺或甲状旁腺等疾病，若有则不予提供保险”。甲填了“否”。后乙患甲状腺癌去世，甲申请保险理赔。据此，下列哪一选项是正确的？（　　）

A. 因保险公司未明确询问被保险人是否患有甲状腺疾病，故应当承担赔付责任

B. 保险公司有权以重大误解为由撤销合同，并退还保险费

C. 保险公司有权解除保险合同，并退还保险费

D. 保险公司有权解除保险合同，无须退还保险费

40. 甲在工地承接工程，雇佣自己的表弟乙干活，并为其购买了人身意外险，指定受益人为乙妻。乙对此知情但未提出异议。后乙离职，离职当天遭遇车祸死亡。甲和乙妻均向保险公司申请理赔。据此，下列说法正确的是？（　　）

A. 甲是乙的表哥，故对乙具有保险利益

B. 乙已经离职，故保险公司无须赔付保险金

C. 乙未提出异议,故乙妻可以申请理赔

D. 该保险合同无效,故甲和乙妻均不能申请理赔

41. 甲把自己的私家车投保商业车辆财产险。后甲把车借给了乙用于开网约车,甲对此知情。乙在开车时不小心掉进了河里,造成了车损10万元。甲向保险公司索赔,保险公司调查后拒赔。关于本案,下列选项正确的是?(　　)

A. 保险合同无效

B. 保险公司不承担赔偿保险金的责任

C. 保险公司有权解除保险合同并退还部分保险费

D. 甲有权主张约定的保险金

42. 某市大米行业协会和会员企业签订协议,该内容是:为增强中小经营者的竞争力,要求大米均定价10元1斤,会员企业必须按照协议销售,否则禁止使用该协会的商标。据此,下列哪一选项正确?(　　)

A. 该协议属于纵向垄断协议

B. 该协议属于横向垄断协议

C. 该协会的行为属于滥用市场支配地位

D. 该协议构成反垄断豁免,是有效协议

43. 金硕巅峰公司是知名教育培训机构,其广告宣传语为"金硕巅峰,已助众多考生圆梦金硕"。飞跃公司为同行业教育培训机构,在其网站展示"金硕VIP全程班课程"的链接,点击该链接进入的是其自身的网站。对此,下列说法正确的是?(　　)

A. 飞跃公司的行为会让人误以为其与金硕巅峰公司存在特定联系,其行为违法

B. 飞跃公司属于虚假宣传,其行为违法

C. 飞跃公司并未使用和金硕巅峰公司同样的宣传语,其行为合法

D. 飞跃公司没有使用金硕巅峰公司的域名,不构成违法

44. 甲和从事互联网行业的乙公司签订委托合同,合同约定:用户在搜索某某关键词时,将甲的相关链接排在丙公司的前面。后被丙公司得知,据此,下列说法正确的是?(　　)

A. 甲属于互联网不正当竞争行为

B. 甲属于混淆行为

C. 甲属于合理利用网络资源

D. 甲属于虚假宣传

45. 甲通过直播销售自己作坊手工制作的牛肉香肠,乙观看直播找到甲,订购了一批总价450元的牛肉香肠。收到货后,乙以该批香肠包装上没有任何食品标签为由提起诉讼,要求甲赔偿10倍价款。经调查,甲的作坊证件齐全,该批香肠没有质量问题。甲在直播时已经和乙说明,因为长途运输,商品需要采用真空包装。乙表示同意,乙也知道老顾客一直都是这样购买的。据此,下列说法正确的是?(　　)

A. 该批香肠是预包装食品

B. 甲的作坊证件齐全,可以拒绝10倍赔偿

C. 法院不应支持乙的诉讼请求

D. 甲应当支付香肠价款10倍的赔偿

46. 德国人凯尔和中国人刘某因感情破裂离婚,向经常居住地浙江省宁波市法院提起诉讼,请求分割价值1000万元的财产。关于本案的管辖权和法律适用问题,下列说法正确的是?(　　)

A. 由于本案是涉外离婚诉讼,应该由宁波市中级人民法院管辖

B. 双方只能适用中国法律

C. 可以分别约定中国法和德国法解决离婚和财产分割问题

D. 如果达成离婚调解协议,当事人可以请求法院按照调解协议制作并发放判决书

47. 中国奇峰公司向甲国海利公司出售一批货物,双方约定采用DPU2020术语规范当事人之间的合同。该批货物属于我国《出口管制法》中需要管制的货物。中国和甲国都是《联合国国际货物合同公约》的缔约国,根据相关国际法规则,下列说法正确的是?(　　)

A. 中国奇峰公司应当在合同约定的目的地交货,并有购买保险的义务

B. 中国奇峰公司应该确保所交付的货物没有第三人的外部权利

C. 甲国海利公司在收到货物后可以自行转卖给第三人

D. 中国奇峰公司须在运输终端交货

48. 中国上海甲公司与南非公民约翰签订劳务合同,后甲公司与莫桑比克乙公司签订劳务派遣合同,将约翰从上海派遣到莫桑比克做非全日制工。后甲、乙两公司因约翰的劳动合同发生纠纷诉至我国某法院,下列关于法律适用的哪一项判断是正确的?(　　)

A. 因约翰工作地是莫桑比克,劳务派遣合同纠纷应当适用莫桑比克法

B. 因约翰是南非公民,劳务派遣合同纠纷应当适用南非法

C. 因中国上海是劳务派出地,劳务派遣合同纠

纷可以适用中国法

D. 约翰有权委托某南非驻沪领事以领事身份担任诉讼代理人,但在诉讼中该领事不享有特权与豁免

49. 张某是我国在德国留学的一名留学生,王某是我国著名影视明星,定居在德国。张某多次跟踪王某并拍摄很多照片发布在我国某网站上,王某在我国法院提起侵犯人格权的相关诉讼,根据我国法律的规定,关于本案所适用的法律,下列说法正确的是?( )

A. 张某和王某可以在一审法庭辩论终结前协议选择适用德国法

B. 如依德国冲突规范,该类案件应适用被侵权人的国籍国法,则本案应该适用中国法

C. 本案的诉讼时效应该适用中国法

D. 本案所适用的法律应该由法院负责查明

50. 关于新能源电动汽车的税款征收,下列选项正确的是?( )

A. 个人购买一辆新能源纯电动乘用车应当缴纳消费税

B. 个人购买一辆新能源纯电动乘用车无须缴纳车船税

C. 甲公司进口的新能源电动汽车无须缴纳增值税

D. 乙公司接受赠与的一辆新能源电动车,无须缴纳企业所得税

二、多项选择题 每题所设选项中至少有两个正确答案,多选、少选、错选或不选均不得分。(本部分含51—90题,每题2分,共80分)

51. 王某有王甲、王乙两个儿子,王某立下遗嘱,将全部财产归王乙所有。王某死后,王乙将一幅名画卖掉,所获100万元全部赠送给了王甲。几天后,王某的朋友李某向王乙索要该幅名画,表示那是当初自己让王某保管的。请问李某该如何救济自己的权利?( )

A. 李某可以向王甲索要返还100万元

B. 李某可以向王乙索要返还100万元

C. 李某可以向王乙主张返还原物

D. 李某可以要求王乙承担侵权责任

52. 周某是个厨师,他开设"周记美食"公众号,在上面上传美食视频,有一期"周氏爆炒小龙虾"的视频火了。李某利用AI换脸技术,把视频中周某的脸换成自己的,其他原封不动上传至自己的公众号,也有较多的点击量。请问李某侵犯了周某的哪些权利?( )

A. 姓名权　　B. 名誉权

C. 肖像权　　D. 著作权

53. 王某找人上门安装新买的洗手池,原来家里有一个旧的,需要先拆除旧的再安装新的。第三方工人说拆除要收费。洗手池销售商家说他们只提供安装服务,不包括拆除。王某只好单独给工人支付了拆除费用50元,拆除旧的洗手池时造成墙壁损失40元,安装新洗手池时工人不小心打碎一个价值60元的杯子。下列说法正确的是?( )

A. 商家支付150元

B. 工人赔付40元

C. 商家赔付60元

D. 工人赔付100元

54. 雷某诉讼离婚,第一次没离成。分居两年后再次起诉,其配偶宋某不同意离婚。诉讼期间雷某转移财产,把自己的租金所得转移到父亲账户中,该租金为雷某婚前自己全款购买的而且登记在自己名下的房屋出租所得。下列说法正确的是?( )

A. 租金所得是雷某的个人财产

B. 房子是雷某的个人财产

C. 应该判决离婚

D. 雷某应该少分

55. 甲发明了一款净水器,解决了缺水地区的饮水问题。基于甲的重大贡献,国际组织奖励了5万元奖金,甲住所地的A市政府奖励了一套商品房,乙企业奖励了10万元,且乙企业在本纳税年度内产生利润50万元。据此,下列说法错误的是?( )

A. 国际组织奖励的5万元奖金可以免缴个人所得税

B. 市政府奖励的商品房可以免缴个人所得税

C. 乙企业奖励的10万元可以免缴个人所得税

D. 乙企业在缴税时可以扣除10万元

56. 甲公司与乙公司签订租赁合同,约定将一台机器出租给乙公司,并于一周后交付。租赁合同成立次日,甲公司就同一台机器与丙公司订立买卖合同,依合同约定以占有改定方式进行交付。一周后,甲公司将机器交给乙公司使用,并按照约定收取押金若干。关于本案,下列选项正确的有?( )

A. 适用买卖不破租赁规则

B. 不适用买卖不破租赁规则

C. 丙公司已取得机器所有权

D. 乙公司有权请求甲公司承担违约责任，返还押金

57. 甲(13周岁)上初中，是住校生。晚上睡觉从学校的床上滚下来摔断胳膊。据悉，学校的床上有挡板，超过床一半长度，相关规定要求挡板不能短于床的1/3。此外，学校此前从来没有人掉下过床。关于本案，下列说法正确的是？(　　)

A. 学校有义务保障学生在校安全

B. 学校已经尽到合理限度的责任，可以免责

C. 甲从床上掉下系监护人责任

D. 学校应当承担补充责任

58. 2022年3月19日，张某与戴某感情破裂，离婚协议中约定了分割财产的事项，2022年9月15日，戴某发现张某隐藏了婚后股票500万元，且张某平时喜好赌博，打牌欠款100万元，现戴某要重新分割财产，张某主张应分担债务。下列选项正确的有？(　　)

A. 张某损害了夫妻共同财产利益

B. 戴某应承担100万元债务

C. 戴某有权要求重新分割财产

D. 戴某应承担50万元债务

59. 高某欲从事水下捞鲍鱼的工作，经朋友介绍，想在老默承包的海区学习潜水后再找相关工作。老默告知不教潜水，高某说可以跟工人学，后老默同意。高某遂自己购买潜水衣等与工人同吃同住。某日，高某与工人一起出海训练，不幸在该海区溺亡。高某无子女，弟弟和妻子都已经去世。尚有一个外甥晓晨系弟弟阿胜抚养成年之继子。对此，下列说法正确的有？(　　)

A. 高某与老默形成雇佣合同关系

B. 高某应对自己的死亡承担主要责任

C. 老默应对高某承担安全保障义务

D. 晓晨有权继承高某的遗产

60. 大美去后西村旅游，全村都是旅游景区。大美住村内民宿里。在村里溜达时看见一棵樱桃树，问旁边的狗蛋，这棵树是谁的，狗蛋回答说没人管。大美遂爬上树摘樱桃，一不小心摔了下来。后经查明，这棵树属于村里大龙的。下列选项错误的是？(　　)

A. 后西村应对大美的摔伤负责

B. 大美自己负全责

C. 大龙不对大美负有安保义务

D. 狗蛋对大美的摔伤承担责任

61. 住所地在B区的乙向住所地在A区的甲借款200万元，借款合同中约定因履行本合同发生纠纷的，应当由B区法院管辖。住所地在C区的丙为该笔债务提供担保，在担保合同中约定因履行本合同发生纠纷的，应当由C区法院管辖。关于本案表述正确的是？(　　)

A. 甲可以在B区法院起诉乙

B. 甲可以在B区法院起诉乙和丙

C. 甲可以在C区法院起诉

D. 甲可以在C区法院起诉乙和丙

62. 张某因为合同纠纷起诉胜达公司，在诉讼中张某突发脑梗，经抢救后张某丧失行为能力。张某的父亲希望撤回起诉，以专心为张某治疗。张某的妻子戴某表示希望继续诉讼。法院对本案的处理错误的有哪些？(　　)

A. 法院应当追加张某的妻子戴某为共同原告

B. 法院应当变更张某的妻子戴某为原告，诉讼继续进行

C. 法院应当追加张某的妻子戴某为法定代理人，诉讼继续进行

D. 根据张某父亲的请求，裁定准予撤回起诉

63. 张三在甲超市购买方便面，食用后食物中毒，遂起诉甲超市，要求其承担违约责任。经甲超市申请，法院通知该方便面制造商乙公司加入诉讼。乙公司在庭前向法院递交的答辩状中承认该批方便面质量不达标，但开庭时又对此予以否认，称是律师笔误，现已经和律师解除委托。甲超市称自己不知情，不发表意见。下列说法正确的是？(　　)

A. 乙公司在答辩状里的意思表示构成自认

B. 法院不允许乙公司撤回自认

C. 甲超市的拒绝表态构成默示自认

D. 乙公司的自认对甲超市不发生效力

64. 在某借贷纠纷中，原告方提供的转账凭证的复印件属于何种证据分类？(　　)

A. 传来证据

B. 直接证据

C. 间接证据

D. 案涉还款事实的本证

65. 我国实行立案登记制，关于民事案件的受理条件，下列说法正确的有？(　　)

A. 原告是正当当事人

B. 被告具有诉讼权利能力

C. 原告须提供支持自己诉求的法律依据

D. 原告必须提交书面起诉状

66. 甲租赁乙的仓库，仓库位于A区，月租金为200元，约定纠纷由甲住所地法院管辖，甲后来

累计欠付租金3000元。于是乙向甲住所地法院起诉，法院适用小额诉讼程序审理。甲认为应由仓库所在地法院管辖本案，提出管辖权异议，但是被法院驳回，法院判决甲败诉。甲在裁判生效后，认为管辖权错误，欲申请再审，下列说法正确的是？（　　）

A. 甲对管辖权异议裁定不服可以提起上诉

B. 甲应向甲住所地法院申请再审

C. 甲应向仓库所在地法院申请再审

D. 管辖权错误无法作为启动再审程序的事由

67. 劳务派遣甲公司将员工李某派至乙公司，在工作期间，李某遭遇事故死亡。经查，甲公司未缴纳工伤保险。据此，下列说法错误的是？（　　）

A. 应由甲公司承担工伤保险责任

B. 应由甲公司和乙公司共同承担工伤保险责任

C. 应由乙公司承担工伤保险责任

D. 应由乙公司申请工伤认定

68. 知名画家赵某将其未发表的一幅画作《秋收》赠与某公司老总郑某，郑某将该幅画挂在办公室，让员工拍照并用于公司网站首页产品宣传的背景图。对此，下列说法错误的有哪些？（　　）

A. 侵犯了赵某的展览权

B. 侵犯了赵某的发表权

C. 侵犯了赵某的复制权

D. 侵犯了赵某的信息网络传播权

69. 甲乙两家公司在互不知情的情况下各自研发了一件技术完全相同的产品，并于2022年7月1日，甲在行业内举办的展览会上展出该技术，乙在中国政府承认的世界博览会上展出该技术。2022年9月1日，甲提交了发明专利申请，2022年9月2日，乙也提交了发明专利申请。对此，下列选项中说法错误的有哪些？（　　）

A. 甲已经展出该项技术，即丧失了新颖性，所以甲不能申请专利

B. 乙已经展出该项技术，即丧失了新颖性，所以乙不能申请专利

C. 因为甲先于乙提交申请，所以应授予甲专利权

D. 专利局应当通知甲、乙协商确定申请人

70. 甲公司生产优质大米，并为其大米的包装袋注册了“飘香”商标。甲公司委托乙生产了一万个包装袋，但乙偷偷生产了两万个包装袋，其中的一万个包装袋交付给了甲公司，剩下的一万个包装袋卖给了知情的丙。丙将这一万个包装袋装入自己农场生产的大米，并和不知情的丁签订了买卖合同。不知情的戊饭店以市场价格从丁处购买了该批大米。据此，下列说法正确的是？（　　）

A. 乙对甲公司构成侵权

B. 丙对甲公司构成侵权

C. 丁对甲公司构成侵权

D. 戊饭店不知情，但仍需停止侵权行为

71. 甲有限公司的股东李某持股比例3%。甲公司全体股东约定，李某不参与公司的经营管理，不过问公司事务，但分红比例为10%。后甲公司连续3年未进行利润分配，李某直接向法院提起知情权之诉，要求查阅甲公司会计账簿等资料。诉讼中，甲公司提出了李某在其他同类公司中参股投资的证据以及李某放弃知情权的证据。据此，下列哪些选项是正确的？（　　）

A. 李某应先向甲公司主张查阅，被拒绝后才可以起诉

B. 李某有权查阅并复制甲公司的会计账簿

C. 李某用知情权换取高额分红权的约定无效

D. 法院应当支持甲公司拒绝李某查阅公司会计账簿的主张

72. 下列哪些人员不能担任公司的董事？（　　）

A. 甲因炒股欠下巨额债务不清偿，被法院列入失信人员名单

B. 乙曾因挪用公款受到刑事处罚，执行期满刚4年

C. 丙曾主导公司盲目借款，最终导致该公司巨额负债而在2年前被破产清算

D. 丁2年前担任一家长期负债公司的法定代表人，上任后不久该公司被责令关闭

73. 根据最高人民法院规定，在京州省标的额超过5000万元的案件由中级人民法院管辖。胜达公司向甲省乙市丙区法院起诉博达公司要求返还货款4000万元，法庭辩论终结后，合议庭评议一致决定支持胜达公司的诉讼请求。在主审法官撰写判决书时，胜达公司将诉讼请求变更为赔偿违约金5500万元。丙区法院做法错误的是？（　　）

A. 组织当事人开庭对违约金的问题进行审理

B. 将案件移送乙市中级人民法院管辖

C. 作出支持返还货款4000万元的判决送达双方当事人

D. 告知博达公司，由博达公司决定是否提出管辖权异议

74. 徐某起诉张某要求归还借款8万元，张某

向法庭提交了具有徐某签名的收条复印件，其内容表述为“已收到张某归还的借款 8 万元”。下列关于收条复印件的表述，错误的是？（　　）

A. 该收条为直接证据

B. 该收条为反证

C. 该收条没有证据能力

D. 该收条没有证明力

75. 张某有一批珍贵红木，委托王某找买家，徐某出价 800 万元，戴某出价 600 万元。王某以张某名义与徐某缔约时，戴某找到王某表示愿意给王某 50 万元回扣，出价 550 万元购入该红木，王某同意。后王某告知张某红木市场状况欠佳，只能以 550 万元卖出。王某与戴某签订了合同。请问就王某的行为，以下选项正确的有？（　　）

A. 王某为无权代理

B. 王某与戴某对张某的损失为连带责任

C. 该合同当然有效

D. 该合同当然无效

76. 张某委托乙以其的自身经历写成自传，即《法考名师传》，未明确约定著作权的归属与报酬。乙完成该部自传约 30 万字后不久，与张某相约外出旅游，二人不幸遭遇车祸身亡。《法考名师传》的手稿由乙的唯一继承人小乙保管，张某唯一的继承人小张要求小乙归还《法考名师传》手稿。小乙拒绝并自行联系出版社出版了《法考名师传》，署名为小乙。对此，下列说法正确的有？（　　）

A.《法考名师传》著作财产权属于小乙

B.《法考名师传》著作财产权属于小张

C. 小张有权请求小乙承担剽窃的民事责任

D. 小乙有权请求小张支付适当的报酬

77. 热得久公司是提供燃气的国有企业，审计机关对热得久公司进行审计时，有证据证明热得久公司将用户缴纳的燃气费以职工张某某的名义另行存储，并篡改会计账簿。为防止用户资金流失，审计机关认为，有必要采取相应措施，关于审计机关可采取的措施，下列哪些选项是正确的？（　　）

A. 冻结燃气公司和员工张某某涉嫌转移资产的银行账户

B. 查询热得久公司以张某某名义在银行的存款

C. 封存热得久公司的会计账簿

D. 查询热得久公司的银行账户

78. 张某（35 岁）已婚，与妻子徐某育有一子，家庭关系融洽。后张某网上认识了女大学生戴某（20 岁），并迅速交好。戴某未要求张某离婚，张某便与戴某签订了一份特殊协议，约定未来财产共同所有并且任意一方如全部丧失或部分丧失行为能力，则另一方为其监护人。关于该协议的性质、效力和影响，下列哪些选项是正确的？（　　）

A. 协议部分内容构成监护协议

B. 张某已构成事实上的重婚

C. 协议部分内容违反公序良俗

D. 协议部分内容系属无权处分

79. 东方公司向南宁公司签发汇票一张，银行承兑后，南宁公司背书转让给西水公司，西水公司将其赠与北方公司，北方公司在持有汇票期间丢失，被张某拾得。张某在背书栏伪造北方公司签章，将自己记载为被背书人，并注明“委托收款”，在银行获得兑付后携款潜逃。下列哪些说法是正确的？（　　）

A. 北方公司无对价取得票据，无票据权利

B. 银行因错误付款，应承担赔偿责任

C. 如果汇票没有丢失，北方公司被银行拒绝付款后可向东方、南宁、西水公司行使票据追索权

D. 张某的背书行为无效

80. 某外商在外商投资准入负面清单之外，以股权转让的方式入股了胜达公司。原股权出让人达达公司反悔，认为该股权转让投资合同未经有关部门批准，是无效的合同，现诉诸法院。依据有关规定及相关司法解释，下列哪些选项是正确的？（　　）

A. 达达公司以股权转让投资合同未经有关部门批准为由主张合同无效的，人民法院不予支持

B. 如该股权转让投资合同签订于《外商投资法》施行前，不适用负面清单的规定

C. 国家对负面清单之外的外商投资，给予最惠国待遇

D. 该外商投资负面清单以外的领域，依内外资一致的原则实施管理

81. 甲对妻子戴某积怨已久，2022 年 8 月为妻子戴某投保了人身保险，约定若戴某意外身亡，保险公司赔付 1000 万元，受益人是甲本人。2023 年 4 月，甲未经戴某同意，将受益人变更为甲母。2023 年 10 月，甲在戴某的水杯中下毒。戴某被送医抢救捡回一命，后经常精神恍惚，某日在水边不慎落水身亡。下列说法错误的有？（　　）

A. 甲母作为受益人请求保险公司赔付，保险公司不得拒绝

B. 变更甲母为受益人应当征得戴某同意

C. 如果甲作为受益人请求保险公司赔付，保险

公司不得拒绝

D. 订立此保险合同时,保险金额和受益人应当由戴某同意

82. 张某为自家的奔驰汽车投保了第三者责任险,2023 年 9 月,张某的儿子小张与朋友聚会,散场后驾驶自家奔驰汽车高速行驶在回家的路上,将一外卖小哥撞伤。小张害怕不已,约张某在地下车库见面,将撞人的过程向老爸一一交代清楚。张某迅速出面找到被撞伤的外卖小哥。双方达成和解协议,约定赔偿金额 50 万元。之后张某向保险公司报损理赔,下列说法正确的有?(　　)

A. 对外卖小哥造成损害的是张某的儿子,并非被保险人,保险公司不应该承担赔偿责任

B. 对外卖小哥的赔偿责任确定后,保险公司应当直接对外卖小哥赔偿保险金

C. 保险公司应按和解协议对外卖小哥赔偿保险金

D. 保险公司对和解协议不认可的,有权对保险责任范围以及赔偿数额重新予以核定

83. 朝阳公司在甲省注册成立,从事无人机生产经营业务,被纳入国家需要重点扶持的高新技术企业名录。2023 年 2 月至 10 月,朝阳公司临时将营业设备和人员派往乙省,配合乙省推广新型水稻种植技术。同年 12 月,朝阳公司筹划业务转型,申请歇业。关于朝阳公司 2023 年企业所得税的缴纳,下列说法正确的有哪些?(　　)

A 朝阳公司应适用 15% 的企业所得税税率

B. 朝阳公司在办理歇业时应持税务登记证件

C. 朝阳公司是非居民企业

D. 朝阳公司不用在乙省办理税务登记手续

84. 中国甲公司向法国乙公司出口一批货物,双方协议选择 CIF 2020 术语规范当事人之间的合同,货物分两次运输,在第二次运输中因为船方驾驶不慎和其他船舶碰撞,根据《海牙规则》和相关国际法规则,下列说法正确的是?(　　)

A. 没有约定的,应当购买平安险

B. 船舶碰撞不属于平安险的赔偿范围

C. 船舶碰撞不属于承运人的责任范围

D. 对于航行过失,保险人应该赔偿

85. 2023 年,张某出资 50 亿元设立博基金会法人,用于救治心脏病患者。关于博基金会法人,下列表述错误的有哪些?(　　)

A. 自批准成立之日起取得法人资格,无须办理设立登记

B. 应当设立理事会,可以不设立监督机构

C. 博基金会法人终止时,剩余财产可以返还给出资人

D. 应当依法制定法人章程

86. 胜达公司是一家证券公司,由三位股东出资设立,其中博公司持股 67%,泽公司持股 30%,张某持股 3%。博公司向银行申请一笔贷款,需要胜达公司提供担保。博公司向泽公司承诺,如果其同意担保就同意佳运公司年底分红,股东会表决时泽公司同意,张某反对,于是博公司伪造了张某的签字,并将股东会决议提供给银行获得了贷款。下列说法或做法错误的是?(　　)

A. 国务院证券监督管理机构有权责令博公司停业整顿

B. 国务院证券监督管理机构有权对张某警告

C. 国务院证券监督管理机构可以限制泽公司的股东权利

D. 国务院证券监督管理机构可以责令关闭胜达公司

87. 大学生张三毕业后一直住在舅舅乙家待业。舅舅乙认为,张三整天待在家里,不思进取,经常对张三进行辱骂,张三不堪其辱,向法院申请禁止令。法院认为,其申请成立并向乙发出禁止令,禁止乙辱骂张三。乙对该禁止令不服,认为其行为属于正常的家庭教育,并不违法。对于乙,下列哪些救济方式行不通?(　　)

A. 向上级法院上诉

B. 向作出该禁止令的法院申请复议

C. 向作出该禁止令的法院申请再审

D. 向上级法院申请再审

88. 金某因为专利纠纷向 A 区法院申请诉前财产保全,A 区法院采取保全措施后,金某向 B 区法院起诉。A 区法院拟将保全的财产移送 B 区法院。此时 B 区法院认为本院无管辖权,遂将案件移送 A 区法院,A 区法院认为 B 区法院移送错误。A 区法院对保全的财产应当如何处理?(　　)

A. 不能再行移送,只能报请上级法院指定管辖

B. 与 B 区法院协商,协商不成的报上级法院指定管辖

C. 移送 B 区法院后,B 区法院不能再行移送 A 区法院

D. 等确定案件管辖权后,将保全的财产移送指定后的法院

89. 旺旺公司由甲、乙、丙、丁出资设立,持股比例分别是 45%、30%、20%、5%。公司章程约定:甲担任公司的执行董事和法定代表人。乙担任公司

的总经理，丙担任公司的财务部长，丁没有参与公司任何的经营活动。因为经营管理不善加上持续的新冠疫情，使旺旺公司陷入经营停滞，股东会决议解散公司，但是半年过去了迟迟没有清算。现查明，旺旺公司的主要财产、账册、重要文件等灭失，无法进行清算，债权人受到严重损害。下列有关说法正确的有？（　　）

A. 甲有义务组成清算组

B. 乙有权申请人民法院指定清算组进行清算

C. 甲、乙、丙应对债权人承担连带责任

D. 丁应对债权人承担连带责任

90. 甲公司承建某小区的开发建设，环境影响报告书已经经过市生态环境主管部门审批，甲公司为了建设地下停车场，经批准临时占用林地搁置建设材料。甲公司的停车场建设过程中因噪声过大被群众举报，经调查噪声超过了环评文件的要求。下列有关说法正确的有？（　　）

A. 甲公司可以就停车场单独进行环境影响评价并报送审批

B. 甲公司应当进行后评价

C. 甲公司占用的林地最迟应当在 3 年内恢复植被和林业生产条件

D. 甲公司的环评文件报省生态环境主管部门备案

三、不定项选择题　每题所设选项中至少有一个正确答案，多选、少选、错选或不选均不得分。（本部分含 91—100 题，每题 2 分，共 20 分）

91. 书法爱好者甲委托书法家乙创作一书法作品，双方约定：报酬 100 万元，甲先支付 30 万元作为履约金，书法完成后，如果甲不满意，则不再支付剩余的 70 万元，且已支付的 30 万元不予退还。关于甲、乙这一合同，下列表述中错误的是？（　　）

A. 构成显失公平

B. 属附生效条件

C. 违反诚信原则

D. 违反自愿原则

92. 小明将自家祖传的翡翠卖给了小亮，价格 100 万元，双方订立的买卖合同 A 约定：两年内，小明有权按市价 120% 的价格买回，小亮不得拒绝；两年内，如果小亮把翡翠转卖或出质给他人，则小明、小亮的买卖合同自动失效。一年后，小肖见到该翡翠后心生喜爱，向小亮提出购买，小亮告知小肖买卖合同 A 中的约定，小肖仍坚持购买，小亮于是与小肖订立买卖合同 B 约定小亮将该翡翠出卖给小肖，价格为 150 万元，并交付。下列表述正确的是？（　　）

A. 买卖合同 B 有效

B. 买卖合同 B 效力待定

C. 买卖合同 B 严重损害小明的利益，无效

D. 小明有权请求小肖返还该翡翠

93. 张三与甲公司存在劳动合同关系，但是由于甲公司迟迟不发工资，张三向当地劳动仲裁委申请劳动仲裁。在仲裁过程中，张三以生活困难为由提出先予执行的申请，下列选项正确的是？（　　）

A. 由受理案件的仲裁庭裁决先予执行，并依法执行

B. 由受理案件的仲裁庭裁决先予执行，移交法院执行

C. 由受理案件仲裁庭交由仲裁机构所在地法院审查后作出裁定

D. 仲裁庭对于先予执行的申请无权处理，应当不予受理

94. 房某驾车将石某撞伤，石某将房某诉至法院，要求房某赔偿医疗费 20 万元。在法院主持下，双方当事人达成调解协议，约定房某一次性向石某支付 10 万元，双方就本案再无争议。法院根据上述调解协议制作调解书，双方当事人签收后履行完毕。一年后，石某主张调解协议是由于受到房某胁迫所签署的，且治疗车祸事故的后遗症又花费了 4 万元。关于本案表述错误的是？（　　）

A. 因为调解书显失公平，石某可以申请撤销调解书

B. 因为调解违反自愿原则，石某可以申请对该调解书再审

C. 调解协议未涉及后遗症的问题，石某可以就医疗费 4 万元再次起诉

D. 因为调解书违反法律规定，石某可以起诉请求确认调解书无效

95. 甲欠乙 100 万元货款，乙已经申请法院对甲进行了诉前财产保全，3 天后，乙申请法院对甲发出支付令。法院应当如何处理？（　　）

A. 本案属于金钱给付，法院应当受理乙的申请

B. 法院不应受理乙的申请，因为本案属于合同纠纷

C. 法院不应受理乙的申请，因为乙已经申请了诉前保全

D. 法院应当受理乙的申请，向甲发出支付令

96. 牛某驾车将行人任某撞倒，经查，牛某所驶

车辆系刘某所有,某日被苏某盗窃,后苏某将车出借给牛某。现任某拟提起诉讼,关于本案的起诉,下列哪些选项是正确的?(　　)

A. 牛某、苏某为共同被告

B. 以牛某为被告向法院提起诉讼

C. 以苏某为被告向法院提起诉讼

D. 以刘某为被告向法院提起诉讼

97. 甲公司与李某于2020年1月18日签订了为期一年的劳动合同,在这期间,李某为甲公司撰写了《甲公司发展史》。2020年12月18日,李某外出旅游受伤住院治疗,于2021年3月18日出院。2021年6月18日,李某向甲公司交付《甲公司发展史》定稿。甲公司与李某的劳动合同终止时间为?(　　)

A. 2021年1月18日

B. 2021年3月18日

C. 2021年6月18日

D. 2020年12月18日

98. 2022年以来,发生连续多起网络主播偷、逃税被处罚案件。引发社会对该行业快速发展过程中出现的问题的广泛关注。在某大学的税法课上,多位同学就"网络主播偷税被罚和补税事件"展开讨论。根据我国税法,下列说法正确的有?(　　)

A. 网络主播直播带货所获收入,应界定为经营所得

B. 网络主播有隐匿应收财款行为的,应界定为避税行为

C. 网络主播带货平台应将涉税信息报送税务机关

D. 网络主播有瞒报应税收入行为的,应界定为偷税行为

99. 胜达公司有一台价值300万元的大型机器设备,为经营需要胜达公司分别于6月9日、7月9日和8月10日向乙、丙、丁3家银行借款100万元、60万元、40万元。并分别在借款当日约定以该设备作抵押担保。乙银行的抵押权未登记;丙银行的抵押权于7月12日登记,且丙银行对乙银行的抵押权知情;丁银行抵押权于8月12日登记但丁银行对乙银行的抵押权不知情。关于乙、丙、丁3家银行的抵押权顺位,下列判断正确的是?(　　)

A. 乙银行的顺位先于恶意的丙银行

B. 丁银行顺位先于未登记的乙银行

C. 丙银行顺位先于未登记的乙银行

D. 丙银行顺位先于后登记的丁银行

100. 张某应聘某快递公司的工作,约定试用期为3个月,工资为6000元。快递公司规定每天工作时间为9时至21时,每周工作6天。2个月后,张某以工作时间严重超过法律规定上限为由,拒绝超时加班安排,快递公司以张某在试用期间被证明不符合录用条件为由与其解除了劳动合同,张某提请了仲裁,要求快递公司给付一个月工资作为赔偿金,下列说法正确的是?(　　)

A. 快递公司解除与张某的劳动合同违法

B. 快递公司关于工作时间的规定无效

C. 张某严重违反了快递公司的规章制度,快递公司有权解除与张某的劳动合同

D. 仲裁委应驳回张某的仲裁申请

2023 年国家统一法律职业资格考试
客观题试卷二答案及解析

一、单项选择题

1.【参考答案】 A

【解析】 本题中，凌某和李某的离婚协议书是一项附条件的民事法律行为，自“离婚”这个条件成立时，协议书生效，只要没离婚，协议书就不生效。截至 2023 年李某提起离婚诉讼时，双方并未离婚，协议书未生效，法院应依法分割财产和债务。所以 A 正确，BC 错误。

离婚的前提是夫妻感情确已破裂，而非财产是否达成一致的分割意见，法院不能以财产分割未达成一致为由不许离婚，所以 D 错误。

2.【参考答案】 A

【解析】 根据《著作权法》第 20 条的规定，作品原件所有权的转移，不改变作品著作权的归属。著作权归属于作者所有，作曲家虽然丢弃了笔记本，但他依然是乐谱的作者，依然享有乐谱的著作权。A 正确。

作曲家当年自己丢弃了笔记本，依民法规定属于行使形成权，自动放弃了对笔记本的所有权，而乐谱记载在笔记本里，作曲家也放弃了对乐谱的所有权。故 B 错误。

本题中并没有任何胁迫的情节，不能以胁迫为由主张撤销合同，C 错误。

根据《民法典》规定，显失公平是指一方当事人利用自己优势，或利用对方危难处境，致使双方权利义务明显违反公平、等价有偿原则的行为。显失公平不是权利义务的显著失衡，而是双方地位不对等导致的权利义务失衡。本题中，不存在任何一方利用了地位不对等导致权利义务失衡的情形。故 D 错误。

3.【参考答案】 C

【解析】 潘某的行为在民法理论上属于财产侵占，不是自助行为。自助行为是指当自己的合法权益受到外来不法侵害时或者自己的合法权益面临将要受到损害的危险状态时，为了保护自己的合法权益，通过自己的力量，运用合法的手段，使自己的合法利益恢复到原来的状态的一种行为。A 项错误。

对于甲公司而言，既然乙帮他还了 2 万元，那甲公司再还 1 万元即可，不用再还 3 万元。故 C 选项正确，D 选项错误。

本题难点就是乙公司替子公司还了 2 万元，这算不算无因管理？无因管理，是指没有法定的或约定的义务，为避免他人利益受损失，自愿管理他人事务或为他人提供服务的行为。事实上，母公司替子公司还了钱，母公司、子公司之间是有利益关联的。给子公司还账，也就是相当于为自己减免了负债。因此，本题中不构成无因管理。故 B 项错误。

4.【参考答案】 D

【解析】 要约是要约人向受要约人作出的，愿意与之订立合同的意思表示。要约邀请是诱使对方向自己发出要约的表示。二者的区别在于内容明确者为要约；否则，为要约邀请。本题中，乙对出售的物品价格有明确表示，是要约而非要约邀请，故 B 错误。

合同的成立在于要约和承诺的契合，本题中甲同意出价 1100 元，但只转给乙 1000 元，乙很不满，能看出乙是同意以 1100 元成交的。双方达成了合意，合同有效。故 AC 错误，D 正确。

5.【参考答案】 A

【解析】 王某名为抵押名牌包，但根据民法规定，抵押不需要交付。而王某将名牌包交付给石某以担保 10 万元债权，这实际上是质押了名牌包。所以，石某对名牌包享有质权，故 A 正确，D 错误。

王某将名牌包交给石某是为了担保 10 万元债权，而没有转移所有权给石某的意思，石某不能取得名牌包所有权，故 B 错误。

留置权成立的要求是具有同一性，即债权人占有债务人动产的原因与债务人承担债务的原因相同，即基于同一法律关系。本题中，王某还款 10 万元是基于借贷法律关系，而把名牌包交付给石某是基于担保法律关系，不具有同一性，故 C 错误。

6.【参考答案】 C

【解析】 最高人民法院《关于审理民事案件适用诉讼时效制度若干问题的规定》第 16 条规定，债权人提起代位权诉讼的，应当认定对债权人的债权和债务人的债权均发生诉讼时效中断的效力。故A、B中“中止”均错误。

《民法典》第535条第2款规定，代位权的行使范围以债权人的到期债权为限。故C正确，D错误。

7.【参考答案】 A

【解析】 工程款引发的诉讼适用债权人的代位权规则。实际施工人可以发包人为被告提起诉讼，即债权人有权对次债务人提起代位权之诉。在建设工程的代位权之诉中：(1)法院应当将分包人列为第三人，故B公司作为分包人应为第三人。(2)发包人在欠付工程款的范围内对实际施工人承担责任。故A公司作为发包人在欠付B公司工程款50万元范围内承担责任，应支付给C公司50万元。选A。

8.【参考答案】 C

【解析】 根据《民法典》规定，合同的解除分为约定解除和法定解除，本题中显然没有约定解除。《民法典》第563条第1款规定：“有下列情形之一的，当事人可以解除合同：(一)因不可抗力致使不能实现合同目的；(二)在履行期限届满前，当事人一方明确表示或者以自己的行为表明不履行主要债务；(三)当事人一方迟延履行主要债务，经催告后在合理期限内仍未履行；(四)当事人一方迟延履行债务或者有其他违约行为致使不能实现合同目的；(五)法律规定的其他情形。”本题中无上述情形，故A错误。

显失公平属于撤销合同的法定事由，但显失公平须一方利用自己优势或利用对方的危难处境，致使双方权利义务明显违反公平、等价有偿原则的行为。本题中并无此种表述，故B错误。

重大误解也属于撤销合同的法定事由，指行为人对行为性质，对方当事人，标的物品种、质量、规格和数量产生错误认识，使行为的后果与自己的意思相悖，并造成较大损失的行为。本题中，摊主将文物当作普通物品出卖，属于对标的物品种的错误认识，可以主张重大误解撤销合同，故C正确。

本题中并没有欺诈的情形，不能基于欺诈撤销合同，故D错误。

9.【参考答案】 C

【解析】 我国民法在无因管理制度之外，另行规定了“自愿实施紧急救助行为”，即因自愿实施紧急救助行为造成受助人损害的，救助人不承担民事责任。所以A错误。

张某将手机交给王某无偿保管，依据《民法典》规定，此时王某因故意或重大过失使手机毁损、灭失的，应当承担赔偿责任。本题中，王某不能视为有故意或重大过失，张某不能向王某主张赔偿。而手机屏幕摔坏与被救者李某无关，不属于无因管理的范畴，故B、D错误。

张某背部受伤是因为跳入江中救人所致，根据《民法典》规定，管理人因无因管理所遭受的损失，有权请求被管理人适当补偿，故C正确。

10.【参考答案】 B

【解析】 根据《民法典》规定，居住权必须登记才能生效，因此甲的父亲取得了居住权，甲的母亲未取得居住权。故A、C错误。

《民法典》第221条第2款规定，预告登记后，债权消灭或者自能够进行不动产登记之日起90日内未申请登记的，预告登记失效。本案中，甲、乙于1月2日办理预告登记，应在90日内办理不动产过户登记，否则预告登记失效。故B正确。甲、乙一直未办理过户登记，商品房所有权未发生变动，所有权人仍然是甲，故D错误。

11.【参考答案】 D

【解析】 重大误解，是指行为人对行为的性质，对方当事人或标的物的品种、质量、规格、价格、数量等产生错误认识，按照通常理解如果不发生该错误认识行为人就不会作出相应意思表示。据此可知，重大误解的本质是“行为人因自身原因对合同的主要内容认识错误”。本题中，胜达公司自愿收购保利宾馆的全部资产，不存在认识错误。因此，不属于重大误解，不可以撤销。故A不正确，不当选。

欺诈是指故意告知虚假情况，或负有告知义务的人故意隐瞒真实情况，致使当事人基于错误认识作出意思表示的行为。据此可知，欺诈的本质是“因第三人原因(诱使)导致对合同的内容认识错误”。本题中，胜达公司自愿收购保利宾馆的全部资产，不存在认识错误。因此，不属于欺诈，不可以撤销。故B不正确，不当选。

显失公平，是指一方利用对方处于危困状态、缺乏判断能力(信息不对称)等情形，致使民事法律行为成立时显失公平。本题中，胜达公司自愿收购保利宾馆的全部资产，不存在一方利用对方处于危困状态、缺乏判断能力(信息不对称)等情形，因此，不属于显失公平，不可以撤销。该收购交易行为合法有效。故C不正确，不当选。D项说法正确，当选。

12.【参考答案】 B

【解析】 居住权的标的物系“房屋(住宅)”，

采“登记生效主义”，即书面居住权合同＋登记＝居住权。本题中，张某（男）与徐某（女）虽然签订了书面的居住权协议（婚前协议中包括居住权的内容），但双方仅对协议进行了公证并未前往房屋登记机构进行居住权登记。因此，居住权不成立。故A、C项说法错误，不当选。

基于物权“区分原则”，或称“物债两分原则”，未办理物权登记，不影响合同效力。因此，虽然徐某不享有张某房屋的居住权（物权效力），但是，徐某和张某签订的有关居住权协议合法有效（债权效力）。张某死后，徐某出租房屋的行为，对内违反了和张某之间合法有效的居住权协议，依法应当承担违约责任。但是，对外签订的租赁合同合法有效。故B项说法正确，当选；D项说法错误，不当选。

13.【参考答案】 A

【解析】 A项：拾得漂流物、发现埋藏物或隐藏物的，参照适用拾得遗失物的有关规定。拾得遗失物，应当返还权利人。本题中，辛某发现信封内特定化的1000元属于发现隐藏物，不能取得所有权，依法应当返还。故A项说法正确。

B项：夫妻在婚姻关系存续期间所得的奖金，为夫妻的共同财产，归夫妻共同所有。故B项说法不正确。

C项：信封内的1000元属于隐藏物而非无主物，隐藏物的发现人辛某不享有货币所有权，依法应当返还。故C项不正确。

D项：对于无权占有，根据占有人的主观心理状态，即以无权占有人是否误信且无怀疑为标准，将无权占有再分为善意占有和恶意占有。善意占有，是指无权占有人不知其无占有的本权（权源）而误信其有正当权源且无怀疑地占有。恶意占有，是指无权占有人知道其无占有的本权（权源）或对该物自己是否有权占有虽有怀疑而仍为占有。本题中，辛某发现隐藏物（信封内的1000元），属于无权占有人，且自己主观上明知是捡来的而非自己的。因此，属于无权占有项下的恶意占有。同时，赵某的妻子管某主观上不存在处分1000元的意思表示，因此，辛某亦不可能善意取得该笔金钱。故D项说法不正确。

14.【参考答案】 D

【解析】 A、B项：定金的数额由当事人约定；但是，不得超过主合同标的额的20%，超过部分不产生定金的效力。刘某和张某之间的买卖合同（主合同）标的额为1万元，定金最多为2000元，而张某向刘某支付5000元定金。因此，在5000元中，2000元产生定金的效力，3000元不产生定金的效力。后刘某不小心将紫烟壶摔碎，导致根本违约（合同目的无法实现），依法应当承担双倍返还定金的罚则，即4000元，再加上不产生定金效力的3000元，刘某应当向张某返还7000元。故A、B项说法错误，不当选。

C项：当事人一方违约造成对方损失，对方对损失的发生有过错的，可以减少相应的损失赔偿额。本题中，李某因第三人刘某的原因造成对田某的违约，但田某并没有过错。因此，张某无权请求减少返还定金的金额。故C项错误。

D项：当事人一方因第三人的原因造成违约的，应当依法向对方承担违约责任。当事人一方和第三人之间的纠纷，依照法律规定或者按照约定处理。据此可知，违约责任具有相对性。本题中，张某因刘某的原因造成对田某的违约，依法应当向田某承担违约责任。故D项正确。

15.【参考答案】 D

【解析】 自然人的民事权利能力始于出生止于死亡，醉酒不影响自然人的民事权利能力。故C项错误。

民事行为能力，即“独立做事的资格”，是指民事主体能以自己的行为取得民事权利、承担民事义务的资格。自然人的民事行为能力的本质是对客观事物的理解（认识/识别/判断和认知）能力，影响该能力的因素主要是年龄和精神健康状况。醉酒不影响自然人的民事行为能力。故B项错误。

完全民事行为能力人因醉酒、滥用麻醉药品或精神药品对自己的行为暂时没有意识或失去控制造成他人损害的，应当承担侵权责任。本题中，张某醉酒后将酒店的花瓶打碎，且对于该醉酒状态徐某并不存在过错。因此，依法应当由张某承担侵权责任。故A项错误，D项正确。

16.【参考答案】 A

【解析】 A项：未满18周岁的人需要变更姓名时，由本人或父母、收养人向户口登记机关申请变更登记。未成年子女的姓名变更权由父母决定。父亲去世的，由母亲单独决定，祖父母、外祖父母无权决定变更。故A项不正确。

B项：自然人应当随父姓或母姓。本题中，孩子的父亲甲死亡，可以随母姓。故B项正确。

C项：夫妻婚后购买不动产，无论登记在谁名下，均属于夫妻共同共有。同时，遗嘱人以遗嘱处分了他人（配偶）财产的，应当认定该部分遗嘱无效。本案中，甲立下遗嘱，将夫妻共同共有的房屋处分给妻子乙和自己的父母。该遗嘱中处分妻子乙房屋的遗嘱部分无效。故C项正确。

D项:未对缺乏劳动能力又没有生活来源的继承人保留必要的遗产的份额的,对应当保留的必要份额的处分无效。本案中,甲在立遗嘱时,妻子乙已经怀孕,甲未给胎儿留有必要的份额。因此,遗嘱部分无效。故D项正确。

17.【参考答案】 A

【解析】 A、B项:最高额抵押权设立前已经存在的债权,经当事人同意,可以转入最高额抵押担保的债权范围。本题中,A公司和B银行之间的债权额应为2000万元(转入最高额债权)加上第三季度的4000万元,即6000万元。因此,B银行可以优先受偿6000万元。故A项说法正确,B项说法错误。

C、D项:最高额抵押权系担保物权转让从属性的例外。最高额抵押担保的债权确定前,部分债权转让的,最高额抵押权不得转让,但是当事人另有约定的除外。本题中,B银行将第一季度的4000万元债权转让给C公司,虽然债权转让协议合法有效,但是,该4000万元的性质为普通债权,建设用地使用权的抵押权不随之转移,即该4000万元不存在任何优先权。故C、D项均错误。

18.【参考答案】 B

【解析】 A、B项:没有法定的或约定的义务,为避免他人利益受损失而进行管理的人,有权请求受益人偿还由此支出的必要费用。同时,拾得遗失物,应当返还权利人。据此可知,甲拾得遗失物的,有法定的返还义务。因此,不构成无因管理。故A项说法错误;B项正确。

C、D项:二人以上共同实施侵权行为,造成他人损害的,应当承担连带责任。本题中,拾得人甲拾得遗失物手机后,可以返还权利人乙,也可以送交超市的失物招领处。因此,甲将手机送往超市失物招领处的行为不存在过错,无须承担侵权责任。同时,遗失小鱼缸的顾客丁对于乙的手机损坏不存在过错,无须承担侵权责任。

招领处的工作人员对于遗失物虽然负有妥善保管义务,但是,仅在故意或重大过失时才承担侵权责任。工作人员丙系"不小心"碰翻小鱼缸致使乙的手机损坏,亦无须承担侵权责任。据此,无论甲、丙,还是丙、丁均不构成共同侵权。故C、D项错误。

19.【参考答案】 D

【解析】 A项:业主应当按照约定向物业服务人支付物业费。物业服务人已经按照约定和有关规定提供服务的,业主不得以未接受或者无须接受相关物业服务为由拒绝支付物业费。故A项错误。

B项:建设单位依法与物业服务人订立的前期物业服务合同,以及业主委员会与业主大会依法选聘的物业服务人订立的物业服务合同,对业主具有法律约束力。可知,该前期物业服务合同对全体业主都具有拘束力,成某作为业主不能以未参与合同签订为由主张不受约束,故B项错误。

C项:物业服务人不得采取停止供电、供水、供热、供燃气等方式催交物业费。故C项错误。

D项:物业服务合同对成某具有法律约束力。向荣物业公司存在违约行为,即没有制止他人擅自占用成某停车位,维护物业服务区域内的基本秩序,所以成某有权对向荣物业公司主张违约责任,但不得否认该合同对其无约束力。故D项正确。

20.【参考答案】 C

【解析】 婚姻的效力包括三类,分别是有效婚姻、无效婚姻和可撤销婚姻。无效婚姻和可撤销婚姻又称为效力有瑕疵的婚姻。效力有瑕疵的婚姻如下:重婚、未到法定婚龄、有禁止结婚的亲属关系(直系血亲或三代以内旁系血亲)、一方患有重大疾病在结婚登记前未如实告知、胁迫等。

本题中,乙(女)提出与甲(男)分手,甲以在网上发布乙的裸照相威胁,使乙陷入恐惧或害怕的心理状态而与甲结婚,构成胁迫,婚姻可撤销。故C项正确。

21.【参考答案】 A

【解析】 根据民事诉讼法规定,原告经传票传唤无正当理由拒不到庭的,按撤诉处理,故A正确,C错误。

法院对必须到庭的被告,经两次传票传唤,无正当理由拒不到庭的,可以拘传,而甲是原告,所以B错误。

法院对被告及其法定代理人,或者被告反诉的原告,经传票传唤无正当理由拒不到庭的,可以缺席判决,本题中甲是原告,也没有被反诉,不适用缺席审判,故D错误。

22.【参考答案】 C

【解析】 立法并未明确规定申请回避的次数,但根据法理,对于一个事由只能申请回避一次。因为只要法院对这一事由作出了判断,当事人就没必要也不应该请求法院对同一事由进行重复判断。但是,当事人对法院判断的结果不服,可以向本级法院申请复议一次。本案中,当事人两次申请回避的事由不同,应当允许当事人前后两次申请回避,故A错误。

B项逻辑关系不成立。法官是否被回避,并不影响案件的管辖权,而甲是否可以提出管辖权异议和审判主体是否被回避也没有必然的关系,所以B错误。

当事人申请相关主体回避的,相关主体应暂停工作,所以C正确。

对于不予回避的结果,法院适用的文书应为决定书,所以D错误。

23.【参考答案】 B

【解析】 根据民事诉讼法规定,只有年满18周岁,精神正常,能够辨认自己行为的人才具备诉讼行为能力。本案中,起诉时加害人小张已经年满18周岁,既具备当事人能力又具备当事人诉讼行为能力,是本案当中唯一的适格被告,且不需要法定代理人,其父老张不是其法定代理人,也不能做适格被告,C、D项错误。

原告小赵在起诉时尚未满18周岁,尚未成年。小赵是适格原告,但不具备诉讼行为能力,老赵作为其监护人,可以担任其法定代理人参加诉讼,B正确。老赵不是本案受害人,没有法律上直接利害关系,老赵不是适格原告,A错误。

24.【参考答案】 A

【解析】 根据《民法典》第1253条的规定,建筑物、构筑物或者其他设施及其搁置物、悬挂物发生脱落、坠落造成他人损害,所有人、管理人或使用人不能证明自己没有过错的,应当承担侵权责任。所有人、管理人或使用人赔偿后,有其他责任人的,有权向其他责任人追偿。本题的关键在于认定乙是否为使用人,根据法理,使用人必须对建筑物有控制、管理的权利和责任,如承租人、借用人等。而乙只是到甲家做客,不应被认定为使用人。所以本案中,甲是唯一的适格被告,A正确。

25.【参考答案】 D

【解析】 《民法典》第280条第2款规定,业主大会或业主委员会作出的决定侵害业主合法权益的,受侵害的业主可以请求人民法院予以撤销。据此,A某认为自己权益受到侵害,可以作为适格原告起诉,业主大会或业主委员会作为适格被告参与诉讼。A、B错误。

对于业主大会违反法律、法规的强制规定作出的决定,业主有权申请法院予以撤销。程序错误侵犯业主合法权益的,属于业主撤销权的行使范围。C错误。

如果最后判决结果认为业主大会的决定并没有侵害到业主A某的合法权益,那么A某的诉求就无法得到支持,此时可以判决的形式驳回A某的诉讼请求,D项正确。

26.【参考答案】 D

【解析】 《民法典》第1051条规定,有下列情形之一的,婚姻无效:(1)重婚,(2)有禁止结婚的亲属关系,(3)未到法定婚龄。但根据《婚姻家庭编解释(一)》第10条的规定,当事人依据《民法典》第1051条的规定向人民法院请求确认婚姻无效,法定的无效婚姻情形在提起诉讼时已经消失的,人民法院不予支持。

本案中,虽然二人结婚时不满足有效婚姻的要件,但离婚时此问题已得到修复,法院不能判决婚姻关系无效。本案当事人适格,有具体事实、理由,也没有其他可以驳回起诉的情形,既然感情已经破裂,就应判决离婚。所以,D正确。

27.【参考答案】 D

【解析】 判决既判力,是指法院作出的判决一旦生效,当事人和法院都应当受该判决内容拘束。当事人不得在以后的诉讼中主张与该判决相反的内容,法院也不得在以后的诉讼中作出与该判决冲突的判断。同时,禁止当事人重复起诉和法院重复裁判。

民法上,一般认为本金的请求权和利息的请求权不是同一种请求权。因此,法院第一次受理和审理的请求权无法覆盖当事人第二次起诉的请求权,两次救济的是当事人不同的利益。因此,第一次的判决既判力不应及于利息,当事人可以再次起诉,法院应受理案件,D当选。

28.【参考答案】 D

【解析】 《民事诉讼法》第41条第1、2款规定,人民法院审理第二审民事案件,由审判员组成合议庭。合议庭的成员人数,必须是单数。中级人民法院对第一审适用简易程序审结或不服裁定提起上诉的第二审民事案件,事实清楚、权利义务关系明确的,经双方当事人同意,可以由审判员一人独任审理。

本题中,乙公司当庭提出异议,表明乙公司不同意二审由张法官一人独任审理,因此本案不适用独任审理。

根据《民事诉讼法》第43条的规定,法院在审理过程中,发现案件不宜由审判员一人独任审理的,应当裁定转由合议庭审理。当事人认为案件由审判员一人独任审理违反法律规定的,可以向法院提出异议。法院对当事人提出的异议应当审查,异议成立的,裁定转由合议庭审理;异议不成立的,裁定驳回。因此,D 项正确。

29.【参考答案】 B

【解析】 《环境保护法》第 58 条规定,对污染环境、破坏生态,损害社会公共利益的行为,符合下列条件的社会组织可以向人民法院提起诉讼:(1)依法在设区的市级以上人民政府民政部门登记;(2)专门从事环境保护公益活动连续 5 年以上且无违法记录。据此,A 项不当选,企业不能提起环境公益诉讼。C 项不当选,国外的环保协会没有在中国登记,无权在中国提起环境公益诉讼。D 项中的登记级别不够,不当选。B 项中的登记级别足够,当选。

30.【参考答案】 D

【解析】 本案属于涉网纠纷,且当事人诉在互联网法院,那么就应该进行在线审理,即便一方同意在线审理,另一方不同意,法院也应决定线上审理。据此,D 正确,A、B、C 错误。

31.【参考答案】 C

【解析】 根据《民事诉讼法》第 238 条的规定,执行过程中,案外人对执行标的提出书面异议的,人民法院应当自收到书面异议之日起 15 日内审查,理由成立的,裁定中止对该标的的执行;理由不成立的,裁定驳回。案外人、当事人对裁定不服,认为原判决、裁定错误的,依照审判监督程序办理;与原判决、裁定无关的,可以自裁定送达之日起 15 日内向人民法院提起诉讼。据此,法院审查后认为案外人主张对执行标的享有足以排除强制执行的理由不成立,裁定驳回后,案外人可通过申请再审或提起执行异议之诉方式救济。本题中,吕某主张对作为执行标的的部分厂房享有所有权而提出异议,其性质属于执行标的异议。由于吕某重复提出异议被法院裁定驳回,为维护其合法权益,可参照适用《民事诉讼法》第 238 条的规定,因异议理由不成立而被裁定驳回的方式予以救济。此时,由于据以执行的生效判决并未涉及厂房的权利归属,故属于与原生效判决无关,案外人吕某可向执行法院提起执行异议之诉。选项 C 正确,其余选项均错误。

32.【参考答案】 B

【解析】 股东可以以非货币财产出资,但应当办理财产权的转移手续。丁用以出资的房产已经交付公司使用但未办理权属变更手续,发生争议时,法院应责令其在指定合理期间内办理权属变更手续;在前述期间内办理了权属变更手续的,丁有权主张自其实际交付财产给公司使用时享有相应股东权利。若未办理权属转移手续,则认定出资人未全面履行出资义务,不享有相应股东权利。A 项错在"无须办理过户",不当选。

股东未全面履行出资义务的,公司可以限制其利润分配请求权,按其实缴比例分配红利。丙实缴 40 万元,应按 11.8% 比例分配利润,公司限制其为 10% 是不合法的,B 正确。

限制利润分配请求权不以催告为前提,C 错误。

丁用以出资的房屋尚未办理财产权转移手续,属于未按期足额缴纳公司章程中规定的各自所认缴的出资额,应当向已经按期足额缴纳出资的股东承担违约责任,D 错误。

33.【参考答案】 D

【解析】 本题中,爱思基金是和目标公司的股东签订的对赌协议,依据《全国法院民商事审判工作会议纪要》规定,应当支持实际履行。虽然该协议的履行由目标公司以当年全部利润提供担保,但本案投资方并非直接和目标公司签订的对赌协议,并非直接从目标公司中取得金钱补偿,所以无须审查该担保合同是否按照利润分配的强制性规定进行。另外,蓝鸥公司也是该对赌协议的受益者,认定蓝鸥公司承担担保责任,也符合公平原则。故 A、B 错误。

股份有限公司属于资合性公司,在增资时,其他股东没有优先认缴权,故 C 错误。

公司为本公司股东提供担保必须经股东会决议。被担保的股东或实际控制人不得参与表决,该项表决由出席会议的其他股东所持表决权的过半数通过,D 正确。

34.【参考答案】 D

【解析】 债权人申请债务人破产,应当提交债务人不能清偿到期债务的有关证据。据此可知,债权人申请债务人破产只需证明该债权是已到期、债务人未清偿、法律上可强制执行的请求权,无须向法院申请确认合同债权或确认债务人资产状况。故 A、B 错误,D 正确。

破产案件由债务人住所地人民法院管辖,并无必须由中级人民法院管辖的要求,故 C 错误。

35.【参考答案】 A

【解析】 出卖人已经将买卖标的物向作为买受人的债务人发运,债务人尚未收到且未付清全款的,出卖人可以取回在运途中的标的物。本题中,管理人已经收到了该批设备,不符合"在途标的物"

的要求，因此，出卖人乙公司不能取回，该批设备属于甲公司的债务人财产。故A正确，B错误。

管理人对破产申请受理前成立而债务人和对方当事人均未履行完毕的合同有权决定解除或继续履行，并通知对方当事人。本题中，对方已经交付设备，履行完毕，因此管理人无权解除合同，故C错误。

破产撤销权，是指管理人对债务人在法院受理破产申请前特定时间内进行的欺诈债权人或损害对全体债权人公平清偿的行为，有申请法院予以撤销的权利。本题中，购买设备的交易行为发生在法院受理破产申请前的特定时间内，该合同被撤销，还需要满足“以明显不合理的价格进行交易”这一条件。D项缺乏必要条件，故撤销交易行为是错误的。

36.【参考答案】 D

【解析】 法院受理破产申请后，管理人可以通过清偿债务或提供为债权人接受的担保，取回质物、留置物。进行上述对债权人利益有重大影响的财产处分行为的，应当及时报告债权人委员会。未设立债权人委员会的，管理人应当及时报告人民法院。A项错在“直接取回”。

本题中，管理人取回质物的前提是需要清偿债权人乙公司的500万元债务。如果仅支付200万元就免除对乙公司的清偿，对债权人乙公司不公平。B项的“免除”债务表述错误。

乙公司是别除权人，其享有对该特定财产优先受偿的权利。该类债权人行使优先受偿权未能完全受偿的，未受偿债权作为普通债权。担保物和田玉现有价值为300万元，乙公司只能就300万元优先受偿，剩余的200万元应作为普通债权进行申报。故C错误，D正确。

37.【参考答案】 D

【解析】 《票据法》第31条第1款规定，以背书转让的汇票，背书应当连续。持票人以背书的连续，证明其汇票权利；非经背书转让，而以其他合法方式取得汇票的，依法举证，证明其汇票权利。根据票据具有文义性、流通性的特征，该条中“其他合法方式”不应包括“单纯交付”方式，所以A公司及其财务负责人王某均不享有票据权利。A、B错误。

背书人（乙）在汇票上记载“不得转让”字样，处理规则为：其后手的再次背书为“有效背书”，具有普通背书的效力。但是，其后手再背书转让的，原背书人对后手的被背书人不承担保证责任。C项错在“无效背书”，D正确。

38.【参考答案】 B

【解析】 《票据法》第7条第2款规定，法人和其他使用票据的单位在票据上的签章，为该法人或者该单位的盖章加其法定代表人或者其授权的代理人的签章。可知，支票出票人未完成票据签章。

根据《票据法》第84条第1款第6项规定，支票上未记载“出票人签章”事项的，支票无效。

综上分析，该张支票上未记载出票人签章，故支票无效，持票人不享有票据权利。B正确。

39.【参考答案】 C

【解析】 《保险法》第16条规定，订立保险合同时，投保人有如实告知义务，“如实告知”的范围包括“与保险标的或者被保险人的有关情况”。本题中，体检报告单上写有“疑似甲状腺有结节状”，但投保单询问表写的是“是否有甲状腺疾病”，二者不能完全等同，不宜认定投保人甲故意不如实告知。但是，因体检报告单已经有提示，而甲直接填写“否”，应认定为“重大过失未如实告知有关情况”。A项所述与题目不符合，错误。

投保人未如实告知，足以影响保险人决定是否同意承保或提高保险费率，保险人有权解除合同。B错误，错在“撤销”合同。

《保险法》第16条第4、5款规定：投保人故意不履行如实告知义务的，保险人有权解除合同，不承担赔偿或者给付保险金的责任，并不退还保险费；投保人因重大过失未履行如实告知义务，对保险事故的发生有严重影响的，保险人有权解除合同，不承担赔偿或者给付保险金的责任，但应当退还保险费。根据前述分析，应认定甲“重大过失未如实告知”。C正确，D错误。

40.【参考答案】 C

【解析】 A项中，人身保险中，投保人对“被投保人有抚养、赡养或扶养关系的家庭其他成员、近亲属”具有保险利益。本题中，表兄弟关系不符合要求，A错误。

人身保险要求订立合同时投保人对被保险人具有保险利益。《保险法解释（三）》第4条规定，保险合同订立后，因投保人丧失对被保险人的保险利益，当事人主张保险合同无效的，人民法院不予支持。本题中，虽然被保险人乙已经离职，但订立合同时是符合保险利益要求的，所以该保险合同有效。故B、D错误。

人身保险中，投保人指定受益人时须经被保险人同意。投保人为与其具有劳动关系的劳动者投保人身保险，不得指定被保险人及其近亲属以外的人为受益人。故 C 正确。

41.【参考答案】 B

【解析】 《保险法》第 52 条规定,在合同有效期内,保险标的的危险程度显著增加的,被保险人应当按照合同约定及时通知保险人,保险人可以按照合同约定增加保险费或者解除合同。保险人解除合同的,应当将已收取的保险费,按照合同约定扣除自保险责任开始之日起至合同解除之日止应收的部分后,退还投保人。被保险人未履行前款规定的通知义务的,因保险标的的危险程度显著增加而发生的保险事故,保险人不承担赔偿保险金的责任。

A 项中,保险合同系诺成合同,双方协商一致,合同成立并生效,保险标的危险程度增加会导致拒绝理赔的后果,但并非保险合同无效的事由,A 错误。

私家车用于网约车,会导致危险程度显著增加,依照《保险法》第 52 条的规定,甲未履行通知义务,所以就增加风险而引发的损失,保险公司有权拒绝赔偿,B 正确,D 错误。

根据《保险法》第 52 条的规定,在及时通知的情况下,才会出现退还保费的处理,本题中未表述通知,不涉及保费退还问题,C 错误。

42.【参考答案】 B

【解析】 大米行业协会组织会员企业签订协议,各企业之间均为具有竞争关系的经营者,构成横向垄断协议,A 错误,B 正确。

市场支配地位是指经营者相关市场内具有能够控制商品价格、数量或者其他交易条件,或能够阻碍影响其他经营者进入相关市场能力的市场地位。行业协会并非具体经营者,不符合主体资格,C 错误。

《反垄断法》第 20 条中规定了垄断协议豁免条款,包括“增强中小经营者竞争力”,但本题难以证明是为了达到增强中小经营者竞争力的目的,不属于反垄断豁免情形,D 错误。

43.【参考答案】 A

【解析】 经营者实施足以引人误认为是他人商品或者与他人存在特定联系的混淆行为,构成不正当竞争。本题中,“金硕”是金硕巅峰公司有一定影响的商品名称和企业字号,飞跃公司擅自使用,使人误认为是金硕巅峰公司的课程,构成混淆,A 正确,C、D 错误。

虚假宣传是指经营者对其商品的性能、功能、质量等作虚假或引人误解的商业宣传,欺骗、误导消费者。本题中并未表述飞跃公司对该套课程进行了虚假广告等宣传行为,故 B 错误。

44.【参考答案】 A

【解析】 经营者利用网络从事生产经营活动的,不得利用技术手段,通过影响用户选择或者其他方式,实施妨碍、破坏其他经营者合法提供的网络产品或者服务正常运行的行为。甲和乙公司的委托合同约定将甲的相关链接排序在先,此行为会影响用户的选择,构成互联网不正当竞争行为,A 正确,C 错误。

混淆行为,是指经营者实施引人误认为是他人商品或者与他人存在特定联系的行为。本题不符合混淆行为的定义,B 错误。

虚假宣传,是指经营者对其商品的性能、功能、质量等作虚假或引人误解的商业宣传,欺骗、误导消费者。甲的行为不符合虚假宣传定义,D 错误。

45.【参考答案】 D

【解析】 预包装食品,是指预先定量包装或制作在包装材料和容器中的食品。常见的如方便面、可乐等。该类食品具有统一的质量或体积标识。本题中,香肠不符合定量的要求,不属于预包装食品,应归类为散装食品,A 错误。

食品的标签、说明书属于食品安全的内容,仅有“裸装的食品和其他根据产品的特点难以附加标识的裸装产品,可以不附加产品标识”。标签瑕疵属于违反食品安全,这和食品质量是否合格、是否为“三无产品”、是否具有经营许可证没关系。本题中,该批香肠已经有真空包装,故 B 项仅以证件齐全抗辩是错误的。

根据《食品安全法》第 148 条第 2 款的规定,生产不符合食品安全标准的食品,消费者可以要求支付价款 10 倍或损失 3 倍的赔偿金。但是,食品的标签、说明书存在不影响食品安全且不会对消费者造成误导的瑕疵的除外。据此可知,本题关键是要确定食品标签是否会造成误导的瑕疵。根据题意,该批香肠根本就没有产品标识,当属重大瑕疵。甲应当支付香肠价款 10 倍或损失 3 倍的赔偿。C 错误,D 正确。

46.【参考答案】 B

【解析】 根据《民事诉讼法》第 19 条的规定,中级人民法院管辖重大涉外案件。本题虽为涉外离婚,但涉及财产仅为 1000 万元,在宁波市算不上重大案件,无须由中级人民法院管辖。故 A 错误。

根据《涉外民事关系法律适用法》第 27 条的规定,诉讼离婚,适用法院地法律。本题是涉外诉讼离婚,应适用中国法,故B正确,C错误。

根据《民诉解释》第148条的规定,当事人自行和解或者调解达成协议后,请求人民法院按照和解协议或调解协议的内容制作判决书的,人民法院不予准许。故D错误。

47.【参考答案】 B

【解析】 根据贸易术语2020版规定,DPU术语强调目的地可以是任何地方,而不仅仅是"运输终端",故D错误。DPU术语下,保险购买凭自愿,而非卖方义务,故A错误。

根据《联合国国际货物销售合同公约》规定,卖方在销售的货物上要保证所有权和知识产权上不能有第三方的权利存在,故B正确。

根据《出口管制法》第16条的规定,管制物项的最终用户应当承诺,未经国家出口管制管理部门允许,不得擅自改变相关管制物项的最终用途或者向任何第三方转让。故C错误。

48.【参考答案】 C

【解析】 A项:根据我国相关法律的规定,劳动合同首先适用劳动者工作地法律,难以确定工作地的,适用用人单位主营业地法律。劳务派遣的,可以适用派出地法。本题中,劳动者工作地在莫桑比克,存在劳务派遣并且派出地在中国。所以本案中的劳动合同应该适用莫桑比克法或者中国法。也就是既可以适用莫桑比克法,也可以适用中国法。A项中"应当"适用莫桑比克法的说法是错误的。B错误,C正确。

D项:外国公民可以委托其本国领事或外交人员担任诉讼代理人。但有两个限制,一是以"个人身份",二是没有特权与豁免。本题D项中说以"领事身份"是错误的。

49.【参考答案】 D

【解析】 A项:根据我国法律的规定,侵犯人格权的,适用被侵权人经常居所地法。在本案中也就是应当适用德国法。该规定并没有允许当事人选择所适用的法律,所以A项错误。

B项:我国立法中不承认反致,也就是不能再依据德国的冲突规范适用外国法了。简单来说,不承认反致的结果就是只能根据我国冲突规范指向外国的实体法,不能再反回来。B项错误。

C项:诉讼时效本身没有自己的规则,跟着基础法律关系走,适用基础法律关系所适用的法律。本案中基础法律关系适用德国法,所以本案的诉讼时效也应该适用德国法。C项错误。

D项:当事人选择适用外国法的,由当事人负责查明。当事人没有选择,依据我国冲突规范应当适用外国法的,由法院、仲裁机构、行政机关负责查明,具体谁受案,谁查明。本案中不允许当事人选择法律,根据我国冲突规范应当适用德国法,且诉至法院,即应该由法院负责查明所适用的法律。D项正确。

50.【参考答案】 B

【解析】 消费税的征税对象主要为高耗能、高污染和高档消费品。电动汽车属于国家鼓励发展方向,不属于消费税的征税范围,不征收消费税。A错误。

2018年经国务院批准,财政部发布《关于节能新能源车船享受车船税优惠政策的通知》第2条规定,对新能源车船,免征车船税。B正确。

《增值税暂行条例》第1条规定,在中华人民共和国境内销售货物……以及进口货物的单位和个人,为增值税的纳税人,应当依照本条例缴纳增值税。据此可知,进口的新能源电动汽车属于增值税的纳税对象。C错误。

企业以货币形式和非货币形式从各种来源取得的收入,为收入总额,包括接受捐赠收入。因此,该辆获赠的电动车,需要列入企业所得税的计算,D错误。

二、多项选择题

51.【参考答案】 BD

【解析】 王乙误将名画当作遗产出卖,侵犯了李某的所有权,王乙和李某之间是一种侵权法律关系,李某可以要求王乙返还原物或价金,因为原物已经卖掉,无法返还,只好要求返还价金,故B正确,C错误。王乙将卖画所得100万元赠送给王甲,王乙和王甲之间是一种赠予关系,而王甲和李某之间没有任何法律关系,李某无权向王甲索还100万元,故A错误。如前所述,王乙对李某构成了侵权,李某可以要求王乙承担侵权责任,D正确。

52.【参考答案】 CD

【解析】 A错误。《民法典》第1014条规定了任何组织或个人不得侵害他人姓名权或名称权。但本案中李某并没有对周某的姓名权进行侵害。

B错误。名誉权的侵害要求行为要件上实施了侮辱、诽谤的行为,后果要件上造成了受害人名声的社会评价降低。本题中,李某的行为并未造成周某名声受损。

C正确。原则上,未经肖像权人同意,擅自制作、使用、公开肖像权人的肖像的,为肖像侵权,但依法属于合理使用的除外。合理使用包括个人学习、艺术欣赏、科学研究、新闻报道、国家机关依法履职所需等。本题中，李某用AI技术换脸不属于合理使用，属于肖像侵权。

D正确。李某未经著作权人周某许可，擅自使用周某的原创作品，且上传到自己的公众号，侵犯了周某的著作权。

53.【参考答案】 BC

【解析】 买家和商家构成对洗手池的买卖合同关系，同时商家提供安装服务，该服务包含在买卖关系之内。在安装过程中由于工人失误打碎买家杯子，基于合同相对性原理，买家可向商家主张赔偿损失。所以A错误，C正确。

买家与工人之间构成对拆除洗手池的合同关系，工人拆坏墙壁而产生的损失应由工人承担，故买家有权向工人索赔40元墙壁损失。B正确，D错误。

54.【参考答案】 ABC

【解析】 根据《民法典》规定，夫妻一方个人财产在婚后所产生的“孳息”，仍归属于原物所有人一方。这里的“孳息”指天然孳息、租金、利息、中奖等。本题中，雷某的房子是自己婚前全款购买属于雷某个人财产，房屋租金是孳息，应归雷某个人所有。A正确。

夫妻一方婚前签订不动产买卖合同，以个人财产支付房款，或者以个人名义从银行贷款，不动产登记于首付款支付方名下的，当事人无特别约定的，该房屋视为婚前财产，归登记人。故B正确。

根据《民法典》第1079条的规定，法定离婚理由之一为因感情不和分居满两年，或经法院判决不准离婚后，又分居满一年，一方再次提起离婚诉讼。本题中，双方分居已满两年，符合法定离婚理由，应判决离婚。C正确。

根据《民法典》第1092条的规定，夫妻一方隐藏、转移、变卖、毁损、挥霍夫妻共同财产的，在离婚分割夫妻共同财产时，对该方可以少分或者不分。但本题中，雷某租金属于个人财产，不符合《民法典》第1092条规定，D错误。

55.【参考答案】 BCD

【解析】 《个人所得税法》第4条规定，可以免征个人所得税的奖金为省级人民政府、国务院部委和中国人民解放军军以上单位，以及外国组织、国际组织颁发的科学、教育、技术、文化、卫生、体育、环境保护等方面的奖金。A项符合要求，可免征个人所得税，正确。

B项中颁发奖金主体为市政府，C项中主体为乙企业，均不符合要求，不属于免税事项，仍然要缴纳个人所得税。B、C错误。

企业发生的公益性捐赠支出，在年度利润总额12%以内的部分，准予按税法规定，在计算应纳税额时扣除。而公益性捐赠指通过公益性社会组织、县级以上人民政府及其部门等国家机关，用于符合法律规定的公益慈善事业捐赠支出。由此可知，乙企业的捐赠不属于公益性捐赠，不得扣除，D错误。

56.【参考答案】 BCD

【解析】 A、B项：租赁物在承租人按照租赁合同“占有期限内”发生所有权变动的，不影响租赁合同的效力。本题中，虽然甲公司将机器出租给乙公司，但双方约定一周后交付。次日，甲公司将机器出卖给丙公司时，乙公司并未占有租赁物。因此，不适用买卖不破租赁规则，故A项错误，B项正确。

C项：动产交付包括两类，分别是现实交付和观念交付。观念交付包括三类，分别是：(1)简易交付；(2)指示交付；(3)占有改定。占有改定，是指动产物权转让时，当事人又约定由出让人继续占有该动产的，物权自该约定生效时发生效力。本题中，甲公司将动产机器出卖给丙公司，双方约定以占有改定的方式进行交付，该约定合法有效。丙公司自该约定生效时取得机器的所有权。故C项正确。

D项：违约责任的构成要件有三：(1)存在合法有效的合同；(2)存在违约行为；(3)不存在法定或约定的免责事由。本题中，甲公司和乙公司之间存在合法有效的租赁合同，后甲公司在交付机器前将设备又出卖给丙公司，导致乙公司合同目的无法实现，构成违约且不存在法定或约定的免责事由。因此，非违约方依法有权追究违约方甲公司的违约责任，请求其返还押金。故D项正确。

57.【参考答案】 AB

【解析】 无民事行为能力人、限制民事行为能力人造成他人损害的，由监护人承担侵权责任。监护人尽到监护职责的，可以减轻其侵权责任。有财产的无民事行为能力人、限制民事行为能力人造成他人损害的，从本人财产中支付赔偿费用；不足部分，由监护人赔偿。据此可知，监护人责任的本质是被监护人造成第三人损害。本题中，13周岁的甲（限制民事行为能力人）从学校的床上掉下系受害人而非加害人，与监护人责任无关。故C项错误。

限制民事行为能力人在学校或其他教育机构学习、生活期间受到人身损害，学校或其他教育机构未尽到教育、管理职责的，应当承担侵权责任。据此可知，学校有义务保障学生在校安全，即负有安全保障义务。本题中，学校的床上有挡板，超过床一半长度，相关规定要求不能短于床的1/3。因此，学校的床上挡板符合法律规定，依法尽到了管理职责，可以免责，无须承担侵权损害赔偿责任。故A、B项说法均正确。

无民事行为能力人或限制民事行为能力人在幼儿园、学校或者其他教育机构学习、生活期间，受到幼儿园、学校或其他教育机构以外的第三人人身损害的，由第三人承担侵权责任；幼儿园、学校或者其他教育机构未尽到管理职责的，承担相应的补充责任。据此可知，教育机构承担补充责任的前提是第三人实施了侵权行为且学校有过错。本题中，不存在第三人侵权且学校没有过错。因此，学校无须承担补充责任。故D项说法错误。

58.【参考答案】 AC

【解析】 离婚后，一方发现另一方隐藏夫妻共同财产的，可以向人民法院提起诉讼，请求再次分割夫妻共同财产。本题中，张某隐藏婚后股票500万元的行为损害了夫妻共同财产利益，戴某有权要求重新分割财产。故A、C项说法正确。

夫妻双方共同签名或夫妻一方事后追认等共同意思表示所负的债务，以及夫妻一方在婚姻关系存续期间以个人名义为家庭日常生活需要所负的债务，属于夫妻共同债务。本题中，张某因赌博打牌欠款100万元属于个人债务，应由张某个人承担，戴某不应承担。故B、D项说法错误。

59.【参考答案】 BC

【解析】 A项：雇佣合同是当事人一方向对方提供劳动力以从事某种工作，由对方提供劳动条件和劳动报酬的协议。本题中，高某并未向老默提供劳动力，且当事人之间不存在控制、支配和从属关系，也不存在由一方指定工作场所、提供劳动工具或设备、限定工作时间、定期给付劳动报酬等关系。因此，高某与老默不形成雇佣合同关系。故A项错误。

B项、C项：宾馆、商场、银行、车站、机场、体育场馆、娱乐场所等经营场所、公共场所的经营者、管理者或群众性活动的组织者，未尽到安全保障义务，造成他人损害的，应当承担侵权责任。本题中，老默作为海区的经营者和管理者应对进入海区学习潜水的高某承担安全保障义务。但是，对于高某的不幸溺亡，高某自己应承担主要责任，老默仅在过错范围内承担相应的赔偿责任。故B、C项正确。

D项：被继承人的兄弟姐妹先于被继承人死亡的，由被继承人的兄弟姐妹的子女代位继承。其中，该子女应为“亲生子女或养子女”而不包括有抚养关系的继子女。本题中，晓晨系高某弟弟阿胜抚养成年之继子，不享有代位继承权。故D项错误。

60.【参考答案】 AD

【解析】 宾馆、商场、银行、车站、机场、体育场馆、娱乐场所等经营场所、公共场所的经营者、管理者或群众性活动的组织者，未尽到安全保障义务，造成他人损害的，应当承担侵权责任。

据此可知，安保义务的责任主体系经营者、管理者和组织者。大龙作为樱桃树的所有人并非安保义务人，不对大美负有安保义务，而应由后西村负有安保义务。故C项正确。

后西村作为该村景区管理者虽然负有保障游客免遭损害的义务，但义务的确定应限于景区管理人的管理和控制能力范围之内。大美擅自爬树摘樱桃摔伤系由其自身过错所致。作为安保义务人的后西村没有过错。因此，后西村对大美的摔伤不应负责，而应由大美自己负全责。故A项错误，B项正确。

行为人因过错侵害他人民事权益造成损害的，应当承担侵权责任。本题中，狗蛋对于大美的摔伤不存在主观过错，依法无须承担侵权责任。故D项错误。

61.【参考答案】 ABC

【解析】 根据《担保制度解释》第21条第2、3款的规定，债权人一并起诉债务人和担保人的，应当根据主合同确定管辖法院；债权人依法可以单独起诉担保人且仅起诉担保人的，应当根据担保合同确定管辖法院。具体到本案中，甲是债权人，乙是债务人，借款合同约定发生纠纷由B区法院管辖；甲是债权人，丙是担保人，担保合同中约定由C区法院管辖。

本题中，如果甲起诉乙，应当由B区法院管辖；如果甲单独起诉丙，应当由C区法院管辖；如果甲起诉乙和丙，则应当根据主合同确定管辖，即应当由B区法院管辖。综上所述，本题答案为ABC。

62.【参考答案】 ABD

【解析】 在诉讼中的当事人丧失诉讼行为能力的，应当由其法定代理人代为诉讼。本案中张某丧失行为能力，应当由其法定代理人代为诉讼。

在民事诉讼中,无、限制民事行为能力人的监护人是其法定代理人。同时根据《民法典》第28条的规定,无、限制民事行为能力的成年人,由下列有监护能力人的人按顺序担任监护人:(1)配偶;(2)父母、子女;(3)其他近亲属;(4)其他愿意担任监护人的个人和组织,但必须经过被监护人所在地的居民委员会、村民委员会或者民政部门同意。

故张某的妻子戴某是第一顺位,应当由张某的妻子戴某担任代理人。本案应当追加张某的妻子戴某为法定代理人,诉讼继续进行,C选项正确,D选项错误。当然张某的妻子戴某应当是原告张某的法定代理人,不是当事人,不能追加其为共同原告或者变更为原告,故A、B选项错误。

63.【参考答案】 ABD

【解析】 合同具有相对性,乙公司不是购买方便面合同的主体,不能作为共同被告加入诉讼,应为无独立请求权第三人参加诉讼。乙公司在答辩状中承认对己不利的事实,构成自认,A正确。

根据禁止反言原则和诚信原则,要撤销自认,有如下情形:(1)经对方当事人同意;(2)自认是在受胁迫或重大误解情况下作出的。本题中描述的律师笔误不是撤回自认的法定理由,法院不应允许乙公司撤回自认,B正确。

向法院表达自己对相关事实不知情、不了解、不清楚是否会构成默示自认,需分情况,要看当事人是否亲身经历,若没有亲身经历,不宜认定为默示自认。本题中,甲超市只是从乙公司进货,对生产情况不知情在情理之中,对甲超市的不知情不宜认定为默示自认,C错误。

一般而言,当事人的自认只对自己有约束力,乙公司的自认对被告甲超市没有约束力,D正确。

64.【参考答案】 AC

【解析】 根据题目可知,该证据属于复印件,即在转账凭证产生后对其复印,该证据产生的时间晚于案件事实发生的时间,属于传来证据。

由于该证据仅为原告提供的其向被告转账的凭证,只能证明原被告之间有一笔借款,属于典型的间接证据。

该证据能证明本案存在借款事实,而不能证明存在还款事实,与还款事实之间不具备关联性,既非还款事实本证也不是还款事实的反证。

综上,AC当选。

65.【参考答案】 ABC

【解析】 根据起诉条件中关于原告的要求,原告须为与本案有直接利害关系的公民、法人或其他组织,即为正当当事人,A正确。

起诉条件仅要求被告明确,不要求被告适格,但是被告肯定要具有诉讼权利能力,B正确。

起诉条件要求有具体的诉求和事实、理由。理由,首先是指原告证明案件事实并支持自己实体权利的证据材料,其次是指有关法律规定,C正确。

根据《民事诉讼法》第123条的规定,起诉应当向人民法院递交起诉状,并按照被告人数提交副本。书写起诉状确有困难的,可以口头起诉,由人民法院记入笔录,并告知对方当事人,故D错误。

66.【参考答案】 BD

【解析】 小额诉讼程序作出的裁判一律一审终审,不能上诉,A错误。

管辖权错误不能作为申请再审的法定事由,D正确。

小额诉讼程序作出的裁判,当事人欲申请再审,应向原作出生效裁判的法院申请再审,即应向甲住所地法院申请再审,B正确,C错误。

67.【参考答案】 BCD

【解析】 劳务派遣法律关系中,劳务派遣单位是"用人单位",是和劳动者签订劳动合同的主体。同时,工伤保险关系依附于劳动合同关系,所以,当被派遣劳动者在用工单位因工作遭受事故伤害,劳务派遣单位(用人单位)应当依法申请工伤认定,承担工伤保险责任。本题中,甲公司是劳务派遣单位,应由其申请工伤认定并承担工伤保险责任,故A正确,BCD错误。

68.【参考答案】 ABC

【解析】 展览权,即公开陈列展示作品的权利,虽然作品所有权的转移不改变著作权的归属,但原件展览权归所有人享有,郑某作为所有人展览画作不构成侵权。A错误。

发表权是作者决定是否将作品公之于众的权利,《著作权法》第20条第2款规定,作者将未发表的美术、摄影作品的原件所有权转让给他人,受让人展览该原件不构成对作者发表权的侵犯。B错误。

复制权,是以印刷、复印、翻录、翻拍等方式将作品制作一份或多份的权利。本题中并没有表述复制画作,C错误。

信息网络传播权,是以有线或无线方式向公众提供作品,使公众可以在个人选定的时间和地点获得作品的权利。本题中,郑某未经赵某同意,将其画作用于公司网站宣传,侵犯了赵某的信息网络传播权,D正确。

69.【参考答案】 BCD

【解析】 《专利法》第24条规定,申请专利的发明创造在申请日以前6个月内,有下列情形之一的,不丧失新颖性:(1)在国家出现紧急状态或者非常情况时,为公共利益目的首次公开的;(2)在中国政府主办或承认的国际展览会上首次展出的;(3)在规定的学术会议或者技术会议上首次发表的;(4)他人未经申请人同意而泄露其内容的。据此可知,在中国政府主办或者承认的国际展览会上首次展出的,不丧失新颖性。

A项中,甲在行业内举办的展览会上展出,并未说明是中国政府主办的,因此丧失了新颖性,不能申请专利,A正确。

乙在中国政府承认的世界博览会上展出,未丧失新颖性,可以申请专利,故B错误。

虽然我国专利制度采取的是先申请原则,专利权授予最先申请的人,甲因丧失新颖性,不能申请专利,C错误。

如果2个以上申请人同日分别就同样的发明创造申请专利,应当在收到国务院专利行政部门的通知后自行协商确定申请人。但本题中,甲、乙二人并非同一天提出申请,因此不能协商确定,D错误。

70.【参考答案】 ABC

【解析】 乙偷偷生产"飘香"标识的行为符合"擅自制造他人注册商标标识或者销售擅自制造的注册商标标识",其行为构成侵权,A正确。

丙是大米生产商,其行为符合"未经商标注册人的许可,在同一种商品上使用与其注册商标相同的商标的",构成侵犯注册商标专用权,B正确。

丁是该批大米销售者,销售侵犯注册商标专用权的商品,属于侵犯注册商标专用权。只要销售侵权商品,即使可以证明合法来源,仍构成侵权,但无须承担赔偿责任,C正确。

戊饭店仅有"购买"行为,没有擅自制造、使用、销售该批注册商标,也不是该批侵权大米的制造者、销售者、仓储运输者,其购买行为不构成侵权,D错误。

71.【参考答案】 AC

【解析】 A项中,有限公司股东可以要求查阅公司会计账簿,股东应向公司提出书面请求,说明目的。公司拒绝提供查阅的,股东可以请求法院要求公司提供查阅。A正确。

B项中,错在"复制"。根据《公司法》第57条第2款的规定,有限公司股东只能查阅会计账簿、会计凭证,不能复制,B错误。

C项中,公司章程、股东之间协议等实质性剥夺股东知情权,公司不得以此为理由拒绝股东查阅或复制。知情权是股东身份固有权利。因此,李某用知情权换取高额分红权的约定无效,C正确。

D项中,有限公司能否拒绝股东查账关键在于股东查阅会计账簿、会计凭证是否有不正当目的,包括股东自营或为他人经营与公司主营业务有实质性竞争关系业务的。本题仅告知李某在其他同类公司中有参股投资,但不能说明李某实际参与了同类公司的经营,甲公司无权拒绝李某查账,D项错误。

72.【参考答案】 ABC

【解析】 《公司法》第178条第1款规定:"有下列情形之一的,不得担任公司的董事、监事、高级管理人员:……(五)个人因所负数额较大债务到期未清偿被人民法院列为失信被执行人……"A当选。

《公司法》第178条第1款规定:"有下列情形之一的,不得担任公司的董事、监事、高级管理人员:……(二)因贪污、贿赂、侵占财产、挪用财产或者破坏社会主义市场经济秩序,被判处刑罚,或者因犯罪被剥夺政治权利,执行期满未逾五年,被宣告缓刑的,自缓刑考验期满之日起未逾二年……"B项当选。

担任破产清算的公司、企业的董事或厂长、经理,对该公司、企业的破产负有个人责任,自该公司、企业破产清算完结之日起未逾3年的,不得担任公司董事、监事、高级管理人员,C当选。

因丁对公司责令关闭不负有个人责任,其可以担任董事,故D项不当选。

73.【参考答案】 ABD

【解析】 增加、变更诉讼请求应当在法庭辩论终结前提出,而本案合议庭已经完成评议,故原告不能增加、变更诉讼请求,法院应当直接按照原诉讼请求审理。根据合议庭的评议作出支持胜达公司4000万元诉讼请求的判决。故C正确,ABD错误。

74.【参考答案】 BCD

【解析】 直接证据和间接证据的区分应当看证据内容的完整性,在内容上能够完整证明案件事实的证据是直接证据,在内容上只能证明待证事实的一个部分、一个片段的证据是间接证据。

收条能够完整证明还款事实,应当是直接证据,A选项正确。

本证和反证的判断与证明责任有关,按照常规步骤进行判断:第一步,收条的待证事实是借款已经归还;第二步,借款是否已经归还应当由主张已经归还的被告张某承担证明责任;第三步,收条是被告张某提供的,故是承担证明责任的张某提供的证据,是本证,所以B选项错误。

C、D项:收条的复印件,是可以作为证据使用的,具有证据能力。同时,由于复印件作伪的可能性较大,真实性小,故其证明力较小。相关司法解释规定,无法与原件核对的复印件不能单独作为定案根据,说明其具有证据能力和证明力;但由于其证明力比较小,所以不能单独定案,需要其他证据对其证明力进行补强。所以收条的复印件有证据能力,有证明力,只是证明力比较小而已。所以C、D错误。

75.【参考答案】 BD

【解析】 A项:张某委托王某找买家出售红木,王某系有权处分。故A项错误。

恶意串通,是指在代理过程中,代理人与第三人以损害被代理人的利益为目的,弄虚作假的违法行为。《合同编通则解释》第23条规定:“法定代表人、负责人或者代理人与相对人恶意串通,以法人、非法人组织的名义订立合同,损害法人、非法人组织的合法权益,法人、非法人组织主张不承担民事责任的,人民法院应予支持。法人、非法人组织请求法定代表人、负责人或者代理人与相对人对因此受到的损失承担连带赔偿责任的,人民法院应予支持。”本题中,代理人王某和相对人戴某恶意串通,损害被代理人张某的合法权益,依法应对张某的损失承担连带责任。故B项正确。

行为人与相对人恶意串通,损害他人合法权益的民事法律行为无效。本题中,代理人王某为了拿50万元回扣与相对人戴某恶意串通损害被代理人张某的利益,合同当然无效。故C项错误,D项正确。

76.【参考答案】 BCD

【解析】 A、B项:当事人合意以特定人物经历为题材完成的自传体作品,当事人对著作权权属有约定的,依其约定;没有约定的,著作权归该特定人物享有,执笔人或整理人对作品完成付出劳动的,著作权人可以向其支付适当的报酬。所以本案中甲委托乙完成的自传作品《法考名师传》,双方没有约定著作权归属,故《法考名师传》的著作权应属于甲,与乙及乙的继承人小乙无关。甲死亡后,著作财产权由继承人小甲行使。A项错误,B项正确。

C项:小乙将他人作品窃为己有,署名为自己进行出版,实施了剽窃行为,权利人有权向其主张停止侵害,赔偿损失等民事责任,C项正确。

D项:乙作为自传体作品的执笔人,完成30万字的文稿,对作品的完成付出了劳动,虽然双方未明确约定报酬,但执笔人有权向著作权人主张支付适当的报酬。乙死后,此财产权利可由继承人小乙继承,故小乙可行使此权利。小甲是该作品的财产权益继承人,应承担此责任,D项说法正确。

77.【参考答案】 BCD

【解析】 本题考查审计机关的权限。本案中,热得久公司公款私存,且存在篡改会计账簿的情形,对于公款私存的行为,审计机关经县级以上人民政府审计机关主要负责人批准,有权查询公款被转入的张某某个人在金融机构与审计事项相关的存款,B项正确。

热得久公司公款私存且篡改会计账簿,审计机关经县级以上人民政府审计机关负责人批准,有权查询热得久公司的银行账户,有必要时可以封存相关资料,C、D项正确。对其中在金融机构的有关存款需要予以冻结的,应当向人民法院提出申请,不能直接冻结。A项错误。

78.【参考答案】 ACD

【解析】 A项:具有完全民事行为能力的成年人,可以与其近亲属、其他愿意担任监护人的个人或者组织事先协商,以书面形式确定自己的监护人,在自己丧失或者部分丧失民事行为能力时,由该监护人履行监护职责。本题中,张某(35岁)和戴某(20岁)二人均系完全民事行为能力的成年人,依法可以通过书面形式协议确定监护人。故A项正确。

B项:有配偶者又与他人登记结婚的,是法律上的重婚;虽未登记但确与他人以夫妻名义同居生活的,为事实上的重婚。要区分事实上重婚和有配偶者与他人同居的区别,如果双方是以夫妻名义同居生活,则构成事实上的重婚。如果双方没有以夫妻名义同居生活,则不属于《刑法》重婚罪的处罚范畴,而属于《民法典》婚姻家庭编禁止的行为。张某网上认识了戴某,并迅速交好,双方并未以夫妻名义同居生活。因此,张某不构成事实上的重婚。故B项错误。

C项:公序良俗由两部分构成,即公共秩序和善良良俗。本题中,张某有配偶和儿子,网上认识戴某后迅速交好,且与戴某特别约定未来财产共同共有的行为,系对夫妻之间忠实义务的违反,即违反公序良俗。故C项正确。

D项:无权处分,是指以自己的名义处分他人或共有财产。张某和徐某系夫妻，在无特别约定的情形下，二人的婚后家庭财产系共同共有。张某未经徐某同意，擅自处分财产（与戴某约定未来财产共同所有），构成无权处分，故D项正确。

79.【参考答案】 CD

【解析】 A项：《票据法》允许因继承、赠与、税收三种方式无对价而取得票据权利，但取得的票据权利不得优于前手，A项否定了北方公司因赠与而获得的票据权利，错误。

B项：银行作为付款人，只需要对票据进行形式审查，虽然该票据中存在张某伪造签章的情形，但此情形并非银行审查的范畴和能力所及，故银行根据票面的记载履行付款义务，并无过错，B项错误。

C项：如果该汇票没丢失，北方公司作为票据权利人被拒绝付款时，可向其前手义务人行使追索权，即向东方、南宁、西水公司中的一个或几个主张连带责任，C项正确。

D项：张某通过伪造北方公司签字的行为进行背书，伪造签字无效，所以该背书行为也无效，D项正确。

80.【参考答案】 AD

【解析】 对于负面清单以外的外商投资，我国实行国民待遇的原则，外商投资准入负面清单之外的领域形成的投资合同，当事人以合同未经有关行政主管部门批准、登记为由主张合同无效或者未生效的，人民法院不予支持，所以A、D两项正确，C项错误。

法律有一定范围内的溯及力，投资合同签订于《外商投资法》施行前，但人民法院在《外商投资法》施行时尚未作出生效裁判的，适用新法的规定认定合同的效力，B项错误。

81.【参考答案】 AC

【解析】 A项：受益人索要的保险赔偿金，是被保险人发生保险事故付出了生命或健康的代价换来的，因此被保险人对指定或变更受益人有决定权。投保人指定或变更受益人均需要被保险人同意。本案中甲作为投保人，未经被保险人戴某同意，擅自变更受益人是无效的，所以甲母并非本保险合同中的受益人，无权向保险公司主张赔偿金，A项错误。

B项：戴某作为被保险人，有权决定受益人的人选，投保人指定或变更受益人时需要被保险人同意，否则该受益人的指定或变更是无效的，甲变更受益人为自己的母亲，需要戴某的同意，B项正确。

C项：甲作为受益人，故意杀害被保险人，虽然未遂，但甲因此丧失了受益权，保险公司有权拒绝甲作为受益人提出的索赔请求，C项错误。

D项：死亡险涉及被保险人的生命，对于被保险人至关重要，因此在订立死亡险的保险合同时，被保险人对是否订立及保险金额有权作出自己的衡量或判断，订立死亡险的保险合同需要被保险人同意并认可保险金额，D项正确。

82.【参考答案】 BD

A项：在机动车辆第三者责任保险中，被保险人或其允许的驾驶人员在使用保险车辆过程中发生意外事故，致使第三者遭受人身伤亡或财产直接损毁，依法应当由被保险人承担的经济责任，保险公司负责赔偿。本题中保险标的是张某的奔驰汽车，无论是张某还是张某允许的其他驾驶人员驾驶此车辆损害第三人利益，保险公司均应承担赔偿责任，A项错误。

B项：第三者责任险的核心法律关系是被保险人给第三者造成损害，赔偿责任确定后，保险公司直接对第三者赔偿保险金，B项正确。

C、D项：和解协议是侵权方和被害方达成的协议，只约束协议双方，对保险公司没有直接的约束力，C项表述为保险公司“应当”按照和解协议赔偿保险金是错误的。如果保险公司对该和解协议认可，可按和解协议赔偿保险金，否则有权对保险责任范围以及赔偿数额重新予以核定，D项正确。

83.【参考答案】 AB

A项：朝阳公司作为国家需要重点扶持的高新技术企业，应按15%的税率征收企业所得税。A项正确。

B项：朝阳公司办理歇业时，必须持税务登记证件，B项正确。

C项：朝阳公司依法在中国境内成立，属于居民企业，C项错误。

D项：2023年2月至10月朝阳公司外出经营，在乙省累计超过180天，应当在营业地办理税务登记手续，D项错误。

84.【参考答案】 ACD

【解析】 根据国际贸易术语2020版，CIP术语的含义是，无约定时，卖方要投保“一切险”（最高险），CIF术语的含义是，无约定时，卖方应投保“平安险”（最低险），故A正确。

平安险理赔范围之一是“全损与意外事故有关的部分海损”，若碰撞导致货物全部毁损，平安险要赔，若货物部分毁损，平安险也要赔，故B错误。

根据《海牙规则》，承运人，即船方享有“航行过失免责”待遇，即使承运人驾驶船舶有过错导致碰撞，也无须承担责任，这是《海牙规则》的特色，也是为何航运大国都喜欢用《海牙规则》的重要原因。C 正确。

本题采用 CIF 术语，其中的 I 为保险费，卖方一定买保险，最起码买平安险，而航行过失导致的装船，无论全损还是部分损失，保险公司均应理赔，故 D 正确。

85.【参考答案】 ABC

【解析】 A 项：具备法人条件，为公益目的以捐助财产设立的基金会、社会服务机构等，经依法登记成立，取得捐助法人资格。依法设立的宗教活动场所，具备法人条件的，可以申请法人登记，取得捐助法人资格。法律、行政法规对宗教活动场所有规定的，依照其规定。故 A 项错误。

B 项：捐助法人应当设理事会、民主管理组织等决策机构，并设执行机构。理事长等负责人按照法人章程的规定担任法定代表人。捐助法人应当设监事会等监督机构。故 B 项错误。

C 项：为公益目的成立的非营利法人终止时，不得向出资人、设立人或者会员分配剩余财产。剩余财产应当按照法人章程的规定或者权力机构的决议用于公益目的；无法按照法人章程的规定或者权力机构的决议处理的，由主管机关主持转给宗旨相同或者相近的法人，并向社会公告。故 C 错误。

D 项，博基金会法人属于非营利法人中的捐助法人。而设立捐助法人应当依法制定法人章程。故 D 正确。本题选择错误的，应为 ABC。

86.【参考答案】 ABD

【解析】 A、C 项：胜达公司作为证券公司，不得为其股东或者股东的关联人提供融资或者担保。博公司作为被担保人，泽公司“助纣为虐”，对此违法担保的行为均有过错，在按要求改正前，国务院证券监督管理机构可以限制其股东权利，拒不改正的，可以责令其转让所持证券公司的股权。但并没有责令停业整顿的处罚措施，所以 A 项错误，C 项正确。

B 项：胜达公司违法为股东提供担保的过程中，股东张某并无过错，不应被处罚，B 项错误。

D 项：证券公司违法从事证券自营业务的，或者违法将客户的资金和证券归入自有财产，或者挪用客户的资金和证券的，且情节严重才会被责令停业关闭。毕竟证券公司关乎太多主体的利益，不可动辄停业关闭。本案中，胜达公司违法为股东提供担保，对其责令改正，给予警告，并处以 50 万元以上 500 万元以下的罚款，但不能责令关闭。D 项错误。

87.【参考答案】 ACD

【解析】 根据《民法典》第 997 条的规定，民事主体有证据证明行为人正在实施或者即将实施侵害其人格权的违法行为，不及时制止将使其合法权益受到难以弥补的损害的，有权依法向人民法院申请采取责令行为人停止有关行为的措施。禁止令是禁止对方做出一定的行为，它并不属于一种诉讼程序，不存在实体争议的解决。

而上诉是要求启动二审程序，二审程序属于诉讼程序，需要解决实体权利义务纠纷；再审同样属于诉讼程序，需要解决实体权利义务纠纷。而禁止令不属于诉讼程序，不存在实体权利义务纠纷，故对其不能上诉，不能申请再审，故只有 B 正确。

88.【参考答案】 AD

【解析】 当事人向采取诉前保全措施以外的其他有管辖权的法院起诉的，采取诉前保全措施的法院应当将保全手续移送受理案件的法院。本案中 A 区法院采取保全措施后，金某向其他法院起诉，按理说 A 区法院应当将保全的财产移送受理案件的法院。但本题面临的问题是本案的管辖法院确定存在问题，B 区法院受理案件后认为本院无管辖权，将案件移送给 A 区法院，A 区法院亦认为本院无管辖权。

从确定案件管辖权的角度而言，A 区法院不能将案件退回，也不能再行移送，只能报请上级法院指定管辖，但在上级法院指定管辖前，本案管辖权尚未确定。故此时采取诉前保全措施的 A 区法院不能擅自将保全的财产移送，应当待案件管辖权确定后，将保全的财产移送有管辖权的法院。故 AD 正确。

89.【参考答案】 ABC

【解析】 A 项：当股东会决议解散时，公司具有了解散事由，甲作为旺旺公司的核心股东，负有组成清算组的义务，应当在 15 日内成立清算组进行清算，A 项正确。

B 项：旺旺公司股东会决议解散，应当在 15 日内组成清算组进行清算，但经过了半年的时间都没有成立清算组，出现了“公司解散逾期不成立清算组进行清算的”情形，乙作为股东有权申请人民法院指定清算组进行清算。B 项正确。

C、D 项：旺旺公司出现了主要财产、账册、重要文件等灭失，无法进行清算的结果，债权人有权要求怠于履行义务的股东承担连带责任。本案中，甲、乙、丙既是公司的大股东，又是核心的经营管理人员，负有不可推卸的责任，可认定为“怠于履行清算义务”，应对债权人承担连带责任。但丁是小股东，且并非董事、监事也没有选派人员担任董事、监事，所以丁没有“怠于履行清算义务”的情形，不应承担连带责任。故C项正确，D项错误。

90.【参考答案】 BC

【解析】 A、B项：地下停车场是整个项目不可分割的组成部分。因停车场的施工导致噪声过大，不符合经过批准的环评文件，建设单位应进行“后评价+采取改进措施+报送原环评文件审批部门和建设项目审批部门备案”。A项错误，B项正确。

C项：临时使用林地的，使用期限最长不超过2年，并不得在临时使用的林地上修建永久性建筑物。临时使用林地期满后1年内，用地单位或者个人应当恢复植被和林业生产条件。甲公司临时占用的林地最长是2年，加上期满恢复过程的1年，C项表述为最迟3年内恢复植被和林业生产条件是正确的。

D项：甲公司进行后评价，采取改进措施后，应报原环评文件的审批机构备案，本案中原审批机关为市生态环境主管部门，D项描述的备案机构是省生态环境主管部门。

三、不定项选择题

91.【参考答案】 ABCD

【解析】 A项：显失公平是指一方利用对方处于危困状态、缺乏判断能力（信息不对称）等情形，致使民事法律行为成立时显失公平。“利用对方处于危困状态”一般是指利用某人因陷入某种暂时性的急迫困境，从而急需金钱或有其他急需的状态。“利用对方缺乏判断能力”主要是指欠缺一般的生活经验或交易经验，而不包括欠缺特殊的判断能力。同时，双方当事人的利益失衡发生在民事法律行为成立时。可见，甲、乙并不符合上述情形。故A项错误。

B项：附生效条件的民事法律行为，自条件成就时生效。附解除条件的民事法律行为，自条件成就时失效。生效条件，又称为“延缓条件”或“停止条件”，是指限制民事法律行为效力发生，使民事法律行为只有当约定的事实出现时，才发生效力的条件。解除条件，又称为“消灭条件”或“失效条件”，是指限制民事法律行为效力的存续，使已发生效力的民事法律行为在条件实现时终止的条件。甲、乙之间成立承揽合同，根据约定，甲负有按约支付30万元履约金的义务，乙负有按约创作书法的义务，甲、乙的合同成立且已生效，不属于附生效条件的合同。故B项说法错误，当选。同时，根据双方的约定，书法完成后，若甲不满意，合同自动失去效力，因此，甲、乙的合同属于附解除条件的合同。

C、D项，甲、乙双方的合同基于自由的意思表示，秉持诚实、恪守承诺，完全符合自愿原则与诚信原则，故C、D项说法错误。

92.【参考答案】 AD

【解析】 A、B项：附解除条件的民事法律行为，自条件成就时失效。因此，小亮将翡翠转让给小肖，买卖合同A所附解除条件成就，买卖合同A自动失去效力，溯及至买卖合同A成立时，小亮对翡翠的所有权消灭，买卖合同B属于小亮无权处分订立的合同。但无权处分不影响买卖合同B的效力，依照法律的规定，买卖合同B已经成立且有效。故B项错误，A项正确。

C项：行为人与相对人恶意串通，损害他人合法权益的民事法律行为无效。成立恶意串通，要求合同双方当事人主观上有通谋，具有损害第三人合法权益的恶意，且合同的订立将损害第三人的合法权益。买卖合同B的订立，不会实质上损害小明的利益，小亮、小肖主观上不具有损害小明合法权益的恶意，不成立恶意串通。故C项说法错误。

D项：小肖受让翡翠时，知道买卖合同A约定的内容，知道小亮属于无权处分，小肖主观具有恶意，所以恶意的小肖不能善意取得翡翠的所有权。翡翠的所有权人有权请求小肖返还该翡翠。故D项说法正确。

93.【参考答案】 B

【解析】 根据《劳动争议调解仲裁法》第44条的规定，仲裁庭对追索劳动报酬、工伤医疗费、经济补偿或者赔偿金的案件，同时符合下列条件的，可以根据当事人的申请裁决先予执行，移送人民法院执行：（1）当事人之间权利义务关系明确；（2）不先予执行将严重影响申请人的生活。劳动仲裁中可以先予执行，劳动仲裁庭只有裁决权，没有执行权。故本案中对于张三提出的先予执行申请，应当由仲裁庭作出裁决后交法院执行，本题B选项正确。

94.【参考答案】 ABD

【解析】 石某和房某侵权损害赔偿纠纷，经法院调解达成调解协议后法院据此制作了调解书。

调解书生效后，石某主张两个问题，一是认为据以制作调解书的调解协议是因为受到胁迫所签署的；二是调解书生效后为治疗后遗症花费了4万元。以下逐一分析：石某主张调解协议是受到胁迫所签署的，显然，石某认为调解违反了自愿原则，石某有权对调解书申请再审，但值得注意的是，申请再审的期限是裁判文书生效后6个月内，而此时距调解书生效之日已经超过6个月，石某不能申请再审，B选项错误；石某主张因为治疗后遗症又花费了4万元，属于调解书生效后发生了新的事实，故此时石某可以另行起诉，法院应当依法受理，故C选项正确。当然，调解书作为法院制作的生效裁判文书，只能通过再审、第三人撤销之诉等法定程序予以纠正，不存在撤销或者确认无效的问题，A、D选项错误。

95.【参考答案】 C

【解析】 根据《民诉解释》第427条的规定，债权人向法院申请支付令，法院发现债权人已经向法院申请诉前保全的，应当通知债权人不予受理。具体到本案，由于乙已经向法院申请了诉前保全，故乙向法院申请支付令，法院应当在5日内通知乙不予受理。本题A、B、D选项错误，C选项正确。

96.【参考答案】 ABC

【解析】 《民法典》第1215条第1款规定："盗窃、抢劫或者抢夺的机动车发生交通事故造成损害的，由盗窃人、抢劫人或者抢夺人承担赔偿责任。盗窃人、抢劫人或者抢夺人与机动车使用人不是同一人，发生交通事故造成损害，属于该机动车一方责任的，由盗窃人、抢劫人或者抢夺人与机动车使用人承担连带责任。"故本案应当由盗窃人苏某和使用人牛某承担连带责任，刘某是原所有人，在实体上不承担责任，不是适格被告，D选项错误。权利人任某主张牛某承担责任，将牛某列为被告；权利人任某主张苏某承担责任，苏某为被告；权利人任某主张牛某和苏某承担连带责任的，将其列为共同被告。故A、B、C选项正确。

97.【参考答案】 B

【解析】 根据《劳动合同法》第42条第3项的规定，劳动者患病或非因工负伤，在规定的医疗期内，且没有出现用人单位可以及时解除劳动合同的情形的，用人单位不得解除劳动合同。第45条规定，劳动合同期满，有《劳动合同法》第42条情形的，劳动合同应当延续至相应的情形消失时终止。

本题中，李某的劳动合同虽然于2021年1月18日到期，但由于其尚在医疗期内，故劳动合同应当延续至医疗期满，即3月18日终止。B项当选。

98.【参考答案】 CD

【解析】 A项：实务中网络主播与平台的关系不同，所得收入的性质也不同。如果网络主播受雇于平台或经纪机构，其收入系通过与平台或经纪机构间建立的劳动关系所得，故该所得定性为工资薪金所得；如主播未与平台或经纪机构建立劳动关系，而是以其个人身份为平台提供劳务，其收入宜认定为劳务报酬所得；如主播设立个体工商户、个人独资企业或合伙企业以直播形式从事生产经营活动，其收入宜认定为经营所得。A项直接将网络主播的收入定性为"经营所得"，排除了另外两种可能性，存在逻辑漏洞，A项错误。

B、D项：避税是指纳税人在充分了解现行税法的前提下，对经济活动的筹资、投资、经营等活动作出巧妙的安排，这种安排手段处在合法与违法之间的灰色地带，达到规避或减轻税负的行为。避税是以非违法的手段来达到少缴税或不缴税的目的，因此避税筹划既不违法，也不合法，而是处在两者之间，所以称之为"非违法"。偷税是在纳税人的纳税义务已经发生并能够确定的情况下，采取不正当或不合法手段以逃脱其纳税义务的行为。偷税有两个基本特征：非法性和欺诈性。避税和偷税实施行为的时间点不同。为实现偷税目的所实施的行为是在纳税义务产生以后实施，而为实现避税目的所实施的行为是在纳税义务产生之前实施。网络主播在纳税义务产生之后，隐匿应收财款及瞒报应税收入均属于偷税行为，B项错误，D项正确。

C项：国家互联网信息办公室、国家税务总局、国家市场监督管理总局联合发布了《关于进一步规范网络直播营利行为促进行业健康发展的意见》，要求平台每半年向网信、税务部门报送存在直播营利行为的网络直播发布者个人身份、直播账号、网络昵称、取酬账户、收入类型及营利情况等信息。这可以夯实平台责任，建立完善的直播平台涉税信息报告制度，让税务部门精确掌握网络主播的真实身份和收入信息。C项正确。

99.【参考答案】 AB

【解析】 以动产抵押的，抵押权自抵押合同生效时设立；未经登记，不得对抗善意第三人，但可以对抗恶意第三人。本题中，甲公司以机器设备为乙、丙、丁3家银行设定抵押权，乙银行的动产抵押权未登记，不得对抗善意第三人丁银行。但是，可以对抗恶意第三人丙银行。据此可知,排序的结果为:丁>乙>丙。故A、B项正确,当选;C、D项错误,不当选。

100.【参考答案】 AB

【解析】 A、B、C项:快递公司的规章制度中的工作时间严重违反了劳动法有关工作时间的规定,是无效的,快递公司因张某违反了此无效的规章制度而与之解除劳动合同是违法的,A、B项正确,C项错误。

D项:张某拒绝履行违法的超时加班的规定,系维护自己的合法权益,不能据此认定劳动者在试用期间不符合录用条件,快递公司与其解除劳动合同是违法的,劳动者有权要求快递公司支付经济赔偿金,赔偿金是补偿金的2倍。本案中,张某工作2个月,不足半年,经济补偿金为半个月工资,那么应该承担的经济赔偿金是补偿金的2倍,即一个月的工资,仲裁机构应支持张某的申请,D项错误。

2019—2023 年客观题答案速查表

2019 年

试 卷 一

一、单项选择题

1. A	2. B	3. A	4. C	5. D	6. B	7. B	8. A	9. D	10. D	11. D	12. B	13. D
14. C	15. B	16. D	17. C	18. C	19. D	20. B	21. B	22. B	23. A	24. B	25. B	26. A
27. D	28. A	29. C	30. A	31. B	32. D	33. D	34. D	35. D	36. D	37. D	38. C	39. A
40. C	41. B	42. A	43. D	44. A	45. C	46. C	47. B	48. C	49. A	50. A		

二、多项选择题

51. BD	52. ABCD	53. BC	54. CD	55. AC	56. ABD	57. ABCD	58. ABC
59. ACD	60. AB	61. BD	62. BC	63. BC	64. ABCD	65. ABCD	66. CD
67. ABD	68. ABC	69. BD	70. ABC	71. ABCD	72. BC	73. ABD	74. ACD
75. ABCD	76. AB	77. ACD	78. AB	79. ABD	80. AB	81. AC	82. CD
83. CD	84. CD	85. ACD	86. ABC	87. BC	88. AD	89. ACD	90. ABD

三、不定项选择题

91. A	92. ABCD	93. ABC	94. ABCD	95. ABCD	96. C	97. BC	98. D
99. B	100. BD						

试 卷 二

一、单项选择题

1. B	2. C	3. B	4. A	5. C	6. B	7. C	8. C	9. B	10. D	11. D	12. A	13. D
14. D	15. D	16. A	17. A	18. B	19. D	20. B	21. A	22. D	23. B	24. C	25. D	26. B
27. A	28. B	29. B	30. A	31. B	32. A	33. D	34. C	35. B	36. B	37. B	38. D	39. A
40. C	41. C	42. B	43. D	44. C	45. B	46. D	47. D	48. B	49. D	50. D		

二、多项选择题

51. ACD	52. CD	53. ACD	54. ABCD	55. BD	56. BCD	57. BD	58. AB
59. BC	60. AB	61. BD	62. AC	63. ABCD	64. AC	65. BD	66. AD
67. AC	68. BC	69. AC	70. AC	71. CD	72. BD	73. BCD	74. BD
75. ACD	76. AD	77. AD	78. CD	79. BC	80. BC	81. AC	82. ABD
83. AB	84. AC	85. AB	86. AD	87. CD	88. CD	89. BD	90. BD

三、不定项选择题

91. ABCD	92. BCD	93. AD	94. AD	95. ABCD	96. A	97. C	98. A
99. ACD	100. D						

2020 年

试 卷 一

一、单项选择题

1. D	2. D	3. B	4. A	5. D	6. D	7. D	8. A	9. D	10. C	11. B	12. B	13. C
14. B	15. C	16. D	17. D	18. B	19. C	20. C	21. A	22. B	23. B	24. C	25. B	26. A
27. B	28. C	29. B	30. D	31. D	32. C	33. B	34. C	35. A	36. C	37. A	38. B	39. D
40. C	41. B	42. A	43. A	44. B	45. B	46. D	47. C	48. D	49. A	50. A		

二、多项选择题

51. ABD	52. AB	53. BD	54. AC	55. AB	56. AD	57. BD	58. ACD
59. ABC	60. ABC	61. BC	62. BD	63. ACD	64. ABCD	65. CD	66. ACD
67. AC	68. AD	69. BCD	70. BCD	71. BC	72. CD	73. BCD	74. CD
75. CD	76. ABCD	77. ABC	78. AB	79. BCD	80. ABD	81. BD	82. ABD
83. ABCD	84. AB	85. ACD	86. BC	87. BD	88. ABD	89. ABCD	90. AD

三、不定项选择题

91. ABCD	92. B	93. CD	94. A	95. BC	96. AD	97. A	98. BCD
99. ACD	100. ABCD						

试 卷 二

一、单项选择题

1. C	2. D	3. D	4. B	5. B	6. D	7. B	8. D	9. D	10. B	11. B	12. A	13. D
14. B	15. D	16. A	17. D	18. C	19. C	20. C	21. A	22. D	23. C	24. A	25. D	26. A
27. C	28. B	29. C	30. D	31. A	32. D	33. A	34. A	35. C	36. D	37. B	38. C	39. D
40. A	41. B	42. D	43. C	44. B	45. B	46. D	47. C	48. D	49. D	50. C		

二、多项选择题

51. BCD	52. BC	53. BCD	54. BCD	55. ABD	56. ABCD	57. ABD	58. ABC
59. AD	60. ACD	61. AC	62. AC	63. BCD	64. ABD	65. ABCD	66. CD
67. BC	68. AD	69. ABCD	70. BCD	71. ABC	72. ABCD	73. ACD	74. BC
75. ABCD	76. ABD	77. AC	78. AC	79. BD	80. AB	81. AC	82. ACD
83. ACD	84. ABC	85. CD	86. AB	87. ACD	88. ACD	89. AC	90. ABD

三、不定项选择题

91. ABCD	92. B	93. AD	94. BD	95. AB	96. ABCD	97. AD	98. ABCD
99. D	100. B						

2021 年

试 卷 一

一、单项选择题

1. B　2. A　3. B　4. D　5. D　6. C　7. C　8. C　9. B　10. B　11. C　12. D　13. C
14. B　15. D　16. C　17. A　18. B　19. A　20. C　21. D　22. D　23. D　24. B　25. D　26. C
27. A　28. B　29. B　30. B　31. D　32. C　33. A　34. C　35. C　36. A　37. A　38. B　39. B
40. C　41. C　42. B　43. B　44. A　45. B　46. C　47. C　48. A　49. A　50. D

二、多项选择题

51. ABD　52. BC　53. ACD　54. CD　55. BC　56. BD　57. ABCD　58. BC
59. BD　60. BC　61. ABC　62. ABC　63. BC　64. AD　65. BCD　66. AC
67. BD　68. ABC　69. AB　70. BCD　71. CD　72. BCD　73. ABC　74. ACD
75. ACD　76. AB　77. ABC　78. BC　79. ABCD　80. CD　81. AC　82. AD
83. ABCD　84. AD　85. ABC　86. ABCD　87. ABCD　88. BC　89. ABD　90. ABC

三、不定项选择题

91. ABD　92. AC　93. ABD　94. ABC　95. ABC　96. AC　97. ABD　98. ABD
99. ACD　100. AB

试 卷 二

一、单项选择题

1. B　2. B　3. B　4. B　5. A　6. D　7. A　8. D　9. B　10. B　11. B　12. B　13. A
14. B　15. C　16. C　17. D　18. B　19. A　20. A　21. D　22. C　23. B　24. B　25. C　26. A
27. A　28. C　29. B　30. A　31. A　32. D　33. D　34. A　35. C　36. D　37. A　38. B　39. A
40. A　41. B　42. A　43. B　44. A　45. D　46. C　47. D　48. D　49. C　50. A

二、多项选择题

51. ABC　52. BD　53. ABCD　54. AC　55. BD　56. BC　57. ABD　58. AD
59. AC　60. ABC　61. ABD　62. ABCD　63. BC　64. AD　65. BC　66. BD
67. ACD　68. AB　69. AB　70. ABCD　71. AC　72. AC　73. BD　74. ABCD
75. CD　76. AB　77. CD　78. AB　79. CD　80. ABC　81. BC　82. BD
83. AC　84. ACD　85. ACD　86. BC　87. ACD　88. BC　89. CD　90. ABC

三、不定项选择题

91. ABCD　92. ABD　93. CD　94. BD　95. BC　96. AC　97. B　98. ABCD
99. D　100. CD

2022 年

试卷一

一、单项选择题

1. D	2. A	3. A	4. D	5. D	6. B	7. A	8. A	9. A	10. C	11. B	12. C	13. C
14. A	15. D	16. D	17. B	18. B	19. C	20. C	21. D	22. D	23. B	24. D	25. D	26. B
27. D	28. A	29. D	30. B	31. A	32. A	33. A	34. D	35. D	36. D	37. A	38. C	39. D
40. C	41. C	42. B	43. D	44. C	45. B	46. B	47. C	48. D	49. C	50. A		

二、多项选择题

51. AD	52. ABC	53. ABC	54. ABD	55. BD	56. BD	57. AD	58. ACD
59. AB	60. ABD	61. BC	62. ABC	63. BC	64. CD	65. ABD	66. AD
67. ABD	68. ABC	69. AD	70. BD	71. BCD	72. ABD	73. CD	74. ACD
75. ABC	76. ABCD	77. ABCD	78. ABC	79. ABC	80. ABD	81. ABD	82. ACD
83. BD	84. ACD	85. ABCD	86. ACD	87. ABC	88. ABCD	89. ABC	90. AB

三、不定项选择题

91. D	92. AD	93. BCD	94. BCD	95. CD	96. D	97. CD	98. ABC
99. D	100. AD						

试卷二

一、单项选择题

1. D	2. A	3. B	4. C	5. B	6. C	7. C	8. D	9. B	10. D	11. C	12. B	13. D
14. A	15. C	16. C	17. D	18. B	19. A	20. A	21. C	22. C	23. C	24. D	25. B	26. D
27. C	28. B	29. A	30. B	31. D	32. A	33. C	34. A	35. A	36. A	37. A	38. D	39. A
40. B	41. A	42. A	43. D	44. A	45. D	46. B	47. C	48. A	49. D	50. A		

二、多项选择题

51. ABD	52. AC	53. AB	54. BD	55. ABD	56. ABC	57. ACD	58. BC
59. ABC	60. ABC	61. ABCD	62. AD	63. BD	64. ABC	65. AD	66. AB
67. CD	68. AB	69. BD	70. BC	71. BC	72. AB	73. ABC	74. ACD
75. ABD	76. AB	77. ACD	78. AC	79. AB	80. ACD	81. ABCD	82. ABD
83. AB	84. ABCD	85. CD	86. BC	87. AB	88. AB	89. AC	90. ABD

三、不定项选择题

91. BD	92. ABCD	93. D	94. B	95. A	96. AC	97. ABCD	98. A
99. B	100. CD						

2023年

试 卷 一

一、单项选择题

1. D	2. B	3. A	4. C	5. A	6. D	7. B	8. A	9. A	10. C	11. B	12. D	13. C
14. D	15. B	16. A	17. A	18. A	19. A	20. C	21. A	22. D	23. B	24. B	25. C	26. A
27. A	28. D	29. D	30. D	31. C	32. B	33. D	34. C	35. B	36. D	37. A	38. B	39. A
40. A	41. D	42. C	43. D	44. B	45. D	46. C	47. B	48. B	49. B	50. B		

二、多项选择题

51. ABC	52. BC	53. BCD	54. AC	55. BC	56. AD	57. AD	58. ABCD
59. AC	60. ABCD	61. ACD	62. AB	63. AD	64. AC	65. ABCD	66. AC
67. AC	68. ABCD	69. AC	70. AB	71. BCD	72. BD	73. BC	74. ABC
75. ACD	76. ABD	77. ABC	78. BCD	79. ABD	80. ABC	81. ACD	82. ACD
83. BD	84. ABC	85. ACD	86. ACD	87. ACD	88. ABCD	89. ACD	90. ABCD

三、不定项选择题

91. AD	92. BD	93. BCD	94. AC	95. AC	96. B	97. BC	98. ABC
99. ABC	100. BC						

试 卷 二

一、单项选择题

1. A	2. A	3. C	4. D	5. A	6. C	7. A	8. C	9. C	10. B	11. D	12. B	13. A
14. D	15. D	16. A	17. A	18. B	19. D	20. C	21. A	22. C	23. B	24. A	25. D	26. D
27. D	28. D	29. B	30. D	31. C	32. B	33. D	34. D	35. A	36. D	37. D	38. B	39. C
40. C	41. B	42. B	43. A	44. A	45. D	46. B	47. B	48. C	49. D	50. B		

二、多项选择题

51. BD	52. CD	53. BC	54. ABC	55. BCD	56. BCD	57. AB	58. AC
59. BC	60. AD	61. ABC	62. ABD	63. ABD	64. AC	65. ABC	66. BD
67. BCD	68. ABC	69. BCD	70. ABC	71. AC	72. ABC	73. ABD	74. BCD
75. BD	76. BCD	77. BCD	78. ACD	79. CD	80. AD	81. AC	82. BD
83. AB	84. ACD	85. ABC	86. ABD	87. ACD	88. AD	89. ABC	90. BC

三、不定项选择题

91. ABCD	92. AD	93. B	94. ABD	95. C	96. ABC	97. B	98. CD
99. AB	100. AB						